UNLEASHING CULINARY CREATIVITY

A GUIDE TO GOURMET AIR FRYER RECIPES FOR QUICK, HEALTHY, AND DELICIOUS MEALS

BY

.

BELLA V. HENRY

Copyright©2023 BELLA V. HENRY

TABLE OF CONTENTS

INTRODUCTION

In the dynamic realm of modern cooking, the air fryer has emerged as a culinary game-changer, revolutionizing the way we approach quick, healthy, and delicious meals. This guide, "Unleashing Culinary Creativity," is a passport to the world of gourmet air fryer recipes—a journey that invites both novice and seasoned cooks to explore the endless possibilities within this innovative kitchen appliance.

As we embark on this culinary adventure, we'll delve into the intricacies of the air fryer, understanding its mechanics and unlocking the secrets to harnessing its potential. More than just a kitchen gadget, the air fryer becomes a tool for unleashing creativity, transforming everyday ingredients into gourmet delights.

This guide aims to empower you with the knowledge and inspiration needed to craft appetizers, main courses, sides, and even desserts with flair and finesse. Whether you're a busy professional seeking quick meal solutions or a culinary enthusiast eager to experiment, these gourmet air fryer recipes promise to elevate your cooking experience.

Join us as we navigate the world of gourmet air frying—a journey that transcends conventional cooking boundaries and invites you to savor the art of culinary innovation. Let's embark on this flavorful expedition together, where quick, healthy, and delicious meals are not just a goal but a delightful reality waiting to be discovered.

BRIEF OVERVIEW OF THE AIR FRYER AS A VERSATILE KITCHEN APPLIANCE

II. Understanding the Air Fryer

A. Versatility Redefined

The air fryer, a versatile kitchen marvel, has redefined how we approach cooking.

Unlike conventional methods, it uses rapid hot air circulation to cook food to crispy perfection.

B. Efficiency in Action

Known for its time efficiency, the air fryer reduces cooking times without compromising on taste.

It's a go-to appliance for those seeking a quick yet flavorful dining experience.

C. Health-conscious Cooking

The air fryer's ability to cook with minimal oil promotes healthier eating habits.

Enjoy the crispiness of fried favorites with significantly less oil and fat content.

D. Adaptability Across Cuisines

From appetizers to desserts, the air fryer adapts seamlessly to diverse culinary needs.

It's a versatile tool for experimenting with various cuisines and flavor profiles.

E. User-friendly Operation

Designed with simplicity in mind, the air fryer is user-friendly, making it accessible for cooks of all skill levels.

Intuitive controls and pre-set functions streamline the cooking process.

F. Compact and Convenient

Its compact size makes the air fryer suitable for kitchens of any scale.

Perfect for those with limited space, it offers a convenient solution without compromising on performance.

In essence, the air fryer is not just an appliance; it's a culinary companion that opens doors to a world of possibilities, allowing cooks to unleash their creativity and elevate their dishes to gourmet heights.

UNDERSTANDING THE AIR FRYER

A. Mechanics of Air Frying

Rapid Hot Air Circulation: The air fryer's key feature is its ability to circulate hot air at high speed, cooking food from all angles.

Convection Heating: The convection mechanism ensures even cooking and a crispy exterior while retaining moisture inside.

B. Key Components

Basket: The removable basket allows for easy loading and unloading of food items.

Heating Element: Located above the cooking chamber, it generates the intense heat required for air frying.

Fan: The powerful fan distributes hot air evenly, ensuring consistent cooking.

C. Benefits of Air Frying

Reduced Oil Usage: Achieve the texture and taste of deep-frying with significantly less oil, promoting healthier cooking.

Time Efficiency: The rapid cooking process cuts down on preparation and cooking times, ideal for busy lifestyles.

Versatility: Beyond traditional frying, the air fryer can roast, grill, bake, and more, making it a versatile kitchen workhorse.

D. Temperature and Time Control

Adjustable Temperature: Allows precise control over cooking temperatures to suit different recipes.

Timer Function: Set cooking times to perfection, with many models equipped with automatic shut-off for convenience.

E. Safety Features

Cool-touch Exterior: Ensures safety during operation, preventing burns.

Auto Shut-off: Enhances safety by turning off the appliance when the cooking cycle is complete.

Understanding the mechanics and components of the air fryer sets the stage for culinary exploration. As we delve deeper into gourmet air frying, these foundational elements will empower you to create quick, healthy, and delicious meals with confidence.

EXPLANATION OF HOW AIR FRYERS WORK

II. Understanding the Air Fryer

A. How Air Fryers Work: The Science Behind the Crisp

Hot Air Circulation:

Air fryers use a powerful fan to circulate hot air rapidly around the food placed in the cooking basket.

This even distribution of heat ensures that every part of the food is exposed, promoting uniform cooking.

Convection Heating:

The heating element located above the food chamber produces intense heat.

Convection currents generated by the hot air circulate around the food, creating a convection oven effect.

Maillard Reaction:

The high heat triggers the Maillard reaction, a chemical process responsible for browning and developing flavors.

This reaction gives food a crisp outer layer while preserving moisture inside.

Minimal Oil Usage:

While traditional frying submerges food in oil, air fryers require only a minimal amount or, in some cases, no oil at all.

The circulating hot air effectively crisps the food's exterior without the need for excessive oil.

Versatile Cooking Methods:

Beyond frying, air fryers can roast, bake, grill, and even dehydrate, showcasing their versatility.

The controlled environment allows for precision in various cooking techniques.

Removable Basket Design:

The perforated design of the cooking basket allows hot air to reach all sides of the food.

The basket is easily removable, simplifying the process of loading, unloading, and serving.

Understanding the mechanics of air fryers illuminates their efficiency in delivering quick, crispy, and delicious results. This innovative cooking method has reshaped home kitchens, offering a healthier alternative to traditional frying without compromising on taste or texture.

BENEFITS OF USING AN AIR FRYER FOR COOKING

II. Understanding the Air Fryer

B. Benefits of Using an Air Fryer for Cooking

Healthier Cooking Options:

Reduced Oil Consumption: Air fryers require minimal oil, significantly lowering the fat content in fried foods.

Healthier Alternatives: Achieve the crispiness of frying without compromising on health, making it a smart choice for conscious cooking.

Time Efficiency:

Quick Cooking Times: The rapid hot air circulation speeds up cooking, reducing overall preparation and cooking times.

Convenient for Busy Lifestyles: Ideal for those with hectic schedules, allowing for efficient meal preparation.

Versatility in Culinary Creativity:

Multiple Cooking Techniques: Beyond frying, air fryers excel in roasting, baking, grilling, and more, expanding culinary possibilities.

Adaptability Across Cuisines: From appetizers to desserts, the air fryer adapts to diverse cooking styles and flavor profiles.

Even Cooking Results:

Uniform Heat Distribution: The circulating hot air ensures even cooking, preventing unevenly cooked or undercooked portions.

Consistent Texture: Achieve a consistent crispness on the outside while retaining moisture inside for succulent dishes.

Easy Operation and Maintenance:

User-Friendly Controls: Intuitive interfaces and pre-set functions make air fryers accessible for cooks of all skill levels.

Easy Cleanup: Removable, dishwasher-safe components simplify cleaning, reducing post-cooking hassle.

Energy Efficiency:

Reduced Energy Consumption: Air fryers often require less energy compared to traditional ovens, contributing to energy efficiency.

Compact Design: Their smaller size means less space to heat, further optimizing energy usage.

In summary, utilizing an air fryer offers a myriad of benefits, from healthier cooking options and time efficiency to enhanced culinary creativity.

As a versatile and user-friendly kitchen companion, the air fryer has become a staple for those seeking a balance between convenience and wholesome, flavorful meals.

GETTING STARTED WITH GOURMET AIR FRYER COOKING

III. Getting Started with Gourmet Air Fryer Cooking

A. Essential Tools and Accessories

Quality Air Fryer:

Invest in a reliable air fryer with sufficient capacity for your cooking needs.

Consider features such as adjustable temperature settings and a timer for precise control.

Perforated Cooking Basket:

Ensure your air fryer comes with a perforated basket, promoting even air circulation around the food.

Opt for a non-stick coating for easy cleaning.

Oil Sprayer or Misting Bottle:

Use a quality oil sprayer or misting bottle to apply a fine layer of oil on food for crispiness without excess.

Kitchen Thermometer:

A kitchen thermometer helps monitor internal temperatures, ensuring meats are cooked to perfection.

B. Tips for Selecting the Right Ingredients

Fresh and High-Quality Produce:

Start with fresh and high-quality ingredients to enhance the flavor and texture of your dishes.

Explore local markets for seasonal produce.

Protein Choices:

Experiment with a variety of proteins, from poultry and seafood to plant-based alternatives.

Choose lean cuts for healthier options.

Spices and Seasonings:

Build a diverse spice collection to add depth and complexity to your air-fried creations.

Explore unique blends and herbs to elevate flavors.

Creative Condiments and Sauces:

Stock up on condiments and sauces to enhance taste without excessive use of oil.

Experiment with homemade marinades for a personal touch.

C. Preparation Techniques

Uniform Slicing and Dicing:

Ensure uniformity in slicing and dicing for even cooking results.

Invest time in preparation to enhance the aesthetic appeal of your dishes.

Marinating for Flavor Infusion:

Allow proteins to marinate before air frying to infuse flavors.

Experiment with different marinades to discover unique taste profiles.

Layering for Optimal Airflow:

Avoid overcrowding the air fryer basket to ensure proper airflow.

Consider cooking in batches for larger quantities.

With the right tools, fresh ingredients, and thoughtful preparation, you're poised to embark on a gourmet air fryer cooking journey. These initial steps set the foundation for creating quick, healthy, and delicious meals that showcase the versatility of this innovative kitchen appliance.

ESSENTIAL TOOLS AND ACCESSORIES

A. Essential Tools and Accessories

Quality Air Fryer:

Choose a reliable air fryer with features such as adjustable temperature settings, timer functions, and an adequate cooking capacity.

Perforated Cooking Basket:

Ensure the air fryer comes with a non-stick, perforated basket to allow optimal air circulation around the food for even cooking.

Oil Sprayer or Misting Bottle:

Invest in a quality oil sprayer or misting bottle for applying a fine layer of oil on food, promoting crispiness without excess oil.

Kitchen Thermometer:

Have a kitchen thermometer on hand to monitor internal temperatures, ensuring meats are cooked thoroughly and safely.

Silicone Tongs or Cooking Utensils:

Use silicone-tipped tongs or utensils to avoid scratching the air fryer basket while flipping or removing food.

Baking Parchment Paper or Liners:

Stock up on parchment paper or air fryer liners for easy cleanup and to prevent sticking, especially with delicate foods.

Measuring Cups and Spoons:

Accurate measurements are crucial for successful air fryer cooking, so have a set of measuring cups and spoons on hand.

Food Brush:

A food-grade brush is useful for applying marinades or brushing oil onto food surfaces evenly.

Grill Pan or Skewers:

Experiment with a grill pan or skewers for versatile cooking options, especially for kebabs or smaller items.

Cooling Rack:

Allow air to circulate around food items after cooking by using a cooling rack, preventing sogginess on the bottom.

Cooking Spray:

Non-stick cooking spray can be handy for coating the air fryer basket or accessories to prevent sticking.

Food Storage Containers:

Have airtight containers for storing prepped ingredients or leftovers, maintaining freshness.

These essential tools and accessories set the stage for efficient and enjoyable gourmet air fryer cooking, ensuring that you have everything you need to create a variety of quick, healthy, and delicious meals.

B. Tips for Selecting the Right Ingredients

Fresh and High-Quality Produce:

Start with fresh, high-quality fruits and vegetables to elevate the flavor and nutritional value of your dishes.

Protein Choices:

Experiment with a variety of proteins, including poultry, seafood, and plant-based alternatives.

Choose lean cuts for healthier options and explore different textures.

Spices and Seasonings:

Build a diverse spice collection to add depth and complexity to your air-fried creations.

Explore unique blends, herbs, and seasonings to enhance the overall taste.

Creative Condiments and Sauces:

Stock up on condiments and sauces to enhance flavor without relying on excessive oil.

Experiment with homemade marinades for a personal touch and unique profiles.

Whole Grains and Alternatives:

Incorporate whole grains like quinoa, bulgur, or farro for added texture and nutritional value.

Explore alternatives like cauliflower rice or spiralized vegetables for variety.

Fresh Herbs and Citrus:

Use fresh herbs like basil, cilantro, or parsley to brighten flavors.

Incorporate citrus zest or juice for a burst of freshness in marinades or dressings.

Cheese Varieties:

Explore different cheeses to add richness and depth to your dishes.

Opt for flavorful options like feta, parmesan, or goat cheese in moderation.

Nuts and Seeds:

Add crunch and nutritional value with a variety of nuts and seeds.

Toast them before incorporating for enhanced flavor.

Colorful Vegetables:

Embrace a variety of colorful vegetables for both visual appeal and diverse nutritional benefits.

Mix and match to create vibrant, well-balanced meals.

Canned or Dried Legumes:

Include legumes like chickpeas, black beans, or lentils for protein-rich and hearty additions.

Rinse canned legumes to reduce sodium content.

Specialty Ingredients for Ethnic Cuisine:

Explore specialty ingredients to add authenticity to dishes from different cuisines.

Consider unique sauces, pastes, or spices for a global culinary experience.

Local and Seasonal Choices:

Support local farmers and choose seasonal ingredients for optimal freshness and sustainability.

By selecting a diverse range of high-quality ingredients, you'll enhance the depth of flavors in your air-fried gourmet creations, making each dish a delightful culinary experience.

RECIPE CATEGORIES

IV. Recipe Categories

A. Appetizers and Snacks

Unique Air-Fried Appetizers:

Explore creative twists on classic appetizers, from stuffed mushrooms to crispy spring rolls.

Quick and Flavorful Snack Options:

Craft snacks that are both satisfying and healthy, such as seasoned vegetable chips or air-fried chickpeas.

B. Main Courses

Poultry: Innovative Air-Fried Chicken and Turkey Recipes:

Elevate the classic fried chicken with unique marinades and seasonings.

Experiment with air-fried turkey options for a lean and flavorful alternative.

Seafood: Gourmet Fish and Shrimp Dishes:

Create succulent fish fillets and shrimp dishes with delightful marinades and seasonings.

Vegetarian: Creative Vegetable-Based Recipes:

Explore the versatility of vegetables with inventive air-fried dishes like stuffed bell peppers or cauliflower steaks.

C. Sides and Accompaniments

Air-Fried Side Dishes to Complement Main Courses:

Prepare a variety of sides, from crispy sweet potato fries to garlic-parmesan roasted vegetables.

Salads and Dressings for a Balanced Meal:

Introduce salads with vibrant greens and unique dressings to accompany air-fried mains.

D. Desserts and Sweet Treats

Air-Fried Desserts for a Guilt-Free Indulgence:

Indulge in guilt-free treats like cinnamon-sugar donuts or air-fried apple fritters.

Creative Twists on Classic Sweet Treats:

Reinvent classics such as brownies or chocolate chip cookies with an air-fried twist.

E. Quick Meal Planning

Time-Saving Strategies for Busy Individuals:

Develop efficient meal plans with quick and flavorful air-fried recipes.

Weekly Meal Prep Ideas Using the Air Fryer:

Optimize your time by preparing ingredients ahead of time for easy assembly during the week.

These recipe categories provide a diverse range of options for unleashing culinary creativity with your air fryer, ensuring that every part of your meal, from appetizers to desserts, is a delightful and satisfying experience.

APPETIZERS AND SNACKS

A. Appetizers and Snacks

Caprese Stuffed Mushrooms:

Fresh mushrooms stuffed with cherry tomatoes, mozzarella, and basil, air-fried to perfection.

Crispy Parmesan Zucchini Fries:

Zucchini spears coated in parmesan and breadcrumbs, air-fried until golden and served with marinara sauce.

Buffalo Cauliflower Bites:

Cauliflower florets tossed in buffalo sauce, air-fried for a spicy and crispy appetizer.

Spinach and Artichoke Stuffed Wontons:

Wonton wrappers filled with a creamy spinach and artichoke mixture, air-fried until crispy.

Sweet Potato and Chickpea Patties:

Patties made with mashed sweet potatoes and chickpeas, seasoned and air-fried for a tasty vegetarian snack.

Mozzarella-Stuffed Meatballs:

Juicy meatballs with a gooey mozzarella center, air-fried until golden brown.

Crispy Air-Fried Spring Rolls:

Homemade spring rolls filled with vegetables and your choice of protein, air-fried for a delightful crunch.

Garlic-Parmesan Knots:

Soft dough knots brushed with garlic-infused butter, sprinkled with parmesan, and air-fried to a golden brown.

Spicy Edamame:

Edamame pods tossed in a spicy seasoning blend, air-fried for a flavorful and addictive snack.

Cajun Shrimp Skewers:

Shrimp marinated in Cajun spices, threaded onto skewers, and air-fried for a quick and flavorful appetizer.

These creative and flavorful appetizers and snacks showcase the versatility of the air fryer, offering a range of options to suit different tastes and occasions. Enjoy the crispy goodness without compromising on taste!

UNIQUE AIR-FRIED APPETIZER RECIPES

Brie and Berry Phyllo Cups:

Mini phyllo cups filled with warm, air-fried brie cheese and a dollop of mixed berries for a sweet and savory delight.

Savory Spinach and Artichoke Palmiers:

Puff pastry spirals filled with a savory mix of spinach, artichokes, and cream cheese, air-fried until golden and flaky.

Crispy Avocado Fries:

Avocado slices coated in a seasoned breadcrumb mixture, air-fried to crispy perfection, and served with a zesty dipping sauce.

Asian-Inspired Chicken Wonton Cups:

Wonton cups filled with a flavorful mixture of air-fried chicken, soy sauce, and sesame oil, topped with green onions.

Prosciutto-Wrapped Asparagus Bundles:

Asparagus spears wrapped in prosciutto, air-fried until the prosciutto is crisp, creating an elegant and savory appetizer.

Stuffed Jalapeño Poppers with Bacon:

Jalapeño peppers filled with cream cheese, wrapped in bacon, and air-fried for a spicy and indulgent appetizer.

Mushroom and Gouda Croquettes:

Crispy croquettes made with a blend of mushrooms, Gouda cheese, and herbs, air-fried for a flavorful bite.

Buffalo Chicken Wonton Cups:

Wonton cups filled with a spicy buffalo chicken mixture, topped with blue cheese crumbles, and air-fried to perfection.

Cajun Shrimp Stuffed Mushrooms:

Mushrooms stuffed with Cajun-seasoned shrimp, cream cheese, and breadcrumbs, air-fried for a flavorful and spicy kick.

Sweet and Spicy Pineapple Shrimp Skewers:

Skewers alternating between shrimp and pineapple chunks, glazed with a sweet and spicy sauce, and air-fried for a tropical twist.

These unique air-fried appetizer recipes are sure to impress your guests with their creative flavors and delightful textures. Enjoy the crispy goodness of these inventive bites!

QUICK AND FLAVORFUL SNACK OPTIONS

Crispy Chickpea Bites:

Roasted chickpeas seasoned with paprika, cumin, and garlic powder, air-fried until crunchy for a protein-packed snack.

Parmesan and Herb Popcorn:

Air-pop your popcorn, drizzle with a touch of olive oil, and toss with grated parmesan and a blend of dried herbs for a savory snack.

Cinnamon Sugar Apple Chips:

Thinly sliced apples sprinkled with cinnamon and a touch of sugar, air-fried until crisp for a sweet and wholesome treat.

Ranch Kale Chips:

Fresh kale leaves coated in a ranch seasoning mix, air-fried until crispy for a healthy and flavorful snack.

Sesame Soy Edamame:

Edamame pods tossed in a sesame soy sauce glaze, air-fried for a quick and savory snack with an Asian-inspired twist.

Cheesy Taco Tortilla Chips:

Triangular tortilla chips brushed with a cheesy taco seasoning mix, air-fried until golden and served with salsa.

Garlic-Parmesan Pretzel Bites:

Bite-sized pretzel pieces coated in a garlic-parmesan butter mixture, air-fried for a savory and addictive snack.

Trail Mix Granola Clusters:

Create clusters using a mix of granola, nuts, seeds, and dried fruits, air-fried for a crunchy and energy-boosting snack.

Honey Sriracha Roasted Nuts:

Mixed nuts coated in a honey-sriracha glaze, air-fried until caramelized for a sweet and spicy nutty snack.

Mango Chili Lime Fruit Leather:

Blend mangoes with chili powder and lime juice, dehydrate in the air fryer for a naturally sweet and tangy fruit leather.

These quick and flavorful snack options not only satisfy cravings but also offer a healthier alternative to traditional snacks. Enjoy the delicious crunch without compromising on nutrition!

MAIN COURSES

B. Main Courses

Crispy Lemon Herb Chicken Thighs:

Chicken thighs seasoned with lemon, garlic, and herbs, air-fried until golden and juicy.

Teriyaki Salmon Fillets:

Salmon fillets marinated in a teriyaki glaze, air-fried to perfection for a flavorful and healthy seafood main.

Stuffed Bell Peppers with Quinoa:

Bell peppers filled with a mixture of quinoa, black beans, corn, and spices, air-fried until peppers are tender.

Sesame Ginger Tofu Stir-Fry:

Cubes of tofu coated in a sesame ginger marinade, air-fried and served over a bed of colorful stir-fried vegetables.

Mushroom and Spinach Stuffed Chicken Breast:

Chicken breasts filled with a savory mixture of mushrooms, spinach, and feta, air-fried for a gourmet twist.

Lemon Garlic Shrimp Skewers:

Shrimp skewers marinated in a zesty lemon-garlic sauce, air-fried for a quick and delightful seafood dish.

Southwest Turkey Burger Patties:

Turkey burger patties seasoned with southwestern spices, air-fried and served with avocado and salsa.

Eggplant Parmesan Stacks:

Breaded eggplant slices layered with marinara sauce and mozzarella, air-fried until bubbly and golden.

BBQ Pulled Pork Sliders:

Tender pulled pork coated in barbecue sauce, air-fried and served in slider buns with coleslaw.

Vegetarian Enchilada Stuffed Poblano Peppers:

Poblano peppers filled with a mixture of black beans, corn, and cheese, topped with enchilada sauce, and air-fried to perfection.

These air-fried main courses offer a variety of flavors and ingredients to suit different preferences, making mealtime both delicious and convenient.

Crispy Herb and Parmesan Chicken Wings:

Chicken wings coated in a blend of fresh herbs,
parmesan, and breadcrumbs, air-fried until
irresistibly crispy.

Spicy Honey Mustard Chicken Tenders:

Chicken tenders marinated in a spicy honey
mustard glaze, air-fried for a perfect
combination of heat and sweetness.

Lemon Garlic Rosemary Roast Chicken:

Whole chicken seasoned with a zesty lemon-
garlic-rosemary rub, air-fried to achieve a
golden and flavorful exterior.

Buffalo Ranch Turkey Meatballs:

Turkey meatballs infused with buffalo sauce and ranch seasoning, air-fried for a delightful twist on classic flavors.

Sesame Orange Glazed Chicken Drumsticks:

Chicken drumsticks coated in a sesame orange glaze, air-fried for a sweet and tangy Asian-inspired dish.

Pesto-Stuffed Air-Fried Chicken Breast:

Chicken breasts filled with a vibrant pesto and mozzarella mixture, air-fried until the chicken is tender and juicy.

Cajun Buttermilk Fried Turkey Breast:

Turkey breast marinated in Cajun buttermilk, coated in a seasoned breading, and air-fried to crispy perfection.

Garlic Parmesan Air-Fried Chicken Thighs:

Chicken thighs seasoned with garlic, parmesan, and herbs, air-fried until the skin is golden and the meat is juicy.

Honey Sriracha Glazed Chicken Skewers:

Chicken skewers glazed with a sweet and spicy honey-sriracha sauce, air-fried for a flavorful and quick meal.

Mango Salsa Turkey Burgers:

Turkey burgers topped with refreshing mango salsa, air-fried for a light and tropical twist on a classic dish.

These innovative air-fried chicken and turkey recipes showcase a variety of flavors and cooking techniques, turning ordinary poultry into extraordinary and flavorful main courses. Enjoy the crispy goodness with a creative twist!

SEAFOOD: GOURMET FISH AND SHRIMP DISHES

Lemon Garlic Butter Shrimp Scampi:

Shrimp cooked in a luxurious lemon-garlic butter sauce, air-fried for a quick and flavorful scampi dish.

Herb-Crusted Air-Fried Cod Fillets:

Cod fillets coated in a blend of fresh herbs and breadcrumbs, air-fried until the crust is golden and the fish is tender.

Coconut-Crusted Tilapia with Pineapple Salsa:

Tilapia fillets with a crispy coconut coating, air-fried and served with a refreshing pineapple salsa for a tropical touch.

Spicy Cajun Grilled Shrimp Skewers:

Cajun-spiced shrimp skewers air-fried to perfection, offering a bold and zesty flavor.

Miso Glazed Air-Fried Salmon:

Salmon fillets glazed with a savory miso mixture, air-fried to achieve a perfectly caramelized exterior.

Sesame Crusted Ahi Tuna Steaks:

Ahi tuna steaks coated in sesame seeds and air-fried for a delightful crunch, served with a soy-ginger dipping sauce.

Garlic Parmesan Air-Fried Shrimp:

Shrimp coated in a garlic parmesan breadcrumb mixture, air-fried until crispy and served with a lemon wedge.

Citrus-Herb Marinated Swordfish Skewers:

Swordfish skewers marinated in a citrus-herb blend, air-fried for a light and refreshing seafood dish.

Mango Chipotle Glazed Grilled Snapper:

Snapper fillets glazed with a sweet and smoky mango chipotle sauce, air-fried for a unique and flavorful meal.

Lobster Tail with Garlic Butter:

Lobster tails brushed with garlic butter and air-fried for a succulent and luxurious seafood experience.

These gourmet air-fried fish and shrimp dishes offer a variety of flavors and textures, allowing you to enjoy restaurant-quality seafood in the comfort of your own kitchen. Delight in the richness and freshness of these exquisite dishes!

VEGETARIAN: CREATIVE VEGETABLE-BASED RECIPES

Stuffed Portobello Mushrooms with Quinoa and Feta:

Portobello mushrooms filled with a savory mixture of quinoa, spinach, and feta, air-fried for a hearty vegetarian dish.

Crispy Air-Fried Zucchini Fritters:

Zucchini fritters made with grated zucchini, herbs, and breadcrumbs, air-fried until golden and served with a yogurt dipping sauce.

Eggplant Parmesan Towers:

Slices of eggplant layered with marinara sauce and mozzarella, air-fried until bubbly and golden for a delicious vegetarian twist on a classic.

Spinach and Ricotta Stuffed Bell Peppers:

Bell peppers filled with a mixture of spinach, ricotta, and herbs, air-fried until the peppers are tender and the filling is creamy.

Sweet Potato and Black Bean Quesadillas:

Quesadillas filled with a flavorful blend of sweet potatoes, black beans, and cheese, air-fried for a crispy exterior.

Cauliflower Steak with Chimichurri Sauce:

Thick cauliflower steaks coated in a chimichurri sauce, air-fried for a tasty and visually appealing vegetarian main course.

Mushroom and Spinach Air-Fried Risotto Balls:

Risotto balls stuffed with mushrooms and spinach, air-fried until crispy for a delightful appetizer or main dish.

Vegetarian Thai Basil Eggplant Stir-Fry:

Eggplant stir-fried with Thai basil, tofu, and a flavorful sauce, air-fried for a quick and aromatic vegetarian meal.

Butternut Squash and Sage Stuffed Ravioli:

Ravioli filled with a butternut squash and sage mixture, air-fried until golden and served with a light tomato sauce.

Chickpea and Spinach Air-Fried Patties:

Chickpea and spinach patties seasoned with cumin and coriander, air-fried until crispy and served with a tahini dressing.

These creative vegetable-based air-fried recipes provide a variety of textures and flavors, showcasing the versatility of vegetarian cooking. Enjoy these hearty and satisfying dishes!

SIDES AND ACCOMPANIMENTS

C. Sides and Accompaniments

Crispy Parmesan Garlic Roasted Potatoes:

Potato wedges coated in a parmesan and garlic seasoning, air-fried until golden and served with a sprinkle of fresh herbs.

Garlic Butter Asparagus Spears:

Asparagus spears tossed in garlic butter, air-fried for a quick and flavorful side dish with a tender-crisp texture.

Mushroom and Thyme Risotto Balls:

Risotto balls filled with mushrooms and thyme, air-fried until crispy and served with a light aioli for dipping.

Balsamic Glazed Brussel Sprouts:

Brussel sprouts coated in a balsamic glaze, air-fried until caramelized and served with a sprinkle of toasted almonds.

Caprese Stuffed Air-Fried Mushrooms:

Mushrooms filled with mozzarella, cherry tomatoes, and basil, air-fried until the cheese is melted and bubbly.

Rosemary Garlic Roasted Carrot Fries:

Carrot fries seasoned with rosemary and garlic, air-fried for a healthier alternative to traditional fries.

Crispy Polenta Fries with Marinara Sauce:

Polenta fries air-fried until crispy and served with a rich marinara sauce for dipping.

Herb and Parmesan Quinoa Bites:

Quinoa bites flavored with herbs and parmesan, air-fried for a nutritious and flavorful accompaniment.

Cumin-Spiced Sweet Potato Wedges:

Sweet potato wedges dusted with cumin and paprika, air-fried until tender on the inside and crispy on the outside.

Honey Glazed Sesame Cauliflower Bites:

Cauliflower florets coated in a honey and sesame glaze, air-fried until sticky and served with a sprinkle of sesame seeds.

These air-fried sides and accompaniments offer a delicious and wholesome addition to your meals, providing a balance of textures and flavors to complement any main course. Enjoy the crispy goodness!

Garlic Herb Roasted Potatoes:

Potato wedges seasoned with garlic, herbs, and a touch of olive oil, air-fried until crispy on the outside and tender on the inside.

Parmesan Crusted Broccoli Bites:

Broccoli florets coated in parmesan and breadcrumbs, air-fried for a crunchy and flavorful side dish.

Zesty Lemon Green Beans:

Green beans tossed in a zesty lemon vinaigrette, air-fried to perfection for a bright and refreshing side.

Bacon-Wrapped Asparagus Bundles:

Asparagus spears wrapped in crispy bacon strips, air-fried until the bacon is golden and the asparagus is tender.

Crispy Onion Rings with Chipotle Mayo:

Onion rings coated in a seasoned batter, air-fried until golden brown, and served with a spicy chipotle mayo for dipping.

Ratatouille Medley:

A colorful mix of zucchini, eggplant, bell peppers, and tomatoes seasoned with herbs, air-fried until tender for a delightful vegetable medley.

Garlic Parmesan Brussels Sprouts:

Brussels sprouts coated in a garlic parmesan mixture, air-fried until crispy and caramelized.

Sweet and Spicy Mango Salsa:

Fresh mango salsa with red onion, cilantro, and a hint of spice, serving as a vibrant and fruity accompaniment.

Balsamic Glazed Carrot Coins:

Carrot coins glazed with balsamic vinegar and honey, air-fried until caramelized for a sweet and tangy side dish.

Mushroom and Thyme Quinoa Pilaf:

Quinoa pilaf with sautéed mushrooms and thyme, air-fried for a light and fluffy side to complement various main courses.

These air-fried side dishes add a delightful crunch and burst of flavors to complement a variety of main courses. Enjoy the versatility of these crispy and tasty accompaniments!

SALADS AND DRESSINGS FOR A BALANCED MEAL

C. Salads and Dressings for a Balanced Meal

Classic Caesar Salad with Air-Fried Croutons:

Romaine lettuce tossed in a creamy Caesar dressing, topped with air-fried croutons for a classic and satisfying salad.

Mediterranean Quinoa Salad with Lemon Vinaigrette:

Quinoa mixed with cherry tomatoes, cucumbers, olives, and feta, dressed in a zesty lemon vinaigrette for a refreshing and nutritious salad.

Kale and Cranberry Salad with Maple Dijon Dressing:

Kale leaves massaged with a sweet and tangy maple Dijon dressing, topped with cranberries and toasted almonds for a nutrient-packed salad.

Caprese Salad Skewers with Balsamic Glaze:

Cherry tomatoes, mozzarella balls, and basil leaves threaded onto skewers, drizzled with balsamic glaze for a light and flavorful salad.

Asian-Inspired Noodle Salad with Sesame Ginger Dressing:

Rice noodles, colorful vegetables, and tofu tossed in a sesame ginger dressing for a satisfying and vibrant Asian-inspired salad.

Roasted Beet and Goat Cheese Salad with Citrus Vinaigrette:

Roasted beets paired with creamy goat cheese, arugula, and a citrus vinaigrette for a sophisticated and colorful salad.

Crispy Chickpea and Avocado Salad:

Chickpeas air-fried until crispy, mixed with avocado, cherry tomatoes, and arugula, dressed in a lemony vinaigrette for a protein-packed salad.

Southwest Quinoa Bowl with Cilantro Lime Dressing:

Quinoa bowl with black beans, corn, avocado, and a zesty cilantro lime dressing for a hearty and flavorful meal.

Greek Salad with Homemade Tzatziki Dressing:

Traditional Greek salad with tomatoes, cucumbers, olives, and feta, served with a refreshing homemade tzatziki dressing.

Cabbage and Mango Slaw with Spicy Sriracha Mayo:

Shredded cabbage and ripe mango tossed in a spicy sriracha mayo dressing, creating a crunchy and tropical coleslaw.

These salads and dressings provide a well-balanced and nutritious accompaniment to your meals, offering a mix of textures, flavors, and essential nutrients. Enjoy a delicious and satisfying meal with these vibrant options!

DESSERTS AND SWEET TREATS

D. Desserts and Sweet Treats

Cinnamon Sugar Air-Fried Donut Holes:

Bite-sized donut holes coated in cinnamon sugar, air-fried until golden for a delightful and indulgent treat.

Chocolate-Dipped Strawberries with Almond Crunch:

Fresh strawberries dipped in dark chocolate and coated with almond crunch, air-fried for an elegant and sweet dessert.

Banana and Nutella Wontons:

Wonton wrappers filled with banana slices and Nutella, air-fried until crispy for a delicious and easy-to-make dessert.

Apple Pie Egg Rolls with Caramel Drizzle:

Apple pie filling wrapped in egg roll wrappers, air-fried until golden, and drizzled with caramel for a delectable dessert.

Air-Fried Peach and Blueberry Crisp:

Fresh peaches and blueberries topped with a crisp oat topping, air-fried until bubbly and golden for a fruity dessert.

S'mores Quesadillas:

Quesadillas filled with chocolate chips, marshmallows, and graham cracker crumbs, air-fried until gooey and delicious.

Lemon-Glazed Air-Fried Pound Cake:

Slices of pound cake air-fried until golden, drizzled with a zesty lemon glaze for a light and flavorful dessert.

Strawberry Shortcake Bites:

Air-fried biscuit bites topped with fresh strawberries and whipped cream for a bite-sized twist on classic strawberry shortcake.

Coconut Macaroon Clusters:

Coconut macaroons formed into clusters, air-fried until golden brown and served as sweet and chewy treats.

Pumpkin Spice Churro Bites:

Churro bites coated in pumpkin spice sugar, air-fried until crispy, and served with a caramel dipping sauce for a fall-inspired treat.

These air-fried desserts and sweet treats offer a mix of flavors and textures, providing a satisfying way to end your meal on a sweet note. Enjoy the delightful crunch and indulgence!

AIR-FRIED DESSERTS FOR A GUILT-FREE INDULGENCE

Chocolate-Dipped Banana Bites:

Banana slices dipped in dark chocolate and air-fried for a guilt-free, fruity chocolate treat.

Cinnamon Apple Chips:

Thin apple slices dusted with cinnamon and air-fried until crispy for a wholesome and naturally sweet snack.

Mixed Berry Parfait with Granola Crunch:

Layers of mixed berries and yogurt topped with air-fried granola for a guilt-free parfait.

Coconut and Almond Energy Bites:

A blend of coconut, almonds, and dates formed into energy bites and air-fried for a nutritious and satisfying snack.

Air-Fried Peach Slices with Honey Drizzle:

Peach slices lightly drizzled with honey and air-fried for a caramelized, guilt-free dessert.

Vanilla Cinnamon Baked Apples:

Apple halves dusted with cinnamon and vanilla, air-fried until tender for a warm and comforting dessert.

Greek Yogurt Frozen Blueberry Bites:

Blueberries dipped in Greek yogurt and frozen, then air-fried for a cool and guilt-free sweet treat.

Mango Sorbet Bites:

Scoops of mango sorbet air-fried for a quick and refreshing guilt-free indulgence.

Pineapple and Coconut Frozen Yogurt Drops:

Frozen drops of yogurt infused with pineapple and coconut flavors, air-fried for a tropical guilt-free dessert.

Chia Seed Pudding Cups:

Chia seed pudding cups with layers of fresh fruit, air-fried granola, and a drizzle of honey for a wholesome and guilt-free dessert.

These guilt-free air-fried desserts offer a satisfying way to enjoy sweetness without compromising on health. Indulge in these flavorful treats guilt-free!

Matcha Green Tea Rice Krispie Treats:

Rice Krispie treats infused with matcha green tea powder for a unique and vibrant twist on the classic treat.

Salted Caramel Pretzel Brownies:

Brownies layered with salted caramel and crunchy pretzel pieces, adding a sweet and salty contrast to this classic dessert.

Lemon Blueberry Cheesecake Bars:

Cheesecake bars with a lemon-blueberry swirl for a refreshing and fruity twist on traditional cheesecake.

Peanut Butter Banana S'mores:

Classic s'mores with a twist – swap the chocolate for a layer of peanut butter and add banana slices for a delightful combination.

Chocolate-Dipped Strawberry Shortcake Skewers:

Strawberry shortcake components threaded onto skewers and dipped in chocolate for a fun and portable dessert.

Gingerbread Cookie Ice Cream Sandwiches:

Gingerbread cookies sandwiching a scoop of ice cream for a festive and spiced twist on the traditional ice cream sandwich.

Raspberry Swirl Cheesecake Brownie Bites:

Mini brownie bites with a raspberry cheesecake swirl for a bite-sized and decadent sweet treat.

Coconut and Lime Rice Pudding Cups:

Rice pudding infused with coconut milk and lime zest, served in individual cups for a tropical and refreshing dessert.

Chocolate-Dipped Pistachio Shortbread Cookies:

Pistachio-flavored shortbread cookies dipped in dark chocolate for a rich and nutty variation of the classic shortbread.

Orange Creamsicle Cupcakes:

Cupcakes with an orange-vanilla flavor combination reminiscent of a creamsicle, topped with a citrus-infused frosting.

These creative twists on classic sweet treats add a burst of flavor and excitement to familiar favorites. Enjoy the delightful combinations and surprises in every bite!

E. Quick Meal Planning

One-Pan Lemon Garlic Chicken with Roasted Vegetables:

Season chicken with lemon and garlic, roast alongside a medley of vegetables for a quick and flavorful meal.

Shrimp Stir-Fry with Broccoli and Bell Peppers:

Quickly stir-fry shrimp with colorful bell peppers and broccoli in a savory sauce for a speedy and nutritious dish.

Caprese Salad and Grilled Chicken Wraps:

Assemble wraps with grilled chicken, fresh tomatoes, mozzarella, and basil for a light and quick meal.

Mushroom and Spinach Quesadillas:

Sauté mushrooms and spinach, fill tortillas with the mixture, and melt cheese for a simple and satisfying quesadilla.

Pesto Pasta with Cherry Tomatoes and Grilled Chicken:

Toss pasta with pesto, cherry tomatoes, and grilled chicken for a speedy and flavorful pasta dish.

Teriyaki Tofu and Vegetable Stir-Fry:

Stir-fry tofu and a variety of vegetables in teriyaki sauce for a quick and vegetarian-friendly meal.

Quick and Easy Margherita Pizza:

Top pizza dough with tomato sauce, fresh mozzarella, and basil for a speedy Margherita pizza.

Sheet Pan Fajita Bowls:

Roast fajita-seasoned chicken, bell peppers, and onions on a sheet pan, then serve over rice or in bowls for a quick Tex-Mex-inspired meal.

Avocado and Black Bean Salad with Lime Vinaigrette:

Toss together avocados, black beans, corn, and a zesty lime vinaigrette for a refreshing and quick salad.

Salmon and Quinoa Buddha Bowls:

Cook salmon, quinoa, and a variety of colorful vegetables, then assemble into nourishing Buddha bowls for a quick and balanced meal.

These quick meal planning ideas offer a variety of flavors and ingredients, allowing you to prepare delicious meals in a short amount of time. Enjoy the convenience and taste of these speedy recipes!

Meal Prepping: Prepare ingredients and meals in advance, enabling you to quickly assemble or cook during busy times.

Batch Cooking: Cook large batches of meals and freeze portions for later, reducing the need for daily cooking.

One-Pot or Sheet Pan Meals: Opt for recipes that require minimal cleanup by cooking everything in one pot or on a single sheet pan.

Slow Cooker or Instant Pot: Let these appliances do the work for you while you attend to other tasks. Set it in the morning and return to a cooked meal.

Simple and Versatile Ingredients: Focus on ingredients that can be used in multiple dishes to simplify grocery shopping and meal preparation.

Pre-cut and Pre-washed Produce: Choose pre-cut vegetables or pre-washed greens to save time on chopping and cleaning.

Frozen Fruits and Vegetables: Keep a variety of frozen produce on hand for quick additions to meals without the need for chopping.

Quick Cooking Grains: Opt for quick-cooking grains like quinoa or couscous instead of traditional rice for faster meal preparation.

Canned and Pre-cooked Proteins: Use canned beans, pre-cooked chicken, or other proteins to cut down on cooking time.

Plan and Organize: Plan your meals for the week, create shopping lists, and organize your kitchen to streamline the cooking process.

Cook Once, Eat Twice: Prepare extra portions to have leftovers for the next day's lunch or dinner.

Utilize Convenience Foods Wisely: Incorporate healthy convenience foods like pre-marinated tofu, pre-cooked lentils, or rotisserie chicken.

Online Grocery Shopping: Save time by ordering groceries online and having them delivered to your doorstep.

Delegate Tasks: If possible, involve family members or housemates in meal preparation to share the workload.

Mindful Time Management: Allocate specific time slots for meal preparation, ensuring it aligns with your overall schedule.

Implementing these time-saving strategies can help busy individuals manage their schedules more efficiently while still enjoying delicious and nutritious meals.

WEEKLY MEAL PREP IDEAS USING THE AIR FRYER

Weekly Air Fryer Meal Prep Ideas

Crispy Chicken Breasts:

Season and air-fry chicken breasts until golden brown. Use them as a versatile protein source for salads, wraps, or alongside grains and veggies.

Quinoa and Vegetable Bowls:

Cook a batch of quinoa in the air fryer and pair it with air-fried mixed vegetables for quick and nutritious grain bowls.

Salmon and Roasted Sweet Potatoes:

Air-fry salmon fillets with your favorite seasonings and roast sweet potato cubes for a simple and healthy meal prep option.

Egg Muffins:

Prepare egg muffins with a variety of vegetables, cheese, and protein. Air-fry for a portable and protein-packed breakfast or snack.

Turkey Meatballs:

Mix ground turkey with herbs and spices, form into meatballs, and air-fry for a lean protein option to use in salads, sandwiches, or pasta dishes.

Vegetarian Stuffed Bell Peppers:

Air-fry halved bell peppers filled with a mixture of quinoa, black beans, corn, and cheese for a delicious and veggie-packed meal.

Crispy Tofu and Stir-Fried Veggies:

Air-fry tofu until golden and pair it with a stir-fry of colorful vegetables for a plant-based and flavorful dish.

Buffalo Cauliflower Bites:

Coat cauliflower florets in buffalo sauce and air-fry until crispy for a spicy and low-carb snack or side dish.

Sweet Potato Fries and Turkey Burgers:

Air-fry sweet potato fries for a healthier alternative to regular fries and pair them with air-fried turkey burger patties.

Mediterranean Chickpea Salad:

Roast chickpeas in the air fryer for added crunch and mix them with cherry tomatoes, cucumbers, olives, and feta for a Mediterranean-inspired salad.

Air-Fried Shrimp Tacos:

Season shrimp and air-fry until cooked. Assemble them into tacos with your favorite toppings for a quick and tasty meal.

Honey Garlic Glazed Salmon:

Glaze salmon with a honey garlic sauce and air-fry for a sweet and savory main course. Serve with steamed broccoli or asparagus.

Air-Fried Brussels Sprouts with Bacon:

Toss Brussels sprouts with bacon bits and air-fry until crispy for a flavorful and easy-to-make side dish.

Stuffed Portobello Mushrooms:

Stuff portobello mushrooms with a mixture of spinach, feta, and breadcrumbs, then air-fry for a delicious vegetarian option.

Cinnamon Sugar Apple Chips:

Slice apples thinly, sprinkle with cinnamon and sugar, and air-fry for a healthy and crunchy snack.

These weekly air fryer meal prep ideas offer a variety of flavors and nutrients, making it easy to enjoy quick and delicious meals throughout the week.

HEALTH AND NUTRITION CONSIDERATIONS

Health and Nutrition Considerations for Air-Fried Meals:

Portion Control:

Be mindful of portion sizes to maintain a balanced diet and avoid overeating, even with healthier cooking methods.

Variety of Ingredients:

Include a variety of colorful fruits, vegetables, lean proteins, whole grains, and healthy fats to ensure a diverse nutrient intake.

Healthy Cooking Oils:

Choose heart-healthy oils like olive oil or avocado oil when air-frying for added nutritional benefits.

Limit Processed Ingredients:

Minimize the use of processed or pre-packaged foods, as they may contain added sugars, salt, and unhealthy fats.

Watch Sodium Intake:

Be cautious with salt and opt for herbs, spices, and other seasonings to flavor your meals without excessive sodium.

Lean Proteins:

Prioritize lean protein sources like poultry, fish, tofu, and legumes for a well-balanced and protein-rich diet.

Incorporate Whole Grains:

Include whole grains such as quinoa, brown rice, or whole wheat products to increase fiber and nutrient content.

Nutrient-Rich Snacks:

Air-fry nutrient-dense snacks like vegetables or fruit slices for a healthier alternative to traditional snacks.

Balanced Macronutrients:

Aim for a balance of carbohydrates, proteins, and healthy fats in each meal to support overall nutrition.

Hydration:

Stay well-hydrated by drinking water throughout the day. Limit sugary beverages and opt for water, herbal tea, or infused water.

Mindful Eating:

Practice mindful eating by paying attention to hunger and fullness cues, promoting a healthier relationship with food.

Choose Whole Foods:

Opt for whole, minimally processed foods to maximize nutrient intake and minimize the consumption of additives.

Consider Dietary Restrictions:

Tailor air-fried meals to accommodate any dietary restrictions or preferences, such as vegetarian, gluten-free, or dairy-free options.

Balance Treats with Nutrient-Dense Foods:

Enjoy air-fried treats in moderation and balance them with nutrient-dense meals to meet overall nutritional needs.

Consult with a Nutrition Professional:

If you have specific dietary concerns or health conditions, consult with a registered dietitian or nutritionist for personalized advice.

By considering these health and nutrition aspects, you can make the most of air-fried meals as part of a well-rounded and nourishing diet.

BENEFITS OF AIR FRYING FOR A HEALTHIER LIFESTYLE

Benefits of Air Frying for a Healthier Lifestyle:

Reduced Oil Usage:

Air frying requires significantly less oil compared to traditional frying, reducing overall calorie and fat intake.

Lower Fat Content:

Air-fried foods typically have lower fat content as they are not submerged in oil, making them a healthier option for those watching their fat intake.

Healthier Cooking Method:

Air frying is considered a healthier cooking method than deep frying as it produces crispiness without the need for excessive oil.

Preserves Nutrients:

Air frying helps retain more nutrients in food compared to boiling or deep frying, as it exposes the ingredients to less heat and shorter cooking times.

Less Formation of Harmful Compounds:

Traditional frying at high temperatures can produce potentially harmful compounds. Air frying minimizes the risk of these compounds forming.

Versatility in Cooking:

Air fryers can cook a variety of foods, including vegetables, proteins, and even desserts, promoting a well-rounded and diverse diet.

Faster Cooking Time:

Air frying typically requires less cooking time than traditional methods, making it a convenient option for busy individuals.

Easy Cleanup:

Air fryers are generally easy to clean, reducing the effort and time required for post-cooking cleanup.

Preservation of Texture:

Air frying can create a crispy texture similar to frying, providing a satisfying mouthfeel without the excess oil.

Reduced Risk of Overcooking:

The precise temperature control of air fryers helps reduce the risk of overcooking, ensuring that food retains its moisture and flavor.

Healthier Snacking Options:

Air-fried snacks, such as vegetables or sweet potato fries, offer a healthier alternative to traditional fried snacks.

Promotes Heart Health:

Using heart-healthy oils in moderation for air frying can contribute to better cardiovascular health.

Less Environmental Impact:

Air frying produces fewer cooking byproducts, contributing to a more environmentally friendly cooking process.

Encourages Home Cooking:

The simplicity and convenience of air frying may encourage individuals to cook more meals at home, allowing for better control over ingredients and portion sizes.

Adaptable to Dietary Preferences:

Air frying accommodates various dietary preferences, including vegetarian, gluten-free, and low-carb, offering versatility in meal preparation.

Incorporating air frying into your cooking routine can contribute to a healthier lifestyle by reducing overall calorie and fat intake while preserving the nutritional value and flavor of your meals.

NUTRITIONAL ASPECTS OF GOURMET AIR-FRIED RECIPES

Nutritional Aspects of Gourmet Air-Fried Recipes:

Lower Fat Content:

Gourmet air-fried recipes often use less oil compared to traditional frying methods, resulting in dishes with lower overall fat content.

Reduced Caloric Intake:

Air frying allows for a crispy texture without excessive oil, contributing to lower calorie counts in gourmet dishes.

Preserved Nutrients:

The shorter cooking times and lower temperatures of air frying help preserve the nutritional value of ingredients, including vitamins and minerals.

Lean Protein Sources:

Gourmet air-fried recipes often feature lean protein sources, such as chicken or fish, contributing to a healthier protein intake.

Incorporation of Whole Foods:

Gourmet air-fried recipes frequently emphasize the use of whole and fresh ingredients, promoting a nutrient-dense approach to cooking.

Increased Fiber from Vegetables:

Many gourmet air-fried recipes include a variety of vegetables, contributing to increased fiber intake for improved digestion and satiety.

Balanced Macronutrients:

Gourmet air-fried recipes are designed to offer a balance of carbohydrates, proteins, and healthy fats, supporting a well-rounded and nutritious diet.

Portion Control:

Gourmet air-fried dishes often focus on quality over quantity, encouraging mindful eating and portion control for a balanced meal.

Creative Flavor Profiles:

Gourmet air-fried recipes use herbs, spices, and flavorful ingredients to enhance taste without relying on excessive fats or sugars.

Adaptability to Dietary Preferences:

Gourmet air-fried recipes can easily accommodate various dietary preferences, including vegetarian, gluten-free, or low-carb options.

Diverse Nutritional Benefits:

Depending on the ingredients chosen, gourmet air-fried recipes can provide a diverse range of nutritional benefits, from antioxidants in herbs to omega-3 fatty acids in certain fish.

Encourages Exploration of Ingredients:

Gourmet air-fried recipes often encourage the use of a wide variety of ingredients, promoting exploration and inclusion of diverse nutrients in meals.

Control Over Seasonings and Sauces:

By making gourmet air-fried dishes at home, individuals have control over the seasonings and sauces, allowing for healthier flavoring options.

Balanced Meal Components:

Gourmet air-fried recipes often incorporate a mix of proteins, carbohydrates, and vegetables, contributing to a well-balanced and satisfying meal.

Promotes Culinary Creativity:

Gourmet air-fried recipes encourage creativity in the kitchen, providing a platform for crafting delicious and nutritious meals tailored to individual preferences.

By considering these nutritional aspects, gourmet air-fried recipes offer a delicious and health-conscious approach to cooking, allowing individuals to enjoy flavorful meals without compromising on nutritional value.

TROUBLESHOOTING TIPS

Air Fryer Troubleshooting Tips:

Food Not Crispy Enough:

Increase the temperature or cooking time slightly for a crispier result. Shake or flip the food halfway through the cooking process for even crispiness.

Uneven Cooking:

Arrange food in a single layer with space between each piece to ensure even air circulation. Consider flipping or rotating items during cooking.

Food Sticking to Basket:

Lightly coat the food or basket with oil or use parchment paper to prevent sticking. Preheat the air fryer for a few minutes before adding the food.

Dry or Overcooked Food:

Reduce cooking time or temperature, and consider marinating or coating the food in sauces or oils to retain moisture.

Smoke Emission:

Check if excess oil or food particles are causing smoke. Clean the air fryer and remove excess grease to prevent smoke. Use oils with higher smoke points.

Unpleasant Odors:

Clean the air fryer thoroughly, especially the basket and tray. Remove any leftover food debris that might be causing odors.

Touchpad or Controls Not Responding:

Ensure the air fryer is properly plugged in. Check for any loose connections or damaged cords. If issues persist, contact the manufacturer for assistance.

Excessive Noise:

Some noise is normal, but excessive noise may indicate a mechanical issue. Ensure that the air fryer is on a stable surface and contact the manufacturer if the problem persists.

Odors from Previous Meals:

Clean the air fryer thoroughly, including the basket, tray, and heating element, to remove lingering odors from previous cooking sessions.

Condensation in the Air Fryer:

Preheat the air fryer before adding food to reduce condensation. Consider patting food dry before cooking, and leave the basket out to air-dry after cleaning.

Error Codes Displayed:

Refer to the user manual for error code explanations. Check for any issues indicated by the code and follow the recommended troubleshooting steps.

Food Not Cooking Through:

Ensure that food items are not overcrowded in the basket. Consider cutting larger items into smaller pieces for more even cooking.

Unusual Smells:

If there are unusual smells, check for burnt food particles in the air fryer. Clean thoroughly and ensure that the air fryer is free from any residue.

Power Interruptions:

In case of power interruptions during cooking, check the manufacturer's guidelines for resuming cooking or restarting the appliance safely.

Inconsistent Temperature:

Use an oven thermometer to check the actual temperature inside the air fryer. If it varies significantly from the set temperature, consider contacting the manufacturer for calibration.

If problems persist despite troubleshooting, it's advisable to refer to the user manual or contact the manufacturer's customer support for further assistance.

COMMON CHALLENGES WHEN USING AN AIR FRYER

Common Challenges When Using an Air Fryer and Solutions:

Food Not Crispy Enough:

Solution: Increase temperature or cooking time. Shake or flip the food halfway through for even crispiness.

Uneven Cooking:

Solution: Arrange food in a single layer, ensuring proper spacing. Flip or rotate items during cooking for even results.

Food Sticking to Basket:

Solution: Lightly coat food with oil or use parchment paper. Preheat the air fryer and avoid overcrowding the basket.

Dry or Overcooked Food:

Solution: Reduce cooking time or temperature. Consider marinating or using sauces to retain moisture.

Smoke Emission:

Solution: Clean the air fryer regularly to remove excess grease. Use oils with higher smoke points to minimize smoke.

Unpleasant Odors:

Solution: Thoroughly clean the air fryer, especially the basket and tray. Remove leftover food debris causing odors.

Touchpad or Controls Not Responding:

Solution: Ensure proper power connection. Check for damaged cords or loose connections. Contact the manufacturer for assistance.

Excessive Noise:

Solution: Some noise is normal, but excessive noise may indicate a mechanical issue. Ensure stability and contact the manufacturer if needed.

Odors from Previous Meals:

Solution: Clean the air fryer thoroughly, eliminating any residual odors. Properly store the appliance when not in use.

Condensation in the Air Fryer:

Solution: Preheat before use to reduce condensation. Pat food dry before cooking and allow the basket to air-dry after cleaning.

Error Codes Displayed:

Solution: Refer to the user manual for error code explanations. Address the specific issue indicated in the manual.

Food Not Cooking Through:

Solution: Avoid overcrowding the basket. Cut larger items into smaller pieces for more even cooking.

Unusual Smells:

Solution: Check for burnt food particles. Thoroughly clean the air fryer, eliminating any lingering odors.

Power Interruptions:

Solution: Follow the manufacturer's guidelines for resuming cooking or restarting the appliance safely after power interruptions.

Inconsistent Temperature:

Solution: Use an oven thermometer to verify the actual temperature. Contact the manufacturer for calibration if significant discrepancies exist.

For persistent issues, consult the user manual or contact the manufacturer's customer support for further assistance.

SOLUTIONS AND ADJUSTMENTS FOR SUCCESSFUL COOKING

Solutions and Adjustments for Successful Air Fryer Cooking:

Food Not Crispy Enough:

Adjustment: Increase temperature or cooking time for a crispier result. Shake or flip the food halfway through cooking.

Uneven Cooking:

Adjustment: Arrange food evenly in a single layer with proper spacing. Consider flipping or rotating items during cooking.

Food Sticking to Basket:

Adjustment: Lightly coat food with oil or use parchment paper. Preheat the air fryer and avoid overcrowding the basket.

Dry or Overcooked Food:

Adjustment: Reduce cooking time or temperature. Consider using marinades or sauces to retain moisture.

Smoke Emission:

Adjustment: Clean the air fryer regularly to remove excess grease. Use oils with higher smoke points to minimize smoke.

Unpleasant Odors:

Adjustment: Thoroughly clean the air fryer, especially the basket and tray. Remove any leftover food debris causing odors.

Touchpad or Controls Not Responding:

Adjustment: Ensure proper power connection. Check for damaged cords or loose connections. Contact the manufacturer for assistance if needed.

Excessive Noise:

Adjustment: Ensure the air fryer is on a stable surface. If excessive noise persists, contact the manufacturer for evaluation.

Odors from Previous Meals:

Adjustment: Clean the air fryer thoroughly to eliminate any residual odors. Properly store the appliance when not in use.

Condensation in the Air Fryer:

Adjustment: Preheat before use to reduce condensation. Pat food dry before cooking and allow the basket to air-dry after cleaning.

Error Codes Displayed:

Adjustment: Refer to the user manual for error code explanations. Address the specific issue indicated in the manual.

Food Not Cooking Through:

Adjustment: Avoid overcrowding the basket. Cut larger items into smaller pieces for more even cooking.

Unusual Smells:

Adjustment: Check for burnt food particles. Thoroughly clean the air fryer to eliminate lingering odors.

Power Interruptions:

Adjustment: Follow the manufacturer's guidelines for resuming cooking or restarting the appliance safely after power interruptions.

Inconsistent Temperature:

Adjustment: Use an oven thermometer to verify the actual temperature. Contact the manufacturer for calibration if significant discrepancies exist.

By making these adjustments, you can enhance your air fryer cooking experience and achieve successful results with your meals.

CULINARY INSPIRATION

Culinary Inspiration for Gourmet Air-Fried Creations:

International Flavors:

Explore global cuisines by incorporating spices, herbs, and marinades from different cultures into your air-fried dishes. Try air-fried falafel, Asian-inspired wings, or Mediterranean-style kebabs.

Fusion Cuisine:

Get creative by combining elements from different culinary traditions. Experiment with flavors like teriyaki-infused tacos or buffalo chicken spring rolls.

Seasonal Ingredients:

Embrace seasonal produce and adapt your air-fried recipes accordingly. Create a summer salad with air-fried shrimp or a fall-inspired dish using air-fried butternut squash.

Elevated Snacking:

Reinvent classic snacks with a gourmet twist. Try air-fried truffle Parmesan fries, rosemary-infused popcorn, or spiced chickpea snacks.

Herb and Spice Infusions:

Experiment with fresh herbs and spices to elevate the flavor profile of your dishes. Create unique herb-infused oils for brushing onto air-fried vegetables or meats.

Culinary Techniques:

Incorporate various culinary techniques, such as marinating, brining, or dry rubs, to enhance the depth of flavors in your air-fried creations.

Stuffed Creations:

Get inventive with stuffed dishes. Try air-fried stuffed mushrooms, jalapeño poppers, or chicken breasts filled with gourmet cheese and herbs.

Deconstructed Classics:

Deconstruct traditional dishes and reimagine them in air-fried form. Think deconstructed egg rolls, air-fried lasagna bites, or even deconstructed sushi rolls.

Gourmet Dipping Sauces:

Elevate your dishes with homemade gourmet dipping sauces. Experiment with combinations like honey Sriracha mayo, balsamic reduction, or cilantro lime aioli.

Infused Oils and Butters:

Create flavored oils or butters to brush onto ingredients before air frying. Infuse olive oil with garlic and herbs or make a spicy chili butter for added richness.

Sweet and Savory Pairings:

Explore the world of sweet and savory combinations. Try air-fried prosciutto-wrapped melon, or sprinkle a touch of sea salt on air-fried chocolate-covered strawberries.

Interactive Meals:

Build interactive meals with a variety of air-fried components. Set up a DIY taco or slider station with various toppings for a fun and customizable dining experience.

Vegetarian Delights:

Showcase the versatility of vegetables in gourmet air-fried dishes. Experiment with cauliflower steaks, stuffed bell peppers, or portobello mushroom burgers.

Signature Spice Blends:

Develop your own signature spice blends to add a personalized touch to your air-fried recipes. Experiment with unique combinations to elevate your culinary creations.

Food and Beverage Pairings:

Consider pairing your air-fried dishes with complementary beverages. Create mocktails, cocktails, or infused waters to enhance the overall dining experience.

Let your culinary imagination soar as you experiment with gourmet air-fried creations. The possibilities are vast, and you have the freedom to craft unique and flavorful dishes that reflect your personal style and preferences.

ENCOURAGEMENT TO EXPERIMENT AND PERSONALIZE RECIPES

Encouragement to Experiment and Personalize Your Air-Fried Recipes:

Cooking is an art, and your air fryer is your canvas. Embrace the joy of experimentation and let your culinary creativity flourish. Here's some encouragement to inspire your culinary journey:

Bold Flavor Adventures:

Don't be afraid to play with bold flavors. Experiment with herbs, spices, and marinades to create unexpected taste sensations.

Ingredient Exploration:

Venture into the world of unique ingredients. Try exotic spices, seasonal produce, or specialty cheeses to add a personal touch to your recipes.

Texture Play:

Explore different textures in your air-fried dishes. Aim for the perfect balance of crispy, tender, and succulent. Let your taste buds savor the delightful contrasts.

Culinary Fusion:

Merge culinary traditions and flavors from around the world. Fuse ingredients in unexpected ways, creating dishes that are uniquely yours.

Colorful Creations:

Make your meals a visual feast by incorporating a spectrum of colorful ingredients. Vibrant dishes are not only appetizing but also a celebration of diverse flavors.

Signature Sauces and Dips:

Craft your own signature sauces and dips. Experiment with varying levels of sweetness, spiciness, and acidity until you discover the perfect balance.

Interactive Dining Experiences:

Turn meals into experiences. Create interactive dining moments by letting your friends or family customize their air-fried creations with a variety of toppings and condiments.

Whimsical Pairings:

Pair unexpected ingredients together. Discover the magic of sweet and savory combinations or find a surprising complement to a familiar dish.

Comfort Food Elevation:

Elevate classic comfort foods with a gourmet twist. Turn your favorite childhood dishes into sophisticated, air-fried delights.

Inspiration from Nature:

Draw inspiration from nature's bounty. Experiment with seasonal produce and let the flavors of each season guide your culinary choices.

Tactile Experience:

Consider the tactile experience of your dishes. Play with different cuts, shapes, and textures to make each bite an adventure for the senses.

Share Your Culinary Tale:

Your kitchen is your storybook. Share your culinary tales with friends and loved ones. Let them taste the chapters of your culinary adventures.

Unleash Creativity:

There are no limits in the kitchen. Unleash your creativity, and don't be afraid to deviate from recipes. Your personal touch makes each dish uniquely yours.

Culinary Confidence:

Trust your instincts and taste buds. Your confidence in the kitchen will grow as you experiment and learn from each culinary experiment.

Joy in the Journey:

Remember that the joy is in the journey. Celebrate your successes and learn from your culinary experiments. Every dish is a step in your culinary evolution.

So, step into the kitchen with excitement, curiosity, and a dash of courage. Your air fryer is your partner in culinary exploration, ready to bring your unique recipes to life. Happy cooking!

SHOWCASING SUCCESS STORIES OF CULINARY CREATIVITY WITH AIR FRYERS

Culinary Creativity Success Stories with Air Fryers:

Gourmet Stuffed Mushrooms:

Sarah transformed a classic appetizer by air-frying stuffed mushrooms with a decadent mixture of cream cheese, garlic, and herbs. The result? A crowd-pleasing gourmet treat!

Spicy Mango Glazed Chicken Wings:

Carlos experimented with a sweet and spicy mango glaze for his air-fried chicken wings. The unique combination of flavors became a family favorite during game nights.

Crispy Parmesan Zucchini Fries:

Emily elevated traditional zucchini fries by coating them in a crispy Parmesan crust before air-frying. The result was a delightful side dish that even the kids couldn't resist.

Mediterranean-Inspired Air-Fried Falafel:

David explored Mediterranean flavors by crafting air-fried falafel with a blend of chickpeas, herbs, and spices. The crunchy exterior and tender interior received rave reviews at a potluck dinner.

Truffle-infused Sweet Potato Chips:

Lisa took a simple sweet potato chip recipe to the next level by infusing them with truffle oil before air-frying. The luxurious twist made snack time a gourmet experience.

Balsamic Glazed Brussels Sprouts:

Mark experimented with a balsamic glaze for air-fried Brussels sprouts, turning a humble vegetable into a sophisticated side dish that became a holiday dinner staple.

Lemon Herb Salmon Patties:

Jessica crafted flavorful salmon patties infused with lemon and a blend of fresh herbs. Air-frying provided the perfect crispy exterior, making them a hit at dinner parties.

Sesame Ginger Tofu Skewers:

Chris embraced plant-based cooking by creating air-fried tofu skewers marinated in a sesame ginger sauce. The dish won over even the most skeptical tofu critics.

Cajun Shrimp and Andouille Sausage Jambalaya:

Rachel put a Louisiana twist on jambalaya by air-frying Cajun-seasoned shrimp and andouille sausage. The dish brought the flavors of the bayou to her dinner table.

Caprese Stuffed Chicken Breast:

Michael turned ordinary chicken breasts into a culinary masterpiece by stuffing them with mozzarella, tomatoes, and basil before air-frying. Each bite was a burst of Caprese goodness.

Turmeric-infused Quinoa Bowls:

Elena experimented with incorporating turmeric into her air-fried quinoa bowls. The anti-inflammatory spice added both vibrant color and a health-conscious touch to the dish.

Lemon Blueberry Air-Fried Donuts:

Alex satisfied his sweet tooth by creating light and fluffy air-fried donuts with a lemon blueberry glaze. The guilt-free indulgence became a weekend breakfast tradition.

Garlic Rosemary Lamb Chops:

Sophia elevated lamb chops by air-frying them with a garlic rosemary marinade. The dish became a favorite for special occasions, showcasing the versatility of the air fryer.

Sticky Teriyaki Pineapple Chicken Skewers:

Kevin combined the sweetness of pineapple with the savory goodness of teriyaki in air-fried chicken skewers. The dish became a barbecue favorite among friends and family.

Chocolate Avocado Air-Fried Brownies:

Lauren surprised her guests with a healthier dessert option by incorporating avocado into air-fried brownies. The creamy texture and rich flavor made it a standout treat.

These success stories illustrate the endless possibilities and culinary creativity that can be achieved with air fryers. From appetizers to desserts, these home chefs transformed their meals into gourmet experiences, proving that innovation in the kitchen knows no bounds.

CONCLUSION

Conclusion: Unleashing Culinary Creativity with Air Fryers

In the realm of culinary exploration, the air fryer emerges as a versatile companion, inviting home chefs to redefine the boundaries of creativity in the kitchen. Through the lens of "Unleashing Culinary Creativity: A Guide to Gourmet Air Fryer Recipes for Quick, Healthy, and Delicious Meals," we embarked on a flavorful journey, uncovering the artistry and innovation that can be achieved with this modern kitchen marvel.

From the fundamental understanding of the air fryer as a versatile appliance to the intricacies of its operation, we delved into the mechanics that make air-fried meals both quick and healthy. We explored the benefits of this innovative cooking method, showcasing its potential to transform everyday ingredients into extraordinary culinary delights while maintaining a commitment to health-conscious choices.

The journey continued with practical insights into getting started with gourmet air fryer cooking, emphasizing essential tools, ingredient selection, and recipe categories. We navigated through the realms of appetizers, main courses, sides, and desserts, discovering how air frying can breathe new life into classic dishes and inspire the creation of delectable, guilt-free treats.

The culinary adventure unfolded further as we considered the importance of health and nutrition, ensuring that the joy of indulging in flavorful meals harmonizes with a mindful approach to well-being. We explored nutritional aspects, encouraging a balance between culinary innovation and nourishing choices for a wholesome lifestyle.

Troubleshooting tips provided a compass for overcoming common challenges, allowing home chefs to navigate the intricacies of air fryer cooking with confidence. From uneven cooking to unexpected odors, these solutions empowered individuals to turn obstacles into opportunities for culinary growth.

Embracing the spirit of encouragement, we inspired home chefs to be fearless in their experimentation, to infuse their air-fried creations with personal touches, and to celebrate the joy found in each culinary triumph. Success stories showcased the diverse paths fellow culinary explorers have taken, proving that the air fryer is not just an appliance but a canvas for culinary expression.

As we conclude this culinary odyssey, remember that the kitchen is your playground, the air fryer your trusted accomplice. With each sizzle, each aroma, and each flavorful bite, you have the opportunity to shape a culinary narrative that reflects your passion, creativity, and commitment to delightful, health-conscious living.

So, armed with knowledge, inspiration, and the humble air fryer, continue to embark on your culinary adventures. The canvas is yours, and the possibilities are endless. Happy cooking!

Printed in Great Britain
by Amazon

36136065R00066

GIN & CO

DAVIDE CATENA

ROMANZO

Se avete quella sensibilità da perbenisti e siete incapaci di convivere con le realtà sgradevoli di questo corpo celeste - ammorbato dal sovrappopolamento di aborti mancati - o se avete quella spocchia da paladini da tastiera del ventunesimo secolo - gradita quanto un'orticaria al cazzo - non state qua a perdere il vostro tempo e farmi perdere il mio. Ne ho già dovuti sopportare troppi nella mia tormentata esistenza.

Come la sera che quella buon'anima della mia produttrice mi convinse a prender parte a una serata mondana insieme ad alcuni "colleghi". Aveva detto che dovevo migliorare la mia predisposizione all'arte del *networking*. E lei, Jennifer, era l'unica persona che poteva permettersi di dirmi una cosa del genere senza essere sotterrata da un massiccio bombardamento di ingiurie. Avevo il culo posteggiato in Nevada per una questione di *location scouting*. Quello che dovevo fare l'avevo fatto, e non vedevo l'ora di lasciarmi gli Emeriti Stati Uniti dietro le chiappe e tornare in Europa. Il mio volo da Las Vegas partiva due giorni dopo. Ero nudo nella mia stanza d'hotel in compagnia di una prostituta, che mi aveva già privato di ogni goccia di liquido seminale e si stava arrogando, sul comodino alle mie spalle, una sonora nasata di cocaina. Lasciai scivolare l'ultima goccia della bottiglia di bourbon giù per la gola e mi arresi.

«Ok, va bene, ci vado».

Il posto offriva la plasticosa, luccicante, eleganza tarocca da quattro soldi che poteva arrapare giusto i pugnettari che prendevano parte a eventi del genere. Non si trattava del MGM, né del Luxor, né del Cosmopolitan. Mi era bastato varcare l'atrio per pentirmi di non aver semplicemente chiamato il servizio in camera per farmi portare un'altra bottiglia di whisky, mollando un altro paio di centoni alla cocainomane polacca. La *soirée* pullulava di gentaglia della peggior specie. Un fastidioso e irri-

5

tante gregge di coglioni. La discendenza molliccia e annoiata di famiglie "bene" che grazie a frodi ben studiate e astute manovre di affarismo s'erano impossessati di fortune che oggi, grazie alla coalizione di varie compagnie di trading e gestione patrimoniale - con conti ben locati su paradisi fiscali come le Cayman, le isole Vergini o la Svizzera -, assicurava loro un fiotto deplorevole e perpetuo di denaro da sperperare. Si erano autoproclamati pionieri dell'arte e della cultura, nonché campioni della lotta alle ingiustizie sociali globali. Queste amebe, con tante risorse, abiti da due testoni al pezzo, e un cazzo da fare, erano una forma d'inquinamento peggiore delle scorie radioattive. A questa serata orrenda non c'era nemmeno un figlio di puttana che si fosse aggiudicato un *Oscar* o un *Golden Globe*, un *Bafta*, una *Palma D'Oro* o anche solo un cazzo di orsetto *Haribo* alla carriera. Tantomeno era presente anche un solo stronzo che potesse vantare un fortuito successo al botteghino. Niente Spielberg, niente Mel Gibson, niente Damien Chazelle, niente Von Trier, e per il cazzo che si poteva trovare anche solo un Michael Bay.
I miei ultimi due lavori non erano stati esattamente un trionfo. Il film con gli zombi ambientato nei sobborghi dove era nata la scena *New York Hard Core* degli anni '80 aveva recuperato le spese di produzione per un pelo; e il mio thriller politico che faceva il verso alle sciagurate e infami scelte d'azione di *NATO* e compagnia bella nel panorama internazionale non era andato forte con la vendita di biglietti per il grande schermo, anche se stava recuperando alla grande con la vendita DVD, Blue Ray e Video-On-Demand. Tuttavia, su cinque film fatti, il primo (ambientato completamente nel cesso di un locale londinese) mi era valso una *Palma d'Oro*; il secondo (una biopic su Keith Moon) aveva fatto man bassa su una collezione di vari premi tra cui sette nomination da quei vetero-reazionari paraculo dell'*Academy*; e il terzo (un trucido e sanguinolento cyberpunk, ambientato in un ristorante futuristico, in cui dirigenti delle più importanti corporazioni mondiali, riuniti coi leader di stato più influenti

6

e con i maestri corrotti dell'arte finanziaria fraudolenta, venivano attaccati da un gruppo di presunti terroristi) aveva incassato oltre venti volte gli scarsi dieci milioni che era costato. Pertanto mi sentivo pienamente autorizzato a camminare con arrogante altezzosità in mezzo a quella bolgia di molluschi senza meriti che, con i soldi e i comodi contatti di papà, si erano improvvisati produttori. Senza parlare di quella manica di presunti registi e autori - vegani, liberali, pseudo maestri pseudo filosofi senza talento - che con un Martini in mano s'atteggiavano, convinti di essere i nuovi Lynch, Godard o Kurosawa o salcazzo. Era disdicevole che fossi condannato a spartire il budget dell'industria con questi pavoni di sterco e le loro creature escremenziali.

Vagavo, perso come un turista nelle favelas, buttando giù un bicchiere dietro l'altro. Molestavo i presenti nella speranza di scoraggiarli a continuare ad appestare la mia beneamata industria.

«La nostra ultima produzione non ha funzionato perché l'attrice principale ci ha mollato all'ultimo per prendere una parte con la *Warner Bros*» diceva una tipa con la carne flaccida che le pendeva dalle braccia e dalla pancia.

«Non ha funzionato perché la sceneggiatura faceva cagare il cazzo» rispondevo io con un rutto.

«Gli *studios* si sono tirati indietro e ora stiamo cercando nuovi investitori. Non capisco come non riescano a vedere il potenziale del nostro copione» piagnucolava con disappunto uno stronzettino snello con la faccia a punta e un'abbronzatura 'Mar dei Caraibi'.

«Be'» m'intromettevo io osservando disgustato il tofu su foglia d'alghe che il coglione teneva in mano «gli *studios* devono pensare ANCHE agli incassi. Se vi ostinate a proporre storie del cazzo che possono solo deprimere e asciugare la libido non andate lontano».

La differenza di approccio ed esecuzione tra me e queste merdine presuntuose era la stessa che passava tra una sega veloce in un cesso pubblico e una scopata di James Deen e Kimmy Granger. Si ostinavano a voler fare roba sofisticata

7

senza esserne capaci e poi frignavano come checche isteriche perché nessuno se li inculava e non riuscivano a
rimpinzare il loro stupido e inutile ego. I fondi per pagare psichiatri, consolarsi con vacanze esotiche e riempirsi l'organismo di merda per tirare su l'umore, comunque
non gli mancavano. Quindi in culo.
Al banco del buffet mi ero ritrovato vicino a un gruppetto:
una donna col lucidalabbra viola a tingere il suo sorriso
al botulino, infagottata in un elegante abito da sera che
stringeva le sue tette al silicone, che si era sprolo-
quiata prima, con una voce da iena sgozzata, a proposito
della superficialità e della falsità di molte persone che
operano in questa industria; una lesbica che rifiutava categoricamente l'uso di qualsiasi forma di *make up*, indossava i pantaloni larghi a vita alta e marciava con i piedi
costretti in un paio di orrende *Clarks Hamble Oak*, udita
a sbanfare qualcosa a proposito dell' islamofobia in compagnia di quella che - a intuito - doveva essere un'aspirante attrice: le mancavano un paio di grammi di carne e
stava immobile con l'aria annoiata e le pupille dilatate.
Davano retta a 'sto tizio grigio, vestito con abiti che
dovevano essere stati di una certa attualità tra gli en-
tusiasti di soap opera negli anni '80, ignaro della mia
presenza alle sue spalle.
«L'*audience* è più intelligente di quanto pensiamo, non va
sottovalutata, bisogna darle fiducia».
Entrai nel loro spazio vitale impestando l'aria che
respiravano con il puzzo d'alcol che emanavo
semplicemente respirando.
«L'*audience* è intelligente eh?» grugnii. Sentii gli occhi
schifati e infastiditi dalla mia presenza che mi si
posavano addosso. «I reality show hanno un giro d'affari
che s'aggira intorno ai dieci miliardi; la gente dà retta
su questioni politiche ad attori, cantanti, personaggi
televisivi che fanno un quiz per scoprire che tipo di
legume sono un secondo e vendono scarpe e detersivi il
secondo dopo; nell'Unione Europea e negli Stati Uniti
ottocento milioni di persone sono convinte di vivere in

8

uno stato libero e democratico; nel mondo oltre due miliardi di persone sono convinte che ci sia un tizio in cielo che li stalkera e li giudica e ha dettato chiare regole da seguire per entrare in un posto felice e spensierato una volta stecchiti. Oltre un miliardo crede a una stronzata simile, ma se possibile con sfumature ancora più idiote e chiama il tizio con un nome diverso...»

Avevo sospirato ed ero corso al cesso per vomitare. Pesce crudo e miscele strane di liquori non erano andati d'accordo nel mio stomaco. Arrivederci networking.

George Carlin nel suo spettacolo del 1990 *Doin'It Again* diceva: "pensate a quanto è stupida mediamente una persona, e poi realizzate che il cinquanta percento delle persone è più stupida di così".

Io non cerco disperatamente approvazione da parte di nessuno. Specie ora che sono morto. Chiaro?

Volume 1

Cominciamo col primo piano del volto di Alex. La faccia sconvolta sprofondata sullo schienale del divano nero opaco. Pelle olivastra. Gli occhi, color nocciola, lucidi, segnati da una notte passata ingurgitando più alcol del dovuto, stanno passando al setaccio vari messaggi su *Whatsapp*. Nella sua mente mutilata e azzoppata dai fausti di una notte brava, l'unico desiderio è quello di vederne apparire uno da uno specifico contatto della sua rubrica. Fosse stato attore in un mio film l'avrei incoraggiato a trascendere e mostrarmi tutto lo sconforto e il disagio provocato da quell'attesa, quella specie di preghiera, vittima innocente nel fuoco incrociato tra i radicali liberi dell'ossigeno e gli enzimi deidrogenasi. Senza praticare la *result direction* da poppanti incapaci, naturalmente. Fosse stato un mio attore, in verità, non avrei dovuto dire proprio un cazzo. Sono sempre stato uno a cui piace la preparazione maniacale e col casting ero un fottuto genio.

Sviluppiamo un po' il personaggio descrivendo il suo ambiente. Ci vuole di più a scriverlo che a mostrarlo. Una piccola sala disordinata piena di poster, fumetti, posaceneri con cicche di sigaretta e qualche canna cominciata qua e là. Un documento che suggerisce il suo nome. Bottiglie vuote di birra, rum, amari e vino. Un catino in alluminio di pop corn a tema *I Guerrieri Della Notte*. La tana di un giovincello senza partner di una cittadina provinciale che si ritrova in *hangover* troppo spesso. Un obbrobrio. Come salvarlo? Una sboccata improvvisa? Dritta contro la lente della videocamera? Tanto per smuovere un po' le acque…

Il bastardo aveva una certa pratica con i post sbronza. Si era già scolato due tazze grandi di caffè e stava bevendo acqua senza nessuna intenzione di rilasciare alcuna forma di massa organica o liquida attraverso l'esofago. Una gran delusione. Da vivo mi sarei rifiutato categoricamente di girare una stronzata del genere. Avrei infierito contro

Jennifer, la mia produttrice, il mio angelo custode, al mio fianco dalla mia prima pellicola.

«Ma che cazzo ci é saltato in mente di prendere questa sceneggiatura e tentare di farci qualcosa?!»

«Caro, sei stato messo di fronte ad una scelta con ben poche alternative».

«Ah, già».

Sullo schermo del telefono, su cui apparivano un incoerente serie di video, immagini, frasi, emoticon, hashtags e mani stilizzate con i pollici versi all'insù apparve una notifica, in forma di nuvoletta, tipo fumetto, verde.

ARI: Ehi, scusa se ti scrivo solo ora ma ieri ho dovuto... La principessa si era presa il suo tempo per rispondere. Due sbronze per l'esattezza.

Alex abbandonò l'orgia di immagini con *motivational quotes*, video di uomini e animali ritratti in momenti imbarazzanti, pensieri pseudo filosofici, frasi di canzoni, foto di gruppo, foto di quelle che sembravano salsicce posteggiate su una spiaggia tropicale, foto di coppia, foto di automobili, pubblicità sponsorizzate, video di individui con un complesso di narcisismo acuto, foto di recenti avvenimenti importanti come incidenti, attacchi bomba e tsunami, tutto avvolto in una cornice color blu ceruleo e cosparso di piccoli cuori, scimmiette, facce sorridenti gialle, facce gialle con ogni sorta di espressione, coni di merda con gli occhi gai, bandiere, trombette e coriandoli. Gli sarebbe piaciuto aspettare a rispondere, per una sorta di infantile ripicca, ma era troppo sopraffatto dai postumi per assecondare il suo orgoglio.

ARI: Ehi, scusa se ti scrivo solo ora ma ieri ho dovuto recuperare tutto il lavoro lasciato indietro durante le mie vacanze dalla nostra apprendista e poi mi sono dimenticata di scriverti. Comunque ero esausta e sono stata a casa, andata a nanna presto da brava bambina :)

ALEX: Ah ecco, allora com'è Capo Verde a Marzo? Traumatico il ritorno? Ti ho persa un po' per strada mentre eri lì {emoticon con la gocciolina di sudore sulla parte destra della fronte}

"Con chi eri? Dove? A fare cosa?" erano le parole che si sforzava di non scrivere.

Nonostante sapesse benissimo che non era una buona idea nel suo stato, Alex si accese una *Lucky Strike* e aspirò una lunga boccata. Non era mai stato rincoglionito a quei livelli da una fregna, prima di Arianna. Si gestiva decisamente male.

I due si erano conosciuti a una festa nei pressi di un campo di calcio. Stava con un gruppetto di ragazzi e ragazze che conosceva il suo socio, Adam. Si erano scambiati i numeri e si erano ritrovati una settimana dopo a casa di Adam dove avevano avuto modo di civettare un po' facendo squadra durante alcune partite alla *Wii*. Qualche tempo dopo, poco prima di Natale, erano usciti insieme per conto loro, dopo un esorbitante quantità di messaggi per lo più nauseanti. Si erano lasciati andare a casa di lei, con foga, e ad Alex erano partite le farfalle nello stomaco, che presto si erano tramutate in uno sciame impazzito di stupidi insetti volanti intenti a sbattere la testa contro la vetrina illuminata di un negozio in una tipica notte buia nei meandri del Borgo, come i residenti chiamavano la cittadina in cui abitava Alex: Borgomaggiore.

Dopo la fase iniziale di valanghe di messaggi a riempire le ore delle giornate, Arianna si era fatta più schiva e difficile da rintracciare, praticamente impossibile da vedere di persona.

ARI: Capo Verde {emoticon con gli occhi a forma di cuore} … troppo bello, ci devi andare assolutamente! Comunque stasera non posso, ho una serata tra donne a casa della mia migliore amica ;P

Ci sono persone che sono in grado di guidare imprese multinazionali, assumersi la responsabilità di pilotare grossi aerei facendosi carico della vita di centinaia di passeggeri, lavorare sodo e gestire il proprio patrimonio sufficientemente bene per riuscire a prendersi una casa con l'ipoteca e garantire a se stessi e alla propria famiglia una vita stabile, inventare nuovi fantastici oggetti tecnologici volti a rivoluzionare lo stile di vita

14

di milioni di persone. Eppure nonostante tutto anche a cinquanta - e oltre - anni suonati hanno una maturità emotiva pari a quella di una scimmia infoiata.

Niente Arianna, di nuovo. Alex si ricordò che un altro suo socio, Jürgen, probabilmente fatto come una biglia, gli aveva mandato un messaggio per fare qualcosa quella sera. Aggiunse una cicca di sigaretta alla montagnetta che già regnava nel posacenere e scrisse al suo socio. Da bravo cittadino del Borgo in momenti di confusione e disorientamento generale c'erano solo due cose da fare se pensavi di non essere una mezzasega: pretendere che tutto andasse bene e stressare il fegato con quanti più drink possibile.

Avevo scritto a Jürgen ancora in preda all'acidità di stomaco e con le tempie che sembravano sul punto di esplodere. Mi aveva lasciato una mezza dozzina di chiamate senza risposta mentre facevo una dormita rigenerante aspettando che l'anti dolorifico si prendesse cura del mal di testa. Proponeva di andare a vedere una partita di hockey su ghiaccio e poi spostarsi ad una festa campestre in un paesello vicino alla pista. Ci eravamo messi d'accordo e si era presentato presto a casa mia, con una tenuta sobria da damerino: polo *Ralph Lauren* a strisce colorate, pantaloni color cachi, scarpe *Fred Perry* e un *six pack* di lattine da mezzo litro di lager.

A Svein erano toccate un paio di ore extra in cantiere. Sarebbe passato a prenderci col suo pick-up dopo essersi fatto una doccia veloce a casa. Jürgen aveva acceso la tv su una trasmissione sportiva. Avevamo parlato del più e del meno. Mi aveva rivelato i piani per la sua imminente vacanza in Thailandia. Ci eravamo scolati un paio di birre e Jürgen si era fatto un paio di righe di bamba prima che Svein entrasse con il suo classico sorriso goliardico, e il suo fisico tutto nervi infilato in dei pantaloni cargo scuri, una camicia nera aperta sopra una t-shirt bianca della *Burton*, con in mano il suo giacchetto della *Napapijri*. Senza troppa convinzione, aveva raccontato lo scazzo di dover lavorare durante il suo giorno di libero. Si era scolato la latta di birra che gli avevo allungato e aveva attaccato a parlare con Jürgen di allenatori, giocatori, impostazione, mercato, infortunati e una caterva di stronzate di cui io non capivo una minchia. A me lo sport piaceva gustarmelo. Ma di improvvisarmi il Mourinho o il Sam Pollock da bettola di turno non ne avevo per le palle. C'erano abbastanza stronzi pagati per parlare di schemi, di performance, di grado di recupero dagli infortuni in televisione.

Anche a far sparate da geniacci del cazzo sui social ce n'erano fin troppi. A me piaceva semplicemente farmi intrattenere dai gladiatori di uno sport piuttosto che un altro mentre si scontravano sul campo di gioco e farmi prendere dal vortice di emozioni che creavano tra i tifosi allo stadio, o alla pista, o quello che era. Jürgen e Svein snocciolavano nomi di giocatori svedesi, finlandesi e canadesi sottolineando punti, assist e ruoli con la semplicità con cui si comanda una birra al bar. Fumai una sigaretta.

Arrivammo alla pista di ghiaccio col pick-up del Norske. La nostra squadra perse. Niente di nuovo. Io e Jürgen avevamo già tirato giù sei birre in bicchieri di plastica facendo spola a turno alla buvette della pista. Svein, invece, siccome fino alla festa campestre gli toccava guidare, saltò la metà dei giri con malcelata sofferenza. Non vedeva l'ora di raggiungere il capannone dove ci avrebbe raggiunto la sua ragazza, Lara, che si sarebbe impossessata delle chiavi del pick-up - evidenziando più e più volte nell'arco della serata la sua generosità e il suo immenso altruismo - e Svein avrebbe potuto finalmente sfoderare il suo vero volto vichingo attaccando a tirare giù birre, long drinks, digestivi e liquori vari come solo lui e il suo fegato sapevano fare. A quel punto la brutta storia diventava cercare, più o meno, di stargli dietro. La festa, organizzata in una specie di enorme gazebo bianco, era mezza vuota.

Ci trovai anche Adam e approfittai per staccarmi un secondo dai due cammelli etilici e raccontare su due cazzate bevendo un po' d'acqua per tirare il fiato. Svein aveva messo la quinta e Jürgen non stava indietro, anche se sapevo che mediamente a una puntata su tre al cesso si aiutava pippando un po' di piscia di gatto. Adam, con i suoi jeans stretti, calzando un paio di *Lacoste* ed una t-shirt della *Hurley* con allacciata elegantemente al collo una felpa della *Benetton* verde scura a strisce gialle mi aggiornò sulle sue ultime sciagurate avventure con il gentil sesso - sempre molto propenso a scompigliarsi con un alto, atletico bel ragazzo come il mio socio - e sul proseguimento dei suoi studi in ingegneria civile. Con il suo mix perfetto di sportività, intelletto e sobrietà di stile il bastardo era quello che si potrebbe definire un partito perfetto. Ciononostante, con tutto il bene che volevo a 'sto bastardo - che era pure uno stronzo macina minchiate infame a tutti gli effetti -, ste storie dopo un po' diventavano alquanto ripetitive. Insomma gli studi proseguivano bene e la trama delle sue menate con le tipe cambiava molto poco di tipa in tipa. Il difficile era ricordarsi tutti i nomi e le facce delle signorine.

Con in mano un bicchiere, la serata fece il suo corso. Fumai una sigaretta dietro l'altra, tra una chiacchiera e un drink, con Jürgen quasi sempre incollato

allo smartphone. Cercavo di dare un po' di sostegno a Svein che si sorbiva
le solite lagne di Lara, a cui non andava mai bene un cazzo. Lanciavo sorrisi
derisori ad Adam, che deambulava in giro come un satellite che aveva perso
l'orbita facendo il suo solito giro di *public relations* qua e là con tutti quelli
che conosceva. A una certa ci eravamo rotti il cazzo.
«Meniamo le tolle e andiamo a vedere che aria tira al Borgo» propose qualcuno.
Cercavo di ignorare i battibecchi nati da Svein, che rompeva il cazzo a Lara
alla guida del suo prezioso pick-up, osservando le immagini sfocate
delle ombre delle montagne fuori dal finestrino. Svein solitamente incassava
la solfa di Lara più o meno in silenzio. Lei per contro, senza remora, ribatteva,
e pure con una certa meschinità. Sbraitava roba del tipo
che se non era che c'eravamo al rimorchio anche io e Jürgen l'avrebbe
sicuramente lasciato a piedi, o che poteva andare ad ammazzarsi da solo
visto che era un ubriacone di merda.

Dopo alcuni giri tra i sensi unici del centro per trovare
un posteggio, Alex svuotò la vescica implorante, innaf-
fiando un muro vicino ad alcuni bidoni della spazzatura,
e si diressero al Bar Lounge. Il locale, con un'illuminazione pretenziosa di luci soffuse e neon dai colori caldi,
brulicava di stronzetti pettinati col sorriso modello
'campagna elettorale' e ragazze in abiti costosi con
l'aria di divertirsi quanto un pesce rosso in una vasca di
piranha. Jürgen era più o meno nel suo, conosceva la recita
da seguire con le amebe spocchiose del Bar Lounge. Svein
se la cavava a metà. In quel tipo di ambiente, al Borgo,
il casato aveva il suo peso. L'amico di Alex era figlio di
un piccolo imprenditore immigrato dalla Norvegia che era
riuscito a ritagliarsi una buona fetta di rispetto negli
anni. Alex per contro si sforzava di nascondere il suo disagio. La perplessità, ogni volta che si scontrava con
qualcuno, era palese da entrambe le parti. Attaccò a bere
in compagnia di Svein. Poi si domandò se Arianna avrebbe
potuto apparire da quelle parti, o se era rimasta a casa
con una sua amica, o se aveva cambiato programmi ed era in
giro o a casa con qualcun altro.
A quel punto il ritmo a cui i drink e le birre passavano
giù a tartassare il fegato accelerò.

Le luci nel locale si accesero, la musica si spense, e gli addetti ai lavori ci esortarono ad uscire poco dopo il nostro ingresso. Jürgen, forte delle sue pessime abitudini, propose di continuare la serata in discoteca. Svein e Lara dissero che per loro la serata era finita, e anche io, devastato, respinsi la proposta. Provò a convincermi, proponendo un night club, ma fui irremovibile. Accettai il passaggio offerto da Svein, mentre Jürgen, tenendo un po' il muso, visto che viveva in centro, decise di andare a piedi. Non mi sarei sorpreso se avesse preso un taxi e se ne fosse andato per conto suo da qualche altra parte.

Il giorno dopo ero lì, a maledirmi per l'ennesima volta per i postumi della sbronza. Solita routine: antidolorifico, caffè e acqua. Sperai che la sigaretta non provocasse una sboccata da giorno dopo. Sboccare prima di andare a dormire era cosa buona, ma il giorno dopo ti sputtanava di brutto e mi sentivo già una merda a sufficienza. Mi rimproverai per il soggiorno disordinato e per i posaceneri disgustosamente pieni. Per cercare un po' di redenzione decisi di dedicare un po' di attenzione alla posta ammucchiata in un'orgia di buste a bordo del tavolo. Mi misi a scorrerle ed aprirle per alimentare la stupida illusione di fare qualcosa di utile in quel post sbronza deprimente. Tuttavia finii col fare il solito controllo veloce e indolore che consisteva nell'aprire tutto per verificare l'importanza ed eventuale urgenza del contenuto. Niente rastrellamento approfondito. Mi sarei occupato solamente del necessario - a regola fatture e basta - e ammucchiato il resto in una nuova pila di carta appoggiata su uno scaffale, promettendomi di riesumarla in un momento di maggiore lucidità e motivazione. Prima o poi, mi dissi, avrei messo tutti quei fogli negli appositi classificatori che prendevano polvere lì da parte. Era una distrazione senza troppo sforzo che si poteva fare anche con la testa nel culo. Così, col tagliacarte in mano, alimentavo il mio odio attraverso la mia rabbia per la fottuta burocrazia del Borgo.

Quanta carta inutile. Fattura del telefono, fattura e pubblicità di un'assicurazione, pubblicità per un' iniziativa popolare, fattura del telefono - doveva essere passato più di un mese dall'ultima rastrellata, cazzo -, pubblicità di una banca, pubblicità del *WWF*, pubblicità della *Lucky Strike* con due buoni del 20% sull'acquisto di stecche.

Immaginavo le persone che si occupavano di imbustare tutta 'sta merda psicologicamente molesta da inoltrare al sottoscritto. Impiegati d'ufficio nelle segreterie di compagnie e associazioni che dovevano ammazzare il tempo tra una visita sui vari social e l'altra, impiegati statali grattaculi e raccomandati -

magari di quelli che un paio di giorni la settimana timbravano e poi andavano in palestra - tra una visita alla macchinetta del caffè e al bar all'angolo.

Me li immaginavo con una mia foto del cazzo bucata da fori di freccette e macchie liquide nei loro tediosi uffici, intenti a cospirare contro la mia pace e serenità. Maledetti bastardi. Servi del nepotismo e della partitocrazia. Militanti pseudo politici con le loro patetiche manovre volte ad alimentare inutili discussioni sconclusionate, che avevano solo lo scopo di determinare chi era più bravo a darsi arie da boss di quartiere e convincersi di avercelo più lungo degli altri. Ecco. Questa era tutta l'erudizione che avevo da offrire a me stesso in una domenica del genere. Aprii l'ultima busta. Il resoconto della mia carta di credito con tanto di fattura e nuova tessera, bella splendente, con il suo nuovo chip e le sue nuove caratteristiche. La mia nuova carta di credito era come la mia relazione con Arianna: *contactless*.

Dovevano esserle fischiate le orecchie perché lo schermo del mio smartphone s'illuminò e, sotto le grandi cifre che segnavano le 12:43, apparve il suo nome. Non me la sentivo né di leggere né di rispondere in quel momento.

Presi in mano una lettera che occupava diverse superfici del mio appartamento da ormai un bel po' di tempo. Conteneva documenti e formulari da compilare per iscriversi all'università, nella facoltà di Comunicazione. Accarezzavo l'idea di tornare a studiare il semestre seguente da qualche tempo. Sul divano, con una paglia tra le labbra che inaridiva ulteriormente la bocca, accesi la televisione su un canale dove proponevano un documentario sul sistema solare. Lessi il messaggio.

ARI: ehi, allora com'è andata ieri sera? {emoticon con gli occhi chiusi e la fila di denti come sorriso}

IO: disastro, sto un male cane {scimmietta con le mani sopra gli occhi} te che hai fatto? Ti va di vederci stasera?

ARI: oh noi niente, siamo state a casa a chiacchierare e abbiamo guardato un po' la tele {mano di donna che si dà lo smalto} abbiam bevuto un bel po' di bianco {scimmietta con le mani sopra la bocca} quindi sono un po' cotta pure io... Magari facciamo un'altra sera?

IO: tipo quando? {emoticon che si regge il mento con il sopracciglio inarcato}

ARI: domani devo occuparmi di un po' di faccende qui a casa, devo mettere un po' in ordine {femmina che fa la croce con le braccia}, stasera invece voglio solo farmi un bagno caldo, leggere un libro e andare a dormire {emoticon con le tre "z"}

IO: che donna impegnata... Dopodomani?

ARI: dai ok, dopodomani forse possiam fare. Ci scriviamo ok?

ARI: sai stanotte volevo quasi scriverti di venire qua da me {emoticon
con gli occhi rivolti al cielo}
"E se non l'hai fatto alla fine che cazzo me lo scrivi a fare adesso?", pensai.
IO: be perché non l'hai fatto? {emoticon che si regge il mento}
Forse era meglio così. Un paio di settimane prima mi aveva effettivamente
scritto mentre ero a una festa in città, animata da dj scarsi che arrotondavano
facendo da juke box con musica principalmente revival, qualche pezzo
commerciale, vari strappamutande e quelle classiche canzoni pop che facevano
cantare tutti a squarciagola come uno stormo di uccelli isterici in gabbia.
Quella sera, oltre ad aver bevuto, mi ero mangiato una fetta di *space cake*
e non avevo tenuto botta nemmeno due ore, dopo la cena con i soci.
Ero rientrato a casa prestissimo ed ero riuscito solo a scrivere
che era impossibile, non ce la facevo, doveva venire lei da me se davvero
ci teneva. Non avevo quasi alcun controllo motorio, faticavo a parlare
e riuscivo a malapena a scrivere sul telefono. Disse di no, che dovevo andare io.
Non avevo risposto perché nel frattempo ero svenuto sul divano. Il giorno
dopo le avevo domandato cosa avesse fatto. Non rispose per quattro giorni.
Poi scrisse per sapere se mi ero ripreso.

‹Educazione attraverso il silenzio e l'assenza. Pretese egocentriche spac-
ciate per sane esigenze pseudo psico spirituali. Roba che quando uno
c'ha il cervello che ha mollato il guinzaglio sull'uccello...
Tuttavia i due giorni erano passati e apparentemente Alex in qualche
modo era riuscito a superare tutti i livelli senza scottarsi e dover ricominciare da capo.›

Alex si fermava sempre a osservare con un'aria dubbiosa qualcuna delle opere su carta o tela spiaccicate sulle pareti del bilocale di Arianna. I dipinti di Arianna erano delle orribili e insensate cagate. Qualsiasi bamboccio al ritorno dall'asilo, dopo aver passato dieci minuti in salotto ad armeggiare con matite e acquarelli, avrebbe sfoggiato lo stesso talento. A beneficio dei fenomenali cultori del dogma "non è bello ciò che è bello, ma è bello ciò che piace": è bello ciò che è bello, originale, traspare di un' intrinseca armonia, difficile o meno da decodificare, smuove inaspettatamente delle emozioni o delle riflessioni e/o mostra una precisione sorprendente, specialmente se frutto della sola coordinazione tra l'organo incolore custodito nella calotta cranica e il resto del corpo, con una capacità creativa nell'utilizzo di strumenti più o meno banali.

Immancabilmente Alex veniva intrappolato. La domanda «Ti piace?» giungeva come l'agguato di un coccodrillo sulle rive del Nilo.

«Si, certo, interessante».

La domanda era un test che auspicava un' imprevista e sorprendentemente miracolosa risposta che nemmeno Arianna stessa riusciva a immaginare. Ad Alex non mancavano nozioni di senso grafico. Non sapeva mai cosa dire per non offendere i sentimenti dell'aspirante artista. La risposta corretta l'avrebbe trovata qualche tempo dopo un certo Brian o Ryan, che posto di fronte a una di quelle porcate rispose solennemente.

«Davvero interessante. A mio parere mostra il tuo spirito di natura terrena e sembra una sorta di ribellione selvatica alla monotonia cittadina e civilizzata. Almeno questo è quello che ci vedo io».

Aggiungo un ulteriore paragrafo - indirizzato soprattutto ai commilitoni vessatori eterosessuali muniti di manico - al contratto sul cosa è bello: è bello ciò che fa piacere essere bello alla custode di un sacro stretto accesso roseo, vegliato da quelle che solitamente appaiono come due soffici labbra, che porta a un paradiso morbido, caldo e umido di cui si può essere, consciamente o meno, ossessionati. Brian o Ryan quel giorno ebbe facile accesso a questo luogo divino. Quanto era dunque lodevole l'opera - di cui l'onirica descrizione da parte del giovane cavaliere gli fece conquistare un abbonamento temporaneo al giardino dell'estasi carnale di Arianna -? Se un bambino in un parco giochi fosse inciampato sull'asfalto del vialetto, con in mano del muschio appena raccolto, e vomitando la manciata di terra ingurgitata un momento precedente poco distante, il risultato sarebbe stato lo stesso.

Alex notò il taglio di capelli diverso e la tonalità di pelle leggermente più scura dall'ultima volta che gli era stato concesso di varcare la soglia del suo fortino. La TV era accesa su un programma pomeridiano di talk show più raccapricciante dell'eventualità di contrarre lo scolo. Arianna offrì ad Alex un thè verde, aromatizzato da un cucchiaio di cannella e miele, e ne preparò un po' anche per sé.

Soffiai sopra la tazza. Lei si sedette accanto a me a gambe incrociate osservandomi. Arianna aveva dei lineamenti fini e armoniosi che emanavano la freschezza e il fascino di un giardino giapponese. Portava i capelli scuri con riflessi bordeaux a caschetto, aveva il viso coperto da una spruzzata canaglia di lentiggini e si muoveva con grazia frivola e femminile. Indossava un paio di leggings grigio chiaro a tre quarti e una canotta da donna aderente color terra di Siena. Mettevano in risalto tutto il suo splendore. Era piccola e snella, con un culo che doveva far cadere in ginocchio i poeti e piangere. Il seno era relativamente piccolo ma con una forma gradevole a bocciolo. Ruppe il silenzio con una battuta sullo spacco enorme che avevo sui jeans, causato da una caduta con i roller una bella sera che mi era venuta la brillante idea di fermarmi in un bar a berne due o tre di troppo prima di andare a casa. Sciolse il suo sorriso, che mi disarmava tutte le volte. Stavamo parlando delle limitazioni che un posto come il Borgo offriva. Io ero passato dal thè a un bicchiere di vino, e anche Arianna se ne concesse due dita. La letizia di parlarle a voce, e non attraverso uno schermo del cazzo digitando su una tastiera *touch*, mi solleticava la mente, permeandomi con una specie di sensazione di calore, serenità, riparo. Ma, come d'abitudine, la situazione snaturò da un momento all'altro. Arianna assunse un'aria leggermente mesta, pensosa, che avevo imparato a interpretare. Grane in vista. «Ascolta, dobbiamo parlare di alcune cose». Appunto.

La bipolarità della stronza poteva dirsi quasi stuzzicante, se non ci si aveva a che fare. Un giorno avrebbe fatto la fortuna di qualche psichiatra, terapista, o simile. E non escludevo che il fenomeno di turno si sarebbe potuto far infinocchiare finendo in qualche impiccio tipo matrimonio, tresca o simile. Questi erano i *twist* improvvisi di cui era capace. *Melisandre* - anche se sei in grado di sacrificare un'agnello senza che questi nemmeno veda la lama - spostati. Avrebbe potuto essere una grande sceneggiatrice se avesse incanalato quel talento naturale nella giusta direzione e avesse avuto qualche argomento interessante di cui parlare. Arianna parlò dei suoi forti dubbi sulla loro (non) relazione, causati soprattutto dalle sue passate esperienze, delle sue aspirazioni e dei suoi sogni per il futuro.
«Mi piacerebbe viaggiare moltissimo in posti caldi», «Il mio ex non mi capiva sul serio, era come parlare a un muro alle volte», «Sto pensando di lasciare il mio lavoro in ufficio al comune. Voglio mandare la mia candidatura in un ufficio del turismo. Sai che in certe posizioni sei addirittura pagato per andare in villaggi di vacanza?», «Gli uomini - non tutti, eh - sono veramente dei tontoloni, e tocca sempre a noi compensare», «Mi piace rappresentare le mie sensazioni con la pittura...», «A te sembra così problematico tenere la tavoletta abbassata?», «Un lavoro che ti permette di viaggiare... non piacerebbe anche a te?» Alex era inebriato dal vino, dalla fragranza al gelsomino che permeava il soggiorno, dalla voce di Arianna, dai piccoli movimenti che faceva per controllare con occhi attenti dove andavano a satellitare i suoi. Si limitò ad ascoltare e accennò qualche debole commento. Sembrava uno di quegli stupidi animali - tipo gli stambecchi - che quando si fermano in mezzo alla strada e sta arrivando un

23

auto in corsa stanno imbambolati a fissare i fari invece di fare qualcosa e cercare quantomeno di mettersi in salvo. Il disastro fu quando Alex tentò un goffo e debole tentativo di rivolta e risveglio. Arianna aveva finalmente messo un freno alla lingua aspettando la reazione del coglioncello. Pronta ad annotare, registrare e assegnare punti mentalmente a ogni sua singola parola. Alex sbanfò un paio di parole per esprimere la sua comprensione nei confronti delle sue boiate deprimenti, esprimendo solidarietà nei confronti delle sue aspirazioni per il futuro.

Male. Ma, eventualmente, non malissimo fino a qui.

Se Arianna era dell'umore adatto per far ricorso a un possibile senso di abnegazione sotterrato da strati immensi di cupidigia protettiva poteva ancora tirarsene fuori discretamente. Alex non l'aveva notato ma la ragazza era incline a una buona dose di indulgenza quel giorno. Si era fatta la ceretta prima del suo arrivo, aveva scelto quell'*outfit* perché sapeva benissimo - anche se era pronta a negarlo fino alla morte - che metteva in risalto tutto il suo sex appeal, e si era addirittura impegnata nel mettersi un trucco tanto leggero da sembrare naturale, specialmente davanti all'occhio inesperto e rincoglionito di un soggetto come Alex. Aveva applicato strategiche dosi di creme e altri prodotti per la pelle. Pelle che aveva una consistenza levigata, di una compatta morbidezza perfettamente equilibrata. Anche il thè aveva un suo perché. Arianna era in calore. Ma Arianna era Arianna. E Alex era Alex. Inetto, sprovveduto.

Messo alle strette da ulteriori blateramenti e sottili provocazioni, raccolse un po' d'orgoglio e cercò di uscirsene con un'affermazione secca e (quasi) decisa.

«Senti un po', scusa però, non è che dobbiamo per forza farci tutte 'ste paranoie. Ci piacciamo, no? Siam qui, possiamo almeno goderci un po' quest'occasione e farci una bella scopata, no?»

Arianna sospirò. Si chiuse in una rabbiosa, indignata espressione e digrignò fra i denti.

«Non si dice "scopare", si dice "fare sesso"».

Il povero stronzo, sconfitto, ferito, confuso e ingenuo, fu messo alla porta.

Alex fece quello che un'abbondante porzione dei ragazzi del Borgo avrebbe fatto in una situazione con aspirazioni e risultati simili: arrivò a casa e svuotò un'intera bottiglia di vodka.

STORIA A PARTE #1
Giving The Dog A Bone

Finito il tour promozionale del film con morti viventi ambientato tra graffiti, tatuaggi, sobborghi poveri, edifici abbandonati, le band e le gang della New York degli anni '80, presi un cane.

Avevo avuto una relazione di un anno con una portoricana bionda, bassetta, tutta curve, che pareva uscita da un fumetto. Tette prorompenti, girovita minuscolo, culo rotondo, faccia da furbetta. Per diversi mesi l'avevo scarrozzata a zonzo per diverse località esotiche. Bahamas, Fiji, Hawaii, Messico, Fuerteventura, Formentera, Cuba. Cercavo di lavorare a del nuovo materiale ma tiravo assieme poco niente. Di tanto in tanto avevo qualche riunione di pre-produzione e dovevo partecipare a qualche evento. Lei mi accompagnava. Costa Azzurra, Isola D'Elba, Parigi, Vienna, Amsterdam, Tokyo. Riservavo hotel a cinque stelle, le compravo vestiti e accessori di ogni tipo, cenavamo a base di pesce, di carne, champagne e vino di ottima annata. Lei sorrideva, diceva grazie, appoggiava il petto al mio braccio e mi dava un bacio sulla guancia. La sera mi sedevo in balcone e cominciavo a fumare un cubano insieme a un bicchiere di vino, o whisky, o rum, o cognac. Lei appariva pronta a sbocciare come una fata della magnolia, si svestiva seguendo un ritmo brado, penetrandomi con lo sguardo. Scopavamo dove capitava. Soprattutto negli hotel, dove potevamo stare belli comodi, battezzando ogni centimetro delle varie suite: divano, letto *king size*, vasca idromassaggio, pavimento, angolo bar, vari mobili. Ma anche fuori. Nella natura.

Carmen mi introdusse a due diletti che non avrei abbandonato fino alla fine dei miei giorni: il trekking e il ballo da sala. Cazzo, ero in grado di fare il mio ingresso in una qualsiasi pista o locale dove si ballava Samba, Tango, Valzer, o Salsa facendo la mia sporca, ma decente, figura.

Carmen eccelleva in quei movimenti di bacino che bastavano a farmi ringraziare tutti i porci dei in cui non ho mai creduto. Me la volevo mangiare. Come fosse un filetto di manzo di Kobe dopo un digiuno di sessantasei giorni. Credo che il mio fosse più un digiuno spirituale perché specialità di marisco, carne rossa, vino, champagne, whisky da cento sacchi la bottiglia, tequila importata direttamente da Jalisco, sostanze di natura diversa, e ogni vizio che vi può venire in mente, non me li facevo mancare.

Ci frequentavamo da quasi undici mesi, eravamo in Sicilia, mi chiese dei soldi. Parecchi. Disse che era per una sorpresa. La sera si presentò con il trolley gonfio e in mano un biglietto per un volo in prima classe. Tornava negli Stati Uniti. Mi abbandonava. Posò per l'ultima volta il suo sguardo da furbetta, con una nota di compassione, davanti al mio, mi baciò e sparì dalla mia vita. Mi resi conto di quanti soldi avevo speso negli ultimi mesi. Principalmente li avevo spesi per i miei vizi e per lei. Non me ne rimanevano molti. Ero stato privato di quasi tutti i miei fottuti soldi. Lei si era meritata ogni centesimo, ma ero incazzato e avvelenato lo stesso.

Mi ritirai in una baita che possedevo in Slovenia. L'unico investimento intelligente che avevo fatto col denaro dei film era assicurarmi un tetto sopra la testa in tre località diverse del mondo. Lungo la strada che portava alla mia baita c'era un canile. Era sempre stato lì. Pensai che dovesse essere una gran merda per quelle povere bestie che avevo sempre preferito a qualsiasi stronzo che deambulava sulle due zampe. Non erano difficili da capire i cani. Eppure la gente era tanto imbecille da lasciarne in giro così tanti, incompresi e privati dell'affetto che si meritavano. Feci fermare il tassista. Ce n'erano un sacco di 'sti poveri sacchi di pulci. Molti sembravano rassegnati, erano mogi e mi guardavano con aria disperata. Non mi mancava del tutto il cuore, ma non ero tagliato per fare il buon samaritano. Ce n'era uno che invece sembrava avere ancora un po' di anima in corpo. Stava dritto e mi fissava con un certo estro. Un Husky. Chiesi se aveva già un nome. Il tizio del canile disse di no, che era stato portato lì da poco. Disse che avevano stimato avesse circa un anno. Diedi una mazzetta al tassista di modo che non rompesse i coglioni, perché quel giorno non m'andava di discutere prendendo per il colletto nessuno.

Lo chiamai Jim perché c'erano un sacco di personaggi - reali e di finzione - e di amici cari che si chiamavano così. Quando informai per telefono le poche persone di cui mi fregasse qualcosa mi dissero che non era un nome da cane, e mi dissero anche che gli Husky erano una razza difficile. A chi potesse fottere lo sapevano solo loro.

Due bastardi incompresi e ingiustamente - almeno uno - abbandonati sotto lo stesso tetto. Poteva essere una situazione interessante. Era una gran testa di cazzo Jim. Un disastro. Non ascoltava. Ma era anche un patatone. Affettuoso e festoso. Poco a poco, con varie scuole cinofile, libri e un po' di cazzeggio in internet riuscii a inculcargli un po' di disciplina. Ma solo un po'.

Non avendo più troppa grana a disposizione, di conseguenza con poche alternative di svago, avevo ripreso a lavorare a del nuovo materiale a pieno regime. Quando mi convocavano per incontri di pre-produzione dicevo a tutti di incularsi e li costringevo a portare il culo fino a un bar vicino alla mia baita. Li facevo dormire al bar, che era anche un hotel a tre stelle, e lavoravamo in una stanza che il proprietario mi lasciava usare nel retro che era sempre vuota, salvo qualche raro caso di matrimonio o occasioni simili. Così sapevo che se si scomodavano era davvero importante e al bar-hotel si lavorava senza troppe distrazioni, anche se la sera ci si ammazzava di *Slivovitz* e *Valjevsko Pivo* e *Dingač*.

Al bar lavorava una barista pazza di me perché le piacevano i miei lavori. Era giovane, pallida, snella, piena di tatuaggi e con dei piercing alle orecchie, al naso, al labbro e ai capezzoli. Credo avesse un profilo sul sito delle *SuicideGirls*, ed ero più che certo che tre quarti del paese voleva farsela e che quattro quarti delle madri e delle mogli del villaggio la guardasse male e le rivolgesse a stento la parola. Era scappata da Zagabria per via di alcuni problemi con la famiglia. E aveva deciso di non voler avere più niente a che fare con quest'ultima. Ogni volta che sentivo il bisogno di un po' di compagnia e calore femminile la chiamavo. Fare sesso con lei era bello. Si faceva a turno su chi tirava le redini durante gli scontri carnali. Una volta toccava a lei mordere, graffiare e schiaffeggiare; l'altra ci pensavo io, e la pelle chiara delle chiappe le diventava rossa come un lampone, dello stesso colore che avevano le sue piante dei piedi. Alle volte restava a vagabondare per la baita, ma se lavoravo mi lasciava in pace. Jim la gradiva, e a me faceva piacere. Ci sapeva fare meglio di me con lui. Se ne andava, e aspettava che la chiamassi di nuovo.

Jim non voleva saperne di non salire sul divano e riempirlo di peli. I cani non sanno se una cosa è sbagliata o meno, agiscono d'istinto. Non imparano veramente cosa è giusto o sbagliato, imparano solamente cosa va bene o no al padrone. Quella figura a cui si attaccano senza una spiegazione logica - se non la Sindrome di Stoccolma - con ogni ansimante respiro. Ma un cane, per quanto indisciplinato potesse essere, non era mai cattivo. Poteva al massimo sembrarlo, per legittima difesa. I cani "aggressivi" hanno semplicemente alle spalle storie truci con merdacce a due zampe.

Quasi non mi accorsi che la neve aveva ceduto il posto all'esplosione di orchidee, gigli e primule, e il mio prossimo lavoro era pronto ad essere girato. Ero soddisfatto. Era il momento di liquidare le questioni casting, confermare le location e girare. Stavo per tornare a far compagnia agli imperialisti del cazzo. Non invitai la ragazza alla mia baita come al solito. Andai al bar, a un orario in cui sapevo non c'era quasi mai nessuno, e le dissi che me ne andavo. Gli occhi le si riempirono di lacrime. Poi, con un gesto di stizza, urlò qualcosa, forse una bestemmia, e mi trascinò per il braccio nella cucina vuota. Mi tirò giù i pantaloni vicino ai fornelli e me lo succhiò il tanto che bastava a farmelo venire duro. Si tolse gli shorts di jeans, si voltò mi prese l'uccello e se lo infilò nel buco del culo praticamente a freddo. Attaccò a dimenarsi mentre si masturbava con una mano gemendo - non capivo se di piacere o di dolore. Decisi che non mi rimaneva altro da fare che stantufare come un randagio che ha fiutato una femmina in calore. Raggiunsi insieme a lei l'orgasmo. Tremava con degli spasmi che non le avevo mai visto fare prima. Che coglione ero stato, convinto di averla vista venire sul serio prima di allora. Si girò con il mascara che le colava su tutto il volto con gli occhi lucidi. Si rimise gli shorts e mi lasciò lì così con le braghe calate. Mentre si allontanava mi disse qualcosa che interpretai come un insulto nella lingua slava che non capivo e mi mostrò il dito medio. Un bel modo per dirsi arrivederci. Mi piaceva.

Quando tornai a casa trovai Jim con in bocca il telecomando dello stereo praticamente spappolato. Quando mi vide si fermò con quell'aria che hanno i cani quando intuiscono che potrebbero aver fatto qualcosa di sbagliato. O meglio: qualcosa che al padrone non piace che facciano. Rimase in *stand by*. Avrei dovuto sgridarlo per evitare che lo facesse di nuovo. Per evitare che sbagliasse di nuovo. Ma aveva veramente sbagliato? In fondo quello era solo un telecomando del cazzo. Un inutile telecomando del cazzo. Inutile come le scarpe, i tappeti, i vasi, il pacchetto di sigarette e il telefono.

Andai a sedermi sul divano e lo invitai a salire accanto a me. Si accovacciò e cominciai ad accarezzarlo. Misi nel lettore DVD *Revelations*, lo special di Bill Hicks, e mi versai un abbondante bicchiere di whisky.

Non lo sgridai.

INT. CASA DEI GENITORI DI ALEX - GIORNO
«E poi se finisci i soldi?» domandava sua madre con il volto avvizzito. Il tono pacato per suonare diplomatica era tradito da una vibrazione nervosa.
«Ma quanto vuoi stare via?» brontolava suo padre continuando a inforchettare ravioli.
Sua mamma lo fissava come una civetta con le braccia che sembravano dover andare a toccare il pavimento sotto il tavolo. Alex stava tenendo botta, ma era sul punto di scoppiare. Portò la testa altrove, come un nuotatore che emerge giusto quell'attimo per prendere una boccata d'aria prima di ritornare ad affrontare la resistenza dell'acqua.

"Meglio mille rimorsi che un solo rimpianto" diceva la canzone della band torinese attraverso le cuffiette, mentre raggiungevo la casa dei miei. Qualche settimana prima avevo decretato che mi svegliavo troppo spesso con la testa nel culo. Mi sentivo costretto in un circolo vizioso da cui non riuscivo a uscire. I giorni sembravano scanditi da un pendolo di Newton. Lavoro di giorno, la sera un paio di canne, un po' di birra o vino, qualche liquore, e film e serie tv fino allo svenimento. Anche con le seghe non scherzavo: un sabato mi ero guardato il cazzo e la cappella era più rossa del culo di un babbuino. Ad aprire certe iconcine, specie quella blu con la 'F' bianca in mezzo, sembrava fossi l'unico perso in mezzo a questo abisso di tedio opprimente.

Gruppetti sorridenti a cena fuori, amici in disco impegnati a vivere il momento migliore della loro esistenza, mobili dal design pazzesco adornati da cuoricini, gite di coppia in montagna con tanto di bacio sulla vetta, citazioni più abusate e violate del culo di Adriana Chechik, e colazioni con occhiali da sole nelle prime giornate calde. Scoprire quanto la gente amasse il proprio lavoro, il proprio capo, la propria scuola, le proprie specializzazioni, con frasi digitate mentre ci si ripeteva il mantra "non ho sprecato - o sto sprecando - tempo studiando questa professione"... "ho fatto tutto giusto fino a qui, non ho sbagliato niente, questo è esattamente quello che voglio, sempre voluto... non devo ricominciare da zero, non devo, non voglio,..." non ne ho il fegato. Richieste disperate che urlavano il bisogno di attenzione travestite da inni al proprio ego.

Confrontare il proprio microcosmo con quello degli altri, attraverso l'immagine offerta dalle correzioni applicate dal chirurgo plastico della personalità più celebre del globo - il caro macrocosmo creato da nostro signore Zuckerberg -, era una stronzata in cui si cimentava troppa gente. Alex non ne poteva più del suo andazzo ma non sapeva cosa fare. Troppe serate degeneravano. Come la sera che Jürgen lo aveva convinto ad andare a una festa di liceali, piena di sbarbatelli. Lo aveva convinto dicendo che quei ragazzini dovevano avere per forza ancora la fotta addosso. Clima frizzante garantito.

INT. PALESTRA SCOLASTICA COMUNALE DEL BORGO - NOTTE

Si esibivano alcuni gruppi locali e a chiudere la serata doveva pensarci qualche cazzaro di dj che nutriva buone speranze nel rimorchio facile. Io e Jürgen c'eravamo arrivati già mezzi stesi. C'era anche Adam, impegnato a strusare con la tipa di turno di cui era "strapreso", che avevo notato somigliare parecchio alla pornostar Dani Daniels.

Era spuntata Arianna, con 'sto tipo, Brian o Ryan. Avevo sentito che i due si frequentavano da un po'. Col cervello che affogava nella peggior merda etilica, un pensiero, una riflessione mi aveva colpito come una secchiata di ghiaccio e mattonelle in faccia. Nel poco tempo che mi ero "frequentato" con Arianna, mai una volta s'era sognata di uscire in un frangente sociale come quello. Era diventata gradualmente evasiva, incoerente, in seguito lunatica e infine assente. Sempre in modo affabile, apparentemente irreprensibile. Il che paradossalmente rendeva il tutto ancora più frustrante e avvilente. Avrei preferito una sfuriata secca, una rabbiosa raffica di insulti,... cazzo ne so. Invece mi aveva lasciato lì così, in un irritante senso di sospensione, con cui non potevo farci un cazzo. Mi logorava e basta. Non ero in grado di gestire e digerire la situazione.

Jürgen, con il suo cazzo di vizio di stare con la faccia incollata a quel telefono di merda, ci aveva messo un attimo a notarla. S'era affrettato a fare un commento negativo a proposito di 'sto manico che aveva al rimorchio.

Un tratto di Jürgen che avevo sempre trovato inquietante era che sembrava conoscere la storia di chiunque al Borgo.

Il ragazzo con cui Arianna si stava frequentando era un tipo a posto. Castano con un taglio alla Ryan Gosling in *The Notebook*. Un fisico asciutto e una faccia sbarbata piuttosto anonima se non per il naso aquilino. Talento al pianoforte e una carriera quasi certa in fisioterapia. Viveva ancora con i genitori in collina. La contrada della collina non era una di quelle a ceto misto, come quella in cui erano cresciuti Alex e Adam. Sul versante est che si stendeva sul Borgo si ergevano le ville di vacanza di turisti abituali, prevalentemente russi e tedeschi, e le ville di alcuni dei residenti più agiati: medici, avvocati, imprenditori edili, farmacisti, direttori di banca e via dicendo. La fauna giovanile partorita da questi fattucchieri era più banale di uno stereotipo. I fighetti che ostentavano il loro status sociale con risvoltini alla moda, camicie e polo *Tommy Hilfinger* abbinate a giacche di raso dalle tinte opache tipo beige o bordeaux, che sbandieravano un'arroganza palese, sotto una poco credibile aurea di sobrietà. I pseudo alternativi, come poteva essere il ragazzo coi dread che trovavi in giro per la città a fumar canne con la faccia dura di chi la sapeva lunga ma che una volta varcata la soglia di casa deponeva le sneaker da skater *DC* da centottanta carte nella scarpiera e infilava le pantofole *Sergio Tacchini* posteggiate ordinatamente lì da parte andando a spararsi mezzo flacone di spray deodorante per tessuti di soppiatto. Poi tutti i tipi di giovincelli 'bene' che si possono inserire in mezzo a questi due modelli base.
Il Brian o Ryan, a cui Arianna aveva deciso di offrire le sue attenzioni, in verità, non era nemmeno tanto altezzoso nel suo paio di mocassini blu scuro a stringhe color panna e quel look da vecchio jazzista dannato. L'unica cosa che Alex poteva disprezzargli era quella di essere palesemente un partito migliore.

INT. CASA DEI GENITORI DI ALEX - GIORNO (continuazione)
Alex sapeva che coi suoi conveniva presentarsi col danno già fatto, per evitare che lo assillassero per fargli cambiare idea, costringendoli a doversene fare una ragione. Amava i suoi, e sapeva che i suoi lo amavano anche di più. Tuttavia, con un po' di verecondia, li considerava palesemente schiavi di uno stile di vita e una mentalità che non si erano mai sognati di mettere in discussione. Ad Alex sembrava un terribile spreco, dopo tanti sacrifici fatti proprio da loro, piegarsi a diventare un altro servo. Quando Alex aveva vuotato il sacco entrambi i genitori si erano bloccati, come in un fermo immagine.

«Ma sei deficiente?» era sbottato suo padre.

«Stai scherzando vero?» aveva incalzato sua madre con gli occhi sgranati.

La mamma amava essere teatrale. Aveva cominciato a sbuffare aria come un mantice, diventando rossa in volto e cominciando a gesticolare nervosa.

«Ma cosa ti dice la testa? Adesso il signorino vuole fare il ganzo. Pensi di essere un divo del cinema o cosa?»

Alex non era stato viziato. Durante tutta la sua permanenza sotto il tetto materno e paterno ogni tentativo di manovra di cambiamento o sperimentazione erano sempre stati messi sotto processo e tartassati da un'esposizione convulsa di potenziali rischi e pericoli. Cose semplici come praticare lo snowboard, partecipare a vacanze in città lontane, dormire fuori casa, eccetera, erano costate lunghe e faticose battaglie prima di guadagnarsi l'agognata e sofferta benedizione. Per assurdo, altre attività - che statisticamente presentavano molti più rischi a livello fisico e salutare - come il gioco del pallone, che erano socialmente lodate e date per scontate, erano state incoraggiate. Troppe persone guardavano troppa televisione e si facevano influenzare da usi e costumi senza porsi una buona e sana dose di domande.

Alex non era un ingrato, convinto che tutto il mondo girasse intorno a lui. Era consapevole dei sacrifici fatti dai suoi per non fargli mancare nulla e offrirgli delle possibilità, anche se limitate. Un futuro con macchina, casetta, lavoro da otto ore da lunedì a venerdì e cinque settimane di vacanza l'anno, che allo stronzo non sembrava poi un granché. Un futuro che in diversi angoli del globo gli avrebbero invidiato. E tuttavia un futuro che, se in regioni come il Borgo, la gente fosse stata meno presa a scazzare - sul mutuo, sui vicini, sul fare gli straordinari per permettersi la macchina sportiva e l'ultimo modello di cellulare e le vacanze alle Maldive, e sulla squadra del cuore - e più impegnata a tenere al guinzaglio la classe dirigente, si sarebbero potuti comunque permettere anche loro. Indipendentemente da dove si trovasse il pezzo di terra in cui una fica li aveva partoriti.

Alex aveva bisogno di far di testa sua. Per quanto gli risultasse emotivamente difficile, gli sembrava sbagliato continuare a farsi condizionare dall'ambiente che lo circondava. Era lo svantaggio di crescere in un entourage asettico e con una percezione isolata dal resto del mondo come il Borgo. Difficile che qualcuno incoraggiasse una crescita temeraria, specie in una famiglia modesta di emigrati.

Tutti quanti, che gli girasse bene o meno, avevano sempre la presunzione di avere in chiaro cosa fosse meglio per gli altri. "Ma il lavoro di grafico?", "Adesso cosa fai, stai lì ancora quanto?", "Che progetti hai?". Da imbarazzante queste conversazioni erano diventate fastidiose quanto un linfoma.

Una volta le persone erano più schiette nel cagarti il cazzo. Ora, invece, perdurava una manipolazione più sottile, tanto nella realtà più cosmopolita quanto nella sfera più intima. Discorsi sulla precarietà del tuo futuro, la retorica sulla fragilità del mercato e sulla necessità di sacrificio un centimetro alla volta nel culo, e chi giustificava comportamenti isterici osannandoli come sintomo di premura e attaccamento. Ne avevo pieni i coglioni di fare a pugni con le aspettative degli altri.

Scuola, lavoro, casa, automobile. Forte dei tuoi successi - delle tue medaglie al petto, dei tuoi stemmini della scuola nuoto, della tua iscrizione all'ufficio esazione e condoni, del tuo nome registrato all'ufficio della circolazione, di quei pezzetti di plastica con microchip e banda magnetica con forgiato il tuo nome e un numero a 16 cifre tutto tuo - scopa, sballati, aggiungi nuovi premi nella vetrina del tuo castello finché non trovi la donna giusta, che ti valorizza e ti fa sentire uomo. E prima di riempire lo scompartimento dietro lo specchio del bagno con *Viagra*, *Xanax* e mentine per l'alito non dimenticarti di mettere al mondo un altro paio di piccoli futuri schiavi con la tua eredità genetica che possano ripetere le tue stesse cazzate. Alcune tigri in gabbia alla fine si lasciano sedare, si rassegnano. Altre, a costo di farsi ammazzare,…

INT. PALESTRA SCOLASTICA COMUNALE DEL BORGO - NOTTE (continuazione)

Il Croce era un'idiota che passava il tempo a dar fiato alle trombe. Piaceva a pochissimi. Lo si chiamava così perché si era deciso all'unanimità che era pesante come una croce che andava portata a suon di fustigazioni su per la collina di Golgota-Calvario da sopportare. Spesso girava con altri plebei della sua stessa risma: zotici provinciali ignoranti arroganti e benestanti. Arrivò quando stavo già alla decima o dodicesima birra, tra cui erano finiti anche un paio di shot di sambuca, vodka e tequila. Tutta la fotta che io e Jürgen avevamo auspicato durante l'aperitivo era finita nel cesso e cercavo di tenere a bada sentimenti trogloditi che facevano a botte nella bocca dello stomaco. Se c'era una scarogna che poteva peggiorare le cose era proprio la presenza di 'sto stronzo. Si era avvicinato con quel suo sorriso malefico e quelle sopracciglia piccole e aguzze, attaccando a blaterare. Io, con la stupidità dettata dall'alcol, che si era già manifestata molto più del necessario, mi ero sforzato di concentrarmi in mezzo all'obnubilamento per cercare di seguire le stronzate che andava dicendo. Attaccò col dire che alcune delle band di ragazzini che si erano esibite non erano un granché. Barcollai litigando con le scarpe che si attaccavano al suolo appiccicaticcio di nylon sporco. Passò a criticare l'organizzazione della festa. Strinsi il bicchiere di plastica troppo forte provocando una crepa in cima, che se non stavo attento mi faceva sbrodolare. Virò poi sui problemi del territorio e degli stranieri, annunciando infine che si era candidato in un partito - conservatore di destra - per le prossime elezioni regionali. La cosa preoccupante era che un figlio di puttana come lui, col suo cognome e le conoscenze di suo padre, aveva pure la possibilità di arraffare un buon numero di voti al Borgo. Poi, col suo fastidioso sorriso maldicente, aggiunse che alla fregna piacevano gli uomini così: determinati e persistenti.

Il Croce lo si vedeva di tanto in tanto con una qualche tipa. Tutte fatte con lo stampino: ragazzine con meno anima, verve e cervello di un cartello stradale. Alcune non erano nemmeno brutte, ma decisamente anonime e prive di qualsiasi tipo di personalità. Anche una brutta personalità per dire. Chiavare con un *fleshlight* doveva essere un'esperienza più emozionante e romantica. Rincoglionito dall'alcol me n'ero rimasto buono e avevo accettato la birra che mi aveva offerto. Passò il limite quando fece dei commenti alla sua maniera su un paio di tipe che erano mie amiche. Dovetti ricorrere a tutta la buona volontà che cercava di tenersi a galla in mezzo alla tempesta etilica che si agitava per tutto il cranio e la carcassa vacillante, per non tirargli una testata sul naso. Tentai di deviare il discorso ma feci una cazzata: rivelai che stavo pensando di andarmene a cazzeggiare lontano dal Borgo per un po' e lasciar perdere la scuola. Non avevo confidato a nessuno questa cosa, nemmeno ai miei soci, e mi ero aperto con 'sto coglione di merda. Alcol del cazzo. Mi sentii colpevole di alto tradimento. Alcol di merda. Si avvicinò, ponendo la sua faccia di culo vicino alla mia, come era solito fare quando era convinto di dire qualcosa di inestimabile valore, ed espresse il suo inutile punto di vista sulla questione. Lo fece con tono pacato, visto che la persona la cui scelta stava mettendo in discussione ce l'aveva davanti e non stava parlando alle spalle. Si limitò nell'uso di termini volgari, manco stesse tenendo un comizio del cazzo. Per lui doveva essere una sorta di allenamento per i suoi futuri discorsi da merdoso rappresentante di partito, che, come tutti, non voleva rinunciare ad una (fittizia) aurea di decoro e nobiltà. Sottolineò, con la solita arroganza, quanto una scelta simile compromettesse un più affidabile futuro, di come era meglio prima costruire solide basi in termini di diplomi, curriculum e pezzi di carta vari, che legittimavano nella maggior parte dei casi la possibilità di un posto di lavoro stabile e sicuro. Il divertimento poteva arrivare dopo.

Certi coglioni bisognava lasciarli perdere. Ma non era sempre facile.

La mia mano libera si apriva e chiudeva a pugno, nascosta dietro la schiena, in una specie di tic nervoso. Cazzo, avrei avuto voglia di aver per le mani una birra in bottiglia e romperla in testa allo stronzo. Certi individui, quando decidevi di affrontare un percorso che loro non avrebbero avuto le palle di fronteggiare, cominciavano a gettarti merda addosso. Iniziai una specie di marcia isterica sul posto. Stavo prendendo in seria considerazione la possibilità di pestarlo. Riuscii a fermarmi. Misi a fuoco per un momento le braccia pelose dello stronzo: erano grosse ma era tutto lardo. Lo stendevo

come niente 'sta fogna di merda che continuava a starnazzare. Il figlio
di puttana era sicuro uno di quegli infami che ti sputtanavano
e ti denunciavano, anche se si erano beccati semplicemente quello
che si meritavano. Non m'andava di complicarmi l'esistenza
per un coglione del genere. Specialmente ora che mi ero quasi convinto
a dare una svolta alla mia routine.

Ero partito tutto preso bene quella sera. Poi m'ero ritrovato tra i coglioni
Arianna e il Croce che erano riusciti a mandarmi a culo all'aria. Ma dovevo
trattenermi. Fissai il pirlone tutto gasato alla console, con il capello platino
ingellato e la faccia da ebete sorridente che stava mettendo su una hit
del momento e invitava tutti a ballare e divertirsi. Infilai la mano che aveva
continuato a chiudersi a intermittenza a pugno in tasca. Sorrisi al Croce.
Col pensiero soppesavo silenziosamente la sua inutile insulsa esistenza
su questo pianeta. Lasciai che continuasse a far andare la bocca con tutti
i denti ancora attaccati alle gengive. Era importante valutare le proprie priorità
sul lasso di tempo corretto. In questo caso, come dicevano i giapponesi
o i cinesi o chi cazzo era poi, dovevo solo aspettare di vedere il cadavere
passare. O, quantomeno, dovevo accettare l'idea di andarmelo a procurare
un'altra volta, il fottuto cadavere.

Sorridevo. Un indomani mi sarei lasciato alle spalle alcune cose a cui tenevo
veramente, ma anche una marea di merdate che non avrebbero più lasciato
il loro tossico fetente olezzo intorno. Accarezzai il pensiero. Il Croce lumò
un altro stronzo da molestare, uno che sembrava prestarsi volentieri
ai suoi fetidi sproloqui.

Tornò Jürgen, che mentre mi sorbivo il sacco di merda se l'era svignata
per salutare un collega. Mosso sicuramente da buone intenzioni ma carico
di una stupidità etilica pari alla mia, mi offrì una pista di bamba. Farsi una pista
è come iniettarsi dieci caffè in vena, senza tutti i fastidiosi potenziali effetti
lassativi della bevanda aromatica ottenuta dalle torrefazioni. Ci si ritrova
improvvisamente rinvigoriti e tronfi. La cazzata che normalmente si fa in quella
situazione è scordarsi che prima o poi l'effetto passa.

La prima pista della mia vita me l'ero fatta in Spagna, la sera prima di tornare
al Borgo dalle vacanze. Ero in questo locale, quasi deciso ad alzare il culo
e raggiungere i soci, che avevano mollato il mazzo dopo cena, all'hotel.
Due tipe s'erano piazzate da parte a me. Mi chiesero se avevo della bamba.
Non ce l'avevo. Feci comunque un po' di conversazione e le indirizzai all'angolo
di una strada vicino al locale in cui a più riprese diversi personaggi ci avevano
chiesto se volevamo dell'hashish durante le precedenti notti brave.

Dopo erano riapparse al mio fianco.

«*Gracias*, l'abbiamo trovata! *Quieres una cerveza?*»

Avevo pensato che, cazzo, se ne bevevo un'altra collassavo.

Ma era un'occasione troppo straordinaria e stuzzicante per dire no.

M'invitarono a seguirle in un altro locale lì vicino, poco più grande di quello dov'eravamo, che era classificato come 'club' e stava aperto fino a tardi.

Offrii un giro e una delle due tipe domandò se volevo farmi una pista.

Senza rifletterci troppo risposi di sì. Così la tipa mi trascinò nel cesso delle donne, mi cacciò la lingua in bocca per cinque secondi e poi sorridendo abbassò la tavoletta del cesso e cominciò a stendere le strisce tagliando i grumi bianchi con la carta del bancomat. Mi era sembrato opportuno informarla che era la mia prima pista.

«Guarda come faccio io».

Arrotolò una banconota, si chinò sulla tavoletta dove aveva steso quattro strisce, infilò la cannuccia-banconota nel naso e diede una sonora tirata.

Mi allungò la banconota ancora arrotolata. M'inginocchiai piantando il grugno sopra la tavoletta del cesso e imitai esattamente quello che aveva fatto lei.

Lì per lì non sentii niente. Forse avevo il fisico troppo fico per la coca.

Forse i litri e litri di alcol che ci si beveva al Borgo rendevano la cocaina un'inutile costosa barzelletta. Tornammo nella stretta pista da ballo.

Presi con malavoglia la mia birra pensando che di lì a poco avrei fatto una gran figura da coglione scappando di corsa all'hotel perché non riuscivo più a stare in piedi.

D'un tratto successe. Cominciai a sentire l'amaro scendermi in gola. La vista, invece di continuare ad annebbiarsi, stava tornando a fuoco. Inebriato da una sorprendente energia che si faceva strada nella carcassa cominciai a ballare con le due spagnole. Raggaeton, house e merda varia.

Pensai, "porca troia, basta farsi due strisce così quando ci hai dato troppo e non vuoi andare a casa a dormire?". Sì e no.

Mi invitarono da loro. Continuarono a tirare su per il naso 'sta roba. Io ebbi il senno di declinare l'offerta tutte le volte, sempre stato cauto con tutto sulle quantità. Quasi. Ad un certo punto sprofondai più o meno in coma appoggiato per terra al bordo del letto e mi cacciarono dalla loro stanza invitandomi ad andarmene a collassare al mio di hotel.

Il giorno dopo volevo morire. Stavo pagando con gli interessi tutti i drink che non avevo sentito durante la notte brava. Ai miei soci toccò vestirmi e portarmi di peso fino all'aeroporto, fra i controlli, e sull'aereo.

Quasi lo perdevamo, il cazzo di volo.

Consiglio: se una sera decidete di speziare la serata con un po' di piscio di gatto e state pure bevendo, non importa quanto, imponetevi di scolare una bottiglietta d'acqua ogni due o tre drink. È un consiglio che sarebbe bene seguire ogni volta che si beve, ma ancora di più se state mischiando il beveraggio con altra merda.
Il giorno dopo la festa dei liceali, lo passai inizialmente rovesciato sul cesso a vomitare con le sembianze di un cornetto che veniva inzuppato in una tazza di caffè.

Un giorno, facendo la spesa, Alex aveva notato un libro sugli scaffali del grande magazzino. Era stato scritto da un ghostwriter, perché sapeva bene che *Hank Moody* non era una persona reale, e s'intitolava come un album degli *Slayer*. Lo aveva comprato. Aveva riscoperto un piacere abbandonato da tempo. La lettura.
Un film potevi anche permetterti di guardarlo in balia dell'etanolo, il thc, la benzoilmetilecgonina o salcazzo. Leggere erano un altro paio di cazzi. Per riuscire a farlo da ubriachi o sfatti ci volevano anni e anni di allenamento. Il suo stile di vita subì un cambiamento. Cominciò a divorare un libro dopo l'altro.
Storie di ragazzi alle prese con stupefacenti vari, ubriaconi pervertiti poeti che si sparavano dei *coast to coast* incredibili lungo le *highways* degli States, tredicenni particolari - vergini e cicciotte - che si trovavano a fare i conti con gli inferi, cristo che tornava sulla terra per cercare di rimediare ai disastri dell'umanità partecipando a dei talent show, storie di migliori amici protestanti e cattolici durante i *troubles* a Belfast, pischelli in balia della povertà che cercavano di sfangarsela nelle borgate di Roma del secondo dopoguerra, marziani che si trovano a doversi adattare alla vita terrestre del futuro, romanzi distopici, thriller che raccontavano crimini efferati nel midwest contemporaneo, e capolavori del genere cyberpunk.
Cominciò a viaggiare con la mente. Con la musica, con i film, con i libri. Si domandava se in quei posti dove non era mai stato le persone sapevano qualcosa che le persone

al Borgo non sapevano. Diminuì drasticamente il beveraggio, il fumo e la vita pseudo sociale del Borgo. Ricominciò a fare attività fisica, anche se aveva un metabolismo genetico invidiabile. Un giorno si ritrovò a tirare le somme del suo arco vitale fino a quel momento. Tutti i notiziari locali e la sua *timeline* di *Facebook* erano disseminati con articoli riguardanti la stessa disgrazia.

Le immagini della *BMW* accartocciata contro il guardrail fecero correre un brivido affilato lungo la mia spina dorsale. Un diciannovenne.
Non lo conoscevo personalmente, ma l'avevo già visto in giro. Adam lo conosceva bene.
Diciannove anni. In auto. Dio figlio di puttana. C'erano posti nel mondo dove arrivarci a quell'età era un fottuto lusso. Ma al Borgo, nel fottutissimo Borgo, la gente ci rimaneva. Al Borgo l'imperturbabilità, per la maggior parte della gente, era un cavillo da bettola, o al massimo un'ostentazione per commentare episodi avvenuti in posti lontani, tanto lontani da non far sembrare nemmeno quegli episodi reali. Anche se lo erano. Ma quando la disgrazia, per quanto banale potesse sembrare, se la ritrovavano sotto il naso la gente doveva sforzarsi per ignorarla. E qui si era dei campioni a ignorare le cose di un certo peso e perdere tempo con stronzate da poco conto, più facili da gestire.
Anche se il telegiornale e i siti di notizie erano stati molto riguardosi, tra le righe, avevano dato a intendere che il ragazzo era pieno come una zampogna.
Troppa gente se non la scampava una volta vedendosela brutta sulla propria cazzo di pellaccia faceva presto a perdere la memoria. Al Borgo c'era chi se la menava su come si erano evitati i posti di blocco degli sbirri, di come la si era sfangata conoscendone alcuni di loro, e così via.
Cazzo. Ne avevo pochi più di quel poveraccio, di anni. Se, sfiga di merda, fossi schiattato io domani, o dopodomani? Cosa sarebbe successo?
Qual era lo scenario più probabile? Come mi avrebbero pianto i miei? E i soci?
Avrebbero trovato qualche episodio, qualche tratto del mio carattere, qualcosa di buono che avevo combinato negli anni
che mi erano spettati prima di finire in cenere o in pasto ai vermi?
Chissà se il diciannovenne si era ritrovato spalmato contro il guard rail tornando dall'ennesima sbronza nata dalla speranza di trovare chissà cosa uscendo di casa e finita per rivelarsi una delusione. O se aveva passato almeno dei bei momenti con gli amici o con qualche ragazza - o ragazzo.

Mi tornò in mente il finale del film con Angelina Jolie e James McAvoy
nei panni di *Wesley Gibson*, che alla fine diceva quella frase, e mi era sembrata
che la dicesse proprio a me: "e voi, che cazzo avete fatto ultimamente?".
Me lo chiesi. Come cazzo stavo sprecando il lusso di ognuno
di questi fottuti respiri?

Quella sera si era concesso due birre mentre guardava *8
Mile*, ritrovandosi in piedi sul divano a saltellare e muovere la mano su e giù durante la scena della battaglia finale. Poi si era versato due dita di whisky mentre leggeva
il racconto *La Macchina Strizzafegato* contenuta nella raccolta *Compagno di sbronze* del buon vecchio Buk, prima di
coricarsi, nel letto del suo bilocale. Lo aveva preso
pochi mesi dopo essere stato assunto, con un contratto a
termine, nella manutenzione notturna di un cantiere per
la costruzione di un tunnel per un nuovo tratto stradale.
Con il suo fottuto diploma di grafico non era riuscito a
rimediare nessun posto di lavoro, quando gliel'avevano
proposto si era detto: "perché no?". La paga era ben oltre
le sue aspettative, grazie ai bonus e moltiplicatori dovuti ai turni notturni, al rischio di incidenti, eccetera.
In quell'anno e mezzo Alex aveva messo da parte un gruzzolo
mica male. I turni estenuanti e irregolari non gli avevano
dato modo di uscire a sputtanarseli.
Aveva provato di nuovo a far valere il suo diploma di grafico ma alla fine, grazie a un collega di mezza età conosciuto al cantiere, si era fatto assumere nel magazzino di
una multinazionale che si occupava di parti elettroniche
con diversi tipi di utilizzo. Era lì che sgobbava cinque
giorni su sette, aspettando il week end come molti altri
stronzi. La paga non era quella di prima ma copriva le
spese e gli permetteva di spaccarsi a merda con una certa
regolarità. Non aveva più messo via un soldo ma era riuscito a non toccare i suoi risparmi.
La mattina si svegliò presto. Si preparò il solito caffè.
Infilò una *Lucky Strike* tra le labbra. Prese l'accendino
in una mano e andò a recuperare la busta con il formulario
d'iscrizione all'università. In giardino diede fuoco prima

alla busta e, quando le fiamme cominciarono a divampare, ci si accese la paglia. C'era sempre tempo per studiare. E chi cazzo diceva che doveva farlo nei pressi del Borgo? Aveva sgobbato un anno e mezzo in quella cazzo di pseudo miniera per cosa? Prosciugarli in tre anni di scuola e magari non trovare lavoro? Se nel frattempo finiva spalmato su un guardrail anche lui? In culo. Era tempo di spenderli quei maledetti soldi. Voleva esplorare un po' questo paradiso che il genere umano tentava continuamente di ridurre a una fogna a cielo aperto.

Anche se non lo poteva ammettere, preso da una ritrovata euforia, basò la sua meta su criteri alquanto ovvi e superficiali: festa, ragazze, mare. Al sole, al caldo. Scartò mete troppo lontane inibito dalle finanze. Sudamerica, un'altra volta; in India a trovare se stesso, col cazzo, aveva bazzicato anche troppo in compagnia di quel coglione. Meglio restare nel continente europeo. Batteva il piede sulla rotella della sedia, lì nell'angolo del suo soggiorno. Fumava e teneva la faccia spiaccicata davanti allo schermo. 'Migliori mete europee per l'estate', clic sulla lente. Proviamo in inglese: 'best summer party destinations in Europe', clic su 'cerca'. Altra sigaretta. 'Cosa visitare', 'migliori club', 'nightlife in…', 'what to do/see in…'. Cerca, leggi, cerca, leggi. L'importante era portare il culo lontano e trovare… lo sapeva il cazzo. La felicità? Troppo scettico. Serenità? Di quella apparente ce n'era fin troppa anche al Borgo. Un'illuminazione? Forse… Una personale realizzazione? Perché no…

Un posto competitivo per i suoi avatar da social media. Non si sarebbe disintossicato dalla mentalità provinciale del Borgo da un giorno all'altro. Sotto sotto voleva ostentare uno stile di vita che non gli apparteneva, per impressionare sa il cazzo chi.

Si sa che quando il caso, la fatalità, i market mover, il destino, fato, l'effetto farfalla, muovono il loro braccio per un inesorabile lancio dei dadi, provocando una piena di nuove occasioni, circostanze e pastoie, rimaneva solo da vedere come uno se la cavava a sguazzare in mezzo alle correnti e i gorghi. Acquistò i voli e cominciò a mandare alcune richieste per un *Airbnb* e su *Couchsurfing*. Ibiza avrebbe avuto presto un nuovo ospite.

INT. CASA DEI GENITORI DI ALEX - GIORNO (continuazione)
«Allora?» incalzò sua mamma, con più ostinazione. Suo papà di solito dopo uno sfogo si calmava. Lei no.
«Che cazzo vuoi che ti dica, mà? Mi va di farlo e basta...»
«E cosa ne hai qua dopo?»
Alex sbottò.
«Bisogna sempre averne qua qualcosa, eh? Cosa ne ho qua? Forse ne ho qua che mi deprime l'idea di marcire in casa a guardare solo la tv dimmerda dopo aver sgobbato come un coglione per arricchire una manica di stronzi incravattati che si aspettano quasi un inchino quando ti passano vicino. A guardare poi programmi di un'intelligenza che mollami. Forse ne ho qua che non me ne frega un cazzo di trovarmi al supermercato a fare due chiacchiere per dirsi soltanto "l'altro giorno ho visto quello e oggi questa, fanno questo, quello e quello e lavorano lì, e quello è rimasto a casa e bla bla" come se i cazzi degli altri che affrontano la vita come fosse una fottuta lista della spesa dovesse farmi venire un'emozione o salcazzo cosa! Forse ne ho qua che almeno non ho già una fottuta collezione di flaconcini di *Xanax* come certi miei coetanei...»
I predestinati - che ostentavano sorrisoni e una caterva di album fotografici su *Facebook* e *Instagram* impregnati di bei momenti 'unici' e *motivational* da pseudo filosofi new age del cazzo - per fare la fortuna di psichiatri, operatori di training autogeno, insegnanti di yoga e tantra, predicatori e altri chiacchieroni. Preti, monaci, astrologi, servitori di ministero, *life coach*, youtuber, blogger, specialisti di *Feng Shui*, rimedi naturali e dietologi. Il buon vecchio 'attaccarsi alla bottiglia' si stava eclissando. Peccato. Creava dei squisiti parassiti sociali al posto di una manica di schiavi di merda efficienti, che rincorrevano rincoglioniti e beati la carota della felicità e dell'auto-realizzazione appesa al bastone

attaccato sulla gobba, con la tracotanza di un mulo che si crede un leone.

I suoi rimasero a fissarlo incapaci di proferire parola. Indecisi su come reagire. Sua madre cominciò a lacrimare. Ma Alex, che di solito era facile da ammorbidire coi sensi di colpa, aveva ancora troppa adrenalina in corpo e non intendeva prolungare ulteriormente quella seduta. S'alzò dal tavolo.

«Sentite, io il volo già l'ho preso e non intendo cancellarlo. 'Sta settimana do la disdetta al lavoro e mando anche quella dell'appartamento. Se vi sta bene è così, e se non vi sta bene è così lo stesso».

Infilò le scarpe e uscì lasciando i suoi interdetti. Non sbottava spesso Alex. Ma quando sbottava lo faceva con un estro notevole.

FINE A-Side

Girate la cassetta, rovesciate il vinile. Vi portiamo sull'isola più vergine con meno vergini del pianeta. L'*isla blanca*, dove dormire è una perdita di tempo e i vostri amori eterni scoprono la loro mortalità. Si reincarnano in un bagno allucinogeno da imprimere nei vostri cervelli, come un pozzo della speranza a cui poter attingere quando non riuscirete a sopportare più gli sgorbi, incapaci e senza talento, che avete sfornato con il vostro 'mio *forever*' da cui avete divorziato l'anno scorso. O quando le ventenni non troveranno più così attraente il vostro look da vecchio lupo di mare e allora sarete costretti a negoziare per uno sconto di venti carte per un pompino sulla tangenziale e darvi qualche aria da tiratore di bianchini in bettola e scolatore di *Montenegro* e Negroni nei peggiori bordelli di provincia in compagnia di altri relitti come voi.

Jen: «Non puoi mica parlare così al nostro pubblico!»

«Perché no? Non ricordi? L'audience è più intelligente di quanto si pensi...»

Jen: «Infatti ti catalogherà presto come uno scorreggione

pieno di sé che si prende troppo sul serio…»

«Lo sai cosa rispondono le tipe in pista da ballo che ci danno dentro quando le casse sparano *Get Low* di Lil Jon & The Eastside Boyz e gli chiedi se non si sentono offese dal testo? "Non sta mica parlando di me!"»

Jen: «Adesso ti metti anche a rubare le battute a Chris Rock?»

«Lo stronzo si ostina a sostenere i cazzo di democratici, come se fossero davvero meglio della loro controparte di magnati sostenuti da zappaterra cerebrolesi in ritardo con l'evoluzione…»

Jen: «Oh, politica… scusa non stavamo parlando di… insomma… figa?»

Iniziamo con una sequenza di stacchi. Alcuni brevi e veloci, altri più morbidi e distesi. Ce la giochiamo come quei pugnettari che hanno fatto scuola dal signor Bay di L.A., servendosi di frivole tecniche care all'ambiente pubblicitario.

Una panoramica aerea sulle verdi figure montuose e collinari che si stagliano in mezzo alle sfumature azzurre del cielo e del mare. D'un tratto un *Airbus* che entra nell'inquadratura con irruenza, dall'alto, accompagnato da un boato e il fischio delle turbine. Le grandi gomme dell'aeromobile che entrano in contatto con la pista d'atterraggio dell'Aeroport d'Eivissa. Sotto un sole benevolo la fauna di chi arriva e chi deve lasciare l'Arcipelago delle Baleari. Bellezze in top sgargianti, mini skirt e bikini di ogni tipo e colore che strascicano infradito, sneakers leggere o tacchi. Baldi giovani fasciati con i vari trend del momento, sorridenti uomini di mezza età che se la giocano col fascino dell'uomo di successo, maturo, o quello dell'inguaribile ragazzino perenne. Arzilli vecchietti che non si sa cosa abbiano dalla loro. Qualcosa di certo. Tutti con un tratto invisibile ma percettibile in comune: le palle piene di speranza. E quelli che di speranze non hanno bisogno. Belli, raffinati, eleganti, irresistibili, colorati ed espansivi, in ogni movimento evidenziano che la loro gaia élite non ha bisogno di auspici, la loro consacrazione è un dato di fatto. Alex si trascina, paglia in bocca, zaino in spalla, trolley al seguito, in mezzo a questa epifania con una sovrabbondanza di protagonisti - o presunti tali - e poche comparse - qualche famiglia e qualche coppietta discreta. I suoi occhi voraci smettono di saettare di qua e di là per concentrarsi su una tabella di orari del bus. E poi un'altra. E un'altra ancora. Ha l'aria confusa e disorientata, il coglione. Sbuffa e si avvia da un'altra parte di gran lena. Parla attraverso il finestrino di una *Prius* bianca sfregiata da un paio di loghi, un numero di telefono sulla fiancata, un dispositivo luminoso sul tetto con la scritta *Taxi*. Stacchi scattanti di Alex che infila il trolley nel bagagliaio della macchina, Alex che monta sul sedile dietro, sbatte lo zaino al suo fianco e chiude la porta. La vettura che s'immette nel traffico.

Appena esalati i primi respiri mi ero sentito
pervaso da quella confortevole sensazione di rivitalizzazione.
Una sensazione per niente logora e sempre benvenuta.
Mi ero promesso di giocarmela più *low budget* possibile. Ma all'aeroporto
non avevo capito un cazzo di quale bus dovevo prendere per raggiungere
l'indirizzo dell'austriaco che aveva accettato di posteggiarmi nella sua dimora
per due settimane su *Couchsurfing*. Il cuore viaggiava a un ritmo Big Beat.
Non vedevo l'ora di scaraventare la paccottiglia da qualche parte e cominciare
a setacciare l'isola.
Il ragazzo che mi ospitava, Felix, aveva un fisico sportivo e abbronzato.
La villetta, che gli aveva lasciato uno dei genitori divorziati per passarci l'estate,
se ne stava per i cazzi suoi nell'entroterra, a mezzo chilometro da un piccolo
caseggiato e una decina di chilometri da Ibiza Town. Era abbastanza modesta
in termini di spazio ma l'aspetto moderno e l'arredamento suggerivano
che il ragazzo, o chi per lui, se ne prendeva meticolosamente cura.
Cacciai la mia roba in quella che sarebbe stata la mia stanza per i prossimi
quattordici giorni, munita di un letto a una piazza e mezza e un armadio
e una sedia. Approfittai subito per farmi una doccia e mettermi in costume
da bagno e infilare i piedi nelle infradito.
Felix m'invitò a prendere una birra dal frigo. Notai che la birra e gli alcolici
scarseggiavano per lasciare spazio a un sacco di verdura, yogurt, succhi,
salmone e carne bianca. Nel terrazzino che dava su un piccolo giardinetto - lui
su una sedia da campeggio io sull'amaca fissata al soffitto e un muro della casa
- ci dedicammo alle classiche chiacchiere di rito per conoscersi un po'.
Studiava lingue e passava lì la maggior parte delle sue vacanze estive. Intuii
che avevamo poco in comune, ma questo non andò a intaccare le buone
intenzioni per un rapporto, cordiale, che intendevo mantenere
per tutta la durata del mio soggiorno. Intendevo. Mi sarei sforzato.
Avrei fatto del mio meglio.

Alla fine i due si ritrovarono, più o meno, sul terreno comune in cui i membri della razza opprimitrice dei maschi eterosessuali si trovano: la fregna. Anche lì tuttavia sussisteva qualche discrepanza. Nulla su cui non si potesse sorvolare. All'austriaco depilato in canotta grigio chiara della *Saturdays NYC*, boxer da bagno della *Billabong* verde mimetico e occhiali da sole sportivi della *Oakley*, piaceva chiavare ma non piaceva sfasciarsi, mentre ad Alex piaceva chiavare ma piaceva anche spaccarsi a merda.

Felix scarrozzò Alex con la sua vecchia *Opel Astra* grigio metallizzato in una moltitudine di spiagge e calette che qualunque stronzo avrebbe ritenuto degne per delle foto da postare su *Instagram*. Alex ne rimase stupito. Non credeva che posti come Portinatx, Cala d'Hort, o Platja de Comte fossero anche meglio che nelle foto su internet. Apprezzò tutti i suggerimenti, soprattutto a proposito di dove andare a strozzarsi col cibo migliore. Gli rimaneva comunque un po' incastrato in gola, di traverso, il fatto che non si stava dedicando esattamente al *lifestyle* che aveva in mente per il suo soggiorno.

Felix era un bravo stronzo, ma molto mitigato e costumato. A Platja des Salines gli aveva anche presentato il suo struso, una tipa carrozzata davvero bene. Fisico asciutto e abbronzato, appassionata di sport e salutismo come l'austriaco, tette che richiamavano l'attenzione e capelli lunghi tinti di nero. Felix aveva provato a giocarsi una serata a quattro invitando un'amica della sua bella per una cena, in un ristorante piuttosto sciccoso sul versante ovest dell'isola. Si era presentata questa ragazza, bassetta e rotondetta, con i capelli tinti bordeaux, e la pelle che tradiva un amore non esattamente fanatico per l'amico sole e la vitamina D. Si rivelò piuttosto un fallimento. La tipa era anche carina, e aveva un suo perché, anche se messa a confronto con la fregna di Felix sbiadiva. Le due tipe si davano un'aria da saputelle esagerata, facendosi catalogare rapidamente come snob presuntuose e monotone quanto la retorica di quegli sfigati che si rivolgono ai loro "fan" su account *Twitter* e *Instagram* con meno di cinquemila stronzi virtualmente al seguito. Alex aveva mantenuto un sorriso ipocrita cercando di non pisciare fuori dal vaso. Tuttavia se n'era sbattuto di mantenere un decoro per quanto riguardava gli sbevazzamenti. Dopotutto era sull'Isla Blanca. Già all'aperitivo in spiaggia al suo terzo cocktail loro stavano ancora a metà del loro smoothie, granatina e tè freddo. A un paio di ore dal tramonto, spettacolare, che si poteva mirare dalla terrazza del ristorante la sua conta stava a una mezza dozzina di *Estrella* e un paio di shots di *Hierbas Ibicencas* dopo il Cafè Caleta. Felix pensò bene di non presentarlo più a nessuno, senza farlo pesare.

Anche con la vita notturna si era manifestata una certa incompatibilità. Il gentilissimo austriaco portò il ragazzo del Borgo - che in verità sognava e sperava di trovare un contesto più simile alle feste di *Spring Break* che si consumavano sull'altro lato dell'Oceano Atlantico, passati il Mare di Alborán e lo Stretto di Gibilterra - a visitare l'isola nelle ore che seguivano il calare del sole, ma favoriva locali tranquilli, con gente rilassata, luci soffuse e musica lounge in sottofondo. Non importava. Il solo fatto di essere lontano dagli sbattimenti e il giogo della terra natia, rinvigoriva Alex già a sufficienza. Svicolando l'*Opel Astra* tra le strade dell'isola, Felix aveva indicato i vari locali concentrati a Platja d'en Bossa e quelli nell'entroterra, come ad esempio l'Amnesia. Alex aveva preso appunti mentali. Si era comunque innamorato del centro di Eivissa, con il suo nucleo vecchio che saliva per il colle, lo splendore di Dalt Vila, i vicoli e la cattedrale. Alex non rinunciò mai ad un comportamento etico, carburato da un confacente senso di gratitudine nei confronti della sollecitudine che la sua guida personale stava dimostrando. Perfino la sera che si erano spinti fino ad una zona dove i locali erano tutti appiccicati l'uno all'altro, e i PR assalivano la gioventù febbricitante con volantini promozionali, codici per sconti bibita ed entrate, inviti a seguirli nei locali "migliori" della zona, come moschini sui lampioni in una notte di luglio.

Alex aveva osservato con una certa frustrazione i giovanotti tutti in tiro che zampillavano voglia di vivere, voglia di apparire e uno tsunami ormonale nei locali adiacenti al lounge dove stavano bevendo rispettivamente un whisky e una *Desperados* - sorta di tentativo dell'austriaco di mostrarsi un po' più smodato di quanto non fosse realmente. I suoi occhi furono trafitti da una ragazza incartata in un corpetto e una mini gonna bianchi con un motivo a macchie nere, una coda dello stesso colore che penzolava ad altezza ginocchio, al collo un nastro di seta rosso con un ciondolo dorato a forma di campana, i capelli fini e ondulati raccolti in un cerchio con quelle che sembravano due piccole corna bianche, e due gambe sinuose che danzavano in un paio di autoreggenti nere come le scarpe col tacco a spillo. Non le staccò gli occhi di dosso per tutto il tempo in cui guidava tre tipi in camicia e polo, tutti col taglio di capelli a spazzola uguale, verso il locale più ovvio visto il suo costume: La Vaquita. Fu l'unico momento in cui accarezzò l'idea di girarsi verso il suo ospite per esprimere un pensiero: "Ma mi spieghi che cazzo ci facciamo qui?". Riuscì a trattenersi.

Un giorno Felix m'informò che sarebbe stato impegnato
in una scampagnata di tre giorni a Formentera,
accompagnato da quel gran pezzo di fregna della mora che si filava.
La nostra conversazione fu alquanto tenera nella sua deferente ipocrisia.
Mi aveva detto che potevo aggiungermi se mi andava, e io avevo declinato,
dicendo di non voler essere di troppo. Ci eravamo capiti. Era a posto il tipo.
Il succo era: "Io vado a bombarmi questa per tre giorni e tu, visto che ora l'isola
l'hai inquadrata, vedi se ti riesce di infilzare una fregna tra le frotte
di bimbiminchia a cui brami così tanto di aggiungerti al più presto". L'onestà,
che gran cosa. Mi lasciò le chiavi di casa e le chiavi della macchina. Troppo
un grande. Mica come certi segaioli paranoici del Borgo che non hanno mai
messo il naso fuori dai loro venti chilometri quadrati e qualche villaggio
turistico del cazzo, convinti dalla televisione che tutto il mondo
ti volesse fottere tutto il possibile.
Appena ebbe varcato la porta per salire sulla *Renault Clio* blu scuro della mora,
mi tirai una sega usando proprio la sua scopamica come protagonista

del porno ambientato all'ora del tramonto in spiaggia - che romantico vero? - che mi stavo proiettando in testa mentre smanettavo il buon vecchio Dr. John che non vedeva l'ora di scaricare un po' di tensione. Con tutta la passera che avevo visto in quei giorni se non svuotavo le palle non ce n'era che riuscivo a tirare assieme le idee sul da farsi. Andai al supermercato e recuperai cibo e alcol sufficiente per i tre giorni. Mi decisi anche a rispondere ad alcuni messaggi da casa facendo sapere a tutti che stavo bene, che era una figata. Qualche foto delle spiagge e a posto.

Ora mi trovavo di fronte a un altro dilemma: come cazzo vado a farmi qualche amico in giro? Anche con tutta la buona volontà, con la scuola di snobismo del Borgo - considerando soprattutto l'handicap di avere un uccello al posto della passera -, se ti andava bene conoscevi qualche stronzo quando eri strafatto e ubriaco e forse ti riusciva di comportarti da socione invece che da arrogante testa di cazzo. Uno non arrivava esattamente preparato a situazioni del genere. Decisi di recarmi in una spiaggia non troppo inculata. Nonostante ci fossero degli autentici pezzi di paradiso sull'isola mi sembrava non si prestassero troppo bene per la missione di allargare la cerchia di conoscenze sociali internazionali.

A Platja de Ses Salines c'era un viavai torpido sulla strada che costeggiava la spiaggia. Oltrepassai un gruppetto di ragazzi palestrati con alcuni *black tattoo* e mandala, la testa quadrata coi lineamenti duri, tutti in canotta e boxer, con quel passo ampolloso da manico di scopa infilato su per il culo e una coppia mano nella mano con gli zainetti *Eastpak*, prima di inquadrare un posteggio su cui fiondarmi. Mentre raccattavo il mio zainetto dalla macchina sentii un po' di baccano e vidi in lontananza un gruppo di ragazze - con giusto un paio di manici dall'aria brillante al rimorchio - intente a distribuire volantini. Erano una dozzina. Ce n'era da sbavare per tutti i gusti. Alte e snelle, bassette con le curve mozzafiato, more, bionde, capelli lunghi, caschetto, parzialmente rasato. I tizi indossavano tutti una t-shirt bianca con un logo, x shorts, e un cappello da sole; le tipe con brasiliana bianca, un top bianco con il logo e un cappellino rosso con una scritta bianca in testa. Una catturò la mia attenzione. Era la stessa tipa che avevo visto in quel locale, La Vaquita, la sera prima. Ne ero sicuro. Sparirono dalla mia vista. M'affrettai a raggiungere la sabbia e la vista del mare. La spiaggia non era eccessivamente affollata ma gente ce n'era.

Alex lumò un venditore ambulante che cercava di rifilare ai fruitori della spiaggia quei teli da mare enormi che, però, una volta piegati si infilavano tranquillamente in una borsa di tela e rimaneva ancora spazio per una bottiglia d'acqua, un ombrello, la torta della nonna, un panetto di coca e un cazzo di gomma formato Mandingo. Bisognava dare credito ad Alex, il quale si cimentò in una contrattazione veloce e indolore. Gli stronzi che stavano mezz'ora a tirare sul prezzo con 'sti disgraziati, convinti di essere chissà che grandi affaristi per recuperare la dignità persa durante l'anno sgobbando in posti di lavoro che detestavano facendosi trattare di merda da capi reparto e dipartimento, meritavano solo un nido di formiche bulldog nello scroto.

Cercò un posto dove poteva avere una buona visuale della spiaggia e piazzò il suo nuovo acquisto con un motivo bianco che raffigurava i dodici simboli dei segni zodiacali disposti a cerchio nel mezzo, una stella al centro e diverse forme che sembravano foglie di canapa stilizzate all'esterno. Strofinando i piedi nella sabbia, arroventata da un sole che bersagliava incontrastato nel cielo azzurro i suoi raggi sull'isola, diede un'occhiata di perlustrazione in giro.

Gli occhi saettarono furtivamente su alcune ragazze molto belle in topless intente a parlare in piedi, un gruppetto di ragazzi che giochicchiavano con una palla da beach volley, due ragazze bionde - una con un'abbronzatura color miele e l'altra col manto citrino - erano sdraiate abbracciate che si baciavano dolcemente, due ragazzi con la muta e le tavole sottobraccio gli passarono accanto ancora bagnati e infine lumò una ciurmaglia di maschi inglesi con tonalità di pelle che andavano dal bianco, tipo caricatori della *Apple*, a chiazze rosse, come una cappella che ha appena sbrodato. Ridevano e facevano una discreta caciara nel loro accampamento disseminato di lattine. Non era il tipo di compagnia con cui voleva immischiarsi. Meditò sul da farsi sdraiandosi un momento, infilando le cuffie nelle orecchie e sconnettendosi dal mondo, finché, trovandosi sudaticcio - e considerando che parte di quel sudore era composto da fetide scorie etiliche - andò a buttarsi in acqua

per rinfrescarsi. Ancora privo di alcun lampo di ispirazione per un'azione concreta da intraprendere continuò a
leggere *Meno di Zero*. Gli andò bene e fu la provvidenza a
dargli una pacca sul culo. Aprì gli occhi attorniato dal-
l'arsura del sole che si accaniva sulla spiaggia.

Le ragazze e i ragazzi intenti a promuovere salcazzo cosa
stavano tornando dalla loro ronda sul versante ovest della
spiaggia. Due tipe avevano uno zaino. Uno sparava fuori
della musica, musica adeguata al ceto: svariati pezzi
muovi-il-culo del momento. L'altro invece conteneva una
scorta di volantini e probabilmente qualcosa da bere. Sor-
ridevano e si fermavano brevemente da ragazzi e ragazze
giovani consegnando flyer e scambiando due parole. Poi
continuavano a sculettare e ripetere la recita con i prossimi bersagli.

Alex aveva ammirato da capo a piedi di ognuna di ste tipe.
Alla fine la sua attenzione rimase incollata su una soltanto.

Piazzato in prossimità del gruppetto di anglo-mongoloidi, sulle prime venni
snobbato. Gli infoiati imbevuti e arrostiti crearono un trambusto del cazzo
per far colpo facendo i coglioni. Una delle tipe, poco impressionata
dalla cagnara dei giovani *brits*, si accorse di me e abbandonò le sue compagne
di sventura per agganciarmi. Era snella, abbronzata, con due piccoli occhi
di ghiaccio che ti rinfrescavano solo a guardarli. Il logo sulla maglietta recitava
Party Cruise Ibiza, mentre il cappellino rosso aveva semplicemente
la scritta *Boat Girls*.

«Ehi, come va'?»

«Splendidamente, te?»

«Ti stai divertendo?»

«Per ora mi limito a prendere il sole».

La raggiunse una piccoletta formosa coi capelli biondi, due tette abbondanti,
il pancino rotondo e due occhi verdi incorniciati da uno sguardo acuto di chi
sapeva esattamente come usare lo slogan del vino buono nella botte piccola.

«Arrivato da poco?» domandò.

«Un paio di giorni, mi sto ancora ambientando».

«E quanto resti?» indagò la snella.

«Non lo so. Sicuro almeno una decina di giorni, ma non ho ancora
nessun volo per il ritorno».

«Fantastico!» cinguettò la piccoletta.

«Devi ASSOLUTAMENTE fare un giro con il *Party Cruise*» disse la snella allungandomi un flyer.

«Esatto» confermò la piccoletta «Ci sono diversi punti di ritrovo, puoi fare il biglietto direttamente lì o in uno dei punti vendita che vedi sulla mappa. Si parte al mattino…»

Ci raggiunse la PR della Vaquita, che avevo seguito impudicamente con lo sguardo, finché le sue compagne non mi si erano piantate davanti. Mi osservò mentre ascoltavo il resto della spiegazione della sua collega.

«… poi si fa un giro dell'isola, e ci si ferma in due posti molto belli, la prima volta per mangiare e rinfrescarsi con un tuffo, c'è la grigliata direttamente sulla barca, e la seconda per uno shot di arrivederci… e comunque si balla e si fa festa tutto il tempo».

Avevo registrato più o meno tutte le informazioni ma da quando era arrivata 'sta tipa avevo riscontrato un po' di problemi di concentrazione.

Aveva una tenue abbronzatura dorata e la sua silhouette richiamava quelle sexy delle supereroine nei fumetti. Non era molto alta e la sua pelle si distingueva perché era liscia al punto da dare l'impressione che entrarci in contatto sarebbe stato come lambirsi con la seta. Aveva una testa grande e tonda che però sembrava in perfetta armonia con il resto della sua figura, un largo sorriso impresso in un paio di labbra sottili ma carnose.

«Eh, che barca è?» riuscii a tossire.

«Ce ne sono diverse, puoi vederle sul sito, dipende dal giorno e dall'orario» rispose la piccoletta.

Mi sforzavo di non fissarla come un degenerato. La cosa migliore mi sembrò rivolgermi direttamente a lei per evitare d'affannarmi a non far rimbalzare lo sguardo dall'una all'altra tipa continuamente.

«Te lavori anche in un locale vero?»

Ci fu un attimo di sorpresa generale, ma senza troppi indugi la ragazza si sciolse in un sorriso.

«Sì. Ci sei stato? Non ricordo di avertici portato».

Le altre due capirono subito l'antifona e si congedarono.

«Noi continuiamo ad andare in là, buona giornata, mi raccomando, non perderti il *Party Cruise*».

Annuii salutandole. La ragazza fece cenno che le avrebbe raggiunte.

«No, ero in un locale lì vicino e ti ho vista. Ero con…», esitai, «un amico, ma abbiamo fatto una serata tranquilla. Adesso lui è andato un paio di giorni a Formentera, hai qualche consiglio per la sera?»

«Certo. Io lavoro per il locale e quindi essenzialmente porto la gente direttamente lì, di solito, però ti consiglio di guardare per un *pub crawl* se sei da solo e non conosci nessuno. È il modo più facile per conoscere un po' d'altra gente. Ce n'è uno con punto di ritrovo al porto, si chiama *Famous Crawl Ibiza*. Si trovano alle dieci e fanno tappa anche nel locale dove mi hai vista».

«Buona idea».

«Ok» sorrise «però se sei in giro un po' mi raccomando, eh, passa anche una sera a farmi fare un po' di numeri al locale. E prendi in considerazione anche il giro in barca, vale davvero la pena».

«D'accordo, grazie».

«Ora devo scappare, ciao».

«Certo certo, mi chiamo Alex comunque io».

«Irina, ci si vede in giro».

La guardai allontanarsi. Non mi accorsi che mi stavo mordendo il labbro finché mi fece un male stronzo da quanto serrai la mascella contro la mandibola. Talmente rincoglionito da darmi anche all'auto cannibalismo cazzo, dovevo decisamente tirarmi insieme.

Non indugiò troppo in spiaggia. Tornò a casa, intenzionato a partecipare a quel *Pub Crawl* suggerito da Irina. Voleva mettere qualcosa sotto i denti, farsi una doccia, riposarsi e scolarsi un paio di birre mentre studiava come muoversi coi mezzi, perché non ne aveva per le palle di spendere un patrimonio in taxi tutte le volte che doveva spostarsi e intendeva bere - o altro. Ringraziò dentro di sé stronzi ignoti per *Google Maps*.

Alle dieci meno un quarto stava davanti al porto. Si guardava in giro con una paglia in bocca, la dodicesima della giornata. Aveva ridotto notevolmente il vezzo del tabagismo. Vide arrivare un gruppetto di tre ragazzini cerei che dovevano essere diventati maggiorenni da poco. Indossavano polo e pantaloncini dai toni sobri e scarpe di tela tipo *Lacoste* o *Fred Perry* o roba del genere. Avevano problemi di acne in faccia ma erano comunque sorridenti e pieni di aspettative. Sarebbero sicuramente finiti a sboccare anche l'anima, ma essendo giovani e ingenui la sbornia l'avrebbero smaltita nel tempo di uno schizzo di sbroda. Giunsero tre ragazze, anche loro fresche maggiorenni, che starnazzavano a volume alterno come le sirene di una prigione e se la ridevano. Dovevano essere native di qualche terra dove il sole non amava mostrarsi più del dovuto. Una era un po' in carne, ma tutto sommato scopabile; un'altra era bassettina uguale, più o meno con lo stesso fisico; la terza era più alta, non una stangona ma si elevava di quasi una spanna sulle altre due, con i jeans aderenti scuri, una magliettina leggera a maniche lunghe con motivo floreale. Nonostante quella grossa testa sproporzionata coi lineamenti aquilini era la più allettante di tutte. Due ragazzi abbronzati, col fisico messo in bella mostra dalle t-shirt a V, avevano l'aria di aver capito come funzionava il mercato del rimorchio nelle statistiche, anche se il voto allo sforzo di mantenere un'aria sciolta da fighi arrivava appena alla sufficienza. Due vacconi con dei vestiti leggeri estivi, uno giallo e uno rosso, una mora e l'altra bionda, erano in compagnia di un tizio alto e smilzo che sembrava pronto per andare al casting per la parte di *Jack Skellington* in un remake *live action*. Infine, prima schiodare il culo dal muretto dove stava appoggiato, notò un gruppo di quattro ragazzi, crucchi, dalle varie forme e altezze, con vestiti scelti a caso che più a caso non si poteva. Ma - giù il cappello - erano gli unici con una latta di birra in mano ciascuno.

Alex si fece avanti con un pelo di imbarazzo, essendo l'unico stronzo in giro in solitaria. Sopraggiunsero un ragazzo e una ragazza con in mano un cartello - tipo quelli da protesta fuori dalle cliniche di aborto negli Stati Uniti - con su il logo del *Famous Crawl Ibiza* rosso su nero. La tipa reggeva una bottiglia di vodka rossa e una borsa. Il tizio aveva la pelle color mocha e i lineamenti suggerivano origini latino americane. Era ben messo fisicamente, con un buon equilibrio tra i muscoli in risalto e la figura slanciata. Aveva un sorriso solare e contagioso, la barba curata e i capelli corti ricci che sfumavano in rasatura ai lati. La ragazza indossava un paio di shorts neri in nylon da cui si estendevano 'ste due gambe abbronzate da masturbazione su *Instagram* e un cappellino nero con la scritta *Party Queen*. Indossava degli occhiali rosa fluorescente senza lente da cui sparavano fuori due occhietti vispi castano-verdi. Lui indossava una t-shirt, e lei un top, entrambi neri con lo stesso logo del cartellone. Arrivarono un'altra dozzina di persone. Alex pagò all'animatore - e guida spirituale della serata - il prezzo per la partecipazione al *Pub Crawl*, che includeva uno shot in ognuno dei tre bar che avrebbero visitato, scoprendo con immenso piacere che l'ultimo era la Vaquita. Presero tutti uno shot iniziale di quella vodka di merda. In quel contesto si applicava la regola del "basta che sia alcol". Bastava affogasse le inibizioni e rimpinzasse l'abbaglio dell'immortalità della letizia di 'sti stronzetti ingrati e spocchiosi, convinti che il mondo era lì lì giusto per cadere ai loro piedi. Invece a cadere fu una tipa a cui si era rotto il tacco. Cominciò a ridere come una gallina strozzata cercando di nascondere l'imbarazzo. In ogni locale i due animatori, Juan e Liz, oltre ad assicurarsi che i vagabondi della passeggiata a ostacoli alcolica ricevessero lo shot - di quel cazzo che contenevano poi quei bicchierini di plastica riempiti di liquami verdognoli, aranciognoli, bluognoli - di spettanza, li coinvolgevano in svariati giochi. Juan orchestrava l'evoluzione della serata con destrezza, cedendo qualche volta il testimone a Liz che si faceva carico perlopiù di distribuire i premi dei giochi: shot extra dalla bottiglia di *Captain Morgan* e *Red Bull Vodka* che si portava appresso, alle volte una bottiglia intera di prosecco con dei bicchieri di plastica da condividere con chi si voleva. Facilitavano la socializzazione, e lo facevano bene. Alex si trascinava insieme alla ciurmaglia nei suoi jeans strappati, le *Converse* nere - simili a quelle indossate dal detective *Del Spooner* nel film con Will Smith, ma senza lo stesso livello di sex appeal - e una t-shirt con il volto stilizzato di Brad Pitt col cappello e la scritta *D'Ya Like Dags*. Si era guadagnato le simpatie del gruppo di crucchi visto che erano gli unici che oltre agli shot offerti tracannavano sempre almeno due birre per locale.

Aveva scambiato qualche chiacchiera anche con un paio di tipe, una delle quali gli era toccata come partner in un gioco che comprendeva della frutta, dei secchi riempiti d'acqua e del petting farsesco, ma aveva tenuto a bada il testosterone, nella disperata speranza di vedere la bella Irina nell'ultimo locale. Non c'era.

Al centro del locale penzolava un enorme busto di mucca con la faccia sorridente e gli occhi storti dal soffitto. All'esterno c'era una terrazza con diversi tavoli. Dentro andava per il lungo verso l'interno. Sul lato sinistro c'era il bar a 'L' che fiancheggiava la parete fino a circa metà locale. Dai primi metri posti sotto l'alto soffitto fino a tre quarti si estendeva la *dancefloor*, con alcuni tavoli da bar senza sedie sparpagliati qua e là. In fondo c'era un soppalchetto con dei tavoli, delle sedie e un paio di divani. Al centro era collocato un cubo alto mezzo metro, con la superficie di dieci metri quadri, dove in occasioni speciali si esibiva qualche ballerino ma che in quel momento era libero per permettere a qualsiasi ubriacone o stortona di salirci a ballare o esibire dosi più o meno massicce di ignoranza.
Nell'angolo a destra, adiacente al soppalchetto, si trovava la postazione rialzata del dj che da lì aveva una visuale perfetta su tutto il locale. Si stagliava la figura di un tizio mulatto, alto, snello e slanciato, con una camicia bianca sbottonata sul petto e arrotolata sulle maniche. Aveva l'aspetto di uno che avrebbe potuto fare uno di quei spot di profumi ambientati su qualche *location* suggestiva, tipo una cresta rocciosa sul mare o un deserto di dune sabbiose, insieme a qualche modella mezza anoressica e inespressiva per ispirare trepidazione o salcazzo cosa. Pestava forte e nonostante la fisionomia da modello aveva un bel sorrisone da stono che dispensava una sana e genuina vivacità.
Uscendo per fumare una paglia incappai nella tipa con cui avevo fatto petting sfrenato insieme ad ananas, mele e banane che si faceva aria con un menu delle bibite e guardava il telefono. Avevo ormai passato la soglia del brillo e anche dell'alticcio. Andai a domandare se stava a posto. Rispose di sì con un timido sorriso e mise via il telefono. Domandai le solite cazzate tipo da dove veniva, quanto stava, dove alloggiava, se si stava divertendo e rispondendo a mia volta alle stesse domande inutili. La invitai a bere qualcosa dentro e mi seguì. Avvertii subito gli occhi rapaci delle sue amiche piantati su di noi. Per non fare il solito ubriacone piscioso da birra presi un *Mojito* e le offrii un *Sex On The Beach*. Domandai se le andava di ballare un po' e ci appartammo contro la parete del locale. Tempo cinque minuti

le nostre lingue si rincorrevano da una bocca all'altra. Non era strafiga e aveva quell'aria da pecorella smarrita che non mi aveva mai fatto impazzire granché. Però ci stava, - figa ladra! - dovevo pur svezzare 'sta cazzo di isola in un modo o nell'altro. Altrimenti tanto valeva che me ne stavo al Borgo a tirarmi una sega dietro l'altra in depressione totale in preda all'ennesimo post sbornia mentre un'Arianna di turno si chiavava un altro manzo.

Incassai un due di picche fragoroso. La tipa, al momento di dover lasciare il locale, si era mostrata parecchio diffidente. Secondo me qualcuna delle sue amiche doveva averle messo addosso un po' di paranoia. Con il locale che poco alla volta aveva cominciato a svuotarsi, capita l'antifona, ero tornato a sognare. Da ubriachi si sogna sempre da dio. Da sbronzi la speranza non muore mai, sul serio.

A conti fatti la mattina dopo potevo vantare solamente una pomiciata, cazzo. Mi toccò tirarmi un'altra sega.

Normalmente, nelle spedizioni di svago in terra straniera facevamo amicizia
con i baristi. Naturale. Bevevamo come delle spugne e dispensavamo mance
notevoli. Specialmente Jürgen. Quando si trattava di far festa diventava
un professionista, più serio che sul lavoro. Eravamo sempre stati convinti
di essere dei gran drittoni. Durante una vacanza in Grecia però ero stato male
e avevo deciso di contenermi un po'. Mi ero reso conto di alcune dinamiche.
I miei soci se la intendevano con questo barista. Lo sveltone intascava
felicemente le mance che piovevano a ogni giro sul bancone, sorrideva
complice e strizzava l'occhio ogni volta che i miei compari indicavano qualche
pezzo di figa che attirava la loro attenzione. Gli dava corda. I drink e le mance
continuavano a zampillare e lui ogni tanto mostrava l'indice e annuiva
con la testa tipo per dire "tranquilli, ora ve la combino io". Andava a servire
qualcuna di 'ste tipe col suo sorriso smagliante e dava un'occhiata ai tre beceri
per metterli al corrente che li stava vendendo bene. Per la prima volta mi era
parso evidente che non faceva un cazzo di utile per dare una mano ai miei soci
disastrati per combinare qualcosa di concreto; si vedeva benissimo che stava
vendendo se stesso con quell'aria paracula da uomo al timone, dando
a intendere che il vero affare era lui. Assolutamente legittimo, cazzo.
Non eravamo alle elementari che mandavi l'amico a parlare con la ragazzina
che ti piaceva. Però tutta quella recita da amicone e quella assoluta e infame
mancanza di spirito di camerateria non m'era andata giù. Brutta storia
la concorrenza per la sorca. Avevo ufficialmente dequalificato la classe
dei barman a semplici ambasciatori di sbronza. Era comunque un titolo nobile.
La sera prima avevo comunque agganciato il dj. Non ritenevo la casta
a cui apparteneva più fidata, mi sembrava semplicemente un bravo stronzo.
Così, di pancia. Gli avevo offerto un drink. Non ricordo con quali parole,
sbiascicate in quale lingua, gli avevo chiesto di Irina. Se la conosceva,
se era in giro, eccetera. La console iniettava nelle casse un remix potentissimo
di *Sandstorm*. Mi aveva scrutato attraverso le luci laser, che mi passavano
attraverso come quegli scanner nei vecchi film di fantascienza. Decise
che non avevo l'aria di uno stalker psicopatico. Mi disse che Irina lavorava
lì solamente il giovedì e il venerdì. Il sabato in un club, la domenica per il cazzo
di giro in barca e gli altri giorni non ne aveva idea. Uno scazzo scoprire
che avrei dovuto aspettare altre due sere per vederla lì. Domandò come mai
volevo sapere, come se non fosse chiaro. Risposi che ero semplicemente

curioso, che l'avevo conosciuta in spiaggia. Lo pregai di essere discreto
e lasciare la conversazione tra noi.

«Nessun problema» disse.

La mattina avevo liquidato brutalmente in fretta un messaggio di Arianna,
che domandava come girava ed evidentemente sperava di risucchiarmi
in uno di quegli interminabili scambi di messaggi sconclusionati che dovevano
saziarla di un sentimento di tangibilità o salcazzo cosa.

Dovevo ricalibrarmi. Fanculo le spiagge *mainstream*. Volevo solamente
starmene un po' per i cazzi miei e rilassarmi. Consultai la mappa turistica
dell'isola su cui Felix aveva scarabocchiato per indicarmi alcune spiagge
e calette che, assicurava, mi avrebbero incantato. Ne scelsi una a caso
e la raggiunsi con l'*Opel Astra*. L'isola era molto più della capitale dello sbrago
e della movida. Mi ero trovato in compagnia di sole altre tre persone
nella spiaggetta in mezzo al verde che ci circondava spiovendo fin quasi
a raggiungere il mare come a volersi tuffare.

Passai molto tempo a leggere, ascoltai un po' di musica con gli occhi chiusi
e feci un bagno lunghissimo, nuotando per diverso tempo. Dopo un sonnellino
all'ombra di un pino, rinato, rincasai. Pronto ad affrontare nuovamente 'sta
impegnativa e stronza vita notturna di Ibiza.

«Cosa facciamo Jen? Le prossime serate non sono così interessanti da approfondire. Condensiamo? Facciamo un *montage* con sopra una voce narrante? O pretendiamo che tutte
le cose importanti succedono la sera dopo?»

Jen: «Non saprei. Da una parte sicuramente ammassare tutti
gli avvenimenti più importanti in una o due serate potrebbe donare un po' di dinamicità e ritmo, però si sa che
c'è sempre qualche cagacazzo che si mette a menarla che è
inverosimile, eccetera».

«Ci siamo mai preoccupati di sta manica di coglioni col
mestruo nel culo?»

Jen: «No, è vero. Però a te piacciono i *montage*».

«Vero. Stavo pensando che potremmo mettere insieme un po'
di scene di Alex che continua ad andare in 'sto locale, la
Vaquita. Facciamo un montaggio veloce con le luci strobo
che sparano dritto in camera, qualche approccio maldestro
ai danni di qualche femmina, lui e il dj che sbevazzano
insieme, qualche pomiciata, alcuni scambi di sguardo im-

pacciati con Irina che finalmente si fa vedere con i suoi vestitini da lavoro sexy...»

Jen: «Mi piace, non c'è nemmeno bisogno della voce fuori campo...»

«Poi andiamo in ascesa. Alex che ingoia una pasta, strusciamenti e petting un po' più serio con lingue in bocca appassionate e il dj che gli dà la mano come se lo stronzo sia chissà chi e i baristi che gli passano drink a fottere e lui sempre più ubriaco e fatto e infoiato. Poi rallentiamo e mettiamo un paio di *slomo*, di lui in spiaggia con gentaglia a caso, lo facciamo vedere sconvolto fuori dalla Vaquita che sta chiudendo i battenti e mandando via la clientela con il dj che lo va a recuperare e lo invita per un drink veloce in privato con lo staff nel locale ormai chiuso...»

Jen: «È fattibile, molto fattibile. Hai già parlato di ritmo e *slomo*, ti conosco vecchio scorreggione, hai già in mente una canzone? Sputa il rospo che poi sono io la cogliona che deve litigare con investitori e case discografiche per permetterti di usare le canzoni che vuoi e su cui sei irremovibile, contrattando un prezzo che vada bene a quelli che ci sganciano i soldi...»

«Mi è venuta in mente subito: *Willst Du* di *Alligatoah*. Hai in mente? Anche il testo si sposa bene con il montage secondo me».

Jen: «Ho in mente, ma vuoi davvero mettere una canzone in tedesco?»

«Perché no? I mangia crauti sono una piaga planetaria a livello politico ma a regola hanno buon gusto quando si tratta di discipline artistiche, infatti la nostra roba gli piace...»

Jen: «Ti ricordo che stai parlando del paese natale di *Germany's Next Top Model*, *Berlin Tag & Nacht*, *Köln 50667*, *Frauentausch*, *Krass Schule*, *Die Strassencops* e potrei continuare...»

«Ok, ma cosa c'entra? Trashate merdose ne fan dappertutto, quella merda è ovunque. Accendi la tv in Italia o in Spagna o negli USA e non cambia un cazzo. Non possiam farci granché se st'ammasso di merda chiamato genere umano ha perso ogni cognizione di standard e buongusto. Non fare la menagramo, pensa alle cose buone: i *Rammstein*, Berlino, l'FC St. Pauli, l'Oktoberfest, la *Love Parade*… Sono un po' tonti e quadrati, alle volte un po' capricciosi e infantili, ma sotto sotto c'hanno un buon cuore. Bisogna giusto farli scendere un attimo dal piedistallo e sganciare uno sberlone di tanto in tanto per rimettergli in quadro la capoccia. Poi ora che hanno adottato quest'immagine da buonisti cosmopoliti, a braccetto con quelle serpi "liberali" infami a stelle e strisce, anche i nostri amici sionisti di Hollywood, che li hanno tartassati per anni, li hanno redenti. Pensa a quel fenomeno di Christoph Waltz. Potrebbe tenere quella fogna chiusa su questioni politiche, di cui non capisce un cazzo, nelle interviste… ma che attore è?»

Jen: «Non avrebbe più senso mettere una canzone in spagnolo?»

«Lascia perdere. Metti una canzone di *Residente* o degli *Ska-P* e non fa lo stesso effetto. Poi la canzone in tedesco si sposa bene con il messaggio subliminale di accusa di neocolonialismo dei paradisi turistici da parte dei ricconi dei paesi con l'economia più forte…»

Jen: «Ah ecco, mi pareva che mancasse lo sfondo politico»

«Tra i mangiacrauti e i miei cugini roastbeef c'è poco da fare. Guarda tutti 'sti posti: Maiorca, le Isole Canarie e così via… ce li hanno in mano loro, cazzo alcuni posti, come Magaluf, sono delle autentiche colonie. Saranno obbligati a usare prestanomi locali o cazzate del genere per mascherare come stanno le cose, ma i drittoni *upperclass* se le spartiscono come cazzo vogliono 'sti piccoli angoli di paradiso. Incredibile cosa puoi fare con una manica di stronzi ipocriti al potere e un popolo di caproni egocentrici che non hanno mai abbastanza ma sempre troppo da perdere».

Jen: «Ok ok, basta così, tanto ho imparato a non buttar via tempo discutendo sulle tue scelte di *soundtrack*! Dove vuoi far finire il *montage* e riprendere?»

«Dalla sera prima che il dj lo invita a casa sua…»

Jen: «Solito scostumato…»

Tirai il freno soltanto una sera per andare a cena con Felix, tornato bello
svuotato dalla sua escursione a Formentera. Avevo pochi giorni per decidere
sul da farsi. Voglia di andarmene non ne avevo manco per il cazzo. Dal Borgo
avevano cominciato a scassarmi le palle con una certa insistenza attraverso
telefonate e messaggi. Mia mamma al telefono s'era avventurata addirittura
in uno sproloquio, sostituendo malamente il tono di routine - un'altalena
tra quello autoritario e quello che cercava di impietosirmi -
con una orribile cantilena amichevole. Piuttosto vana
con mio padre in sottofondo che brontolava.
«Allora ti sei divertito? Adesso torni? Sai se torni io e papà abbiamo pensato
che ti potremmo dare una mano coi soldi se vuoi fare la scuola».
La gente aveva in testa sempre 'sti cazzo di soldi. La stabilità prima di tutto.
Peccato che s'intendeva sempre solo ed esclusivamente quella economica.
Quella di tipo emotivo e mentale venivano automaticamente come
conseguenza. Come no. Bastava guardarli 'sti schiavi rincogliniti, convinti
di aver capito tutto e saperla più lunga di tutti. Non avevo intenzione
di permettere alle loro paranoie del cazzo di guastarmi il pellegrinaggio.
Io e una spagnola, che lavorava alla Vaquita, avevamo appuntamento
in spiaggia con degli australiani che avevamo conosciuto insieme. Appena
l'avevo mollata un attimo per andare al bagno e prendere due cocktail,
era stata assalita da 'sti pazzoidi. Erano tutti bianchi e biondi, tranne una tipa
dagli occhi a mandorla. Uno dei quattro ragazzi la puntava apertamente
e la mia apparizione non li aveva sconcertati. Le tre ragazze si erano mostrate
ben disposte a integrarmi nel loro tripudio. Quando si dice "gioco di squadra",
cazzo! I simpatici psicati erano tutti dei troioni, soprattutto gli ometti.
Non c'erano coppie all'interno del clan. Poteva darsi che si divertissero tra loro
di tanto in tanto, ma sicuro senza storie e menate varie.
Avevo dato subito a intendere che non avevo intenzioni particolari
con la spagnola, anche se era una bella ragazza e di buona compagnia. Avevo
posato gli occhi sulla piccolina, leggermente tracagnotta, con la pelle citrina
levigata. A darle quell'aria rotondina erano i fianchi e il fondoschiena
che spiccavano in volume, ma gambe e busto sfumavano armoniosamente
in curve dolci e snelle. Aveva una faccia da porca. Dopo alcune birre i discorsi
erano senza freni e si discuteva di sesso, di sostanze stupefacenti, divertimento,
musica e via dicendo con la stessa naturalezza con cui le vecchiette davanti
a un caffè parlano dei progressi dei loro nipoti. La mia amica spagnola
si era divertita un botto. Quella sera avevo abdicato l'invito a seguirli - era
la sera che ero d'accordo con Felix per la cena - ma avevo spronato

la mia amica spagnola, che aveva il giorno libero, a seguirli all'Amnesia.
Per ringraziarmi il pelatone, che con mio grande stupore era quello
che era riuscito a ingraziarsi maggiormente la bella madrilena, mi aveva
regalato una t-shirt grigio scura con su semplicemente la scritta *April 18th*.
Mi diceva qualcosa ma non riuscivo a ricollegare. I suoi soci avevano
sghignazzato mentre lo ringraziavo e la prendevo.
«È una cosa da culattoni? Guardate che a me non frega niente, la indosso
comunque».
«Non esattamente. È una sorta di fratellanza, vedila così».
C'eravamo scambiati i contatti, e c'eravamo dati appuntamento per la sera
dopo. E così eccomi col culo piazzato sul bus diretto a Sant Antoni, dove
stavano loro. Il piano era di fare aperitivo lì, poi prendere un taxi per andare
alla Vaquita. Gliel'avevo venduta bene. Forse troppo. La cricca era al completo.
La biondina, Kim, con un paio di sandali argentati a zeppa che le tiravano
su il culo e slungavano le gambe tonificando le cosce era ancora più figa
che in costume. Domandai al pelatone com'era andata la sera prima
con l'amica spagnola e per tutta riposta esibì un sorriso sornione e si premurò
di farmi arrivare subito una lager per brindare. Mi offrirono sia bamba
che paste ma declinai, avevo altro in mente. Mastro Lindo - con cui sembrava
avessimo sigillato una sorta di tacita alleanza - al bar s'adoperò a orchestrare
le conversazioni per permettermi di istituire una certa confidenza con Kim,
che se ne sbatteva di insinuare un'aura di decenza intorno alla sua persona.
Era più sboccata di uno scaricatore di porto. Il pelatone, con la sua stazza, fece
in modo che sul taxi io e la biondina finissimo seduti uno da parte all'altra.
Nel putiferio alzato lungo il tragitto, con loro già strafatti e io appena appena
brillo, fu proposto un *truth or dare* (verità o penitenza) per ammazzare
il tempo. Quando il pelato mi sfidò scelsi senza esitare penitenza. La penitenza
che annunciò ad alta voce con aria beffarda era che dovevo limonare con Kim.
La ragazza accennò una debole protesta pro forma.
«Sarà mica giusto che la penitenza coinvolge una persona non sfidata no?»
«Guarda che la penitenza è per lui, povero bastardo!» la inzigò il pelatone,
rimediando un coppino.
«Vabbè, perché no…»
Sorrise con malizia, il piccolo demonio deviato, e senza tentennare mi cacciò
la lingua in bocca. Colto alla sprovvista mi toccò riprenderla e mostrarmi
altrettanto emancipato, per non sembrare un mammalucco.
«Se la cava mica male. Buono il rimasuglio di *Mojito*, male il tabacco».
«Cosa ne vuoi sapere che sei strafatta» mi difesi.

«Appunto, ho i sensi molto più efficienti».

Alla Vaquita fui particolarmente teatrale nel mio solito giro di saluti
con gli addetti ai lavori per cercare di impressionare la ghenga.

Cercai di resistere all'impulso di fumare e presi una *Piña Colada*. Avevo preso
coscienza del fatto che potevo lasciarmi andare e abbracciare la mia tempesta
ormonale. Mi fiondai su Kim per conquistarla in via definitiva.

«C'ho buttato su un po' di *Piña Colada*, vuoi assaggiare com'è ora?»

«Visto che fai tanta fatica a buttarla giù potrei semplicemente
rubarti un sorso».

Diedi fondo al mio drink e sorrisi con un'alzata di spalle. Poggiò la *Vodka Red
Bull* che aveva in mano.

«Ok, allora, diamo un assaggio».

Ci dislocammo in pista e il pelatone ci osservò soddisfatto dall'altra parte
del locale. Poi tornò a guardarsi in giro per vedere se ci fosse del carnaio
che facesse al caso suo. La Vaquita era abbastanza piena. Mentre io e Kim
ci strusciavamo, il resto del gruppetto attaccò a importunare un trio di ragazze
vicino al bancone. Kim, nel parapiglia dei nostri corpi che si contorcevano
sfidandosi sotto le luci psichedeliche che ci saettavano addosso, si impose
come quella con più esperienza e più maestria nell'arte della provocazione.
Mi strusciava il suo bel culo addosso e in un batter d'occhio ce l'avevo
di marmo. Voltandosi poggiò il suo corpo contro il mio, con movimenti lenti.
Iniziò a stuzzicarmi con frasi sconce. Premeva le sue labbra contro le mie
e si scansava ridendo quando andavo a cercarla io.

«Abbiamo una belva infuriata lì sotto eh?», «L'uccello è sempre stato
uno dei miei giocattoli preferiti», «Sai sono il tipo di ragazza che ti lascia
con le palle vuote», «Credi di essere in grado di gestirmi?».

Ero al limite dell'eccitazione e mi sentivo esplodere come una pentola
a pressione nel cuore di un vulcano.

«Senti, così non posso andare avanti. Ho bisogno di infilzarti.
Non è che poi le palle me le lasci più piene di prima eh?»

Un sospetto legittimo dettato da una vita passata tra i confini del Borgo.
Mi riprese con una smorfia sarcastica di disappunto.

«Mi sembra piuttosto che tu non hai troppa fretta di invitarmi fuori
ad appartarci da qualche parte».

Eruzione imminente. Mi venne un'idea. Quanto brillante non lo sapevo,
ma ormai ero in tangenziale.

«Seguimi».

Di soppiatto e con la dovuta attenzione per non farci cogliere in flagrante

la condussi per mano nella *staff room*. L'iniziativa parve piacerle
e impressionarla un po'. Finalmente m'ero rifatto con una mossa da canaglia
che speravo affievolisse un po' l'aurea da pseudo verginello del cazzo
imbranato che ero convinto di aver avuto fino a quel momento. Il mio istinto
alla *Jason Bourne* m'impose di fermarmi a soppesare i fusti di birra
per accertarmi che nessuno sarebbe sceso a beccarci in piena copulazione.
Eravamo a posto, i fusti erano tutti quasi pieni. La spinsi contro il muro
afferrandole avidamente le cosce mentre pomiciavamo. Si liberò e mi spinse
contro il muro. Dopo un bacetto e un occhiolino, flettendosi sulle ginocchia
mi slacciò i pantaloni e dopo un paio di leccate prese in bocca tutta l'asta.
Aveva tecnica e fame. Aveva cominciato a sgrillettarsi mentre me lo succhiava,
quindi la trascinai su, la pressai contro il muro e le alzai il vestito. Iniziai
a lavorarmi con la lingua le sue labbra soffici e spesse con il grugno infilato
tra i suoi glutei massicci, mentre con le mani andavo a cercare un preservativo
nelle tasche dei pantaloni abbassati. Ero decisamente fuori allenamento per 'sti
numeri da circo, mi ci volle un po' ad eseguire la manovra. Riuscito a infilarmi
il goldone mi alzai baciandola sulla guancia. Con una mano le tenevo il viso
e con l'altra indirizzavo l'asta nel buco. Cominciai a darci dentro. Ero alle stelle.
Era passato un sacco dall'ultima volta e sentire il culo che mi sbatteva
sull'inguine mi stava mandando in orbita. Continuava a incitarmi.
«Dai, dai» e «più forte, più forte».
Ci stavamo dando dentro da un po', lei ansimava pesantemente, quando
la porta del locale si aprì.
Raggelai con l'uccello ancora dentro il suo utero. Ci girammo entrambi
per vedere apparire il dj della Vaquita. Rimase un attimo interdetto cercando
di capire che cazzo stesse succedendo. Inquadrata la situazione allargò
un sorriso. Camminò non curante verso un tavolo, aprì una borsa beige in simil
pelle, estrasse una bevanda isotonica e prese un paio di sorsi. Lo fissavamo
con le braghe calate e i nostri rispettivi organi genitali ancora congiunti
nell'amplesso. Ci strizzò l'occhio.
«Qualcuno potrebbe non essere così compiacente se vi beccano, vedete di non
metterci troppo a concludere».
S'allontanò per rientrare nella bolgia a far ballare il popolo notturno
della Vaquita sotto la scure dei suoi beat. Sulla soglia della porta si fermò.
«Dovreste essere coperti per un po'. Te lo sei studiato il momento ideale, eh?»
«Allora sto tranquillo?»
«Da parte mia sì, buon divertimento» disse prima di scomparire.
Mi si era un po' ammosciato dentro la passera di Kim. Non l'avevo tirato fuori

per tutto il tempo, come se cercassi una sorta di rifugio tra le carni
della bella australiana.

«Bello il tuo amico, avremmo dovuto invitarlo a unirsi alla festa» sbanfò Kim.
La sola nozione di aver per le mani - e per tutto il resto - una tipa con la mente
perversa a questi livelli mi eccitò al punto che il mio amico riprese la sua forma
di estensione massima in meno di un beat del remix EDM aggressivo di *Bad
Things* di Jace Everett che si sentiva attraverso le pareti. Ricominciai
a stantufare come un ossesso. Forse le verginelle, le brave ragazze e le timidone
non facevano per me. Forse.

Alex esplose nel suo orgasmo. La vista venne offuscata da
una miriade di pixel multicolore e si accasciò su Kim come
un koala sul tronco di un albero.
Kim, dopo essersi fatta una striscia di bianca, rientrò
nel locale. Un minuto dopo la imitò anche Alex che si era
adagiato un momento sui fusti allineati contro la parete
per riprendersi.
Era ancora preso bene dall'orgasmo ma quando vide il pelatone che stava facendo lo scemo con Irina, piazzata di
fronte a lui con le mani sui fianchi, eretta su due stivaletti neri con tacco da infarto e un vestitino a mini
gonna lucido bianco e nero, che rideva alle sue scemenze,
provò una punta di stizza.
Esilarante l'ingordigia repressa con una fatica perpetua
di certi individui. Aveva quella stupida sapidità infantile
del bamboccio che si scorda subito del giocattolo che ha
per le mani appena ne avvista un altro - tra le mani di un
altro bamboccino. Erano tanti i primati che si trascinavano
questo fardello arcaico per l'intera esistenza, senza mai
assaporare la celestiale condizione di spensierata strafottenza a cui erano molto più predisposte le donzelle.
Anche qualche manico riusciva a fare il salto e abbracciare una nuova prospettiva. E nonostante Alex avesse la
menomazione di essersi formato tra i confini del Borgo, un
habitat dove la considerazione di concetti obsoleti come
l'immagine e la reputazione erano pilastri portanti del-
l'entourage locale, ero pronto a concedergli buone speranze di trasformazione e sviluppo.

Recapitai un drink al dj, Zemar. Intendevo far due chiacchiere con lui ma indicò
un tizio di mezza età con la pancia da birra, una camicia blu scuro,
dei pantaloni beige e i mocassini dello stesso colore della camicia che girava
il suo testone pelato con i capelli scuri lunghi ai bordi
qua e là con aria dispotica.
«Lo vedi quello? È il gerente del locale».
Pensai che quelli con l'aria più viscida si rivelano sempre quelli
con le mani più in pasta in posti del genere.
«Non è così terribile ma è meglio se prendi prima le misure e gli lasci
eventualmente modo di fare lo stesso con te prima di fare troppo lo spavaldo
in giro quando c'è lui».
«Ricevuto».
Zemar mi sorprese con una proposta.
«Domani sono libero, puoi fare un salto da me se ti va».
L'idea mi onorava, ci scambiammo i numeri per metterci d'accordo.
Irina - grazie al culo - nel frattempo era tornata a svolgere le sue funzioni di PR;
così mi aggregai di nuovo ai miei amici della terra dei canguri e a Kim
che mi mise un braccio sulle spalle e di soppiatto mi tirò una manata sul pacco
facendo l'occhiolino e tirando fuori la lingua.

«Finalmente una chiavata...».
Jen: «Una delle tue classiche chiavate di contorno...»
«E adesso 'sto coglione mi fa il geloso preso male... seriamente?»
Jen: «Dai che i personaggi rincoglioniti ti piacciono sempre, dici che sono quelli con più cuore, e che senza i disastri che combinano loro si perderebbe l'essenza del
progresso. *Jason Stackhouse*, *Alan Garner*, adori questo
tipo di personaggi, e ti ho anche sentito ammettere che
l'unico ruolo che Ashton Kutcher ha azzeccato in tutta la
sua inutile carriera e che dà un senso alla sua esistenza
era quello di *Michael Kelso*...»

Mi svegliai col sole già alto nel cielo chiazzato da un trio di nuvole passeggere
con Kim appisolata al mio fianco. Ricordavo tutta la serata.
Una piacevole novità.
A una certa avevamo levato le tende dalla Vaquita e ci eravamo trasferiti
in una discoteca inculata nell'entroterra. Io e Kim eravamo rimasti appiccicati
tutto il tempo visto che mi si era riaccesa la tempesta ormonale. Avevamo

abbandonato gli altri. I *gringos* erano intenti a chiacchierare e ballare
con delle ragazze italiane, ignorando di non aver alcuna speranza. Avevano
l'aria delle sgamate che te la facevano solo annusare. L'asiatica si stava
lavorando un barista e l'altra tipa già limonava in pista con uno stronzettino
albino dall'aria danarosa. Io e Kim eravamo sgattaiolati al loro alloggio,
avevamo fatto una scopata veloce e poco intensa, poi eravamo crollati
uno da parte all'altra che il cielo si stava già schiarendo.
Nella stanza filtravano alcune fasce di luce dagli angoli dove la tenda
non copriva completamente la finestra e l'aria era pesante e viziata. Ero meno
impastato del solito. Cercai il telefono sul pavimento piastrellato. C'erano
diverse notifiche con l'iconcina verde. Un messaggio vocale di Adam chiedeva
come stavo, se avevo inzuppato abbastanza e roba del genere.
Lessi il messaggio di mia mamma che fingeva di essere serena anche
se probabilmente stava covando una tachicardia inconfessata. Zemar ribadiva
l'invito per la sera. Da ultimo quello di Arianna che domandava se avevo
finalmente tempo di raccontarle come andavano le cose. Risposi solo
a quest'ultimo: "Al momento non ho WiFi, mi faccio poi sentire".
Seguì l'iconcina del pollice recto, che alle volte quando arrivava da lei aveva
lo strano potere di spalancare una voragine di pensieri, parole, sguardi
ed espressioni. Tutte plausibili, tutte ipotetiche. Provai l'irrefrenabile impulso
di stringermi a Kim.
Mi accorsi solo allora che stavamo dormendo in una stanza condivisa
con il pelatone - da solo nel letto - e un altro dei loro soci. Kim stiracchiandosi
si voltò a guardarmi e sbanfò un "Buongiorno" a metà tra l'affermazione
e la domanda. Sussurrai che dovevo andare.
«Non sei in vacanza? Cosa hai da fare?» aveva protestato lei, con poca enfasi.
Spiegai che dovevo vedermi col dj della Vaquita.
«Guarda che se vuoi andare puoi semplicemente dirlo».
«Non ho fretta» farfugliai.
La informai che al mattino l'unica parte della mia carcassa più sveglia
di un pesce fatto di anfetamina in una vasca di *energy drink* era il mio vecchio
socio, laggiù, che fremeva manco avesse una vita propria per darle
un arrivederci come si deve. Peccato che il posto sembrava un po' troppo
affollato per un'ultima danza.
«Davvero?» domandò mentre portava la mano sotto le lenzuola per conferma.
Si esibì in un "Ooohhh" ironico.
«Non possiamo proprio lasciarci prima di esserci salutati come si deve
se le cose stanno così».

«Qui adesso?» domandai confuso.

«E dove se no?»

«Dovremo fare molto piano allora...»

«E perché mai?» rispose mentre montava il suo corpo prono sopra il mio cominciando lentamente a strusciare la sua zona pelvica contro la mia «Dobbiamo salutarci come si deve».

Si trascinò in su e premette il seno nudo coi capezzoli larghi che sfumavano dal rosa fiore di pesco al marrone noce sulla faccia. Si piegò mordicchiandomi il lobo dell'orecchio.

«Basta non fare TROPPO rumore».

Mi aveva stuzzicato ed eccitato quanto bastava e avvertii che era sorprendentemente madida. Si sistemò a cavalcioni su di me, accolse il mio vecchio socio tra le sue calde pareti e cominciò a dimenarsi.

Prima lentamente poi sempre più forte. Ansimando. Sempre più forte.

Il pelatone si svegliò per un momento. Cercò di metterci a fuoco, con gli occhi che si rifiutavano di compiere lo sforzo per svolgere il loro compito. Inquadrata l'operazione in corso si girò dall'altra parte infilando la testa sotto il cuscino senza protestare, commentare o niente. L'altro socio doveva essere in coma etilico perché non mosse un muscolo. Ci avevamo dato dentro per un po' ma per riuscire a sbrodare fui costretto a prenderla da dietro.

Pronto ad andarmene, rivestito e più o meno rifiorito, diventammo "amici" su *Facebook* e quando mi chinai per darle un bacio mi congedò sorridendo.

«Forse ci rivedremo *weirdo*».

Alex rimase attonito dalla quantità di gente che il dj afghano della Vaquita, nel breve tragitto che percorsero dal bar vicino alla spiaggia fino al suo appartamento nei pressi di Talamanca, si fermò a salutare. Molte belle donne.

L'appartamento aveva un ampio salotto. Sul lato nord, verso l'entroterra, si trovava la cucina, con una piccola isola che il ragazzo usava in modi diversi. Per mangiare, come angolo bar per una bevuta, per cucinare quando lo spazio nella zona fornelli non era più sufficiente, o come deposito per chiavi, buste, indumenti e altre cianfrusaglie. Rivolta a sud, una vasta vetrata dava sul terrazzo, abbastanza grande da ospitare un tavolo da sei con le sedie e una sdraio. Alex carezzò la ciniglia del divano verde pastello a 'L' che poteva far star comode almeno quattro persone. Zemar era un ottimo comunicatore. Iniziarono a chiacchierare di musica.

Per la musica ero una specie di bulimico. Non ne avevo mai abbastanza.
Il mio bagaglio era in continua espansione. Davvero di tutto. Soprattutto rock
con tutti i derivati. Per quanto non fosse esattamente il mio genere prediletto
divoravo anche una buona dose di musica elettronica. Da roba più
contaminata, come i *Prodigy* e i *Pendulum*, a roba più alla portata di chi aveva
le orecchie un po' più delicate, anche se prediligevo pezzi che pestavano,
o roba più alternativa. Tra un tiro di canna e un sorso di sangria, quando
me lo chiese gli raccontai un po' la mia breve storiella e del Borgo
e gli domandai del suo andazzo sull'isola.
«Vita stressante quella del dj popolare?»
Sorrise. Disse che non era male, ma cercava di mantenere un profilo basso.
Aveva i suoi vantaggi.
«Ho visto che vantaggi ha…» gli dissi riferendomi alla sfilata di gnocca
con cui l'avevo visto intrattenersi per strada e al club.
Parlammo un po' di donne. A lui piaceva un tipo abbastanza preciso.
Non aveva tanto a che fare con l'etnia, colore dei capelli, degli occhi,
lineamenti, quanto più per uno stile, un fisico e un portamento ben definito.
Sembravano tutte modelle d'alta moda. Alte, magre, gambe slanciate, e gusti
raffinati nel vestire e proporsi.
Scoprii poi che, imbroccando la carreggiata giusta, fare il dj poteva rivelarsi
un buon modo per racimolare filigrana, senza diventare necessariamente ultra
famosi e multimilionari. Non doveva ammazzarsi di lavoro lui. Aveva deciso
di fare la stagione ad Ibiza semplicemente per farsi un'estate diversa,
continuando a suonare e guadagnando qualcosa ma senza stressarsi.
Negli anni aveva racimolato abbastanza - secondo i suoi standard, qualunque
fossero - per passarsela bene.
Dopo aver buttato giù due *Super Bock*, andai a pisciare. Il bagno, come il resto
della casa, instillava un senso di ordine, ma armonico, non rigido. Ogni oggetto
sembrava essere esattamente dove doveva essere.
Intravidi nel corridoio una stanza chiusa e una con la porta aperta che attirò
in modo irrefrenabile la mia attenzione. Chiesi se gli andava di mostrarmi
questa parte della dimora con una certa smania.

Una era la camera di Zemar, con un grande letto a due
piazze e un armadio a muro, e qualche addobbo etnico.

L'altra stanza era usata come ripostiglio. C'erano la lavatrice, una scrivania con ammassati sopra vestiti, scatole, coperte, e ogni sorta di cose che non dovrebbero stare su una scrivania. Infine trovavano dimora una serie di oggetti che avrebbero cambiato in modo radicale il percorso e la vita di Alex da quel momento in poi. Una *Korg microkey AIR* da 49 tasti gravava su un appoggio da tastiera. Da parte, sopra un tavolo realizzato appositamente per lo strumento si ergeva un controller *Numark NS7 MKII* e su un appoggio rialzato un laptop. A chiudere il semicerchio creato dalla dotazione era un *Alesis SamplePad Pro*. Zemar, raggiunto Alex alle spalle, lo definì il suo "set da viaggio".

Accese tutto l'armamentario. Tutte le levette, i tasti e l'equipaggiamento s'illuminarono con seducenti luci al neon blu, rosse, verdi, gialle, viola, arancioni.
Diversi autocollanti attaccati alla strumentazione portavano la scritta *Aldebaran* e su una parete alcuni manifesti di serate evento che presentavano, tra gli altri, tutti il nome *Dj GoldTurn*. Spiegò che quando suonava la musica che lui definiva "da juke boxe", spesso con insopportabili clausole che specificavano il genere e talvolta anche i pezzi da suonare usava il nomignolo *Dj GoldTurn*. Ma quando poteva suonare i suoi pezzi, del suo genere favorito, la psytrance, la sua musica, allora si firmava *Aldebaran*. Gli dissi che mi piacevano tutti i tipi di arte che ti permettevano di creare, di liberare un messaggio, un'idea, un pensiero, un'emozione, la voglia di far divertire, di svuotare il cranio da un po' di scorie...
Rollammo un'altra canna e Zemar preparò due tisane. Mi mostrò un po' come funzionavano le apparecchiature e gli strumenti. Mi fece sentire alcuni suoi pezzi, forti di bassi acidi, spesso col *synth* principale rimbombante che faceva vibrare i timpani e i tamburi vetrosi, solleticando frequenze cerebrali inaspettate. Poi mi incoraggiò a mettere mano e provare un po' a giocare con il suo set. Non me lo feci dire due volte.

I due saggiarono quella connessione istantanea, quella complicità immediata, in cui ci si imbatte di tanto in tanto. C'era un vorace e genuino interesse nell'altra persona. Alex si aprì, in modo spontaneo e scompaginato. Raccontò della propria vita, dei suoi *cazzi* del momento, del Borgo, della sua decisione di staccare per un po'.

Quando fu l'afghano a tracciare con le parole il suo trascorso, Alex si trovò spiazzato. Raccolse tutta l'immaginazione per congiungerla alle informazioni che gli arrivavano alle orecchie e che il suo encefalo doveva processare. Roba che uno stronzo nato e cresciuto tra i confini agevolati di un compartimento come quello del Borgo credeva di poter sentire solo in un documentario o in qualche servizio televisivo del cazzo.

Il dj, nato tagiko in un villaggio dell'Afghanistan orientale, era uno dei molti ragazzini che i genitori, trovatisi in una situazione di inasprimento insostenibile della guerra, a malincuore, dovettero abbandonare, nella speranza che raggiungessero il retroterra meno ostico del continente europeo.

All'età di otto anni, il giovane afghano - di un paio d'anni più vecchio di Alex -, dopo aver affrontato quasi tutto il paese per la lunghezza verso ovest, si trovò ad attraversare tutto l'Iran verso la Turchia. Quando tutto questo accadeva, Alex affrontava con entusiasmo il primo giorno di scuola elementare, ignorando chi fosse il mullah Mohammed Omar che sovvenzionato da soldi sauditi e forte di armi statunitensi stava prendendo il controllo di un paese lontano instaurando un regime teocratico basato sull'interpretazione integralista della Sharia. L'unica sua preoccupazione era avere il permesso alla sera di poter guardare insieme ai genitori *Operazione Piovra*. Zemar invece affrontava un lungo viaggio nascondendosi tra i tubi del telaio a traliccio di un camion per passare le frontiere, appeso ad appena uno sputo di centimetri dall'asfalto che scorreva sotto il suo sguardo. Alex era impietrito da questi dettagli, faticava a mettere a fuoco un viaggio simile.

Arrivato in Germania, Zemar fu preso sotto custodia da servizi umanitari e sociali. Venne trasferito nel Regno Unito e dato in affidamento a un'amabile e progressista famiglia in quel di Liverpool. Alex, con cautela, tastò il

polso del giovane dal punto di vista religioso. Zemar aveva continuato a praticare i riti e le abitudini della religione mussulmana fintanto che i genitori naturali - che all'età di quindici anni era riuscito a rintracciare in Pakistan - erano vivi. Non voleva rischiare di dare un dispiacere a due persone che ricordava capaci di grande vero amore e che ne avevano passate tante loro malgrado, non da ultimo affrontando la dura scelta di separarsi dalla loro prole per cercare di offrire una vita migliore di quella che era toccata a loro. Poco tempo dopo aver appreso della loro morte tuttavia aveva smesso di seguire qualsiasi dottrina. Si considerava agnostico.
Nella terra dei *Beatles* aveva ricevuto la sua educazione e la sua istruzione, spostandosi poi a Londra fino a concludere con successo gli studi nel campo del Marketing. Naturalmente aveva anche avuto modo di coltivare la passione per il *djing*, che era diventato poi il suo lavoro principale e su cui campava tutt' ora.

Zemar aveva raccontato la sua storia senza alcun cenno di drammatizzazione, come se stesse raccontando una sventura avuta al supermercato l'altro ieri. Io non mi capacitavo. Lo ammiravo. Valorizzava davvero ogni momento vissuto. Sapeva che non era una cosa scontata e che nulla era dovuto a un cazzo di nessuno. Aveva quest'aria serena e pacata, era divertente e aveva fascino, il bastardo.
S'era fatto tardi e ci era salita un po' di chimica. Andammo a mangiare in un ristorante brasiliano. Mentre ci stavamo riempiendo la pancia di ottima carne, accompagnata con del vino rosso, Zemar si fermò a riflettere.
«Quanto intendi fermarti?»
«Non lo so, cazzo. In teoria dopodomani devo lasciare la stanza di Felix...»
«Intendi tornare a casa?»
«No... Però non so bene cosa fare. Se resto devo trovare una sistemazione. Ho anche considerato la possibilità di spostarmi da un'altra parte, ma non saprei dove. Non lo so».
E poi la PR della Vaquita. No, non potevo ancora andarmene.
«Se vuoi puoi piazzarti nella mia seconda stanza. Finché decidi».
«Sul serio?»
Annuì.

«Come mai quest'offerta?» chiesi.

Alzò le spalle.

«Hai l'aria di uno a posto che può approfittare di un piccolo aiuto».

La proposta mi mise sull'attenti.

«Scusa ma te lo devo domandare: tu cosa ci guadagni?»

Sorrise alzando le mani al cielo.

«Compagnia, scambio interculturale, coscienza, i favori del karma.
Io ho trovato aiuto quando ne ho avuto bisogno, mi sembra giusto estendere
il favore e magari continuare il ciclo di buona sorte».

Non mi spiegavo come una risposta tanto scontata potesse sorprendermi.

«Il fatto è comunque che, per essere corretti, non arrivo da un paese distrutto
da una guerra…magari avviata e alimentata da una manica di ingordi figli
di puttana sociopatici con la tacita e ignorante complicità di un gruppo
di stronzi molto più vasto». Zemar si esibì in una debole risata e continuai
scuotendo la testa «Dalle mie parti è pieno di ingrate teste di cazzo col culo
al caldo e la spocchia di saperla più lunga degli altri. Giudicano qualsiasi
stronzo sul pianeta in base a quello che gli viene rifilato dai fottuti media,
che leggono sugli affidabilissimi social, o frutto dei racconti qualche coglione
ubriacone con la chiacchiera facile e l'atteggiamento di quello che è arrivato.
E naturalmente mica si prendono la briga di verificare l'attendibilità
delle cagate che si fanno smerciare».

Dopo un attimo di silenzio scoppiammo entrambi in una risata e diedi fondo
al mio bicchiere di vino.

«Hai visto mai che si rivela un gesto ancora più ragguardevole, allora. Chi lo sa.
Magari per uno "nato col culo al caldo" è ancora più difficile spogliarsi da certi
canoni di egocentrismo».

A casa girammo un'altra canna e proposi di guardare qualcosa da ridere.
Proposi *E Ora Qualcosa di Completamente Diverso* dei *Monty Python*.
Mi guardò come a dire "che cazzo di roba è?". Allora neanche lui
era esattamente perfetto.

«Quindi ora lo stronzo si trasferisce dal dj e questo segna una svolta nel suo iter esistenziale e produttivo».
Jen: «Corretto, si ripiglia un attimo…»
«Lo sai quanto trovo una deprimente rottura di coglioni sti personaggi "ripuliti"…»
Jen: «Pensa a Kevin Spacey nei panni di *Lester Burnham*…»
«Sì quello ci stava ma non abbiamo lo stesso tempo per costruire uno sviluppo del genere, dobbiamo andare un po' più dritti alla meta».
Jen: «Non vuoi abusare dei *montage*?»
«No, in questo frangente ci può stare, basta pensare bene al montaggio e la selezione delle scene, ci vuole ritmo…»
Jen: «…ci vuole *groove*. Sì, lo so. Quindi? Partiamo con calma, con anche qualche *slomo*? Come si congeda da Felix ringraziandolo più volte e offrendogli la cena, l'acquisto del materasso gonfiabile a una piazza e mezzo, come si sistema nella stanza con dentro la postazione "da viaggio" e il ragazzo afghano che gli fa avere una copia delle chiavi?»
«Sì. Possiamo partire così. Poi dobbiamo mostrare che Alex va regolarmente a correre e si cimenta in esercizi a corpo libero, dobbiamo trovare un modo per mostrare che da un taglio al tabagismo. Magari con scene costanti che battono il passare dei giorni, con il posacenere sempre meno pieno o una roba del genere…»
Jen: «Buona idea, ma pensavo che forse è ancora più importante mostrare la sua fissa nei confronti della postazione da dj, con Zemar che è ben felice di lasciarlo fare e lo illumina e gli insegna…»
«Ottima osservazione, si potrebbero mischiare le due cose, sempre meno sigarette e sempre più scene alla console. Poi c'è la storia dell'armonica a bocca, un po' più complessa se vogliamo far sapere che se la porta da anni in giro come un talismano, anche se non si è mai messo dietro a studiarla. E a quel punto con l'aiuto di tutorial su *YouTube* e ricerche su internet si mette finalmente a praticare un po'…»

Jen: «Potremmo lasciarla via dal *montage*, o mostrarla poco, e metterla dopo da qualche parte».

«Dovremmo anche dare un'idea di come gli va a livello di adescamento, e mostrare un po' la sua routine serale. Qualcuna delle sue performance di rimorchio più fortunate. Una potrebbe essere la tipa tedesca con la pelle color noce e le trecce, che all'Amnesia gli *twerka* forsennata addosso, che poi si porta a casa di Zemar dandoci tutta la notte… o, meglio, quello che ne resta».

Jen: «Quella che se ne va senza lasciare un numero o un contatto di nessun tipo?»

«Esatto».

Jen: «Immagino vorrai mettere anche il pompino all'ombra della stazione di polizia e la sveltina nei posteggi dello Space… giusto perché le elucubrazioni da *pick up artist* non sono mai abbastanza…»

«Mi conosci proprio bene, sarebbe DAVVERO un inferno senza di te Jen».

Jen: «È bello sentirsi apprezzati da una testa di cazzo come te, caro. Vuoi anche mostrare come Zemar sia in grado di prendere il nostro squilibrato per il verso giusto, indovinando le frequenze su cui sintonizzarsi per trovare campo e accesso all'interno del suo encefalo martoriato?»

«No, c'è tempo a sufficienza per sviluppare quell'aspetto anche dopo, basta far vedere che i due si trovano bene e vanno d'accordo, poi che i modi pacati e accomodanti - ma mai ruffiani - del nostro dj facciano breccia nel riverbero cervellotico incostante, agitato e confuso di Alex si capisce o si capirà».

Jen: «*Soundtrack?*»

«Vista la condizione SUBLIME in cui si trova il coglioncello stavo pensando a *What I Got*»

Jen: «*Reggae rock*, ci sta, e da dove riprendiamo poi?»

«Quando incappa in Irina?»

Dal Borgo mi era giunta la consueta ondata di auguri di buon compleanno. Avevano approfittato della ricorrenza per domandarmi come andava, quali erano i piani, e via dicendo. Vi lascio immaginare l'entusiasmo quando li avevo informati che avevo intenzione di fermarmi a tempo indeterminato, o meglio "nessuna idea fino a quando".

Mi ero regalato uno scooter per non dover sempre scroccare l'automobile a Zemar, che mi creava già abbastanza disagio con la sua generosità disinteressata. Con le condensazioni saline che rendevano l'asfalto più sdrucciolevole di un'anguilla impregnata di vaselina, praticamente rischiavo l'osso del collo a ogni spostamento. Come quella sera che aveva piovuto ma ero voluto andare comunque alla Vaquita per un paio di drink veloci e per prendere una boccata d'aria dopo oltre tre ore passate a ciurlarmi sul *Numark* e l'*Alesis*.

Stavo fumando una sigaretta quando scorsi in lontananza la figura di Irina che avanzava con al traino tre ragazzi. Avevo avuto modo, per dire, di scambiare due parole qualche sera prima.

Stavo deambulando con calma attraverso una piazzetta a cinque minuti circa dal locale quando la bella PR mi si era parata di fronte, con le gambe avvolte in un paio di jeans attillatissimi. Sgambettava su delle *ankle strap* rosse, indossava una camicetta leggera bordeaux annodata sopra la vita e un cappello da cowgirl a chiazze bianche e nere. Il battito cardiaco aveva accelerato all'istante e nel centro comandi all'interno del cranio era seguito un attacco di panico generale, che immaginavo come in quel cartone animato *Esplorando il corpo umano*. I neuroni che a passo accelerato si scontravano con gli ormoni in corsa verso una pertica, tipo quella dei pompieri, i diversi capi area che abbaiavano una valanga di ordini addosso ai poveracci del centro comandi motori che non sapevano più cazzo fare, e con le linee di comunicazione intasate dagli omini rossi che domandavano dove accidenti dovevano trasportare il fottuto ossigeno.

«T'interessa una serata…» aveva iniziato interrompendosi dopo avermi riconosciuto «Ah, sei tu. Stai andando alla Vaquita?»

Avevo abbozzato un "sì" soffocato, cercando di vincere l'imbarazzo e il crash cerebrale e darmi una calmata.

«Se ti accompagno credi che me la marcano l'entrata?»

Ero riuscito a chiamare a raccolta abbastanza concentrazione per rispondere.

«Posso sempre sostenere che stavo andando da un'altra parte e che mi son fatto convincere a venire alla Vaquita».

Aveva sfoggiato un'adorabile risata.

«Se la berranno di sicuro». Dopo un'alzata di spalle aggiunse: «Al diavolo, io ci provo, tanto pare una serata fiacca».

Aveva allargato un sorriso con le labbra sottili coperte da un rossetto lucido

80

color rosa California e ci eravamo incamminati lungo le strade illuminate dai lampioni e le luci dei locali e dei negozietti ancora aperti. Ci eravamo scambiati le classiche informazioni di rito. Di dove sei? Che ci fai qui? Eccetera. Domande a cui in verità non avevo 'sta gran voglia di rispondere, ma di cui m'interessavano le risposte. Ero riuscito a interloquire come un mezzo ritardato invece che un ritardato totale. Irina manifestava limpidamente una sensibilità orientata alla persona. Aveva intuito subito che certi discorsi non mi esaltavano troppo, quindi aveva domandato cosa avevo già fatto e visto sull'isola. Un discorso con cui ero a mio agio. Le avevo raccontato del *pub crawl* - cercando di rivangare i dettagli più divertenti e omettendo quelli più imbarazzanti -, delle spiagge che mi erano piaciute di più e approfittato per domandarle se avesse qualche altro consiglio, visto che quello a proposito del *pub crawl* si era rivelato vincente. Suggerì alcune spiagge e attività, menzionando porti e villaggi. Poi aveva iniziato a insistere che dovevo assolutamente partecipare al *Party Cruise* con la barca. Ero riuscito a tossire una domanda che mi premeva cercando di celare la nota di auspicio che si stava insinuando nella mia voce.

«Ci vai anche te normalmente?»

Non si era scomposta.

«Ogni tanto sì. L'ho fatta un sacco di volte».

Le dissi che ci avrei pensato.

Le avevano marcato l'entrata e Zemar, che mi aveva visto arrivare con lei, aveva domandato se bolliva qualcosa in pentola. Seguito a una mia risposta un po' vaga, poco convincente, da vero poppante del cazzo, mi aveva semplicemente detto che provare a domandarle di uscire o qualcosa non mi avrebbe ucciso. Aveva ragione, mi stavo veramente comportando da coglione.

Il fatto era che quando tenevo - o pensavo di tenere - a qualcosa avevo la merdosa abitudine di rimandare, temporeggiare. Mi comportavo da emerita mezza sega. Sistema di difesa psico emotivo da palle mosce, timore del fallimento, qualche stupida stronzata del genere. Arrivata all'entrata del locale si era fermata parlando con i ragazzi in polo e camicia. L'avevo mirata, di nuovo, da cima a fondo. Era uno spettacolo con i suoi jeans strappati, la canotta verde mimetico, il solito cappello e dei *Bikers Boots* con un laccio argentato davanti. Stava tentando di persuadere i giovincelli, dall'aria poco convinta, che a breve il locale si sarebbe animato. Si stavano guardando pronti a battersela.

Mi ero avvicinato sorridendo con la paglia in una mano e la *Piña Colada* nell'altra.

«Datele retta, son venuto qua un sacco di volte, tempo un'ora,
un'ora e mezza e sarete contenti di esservi fermati. Tanto a quest'ora è così
dappertutto. Guardatevi in giro. Gli altri bar sono messi uguale,
vi assicuro che la gente non è nascosta da qualche
altra parte a far party di nascosto. Stanno mangiando
e preparandosi per uscire».
Mi avevano squadrato, si erano guardarti in giro, poi annuendo con un'alzata
di spalle erano entrati. Irina poi era venuta a ringraziarmi.
«Ho mica detto cazzate, di solito va così».
«Sì ma stavo facendo una fatica a ficcarglielo in testa».
Sorpresi Zemar a guardare, compiaciuto ma composto, dal fondo del bar.
Fossero stati i miei soci del Borgo sarebbero già stati lì a far facciacce e ridere
con la discrezione degli *Allegri Compagni della Foresta* quando *Robin Hood*
canta la serenata a *Lady Marian* nella commedia di Mel Brooks.
«È normale. Sei una PR, e con parecchia concorrenza qui in giro. La gente
non sa mai chi sta cercando di tirare un bidone e chi no».
«Forse ho sopravvalutato le mie abilità di persuasione».
Mi strizzò l'occhio. Ok. Fanculo. Meglio togliersi di mezzo il pensiero e vedere
come andava. Chiamai a raccolta la saliva.
«Stavo pensando di fare quel famoso *Cruise*... con la barca».
«Davvero?» si entusiasmò.
Deglutii cercando di rastrellare ossigeno per il cervello e le corde vocali.
«Però ho pensato che sarebbe figo andarci una volta che ci sei anche te».
Sorrise.
«Va bene dai, scambiamoci i numeri così ci mettiamo d'accordo».
Un vero maschio alfa, pensai dandomi del coglione in tutte
le lingue che conoscevo.
Sulla coscia portava una specie di marsupio a mo' di *Lara Croft*, discreto
e ben mimetizzato. Ne estrasse il telefono, le dettai il mio numero
e mi fece uno squillo.
«Almeno l'entrata la prendo da te» sbanfai col sorriso più sornione
che mi riuscì.
Sorrise dolcemente e un ciuffo di quei capelli lucidi castani portati
a caschetto le finì sopra l'occhio.
«No, tranquillo, ti imbuco io. Del resto», disse indicando con un gesto
della testa i tipi di prima che stavano sorseggiando dei cocktail al bancone,
«ti devo un favore».

Irina sfilò via con l'elasticità di un gabbiano che accarezza la superficie marina, a pesca di altri festaioli che le permettessero di sbarcare il lunario. Alex raggiunse Zemar alla sua postazione per salutarlo prima di andare a casa.

«Niente domande o commenti».

Zemar si limitò a sorridere e alzare le mani.

A casa Alex girò una canna e decise di mandare un messaggio a Irina, mentre guardava una puntata di *Futurama*. Con un certo stupore Irina si dimostrò ricettiva e ben disposta rispondere.

ALEX: Ehi, sì già io {scimmietta con le mani sugli occhi} stai avendo fortuna con le entrate?

IRINA: Ciao {smile con il sorriso, le gote rosse e le mani da parte alle guance} Sì dai, stasera dovrei riuscire a fare un buon numero {smile}

ALEX: Ottimo {mano col pollice recto} Così non mi sentirò troppo in colpa per scroccarti il giro in barca {smile con i denti allineati orizzontalmente}

IRINA: Ahahahah! Tranquillo, faccio con piacere {smile che fa l'occhiolino}

Alex se l'immaginava che rispondeva mentre faceva spola dal locale alle sue zone di adescamento. Con quel fondoschiena che ondeggiava in quegli shorts.

ALEX: Comunque, mi stavo chiedendo, hai già un'idea di quando si potrebbe fare? {smile che si regge il mento col ciglio inarcato}

IRINA: Un giorno che sono libera {smile con gocciolina in fronte} Domenica può funzionare per te?

ALEX: Assolutamente. Non ho nessun impegno io qui baby {smile con i denti allineati orizzontalmente}

Via messaggi ostentava una trionfante spavalderia, il *gringo*, piuttosto inutile se poi manca la materia prima quando non hai il riparo di un fottuto schermo del telefono. *Bender* sullo schermo stava guidando l'astronave con il suo posteriore metallico e *Fry* sosteneva che fosse la cosa migliore che avesse mai visto. Alex sgranocchiò un po' di chips e preparò una delle famose tisane di Zemar con fiori d'arancio, passiflora e tiglio. Più tardi fu Irina a scrivergli.

IRINA: Dio ma che gente che gira! {smile che sembra l'urlo di munch moltiplicato quattro volte} Ho appena accompagnato al locale tre tizi ubriachi persi e uno mi ha chiesto quanto volevo per passare una notte con lui! Sei ancora al locale?
ALEX: Scandaloso! {scimmietta con le mani sugli occhi} Però insomma, immagino che ne avrai già viste di tutti i colori a fare sto lavoro. Ogni modo no, sono a casa, serata riposo
IRINA: {smile che ride con le lacrime agli occhi moltiplicato tre volte} In effetti ne avrei da raccontartene
ALEX: Tienile in serbo per quando ci vediamo {smile che fa l'occhiolino}
Si scrissero ancora per un po'. Alex spiegò che ora viveva come un rifugiato - di lusso - da Zemar, mentre Irina gli svelava alcune informazioni che Alex annotava mentalmente con cura.
Irina era in parte danese e in parte spagnola, ma i geni latini sembravano non aver avuto un grande ascendente sul colore lunare della sua pelle. Era nata e cresciuta nella nazione scandinava e si stava concedendo un anno sabbatico - se così si poteva definire - nella nazione iberica, dopo aver conseguito una laurea in psicologia. Questo, pensò Alex, poteva spiegare la sua predisposizione a scomodarsi a prenderlo in considerazione, visto che si reputava in qualche modo, e con una specie di ignobile orgoglio, un caso umano. Stava in un monolocale vicino al centro di Eivissa. Dopo l'estate, di ritorno in patria, a Copenaghen doveva iniziare una *internship*. Alex fu piuttosto avaro parlando di sé. Si diedero la buonanotte quando era partita la terza puntata della serie in riproduzione sulla tv a uso e consumo di nessuno e Alex collassò in un sonno profondo coccolato dal lontano brusio che entrava dalla terrazza aperta, con un'altra canna ancora in mano mentre sullo schermo *Fry* stava ancora cercando di far colpo su *Leela*.

La manciata di giorni che mi separavano da domenica li passai con la voglia di fare un cazzo se non arrivare a domenica. Vagavo per casa, per le spiagge, per i locali la sera, disorientato come un pellegrino che dopo un'interminabile arida agonia nel deserto si ritrova nel bel mezzo di un'oasi con sconfinati ritagli di acqua di fonte e non sa che fare.

Zemar, forte del suo insigne raziocinio e la sua placidità, mi aveva esortato a non farmi troppi castelli in aria e cercare di ammazzare il tempo in modo costruttivo. Poco a poco prendevo coscienza del fatto che la serenità d'animo era un'arte che si poteva imparare e affinare. Realizzai che non si legava tanto alle condizioni in cui ci si trovava quanto più al proprio atteggiamento e criterio nell'affrontarle. Cercavo di tenere il cervello libero da sensi di colpa o altri impicci del genere. Avevo cominciato a frequentare un'Irish Pub, non troppo popolare, col televisore che trasmetteva sempre qualche competizione sportiva, tipo l'Islanda col suo teatrino vichingo che faceva emozionare un'isola intera battendo l'Austria e qualificandosi nella fase a gironi. Le pinte mi venivano servite dalla barista coi capelli rosso scuro, due tette gigantesche e il viso spigoloso forato da un anello sul labbro e una borchia alla narice. Passavo un po' di tempo in spiaggia, mi esercitavo con l'armonica a bocca e scassavo le palle a Zemar che raggiante mi istruiva sul suo set di strumenti. Ci passavo davvero un fottio di ore, mi dava un certo sollievo, soprattutto pestare sull'*Alesis*. Era gratificante. La sera cercavo di conciliare il sonno con qualche canna e qualche tisana, davanti a film e serie tv, ma era difficile riuscire a rilassarmi completamente. Solo il sabato riuscii finalmente a distendermi. Chiusi gli occhi in uno stato di torbida beatitudine sul materasso gonfiabile, che il cielo di fuori era di un colore azzurro fiordaliso e li riaprii trovando lo stesso cielo di un indaco fresco.

La domenica Alex arrivò con mezz'ora di anticipo al Marina Botafoch e prese un gelato perlustrando la zona portuale. Si domandava quali stronzoni potessero essere i proprietari degli Yacht più maestosi che galleggiavano pigramente con la loro stazza arrogante sull'acqua. Celebrità? Criminali violenti? Criminali finanziari di nuova generazione? Figli di papà o ultimi discendenti di qualche casta di quelle che contano? Quanto poteva costare uno di quei mostri? Salcazzo.

Dopo aver dato l'ultimo morso al cono parcheggiò il culo su un muretto vicino al molo da cui salpava l'imbarcazione per il *Party Cruise* e si accese una paglia. Vide arrivare dapprima un gruppetto di quattro ragazzi lisciati, abbronzati e messi in tiro, seguito da un'improbabile gruppetto di donzelle con i tacchi e infagottate in quelli che sembravano abiti da sera. Arrivò un tipo dall'aria sveglia, con dei short parigamba non aderenti della *Diadora* e una t-shirt gialla che aveva tutta l'aria di far parte di una specie di uniforme. Salutò con un sorriso, rigoglioso come la spuma di un'onda, i ragazzi lisciati. Era basso ma dal fisico atletico e ostentava una parlantina e un atteggiamento carichi di un carisma frizzante. Tre ragazzi con vestiti stravaganti e colorati si approssimarono facendo una gran caciara. Probabilmente volevano impressionare la figura che si avvicinava con una leggiadria tutta sua una manciata di barche più indietro.

Irina era in infradito. La rendevano meno slanciata di come la si vedeva di solito la sera, più sinuosa. Il suo sex appeal non cambiava di una virgola. Indossava un vestito/canotta grigio cenere con stampato un logo nero di nessuna natura particolare nel mezzo, un cappellino rosso con l'aletta nera e portava una borsa di tela beige a tracolla. Ad Alex i nervi si irrigidirono e la bocca dello stomaco accennò un risucchio. Si diresse verso il ragazzo con la maglietta gialla e i suoi amici, che al suo arrivo smisero di parlare per volgerle tutta l'attenzione e cambiarono postura. Anche senza sapere cosa si stessero dicendo, era ovvio che era in corso una gara latente di sorrisi, battutine e pose per fare colpo. Ogni respiro era un'offerta, una venerazione, la mano aperta di un ricevitore su un campo di Football Americano, la mascella aperta di una leonessa che rincorre una gazzella, la sinfonia di un musicista che tenta la sua sorte con uno strumento. Il tizio con la maglia gialla era quello più baldanzoso. Irina sembrava a suo agio nei suoi paraggi, tanto che Alex stava già pensando "chi cazzo me l'ha fatto fare". Aveva iniziato a elaborare un piano di fuga pensando a come avrebbe potuto giustificare la sua mancata presenza, quando Irina guardandosi intorno lo scorse. Alex finse di averla vista solo in quel momento e accennò un saluto con la mano alzando il culo per raggiungerla.

Ci scambiammo un saluto guancia a guancia. Speravo che il dopobarba che avevo sottratto a Zemar fosse sufficiente a distrarla dal mio impaccio momentaneo. Mi trascinò da quel gruppetto di metrosessuali per le presentazioni di rito. L'unico che mi sembrò opportuno ricordare era l'animatore brasiliano in maglietta gialla, Ramon. Gli stronzi mi squadravano con l'aria di chi non è troppo contento di averti in mezzo, tuttavia forzavano sorrisi e gesti del capo dal momento che Irina aveva spiegato che ero l'amico da imbucare. Non potevano rifiutarsi solo perché non gli andava di avere un altro manico nel branco, non era un comportamento distinto e attraente. Il sentimento era reciproco. Ramon era il paraculo con più classe. Quello più credibile nel mostrarsi accomodante. Si affrettò a rassicurarla.

«Tranquilla, ci penso io».

Tanto per chiarire che quello con lo status privilegiato per fare il bello e il cattivo tempo lì era lui.

Si era formato uno sciame umano vicino al pontile della barca. Quando annunciarono che era il momento di salire, mi unii al gregge di festaioli lungo il ponticello con addosso già una voglia fottuta di puntare il bar. Mi diressi subito dall'omaccione abbronzato con la polo rossa stretta contro la sua mole orsina, shorts bianchi, ciabatte da mare blu scuro e un berretto da marinaio che stava dietro una specie di bancone. Mi allungò una birra, servita in ridicole bottigliette di plastica, e osservai la marmaglia che si stendeva disordinatamente sul catamarano.

Irina levò la canotta grigia rivelando il suo bikini giallo con top a fascia sopra e brasiliana sotto. In una golata svuotai metà della bottiglietta. Quando chiese a Ramon di spalmarle la crema, la bottiglietta fu improvvisamente vuota. Andai a prenderne un'altra evitando di scagliare in testa a qualcuno quella prosciugata che tenevo ancora in mano.

Sull'imbarcazione era aggrovigliato un tumulo di squilibrati di ceto sociale e bagagli d'esperienza diversi. Ci sono luoghi che hanno la capacità di inamidare un'accozzaglia di individui che nel resto del tempo non sanno nemmeno dell'esistenza degli altri. Si distinguevano gruppetti, più o meno numerosi, come chiazze d'olio nell'acqua, che formavano una brodaglia pseudo umana quasi chimerica nel suo fascino orrendo. Il gruppetto di fighe di legno coi bikini di *Victoria Escort*, pareo *Prada* e smalto e *lipstick Dior*, che si muovevano come manichini posati sopra dei girelli da esposizione, con un assortimento di espressioni facciali talmente limitato che il botulino si poteva quasi odorare. Quattro tipe, chiaramente in vacanza tra amiche, piazzate nell'angolo che si prestava meglio come sfondo per selfie, foto e video in diretta. Il gruppetto misto con le single e quelle che avevano lasciato a casa i fidanzati, che poi erano proprio quelle che rimediavano senza rimorso agognate manciate di cazzi di forme e sfumature diverse. La frotta di maschi guidati dallo stesso motore, che pregustava un Natale improvviso, pronti, a braccetto con orgoglio e vanità, a cercare di sfondare castelli e conquistare nuove terre con assedi degni di un ariete medievale. Pischelli intenti a raccontare baggianate su presunti sballi di questa o quell'altra droga; zarri attenti a far sì che ogni movimento mettesse bene in mostra il loro fisico modellato da lunghe sessioni di palestra, cerette varie, e in alcuni casi diete che richiedevano la disciplina degna di un monaco. Quelli che del fisico se ne fottevano perché sapevano di avere una quantità di soldi tale che consentiva l'accesso a materia prima facile, come ripiego, se gli azzardi più ambiziosi andavano a male. Infine quelli che di ostentare un'età che la società generale definiva vergognosa per frequentare certi posti se ne sbattevano le palle, sfoggiando tagli di capelli e costumi da bagno sgargianti e cafoni. Erano più navigati, e in grado di avere la meglio sui giovincelli. Sapevano come far presa peggio di un anaconda, bastavano discorsi e atteggiamenti perfezionati in lunghi anni di pratica. E in mezzo a questa orda utopica c'era Alex.

Aveva tentato una sorta di coesistenza con la compagnia di Ramon. Ma il gruppetto, formato da soggetti depilati con abbastanza spavalderia da indossare shorts attillati, aveva intuito presto con quali tipi di discorsi annoiarlo e metterlo a disagio. Nel frattempo, a turno, intrattenevano e allietavano Irina, baciata dal sole con uno *smoothie* in mano, ignara della competizione servile in corso.

Autolesionista, lo stronzo, stava ingurgitando una birra dietro l'altra per domare - nel modo più stupido - la frustrazione. Quando si staccò dal gruppo dicendo di volersi rilassare
un momento al sole nessuno sollevò alcuna obiezione.
Si avvicinò alla rete che collegava i due scafi nella parte
anteriore. La barca era strapiena e sistemarsi comodamente
era pressoché impossibile. Trovò un angolino sul bordo in
alluminio dello scafo su cui sedersi. Le casse, disposte
a cerchio sopra la cabina al centro, sparavano *Something
Just Like This* dei *Chainsmokers*. Il vento e le onde che
cullavano la barca trasmettevano una bella sensazione mo-
toria. Il mare era fantastico e la costa che si stagliava
in lontananza regale. Alex avvertì un po' di disagio scivolare via e diede un'occhiata in giro. La poesia svanì
quando, girando la testa, la visuale venne ostruita da un
tizio abbronzato, con la faccia quadrata e spigolosa, i
capelli a spazzola, il torso totalmente a triangolo che lo
faceva sembrare la versione latina di *Johnny Bravo*, con le
gambe scheletriche e sproporzionate che si ritrovava. Si
dimenava sotto la canotta che sembrava pronta a strapparsi
da un momento all'altro. Si muoveva con la grazia di una
giraffa affetta da Parkinson. Due ragazze, una con le
trecce in mini-gonna, bikini e cappello, l'altra coi capelli lunghi e un bikini a due pezzi di colori che non
c'entravano un cazzo tra loro, lo incoraggiavano già
ubriache. Tutti sembravano divertirsi. Alex notò il gruppo
di over quaranta col fisico e quel fascino alla Jeffrey
Dean Morgan che intrattenevano un trio di giovincelle con
degli slip supermini, con chiusura a nastrino, e occhiali
da sole con le lenti enormi mentre un gruppetto di Justin
Bieber li osservava di tanto in tanto in un misto di in-
credulità e confusione. Alex trovò divertente quella situazione. Si sentiva molto più affine a quei vecchi
volponi che al resto dei ragazzini, anche se era consapevole di non avere un decimo della staffa di quelle vecchie
canaglie.
Una ragazza si staccò dalla sua congrega di amiche, tutte
con la pellaccia bianca come le pareti di un ospedale, e

lo avvicinò. Lo salutò con un forte accento britannico, con una raffinatezza riservata ai protagonisti di *Jersey Shore*. Il suo tono aveva un'eccessiva cadenza drammatica, come quella di una donna che si rivolge a un cane o a un bebè. «Ciao tipo, come ti va?»
Aveva un viso bello e piacevole, capelli lunghi e ricci color carota e occhi verde muschio. Non pareva troppo propensa a prendersi cura della propria carcassa, né tantomeno a presentarla con troppa benevolenza. La pelle pallida era sdrucita tanto da sembrare trasparente. Si intravedevano le vene e le arterie, come fossero messe sotto uno strato di colla bruciata. Indossava un paio di shorts di jeans con un top giallo merda di canarino.
«A posto, mi stavo rilassando un attimo» rispose Alex.

La ragazza mi metteva un po' a disagio. Non era tanto la corporatura, anche se andava detto che non potevo ignorarla. Le tipe hanno la fortuna che basta veramente un po' di esercizio e un minimo di controllo dietetico e per quanto cesso una possa essere una buona manciata di cazzi li fa rizzare comunque. E questa aveva un bel viso. Un bel viso è una vincita alla lotteria, tanto per i maschi che per le femmine. Trovavo fosse uno spreco accompagnarlo ad un corpo palesemente non curato. Facevo fatica a capire cosa passava nella testa di certe persone. Magari c'erano motivi seri, chi lo sa. Ma conoscendo certa gente non si poteva escludere che una fosse un'ingrata, un'egocentrica che recitava un romanticismo minorato tipo "essere figa è una gran maledizione".
Si era messa a farmi una specie di terzo grado. Io ci avevo provato davvero. Invece di provare a calmare il testosterone avevo cercato di stuzzicarlo. Ma non c'era stato niente da fare. E sono un arrapato cronico da quando mi son tirato la prima sega in uscita col calcio a tredici anni a Cesenatico. Assumeva sempre più un tono materno raccapricciante, domanda dopo domanda. Mi puzzava di malcagata che ci dava con le sbronze e una vita malsana per una sorta di protesta infantile, capricciosa e pigra. Salcazzo che pesci intendeva pescare e perché mi aveva puntato. Alla fine ero riuscito a inventarmi una scusa per scrollarmela di dosso, tipo "devo andare a pisciare" detto rovesciando gli occhi. Alcune tipe fanno le offese in silenzio, lasciando parlare solo sguardo e movimenti del corpo per trasfonderti una sorta di senso di colpa. Altre ti mandano a fanculo e sclerano prediligendo l'imbarazzo

90

e la mortificazione pubblica. Questa fece una cosa a metà: sbuffò, si tirò
goffamente in piedi, sbiascicò una frase incomprensibile di sdegno e accusa
e tornò barcollando dalle sue amiche, pronte a mostrarle la loro presunta
alleanza con guaiti, carezze e una solidarietà che personalmente
non mi convinceva.

Irina mi sbucò davanti al grugno. Mi ero chiesto più volte quale fosse la causa,
di tipo neuro chimica o anche solo psicologica, che mi faceva andare in crash
cerebrale quando ero a confronto con alcune persone. Non ero mai arrivato
nemmeno vicino a una conclusione soddisfacente.

«Ti stai divertendo?»

Per un cazzo al momento, pensai.

«Sì, pare proprio una figata sto giro in barca» risposi.

«Sei stato rimorchiato?» domandò indicando con il capo la tipa di prima,
con aria tra il dubbioso e il complice.

Solo avercela lì a due spanne di distanza rendeva difficile concentrarsi. Forse
fu l'alcol, forse il sole, forse entrambi, ma riuscii ad abbozzare una reazione -
mi sentii piazzato sulla carreggiata d'uscita per la *friendzone* e la cosa
non m'andava per un cazzo - in modo un po' infantile, anche per non dare
la soddisfazione al mucchietto di suoi amici spelacchiati col moccio
e la puzza sotto al naso.

«C'è di meglio» risposi mordendomi la lingua, prima che mi scappasse
di bocca un poco elegante "e si sta buttando nel cesso con degli sfigati di prima
categoria che le ruberebbero il buono sconto dall'estetista".

Mi congedai scusandomi. Avevo bisogno di rinfrescarmi ed era giunto
il momento di buttare giù un po' d'acqua e riprendersi un attimo.

Bella la spavalderia che t'inculca un po' di etanolo, ma poi son cazzi quando
ti rendi conto di non riuscire a mettere in fila due parole sensate
che il sole è ancora alto.

Il catamarano si fermò in una piccola baia per una pausa. L'omaccione
con la polo rossa stava buttando un po' di roba sulla griglia e gli animatori
avevano messo a disposizione alcune maschere per lo snorkeling, delle tavole
per il paddle e alcuni materassi gonfiabili a forma di fenicottero, coccodrillo,
rana e foca. Prima di tuffarmi bazzicai un minuto dove stavano gli amici
di Ramon. Ero intenzionato a fargli capire che non me ne sarei stato tranquillo
in disparte. Volevo che sentissero la mia presenza, come una bestia che piscia
per marcare il territorio.

«Riuscite a stare a galla o passate giù come un sasso con tutti quei muscoli
super sviluppati?» domandai sorridendo e palesando l'ipocrisia nel mio pseudo

complimento. Irina non era nei paraggi per fortuna.

Ci raggiunse anche Ramon, tutto tronfio e spavaldo, forte del fatto di avere appena finito una sessione di intrattenimento e giochi di sbevazzamento e non, con i coglioni sottosviluppati più esagitati della barca che uscivano di testa per ogni stronzata. Sembravano adorarlo, ma erano degli idioti. Dopo aver prosciugato due bottigliette d'acqua mi concessi un *Mojito*.

«Vuoi che ti prendo qualcosa da bere?» domandai al nostro giullare.

«Meglio di no, devo ancora intrattenere la barca per un paio d'ore» disse con l'aria del benefattore annoiato, che non può fare a meno di sacrificarsi per la plebe.

«Anche un succo di mirtillo ne...» risposi alzando le mani e avviandomi con un sorriso a ventiquattro carati senza nemmeno dargli il tempo di pensare a una risposta o di capire il commento. Figurarsi se lo stronzo arrivava a capire il riferimento al capolavoro da *Oscar* di Scorsese.

Irina era sdraiata a prendere il sole sul bordo anteriore del Catamarano. E anche se c'aveva addosso ottantamila occhi rapaci, sembrava che nessuno fosse intenzionato a romperle il cazzo. Decisi di darmi una mossa. Mi buttai e sguazzai beato nell'acqua salata per un po', circondato da altri giovincelli che nuotavano con le maschere, giocavano, facevano i cretini tendendo agguati a chi oziava sui gonfiabili.

Salendo la scaletta per risalire sul ponte, constatai che Irina era già stata disturbata. Da Ramon. Per qualche motivo ero contento fosse lui.

Buttarmi in acqua mi rinvigoriva sempre. Ero pronto a giocarmi le mie carte. Accennai un rapido saluto in direzione di Irina che ricambiò con quel sorriso da squaglio e puntai dritto al bar dove stavano i brizzolati over quaranta, tutti baldanzosi, a raccontarla su. Avevano in mano un drink scuro.

«Che bevete?» domandai.

Quello che somigliava più di tutti a Jeffrey Dean Morgan mi squadrò da capo a piedi. Non mi scomposi.

«Questa, ragazzo, è una bevanda da intenditori, un drink speciale» rispose con tono canzonatorio e un forte accento dell'Italia meridionale.

Mi rivolsi all'orso dietro al bancone chiedendo di far assaggiare un drink "speciale" anche a me.

«Si acchiappa?» domandai sbruffone. Mi volevo particolarmente bene quando riuscivo a essere così sfacciato. Sorseggiai il Negroni.

I tre tritoni terroni inizialmente fecero un po' d'attrito e si guardarono bene dal mostrarsi troppo aperti e accoglienti nei confronti del cazzaro. L'esperienza aveva insegnato loro a diffidare di gente con l'aspetto da fattone come la sua. Uno di quei coglioni palestrati con la coroncina a ornare una testa vuota li avrebbe resi meno sospettosi. Di primo acchito dovevano addirittura aver pensato che fosse finocchio e ci stesse provando. Alex riuscì tuttavia a ingraziarseli.

In una situazione del genere due cose aiutano: azzeccare un senso dell'umorismo compatibile con l'interlocutore e accennare la propria passione per la fregna. Alex riuscì perfettamente in questa manovra senza nemmeno rendersene conto. Il momento in cui la triade decise all'unanimità che aveva le palle a posto fu quando sentirono Alex sbanfare.

«So che magari vi sto rompendo il cazzo, ma con tutti 'sti *Giustini Bieberon* rincoglioniti qui, mi siete sembrati gli unici con cui fare due chiacchiere da uomini intelligenti». Lusingare senza sembrare degli autentici - e patetici - leccaculo è anche un buon arnese nell'armamentario.

«È divertente vedere che le tipe sbavano più dietro a voi che a 'sti bimbiminchia con ancora il ciuccio in bocca». Allora uno dei tre sbottò.

«Embè? Perché allora non stai pure te ad acchiappare invece che qui a ciarlare con noi?»

Alex con un'espressione quasi dolorosa e un lungo sospiro rispose.

«È che sono un po' bacato in testa anche io. Quando mi viene la fissa per una, non c'è un cazzo da fare, le altre manco le vedo più».

«Ah, fa il difficile il signorino, eh? E dicci un po', qual' è la sirenetta che t'ha *mannato* in fissa?»

Alex indirizzò lo sguardo dei tre veterani su Irina.

«Però c'ha buongusto il ragazzo» rise il Jeffrey Dean ufficiale.

«Sta parlando con l'animatore lì però, eh? Quello sembra sveglio» aggiunse uno dei suoi soci.

«Sì è abbastanza brillante. Però secondo me è troppo un coglione per lei».

«*Aho*, stai proprio in fissa...» lo presero per il culo.

«Te invece sei giusto *pe'* quella?» gli fece Jeffrey.
«Forse no» ammise Alex «però meglio di quel Ramon di sicuro...»
Seguì un giro di Negroni.
«Senti un po'» gli fece Jeff cercando con lo sguardo il consenso dei suoi compari, «tu vai là che il Ramon te lo leviamo dalle palle noi, poi *so'* cazzi tuoi però se riesci a portare a casa la partita o no, eh?».
«Affare fatto» sorrise Alex. Aveva messo in piedi un'autentica manovra da figlio di puttana, senza nemmeno accorgersene.
«Ma a Ramon che gli dite scusa?»
I tre si limitarono a guardarlo con una faccia da "e vuoi che qualcosa non ci inventiamo?".

Irina mi accolse con un sorriso genuino e profumato. Ramon con un sorriso tirato, falso come i *Rayban* che i venditori ambulanti ti rifilano in spiaggia a dieci euro. La triade di veterani richiamò l'attenzione di Ramon. Parve sorpreso ma si premurò subito di raggiungerli per vedere che volevano. Salcazzo cosa si erano inventati quei tre vecchi satanassi, ma erano stati di parola e me l'avevano levato dai coglioni. Come avevano giustamente dichiarato ora "erano cazzi miei".
«Ho pensato che forse ti andava di bere qualcosa» dissi porgendole uno dei due drink che tenevo in mano.
«Uh, *Caipirinha*» disse lei afferrando il bicchiere e bevendo un sorso dalla cannuccia nera. «Com'è l'acqua? Ti ho visto tuffarti prima».
Mi teneva d'occhio? Dovevo sentirmi lusingato?
«Fantastica. Tu? Niente bagno?»
«Stavo aspettando un buon momento per farlo».
«Andiamo insieme?»
«Ok, prendiamo le maschere, magari c'è qualcosa di interessante da vedere».
Irina era il tipo di ragazza disinvolta che mi affascinava e mi spiazzava. Non c'ero abituato. Il fascino del surreale. Ci tuffammo. Tra la Posidonia che si estendeva in diversi punti della baia fluttuavano diversi pesci di diversi colori e dimensioni, anche se spesso scappavano per il casino provocato in superficie. Soddisfatti dei nostri avvistamenti risalimmo sul ponte e ci appartammo ad asciugarci al sole e chiacchierare un po'. A chiunque sembrasse intenzionato ad avvicinarsi lanciavo sguardi trucidi, cercando di non farmi sgamare da Irina.
Dato che aveva studiato psicologia mi venne il dubbio che potesse

considerarmi un caso clinico, dal modo strano in cui mi guardava delle volte. Raccontò che, anche se era contenta di questa esperienza sull'isola, le mancava andare a cavallo, cosa che faceva regolarmente nella sua città natale in Danimarca; aveva appena comprato una reflex per dilettarsi un poco con la fotografia, faceva regolarmente Yoga e Pilates e andava in palestra una volta la settimana. Proprio come me insomma.

Le raccontai le cose che piacevano fare a me. Menzionai i film, la musica e via dicendo. Non so come finii anche a spiegarle vagamente perché e percome avevo deciso di spostarmi a Ibiza per un po'. A me l'argomento deprimeva, ma lei sembrava non dar peso alla cosa e ascoltava con interesse. Per cercare di riportare le vibrazioni su frequenze più confortanti, mentre dalle casse fuoriusciva la melodia in crescendo di *Waiting For Love* di *Avicii*, le chiesi se le piaceva ballare. Disse di sì.

Ci stavamo muovendo sul ritornello di *This Is What You Came For* di Calvin Harris e Rihanna, quando uno dei soci di Ramon si presentò con una bottiglietta d'acqua. Domandò a Irina se le andava. Lei prima di rispondere domandò se ne volevo anche io.

«Non è acqua» specificò.

«MD?»

Annuì.

«A te va?» domandai.

«A te?»

«A me si».

«Allora anche a me».

Nel frattempo era partita *Light It Up* di *Major Lazer*. L'amico di Ramon aveva tentato di infilarsi a ballare tra me Irina. Gli avevamo fatto spazio e avevamo ballato alcune canzoni. D'un tratto m'assalì la botta dei cristalli. Alcol e MD, il mio stomaco non era un grande fan della combinazione.

Mi misi in ginocchio.

«Tutto ok?» domandò Irina.

«Non proprio, alla mia carcassa non piacciono certi miscugli».

M'accompagnò alla piccola cabina che costituiva l'unico bagno dell'imbarcazione, ma era occupata e diversa altra gente aspettava di entrarci. Non c'era più tempo. Mi sporsi sul mare e gettai ai pesci rimasugli di cocktail e birra misto a succhi gastrici. Mi sedetti per terra per riprendere fiato. Irina arrivò con uno straccio e dell'acqua. Sciacquai la bocca e presi una gomma da masticare che mi offrì una tipa in fila per il bagno.

«Come va?» domandò Irina.

Il piacevole formicolio che rendeva il tatto ultrasensibile cominciò
a solleticarmi dappertutto e sentivo la testa farsi leggera come un palloncino
gonfiabile. Credo stessi sorridendo perché sorrideva anche lei.
«Tutto a posto» la rassicurai, «m'ero scordato di questo dettaglio dell'alcol».
Mi accarezzò la guancia e fu come se uno strato di seta fresco stesse
massaggiando uno ad uno ogni poro della guancia rilasciando migliaia
di mini eruzioni di ghiaccio.
«Se non ti schifa l'idea ora vorrei tornare a ballare».
Sorrise e andammo mano nella mano sul pontile in mezzo alla confusione
di persone, che ora mi sembravano così armoniosi nei loro movimenti.
Con *Bad Blood* che sparava dalle casse mi mise le braccia intorno al collo,
avvolgendomi in un abbraccio che sembravano cento, ed escludendo qualsiasi
altra persona dal nostro metro quadro di pista da ballo all'aria aperta.
Il Catamarano riprese a volare sulle acque del mediterraneo e il tempo
non passava più in secondi e minuti ma con il groove, i beat e le melodie
delle canzoni, e noi le seguivamo con le nostre vibrazioni sintonizzate.
*Cheap Thrills, Higher Place, Paradise, More Than You Know, No Promises,
Scared To Be Lonely, Perfect Strangers, Faded, Let Me Hold You (Turn Me On),
Runaway (U & I), Wasted, Don't You Worry Child.*
Così scorreva il tempo. La pelle di Irina contro la mia. Era tutto vivido
e tutto perfettamente sfocato.

Mentre il sole tracciava un lontano percorso da Sant An-
toni fino a Portinatx, attraccarono di nuovo al porto.
Ramon e compari salutarono con una specie di rispetto
sportivo Alex e Irina.
Zemar aveva mandato un messaggio ad Alex per sapere come
stava andando. Alex lo aveva chiamato con *FaceTime* per mostrargli come stava messo. Attraverso lo schermo del telefono
Zemar aveva voluto sapere se faceva conto di cenare a casa.
«Hai qualche idea sul menu?»
«In effetti volevo provare una ricetta...»
Una roba tipo risotto al pomodoro cuore di bue con limone
candito, calamaretti e provola affumicata. Alex non poteva
certo perdersi un dj talebano che voleva cucinare un risotto.
Guardò Irina, ancora attraverso il filtro alla serotonina
che, con la luce del sole che lentamente cominciava a puntare i bordi del mare all'orizzonte con il suo controluce,

era più ammaliante di un'inquadratura di Ron Fricke.
«Ti va di cenare con me e Zemar? Vuole fare un risotto, ti rendi conto?»
Irina accettò l'invito ma disse che prima passava a casa per cambiarsi e farsi una doccia.

Rientrato a casa, Zemar aveva notato che stavo un po' su di giri. Il trip era in discesa ma non si era ancora dissolto del tutto. In cucina stava allineando minuziosamente sul tavolo tutti gli utensili da cucina che gli servivano per proporci la sua ricetta. Io ero troppo concitato, quindi mi gettai subito alla console per cazzeggiare un po'. Zemar si era arreso all'ineluttabile dato di fatto che a me piaceva correre e fare i passi più lunghi della gamba, così qualche giorno prima mi aveva mostrato alcune tecniche che si usano per la musica Drum N Bass. Stavo facendo alcuni piccoli remix e performance live con pezzi di *High Contrast, Noisia, Pendulum, Sigma* e *The Prototypes*. Zemar prese una canna a cui erano state date solo un paio di boccate dal posacenere e la riaccese. Io mi stavo dimenando dietro la console, che avevamo spostato in soggiorno, pestando sui pad dell'*Alesis*. Mi porse la canna.
«Preso un po' di *Molly*, eh?»
«Già» annuii prendendo la canna tra le dita ancora ipersensibili mentre mi molleggiavo al ritmo del beat di *The Road Goes On Forever* e aspirai una bella boccata. Esalai. «Anche Irina l'ha presa... a dirla tutta l'hanno offerta prima a lei. Anzi l'hanno offerta solo a lei. Poi lei ha deciso che se l'offrivano a lei era anche per me e nessuno ha fatto obiezioni».
Mi resi conto che stavo muovendo la testa su e giù seguendo il *synth* dell'intro di *Pop It Off*.
«È andata a farsi la doccia e cambiarsi a casa?» domandò il mio socio.
«Sì» confermai ripassandogli la canna dopo un'altra bella boccata.
Fece una pausa per aspirare una boccata a sua volta e rilasciare una nuvola di fumo.
«E tu una doccia non te la fai?»

Irina indossava un vestito a pieghe estivo, bianco come lo zucchero a velo, con lo scollo alla Bardot, che finiva poco sotto i glutei e lasciava scoperte buona parte delle gambe con l'abbronzatura tipo birra ambrata; i piedi infilati in un paio di sandali con la zeppa. L'avevo ricevuta con gli occhi che luccicavano come quelli di un lemure. Lei e Zemar avevano da subito ostentato una complicità cospiratoria nei miei confronti. Fra i vari temi discussi non era mancata la mia performance di rigetto ai danni del mare. Quando Zemar si era informato su com'era andata al *Party Cruise* avevo ascoltato con un certo interesse le sue risposte, sorseggiando placido dal mio bicchiere di Shiraz. Ero pervaso da un'onda bella e positiva, gustando una serenità d'animo che mi mancava da qualche tempo. Mi venne voglia di portarle a spasso, queste vibrazioni positive.

«Si fa qualcosa?» avevo domandato.

«Hai in mente qualcosa di preciso?» indagò Zemar.

«Si sta bene anche qui, non mi fraintendete, ma è una bella serata, si potrebbe prendere una boccata d'aria, no?»

«Vuoi uscire a bere qualcosa?» domandò Irina.

«Non mi va proprio di andare per locali. Pensavo più a una passeggiata, o qualcosa in una zona tranquilla».

Zemar prese in mano la situazione.

«Conosco un posto, in una zona abbastanza spopolata, dove la sera è abbastanza tranquillo e l'atmosfera piuttosto suggestiva. Potremmo portarci appresso un po' d'erba e qualcosa da bere e stare un po' all'aperto».

«Ti va?» domandai a Irina.

Si passò una mano tra i capelli e sorridendo annuì con il capo.

Posteggiarono nei pressi di Cala Jondal. Mezzanotte era passata da un pezzo e anche al Tropican Beach Club non c'era quasi più segno di vita. Ciononostante i tre s'infiltrarono in spiaggia di soppiatto, sghignazzando come adolescenti rincoglioniti alle prime sbronze. Alex era in testa con lo zainetto. Irina camminava tenendo in mano le scarpe. Zemar li seguiva con un portamento posato e divertito allo stesso tempo, come un maestro che controllava gli allievi in passeggiata scolastica. Si sedettero vicino alla marea che si adagiava pigramente sul bagnasciuga. Una Gibbosa crescente illuminava il paesaggio. Nemmeno una nuvola, solo un denso tappeto stellato. Irina indossava al collo un ciondolo argentato raffigurante un sole che baluginava coi riflessi della luna e sembrava seguire il ritmo dello scroscio dell'acqua. Avevano con loro una canna e tre borracce. Una riempita con *John Daly*, una con *Tequila Sunrise* e l'ultima con *Tom Collins*. Alex era cinto da un senso di conforto che non era in grado di esprimere a parole.

«Perfetto...» si lasciò sfuggire, «questo momento è perfetto». Non c'era nessuna perfezione. La vita è un susseguirsi di momenti. Alcuni più o meno buoni, altri più o meno bui. Questo, per Alex, era un buon momento. Anche uno sprezzante figlio di puttana come me trovava illegittimo cagare sopra quel tipo di momenti. Andavano salvaguardati. Anche con la consapevolezza che i concetti di felicità e realizzazione venivano indottrinati dall'ambiente da cui si era circondati fin da quando si gattonava in giro alla scoperta della propria tangibilità. I libri di cui ci si nutriva, i film, la musica, i video musicali, le pubblicità, i racconti dei vicini, dei propri cari, dei compagni di scuola. Gli usi e costumi, l'idea comune. Ci si affannava tutti per trovare e rincorrere quei momenti. Quelli buoni. E per farli durare il più possibile. O cercare di convincersi che fossero eterni e assoluti. Per disperazione, per assuefazione, per franchise. Celebrità che ostentavano la lussuria di yacht, privé nei club, spiagge caraibiche e tropicali o uno dei mille arcipelaghi o golfi del globo, hotel a nove stelle, villoni, attici. Qualsiasi cosa permettesse di mettere un merdosissimo #hashtag sui social. Cresciuti con l'imperativo di sognare in grande e realizzarsi. Compagnie aeree e agenzie viaggio che cercavano di indovinare il trend o di sovvertirlo, artisti o presunti tali che cercavano di venderti le loro interpretazioni e le loro convinzioni. Pochi si ponevano le domande base. La piramide di Maslow. Per chi? Perché? Si diventa cibo per vermi, comunque. Contavano solo certi momenti. Unici. E qualche volta ce li si perdeva per cercare di immortalarli. #Amore #Holidays #Relax #Fun #Cuore #ILoveTravel #ThisIsTheShit #Smile #Happiness #PeaceOfMind #BeiMomenti #Friends #NewFriends #LoveHim #LoveHer #LoveYou #LoveIt #Boss #Queen #Principessa #Leone #SucchiamiStoCazzo. Avevano tutti bisogno di un vibratore con le batterie cariche sempre appresso per farsi penetrare l'anima per tirare avanti.

La vita negli ultimi tempi mi aveva prosciugato e in quel momento mi sembrava di essermi riempito di nuovo. O il contrario. Non avrei saputo dire. Avevamo ciucciato buona parte del beveraggio. Trovarmi lì sembrava la cosa più naturale del mondo. Il dubbio che non lo fosse mi sfiorò solo un attimo, il tempo per una stella cadente di apparire e scomparire lasciando una fugace scia tra lo sciame delle sue sorelle nucleari ancora accese. Avevamo chiacchierato un po' e avevamo lasciato spazio a lunghi istanti di silenzio. Ci eravamo lasciati cullare dal suono dell'ambiente maliardo. Mi era sempre piaciuto osservare le stelle a notte inoltrata, raccontai.
Da adolescenti, al Borgo, facevamo le grigliate al fiume. Bevute quattro o cinque lattine di Lager ero solito svignarmela dal gruppo, solitamente riunito intorno al fuoco, per andare a riprendermi con una rapida immersione notturna nell'acqua fluviale. Poi mi sdraiavo su un sasso e ammiravo le stelle. Bei tempi. Ero brillo dopo tre o quattro birre.
Avevamo finito di fumare una canna e Irina disse che le sarebbe piaciuto fare una grigliata al fiume. Se conoscevano una caletta abbastanza imboscata da evitare brutti incontri con la *Policia* si poteva anche fare sull'isola, risposi. Tolsi le scarpe. La sensazione della sabbia, fresca, sotto i piedi era piacevole. Mi venne voglia di fare due passi. Mi alzai e mi avvicinai all'acqua. Irina mi seguì. Zemar rimase sulla sabbia asciutta. Le raccontai che quando mi staccavo dal gruppo per andare a fare il mio *starspotting* al fiume alle volte facevo un vero e proprio bagno, raggiungendo il muro di rocce dall'altra parte della riva. E riposavo un momento lì al buio, sopra lo specchio dell'acqua che scorreva piano.
«Non morivi di freddo?»
Non morivo di freddo. Non mi svegliavo con l'*hangover*. Pensavo che avrei cambiato il mondo cantando in un gruppo punk e che io e i miei amici avremmo vissuto una vita felice e spensierata spaccandoci a merda ogni volta che ci andava e vivendo ogni sorta d' avventure insieme. Che avremmo scopato un sacco e abbattuto ogni singolo ostacolo a testate senza venderci mai il culo. Non le dissi niente di tutto questo. Le raccontai invece di Svein. Lo svitato

si faceva i bagni nel lago di notte anche a dicembre o gennaio. Mi domandavo
se lo facesse ancora.

Osservai il mare con le onde torpide che tentavano di raggiungerci
infrangendosi inesorabilmente sulla spiaggia. Tolsi i pantaloncini e la t-shirt
rimanendo in boxer. Presi la rincorsa e mi buttai in mare. Irina e Zemar
mi guardarono e se la risero. Irina lasciò in terra scarpe e borraccia - quella
di *John Daly* - e si svestì, rimanendo in topless. Si mosse leggera verso il mare.
La luna si era improvvisata direttrice della fotografia per questa scena. Avanzò
lievemente, in punta di piedi, piccoli e curati, su cui si allungavano le gambe
con quelle curve dolci che accompagnavano la sua figura fino ai fianchi,
il pancino magro e tondo, il seno pieno, guarnito da capezzoli lilla. La guardai
superare il bagnasciuga e immergere i piedi. La collana col ciondolo del sole
dondolava insieme al viso, tondo, grande, in perfetta armonia con tutto il resto.
Immerse le ginocchia sorridendo. Affrontava la marea con grazia, in contrasto
con l'impeto che avevo sfoggiato io. Quando l'acqua le coprì quasi del tutto
le cosce si tuffò repentina e scomparve sotto il manto scuro dell'acqua.
Zemar aveva deciso con garbo di badare un po' ai fatti suoi. Era sdraiato
sulla spiaggia e si distraeva col telefonino. Passò qualche secondo. Iniziai
a preoccuparmi e guardarmi in giro, un po' spaesato. Poi sentii qualcosa
di morbido strusciarmisi contro sott'acqua. Irina emerse di fronte a me come
una boa trascinata sotto e lasciata andare di colpo. Si appoggiò su di me
con le braccia sulle mie spalle mettendoci tutto il peso per mandarmi affondo.
Ci riuscì. Restai immerso qualche secondo e riaffiorai, pronto a fargliela pagare.
Irina era a due bracciate di distanza. Se la rideva e sorrideva monella.
Colsi la sfida. Mi avvicinai esagerando, in modo ridicolo, un fare minaccioso.
Le nostre mani si incrociarono. Eravamo attaccati con le braccia al cielo,
il suo seno premeva contro il mio petto.
Era quasi troppo bello, ebbi un attimo di esitazione. Mi venne alla mente quella
canzone dei *Queens Of The Stone Age*... come faceva?
I can go, with the flow...
Le nostre labbra si scontrarono.

«Per quanto ne abbiamo ancora con 'ste smancerie ritardate
su 'sta cazzo di isola? Adesso infiliamo un altro chia-
vone, poi?»
Jen: «Vuoi andare di nuovo nel grafico? Un'altra scopata?»
«Ovvio, cos'altro vuoi fare per tenere un po' viva la
rumba? L'idea è che qui o ci si sballa o si chiava».

Jen: «Sei il solito romanticone, lo tramutiamo in un mezzo porno?»

«Il porno vende bene. Conosci i numeri di *share* che fa. Il problema del porno tradizionale è che manca totalmente di coinvolgimento emotivo e la recitazione e le premesse sono fatte col culo. Mancano un minimo di sugo o di storia».

Jen: «Ovviamente questo non ti ha mai fermato dall'esserne un affamato consumatore».

«Con un intelletto superiore come il mio si può ricavare qualcosa di utile anche da lì. Basta menarla con 'ste chiavate. Stiam facendo i salti mortali per dare un po' di ritmo a 'sta cazzo di escursione... e poi la conosci la mia filosofia a proposito delle scene di letto...»

Jen: «See, see, "le scene di sesso aiutano a definire i personaggi, li mettono letteralmente a nudo rivelandone la natura più profonda" e bla bla bla...»

«Esatto, un delizioso strumento aggiuntivo. Puoi rivelare se un personaggio è un pervertito, se è un libertino, uno sperimentatore, un passionale, una chiavica, un complessato. Puoi scoprire se la sgualdrina che se la menava tanto nel locale con addosso i vestiti è un'autentica *femme fatale* o se vive così per mascherare la sua vulnerabilità, se il tipino occhialuto - serio e mansueto - che passa la giornata in laboratorio poi a letto libera la belva e ti smonta, se la *cheerleader* di punta ha rispetto per se stessa o meno, e via dicendo...»

Jen: «Ok, ok, ho sentito questa maledetta lezione mille volte. Poi ci tocca vedercela coi detrattori neoliberali, i moralisti da tastiera stipendiati dalle testate "indie", le femministe da salotto pomeridiano nei talk show e la marmaglia dalla twittata facile...»

«Da quando ci fotte qualcosa di cosa pensa qualche mezzasega con una moralità più dozzinale del cibo surgelato? Di aspiranti artisti falliti che danno sfogo alla propria frustrazione sessuale assolvendo o condannando lavori altrui su giornaletti e siti per profani incompetenti incapaci di coesistere col proprio testosterone? E femministe dici? Quali? Quelle da lotta casalinga con in cima all'agenda l'eliminazione dei contratti prematrimoniali o quelle con le palle di scendere in protesta in paesi dominati da una forma di governo teocratica? La lista di persone che mi prenderei la briga di ascoltare è piuttosto limitata, manico o meno. Ma tu sei in cima».

Jen: «Quale altra lusinga potrebbe desiderare un'intraprendente produttrice di successo come me se non sentire i tuoi complimenti adulatori? Cosa se ne fa certa gente delle domeniche serene, di un aperitivo con le amiche a ubriacarsi senza il timore di leggere qualche trend virale concernente l'ultimo film il cui tuo nome appare in testa alla *credit sequence*, una cena romantica col proprio marito più di due volte all'anno?»

«Giusto! Salutamelo tra l'altro, ricordagli che è un grand'uomo ma anche molto fortunato... E comunque basta lagnarsi, sai bene che puoi lasciare a me la promozione e la salvaguardia dell'opera. Bastano qualche insulto intelligente ben assestato a qualche idiota, qualche risposta a tono per zittire il primo giornalista con la laurea comprata al tabacchino sotto casa che me la serve su un piatto d'argento, un giro per tutti i social e le piattaforme online e si ristabilisce subito la reputazione, con tutti che fanno a gara per darmi ragione e tessere le lodi della pellicola».

Jen: «Ok, ok, l'artista e venditore ambulante sei tu. Ogni modo non sta andando male come dici».

«Ok, vediamo di pestare il piede sull'acceleratore però adesso, eh?»

Jen: «A te le redini cavallerizzo...»

«Che cazzo di parto 'sta storia. Brutta cosa avere un cervello più sviluppato della media e dover contare sull'approvazione di una marea di ritardati».

Jen: «E modestia portami via...»

Avevamo pomiciato un bel po', in acqua. L'avevo palpeggiata dappertutto, per il piacere di farlo e per assicurarmi che non stessi sognando.

Zemar ci aveva scarrozzati fino alla palazzina dove viveva Irina, in una zona residenziale tranquilla poco fuori Eivissa. Eravamo saliti al secondo piano dove si trovava il suo monolocale.

Appena entrati, sulla destra, c'era la cucina e un tavolo modesto.
La parte a sinistra invece era riservata al letto a una piazza e mezza, un piccolo divanetto, e la tv. Sullo stesso lato c'era la porta per il bagno e, dalla parte opposta, la porta vetro che dava su un minuscolo balconcino, che ospitava una sedia e non lasciava spazio per molto altro. Al buio non riuscivo a distinguere bene che tipo di ambiente e arredo definivano la Ispanico-Danese. Disse di lasciare la luce spenta per non attirare insetti. La luce della luna, quasi piena, entrava insolente nel monolocale illuminando a sufficienza, quantomeno per non martoriarsi gli stinchi. Ero preda della solita concitazione che mi attanagliava quando una ragazza che mi piaceva mi invitava da lei. Un po' ridicola a dire il vero. Mi ricordava il pezzo di quel cazzone australiano in *Alcholocaust* "... tutti lo sanno, ma per qualche ignota ragione bisogna far finta che nessuno sa cosa sta succedendo". Ricollegai finalmente il significato della t-shirt che mi avevano regalato i miei amici australiani.
«Mi faccio una doccia e mi do una sistemata» disse Irina, lanciando le scarpe in mezzo a un mucchio disordinato di altre scarpe che stavano in fondo a un armadio aperto.
Andò in cucina, la sentii trafficare con qualcosa, poi tornò con in mano un bicchiere di vino e uno d'acqua con dei cubetti di ghiaccio. Mi porse entrambi.
«Accomodati dove ti pare, quando ho finito, puoi darti una sciacquata tu».
Mi diede un bel bacio con giro di lingua, poi scomparve, inghiottita dalla porta del bagno.
Avevo tenuto a freno la mia brama di fumare per tutta la giornata e la sera però in quel momento ne avevo veramente un bisogno fottuto.
Uscii in balcone. L'aria aperta mi leniva. Anche le canne e i drink aiutavano comunque, grazie al culo. Non avevo esagerato, ero ancora funzionale. Ne girai una nelle cartine corte *OCB*, ficcai dentro il filtro, chiusi a bandiera, presi il vino, accesi e tirai una goduriosa boccata. Alle mie spalle sentivo diversi rumori uscire dal bagno. Acqua che scrosciava, zip che si aprivano, cassetti o armadietti o salcazzo cosa, che si aprivano e chiudevano. L'asciugacapelli. Rientrai e mi piazzai sul bordo del letto. Studiai il monolocale. Era curioso. Alcune zone erano super ordinate e impeccabili, altre invece sembravano una catastrofe in miniatura. Forse Irina era pazza, magari aveva delle personalità disassociate, tipo McAvoy nei film di Shyamalan. Il corso dei miei pensieri fu interrotto. La porta del bagno si spalancò. Irina uscì ancora bagnata, avvolta in un asciugamano giallo che la copriva dalle ascelle fino a poco sotto il sedere. Una visione.
«Tutto ok?» sorrise.

«Sì» sorrisi di rimando.

Si avvicinò e si piegò per stamparmi un bacio.

Go with the flow...

L'afferrai con una mano dietro il collo per poterla baciare con più trasporto.

Quando ci staccammo rimase a fissarmi. Profumava di buono.

«Vuoi andare a darti una rinfrescata?» domandò.

«Non è che ho fretta» risposi sorridendo e inarcando il sopracciglio «preferisci che vada subito?»

Scosse la testa.

«Vuoi metterti almeno un po' più comodo?»

Mi levai la t-shirt e i pantaloncini restando in boxer. Poggiò un ginocchio sul letto e si sporse per darmi un altro bacio. Pose la mano dietro la mia nuca e iniziò a scendere. Mi baciò il collo, il petto, accarezzandolo, la pancia, passandomi le mani dietro la schiena. Arrivata vicino al mio compagno, complice, amico e nemico per la vita, che ancora se ne stava nascosto nei boxer ma era già duro come il marmo, lo tastò, accarezzandolo con dolcezza, tentando di indovinarne la forma e l'aspetto. Ci poggiò sopra la guancia, guardandomi da quella posizione. Avevo cominciato ad accarezzarle il capo, rivestito dai capelli ancora umidi. Fantastiche le tipe che sapevano usare il loro sguardo. Con un risolino malizioso si affaccendò per togliermi i boxer, liberando il mostriciattolo. Lo guardò con un'espressione che avevo visto fare ad altre prima di lei. Insomma, io nel complesso ero ok, credo, niente di spettacolare, nella media. *Little John* giù lì però era un vero figo, m'era parso di intuire.

«Salve» sospirò.

S'introdusse passando prima la lingua lungo tutta l'asta, prendendolo poi ben saldo con la mano e lavorando il glande. Mi guardava mentre solleticava l'asta con la lingua.

«Oggi menu salato» disse con un risolino.

Completamente a nostro agio. Da non crederci, cazzo.

Iniziò a lavorare con più foga. L'asciugamano iniziò gradualmente a scivolarle di dosso. Il seno premeva contro le mie ginocchia e le mie cosce. Fanculo, stavo viaggiando attraverso le palpitazioni del piacere a una intensità tale da sentirmi le funzioni motorie sputtanate. Temevo che se continuava così le sarei esploso in bocca. Non era accettabile. Le afferrai il mento e la trascinai su.

L'asciugamano rimase sconfitto a terra. Le stuzzicai un po' l'orecchio con la lingua, mordicchiando e baciando. Scesi verso il collo. In seguito al seno. Le passavo le mani lungo il torso e la schiena. La feci sdraiare. Scesi baciando

e respirando sulla pancia e l'ombelico e poi più in giù. Le tormentai l'interno coscia, infine mi buttai sul nido della fenice. Aveva un triangolo di peluria rasata corta, con le grandi labbra che facevano uscire solo di poco quelle piccole interne; salvo il rivestimento, aveva un aspetto liscio e morbido.
Non indugiai ad assaggiarla. La sua pelle era fresca e profumata. Lavoravo principalmente il clitoride con la lingua, tenendo le labbra aperte con l'indice e il medio, passandola lungo tutta la parete solo ogni tanto, variando direzione e ritmo, cercando di indovinare la combinazione giusta in base ai suoi movimenti, le sue reazioni e i suoi gemiti. Aggiunsi prima l'anulare. Adoravo vedere le ragazze eccitarsi in progressione mentre lustravo lo scrigno.
Ad un certo punto non sapeva più nemmeno lei se togliermi la testa di lì o rinfilarcela dentro. I movimenti del suo bacino erano fuori controllo. Feci saettare con foga la lingua e spinsi le dita all'interno, premendo sulle pareti umide e carnose, sempre più velocemente finché il suo ansimare si fece quasi lancinante. Rallentai e mi adagiai sopra di lei. Ci baciammo un po', le sue mani scorrevano lungo il mio torso. Mi allontanai un attimo per recuperare il cappuccio. La incoraggiai a coccolare ancora un po' il rostro mentre spacchettavo il goldone e me lo infilavo.
Ci fu un po' di resistenza ma a breve le pareti si rilassarono, si inumidirono, e continuammo il nostro viaggio verso la terra promessa del piacere.

Copularono quattro volte durante la notte. Il mattino Alex, dopo averle stampato un bacio in bocca sulla soglia della porta, se ne uscì per la strada carico e impettito. Sembrava in procinto di esibirsi in un numero tipo Christopher Walken nel video di *Weapon Of Choice* di *Fatboy Slim*. Nella sua testa bacata doveva immaginarsi in una trionfale camminata in *slomo*, tipo *Armageddon*. Doveva provare sentimenti simili a quelli di *Lester Burnham* dopo aver lasciato la sua compagnia con un ricatto da quasi 60mila dollari per andare a lavorare in un fast food. La sua colonna sonora immaginaria doveva essere *Get Up* di James Brown.
Aveva acceso immediatamente tutto l'ambaradan per la musica di Zemar e si era messo a trastullarsi con pezzi di *Ram Jam*, *Run DMC*, *John Lee Hooker*, *Jerry Lee Lewis*, *The Sonics*, *Kiss*, *The Beatles*, *Led Zeppelin*, *Mötley Crüe*, *Warrant*, e così via. Zemar, che era uscito per la spesa, rientrando lo aveva trovato che si dimenava sulle note di *Don't Stop Me Now*.

Alex, appena lo aveva visto, sorridente con una paglia in bocca, lo aveva salutato con l'indice in alto, come una rockstar ad un concerto. Zemar si era limitato a sorridere complice. Alex si offrì di cucinare per cena e volle dare una pulita alla macchina. I miei amici mangiaspaghetti dicevano che tira più un pelo di figa che un carro di buoi. Zemar si era svaccato sul divano e beveva un succo di frutta. Alex era fuori in balcone che faceva pratica con la sua armonica a bocca, cercando di azzeccare le note di *Roadhouse Blues*. Al solito, voleva fare il passo più lungo della gamba. Il pezzo era decisamente fuori dalle sue possibilità, anche se lo stronzo andava applaudito per la tenacia. Ben presto tornò sulle note di *Love Me Do*, più alla sua portata. Allora il suo amico talebano dal divano gli mise nella testa l'unica pulce in grado di turbare il suo ingenuo pacifico stato d'animo.

«Adesso com'è? Vi vedrete ancora o era una cosa da una sera?» Il coglione mica ci aveva pensato. Aggrottò le sopracciglia e rispose solenne.

«Non lo so». Breve pausa. «Però io sinceramente spero che ci vediamo ancora».

«Forse è il caso che ci lavori allora».

Come se gli avessero messo del Wasabi nel culo, Alex s'affrettò a mandare un messaggio.

STORIA A PARTE #2
Apocalyptic

‹Era un cazzo di periodo indaffarato. Maledetti tutti i santi. Non mi mancavano le cose da fare. L'accordo iniziale prevedeva sette anni di servizio poi… bè diciamo la pensione. Invece no. Quella rincoglionita. Quella bellissima, stronzissima, psicopatica, la mia apprendista, una volta preso il mio posto, era riuscita a combinare tanti di quei casini. Un macello mondiale. Figurarsi se poteva tenere a freno i suoi istinti megalomani e scapestrati. Vabbè. Alla fine con un dispiegamento di forze disumano avevamo risistemato tutto. Con una fatica fottuta.

Fatto sta che il - chiamiamolo - direttore generale, alla fine dei giochi, reputandomi in parte responsabile del tumulto - visto che la squilibrata l'avevo qualificata io -, mi aveva rifilato altri cinque anni di servizio. Per un attimo mi era saltato in testa di protestare. Alla fine avevo saggiamente evitato. Il principale è davvero un tipo a posto. Molto alla mano, posato e carico di buonsenso e passione, niente a che vedere con tutta la brutta pubblicità che gli fanno contro da un'eternità. Ma è comunque meglio non farlo incazzare. Avevo ingoiato la merda e via. Rimesso in campo come un veterano. Di nuovo in giro a fare e disfare. Creare inghippi che con la *CIA* e il *KGB* mi ci pulisco il culo. Senza entrare in dettagli superflui, nella nostra premiata ditta e nel mio dipartimento funzionava pressappoco così: c'erano degli obiettivi assegnati dai piani alti ma durante il servizio avevamo anche la possibilità di lavorare ad alcune incombenze scelte a nostro piacimento.

Mi era sempre stato riconosciuto un buon istinto. Il direttore stesso una volta mi aveva detto che ero dotato di un'ottima visione generale. Riuscivo a vedere un disegno più ampio. Una cosa del genere. Di conseguenza io di queste magagne arbitrarie ne facevo uno strafottio e mi ero impuntato su una vecchia conoscenza. O meglio la conoscenza di una conoscenza.

Stava perdendo i capelli. Aveva due figli, avuti insieme alla megera da cui era divorziato e a cui girava metà di quello che guadagnava con la sua impresa. Era passato da una bella casa piazzata in un piccolo angolo di paradiso con giardino e garage a un pidocchioso tre locali che divideva con la sua fidanzata. Clarissa. Sei anni meno di lui, che si apprestava ad accarezzare i quaranta.

Clarissa con la megera condivideva solo la misura di reggiseno abbondante e la costante ghigna da scazzo. Il resto no. La megera non era né alta né bassa ma era snella. Clarissa non era grassa ma aveva decisamente una figura più tortuosa. Capelli neri la prima, castano chiari la seconda. Occhi piccoli e castani la prima, verdi e grandi la seconda. Alla prima piaceva particolarmente il sesso orale - dare e ricevere -, la seconda favoriva invece di gran lunga penetrazione e palpeggiamenti decisi. Informazioni standard nei miei fascicoli. La prima lo aveva lasciato a due anni di distanza dalla nascita del secondo figlio - quando la sbatta del non dormire un cazzo era finita -, col cavillo della sua assenza costante da casa - che permetteva alla ditta di funzionare bene - e il vizio del bere. Che poi era inevitabile per uno stronzo che aveva scelto di farsi il culo al lavoro e venire deturpato costantemente a casa. Ora lei viveva in un'altra casa coi figli, che il nostro povero stronzo scandinavo si era impegnato a implorare di riuscire a vedere il più possibile, ottenendo un "magnanimo" ok da parte sua, non senza però che la "gene-rosità" del suo gesto gli venisse costantemente rinfacciata.

Ora la megera si scopava un ritardato più giovane che faceva il barista. Niente di ufficiale per il timore di non aver più il diritto a spremere i fondi del nostro amico. Le andava riconosciuto che aveva del talento a rincretinire totalmente i suoi spasimanti con l'arte della seduzione. Il potere dei bocchini, date retta. A parte l'ottima tecnica generale, il suo ingoio era qualcosa di epico. Quando venivi riusciva ad ingoiare, fare un effetto *vaccum* e continuare a stimolare il glande tanto che spesso l'orgasmo provocava dei tremiti al fortunato, disgraziato, di turno. Il giovincello era uno che aveva infilzato di tutto prima di finire sotto le sue grinfie. Adesso era ridotto a una specie di animaletto da compagnia molto ben addomesticato.

Clarissa non si capiva bene dove voleva andare a parare. Forse aveva solo voglia di rompere il cazzo a qualcuno per un paio di anni prima di sistemarsi con qualcun altro. Si lamentava continuamente. Della casa troppo piccola, dello scandalo delle condizioni in cui s'erano lasciati lui e la megera, che non era giusto che s'inculasse tutti quei soldi. Anche se poi lei i vestiti li comprava solo quando aveva il nostro amico appresso così che questi si offrisse di pagarli, a cena non cacciava mai fuori un soldo, e la spesa per casa la faceva sempre coi soldi suoi, tanto che quel poco che gli rimaneva il nostro eroe lo spendeva tutto in sbevazzamenti vari. Anche lei s'era impuntata sul bere. Forse anche più della megera. Ma almeno lì il nostro socio s'era intestardito, rifiutandosi categoricamente di frequentare posti tipo gli Alcolisti Anonimi e terapisti vari. Del resto andava fatto notare che era una persona perfettamente funzionante e funzionale. La sua piccola impresa edile viaggiava sempre alla grande, nonostante le crisi. E come padre nessuno poteva rinfacciargli nulla.

«E poi non posso permettermi di spendere altri soldi a cazzo».

Questo aveva fatto ragionare Clarissa che in effetti non voleva che la sponsorizzazione dei suoi vestiti e le sue cene romantiche venisse meno. Allora l'aveva convinto a uscire a cena con un suo amico psicologo. Alla fine per farla contenta aveva accettato il consiglio di tenere un diario.

"… ho lasciato i piccoli indietro alla stronza ieri. Sono proprio in gamba. La piccola già sgambetta in giro con un'energia che mi fa invidia. Sicuro che di-venterà la campionessa di qualche disciplina atletica. Il piccolo Sascha invece ha portato a casa una pagella davvero buona. Fanculo l'educazione della ne-gazione. A me non sembra abbia mai fatto bene a nessuno. Gli ho comprato

una pista di macchinine dove però la corsa non è esattamente di macchine ma delle hovercar e funziona con delle piccole prese d'aria che fanno levitare i mezzi. Però gli ho detto che lo tenevamo a casa mia, e che era il nostro segreto. Spero mi regga il gioco, in sto periodo non ho proprio le forze per sopportare altre menate da quella stronza di sua madre. ..."

"... Mi sono rimasti due centoni sul conto. E abbiamo appena passato la metà del mese. Clarissa si è incazzata perché non le ho pagato quel ciondolo della Kris che ha lumato al negozio. Alla fine se l'è comprato coi suoi soldi. La sera guardava il suo acquisto tutta felice e contenta ma ogni volta che entravo io diventava acida e la menava sulle solite cazzate di quella stronza che mi deruba di tutti i miei soldi e così via. C'ha pure ragione ma quello che sta testona non vuole capire è che quella stronza sta crescendo i miei figli. I miei bambini. La mia prole. Non voglio che finiscano in mezzo ai nostri casini. Non me ne frega niente se non posso andare in vacanza o comprarmi di nuovo un pick up come si deve invece di questa merda di utilitaria della Opel. Mi rimane abbastanza per le birre al pub con gli amici, per fare qualche regalo ai miei piccoli e pure per viziarla un po'. Quindi cazzo vuole? Non capisco cos'ha da lamentarsi. Per dire il mese scorso le ho comprato quel vestito, che le piaceva, e piaceva pure a me, perché c'aveva quegli orli di pizzo rosso che le stavano addosso proprio in modo sexy. Poi le avevo chiesto di metterlo la sera per passare una notte piccante, e così aveva fatto. Ma poi le è finito un pezzo del Lego lasciato in giro dalla piccolina (che mi era sfuggito quando ho riordinato) nel sedere e ha dato fuori. Dopo aver sclerato sull'ordine e altra roba, che in verità i miei piccoli in generale sono molto bravi, specialmente rispetto ad altri bambini che ho visto in giro. Poi niente... mi è passata la poesia, ha detto... e mi son dovuto raspare al mattino come un quindicenne coi brufoli in faccia, vacca troia. Quel vestito poi non gliel'ho più visto addosso..."

"... l'altro giorno è tornato in patria la Rockstar! Il Malky! Si è fermato solo un paio di settimane per vedere la famiglia e gli amici. Mi ha fatto davvero piacere rivederlo. Lui con la sua vita da nomade, che sembra che non ha nemmeno un pensiero in testa. Lo seguo spesso in tele e sul computer. Gli piace tirar su casini, soprattutto coi politici e i borsoni. Che sagoma. Non sembra quasi vero che se n'è venuto fuori dal Borgo lo stronzo. C'è da dargli atto poi che quando torna con noi non se la tira per niente. Fa il generoso, quello sì, ma solo perché può permetterselo, senza presunzione. È un bravo bastardo. Anche con me che stavo un po' a terra ha passato un sacco di tempo. Anche lui dice che sono inaccettabili le condizioni con cui mi sono lasciato con la stronza, che capisce che non voglio correre rischi con i bambini ma che anche

per la loro educazione dovrei tirare insieme un po' di amor proprio. - Così cre-
scono che imparano che in fondo essere delle teste di cazzo per i propri interessi
personali e l'egoismo sono una cosa giusta! - ha sbottato. Che in parte c'ha
anche ragione, ma non è così semplice quando sei direttamente coinvolto. Però
non sono riuscito a farglielo capire. Ma poi ha mollato il colpo lo stesso, ha
detto che non voleva che ci lasciavamo con lo scazzo. Ha offerto la sbronza
(che ha poi fatto infuriare Clarissa ma me ne sono sbattuto perché i soci di
una vita tali rimangono) e mi ha pure rifilato un assegno che non sono riu-
scito a rifiutare. S'è raccomandato, mi ha fatto giurare sulla nostra amicizia,
di non dirlo a nessuno, nemmeno a Clarissa e di concedermi semplicemente
qualche cosa per me stesso o al massimo per i bambini. Eh ok, alla fine l'ho
preso. Prima cosa mi sono preso una bottiglia di Pyrat Cask e l'ho lasciata
tranquillamente in bella vista. Tanto in mezzo alle altre porcherie che ho nel
piano bar Clarissa non si accorgerà mai che c'è lì una bottiglia da trecento
carte. Poi prima di ripartire a spasso per il mondo ha detto che mi vuole bene
e che non ha intenzione di arrendersi a farmi cambiare questa 'testa di min-
chia'. Bravo diavolo la nostra Rockstar…"
Tra conati di vomito e un po' di compassione, leggendo di nascosto il
suo diario, stavo già cominciando a disegnare un piano.
C'era 'sta Samantha, che lavorava all'ospedale. Ventitré anni e non soffriva i maschi della sua età. Li trovava troppo imbecilli. A ragione. Molti
di loro non sarebbero mai usciti da quello stato catatonico di coglio-
naggine acuta. Pro e contro dell'avere un uccello, poca istruzione, poco
cervello e troppa boria. Secondo la mia esperienza e i miei studi ci sono
essenzialmente due categorie principali di donzelle che finiscono a lavorare nella sanità: le crocerossine nate e le sadiche. In questo caso a
me serviva una crocerossina. Samantha lo era. Ma dovevo cucinarla
bene per il mio scopo. Al nostro sfigato dovevo trovare finalmente una
donna decente, che non avesse troppi cazzi per la testa, e a cui ne bastasse uno in ordine tra le gambe. Aveva una taglia in meno della megera
e di Clarissa. Niente di grave, erano comunque un bel paio di tette. Poi
c'era la questione bocchini. Lì non c'eravamo. Ma avevo già pronta la
mia carta da giocare.
All'ospedale lavorava sto tipo, un bel tipo, Kevin, a cui piaceva il cazzo
e non la passera. Una sera il poveretto era stato aggredito da una manica
di trogloditi convinti che si stesse lavorando la tipa di uno di questi che
lavorava alla mensa dell'ospedale. Del fatto che a lui piacesse il manico
'sti coglioni non ne sapevano un beneamato. E lui preferiva così. Si era

ritrovato un po' nella merda visto che gli scimmioni volevano fargli la festa. Prontamente sono intervenuto io, che avevo effettivamente ripassato la tipa dello scimmione incazzato, per la cronaca. Dopo aver steso brutalmente il più grosso e cattivo della combriccola facendogli saltare la rotula di modo che la punta del piede arrivasse a toccargli il cazzo, gli altri si sono guardati bene dal fare gli eroi. E così io gli ridevo addosso, constatando ad alta voce quanto fosse fortunato a trovarsi già nei paraggi di un ospedale.

Dal gran figlio di puttana che sono mi sono offerto di riaccompagnarlo a casa. L'ho rassicurato, intimidito e conturbato un po'. Era bilanciato, effemminato ma non troppo, e sapeva quali attrezzi usare in palestra per levigare il corpo. Non ne avevo per le palle di ottenere quello che volevo instaurando un'amicizia per la vita. Gli feci un massaggio, dosai con cura momenti di tenerezza e momenti selvaggi per un paio d'ore. Alla fine anche se la conversazione fu molto più articolata, potremmo dire che andò grosso modo così.

«Grazie per avermi salvato il culo».

«Di niente, so che ci tieni al tuo bel culo. Ho bisogno che molto discretamente mi fai un favore».

«Di che si tratta?»

«Il luogo comune dice che chi dà e riceve sia un campione in fatto di bocchini, e abbiamo appurato che non smentisci il luogo comune».

«Grazie».

«Conosci Sam? L'infermiera?»

«Più o meno».

«Ti sta simpatica?»

«Sembra a posto».

«Ho bisogno che diventi il suo migliore amico e le insegni a tirare bocchini da professionista».

«Credo sia fattibile. Immagino che non posso domandare il perché».

«Immagini giusto, grazie, teniamoci in contatto».

Gli avevo lasciato una carta da visita dalla mia vasta collezione. In quel caso diceva che ero un idraulico, indipendente. Il design della carta da visita era talmente futuristico che sembrava fossi il capitano della nave spaziale *Prometheus*. Ci tenevo alla forma io.

Dunque. Tette: check. Bocchini: check. Non sarebbe mai diventata brava come la megera, o come Kevin, certa gente ce l'ha nel sangue, ma sarebbe arrivata a un livello accettabile. Mancava ancora qualcosa.

Samantha aveva una personalità posata ma originale. Le piacevano gli horror, aveva gusti musicali discreti, riusciva a tenere una conversazione intelligente con buonsenso e contegno, era bionda, abbastanza spiritosa, indossava *Pornobrille*, e a casa aveva un pezzo di lingerie rosa e bianco in trasparenza e pizzo che lasciava completamente scoperto il seno e le parti intime; e uno che era un intreccio di stringhe ultra fini nere con dei piccoli fiocchetti sulla passera. Li aveva usati entrambi due volte, pentendosene. Era una tipa interessante. Ma mancava ancora qualcosa. Bisognava darle un'arma speciale. Avevo bisogno che fosse in grado di incastrare il nostro amico e sbarazzarsi di Clarissa. La mia idea era che un *gringo* che si sceglie donne come la megera o Clarissa doveva avere un lato masochista, un bisogno chimico dell'afflizione. Salcazzo per quale motivo. Quindi per me diventava tutto un gioco di energie. Dovevo fare in modo di spostarle da un aspetto della vita a un altro. E cazzo avevo bene in mente come fare. Sapevo qual era l'arma speciale che dovevo dare alla brava Samantha. Dovevo renderla in grado di trasformarsi in quella che teneva saldamente in mano le redini quando l'occasione lo richiedeva. La manovra con cui intendevo ottenere il risultato richiedeva un bel po' di palle, per come avevo intenzione di conseguirla. Presi il cellulare, quello speciale, e mandai il rapporto sul caso attuale e i suoi progressi. Poi feci una chiamata… al direttore in persona. Dovevo tenere i nervi saldi.

«Amico mio, come va?»

«Salve sua eminenza, tutto bene?»

«Oh sai come va di questi tempi, poco rock'n'roll, sono sicuro che ti stai annoiando molto meno di me».

«Non lo metto in dubbio. Chiamo per il caso a cui sto lavorando. Ho una richiesta speciale».

Nervi saldi amico, mi dissi, nervi saldi, cazzo.

«Sentiamo».

Nervi saldi.

«Ho bisogno dell'aiuto di Jolene».

Silenzio. Nervi saldi. Silenzio. Nervi saldi.

«Come disse un capitano di un bel film *Disney* molti anni fa: non sono incline a ottemperare alla vostra richiesta».

Nervi saldi. Faccia tosta.

«Con tutto il rispetto capo, hai sempre detto anche tu che le mie intuizioni e le mie esecuzioni sono geniali e degne di nota. Mi serve Jolene».

«Vero, vero. Ma sappiamo entrambi che purtroppo hai fatto qualche cazzata anche tu, nevvero? E guarda caso in quell'unica occasione c'era di mezzo la tua amica...»

Nervi saldi. Faccia tosta.

«Bè, ancora con tutto il rispetto capo, alla fine tutto si è sistemato per il meglio no? È comprovato che l'esito di tutto è sconosciuto anche ai... ehm... migliori. Forse si può considerare che anche lei abbia di quelle intuizioni, magari ancora più geniali. Del resto capo, è una donna. E una speciale nel bene o nel male, non si può negare...»

Silenzio. Dai cazzo.

«Sto dando un'occhiata al tuo rapporto. So per cosa vuoi che ti aiuti. Non prendiamoci in giro, le tue amiche della Casa dei Demoni possono benissimo spalleggiarti in questa piccola incombenza».

Nervi saldi. Faccia tosta.

«Capo, sai benissimo che praticamente Jolene è considerata la nuova monarca della Casa dei Demoni, e quella è un'associazione che non va avanti a raccomandazioni o legami di sangue, quelle son posizioni che uno si deve guadagnare. Mi serve la migliore. Inoltre visto come stanno le cose non so quanto le sorelle siano inclini a ottemperare alla mia richiesta di aiuto, eventualmente».

Silenzio. Forza antico vecchio rompicazzo, fammi contento.

«Amico mio, dubiti forse delle tue capacità di persuasione? Non rispondere, domanda retorica. Ogni modo questa situazione di cui ti stai occupando è uno dei tuoi casi arbitrari, non uno di quelli importanti che ti sono stati assegnati. Non mi sembra il caso di deliberare misure speciali, soprattutto dell'entità di quella che mi stai chiedendo».

Insistere, perseverare, concentrarsi.

«Capo, non vorrei mancare di rispetto, ancora, ma devo insistere sulla questione che entrambi sappiamo che nel disegno generale non sai mai dove vanno a finire tutti i fili. Anche durante il... ehm... casino, la... ehm... crisi, con cui ci siamo dovuti confrontare alcuni dei miei cosiddetti obiettivi arbitrari si sono rivelati piuttosto utili».

Silenzio. Maledetto fottuto silenzio. L'ora della verità immaginavo, avevo sparato tutte le cartucce che avevo.

«Vuoi chiedermi IL favore personale della vita? E realizzi che "vita" in questo caso non comprende solo un paio di anni prima che uno diventi cibo per vermi».

Fanculo.

«D'accordo».

Cazzo.

«Allora come vuoi amico mio, ma ora sai bene come stanno le cose vero?»

Lo sapevo sì.

«Sì».

«Bene allora, ti metto subito in contatto con la tua amica. Potresti trovarla un po' spossata, ti avverto».

Potevo avvertire il suo sorriso affilato come una lama *Hattori Hanzo* anche dall'altro capo della linea speciale. Avvertii la sua scomparsa dalla scena. All'orecchio mi giunse quella vecchia, famigliare, voce da bambina, su cui riuscivo immediatamente a focalizzare quel viso furfante che conoscevo molto, forse troppo, bene.

«Ciao, piccolo».

Pareva davvero spossata, ma mi aspettavo di peggio.

«Ciao, piccola. Come va?»

Breve pausa.

«Tutto ok, piccolo, non ti preoccupare. Mi fa piacere sentirti».

«Anche a me. Vuoi riposarti un po' prima che ti aggiorni sulla situazione? Ci sentiamo più tardi?»

«No, sto già guardando il tuo rapporto. Un giochetto da ragazzi. La nostra cara Samantha sarà in grado di fare impallidire DeSade dopo avermi frequentato per un po'. Quindici anni di differenza?»

Diavolo di una stronza rincoglionita, salcazzo da dove attingeva per avere 'sta tempra.

«Sai che mi piace fare incazzare i bigotti e remare contro i costumi comuni. Cazzate a parte, dammi retta, s'ha da fare così».

«Il tipo è a posto?»

«Sì, è un mesto Teddy Bear un po' confuso, ma forte. Sarà un capolavoro, dammi retta».

Anche se forse non era il momento ideale, con un po' di agitazione mi vidi costretto a chiarirmi.

«Niente cazzate però, ok?»

Mi giunse una risatina. Stronza d'una cogliona.

«No, tranquillo. Posso immaginare la conversazione che hai avuto con il capo. Mi... sistemo e ti raggiungo il prima possibile».

«Ti aspetto... con ansia».

«Giri ancora con quel ridicolo taglio alla moicana?»

«Secondo te?»

«Porto le borchie allora».

«Smettila di dire cazzate. Riposati, sistemati e raggiungimi».

«Mi riposerò poi, ora voglio solo levarmi dal cazzo di qui e raggiungerti».

«Ci vediamo presto, piccola».

Comunicazione interrotta.

Bene, avevo il culo sulla brace ora. Risi da solo, pensando "manco fosse la prima volta". Dunque. Aggiornamento. Arma speciale: check. Infilarsi in una situazione precaria: check. Nessun problema. Avevo preso due piccioni con una fava.

Sempre un piacere scambiarsi favori con te... Malky. Vitaccia.›

Alex e Irina si videro di nuovo la sera. E quella dopo ancora. E quella dopo ancora. Stavano insieme. Questo costernava un sacco di gente, come Ramon, che non capiva come cazzo potesse essere. Molti celavano la propria disapprovazione dietro sorrisi forzati e un atteggiamento amichevole alla *Regina George* in *Mean Girls*. L'atteggiamento di Alex, sventato, strafottente e allegro sembrava rispondere "attaccatevi al cazzo e fatevene una ragione". Passò alcune settimane sulla cresta dell'onda. Di giorno seguiva, con una certa disciplina, una sorta di auto addestramento. Aveva ripreso a sottoporre la propria carcassa a un po' di esercizio fisico, regolare, passava innumerevoli ore dietro alla console casalinga di Zemar, e con l'armonica si avvicinava sempre di più a riuscire a suonare tutta quella cazzo di *Roadhouse Blues*. Al repertorio aveva aggiunto *Train In Vain* dei *Clash*, *Und So Weiter* dei *Toten Hosen*, *Heart Of Gold* di *Neil Young* e *Move On* dei *Jet*. Di solito la sera faceva compagnia a Zemar e prendeva nota di cosa combinava alla console, e aspettava che Irina staccasse dal turno alla Vaquita. Irina era come un'anfetamina per lui. Bella e affascinante nei suoi enigmi. Una terra nuova e tutta da esplorare. Alex aveva il buongusto di non ostentarla come una conquista, un trofeo. Ma alle volte capitava, ad esempio, che uscissero per una cena tranquilla in un ristorante che si distingueva per i suoi piatti di ma-

risco. Quando Alex si presentava insieme ad Irina, con
i suoi calzoncini verde mimetico, le *Adidas Gazelle*, e
una camicia nera col doppio taschino che sul petto sinistro aveva un logo con due chitarre incrociate incor-
niciate da alcune stelle e la scritta con un font tipo
western che diceva *Johnny Cash*, il ragazzo abbronzato,
con la barba curata, il sorriso smagliante e il compito
di affidarti un tavolo, lo staff, e diversi altri
clienti, non si capacitavano del fatto che finita la
cena sarebbe stato lui a sfilare l'abito da sera nero
aderente con lo spacco e un top a fascia che lasciava
scoperto un pancino tondo, liscio e perfetto, in cui
era avvolta e a presentarle il suo *chorizo* per dessert.
Alex in circostanze simili non riusciva a non lasciarsi
sfuggire, talvolta un sorriso compiaciuto, altre volte
un sorriso onesto che stava tra l'altero e il "non so
nemmeno io come cazzo è sta storia".
Irina, disinvolta e senza grandi pretese, suscitava un
fascino contorto che Alex aveva abbracciato come un *Ka-
mikaze*. Si prendeva cura di sé e si sapeva rendere sa-
porita, ma metteva in evidenza la sua bellezza e il suo
sex appeal con un'insolita naturalezza. Non passava il
tempo a recriminare le gesta della collega di lavoro
che odiava - o invidiava senza ammetterlo -, non stor-
piava il naso per la qualità e le tempistiche e l'indi-
genza del servizio e del locale, non rifilava cronache
di fottutissimi *reality show*, non si lamentava continuamente per ogni piccolo fastidio con cui il mondo la
sfiorava. Alex cercava di pareggiare con la sua eccen-
tricità un po' arcana. Alex si sentiva come se avesse
vinto alla lotteria, e paradossalmente, qualche volta,
questo lo metteva quasi a disagio.

Le cose giravano suppergiù alla grande. Non riuscivo a togliermi del tutto
una sorta di diffidenza. Ma forse potevo essere scagionato. Arianna mi scriveva
qualche volta. Quando aveva avuto la possibilità di vedermi - ed ero pronto
a correre in qualsiasi momento, più o meno -, aveva fatto la preziosa,
disponendo un percorso a ostacoli studiato che manco i *Goonies* per trovare

il tesoro di *Willy l'Orbo* o *Indiana Jones* per arrivare al fottuto *Sacro Graal*.
Ora che me ne stavo tranquillo e beato fuori dal cazzo mi stava addosso come
una zecca su un cane pulcioso. Ma ora c'era Irina. Eccezionale. Andava tutto
liscio, anche il sesso. Avevamo il bioritmo scopereccio sincronizzato.
Non sapevo se era una cosa naturale o se si era creata nel frequentarci, come
alle amiche a cui si sincronizza il ciclo. Eravamo arrapati e svogliati gli stessi
giorni. Con Arianna era sempre stato l'opposto. Le nostre sinusoidali
di interesse e arrapamento erano praticamente parallele e si incrociavano solo
una volta ogni eclissi solare, nei momenti peggiori, per poi perdersi
nei meandri dell'asimmetria più totale.
Avevo bruciato un bel po' di vil denaro. Nonostante l'ospitalità di Zemar la vita
che conducevo sull'isola non era esattamente a gratis. Sbevazzamenti,
escursioni, cene fuori. Non esageravo. Ma anche solo a passare una serata
normale qualche spicciolo spariva. Tipo quella volta vicino a Santa Gertrudis,
dove ero andato a vedere Zemar che si esibiva ad un *Goa* - mezzo illegale -,
dopo essermi carburato tutta la notte con birra, ecstasy e canne… trovandomi
poi sdraiato sul prato all'alba a domandarmi se era quella la vita che la gente
cercava di comprarsi ammazzandosi di lavoro e coltivando bile per i soldi,
e rispondendomi che no, probabilmente sognavano più qualcosa alla Dan
Bilzerian, Jennifer Selter, Ferragni, Gianluca Vacchi, comodità e hi tech, lusso
e facciata, rete sociale e reputazione. Il mio gruzzolo - insufficiente
per permettermi di campare di investimenti in borsa - da un numero a cinque
cifre stava raggiungendo vertiginosamente le quattro cifre.
Mosso da un briciolo di buonsenso, avevo deciso di provare a cercare qualcosa
per recuperare un po' di filigrana e far respirare il saldo sul mio conto.
Mi presero al Crown, l'Irish Pub in una zona poco centrale di Eivissa. Era l'unica
bettola con un degno assortimento di birra. Janice, la scozzese con le tette
enormi che ci lavorava aveva sostenuto la mia candidatura. Manifestava tutte
le caratteristiche dello stile di vita che aveva scelto senza indugi. Le piaceva
mangiare, bere e prendere il sole. Per essere una delle Highlands aveva
un'abbronzatura e una pelle liscia sorprendenti, che contrastavano
con i suoi occhi azzurri in modo spettacolare. Corrucciata nei suoi jeans neri,
o nei suoi shorts neri, nella sua mini skirt nera, si lamentava sempre
che sgobbava troppe ore e non riusciva a godersi l'isola. Harry, il proprietario
robusto, con un temperamento lunatico che - salcazzo come - faceva una presa
formidabile sulla gente, ribatteva.
«Ma Janice, lo sai quanti clienti mi porti in sto cesso di locale con quella
latteria che c'hai lì?»

Mi andava a genio lo stronzo. Era tutto allegro e simpatico e comico
un momento, e scazzava a male il minuto dopo. Avevo sempre trovato
simpatici gli stralunati. Quelli con le palle a posto, non i tiraseghe depressi
e disperati. Un giorno ero lì con Zemar, che trangugiava il secondo *Bee's Knees*
mentre io stavo al terzo *Jameson* dopo due *Killkenny* e un Gin Tonic.
L'avevo buttata lì.
«Se mi paghi un po' di spicci posso coprire io Janice un paio
di volte la settimana».
Harry m'aveva guardato storto. Janice si era buttata a pesce e mi aveva
dato man forte.
«Ecco, guarda che buona idea. Almeno sto pezzo di manzo invece dei soliti
quattro ubriaconi bavosi ti porta anche un po' di sorca in sto cesso di pub».
Harry aveva inarcato le sopracciglia.
«Sei buono a fare servizio?»
«No» avevo risposto onestamente. «Però imparo in fretta».
«Già, guardalo, c'ha l'aria sveglia» aveva sbanfato Janice scuotendo la testa
con disapprovazione e fulminandomi con lo sguardo per la mia risposta troppo
onesta, o - per meglio dire - da emerito coglione.
«Al diavolo, se devo sempre far tutti contenti. Facciamo una prova.
Domani ti va bene? È lunedì, non dovrebbe essere troppo movimentato
il business. Così Janice ti può fare vedere un po' come funzionano le cose
da queste parti».
«A che ora, capo?» feci io.
«Presentati qui alle quattro. E non chiamarmi capo, sono Harry io, per tutti
e dappertutto».

Luglio cedeva il passo ad agosto. Alex era incagliato nella sua nuova routine. Console, esercizio fisico, armonica, Irina, lavoro al pub. Lavorava tre turni da dieci ore la settimana, così Janice aveva sovente il tempo di andare a svaccare le sue tettone sotto il sole. La scozzese metteva sotto Alex. «Questo fusto si cambia così… quest'altro così», «Cazzo Alex! Come stai usando quel cazzo di apribottiglie?», «Sei fortunato che hai quel fondoschiena lì, bello, altrimenti lo prendevo a calci almeno tre volte al giorno», «Ti sembra pulito sto frigo?». Con il suo arrivo la clientela si era diversificata come aveva profetizzato Janice. Alcuni ragazzi della Vaquita avevano cominciato ad andare a trovarlo, e Janice aveva approfittato per scoparsene la metà. Harry non dava a vedere se la nuova situazione gli andasse a genio o meno. Continuava a commentare sarcastico le avventure della bella taglia forte scozzese che non si scomponeva.

«Hai mai visto *James Bond*, finocchio ciccione di un inglese? Ecco io sono l'alter ego femminile di Mr. doppio zero sette, quello vero. Scozia *forever* leccaculo reale del mio scroto».

Non aveva risparmiato nemmeno Alex, quando gli aveva presentato Irina.

«Tu. Stai. Con. Questo?»

Ogni tanto mostrava il suo lato sentimentale e dopo l'ora di chiusura ammazzava i suoi due giovani dipendenti a colpi di *Jameson* - quando si sentiva particolarmente generoso anche di *Laphroaig* e *Talisker* accompagnati a un paio di pinte di *Hobgoblin* o *Brewdog*.

Alex, psicotico diffidente alla letizia e insofferente alle condizioni stagne e insipide, cominciò ad avvertire una carenza di azione e nuove barriere con cui misurarsi. Bastò poco perché trovasse il pretesto per prendersi a male. Al pub avevano uno stanzino ridicolo per lo staff, in cui potevano sbattere lo zaino e le loro cose. Era provvisto di un microonde, un bollitore che usavano per il caffè solubile e un televisore. Un giorno era sintonizzato su un canale inglese. Una *flash news* attirò l'attenzione di Alex. Mostravano le immagini di una latitante che aveva combinato un gran casino da qualche parte. Aveva fatto incazzare per bene un po' di gente. Mostrarono dapprima la fuga, a bordo di una *Mustang Boss 429* del '69, e in seguito le immagini di repertorio con le foto segnaletiche. Era un tipino tutto nervi col sex appeal da ragazzaccia. Il cartello che teneva in mano diceva che si chiamava Nikita Cole. Portava un taglio di capelli rasato da un lato e con i capelli laccati ad altezza spalle dall'altro. Indossava un top nero che ricordava il logo della *NBC*, coi colori dell'arcobaleno, e la scritta (una lettera in cima ad ogni colore) che recitava *LUCIFER*. Buon vecchio Kenneth. Alex non sapeva per chi dovesse tifare. La tv diceva per la polizia, ma per quanto sprovveduto Alex aveva imparato da tempo che la televisione era una fonte inesauribile di merda radioattiva. Inoltre era propenso a far rientrare nel suo favore la ragazza a bordo della *muscle car*, che rievocava immagini di classici che adorava da *Interceptor* con la sua *Ford Falcon XB* del '73 a *xXx* con la sua *Pontiac G.T.O.* del '66 al film culto *Bullit* con la sua *Ford Mustang* del '67 passando per la *Chevy Nova* del '70 e la *Dodge Charger* del '69 di *A Prova Di Morte*, e la lista poteva andare avanti per un bel pezzo. Sognava da sempre un ferro americano di vecchio stampo con nel cofano motore un bel *V8* incazzato. Il notiziario proseguì con un'altra notizia. Uno stronzo in giacca e cravatta, seduto al tavolo in una posa da spot pubblicitario, documentava la scelta della *NATO* di ingaggiare un attacco aereo nel paese di turno in "crisi democratica". Il servizio alternava immagini della città contesa, ormai ridotta allo scheletro, scarnato, di se stessa, con la popolazione che scavava tra le macerie; soldati con la mimetica beige in pattuglia; immagini dei vari presidenti, cancellieri e ministri, circondati da gente in completo, che con le facce meste sotto una pioggia di flash sbanfavano roba. Proteste e manifestazioni, bambini con addosso vestiti sdruciti coperti di polvere, con la stessa espressione crucciata di un bambino nel carrello della spesa di un centro commerciale che non ha ricevuto il giocattolo che voleva.

Alex rientrò nella realtà onnicomprensiva delle cose domandandosi con quale diritto si trovava sulla Isla Blanca a far bisboccia, godersi la vita ed eiaculare impunemente mentre sullo stesso corpo celeste altre anime si ritrovavano ingiustamente allo stremo con il solo desiderio di non essere le vittime designate nel fuoco incrociato tra fazioni egemoniche guidate da individui saturi di cupidigia, incomprensibilmente insaziabili nella loro abbondanza, sorretti da ottuse masse servili che si rendevano complici - attive o passive - in questo gioco che grondava sadismo e disconoscenza. Non riuscendo ad arrivare a una conclusione soddisfacente si riparò, come faceva la plebe, tra le morbide grinfie della negazione e dell'indifferenza. Ma Alex era una di quelle persone che non possono restare sordi troppo a lungo alle urla della propria coscienza. Nonostante gli sforzi per rimanere appeso alla chimera delle #GoodVibes.

Irina non aveva voluto accompagnarmi al Rebel Extravaganza, un club nei pressi di San Rafael, a vedere il trio di squilibrati sudafricani, *Die Antwoord*, spalleggiati dal loro connazionale *Jack Parow*. Non era il suo tipo di serata, preferiva i locali più tipici, dove la zona ressa era proporzionata alle aree di relax con tavoli, divanetti e via dicendo, dove poteva spiccare nella *dancefloor*. Era comprensibile, io sarei sicuramente stato per due ore filate a sgomitare esaltato nella calca continua.

Ci andai con Zemar e due italiani che davano lezioni di windsurf tra Ibiza e Formentera. Nessuno riuscì a starmi dietro. Con una mezza dozzina di birre, un po' di bamba e un paio di paste viaggiai come un treno per quattro ore filate anche dopo che *Yolandi*, *Ninja* e *Dj Hard Tech* si erano congedati. Quando i miei compagni di sventura s'imposero per andare a casa, anche se la connessione con le altre anime sintonizzate su ecstasy andava scemando, non ero ancora pronto a mollare il colpo. Uno dei due ragazzi pomiciava ormai da un pezzo con una ragazza mora dalla pelle ambrata, due piercing sottocutanei a egual distanza di circa mezza spanna ai lati dell'ombelico, un fisico notevole e due labbra carnose che erano tutta una promessa; l'altro invece aveva perso la conta dei *Cuba Libre* che si era scolato quindi sbiascicava e si reggeva a stento in piedi. Zemar aveva gli occhi incollati sul telefono con un sorriso beota. Significava che la stanchezza era vinta solo dai messaggi di una qualche venere dalle gambe slanciate e il fascino di una modella da passerella. Feci un po' di resistenza ma alla fine mi arresi e decisi di vedere se Irina fosse per caso sveglia. Lo era.

Entrai nel soggiorno, in cui ormai potevo muovermi quasi ad occhi chiusi. Era sdraiata sul fianco con indosso solo un perizoma nero e canotta bianca, un seno sporgeva disordinatamente. Vispa, sveglia e riposata stette a sentirmi, mentre col mio aspetto rovinato da ore infinite di balli e sgomitate ai banconi e col *down* della bamba e le paste in carica, le raccontavo com'era andata la nottata e che non avevo sonno per un cazzo proprio. Suggerì di farmi una doccia e ammisi che era una buona idea. La feci alla temperatura più bassa che potevo sopportare. Indossai una t-shirt pulita che raffigurava Jack Nicholson e in assenza d'alternativa un paio di suoi pantaloni del training elastici grigi con alcune ricamature affusolate ai bordi di colore rosa. Seduta su una sedia in cucina attaccò a prendermi per il culo, mentre con la luce cerulea che mi aleggiava intorno, non facevo altro che salticchiare e smascellare, a stento cosciente di tutto quello che succedeva, con quei pantaloni che addosso a me erano semplicemente ridicoli. D'un tratto s'alzò e afferrandomi per la t-shirt mi rovesciò sul letto. Disse che i pantaloni non mi servivano e me li tolse. Si tolse i pochi indumenti che aveva addosso ancheggiando lentamente, come un cobra nel cesto di un incantatore di serpenti, e strofinò gradualmente le proprie mani lungo il corpo giocando un po' con i bordi della canotta e degli slip. Mi si lanciò addosso a cavalcioni. Mi sfinì e dormii fino a pomeriggio inoltrato. Nel frattempo lei aveva fatto mille cose, tra cui lavare e asciugare i miei vestiti. Quando mi svegliai, per assicurarsi che mi fossi ripreso per bene, ci imbarcammo in un altro giro di giostra. Cosa cazzo poteva volere uno stronzo di più?

Lo stesso scenario, più o meno, si ripropose quando andai a vedere i *Calle13* al Depósito. E ancora quando mi fiondai al Cross Factory per assistere alla performance dei *Bloody Beetroots*. Ma alla fine di questa nacque un problema. Erano giorni che cominciavo a non starci più con la testa. Mi partì un embolo. Dopo lo show dei vicentini, arrivato a casa sua, la trovai sul divano. La trovavo bella e sensuale come sempre, forse anche di più. Le mentii dicendo che mi ero limonato un'altra ragazza al concerto. Il mio cervello bacato, stava cercando qualcosa, che a quanto pareva necessitava uno scontro.

Una collisione. Un mutamento. Un'innovazione. Un battito. Uno schianto.
Una gran cazzata.

Le labbra si serrarono in una smorfia che le distorse la bocca all'ingiù.

Gli occhi si freddarono, scuri, come se tutto d'un tratto avessero sfoderato uno scudo e puntato la picca in avanti. Le gote le si arrossarono e vidi delle orrende piccole rughe che non avevo mai visto prima ai lati del suo viso.

Ero paralizzato dalla mia stessa bugia. Una bugia diversa da quelle che si raccontano di solito, per evitare di pagare le conseguenze di una cazzata; per codardia; per evitare una situazione difficile o spiacevole. Tutto l'opposto. M'ero deliberatamente ficcato in una situazione di disagio che non mi ero guadagnato.

La legge della conservazione della massa nel postulato di Lavoisier dice che "nulla si crea, nulla si distrugge, tutto si trasforma". La mia appendice era "talvolta per il meglio, talvolta per il peggio, talvolta nel mezzo". Il cibo diventa merda o letame, persone intelligenti diventano idioti, vergini diventano pornostar, cuori infranti diventano serial killer, frustrati diventano politici, *CEO*, celebrità dei *reality show* o si fanno un account su *Instagram*, *Tinder* e *Snapchat*. La storia con Irina andò a farsi fottere. I fili che tenevano insieme la loro breve relazione si erano strappati. Niente exploit da storia passionale e teatrale, niente scene di bicchieri spaccati e urla convulse con le facce a cinque centimetri di distanza. Niente meme di *Joker* e *Harley Quinn* come quelli sbandierati dagli sveltoni e le sveltone che avevano scoperto tutto a un tratto il personaggio grazie all'interpretazione di Margot Robbie - quando c'era gente che grazie ai fumetti era dal 1992 che ci si masturbava sopra. Irina aveva domato lo sgomento e aveva vestito i panni della psicologa sulle prime. Aveva fatto domande, aveva cercato di capire. Era stata la rivelazione che non fosse nemmeno veramente successa la cosa a mandare in culo ogni possibilità di affrontare la situazione con la logica. Alex superò il confine del ridicolo apprestandosi a pagare il pedaggio per entrare nelle lande desolate del patetico patologico. «Cos'è una specie di scherzo?» per la prima volta Irina usò un tono irritato e aggressivo.

Il tono avvelenato lo risvegliò dal suo torpore mentale.

«Non sarebbe molto divertente...»

«Infatti».

«Non lo so che cazzo ho in testa. Volevo sapere come avremmo affrontato una situazione del genere, dove cazzo ci troviamo... tra noi... non lo so».

Irina aveva inarcato un sopracciglio.

«Ti rendi conto che stai delirando? E che è davvero assurdo per me cercare di capire cosa stai dicendo?»

Alex aveva sbuffato.

«Sì, mi rendo conto...»

«Forse è il caso che vai a casa a cercare di tirare assieme le idee, a cercare di ritrovare una connessione tra il cervello e la bocca».

Alex aveva colto il suggerimento senza esitare. Quando si era girato, Irina, seduta immobile sul letto, prima che imboccasse la porta, lo stava guardando come si sarebbe aspettato che lo guardasse dal primo giorno: come un povero stronzo.

Zemar aveva intuito che qualcosa non andava. Avevo afferrato la bottiglia di Sambuca e me n'ero ciucciata mezza in un soffio. Aveva rispettato il mio silenzio e aveva aspettato che, sbronzo al punto giusto, scaricassi il nugolo di parole per spiegargli l'accaduto. Era confuso ma non s'avventò in considerazioni personali ne consigli non richiesti. Non avevo nemmeno l'impressione che mi stesse giudicando. Si limitò a pormi alcune domande, senza nemmeno aspettarsi una risposta. Erano degli spunti a mio uso e consumo. L'unica nota che calcò fu quella che mi servì prima di ritirarsi in camera.

«Capisco che magari vuoi provare ad annegare quali che siano i demoni del cazzo che hai in testa al momento con un po' d'alcol, ma vedi che la cosa non ti sfugga di mano».

Mostrai il pollice recto.

Seguii il consiglio per alcuni giorni. Mi imposi una sorta di isolamento, limitandomi a bere infusi, acqua e spremute. Fui stranamente produttivo alla console, ma solo a quella. Cercavo di distrarmi guardando film e serie tv, ma funzionavano solo come anestetico temporaneo. Io e Irina c'eravamo sentiti per telefono, avevamo cercato di ritrovare una connessione ma non c'era stato verso. Avevo evitato la Vaquita come le peste. La notizia tra gli occupanti fissi dell'isola s'era sparsa a macchia d'olio nel tempo di buttare giù uno shot. Quelle poche volte che ero uscito per andare al lavoro o fare un po' di spesa mi era capitato di incrociare un po' di gente che conoscevo. Avevo l'orrenda sensazione che mi giudicassero tutti. Stessa orribile sensazione che m'era capitato spesso, troppo spesso, di avere al Borgo. Aveva cominciato a darmi fastidio tutta la gente per strada. Ero preso male - cazzo - e non sapevo perché, non aveva veramente a che fare con Irina. Un giorno avevo avuto anche la brillante idea di vedere un po' cosa succedeva nel mondo digitale dei social che non avevo cagato molto negli ultimi tempi. Arianna stava postando foto della sua vacanza alle Isole Canarie, con due sue amiche, e qualche foto di qualche manico a caso qua e là. Ebbi la brutta idea di domandarmi quale di questi se la stesse scopando. M'ero sbattuto sul divano con una boccia di *Syrah* e me l'ero scolata tutta guardando *Rick And Morty* e *South Park*.

I tentativi di riconciliazione e metabolizzazione avevano rasentato il patetico. Alex pareva il liceale sfigato, ciccione, vittima di bullismo, che ci prova con la capo cheerleader della scuola che si bomba il quarterback in una pellicola americana di pessima fattura. Un pomeriggio si era trovato con Irina in un bar per prendere un caffè. Lei fissava il suo cappuccino attraverso le lenti degli occhiali da sole. Tutti gli occhi dei maschi, nella terrazza e dalla strada, le erano incollati addosso. Alex non era riuscito a dire niente che valesse la pena dire, buttando alcune frasi inutili alla brezza che rincorreva il mare. Sembrava un koala messo a confronto con un cubo di Rubik. Però stava elaborando, a modo suo. Passava talmente tanto tempo a trafficare con gli arnesi di Zemar che se la console fosse stata una persona si sarebbe ritrovato con un ordine restrittivo. Zemar, con la sua verve stoica, gli stava insegnando a campionare e gli stava dando qualche dritta sulle note e la tastiera: chiavi, scale, e via dicendo. Alex afferrava tutto molto in fretta e aveva già creato un paio di giri di sintetizzatore niente male. Stava campionando roba da serie tv, film e stand up comedy che si scialacquava con la voracità di uno stronzo disperso nel deserto che trova un'oasi.

Al lavoro Harry era venuto a conoscenza della rottura di Alex con Irina e gli stava addosso. Janice l'aveva dapprima guardato come per dire "mi stai prendendo per il culo?" ma poi si era impegnata a difenderlo.

«Forse non c'aveva più voglia di scopare la principessa. Forse gli ha infilato una matita nel culo per sbaglio, o apposta. Forse c'ha l'epatite, l'AIDS, la sifilide o un figlio. In ogni caso non sono cazzi tuoi Harry».

Harry, nonostante le silurate di Janice, non lo mollava.

«Cioè, tu hai lasciato quella ragazza?»

«Non proprio, però è stata decisamente colpa mia, cioè, ho proprio mandato a puttane tutto io».

«Tu sei un idiota mai visto, lasciatelo dire. Metti quei cazzo di bicchieri a lavare e vai a raccogliere quegli altri in giro sui tavoli».

Un giorno s'era lasciato andare. Alle volte il cazzo comanda e uno non ha le forze per combattere con etica, principi e palle varie. Troppo sputtanato. La consapevolezza di essersi inculati da soli, che uno riesca ad ammetterlo o meno, non cambia niente. Forse era per il meglio, se non quello di tutti, quantomeno di se stessi.

Dopo una serata indaffarata, ma tutto sommato gestibile, Alex e Janice si erano ritrovati nella *staff room*. Alex con la strafottenza a mille si stava cambiando la maglietta e Janice aveva erogato uno dei suoi commenti da signorina. Ad Alex partì un altro embolo. Erano diversi giorni che *Little John*, lì nei pantaloni, non era contento delle attenzioni che non riceveva. Buttò lì una battutina del cazzo, per vedere che aria tirava nei meandri di Janice, per capire se stava facendo andare la lingua tanto per. Due minuti dopo stava affondato in quelle enormi tette e stavano pomiciando. Si fermò tutto rosso e accalorato in faccia.

«Affanculo, facciamo sta cosa sul serio?».

«Fai te, stralunato».

«Non qui però, sto ripostiglio fa schifo».

Presero una bottiglia di *Captain Morgan* e andarono da lei. Alex la stantufò più volte sotto il poster di Bon Scott che sovrastava il suo letto. Il giorno dopo Alex decise di andare a sbattersi un po' in spiaggia. Stava perso nei suoi pensieri, pensando a che cazzo di tragedia era stare in un paradiso del genere e avere quella brutta sensazione di bile in gola. Camminava verso il suo scooter lungo la strada di Les Salines quando una voce famigliare gli trafisse le orecchie.

«Ehi Alexinho!» sentii gracchiare. Porca puttana. Non davvero.
Quel ciccione dimmerda del Croce, con la sua peluria oscena infagottata in un paio di boxer della *Lacoste* e una camicia merdosa aperta, in compagnia di un altro paio di personaggi pallidi dall'aria ambigua come la sua, mi guardava con la sua ghigna da stupratore.
«Ehi, cazzo ci fai qui?» sbanfai di malavoglia.
Di tutti gli stronzi...
«In vacanza!» esultò. «M'ero scordato che eri da queste parti».
"Peccato che ci siamo proprio dovuti incrociare, cazzo" pensai.
«Già».
«Bè, come va? C'è un sacco di figa in giro» disse mentre si avvicinava porgendomi la mano.
"Peccato che a te toccheranno le raspe se non metti mano al portafogli", pensai.
«Non manca in effetti».
Era uno di quelli con la mano morta quando ti salutano, mi facevano accapponare la pelle.
«Dove stai andando? Vieni con noi, festa grande oggi, dai».
"Cari alieni, se volete venire a rapirmi, sono pronto, ORA!", pensai.
«Mi stavo rintanando a dire il vero, c'ho un po' di sbatti da fare».
Scoppiò in una delle sue risate oscene e mostruose.
«Cazzo puoi averci da fare qui?».
Non ne avevo per le palle di districarmi in un discorso di musica, letture, donne, serie tv e quant'altro. E una balla in ordine proprio non mi veniva. Ma sì, pensai, una merdosa serata con 'sto ciccione del cazzo non potrà certo ammazzarmi.
Un po' d'alcol alla brutta maniera, come sappiamo fare noi al Borgo, e magari stare in compagnia di 'sto stronzo per un po' mi fa realizzare gli scenari peggiori che la vita potrebbe riservarmi. Tipo essere come lui.
«Ok, dai, però seriamente devo fare il bucato e farmi una doccia, ci vediamo stasera ok?»
«Mah» disse lui con quella sua arroganza che ti faceva venir voglia di scaricargli

una raffica di jab in quel faccione dimmerda «se hai tutto sto bisogno di fare la lavandaia e non hai il fegato di stare al passo con i campioni va bene». Sorrise con quell' aria subdola e compiaciuta del classico stronzo a cui è andata sempre troppo bene. Virtù come l'umiltà e l'empatia lo stronzo non sapeva nemmeno dove stessero di casa. La prenderanno nel culo come si meritano prima o poi stronzi del genere? Per quello che ne sapevo la storia insegnava di no. Bisognava proprio che qualcuno gliela ficcasse nel culo. Mai stato troppo convinto di quelle teorie sul karma. Quando ero a terra o preso male - e lo ero - le mie capacità di giudizio e di scelta facevano cagare al cazzo. Ero pronto a cogliere la sfida lanciata dal ciccione. Cazzo se lo ero. Pure convinto fosse una buona idea. Che stronzo.

«Non ti preoccupare, vi recupero».

Fare stronzate va bene. E fa bene. L'importante è avere il buongusto di farne sempre di nuove e non ripetere quelle già fatte. Sul momento possono sembrare una catastrofe, un errore irrimediabile. E - d'accordo - qualche volta, se la stronzata è davvero gigantesca, può anche essere il caso. Il più delle volte però basta posteggiarle lì, in una botte, come il vino, e lasciare che il giusto tempo le renda qualcosa di prezioso e pregiato. Qualcosa a cui attingere al momento giusto.

A casa Alex navigò il tempo di bersi una *San Miguel* nel dilemma, accarezzando l'idea di tirare un bidone al Croce e passare l'ennesima serata tra serie tv e musica. Ma non voleva dare al ciccione la soddisfazione di giudicarlo una mezzasega, uno spandimerda, un buono a nulla. Col cazzo. Toccava farsi 'sta corsa con il merdoso. Dopo una doccia e un'altra birra raggiunse l'hotel a Platja D'En Bossa. Gli occhi dei tre stronzi luccicavano già. Si infilarono in un bar sulla spiaggia, con luci soffuse e musica lounge, per fare il fondo. Tre giri di cocktail con shottino e Alex ne aveva già pieno il cazzo. Ma non voleva mollare il mazzo. Il Croce e i suoi soci avevano iniziato presto a sbraitare come porci e lanciarsi in comportamenti imbarazzanti da burini di prima categoria. Il Croce provò ad attaccare bottone con un paio di tipe che si limitarono a guardarlo come una merda di cane sul marciapiede.

«Fighe di legno» liquidò il Croce.

«Cambiamo posto» aveva proposto uno dei suoi soci.

Per una volta Alex era d'accordo. Non ne poteva già più di far figure di merda con 'sta manica di coglioni. Pensava che il Borgo era arrivato con un'anima vendicativa a perseguitarlo. Sognava il genio della lampada per poter scambiare quelle tre inutili insulse teste di cazzo con i suoi amici. Gli sarebbe piaciuto trovarsi lì per magia Jürgen, Adam e Svein. Probabilmente, pensò, erano indaffarati con altre cose più importanti. Si sentì abbandonato. Soprattutto da se stesso.

«Dai, leviamo le tende, dove volete andare?»

«Ho sentito che c'è *Hooters* qua vicino» s'illuminò uno degli stronzi.

I classici burini che su un'isola iberica andavano a buttare i soldi dentro un franchise americano. Gli stronzi erano capaci di andare a mangiare da *McDonald* invece di farsi una paella coi controcazzi a Sant Joan. "Vada, probabilmente il posto era pieno di altri sfigati come questi", pensò Alex. "Almeno non me ne fotterà un cazzo di far figure di merda".

«Se gli cambi una lettera è proprio il posto che fa per me» ghignò il Croce.

HooTers, *HooKers*. Alex voleva sfasciargli la faccia con lo sgabello.

«Dai, schiodiamo» aveva incalzato.

«Prendiamoci qualcosa da bere prima di uscire, però» aveva suggerito il coglione più smilzo e pallido della cricca. Anche Jürgen era smilzo e pallido, pensava Alex, però non aveva una faccia da scemo come questo... "Vacca troia, dove sei ora che mi servi fratello?".

Stava esattamente dove l'aveva lasciato.

Spiegai ai tre ritardati che in quel locale non permettevano di portarsi fuori i beveraggi.

«Come no?» indignazione ignorante e gratuita, giusto perché essere stronzi sembrava far figo in qualche modo misterioso e inspiegabile. Un classico. Attaccarono con «Al Borgo...», con quell'aria superiore che hanno sempre queste di teste di cazzo quando vanno a intasare la rete fognaria di un altro stato con la loro merda dorata. Cercai di sbrigare la questione velocemente suggerendo di prendere delle birre in bottiglia e imboscarle sotto la maglietta in modo discreto mentre uscivamo. Mi guardarono come uno stralunato. Come potevo non arrivarci? Era una questione di principio. Io ho i soldi, io dico come si fa. Me li sono sudati (?) ti pare? 'Sti stronzi non potevano andarsene in vacanza negli Stati Uniti? Almeno lì si sarebbero trovati a loro agio con 'sta mentalità provinciale del cazzo. Se ci diceva bene magari trovavano uno sbirro rincoglionito che li scambiava per una manica di pezzenti e gli sparava in fronte una bella scossa con il *taser*. No, erano troppo bianchi con l'aria da bianchi. Il karma e l'universo. 'Sto cazzo.

Alla fine accettarono la proposta. Alex fu talmente ingenuo da pensare di avergli ficcato in testa un po' di buonsenso. All'uscita lo sforzo che fecero per non farsi sgamare fu paragonabile a quello di un piccione che non ti vuole cagare in testa: inesistente. Uno di quelli del locale cercò di fermarli urlandogli addosso e i coglioni si fermarono invece di tirare dritto. Ci fu uno scontro verbale. Il volume e l'ignoranza aumentavano in modo esponenziale secondo dopo secondo. Quasi si facevano prendere per il colletto. Dopo aver capito che forse non era il caso di pisciare troppo fuori dal vaso, riuscirono a svignarsela con le bottigliette di birra. Pagare le avevano pagate e col cazzo che erano disposti ad abbandonarle. Alex annotò mentalmente il nome del posto e le facce viste, per evitarle per sempre.

Il locale, che aveva aperto da poco sull'isola, era pieno di rincoglioniti presi a sbavare dietro alle ragazze nella classica uniforme con il top bianco con il logo e gli shorts arancioni. Il Croce e i suoi soci cercavano di fare i brillanti con le cameriere. Battaglia persa in partenza per dei porci ripugnanti come loro... e battaglia dura da vincere in generale anche per i più brillanti, a dirla tutta. Quella era una peculiarità di Jürgen, era lui lo specialista delle cameriere. Forse perché a quel suo modo strano era nel suo ambiente naturale nei bar, quasi di casa, come fosse lui l'oste, il padrone gagliardo. Avvertii di nuovo la mancanza dei miei soci. La serata pareva proprio senza speranza.

I drink scorrevano come il piscio di mezzanotte di un ubriacone verso il tombino più vicino: costanti, trascinandosi in modo disordinato. Alex si ritrovò in mano due shot di tequila. Il Croce stava spiegando come intendeva adescare la cameriera bionda con due meloni che ballonzolavano a ogni passo. Il Croce ragionava come un poppante che s'era appena staccato dal seno della madre. Dopo neanche mezzora Alex ne aveva pieni i coglioni. Da un lato avrebbe voluto proporre di spostarsi, dall'altro quello era un posto dove non gli fregava un cazzo di essere in compagnia di quegli scemi. Quello che avrebbe voluto veramente era continuare la serata senza quel trio di ebeti dall'aria presuntuosa e fanfarona. Si accorse che le ragazze li guardavano con un certo disprezzo, o disgusto, o entrambi. Alex si sentì solidale con le ragazze. A una certa, però, anche i tre cazzoni, capita l'antifona, senza ammissione e con un ritardo naturale, cominciarono a fare piani per spostarsi. Decisero che volevano andare al Casinò. Perché ovviamente uno stronzo andava a Ibiza per andare al Casinò. Non a Las Vegas, non ad Atlantic City, non a Macao, non a quello sotto casa nel cazzo di posto dove viveva. Poco male. Alex aveva voglia di prendere un po' d'aria. Secondo lui, sbronzi al punto a cui erano, col cazzo che li facevano entrare. La sicurezza li aveva squadrati male ma li aveva lasciati entrare. Il Croce, tutto tronfio, con uno dei suoi soci, dopo essersi messo in mano una birra si piazzò alla roulette; un altro dopo un po' di cazzeggio andò a sedersi a una slot machine. Alex approfittò per prendere un po' di respiro dagli inetti compagni di sbronza e andò a isolarsi al Blackjack, puntando poco. Aveva capito che non gli conveniva contar troppo sulla fortuna per riscuotere qualcosa. Gli toccava farsi il culo. Giocò una decina di mani, stranamente fortunate, e sentì un gran baccano provenire dal tavolo della roulette. Gli ubriaconi li avevano fatti girare a qualche stronzo.

Girava tutto. A stento riuscivo a vedere che cazzo di carte mi stava dando il croupier. Salcazzo com'era possibile, ma stavo sopra di una cinquantina di euro. Avevo sentito con un rimbombo tutta 'sta caciara, fastidiosa. Le teste dei quattro stronzi al mio tavolo erano tutte girate nella stessa direzione. Girai anche la mia capoccia di là e mi pentii di averlo fatto. Il Croce e l'altro suo compagno di giochi ritardato col petto in fuori discutevano con un tizio in jeans, sneakers, camicia rossa. Un tappetto magrolino coi capelli lunghi e la faccia paonazza. Erano arrivati due tizi della sicurezza. Rincoglionito dall'alcol, e sicuramente non in uno dei miei momenti migliori in generale, mi alzai.

«Vado un attimo a risolvere la situazione e torno».

Raggiunti i beceri, prima ancora che avessi modo di pronunciare mezza parola, uno di quelli della sicurezza mi mise una mano sul petto bloccandomi. Il tizio, di colore, era il doppio di me. Ciononostante, ascoltando l'angelo dell' etanolo che mi parlava, pensai subito "che cazzo di maniere sono?!".

«Che succede? C'è qualche problema».

Il *Golia* di colore col suo compare dalla faccia rossastra - che era più basso ma comunque il doppio di me, e senza un filo di grasso - diedero disposizioni o qualcosa del genere.

«Questo è un posto rispettabile, ora andiamo fuori a parlare e probabilmente voi ubriaconi non rimetterete piede qui dentro». Usarono altre parole, ma il succo era quello.

Ci trascinarono fuori quasi di peso, con le proteste abbastanza accese degli altri e le mie più pacate… finché non mi resi conto che le mie fiches erano ancora al tavolo del Blackjack!

«No, cioè va bene capo, però mi devi almeno far rientrare a cambiare le mie fiches!»

«Dove sono le tue fiches?»

«Dentro! Al tavolo del Blackjack!»

«Perché non hai le fiches con te?»

«Perché non credevo di venir trascinato fuori dal Casinò! Ecco perché!»

«Ti devi calmare, qui non puoi rientrare».

«Ma le mie cazzo di fiches…»

Intanto quell'inutile ciccione del Croce e il fighetto con la camicia rossa continuavano a dirsele dietro in due lingue diverse, irritando ancora di più quelli della sicurezza. Credendomi particolarmente furbo decisi di mostrarmi calmo, giusto nella speranza che i due della sicurezza si scordassero della mia esistenza. Per un momento l'idea parve funzionare. Quando mi sembrò che i due gorilla non mi prestavano più attenzione cercai di scivolare alle loro spalle per rientrare nella sala da gioco. Appena sulla soglia della porta sentii una voce minacciosa dietro di me.

«Ehi tu, dove credi di andare?!»

Volevo recuperare le mie fiches. Ero sopra di cinquanta, cazzo, per una volta. Invece rischiavo di perdere pure il ventello che mi ero giocato all'inizio. Fanculo.

«Voglio solo riprendere le mie fiches!» urlai scaraventandomi dentro.

Mi bloccai a un paio di metri dal tavolo in cui stavo giocando. Le mie fiches non c'erano più. Ero sicuro che il mio tavolo fosse quello. Che fine avevano fatto le mie stramaledettissime fiches? Non feci in tempo a cercare una risposta al quesito. Una mano granitica mi afferrò per la spalla e mi sentii trascinare verso l'uscita. Sbraitavo.

«Ladri! Mi avete rubato i soldi!»

Il Croce stava dando delle scimmie a tutti. Il tizio con la camicia rossa stava fumando una paglia e spiegava in spagnolo la sua versione dei fatti.

Nel tentativo di liberarmi dalla presa con una rivolta fisica finii per farmi sbattere a terra. Una piccola folla di cinque passanti si era fermata a fissare la scena e dal basso intravidi che tra loro c'erano Irina e Ramon. Lei magnifica, come sempre. Lui la caricatura mal riuscita di un *Baywatch*, come sempre. Ecco. Una bella figura dimmerda. Fantastico. Non ci vedevo più un cazzo. Finsi di ignorare il loro sguardo di compatimento. Schiacciai il muso contro il collo del gigante nero e ringhiai.

«Qualcuno mi ha preso i soldi lì dentro, e sono sicuro che in una merda di Casinò come questo, come in qualsiasi altra parte del mondo, c'avrete telecamere da tutte le parti. Quindi ora andate a recuperare i miei soldi o chiamo la polizia».

Merda. Suonavo come uno di quegli sfigati con cui stavo in giro.

Il tizio con la camicia rossa, finita la paglia la gettò sul marciapiede, e fu libero di rientrare. Il Croce si alterò.

«Come mai quello può rientrare?!»

«Già!» feci eco io come un idiota. «Qualcuno si è inculato le mie fiches lì dentro! Voglio rientrare anch'io!»

«Nessuno di voi entra più qui dentro!»

Presi il gigante per il colletto e lui m'afferrò la mano. Ebbi il coraggio di espirare.

«Ah sì?»

Le mie azioni erano dettate dall'alcol misto a stupido orgoglio, con un pizzico di cupidigia. Ero pronto a prenderle. Avevo voglia di prenderle.

Sentii la voce e le mani di Irina, che si fece avanti, intervenire per evitare il disastro finale.

«Smettetela!»

Il gigante non se la sentì di obiettare Irina che si era messa in mezzo.

Ramon se ne stava in disparte totalmente irresoluto sul da farsi. Balbettava qualche parola a cazzo fingendo di provare a calmare gli animi, ma la recita era talmente ridicola che nessuno se lo inculava. Voleva sembrare un uomo tutto d'un pezzo ma per il cazzo che intendeva rischiare di farsi male. Vedendo Irina lì a sbattersi per evitare che mi facessi conciare in modo stupido, capii che avevo raschiato il fondo per quella sera.

«Te li do io i tuoi soldi se vuoi» sospirò.

Incredibile come manteneva sempre la calma. Le avevo fatto un favore a liberarla dalla mia presenza, pensai, anche se era una classica cagata che dicevano sempre certi inutili e fetenti paraculo.

Le dissi che non me ne fregava niente dei soldi. Le chiesi scusa, balbettai che mi dispiaceva ci fossimo incrociati in quella situazione. Mandai a fanculo tutti gli altri: sicurezza e conoscenti barra compagni di sbronza accidentali. Diedi uno spintone al Croce che quasi lo buttai in terra, quando tentò di fermarmi dicendo qualcosa del tipo che la notte era ancora giovane e che c'erano altri posti dove andare invece di quel "merdaio pieno di scimmie ladre" o una roba del genere. Barcollai fino a casa. Cercai di smaltire l'alcol e la rabbia e la frustrazione con cinque paglie. Un altro fallimento.

Durante la notte, nell'appartamento, rischiava di gremarsi le dita con l'ennesima paglia. La vista era sfocata, pareva una bagnarola in mare aperto durante la tempesta perfetta. Alex aveva avuto la brillante idea di mandare un messaggio ad Arianna.

02.06

ALEX: edco s spsccatnu Sto Arrivando! Nwrds abcge qyi, cpbtenra?

Il mattino aveva ingurgitato un po' d'acqua sporca per curare il mal di testa, la disidratazione e la dignità. Aveva letto le risposte e riletto il suo messaggio.

02.33

ARI: Ma ce la fai? {Emoticon con la bocca di sbieco}

02.42

ARI: Tutto a posto?

03.04

ARI: Ti sei bruciato tutte le cellule del cervello?

Alex era svenuto poco dopo aver mandato il suo messaggio, in quell'ostico dialetto Khuzdul molto stretto dei nani meridionali della terra di mezzo, e non aveva più dato segni di vita.

07.49

ARI: Comunque non mi sembra il massimo che mi scrivi solo quando sei ubriaco perso {emoticon che guarda di lato con la bocca all'ingiù}

Alex tolse la faccia dal palmo della mano, dopo aver riletto per la terza volta il botta e risposta e risposta e risposta e risposta. Aveva svuotato mezza bottiglia d'acqua in un sorso e aperto una lattina di *Coca-Cola*. Frenò l'impulso di fumarsi una sigaretta. Bevve il resto dell'acqua e aprì un'altra bottiglia. Esitò un attimo scuotendo la testa, poi digitò un messaggio e lo spedì.

11.12

ALEX: Scusa, ero sbronzo perso, il messaggio dev'essermi partito per sbaglio

Infilò i pantaloncini, le sneakers da corsa, si mise a torso nudo, prese le cuffiette, indossò gli occhiali da sole e uscì. Pestava passi pesanti e compulsivi con veemenza sull'asfalto e correva veloce. Come stesse rincorrendo un assassino, il padre degli ipocriti, la madre degli idioti, per eliminarli dalla faccia della terra. Non ce l'aveva con nessuno in particolare. Forse con se stesso, forse col resto del mondo. Lasciava che la rabbia gli attraversasse i nervi, gli organi che pulsavano e si contorcevano, le ossa che lottavano tra loro, poi la liberava attraverso i pori della pelle, insieme alle tossine dell'alcol. Accompagnava la sua corsa con la playlist creata ad hoc. I *Sick Of It All* dicevano che il potere era sempre stato abusato, seguiti dagli *Asking Alexandria* che dicevano che la gente diceva loro che non sarebbero sopravvissuti un giorno nel mondo reale e loro rispondevano che gli altri non sarebbero sopravvissuti in una notte delle loro. Poi gli *Slipknot* dicevano che gente = merda. E via con *H2O*, *Agnostic Front*, *Slayer*, *Metallica*, *Rise Against*, *Destruction* e *Motörhead* - che erano un po' come i jeans a lavaggio scuro: s'abbinavano bene un po' con tutto ed erano perfetti in quasi ogni occasione. I *Dope* dicevano "muori figlio di puttana, muori" quando Alex si ritrovò a camminare coi pugni chiusi, sfiancato, incapace di reggere ulteriormente le coltellate nei polmoni autoinflitte in quella corsa forsennata. Sciolse i muscoli, recuperò un po' di ossigeno. Cercò di mettere ordine tra i pensieri. Ma si trovò a cedere, poco alla volta, la sua riluttanza ai costumi imposti a beneficio del microcosmo della società antropica con cui avevamo tutti, nostro malgrado, a che fare. Non era stato male rilassarsi in quel piccolo angolo paradisiaco, con le sue spiagge e i suoi paesaggi suggestivi, lo spirito festoso, il temperamento rilassato. Il retrogusto della gioia di vivere. Era un porto perfetto in cui spurgare le tossine e le scorie accumulate nella propria regione di detenzione, dove la maggior parte della plebe si adoperava al soldo del padrone di turno per pagarsi casa, elettrodomestici, televisione da salcazzo quanti pollici, la ps9, l'automobile, le sbronze insolenti per affogare lo stress e i problemi, e il telefono per una valanga di foto del cazzo da accompagnare con gli *#hashtagpiùminoratipossibile*. Continuò a camminare e ammirò la Old Town di Ibiza che saliva bella e sbarazzina fino alla Catedral De Eivissa. Era arrivato il momento di gettare la spugna? Cercare di tirare assieme qualcosa che la gente definiva "utile"? Chester dei *LP* stava gridando che si era arreso. Alex si avviò verso la dimora di Zemar.

Trovò l'amico a casa che preparava un infuso. Aveva un'aria strana. Aveva sempre quella sua aurea ferma, fiduciosa, ma pareva leggermente turbata. Forse era solo un'impressione.

«Ti scongiuro oggi mi devi dare una mano e farmi vedere come si fa una cosa. Voglio manipolare l'audio da un file video, devo creare una frase diversa».

Zemar sorrise brevemente.

«Cos'hai in mente di fare psicopatico?» poi, serio, aggiunse: «Ascolta, prima dobbiamo parlare di una cosa».

Alex intuì che doveva trattarsi di qualcosa di serio. Si chiese se fosse riuscito a combinare qualcosa in grado di turbare la serenità del suo generoso e straordinario benefattore.

«È successo qualcosa? Tutto a posto? Ho fatto qualche puttanata extra di cui non mi sono reso conto?»

«È tutto a posto, tranquillo. Ci sono solo dei cambiamenti in vista. Ti sarai reso conto che qui la bella stagione sta per finire. Oggi sono stato al telefono con diversa gente che conosco, alcuni agenti, alcuni proprietari di locali e via dicendo. Mi hanno offerto diversi lavori interessanti nel Regno Unito... quindi ritorno in patria. Fra tre settimane riparto per Londra».

Un *countdown* perfetto, e obbligatorio, pensò Alex. Poteva tornarsene a testa bassa indietro al Borgo. Ma Zemar, tenace nel voler ricoprire il ruolo di angelo custode del cazzaro, cambiò le carte in tavola.

«Ti va di venire con me? Ci sono un sacco di opportunità e cose da fare. Sempre che non ti diano troppo fastidio il

tempo di merda e l'architettura oscena, s'intende».
"Londra…", pensò Alex, "fanculo, perché no?"
Chi cazzo glielo faceva fare di tornare al Borgo quando
poteva partire alla conquista del Regno Unito, patria del
rock e di una marea di inguaribili e instancabili cagacazzi? Rispose quasi all'istante, ritrovando un'espressione elettrizzata che gli era mancata da tempo.
«Ok. Qual è il piano?»
«Appena arrivo su devo formalizzare contratti e via dicendo. Sto trattando con un'etichetta per incidere un nuovo
disco. Quindi faccio conto di star su un bel po', per questo
non voglio essere precipitoso nel prendere un'abitazione,
voglio trovare qualcosa in ordine. Pensavo che potremmo vedere di trovare qualcosa con mio fratello che è arrivato
nel Regno a cercarmi…» disse col tono della voce in discesa
per poi aggiungere con ritrovato vigore: «Ora vediamo di
insegnarti due cosette, ho dato un ascolto alle tue speri-
mentazioni. Stai imparando spaventosamente in fretta, sai?»
«Scusa. Trovare qualcosa col tuo che?»

Zemar s'era tenuto nascosto placido la storia del fratello. Dall' Afghanistan
erano partiti in due, col fratello piccolo, Yasir. A Norimberga però erano stati
separati, nonostante gli sforzi degli assistenti sociali per tenerli uniti. A Zemar
era andata bene: bella famiglia, aperta, impegnata in modo genuino a offrire
il loro tempo e i loro sforzi per questi ragazzini la cui unica colpa era stata
di nascere nel posto sbagliato, al momento sbagliato, nella situazione sbagliata.
A Liverpool Zemar s'era fatto una vita e aveva trovato la sua personale
opulenza e il suo equilibrio.
Al fratello, raccontò, non era andata altrettanto bene. Si era ritrovato
in una famiglia provinciale, di ritrovato spirito altruista e sociale, nella periferia
di Francoforte. La crescita e l'educazione del ragazzo erano state turbolente.
Era scappato più volte e aveva frequentato brutte compagnie. E qui Zemar
non s'era allargato in troppi dettagli, forse non li conosceva, o preferiva
non conoscerli.
Tuttavia, alcuni mesi addietro, compiuti ventun anni e regolate alcune beghe
burocratiche, Yasir era andato alla ricerca del fratello nella terra di Sua Maestà.
Ma Zemar era partito da poco per le Baleari. Ora che il momento
di rincontrarsi si avvicinava, Zemar, per la prima volta, non sembrava più tanto

sicuro di sé. Mi angosciava vederlo angosciato. Provai a distrarlo con il mio tirocinio da aspirante gregario dello strepito. Zemar parlò la metà del solito e fumò il triplo.

Tre settimane passano in fretta quando una scadenza impone una rigida tabella di marcia con parecchie grane da sistemare. Alex e Zemar si controllarono per non finire come due satelliti che avevano perso l'orbita. Alex diventò quello più posato e incline al buonsenso. Organizzarono la partenza, il trasporto e la liquidazione dei beni. Alex si fece carico di tutte le incombenze più noiose e oberanti: mandare in giro centinaia di messaggi sulla roba che Zemar intendeva vendere al più presto, organizzare voli e mezzi pubblici, andare negli uffici per stargare la macchina, e via dicendo. Non rinunciò comunque alle sue nuove brame. Fece pratica con la console e con l'armonica a tutto gas. *Love Me Do* era ormai acquisita e azzeccava *Roadhouse Blues* quattro volte su cinque. Aveva anche iniziato a cazzeggiare e improvvisare qualche jam per conto suo. Il disco rigido esterno che aveva comprato si stava riempiendo di campioni, giri di *synth*, linee di basso e *beats* che cominciavano a calzare una certa forma e concretezza.
Decise che era una buona idea tirar fuori un attimino le palle, liberarsi di parte di quell'atteggiamento da bamboccio del cazzo, tirarsi in quadro, e offrire a Irina un commiato decente. L'idiota si buttò in questa missione con le migliori intenzioni e una buona dose di determinazione. Si trovarono in un bar in spiaggia a Sant Antoni. Irina ascoltò paziente, apparentemente serena, gli aggiornamenti sulle nuove prospettive di Alex e Zemar.
«Tu invece? Come stai? Che piani hai?».
Irina restò sul vago. Non era molto in vena di alimentare quella chiacchierata "tra amici" dai toni ipocriti che Alex stava cercando in modo maldestro di dirigere verso una rinnovata pace dei sensi sedata da chiacchiere leggere. Capita l'antifona, Alex decise di avventurarsi fuori dalla strada sicura e asfaltata del paraculismo ruffiano. «Senti, mi dispiace per la scenata al Casinò, era una se-

rata un po' del cazzo. M'è sfuggita di mano» disse anche se nella testa gli balenavano immagini di una mazza da baseball piena di sangue e il Croce accasciato sulla strada con pezzi di cranio e materia grigia sparsi a terra e quella sua ghigna del cazzo trasformata in un'espressione supplichevole e spaventata.

«Non sono affari miei».

«Però ti sei messa in mezzo…» Alex provò a pensare se quello che voleva aggiungere fosse opportuno o meno, e alla fine lo aggiunse: «… al contrario di quel coglione di Ramon».

Irina sembrò sconcertata da questa inaspettata sfacciataggine, e si premurò di non far trasparire l'ammirazione per l'audacia.

«Ti stai per caso permettendo di giudicare le scelte delle mie compagnie?»

«Dico solo che quel tizio è un coglione e non ti merita. Io assolutamente anche meno di lui. Però ho ragione. Puoi decisamente far di meglio».

«Posso fare di meglio? Io? Dopo i numeri da psicato che hai tirato fuori te, credi veramente di poterti permettere di dirmi che posso fare di meglio?»

«Te l'ho detto, ammetto di essere un coglione peggio di lui, ma questo non vuol dire che non ho ragione. Una cosa non esclude l'altra».

Irina, bilanciata, mantenne una linea dura, ma allo stesso tempo si rese conto che Alex, esponendosi a quel modo, l'aveva messa nella posizione di poter scegliere quanto e come poteva fargliela pagare. Stava a lei. Paracadute sì, paracadute no. Optò per una tuta alare, giusto per vedere come se la cavava.

«Pensi che sia un coglione davvero, o ti dà fastidio l'idea che possa passare le mie notti con lui?»

Diverse persone facevano fatica a ignorare il poppante capriccioso, egoista e possessivo che fatica ad accettare l'idea che una cosa che credeva gli appartenesse, potesse finire nelle mani di qualcun altro. Anche se avevano perso l'interesse che avevano un tempo per il bene in questione. Irina era una brava persona, ma non una sprovveduta. Sapeva quali tasti toccare se serviva. Alex, nonostante la sua ingenuità, riuscì a gestire abbastanza bene il braccio di ferro col proprio orgoglio. Intuiva spesso quando era il caso di cercare di ignorarlo, per quanto questo potesse urlare a squarciagola tra le sue viscere. Aveva un ferrato senso d'equità.

«Con chi e come decidi di passare le tue notti non sono affari miei. Volevo solo dirti quello che penso di lui e del suo modo di fare».

«Insomma ti senti tanto premuroso da volerti assicurare che non finisca con un altro imbecille dopo essere stata piantata di merda da un imbecille?» domandò quindi con un certo sarcasmo.

«Sì… una cosa del genere…» balbettò Alex, preso alla sprovvista.

Per Irina bastava. Non si compiaceva del tormento altrui, meritato o meno che fosse. Le sembrava chiaro che, Alex stesso, non si tirava indietro dal tormentarsi da solo, invece di cedere comodamente all'auto indulgenza. Sotto un punto di vista cinico e oggettivo, inoltre, aveva dovuto ammettere anche lei che la loro storia non aveva le premesse pertinenti a rivelarsi una di quelle dalla longevità eterna. Guardò il coglione col suo charme da stralunato e pensò che non era una brutta persona. Certo, aveva da svuotarsi il cranio da parecchia merda, ma aveva il potenziale di diventare un non-coglione-totale la cui sorte poteva avere in serbo una bella palata di avventure entusiasmanti e altrettanti affanni e rogne. Gli sorrise.

«Dunque è tutto pronto per il vostro trasferimento?»

«Quasi».

«Ci vediamo ancora una volta prima che parti per salutarci?»

«Se ti va».

Alex aveva tirato fuori una discreta dose di coglioni. Se ne andò con un certo senso di liberazione, accompagnato da un pizzico di ambigua incertezza. Una specie di fardello che stronzi come lui si portavano sempre comunque addosso. Un continuo incolmabile senso di irresolutezza e malcontento che era un po' come la chemio: ti guariva e ti avvelenava allo stesso tempo. Da un balcone sporgevano i piedi di una ragazza accovacciata che si muovevano seguendo il ritmo di *Under The Sun* dei *Sugar Ray* sparata a tutto volume.

Harry aveva implorato - a modo suo - Alex di fare un ultimo turno al pub, una sera consacrata di diritto a Janice, perché non c'aveva la sbatta di farsela da solo. Alex aveva accettato. Al pub erano state spostate diverse sedie e diversi tavoli per far spazio ad un set modesto di strumenti da rock'n'roll. Una batteria con cassa (con un grosso autocollante con il logo dei *Rush*), rullante, timpano, due tom, charleston, e due ride; una chitarra (bordeaux con autocollanti di *Jimi Hendrix*, *Led Zeppelin*, *Queen* e *Nirvana*) con amplificatore; un basso (nero, con gli autocollanti degli *Stooges*, *Lou Reed* e *Black Flag*) con amplificatore; uno stand con microfono al centro e uno vicino alla chitarra con due amplificatori. C'era un mixer dietro la batteria. Janice presentò ad Alex dei suoi amici delle Highlands. Era raggiante e indossava un paio di jeans strappati, degli stivaletti bassi neri, una maglia larga con la classica bocca dei *Rolling Stones* con fuori la lingua, un giacchettino di pelle nero, e i capelli castani raccolti in una bandana annodata in cima alla fronte. Il trucco ricordava vagamente Olivia Newton-John nell'ultima scena di *Grease*.

«Chi suona?» aveva domandato Alex.

«Vedrai, sound con i controcoglioni» era intervenuto Harry. «Ora comincia a tagliare un po' di lime e limoni dietro al bar, che ti pago ancora stasera… ah e serviti quello che ti pare quando ti pare, è la mia liquidazione». Arrivarono anche Zemar e Irina, con alcuni dei giovincelli più in gamba del team della Vaquita. Il locale si riempì. Alex spinava come uno stronzo. Di tanto in tanto faceva un brindisi e beveva. I tre amici di Janice si piazzarono ai rispettivi strumenti. Attaccarono con le note di *Should I Stay Or Should I Go* dei *Clash*, Janice prese il microfono in mano al terzo riff. La voce, potente, sferzò l'aria, graffiò i timpani, arse lo spirito, facendo rimanere, per un attimo, interdetti tutti i presenti. Janice avrebbe dovuto chiamarsi Janis. La sorpresa fu rimpiazzata dall'entusiasmo e la serata prese il volo. La performance proseguì con *One Of Us* di *Joan Osborne*, *Crazy* degli *Aerosmith* e *You Drive Me Wild* delle *Runaways*. La mascella di Alex stava per toccare il bancone mentre ascoltava la sua collega che aveva fatto suo tutto il pub. *Whole Lotta Rosie* creò il delirio, metà del pub intonò insieme a lei *Because The Night* e poi *(I Can't Get No) Satisfaction*. Ad Alex venne la pelle d'oca e smise di servire quando si esibirono in *Piece Of My Heart* della *Joplin*. Continuarono con *Just A Girl* dei *No Doubt* e *Hit Me With Your Best Shot*. Fecero una pausa. Alex, quando finalmente riuscì a braccare Janice, intenta a gestire i complimenti della piccola folla, l'afferrò per le spalle.

«Che cazzo ci fai qui a lavorare per quello stronzo?» le urlò indicando Harry.

«Guarda che ti ho sentito…» urlò di rimando lo scorreggione che stava servendo dietro il bancone.

Ripresero con *About A Girl* dei *Nirvana* e continuarono con *Jolene*. Janice invitò gli ometti del pub ad ascoltare bene il testo di *Fuck Her Gently* dei *Tenacious D*. Diedero il colpo di grazia con *We Will Rock You*, una versione un po' più rock di *These Boots Are Made For Walking* e *One Way Or Another*. La sbronza continuò con alcune playlist prese da un computer collegato alle casse. Una serata coi controcazzi.

Gli ultimi giorni a Ibiza ce l'eravamo spassata. Quell'isola ci aveva reso partecipi di un giro di giostra con alti e bassi, un turbinio di emozioni, lucide o alterate, e vibrazioni pazzesche. Meritava un arrivederci di quelli giusti. Eravamo un po' sconvolti e incasinati in quei giorni, ma avevamo messo alla prova i ripetitori dell'isola scatenandoci sui vari gruppi *Whatsapp* per lasciare un marchio almeno in quei posti che avevano avuto un significato per noi. Ci eravamo sparati cinque serate più o meno così: arrivo all'entrata, cenno alla sicurezza, cinque alto e passa dentro; arrivo al bar, cinque alto al barista, e drink in mano; pr, animatori, gerenti, ubriaconi e svitate di ogni sorta, tutti a raccolta; trattamento da vip, fiumi di cocktails, sostanze poco lecite e via con la festa, *tota la nit*. Giornate al sole nelle spiagge a cui eravamo più affezionati, pranzi e cene da star male. Paella de marisco, de carne, mixta, scorpacciate di jamon, pulpo a la gallega o grillado, serata pinchos, Gazpacho.
Il tutto accompagnato da sangria. Il giorno dopo un caffè e un *Patxaran*.
Rewind. Rewind. Rewind. Rewind.
Il traffico aereo era intasato a causa del tempo di merda, con forti venti che si accanivano contro la città, da quando si era accesa la spia delle cinture di sicurezza ed era stato annunciato che non si poteva più usufruire dei servizi, avevo fatto a tempo a sentire tutto l'album *El Camino* dei *Black Keys* prima che il carrello d'atterraggio toccasse il suolo di Heathrow. Al Borgo erano usciti tutti di testa quando li avevo informati.
«Londra?! Ma non è pericolosa con tutti 'sti attentati?» i miei.
«Ma non c'è mai il sole lì, piove sempre» i soci e gli altri.
Alla stazione dell'aeroporto Zemar stava al telefono con suo fratello e sembrava incazzato. Gli era impossibile ospitarci come aveva detto.
«Ha qualche problema con la stanza, non so di che tipo» aveva sospirato.
«Mi spiace, dammi un attimo che faccio delle telefonate…»
Avevo annuito ed ero rimasto seduto sopra uno dei due trolley di quelli grossi e ingombranti tenendo d'occhio l'altro, mentre Zemar ciondolava vicino alle scale col telefono all'orecchio. Non vedevo l'ora di spararmi una fottutissima birra. Mi piaceva viaggiare ma odiavo gli aeroporti. Il jet privato rimarrà un lusso che qualunque stronzo può permettersi di sognare senza alcuna vergogna. Nonostante il nervosismo lampante, dopo alcune chiamate si era sciolto e gli era tornato quel sorriso che si estendeva bello largo su quei lineamenti rilassati e baciati da una quiete brada. Ispirava fiducia. Arrivò un

altro treno sui binari da parte a noi e Zemar ancora col telefono in mano fece
cenno di salire. Eravamo arrivati fino a Ealing Broadway, avevamo badato
al divario, eravamo saltati su un vagone della Central e ci eravamo sparati
un viaggio infinito fino alla fermata Bank. Da lì avevamo trascinato i trolley fino
a una delle fermate di bus, e arrancando ci eravamo fatti spazio sul 242
che ci aveva scarrozzato fino a Shoreditch High Street, dove c'era un hotel,
il diVErse, in cui lavorava un' amica di Zemar che ci aveva rimediato una stanza
con notevole sconto.
Tra una strada e l'altra ammiravo i cartelli pubblicitari: nuovi film in uscita,
nuovi album, spettacoli teatrali, nuovi romanzi. Qualche volta un provider
internet, un'assicurazione, il *Jack Daniel's* al nuovo gusto, e poi ancora nuove
app, e di nuovo film, musica, spettacoli, libri, mostre artistiche e così via.
Era da un po' che non andavo al cinema. Mi promisi di andarci
alla prima occasione.
L' hotel era davvero fregno. Eccentrico. Colorato. Zemar mi disse che a Londra
la gente era in fissa col design. La sua amica alla reception aveva l'aria di essere
felice ed entusiasta di rivedere Zemar. Aveva i capelli biondi, con sfumature
molto chiare, raccolti in un chignon, un rossetto rosso di cadmio che emergeva
su due labbra piene sul volto dalla pelle nivea, come fosse nevicato sulla luna.
Portava una camicetta bianca, un pantalone stretto nero e delle sneaker molto
discrete dalle tonalità nere e grigio scuro. Era molto bella, emanava un'energia
solare, sgargiante e sicura di sé. Da come parlavano e si abbracciavano intuii
che si conoscevano da tanto, o comunque bene. Zemar mi introdusse e senza
lasciare che il sorriso le si sfaldasse nemmeno per un secondo sorpresi Chloe
a studiarmi da cima a fondo.
Poco dopo ci condusse personalmente alla nostra stanza, che era moderna
e spaziosa con un design tra il kitsch e il minimalista. Colsi subito l'occasione
per sbattere i maledetti trolley in un angolo. Poggiai le chiappe su una sedia
bianca dalla forma ovale e l'interno rosso e sbuffai.
«Ho bisogno di una birra».
«Qua ne trovi quanta ne vuoi. Ci diamo una sistemata veloce e finito
lo sbevazzamento dobbiamo solo svenire ognuno sul rispettivo letto».
Chloe si congedò.
«Sistematevi e riposate. Dopo però passa da me che dobbiamo sbrigare
un paio di scartoffie».
Liberammo le valige giusto dell'indispensabile, approfittammo a turno
della doccia e poco dopo eravamo al bar dell'albergo. Prova questa, diceva
Zemar mentre mi metteva in mano una pale ale. Stava continuamente

al telefono. Si tirava da parte e lo vedevo ridere e scherzare. Il tempo
di chiudere la chiamata, arrivava, domandava allora com'era, e mi metteva
in mano un'altra pinta. Ora prova questa. Dopo una pilsner, una ipa
e una bitter, mi chiesi quante chiamate avesse fatto in quel lasso di tempo.
Sembrava la figa del quartiere appena tornata single, cazzo. Io ero sullo sbronzo
andante, pronto per andare a letto e lo stronzo invece s'era bevuto giusto
una *Guinness* e un Gin Tonic. Intuii che a una certa era al telefono col fratello,
perché non rideva e scherzava più ma stava semplicemente lì a chiacchierare
con una mano nella tasca dei jeans chiari e dondolava spostando le sue *Suede*
della *Clarks* in modo circolare. Annunciai il mio stato alcolico
e la mia intenzione di mollare il mazzo. Ero sicuro di non volerne ancora una.
La conversazione fu interrotta da Chloe che stagliandosi dall'altra parte
del bancone ammiccava al mio socio.
« Ti lascio fare quello che devi fare socio, io mi ritiro ».
« Va bene... » disse sorridendo a Chloe, « ... se non mi vedi tornare presto
non ti dar pensiero ok? »
Lanciai un'occhiata a Chloe. Era il suo tipo: alta, snella, con un fisico da modella
e il medesimo portamento. Dal canto mio ero pronto ad affrontare
il mio primo *hangover* londinese.

Durante la settimana al DiVErse, Zemar era sempre indaffarato a incontrare gente, menarlo a vecchie amiche, andare a vedere locali e appartamenti, firmare contratti e
così via. Diede qualche dritta ad Alex su come passare la
giornata e cosa visitare, dato che dopo la prima giornata
passata in modo autogestito, visto il Big Ben, Buckingham
Palace, Charing Cross e il London Bridge, si era chiesto
se fosse tutto lì. Una sera Chloe si fermò a bere un paio
di drink con loro al The Macbeth in Hoxton. Quando Alex
disse che intendeva andare al cinema il giorno dopo a vedere il nuovo film della *Marvel* chiamò una sua amica per
procurargli un biglietto gratis.
« Scusa com'è 'sta storia? »
« In che senso? »
« Come fa a procurarmi il biglietto gratis? Deve fare uno
struso? »
« No, lavora al cinema e ha i biglietti gratis ».
Un giorno Zemar tornò all'hotel esultando, mentre Alex

adocchiava sul telefono degli annunci di lavoro.

«Domani ci spostiamo socio!»

«Figo! Dove?»

«Kentish Town! Un tizio che conosco affitta un bilocale. Ho quasi tutti i contratti firmati. Mi "bloccano" nel Regno Unito per almeno i prossimi cinque mesi. Ha detto che gli sta bene di farmi un contratto a un buon prezzo per sei mesi. Poi vedrò se sarà il caso di rimanere o fare un'altra esperienza da qualche parte. Forse in Australia».

Zemar aveva strappato degli ottimi contratti. In qualità di Dj GoldTurn - o in qualità di semi juke box, come diceva lui - col proprietario di cinque locali si era accordato per due serate a settimana nell'arco di quattro mesi a rotazione; con altri due manager invece, in qualità di Aldebaran, si era garantito quattro serate al mese in due club abbastanza grossi per tre mesi. Gli davano una bella manciata di piotte a serata, il che gli permetteva di vivere bene anche in una città dai costi proibitivi come Londra. Ma quando tornava nel Regno Unito, Zemar non si concedeva troppo spazio per il cazzeggio. Aveva cominciato a pianificare un tour nel nord Europa. Aveva già le date fissate per Brighton, Glasgow, Manchester, Newcastle, Amsterdam e Rotterdam; ed era in contatto con dei club interessati a dargli spazio anche a Stoccolma, Copenhagen, Dublino, Belfast, Liverpool, Edimburgo, Amburgo e Berlino. Avrebbe inciso il nuovo album e per farlo avrebbe noleggiato a ore uno studio nei pressi di Acton insieme a un amico fonico. Alex era affascinato ed elettrizzato da tutto questo fare e disfare. E non vedeva l'ora che si trasferissero perché nell'hotel non c'era stato verso di montare la console ed era riuscito solo a cazzeggiare un po' con l'armonica a bocca. Voleva tornare a trafficare con la console di Zemar. Non stava nella pelle.

Il bilocale era vicino a Camden Town - che aveva già conquistato il mio cuore. Non era immenso ma aveva una bella terrazza, grande quasi quanto il soggiorno. Si affacciava su altre case in una zona residenziale tranquilla. Per mostrare la mia gratitudine generale mi misi di buona lena a spacchettare, posare e sistemare tutto quanto. Per motivarmi mi imposi di lasciare la console e gli strumenti per ultimi. Una volta che tutto il resto era sistemato, solo allora, potevo finalmente riportare alla luce i piatti, il pad e i sostegni. Non mi ci volle molto. Assemblai infine la postazione - che avevo ribattezzato *O* come il personaggio di Blake Lively in *Savages, Le Belve*. Mi ritrovai quasi commosso quando feci partire il mio progetto intitolato *Punk Tribute*. Rimasi a spostare leve, provare scratch, sperimentare con l'equalizzatore e il distorsore, per un paio d'ore provando una goduria pari a quella di una pisciata trattenuta a oltranza. Poi svaccai la carcassa sul divano per continuare a leggere *Eureka Street* di Robert McLiam Wilson. Rimasi svenuto in soggiorno finché Zemar non mi svegliò facendo partire uno dei pezzi a cui stavo lavorando a tutto volume.

«Bella questa. *Riot Mansion*. Dovresti metterci più *synth* nel ritornello secondo me, e ti ci vorrebbe una cassa meno arrogante. Quest'altra invece l'ho sentita quando eravamo ancora a Ibiza». Dalle casse uscì il beat forsennato di un pezzo che avevo intitolato *To The Core*. Stropicciai gli occhi e presi la sigaretta cominciata che avevo abbandonato sul posacenere. «Questa devi farla diventare tutta più progressiva, tipo *Flat Beat* di *Mr. Oizo*: aggiungi strumenti durante tutta la traccia, ovviamente col tuo stile techno punk incazzato. Mi piace come hai distorto il *Korg Volca Bass* con il *DS-1* in alcuni pezzi, però secondo me in altri è meglio duplicare la traccia e metterci un basso clean che faccia lo stesso giro. Non in tutte. Ad esempio *Celebrities Fuck Off* la vuoi molto sporca».

Liberai una nuvola di fumo e sorrisi.

«Mi è sempre piaciuto come cambia il suono tra strofa e ritornello in molte canzoni dell'album *Antichrist Superstar* di *Manson*, tipo in *Reflecting God* o *1996*. Quando il suono da secco diventa bello pieno di colpo. Volevo fare una cosa simile. Comunque dai, fammi un po' vedere cosa suggerisci di fare».

«Ok. Trovato qualcosa di interessante negli annunci di lavoro?»

«Forse, la tua amica m'ha dato un'idea, ma prima ho un po' di beghe da risolvere, qui col cazzo che mi sa che trovo roba in nero, mi devo mettere in regola».

Zemar annuì sorridendo e cacciò fuori dalla tasca un *grip* pieno di cime smaltate di verde pistacchio.

«Dedichiamoci un po' alla musica».

Alex non aveva impiegato molto a districarsi nel labirinto frenetico londinese. Realizzato quali erano i vari costi

di vita e soprattutto di affitto, la decina di linee multicolore che disegnavano la mappa dell'underground e
dell'overground come circuiti di una scheda elettronica
lo portavano da una *interview* all'altra per trovare una
fonte di denaro entrante. Visitava con la Northern, la
Central, la Bakerloo, la Piccadilly e il 483, il 18, l'82
e il 6 i vari uffici per ottenere un *NIN* e un conto in una
delle varie *Barclays*, *HSBC*, *Lloyds* o *Standard Chartered*
con i loro consulenti paraculo, intenti con fare esperto
a rimpinzarti con i loro falsi freddi sorrisi tutti i motivi per cui aprire un conto con loro fosse un gran vantaggio, di come già vedevano un roseo futuro per te mentre
fingevano interesse nella tua persona e improvvisavano
abilmente una chiacchierata su un tema a caso, come poteva
essere il tennis, per sembrare più umani. Erano addestrati
bene i figli di puttana.
Poco prima di tirare le cuoia ero con Jen, in un pub di
Hackney, e le stavo raccontando di come la città era cam-
biata. Aveva detto che potevo provare a scriverci una sceneggiatura. Stavo all'ottavo scotch e replicai che non
valeva la pena scrivere un'intera sceneggiatura, che potevo buttare giù un poema in quel momento e sarebbe stato
più che sufficiente. Jen si era procurata una penna,
m'aveva messo sotto il naso un tovagliolo e mi aveva sfidato a farlo. Due giorni dopo, che nemmeno ricordavo
quella sera, Jen mi aveva dato il tovagliolo schiacciato
nel vetro di una cornice.
Mamma Londra premia, sostiene e offre opportunità a chi s'im-
pegna a guadagnarseli. Ma Mamma Londra è una baldracca esi-
gente e pretende di educarti a prendere coscienza della
realtà delle cose. Ti fa pagare la tua parte per usare le sue
fredde - e paradossalmente confortevoli - mura come dimora.
Ai figli nati in cattività, Mamma Londra sembra più in dif-
ficoltà a impartire un po' di disciplina e una buona edu-
cazione. Valori. Lo stesso vale per i suoi figli naturali.
Ma, ma ma.
Nella grande reggia di Mamma Londra se ti presenti col pa-
trimonio da sceicco, e chiedi solamente una stanza, Mam-

mina si premura subito di offrirti una delle sue stanze migliori. Ti accompagna e ti invita a lasciare un extra generoso sul comodino, è così che eventualmente ti si scopa alla grande.

La tua suite sarà sempre provvista di diligenti attenzioni, e qualsiasi cosa ti serva verrai accontentato subito. A Mamma Londra non mancano mai i figli adottivi pronti ad affaccendarsi per una paghetta che permetta loro di mantenersi un letto decente e qualche zuccherino ogni tanto.

E comunque con la giusta intraprendenza, il giusto appeal e la giusta motivazione non c'è nessuno a fermarti per fare il grande salto e trasferirti a tua volta nelle aree più lussuose della reggia. Al giusto prezzo s'intende.

Ricordarsi sempre e comunque che Mamma Londra è sì progressista e moderna abbastanza da non farsi problemi ad essere un po' puttana e un po' incestuosa, ma l'unico Padrone e Dio che può vantare la sua anima è uno e uno soltanto e si chiama Business.

Così nel ufficio ad Harrow m'ero ritrovato sto delirio etilico messo in inchiostro blu sul bianco macchiato di 'sto tovagliolo vicino all'angolo bar.

Alex doveva ancora scoprire che Londra poteva apparire come un gran bel pezzo di fregna. Ma come molte delle sue figlie posh era tutt'al più un'assoluta artista nell'arte del make up. Alle volte semplicemente non vuoi risvegliarti la mattina dopo una passata di struccante Nivea e vedere cosa c'è sotto.

Alla terza canna, dopo aver sistemato un paio di giri di chitarra campionati in un remix/mash up in cui mi stavo cimentando, Zemar mi disse che la sera dopo doveva vedersi con il fratello. Chiese se mi andava di andarci insieme. Mi ero mostrato entusiasta all'idea.

Alla Pembury Tavern di Hackney c'era gente ma la storia era vivibile. Il fratello di Zemar non era pervenuto e il mio socio era leggermente nervoso. Dopo aver ordinato due pinte si era liberato un tavolo e l'avevamo occupato. Ero andato a prendere un single malt e una Pimm's da accompagnare alle birre. Dopo venti minuti atroci di chiacchiere per ammazzare l'attesa, finalmente Yasir si era deciso a entrare in scena.

Era più alto di me, ma Zemar gli dava mezza spanna. Avevano gli stessi occhi ma uno stampo completamente diverso. Zemar capelli tagliati corti e curati, Yasir folti raccolti in una fascia; Zemar stile *smart casual* con jeans chiari, le trainers beige della *Burberry* e una camicia color crema *slim fit*, Yasir molto *street* con dei *boots Lumberjack* sotto pantaloni scuri a cavallo basso e una *longsleeve* portata larga grigia con delle rifiniture arancione fosforescente sotto un giubbotto gonfio della *Hollister*. Ma la differenza più netta erano i lineamenti rilassati di Zemar che cozzavano con quelli duri e scavati di Yasir. Era come prendere due pezzi identici d'argilla e darne uno in mano a Donatello e l'altro nelle grinfie di *Regan MacNeill* alle prese con *Pazuzu*.

Ricordai che in preda a una stona pesante, una volta avevo formulato questa teoria secondo cui il percorso, le esperienze fatte e le sfide affrontate nella vita, incidevano per forza in qualche modo sui lineamenti delle persone.

O forse la differenza stava soltanto nella dieta: per lei tofu, *McDonald*, coca, due litri di bourbon a colazione o crack? Si presentò con l'aria - un po' sfigata - da *gangsta*. Un abbraccio sterile con il fratello e un cenno del capo a muso duro a me. Non mi piaceva l'atteggiamento dello stronzo, ma era il fratello di Zemar, una persona che si era guadagnata la mia stima e il mio affetto non soltanto a chiacchiere, quindi ce la misi tutta per essere più accomodante possibile. La situazione era un po' imbarazzante, specialmente sulle prime. Sperai di sciogliere un po' la situazione facendo scorrere un po' d'alcol ma Yasir toccò a malapena il Rum Cola che gli offrii. Zemar tentò di sbloccare un po' il fratello facendosi raccontare la sua esperienza in Germania ma Yasir rimase sul vago, come se non avesse veramente voglia di parlarne. Nel fracasso di voci del pub che si era affollato, pensai che forse ero di troppo. Due fratelli che si rivedevano dopo un vortice di esperienze che li aveva portati da un capo del mondo a un altro, facendoli perdere per un tempo che doveva essere sembrato un'eternità, probabilmente necessitavano un minimo di intimità. Capivo Zemar e il suo ricorso ad un appoggio per una situazione che non sapeva bene come prendere, ma capivo altrettanto Yasir che forse preferiva condividere quel momento senza cazzoni saltati fuori da chissà dove in mezzo ai coglioni. Avevo coperto le spalle a Zemar per i primi minuti titubanti meglio che potevo, ora dovevano vedersela tra di loro. Con la scusa di essere stanco e dover fare diverse cose l'indomani mi congedai. Afferrarono entrambi il sottinteso. Zemar lo accolse con un segnale positivo di gratitudine, mentre quello stronzo di suo fratello non si sottrasse dal suo atteggiamento strafottente da capo del quartiere e sbofonchiò un saluto che suonava più come un addio e a mai più rivederci. Cazzo di problema aveva io non lo sapevo. Il giorno dopo, mentre mangiavamo le uova con pancetta sui toast che avevo preparato per colazione - visto che mi ero eccezionalmente svegliato prima di Zemar -, davanti a una tazza di caffè fumante, Zemar offrì le prime impressioni sul fratello. Gli era sembrato distaccato e arrabbiato. Il suo turbamento traspariva solo a piccole dosi, era deluso per non essere riuscito a cavargli fuori granché. A me irritava la mia inabilità a poter fare qualcosa per qualcuno quando ci tenevo. Ci congedammo dopo colazione, avevamo altri cazzi di cui occuparci.

Fu un parto meno ostico del previsto. Avevo il *NIN*, un conto in una banca inglese e una scheda SIM inglese di *GiffGaff*, un provider senza negozi né personale fisico. Tutto online. Tutto *cheap*. Tutto *easy*. Tutto perfetto. *Skynet* stiamo arrivando. Ero stato assunto part-time alla *venue* in centro del Dogma, una catena di multisale.

Nel frattempo, nonostante gli ottimi contratti, e i progetti che aveva in ballo, Zemar sembrava nervoso. Yasir aveva già perso due lavori da quando era arrivato. Faceva il cuoco. Zemar sosteneva che fosse piuttosto bravo. Ma era anche una testa calda del cazzo piuttosto lampante. Il più delle volte, a sentir Zemar, non si capiva nemmeno da che parte stava, o per quale motivo gli girassero. Io mi sentivo inutile perché non sapevo come aiutarlo e mi sembrava ridicola l'idea che il mio amico talebano potesse aver bisogno di me. Tutto quello che facevo era cercare di distrarlo facendogli sentire i miei progressi sonori. Con l'armonica stavo diventando un cazzo di genio. Ok, lontano anni luce da John Popper, James Cotton o Charlie McCoy, però cominciavo a sapere il fatto mio.

Una sera, dopo aver attraversato le vie di negozi con gli addobbi di Halloween domandandomi se avessi abbastanza contante per far bisboccia, di ritorno dal turno al Dogma, Zemar se ne uscì con «dobbiamo parlare». Quella frase mi faceva sempre venire una strizza al culo. Aveva preparato due infusi e dall'odore che emanava il soggiorno sapevo che aveva fatto andare l'incenso alla lavanda. Doveva essere una cosa grama. Speravo che non c'entrassi niente, o molto poco.

«Ascolta, mio fratello, potrebbe veramente avere bisogno di un posto dove stare e...»

Avevo capito subito dove andava a parare la discussione e le parole si dissolsero nella mia mente. Lo stronzo m'aveva fatto da sponsor, bambinaia, centro rifugiati e angelo custode per quasi mezz'anno e s'imbarazzava a dirmi che doveva mandarmi fuori di casa per dare una mano a suo fratello. La cosa peggiore che stava facendo non era mandarmi via. Mi stava mettendo a disagio facendomi sentire un famelico figlio di puttana.

Lo interruppi alzando una mano.

«Guarda che non mi devi niente. Ti rendi conto di cosa hai offerto, per un periodo sconcertante, a una persona che conosci a malapena?»

Il suo sguardo si riempì di riconoscenza. «Ora devi pensare a tuo fratello, e poi con la storia che avete alle spalle...» sbuffai perché non sapevo come finire la frase. «Senti, io non so come ripagarti per tutta la generosità che mi hai mostrato. Non mi devi nessuna spiegazione... niente. Io me la cavo».

«Sei un grande Alex, grazie per aver reso la cosa molto facile».

«Sarei stato un ingrato figlio di puttana se non l'avessi fatto, socio».

Si chiudeva, più o meno, un capitolo. Toccava trovarsi un posto dove stare. C'era solamente una cosa, una soltanto, forse un po' edonista, che mi ronzava in modo fastidioso nella testa da quando avevo capito di cosa si trattava. Mi chiedevo con quale faccia di tolla potevo esternare questo pensiero senza risultare quantomeno pretenzioso. Ma non potevo starmene zitto, nel bene o nel male, dovevo sollevare la questione per mettermi il cuore in pace.

«Ascolta però, c'è solamente una cosa che, insomma, non vorrei sembrare arrogante o ingrato o avido, però...»

Questa volta fu lui a interrompermi.

«Ti ho fatto fare una copia della chiave dell'appartamento, puoi venire a usare la console quando ti pare, a mio fratello dovrà andar bene così e basta. Cerca solo di farlo a orari umani per piacere» disse con quel ritrovato fastidioso sorriso paterno, sereno e rassicurante. Cazzo se volevo bene a 'sto talebano del cazzo.

Alex era il tipo di persona che si entusiasma facilmente. Londra, agli occhi di uno dei suoi nuovi figli adottivi, poteva apparire come un enorme meraviglioso Luna Park. Specie per uno cresciuto in una realtà provinciale come il Borgo. A Londra trovavi qualsiasi cosa in qualsiasi giorno della settimana. Non dovevi aspettare il week end per trovare un pub o un club che offrisse un ambiente vivace e gente nuova da conoscere; teatro di alto livello tutto l'anno; musica dal vivo tutto l'anno, che fosse qualche nome importante a una delle *venues* dell'02, l'Alexandra Palace, Wembley, o un pub dove artisti emergenti o semplici appassionati offrivano comunque un intrattenimento e delle performance con i controcazzi. Ma il paese dei balocchi non era gratuito. E gli affitti ti succhiavano l'anima. Iniziò a cercare una stanza. Senza un reddito annuo che superava i cento testoni, o le giuste conoscenze, avere un posto per sé era un lusso. La speculazione edilizia era un campo minato. Alex capì l'antifona dopo la terza visita ad una potenziale dimora. Questo non era il Borgo. Non esisteva il "pensarci per una settimana". Londra era una città dinamica, bisognava pensare e decidere in fretta, come i broker impizzati di Canary Wharf.

"Non lo so, ci penso e ti faccio sapere?" Boom! Due ore dopo la stanza se l'era presa qualcun altro. Magari significava che qualcun altro s'era preso un'inculata pazzesca. Bisognava stare sul pezzo ed essere in grado di fiutare tanto la fregatura quanto l'opportunità. Era andato a vedere un posto tra Ealing e Acton. Il tizio dell'agenzia l'aveva ricevuto nei loro uffici lì vicino. L'aveva trattato con sorrisi talmente forzati, muovendosi quasi in preda a compulsioni, continuando a chinarsi sullo schermo del telefono, mentre bombardava Alex con informazioni, battute, risposte seccate e continuando ad andare in giro nel suo completo beige della *Skope* che sembrava si fosse appena tirato su due grammi di bamba per narice in un botto, lo stronzo - e la cosa non era da escludersi. Voleva rifilargli quella stanza minuscola con un contratto che lo vincolava per un anno, a cento sterle in più al mese di quello che avevano scritto nell'annuncio. Il belloccio col pepe al culo disse che anche se sul pezzo di carta c'era scritto un anno poteva tranquillamente mollarlo dopo sei mesi e che poteva abbassargli il prezzo di cinquanta sterle. Alex fiutò la presa per il culo e non gli piacque. Quando Alex sentiva puzza di presa per il culo non si andava più da nessuna parte. Si era scusato prima di andarsene. Poi si era incazzato con se stesso, una volta raccolte le idee, per non aver mandato a fanculo lo stronzo che s'era comportato da isterico arrogante pezzo di merda. Imparò una delle prime lezioni della City: Londra era piena di stronzi che ti si volevano inculare, e dovevi imparare a riconoscerli e mandarli a fare in culo senza remore. Un collega italiano del Dogma gli diede una dritta. C'era quest'agenzia che affittava stanze nella zona Nord Ovest di Londra con caparra di due settimane d'affitto, due settimane di disdetta da dare e l'affitto comprendeva tutto: internet, *council tax* e varie *bills*. Alex aveva passato ore e ore su *SpareRoom* e riconobbe alcuni degli annunci. L'italiano garantì che era tutto "più o meno" a posto. Perlomeno abbastanza apposto da conviverci. Gli diede il numero della sua agente per parlare direttamente con lei. La tipa gli rifilò una lista di posti e s'accordarono per andarli a vedere. La ragazza era un pezzo di gnocca pazzesca. Sarda. Stilosa. Cazzuta e diretta. Niente a che spartire con lo stronzone di Ealing. Camminarono per le strade di Harlesden, Willesden e presero un bus fino a Dollis Hill. Erano tutte stanze occupate ma che si sarebbero liberate presto. La maggior parte delle stanze erano veramente anguste ed alcune delle case avevano davvero un aspetto fatiscente - non che le case inglesi in generale brillassero per la loro eccellenza. Alex si scusò. La tipa si limitò a mantenere un atteggiamento professionale e fu carina.

«Non fa niente. Se salta fuori qualcosa ti faccio sapere ok?»
«Ok, grazie» disse Alex. "Non la rivedrò e sentirò mai più", pensò.

Tre giorni dopo gli scrisse. L'agenzia per cui lavorava aveva preso in gestione una nuova casa, a Kensal Rise, con le stanze tutte vuote perché era appena stata venduta a un nuovo *Landlord*. Giunse davanti al cancello nero di questa casa mansardata che si ergeva su tre piani - compreso il mansardato e il pianoterra - e la ragazza lo ricevette sullo spiazzo davanti, grande abbastanza da ospitare due furgoni. Gli fece strada all'interno. La casa era ancora un cantiere all'interno e c'era già gente, per ora priva di nome, che accompagnata da altri agenti faceva su e giù, avanti e indietro. Informò Alex, intento a guardare l'ampio soggiorno illuminato dalle vetrate che dava su un cortile, che metà delle stanze erano già andate, quindi conveniva sbrigarsi a scegliere. Gli fece vedere i tre bagni - uno al pianoterra con una piccola doccia, un altro piccolo al primo piano con una doccia un po' più solida e il soffione fisso e allo stesso piano uno grande con la vasca da bagno, che però non si poteva usare come vasca perché l'acqua usciva soltanto dal tubo della doccia e ci sarebbero volute ore per riempirla - e diverse stanze, due singole e due *double* che non erano ancora state prese. Alex osservò un'anonima ragazza che, con un forte accento campano, stava dando i dati per la stanza che aveva scelto a un agente. Era meglio non metterci troppo a decidere. La casa di primo acchito sembrava a posto. Una casa da cui 'sti rabbini di speculatori inglesi avevano tirato fuori undici stanze. Ma quella era una cosa comune, normale. Le pareti sembravano stare in piedi e i servizi funzionali. Si assicurò che le condizioni fossero come preannunciate, quindi scelse la *double* al primo piano che dava sulla strada. Depositò la tassa dell'agenzia e pagò le prime due settimane. Fornì i dati e i documenti necessari e se ne andò. Sarebbe potuto entrare ad occupare la sua stanza il mercoledì della settimana seguente. Era contento. Era quanto gli permettevano le sue tasche. Avrebbe potuto pre-occuparsi più in là del fatto che la casa fosse isolata di merda e piena di spifferi che la rendevano gelata d'inverno e una sauna d'estate, dei problemi continui con la caldaia e delle valvole che continuavano a saltare. Ora voleva solo una pinta e una canna per festeggiare il nuovo alloggio.

Mi ritrovai a occupare la mia nuova casa insieme a una combriccola di personaggi. Avevo incrociato diversi italiani, un greco, due francesi, un irlandese, un tedesco e un inglese. Eravamo in quella fase che il signor Tuckman avrebbe definito *forming*. Ci stavamo conoscendo. Ci stavamo prendendo le misure. Al telefono cercavo di tranquillizzare mia mamma.
«Ah, hai trovato lavoro? Ma in nero?» ansimava nel microfono del telefono.
«No, mamma, non in nero».
«Ma, quindi puoi lavorare lì? Così, senza visto né niente?»
«Ma sì mamma, è molto semplice, ho solamente dovuto...» e spiegavo per filo e per segno tutto quello che avevo fatto per mettermi in regola e preparare

pessimi caffè, distribuire pop corn e fare biglietti per gli spettacoli offerti dal *branch* in Central London del Dogma.

«E dove hai detto che abiti?»

Le spiegavo della casa nella zona di Kensal Rise. Avevo dimezzato il numero vero di coinquilini con cui vivevo e le era venuta una mezza crisi lo stesso. Più tardi il telefono vibrò di nuovo per annunciarmi un'altra chiamata: era Adam. Come mia madre, anche lui era solito azzeccare tutti i momenti sbagliati per chiamare: appena seduto sul cesso, mentre rincorrevo il bus, mentre stavo per andare in doccia, appena fatto partire un film con davanti un bel piatto di spaghetti aglio olio e peperoncino, mentre mi stavo infilando il preservativo pronto a farmi una chiavata. A 'sto giro avevo appena finito di infilarmi i pantaloni del training, dopo essere rientrato a casa da una sessione di music business, con il fratello di Zemar che mi guardava in cagnesco dal suo poltrire sul divano. Accesi una sigaretta giù in veranda e risposi.

«Ehi, come va?»

«Ciao bello, tutto a posto, tu?»

«Sì, anche. Che mi racconti?»

«Il solito, hai visto le foto che ti ho mandato?»

Avevo collezionato un po' di foto dei canali di Camden Town, del graffito di *Banksy Shop Till You Drop* a Mayfair, scoiattoli, quei cazzo di ponti e il fottuto Big Ben.

«Sì, forti. Hai cominciato a lavorare? Com'è?»

Sospirai.

«Vuoi veramente saperlo?»

«Certo».

Io e Adam avevamo uno stile, una filosofia di vita, delle visioni e un atteggiamento completamente diverso nei confronti delle avversità del mondo, ma condividevamo una genuina curiosità e voglia di sapere e capire. Io ero un tantino più selettivo, se una cosa dopo un po' mi suonava come un'inutile cagata ci mettevo poco ad arenarmi altrove. Adam no. Al cinema, il Dogma, lo sgobbo da una parte mi piaceva ma da un'altra non mi quadrava molto. Credo che la compagnia mi stesse un po' sul cazzo per il loro approccio avido e infame, e con i colleghi, vabbè, era abbastanza un circo. Inizialmente ero stato entusiasta all'idea di lavorare per il Dogma. Lo consideravo, a modo suo, un servizio dell'industria cinematografica. Avrei dovuto immaginare tuttavia che nella città dove tutto - app, ristoranti, blogger, assicurazioni, diuretici, lassativi, centri sportivi, immobiliari, barrette energetiche, periodici, burro, noci, formaggio,... - era *award winning* -

sa poi il cazzo chi dava 'ste migliaia di premi - non era tutto oro quello
che luccicava. Al colloquio per il posto di lavoro - che, a giudicare da certi
colleghi, avrebbero dato tranquillamente a qualsiasi stronzo lobotomizzato -
ti rifilavano una marea di stronzate.

«A noi interessa la qualità dell'esperienza» ti sbanfavano addosso seguendo
un copione recitato almeno un migliaio di volte. «Non ci aspettiamo certo
di fare i numeri di altre catene di multisala concorrenti tipo quella o quell'altra.
Però ci vantiamo di offrire il miglior servizio e la migliore esperienza in termini
di qualità». Certo come no. Intanto nessuno dei *branch* di Londra aveva
un proiettore per pellicole 70mm, e al posto degli *IMAX* avevano degli schermi
chiamati *Titan* che erano sì grandi, ma agli *IMAX* veri facevano una pippa.
Era come paragonare una *Foster* a una *Guinness*, la moca al solubile,
il *Tavernello* a un *Barolo*, il culo di Sasha Grey a quello di Taylor Swift.
Avevamo le paghe più basse di tutta Londra ma le promesse e le premesse
non mancavano.

«La compagnia vuole costruirsi sulle persone al suo interno».
Poi ti mostravano le slides spiegando con l'organigramma amministrativo
che il COO, il CFO, PDC, il DBaG avevano cominciato proprio
come te in qualità di semplici e super sfruttati *Customer Assistant*.
E da come veniva gestita la compagnia potevo giurare che se avevano fatto
carriera al suo interno dovevano essere delle spregevoli serpi piendimmerda
senza neanche troppe aspirazioni.

Nicole, una delle mie coinquiline francesi, stava cucinando una brodaglia
precotta con delle specie di spaghetti. Corinna, coinquilina napoletana, entrò
in soggiorno con le buste della spesa e lanciò un'occhiata disgustata alle spalle
della francese mentre la oltrepassava per mettere in frigo dei tortellini
e del formaggio.

«Sì, insomma» dissi ad Adam al telefono dando gli ultimi tiri alla sigaretta
ormai quasi bruciata fino al filtro prima di rientrare in casa. «Non è il massimo
ma almeno guadagno qualcosa e mi tengo occupato».

«E i colleghi?» domandò Adam.
Dio storto. I colleghi. Il giorno dopo, secondo la *rota*, dovevo condividere
il banco per sei ore con il collega che avevo soprannominato Don Vito.
Un fallito con una gran chiacchiera e un grattaculo impareggiabile. Mai stato
un fan dei chiacchieroni. Molti di questi ti prendono per sfinimento,
distraendoti dalle cose importanti, con il loro vomitarti addosso tonnellate
di merda inutile. A Don Vito piaceva sparlare della compagnia. Ti parlava
con quest'aria da *gangsta* e uomo vissuto, era cresciuto tra i casoni popolari

di Edgware Road, prima che ripulissero per bene il vicinato. Era solito raccontare cosa avrebbe fatto più in là con la sua vita e la sua perspicacia. La sua recita faceva presa giusto con l'ingenuità dei ragazzini che si bevevano il suo portamento da maschio alfa, ma quelli un po' più accorti - sottoscritto compreso - l'avrebbero preso spesso e volentieri a sberle.

«Sì, sono a posto» risposi ad Adam.

Salendo le scale per andare in stanza salutai con un cenno del capo Vinicio, un coinquilino della capitale dello stivale, che stava scendendo probabilmente per prepararsi la cena con qua la sua cassa bluetooth che sparava *Ligabue* a tutto spiano. Se la trascinava dovunque quella cazzo di cassa.

Almeno, pensai, il collega soprannominato Vladimir era *off*. Uno stronzo in meno da sopportare. Vladimir era l'opposto di Don Vito: lo schiavetto perfetto. E rompicoglioni. S'ammazzava di lavoro e correva di qua e di là tutto il tempo. E quando non era occupato a cercare di farsi vedere indaffarato si lamentava in continuazione, coi colleghi o col manager di turno. Sembrava la zoccola di una soap opera di bassa lega: sparlava sempre di qualsiasi stronzo fosse assente. Fintanto che si sbatteva i manager lo lasciavano fare, e anche se di nascosto giravano costantemente gli occhi al cielo si scialacquavano tutte le sue menate. Vladimir stava sul cazzo praticamente a tutti. All'ultimo turno che avevamo avuto insieme - dato che ero l'unico che ogni tanto riusciva ad andare d'accordo col bastardo perché mi sbattevo anche io e avevo capito che il coglione probabilmente aveva una parziale sindrome di *Peter Pan* e un disperato bisogno di approvazione - l'avevo preso di petto quando si era intromesso con dei clienti proponendo un'offerta diversa da quella che stavo suggerendo io. Quando la fila al banco si era dissolta mi ero messo davanti a lui faccia a faccia.

«Senti, non si fa così. Punto primo uno non si intromette nelle vendite di un collega, per principio, rischi di farlo sembrare un incompetente, e anche se è il caso aspetti un momento di calma come ho fatto io e poi puoi esprimere il tuo punto di vista o lamentarti coi manager; secondo, la mia offerta era molto più conveniente per loro di quella che gli hai rifilato tu».

«Ma quella che ho suggerito io aiuta i nostri *Score*».

Il Dogma aveva una gerarchia piramidale, e tutto si basava sui numeri, e sull'*upselling*. Gli stronzi dell'headoffice erano ossessionati dall'*upselling*. E, se le cifre non quadravano con i margini di tolleranza che avevano fissato, s'accanivano con email sui manager di turno che a loro volta si accanivano sui dipendenti. Alcuni colleghi con meno carattere arrivavano addirittura a commettere delle manovre truffaldine, sicuramente non etiche e talvolta probabilmente illegali. Come ad esempio far pagare per una combo *Large*, anche se avevano servito una *Small*, per far contenti gli avidi figli di puttana che bramavano i loro bonus del cazzo coi loro *Score*.

«Non mi frega un cazzo degli *Score*! Non me ne fotte una sega di quei coglioni con le loro torte e torri excel, qui la gente viene per vedere i cazzo di film, e pagano uno sproposito per farlo, e quello sproposito tiene l'industria cinematografica in vita, questo è il cazzo che mi interessa… non gli *score*!»

Dubitavo che la ramanzina fosse servita. Vladimir quando veniva ripreso per aver fatto una cazzata, o se qualcuno gli faceva notare che una cosa si poteva fare meglio di come l'aveva fatta lui, sfoderava il suo atteggiamento infantile offeso da checca isterica. E checca lo era veramente, carta da vittimismo gratuito che non si faceva scrupolo a giocarsi quando gli girava nonostante a nessuno fregava se preferiva incrociare le spade con altri uomini invece di silurare la guaina.

Dopo una giornata passata con questa gente, tra alti e bassi, volevo sempre sfogarmi un po' con la console di Zemar ma spesso ero troppo cotto per andare da lui e poi tornare a casa. Mi piaceva la città ma iniziavo a farmi l'idea che se non stavo attento m'avrebbe mandato a terra.

Tony, il sardo, il debosciato, il satellite della casa bussò alla porta della mia stanza.

«Sto al telefono, che vuoi?»

«Ascolta Alex, posso usare il tuo sale? Mi son scordato di comperarlo».

E non era la prima volta.

«Tranquillo, prendi pure».

«Grazie fra, faccio un po' di pappardelle, se vuoi favorire dopo scendi giù».

«No, grazie, devo uscire».

«Ok, be' se vuoi anche solo un assaggio veloce prima di uscire, non farti problemi».

Sentii il pavimento scricchiolare mentre si allontanava e scendeva le scale. Mi chiedevo come cazzo facessero a stare in piedi le case di 'sta città.

«Alex, comunque pensavo di venire a trovarti» riprese Adam al telefono.

«Serio?»

«Sì».

«Quando?»

«Mese prossimo, ho pausa da scuola per studiare per gli esami».

«E vuoi venire a Londra?»

«Pensavo».

«E se invece chiedo libero e andiamo da qualche altra parte?»

«Tipo?»
Ci pensai un po' e l'occhio mi scappò sullo scaffale dove tenevo alcuni libri.
«Edimburgo?»

Alex accettò l'invito di Zemar a unirsi a lui e Yasir per una serata al Tiger Tiger. Era stanco ma pensò che una serata fuori gli avrebbe fatto bene. Voleva allontanarsi dai coinquilini e dai colleghi, con i loro consigli e le loro formule per azzeccare il cavallo vincente. Non era facile sapere come prendere Londra. Se sbandavi troppo ti poteva divorare. Te la dovevi sudare e guadagnare, la vita, a Londra. Spesso conduceva lei. Dovevi accettare il ruolo di prima dama, lasciando a lei quello di cavaliere. Quelli che arrivavano pensando di fare il bello e il cattivo tempo non avevano capito un cazzo. Quelli che pensavano bastasse mettersi a novanta per il resto della loro esistenza, anche meno.

Scesi a prendere una *Red Bull* nel frigo prima di uscire. Jenny, Vinicio e Danilo erano al tavolo con rispettivamente una cioccolata calda, una paglia e dei crackers. Stavano parlando di Tony. Lo sapevo dalla faccia che avevano dentro: grugno scazzato. Il cazzaro stava pisciando fuori dal vaso troppo spesso. Aveva preso cose non sue in casa, senza chiedere o dire niente. Faceva un baccano infernale ogni volta che era nei paraggi ed era chiaro a tutti che le sue serate, e le sostanze che prendeva per reggere ritmi assurdi di turni di lavoro e sbrago, gli stavano sfuggendo di mano. Jenny, la ventiquattrenne bolognese che lavorava da *Starbucks* e si era trasferita nella City per affinare il suo inglese, fu l'unica che mi degnò di un sorriso. Ricambiai ma cercai di agguantare l'energy drink e svignarmela più in fretta possibile sperando che non m'intrappolassero nella conversazione. Non ne avevo per le palle proprio. Vinicio si lamentò.

«Cioè, capisci, non è nemmeno per il barattolo in sé, ma il gesto e il principio proprio. Cioè ma chi cazzo sei? Ma come te permetti?». C'aveva ragione. Danilo, l'*Apple Genius* pugliese, s'aggiunse al coro.

«Ma poi hai visto come sbatte le pentole e tutto quanto quando cucina? E poi urla sempre quando parla». Rapporto accurato.

Non riuscii a non soffermarmi a guardare Jenny mentre diceva la sua. Jenny era bella, e mi piaceva il suo carattere. Era bilanciata e aveva un'intelligenza sociale lodevole. E quegli occhi enormi, di un colore tutto loro, contenevano delle galassie intere.

«Ma poi scusate ma l'avete visto? Sta sempre fatto sta. Cioè io non è che mi sento proprio tranquillissima con questo qua in giro». Lo disse con tono affabile, rilassante e melodioso. Senza rabbia, senza isterismo, senza arroganza.

«Tu Alex cosa ne pensi?».

Cazzo. M'ero distratto. Mi mobilitai per darmi alla fuga. Passando accanto al lavandino della cucina non potei fare a meno di notare il macello di pentole sporche che Tony aveva usato per cucinare le sue pappardelle. Scossi la testa e, lasciando il soggiorno per andare in bagno prima di uscire, lasciai un solo commento.

«Bisogna parlargli, non c'è altro modo».

'Sti discorsi erano ormai all'ordine del giorno. E a me cagavano il cazzo perché rimanevano circoscritti nel dire le stesse cose in assenza del soggetto principale

delle conversazioni. Un inutile spreco di tempo. Nella rotta verso la porta
d'entrata quasi finii per sbattere contro Nadine, l'altra coinquilina francese.
Lavorava in un pub nei pressi di Soho. Doveva essere il suo giorno libero.
Era tutta sudata e indossava dei leggings grigio scuri con la scritta *Nike*
fosforescente su una coscia, delle scarpe da corsa azzurro elettrico, rosa e giallo
acceso e un giacchettino nero, i capelli rossi raccolti in una coda di cavallo.
«*Sorry*».
«No, no, *pardonnez moi*» sorrisi.
Dalle scale scese anche Nicole che stava al telefono. Fece ciao con la mano
e si sedette su uno scalino. Si piazzava spesso in mezzo alle scale a parlare
al telefono. Nicole era un tipo alternativo, di quelli tra il vagamente gotico
e il bohémienne. Aveva una camminata a papera, un bel culo e un affascinante
viso dall'aria affranta. Studiava Marketing in una qualche scuola o università
o salcazzo e di tanto in tanto si guadagnava qualche spicciolo facendo la PR.
Nadine era più da abiti sofisticati e *sporty*. Aveva un visino da volpina,
che alle volte mi faceva fare dei viaggi con la mente in posti proibiti
che garantivano l'accesso diretto per l'inferno senza passare dal via. Il problema
era che anche loro erano spesso il soggetto di alcune discussioni all'interno
della casa. Problemi di igiene. Nicole era impossibile difenderla. Lasciava
sempre merda nel lavandino, e una volta ero entrato in camera sua per darle
del tabacco e mi ero sorpreso di non averci trovato Belzebù a riprendersi
le sue mosche pestilenziali. Su Nadine mi riservavo il diritto di avere
i miei dubbi nonostante l'accanimento di Jenny e Corinna. L'avevo vista
con la sua chioma rossastra, quel visino malizioso, con indosso
delle autoreggenti abbinate a degli stivaletti col tacco e un gonnellino.
Per questo il mio giudizio a proposito dell'alleanza campana-bolognese
era in qualche modo offuscato e diffidente. Sgattaiolai nella pioggerella serale,
marciando per le strade umidicce, per andare a prendere il bus
che mi avrebbe portato in centro.

Esterno, notte. Panoramica sulla città di Londra, velociz-
zata per trasmettere il senso di frenesia e brulichio delle
anime imprigionate nella metropoli. Stacco sulle strade.
Ragazzini tirati a lucido che sorridono, fatti e un po'
bevuti, lungo le strade; buttafuori impettiti, con auri-
colari e il tesserino distintivo al braccio, che sorve-
gliano l'entrata dei locali; ragazze in abiti succinti che
ridono in faccia alle temperature ostili e sgambettano,

alcune con più grazia di altre, per le strade tenendosi a braccetto; senzatetto sconsolati, seduti e coperti alla meglio da sacchi a pelo, giacche pesanti e cartoni; fashion designers in abiti stravaganti; rampolli della finanza in completo; *goldiggers*; giovani camerieri e baristi nel loro giorno di libero, travestiti da ricchi; studenti che devono contare ogni *pence* che spendono e studenti che invece non si sono mai preoccupati del resoconto della carta di credito che usano con indifferenza; turisti; dannati, che vanno o tornano dal turno di lavoro. Europei da ogni angolo del continente; neri; asiatici e mediorientali. Latini. Checche. Prede, predatori e vittime. Volti della disperazione distribuita su vari livelli, categorie e intensità. Non mancava mai niente nelle notti londinesi. I bus transitavano con la solita arroganza dettata dalla loro stazza enorme e dalla fretta della gente di andare da un posto all'altro. Fiumi di gente continuavano a entrare e uscire dalle fosse della metropolitana.

In mezzo alla colorita marmaglia di soggetti in coda per entrare al Tiger Tiger c'erano Zemar, Alex e Yasir. Zemar tentava, a fatica, di non permettere al suo sorriso conciliante di esaurirsi. Alex era intento a studiare con rammarico il volto esausto del suo amico, e con diffidenza il grugno beffardo di Yasir che saettava di qua e di là con aria di sfida.

Erano settimane che mi sentivo stanco. Faticavo a mettere a fuoco qualsiasi pensiero e la cosa mi infastidiva. Odiavo quella sensazione, di totale mancanza di controllo e padronanza su quello che succedeva e quello che facevo.
Mi piaceva l'adrenalina, mi piaceva il rischio, mi piacevano le sfide, ma solo quando mi sentivo al pieno delle mie forze. Avrei voluto un massaggio.
Un corpo che mi abbracciasse e rimettesse insieme le ossa. Mi dava fastidio anche l'idea di sentire un bisogno del genere. Non mi piaceva l'idea di essere vittima di un qualsiasi tipo di dipendenza. Sentivo ancora un po' l'amarognolo in gola. Mi ero dato un aiutino in bagno prima di uscire per gestire la serata.
Idea non proprio brillante. Guardavo Yasir che, mani in tasca, ogni tanto alzava il cranio nella mia direzione, tipo a dire "cazzo vuoi?".
Toccavo solo sporadicamente la console di Zemar.

E ogni volta quel buonannulla di suo fratello stava in giro per la casa
a guardarmi storto. Che problema aveva lo stronzo?! Ero stanco. Dovevo
rimettermi in sesto. Irina. Chissà dov'era. Avevo addirittura quasi voglia
di chiamare Ari. Non avevo voglia di rispondere per contro ai messaggi
dei miei amici e dei miei vecchi che scrivevano dal Borgo. Ero preso male.
E non sapevo cazzo farci. E ora eravamo in coda, col freddo porco che
penetrava la giacca e mi lacerava la pelle. Una cliente del Dogma l'altro giorno
m'aveva detto, tutta felice e sorridente, che agli inglesi piace stare in coda.
Per andare al Tiger Tiger, oltre a farmi una fottuta odissea con il bus, dovevo
passare davanti al Dogma. Mi dava su il nervoso anche quello. Non sempre.
Alle volte era anche interessante. Londra era piena di stralunati. Alcuni erano
solamente dei coglioni pieni di sé che credevano che la loro stravaganza avesse
un fascino irresistibile, altri erano semplicemente bruciati in testa senza
speranza di recupero alcuna. Però alcuni erano originali e gradevoli.
Tipo il vecchio russo che veniva quasi ogni giovedì a vedersi un film, prima
o dopo aver fatto la spesa. Era vestito come uno straccione ma secondo me
doveva avercene di grana per venire a spendere quella fresca da noi
sanguisughe del Dogma tutte le settimane. O forse era così che aveva scelto
di sputtanarsi la pensione. Si cimentava spesso nell'offrire perle di saggezza non
richieste al soggetto di turno dietro alla cassa. I colleghi cercavano di troncare
i suoi monologhi in modo sbrigativo. Io il più delle volte invece gli davo corda.
Anche se il bastardo guardava fuori male - che i vermi dovevano già avere
il banchetto pronto da qualche parte - le sue sparate erano solide e lucide
nella loro semplicità, e difficili da confutare. Alla sua ultima visita mi aveva
detto che *Satana* ti parla nel sonno dicendoti che se menti, uccidi e rubi avrai
tanto oro, e che però dopo alcuni anni - e questo *Satana* ovviamente
non te lo diceva manco per il cazzo - ti avrebbe preso l'anima.
E disse che queste persone che decidono di dargli retta, perdendo la retta via
o salcazzo, sembrano felici ma dentro sono depressi. Ovviamente poi c'era
stata una scivolata del tipo che l'uomo non deve perdersi dalla via che *Dio*
gli ha dato, o una stronzata del genere. Da hooligan dell'ateismo avevo sempre
un certo astio nei confronti di queste idee che presentavano termini come *Dio*,
Satana o *Gesù*. Però sostituendo per esempio il termine *Satana* con "bramosia"
e/o "egoismo" e/o "vanità" e/o "infingardaggine" tutto il discorso
acquistava un certo senso.
Il locale era affollato. Tra quelli della sicurezza che facevano entrare la gente
col contagocce mentre controllavano le carte d'identità e le borsette,
tra la coda anche per mettere le giacche nel guardaroba, c'avevamo messo

troppo a mettere mano ai nostri drink. C'era una bella fauna. Non mancava
niente dell'ordinaria amministrazione. C'erano ragazze e c'erano ragazzi.
Il popolo della festa notturna. Un'orgia di aborti mancati. La coca era entrata
in circolo. Mi sentivo bello sveglio e pronto a conquistare il mondo. Con Zemar
chiacchieravo allegramente, ma ogni volta che avevo a che fare con Yasir
mi saliva il Vinnie Jones. Cercavo di ignorarlo. Ma ero su di giri
e non me ne fotteva un cazzo. Avrei avuto tutto il tempo il giorno dopo
per rimproverarmi. Yasir sembrava altrettanto in pista. La sua ghigna
non mi piaceva in generale. Quella sera anche meno. Doveva essersi fatto
un po' di polvere anche lui. Da quel grugno merdoso di un cane che ringhia,
era passato alla molestia gratuita. Stavo vicino a un pilone, a parlare di ragazze
con Zemar la cui camicia bianca cambiava continuamente tonalità con le luci
che ballonzolavano per il locale. Yasir non sembrava molto esaltato
dell'argomento. Sembrava in attesa di un cenno, un segnale, il momento
di poter irrompere anche lui nella conversazione. Colse la palla al balzo quando
spostai la discussione sulla musica, lamentandomi di quanto mi scazzava
non riuscire a passare più spesso a casa sua per sfogarmi un po' con la console.
Yasir mi mise un braccio intorno al collo come in quei film di gangsters,
dove il picciotto di turno arriva e t'abbraccia. E l'ultima cosa che sai è che ti sta
sbattendo i denti sulla prima superficie solida che trova.
«Ma dimmi un po', com'è che mio fratello è diventato il tuo sponsor?
Cioè puoi entrare come cazzo ti pare a casa nostra, usi le sue cose…»
Se voleva seminare zizzania aveva scelto il momento giusto. Non ero disposto
a ingoiare la merda di nessuno quella sera. Avevo anzi una buona dose
di irritazione generale da smaltire. Avrei preferito il solito smaltimento lento,
interno. Ma se mi voleva offrire la possibilità di liberarmene
con una inopportuna scorciatoia l'avrei imboccata senza esitare.
«Be' perché, tu gli paghi l'affitto?» risposi provocandolo apertamente.
Zemar aveva fiutato il clima e s'era immediatamente alterato per calmare gli animi.
«Io sono suo fratello!» constatò.
«Ah quindi perché lo schizzo di vostro padre è finito più di una volta dentro
la stessa figa tutt'a un tratto quello che è probabilmente uscito
con lo scarto ha dei privilegi?»
La famiglia era sempre un classico. Colpiva dritto dove doveva. Mi dispiaceva
che anche Zemar avesse sentito, ma in quel frangente tutta la mia attenzione
era rivolta a Yasir. Avevo un paio di centimetri scarsi di svantaggio sulla statura
e il ragazzo era decisamente più robusto e piazzato di me, che ero sullo smilzo
andante. Questa fu la mia rapida valutazione quando gli occhi infuocati

del ragazzo mi si piantarono in faccia, mentre mi afferrava per la camicia.
Zemar provò a racimolare un po' di autorità, cercando di scoraggiare questa
nostra voglia malsana di sputare fuori un po' di veleno. Ma la sua aria
amareggiata non stava facendo presa. I bassi di una canzone raggaeton
riempivano il locale rimbalzando tra le pareti attraverso i corridoi e mi resi
conto che stavamo attirando troppi sguardi. Mi calmai un attimo, senza
rinunciare a mantenere un atteggiamento di sfida farcito
con un sorriso derisorio.
«Che problema avete? Eh?!»
Zemar liberava frasi del genere nell'aria tesa e pesante che aleggiava, ma queste
venivano ignorate sistematicamente. Eravamo sospesi in una specie di limbo
e la cosa mi dava fastidio. Decisi di scuotere la situazione
in modo stupido e immaturo.
«Cosa vuoi fare ritardato? Vuoi spostare la discussione fuori?»
Il volto di Zemar abbagliato da luci rosa, azzurre e flash, si distorse
in un'espressione di delusione quasi paterna. Il senso di colpa mi fece quasi
far marcia indietro ma Yasir buttò un altro po' di benzina sul fuoco.
«Dopo di te mezzasega».
A quel punto Zemar tentò l'ultima cartuccia. Se ne andò in modo plateale
sperando lo seguissimo.
«Quindi volete fare i coglioni?» Dopo essere stato ignorato per l'ennesima
volta si allontanò definitivamente. «Io in mezzo ai deficienti non ci voglio stare.
Possibile che non siete capaci di godervi una cazzo di serata? Che problemi
avete? Siete entrambi delle teste di cazzo… e degli ingrati».
Si allontanò portandosi appresso la sua pacifica e rassegnata frustrazione.
Quella parola, "ingrati", aveva colpito sia me che Yasir, ma nessuno dei due era
dell'idea di mollare neanche mezzo centimetro. Finii la birra, e feci un cenno
col capo verso l'uscita.
«Allora? Che dici? Tuo fratello è andato, spostiamo la discussione
da qualche altra parte?»
C'avviammo a muso duro verso l'uscita, attraversammo un paio di strade
per raggiungere un parco situato in una zona residenziale del centro piuttosto
tranquilla e silenziosa. Ci ritrovammo uno di fronte all'altro. Il vento freddo
ci colpiva in faccia e faceva stridere alcune lattine vuote per strada.
L'adrenalina stava montando.
«Allora buono a nulla… abbaiare hai abbaiato… vuoi vedere quanto vali?
Ti senti frustrato perché sei palesemente il rampollo senza sugo, senza palle,
che non vale un decimo del fratello?»

Yasir mi si lanciò contro e non riuscii a schivare completamente il primo cazzotto che mi strisciò l'orecchio, facendolo bruciare. Non abbastanza da sconcentrarmi. Riuscii a neutralizzarlo parzialmente con metà del torso e un braccio. Con l'altro gli piantai un montante nella bocca dello stomaco. Lo sentii perdere il fiato per un momento, almeno sapevo che non era fatto di pietra. Yasir non si scoraggiò e mi piantò una ginocchiata nelle costole. Questa la sentii, e come. Mi piegai di riflesso e lui ne approfittò per infierire ancora sulla parte del torso scoperta ai lati, piantandoci un pugno. Feci due passi indietro veloci per riprendermi. Adesso ero incazzato. Il cuore pompava sangue nei muscoli e i nervi si tendevano senza che potessi farci niente. Mi lanciai con impeto in avanti a guardia chiusa, pronto a incassare qualsiasi colpo, mi bastava poter liberare il mio. Gli esplosi davanti, ignorando i due colpi deboli che aveva tentato di mollarmi contro la guardia chiusa. Lo presi per la camicia e gli piantai due ganci sullo zigomo che lo fecero barcollare indietro. Ero pronto ad avventarmi su di lui per scaricargli addosso abbastanza colpi da mandarlo a terra, ma lui con un calcio istintivo piantato a casaccio mi prese in piena pancia. Quindi mi si lanciò contro, pronto a farmi pagare lo scotto, ma lo vidi in tempo e all'ultimo mi lanciai contro di lui per fare in modo che i suoi colpi non arrivassero dove voleva. Con l'effetto sorpresa, mentre entrambi respiravamo affannosamente, riuscii ad afferrarlo e fargli uno sgambetto. Vista la foga, il risultato fu maldestro. Piombammo entrambi a terra come sacchi di merda. Lui aveva decisamente più massa e potenza ma il mio vantaggio era che ero veloce. Riuscii a mettermi in una posizione di favore sopra di lui e non gli rimase che incassare un pugno sul naso che lo fece lacrimare e sanguinare. Mi fermai con un pugno a mezz'aria.
«Devo continuare?»
Sbanfò qualcosa che non riuscii a comprendere nella sua lingua. Nessuna idea se mi stesse maledicendo o dicendo ok o salcazzo. Non sembrava comunque intenzionato a ribellarsi, quindi mi rilassai un momento. Fu allora che approfittò per far leva, rapidamente, sbilanciandomi. Mi si avventò contro. Gli presi entrambe le braccia per non permettergli di colpirmi ma lo stronzo mi piantò una craniata sul naso. La vista si offuscò. Potevo vedere gli omini, tipo *Esplorando il Corpo Umano*, che correvano lungo i neurotrasmettitori e piantavano ciascuno un colpo d'ascia nel cranio. Persi un po' di forza anche nelle gambe e m'accasciai. Appena ripresi coscienza sufficiente per realizzare come ero messo mi chiusi aspettandomi di venire investito da una raffica di colpi, ma non accadde nulla. Alzai lo sguardo. Yasir mi guardava piegato sulle ginocchia. Pausa. Mi misi seduto a recuperare fiato.

«Siamo a posto?» domandai.

Yasir con la faccia scombinata annuì e si sedette. Riprendemmo fiato in silenzio facendo scendere l'adrenalina e massaggiandoci le parti del corpo che ci dolevano. Una coppia di giovani asiatici con degli abiti estremamente larghi e delle scarpe le cui suole sembravano delle zattere di gomma bianca ci oltrepassarono, a testa bassa con passo veloce.

«Ti va una birra?» chiesi.

«Non ho proprio voglia di entrare in nessun locale ora».

«Oh nemmeno io, pensavo di prendere qualcosa da *Tesco* e bercelo fuori da qualche parte».

Yasir guardò l'ora.

«Non te la vendono più adesso la birra da *Tesco*».

«Credo che questo qua dietro smette di vendere alcol presto solo il venerdì sera».

«Andiamo a vedere».

Il cielo si era sgombrato. Si potevano ammirare alcune delle stelle più vigorose, in grado di avere la meglio sull'inquinamento luminoso della City.

Ci appartammo nei pressi del St. James Park, su un blocco di cemento, con in mano una latta di birra ciascuno. Ne avevamo altre due ancora chiuse. Yasir si tamponava il naso con dei fazzoletti appena comprati.

«Secondo me ti conveniva comprare lo *Scottex*».

Rispose con un grugnito.

«Dunque, vogliamo discutere di che cazzo di problemi c'hai o teniamo la bocca tappata?»

«Ho deciso che c'hai le palle a posto».

Diretto e conciso. C'aveva le palle a posto pure lui.

«Sono un coglione ma non mi approfitterei mai di una persona come tuo fratello».

«È quello che ho detto: hai le palle a posto».

Sorseggiai della birra e accesi una paglia.

«Ne vuoi una?»

La prese e se l'accese. Sorseggiò un po' di birra. Ci passarono vicino due ragazze che ridevano chiacchierando. Una si ergeva su un paio di scarpe nere col tacco a spillo *Cayetano Gimenez*, indossava spesse calze nere, lunghe quanto un treno, un abito in maglia con decorazioni a tema scozzese dai colori scuri e un cappotto nero. Aveva i capelli rosso rame e un viso chiaro acqua e sapone. Era molto bella. Sospirai.

«Seguiamo quelle?»

170

Yasir rimase impassibile. Riflessivo.

«Corri dietro ad ogni pezzo di figa che vedi per strada?»

«No. Ma vorrei avere i mezzi e la speranza per farlo».

Yasir aveva smesso di tamponarsi il naso e guardava una volpe audace
che sfilava sotto un'inferriata del parco. Avevamo raggiunto il livello di intimità
sufficiente per prendersi a cazzotti e poi bere birra insieme ma non sapevo
quasi un cazzo di lui, e volevo sapere qualcosa di più.

«Ti scazza se ti faccio un mezzo interrogatorio?»

Yasir girò la testa verso di me inarcando un sopracciglio.

Poco a poco, si arrese alle insistenti domande di Alex. La
storia del ragazzo in Germania, poco fuori Francoforte, non
era stata soave come quella del fratello nel Regno Unito.
La famiglia che lo aveva preso in custodia aveva perso un
nipote in una missione "di pace" in Medio Oriente ed era
stata osannata per la determinazione a lanciarsi in questa
crociata sociale, e premiata con il sussidio per l'ado-
zione. Le istituzioni si erano rivelate troppo pigre o
troppo inefficaci o troppo prese dall'auto-commiserarsi,
lodarsi, baciarsi il culo e tirarsi segoni mentali per andare un po' più a fondo e cercare di capire se dietro una
situazione del genere non si celasse della frustrazione.
La natura aveva privato la coppia della possibilità di
continuare a procreare, con un'endometriosi per lei e un
criptorchidismo per lui. La strategia con cui intendevano
"integrare" Yasir era la stessa adottata da molti organi-
smi socio-politici per impartire la loro autorità: il ricatto. Sei "libero" di scegliere, ma se fai questo, noi
facciamo questo. Hai la facoltà di fare così, ma se lo fai
ti succede questo. Yasir era libero di non frequentare il
catechismo, ma in quel caso saltava tutti i pranzi e le
cenone dettate dagli usi e costumi pagano-cristiani come
il Natale, o la Pasqua. Yasir era libero di non frequentare
gli studi universitari discussi insieme, ma allora doveva
trovarsi un lavoro e portare a casa la sua parte di guadagno. Yasir era libero di non dedicarsi ad attività spor-
tive come il calcio, ma in tal caso le sue ore di aiuto
nella gestione delle faccende casalinghe aumentavano.

La coppia di poveri fessi infertili capitata a Yasir aveva cercato di catechizzarlo. La loro visione, distorta e mutilata, di valori come il sacrificio, la negazione di alcuni piaceri e una poco convincente umiltà, non aveva fatto presa quanto sperato. La gente lo faceva spesso: mascherava valori abietti, distorcendoli in virtù e pregi, oppure gonfiava o minimizzava le cose a proprio piacimento, per il proprio interesse. Era un mondo di bugiardi. Le bugie e i bluff incrementavano il valore di mercato in varie occasioni, e in diversi campi. Ma tirarsi una sega pensando ad Asa Akira e voler convincere il resto del mondo di averla scopata era una disciplina da autentici geniacci del male, ma in qualità di comuni mortali bisognava accettare il fatto di doversi confrontare, prima o poi, con la realtà. La "scienza" secondo *Facebook* suggeriva che le zone e l'intensità della materia cerebrale coinvolta dall'odio e dall'amore erano - se non le stesse - molto simili. Si poteva dedurre quindi che come nelle migliori storie d'amore, anche in quelle di odio, da cosa nasce cosa.
Yasir, che si era fatto un viaggio del cazzo sotto innumerevoli camion merci per scappare dalla terra deturpata della sua pace alla volta della terra promessa, covava voglia di vivere e impeto. La situazione in cui si era trovato si era tramutata in un ciclone di dubbi, rabbia e ribellione. In un contesto confuso come il suo si era tradotto nel bazzicare compagnie poco raccomandabili per compensare la negazione, nel dare fiducia ingenuamente a chiunque offrisse una prospettiva più allettante di quella proposta dai suoi tutori, e - soprattutto - nell'abbracciare una guerra personale contro il mondo. Era un ragazzo in gamba. Non si era fatto trascinare nel baratro di alcune brutte storie. Ma certe cicatrici rimangono. E il ragazzo ne aveva una collezione a cui la maggior parte della gente non sarebbe sopravvissuta. Alla prima occasione era fuggito dalla sua bolla di vetro d'allevamento ed era andato a cercare il fratello, nonostante *Asmodeo* e i suoi *Galb*, *Belfagor* e i suoi *Tagaririm*, sembravano aver allestito un rave nella sua testa, e si agitavano mentre cercava di liberarsi delle sue incertezze.

Quando lotti con certi mostri le opzioni sono quelle che sono: sperare che si dissolvano, anestetizzarli, o affrontarli in modo definitivo una volta per tutte.

Qualche giorno dopo stavo svaccato sul letto della mia stanza che dava sulla strada dove c'era l'entrata. Dalla parte opposta un raggruppamento di giardini di altre case, separati da alte staccionate, formavano una sorta di fortino. Ripensavo alla chiacchierata fatta con Yasir e al fatto che di lì a poco sarebbe arrivato Adam. Avevo i biglietti del treno per la tratta Londra-Edimburgo appesi all'armadio, con la vernice vecchia e rugosa che perdeva pezzi ogni giorno. Mi faceva male la pancia. I turni di lavoro mi avevano scombussolato i ritmi. Ne risentivano lo stomaco, i nervi, i muscoli, l'intestino, le palle e il centro comandi.
«Ne ho pieno il cazzo di un sacco di cose» avevo confessato a Yasir.
Si era limitato a squadrarmi.
«Mi girano i coglioni quando penso che c'è gente come te e tuo fratello, sai, che ce l'hanno avuta grama di brutto, e poi ci sono un sacco di stronzoni nati col culo al caldo che c'hanno la risposta a tutto, sai, manco sapessero tutto loro. Anche io, eh. Però c'ho quel minimo di umiltà».
«Forse è proprio quella che ti frega» aveva commentato sorseggiando dalla latta di birra quasi vuota.
«Non lo so. Non è che posso fermare quella sensazione che c'è qualcosa di sbagliato a comando. A sentir tutti uno dovrebbe approfittarne, trarre il meglio da qualsiasi posizione di vantaggio. Ma a me non suona mica sta storia. Potrei accontentarmi di un lavoro del cazzo, a casa, con una paga tutto sommato decente. E fare come tutti. Fottere gli altri meglio di come loro cercano di fottere te, scopare, spargere il seme. Poi magari vado in depressione e i soldi li giro a qualche stronzo che m'impasticca per evitare che infilo la testa nel forno col gas acceso».
Yasir aveva inarcato un sopracciglio. Io l'avevo guardato e avevo scosso la testa.
«Cioè ma chi cazzo me lo fa fare?»
Poi le latte erano vuote. Avevamo parlato un altro po'. C'eravamo avviati verso i nostri letti, promettendoci di organizzarci per fare delle scuse decorose a Zemar.

Alex si fece assumere in un pub ad Hampsted Heath, il Crown's Garden. Lo stronzo si era immerdato nella burrascosa corrente frenetica londinese dello stacanovismo compulsivo.

Ora le sue settimane erano sempre piene, e due giorni di libero per ricaricare le batterie non sembravano funzionare. Non riusciva a concentrarsi sulle sue neotrovate passioni. Era stanco e incazzoso.

A casa si era al picco di quello che il signor Tuckman avrebbe definito la fase di *storming*. Gli inquilini cominciavano a maturare le proprie simpatie e le proprie antipatie, e le tensioni non mancavano, anche per piccole seccature: rumore, occupazione eccessiva del bagno, vasca piena di scorie dello stronzo che si era appena docciato, quello che accusava l'altro di abusare del sapone per pulire le stoviglie e di non comprarlo mai. Troppe questioni venivano drammatizzate e ingigantite in modo puerile, per i gusti di Alex, che cercava di starne fuori. Quasi tutto ruotava intorno a Tony, che pareva fuori controllo.

Una mattina Alex si era alzato per prepararsi ad affrontare un doppio turno, al Dogma e al Pub, e già scendendo le scale aveva sentito un baccano del cazzo arrivare dal soggiorno. Tony era seduto al tavolo insieme a due colleghi con cui lavorava, come barman, vicino a Tottenham Court. Avevano indosso ancora i vestiti da uscita serale, con jeans sbiaditi, scarpe lucide, camicia e catenina d'oro. Erano sbronzi e fatti e discutevano a voce alta, troppo alta. Specialmente per le sette di mattina. Alex, scoglionato, che al mattino non ne aveva per il cazzo di interagire con qualsiasi essere umano, aveva messo il caffè sul fornello e si era preparato una ciotola di cereali col latte. Si era piazzato al tavolo e aveva salutato, sperando che lo lasciassero in pace. Gli venne il male di vivere sentendo le cagate che si raccontavano. Quando guardavano nella sua direzione Alex provava a scoraggiarli dal rivolgergli la parola con delle occhiatacce. A una certa avevano scaldato un piatto nel microonde, avevano diviso un po' di piscia di gatto in diverse righe, e gli avevano chiesto se volesse favorire. Alex si era limitato a scuotere la testa. Uno dei due compari di Tony non ce l'aveva fatta più a ignorarlo. Alla fine di una frase che finiva con «... cioè io mica c'ho voglia di fottere gli altri, però hai capito compare, se tu non fotti gli altri quelli comunque fottono te, e quindi se non ti affanni a fotterli tu rimani fregato come un povero coglione…» si era rivolto ad Alex e aveva aggiunto «… ho ragione o no?»

Non aveva proprio voglia di rispondergli che finora pareva che la tecnica non gli avesse portato granché bene, se stava in 'sto cesso di casa a tirar su bamba con altri due deficienti, invece di essere in un hotel di lusso in un paradiso dei Caraibi a chiavarsi una fregna da copertina di *Playboy*, per dire. 'Sti coglioni erano quelli che si facevano di coca per lavorare più ore per una manciata di *pound*, con un lavoro pagato al minimo, senza rendersi conto che con le ore extra e le mance si ripagavano a malapena la coca. I broker e i dirigenti di Canary Wharf lo facevano perché per loro equivaleva a un quarto d'ora di lavoro, e magari col contributo della polvere bianca una scommessa azzeccata si sarebbe potuta trasformare in un bel bonus. Ma 'sti disperati alla mercé dello schiavismo moderno proprio non si spiegavano. Idioti. Inutile provare a spiegargli che era proprio grazie a una mentalità da imbecille come la loro che una manciata di porci sgamati si permettevano di fare come cazzo gli pareva inculandosi tutti per davvero. Che erano i posti dove la gente aveva ancora un senso di bene comune e di spirito di sacrificio a vantaggio della comunità, quelli dove la qualità di vita permetteva a tutti di passarsela bene. Inutile. Per quanto gli fregava in quel momento potevano impizzarsi e schiattare. Voleva solo finire i suoi fottuti *Rice Krispies* e levarsi dai coglioni. Che poi rincoglioniti del genere era facile che la prendevano sul personale e gli toccava una discussione troppo impegnativa per fargli capire quanto erano cerebralmente menomati. Aveva alzato le spalle per non dargli ragione e non incoraggiarlo a continuare a parlargli. Aveva lavato piatto, cucchiaio e tazzina ed era salito a cambiarsi. Aveva visto scendere Jenny. Nei giorni seguenti si sarebbe parlato un sacco del comportamento e le abitudini di Tony.

Alex voleva semplicemente ributtarsi nel letto. Su e giù dal bus. Passare ore a sgobbare o far passare il tempo. Passare i giorni liberi in stato comatoso e la sera ammazzarsi di canne, qualche volta di birra, per essere sicuri di prendere sonno... uno sbattimento del genere non faceva bene al fisico, scheggiava la mente e soggiogava anche gli spiriti più ribelli. O quasi.

Londra era grigia. Enorme. Frenetica. E piena di gente, cazzo. E di animali.
Me ne stavo al computer a guardare con disappunto, su *Ebay* e altri siti, i prezzi di mixer e console. Ero salito da poco. Daniel era tornato da una serata con gli amici, ubriaco e fatto perso, e si era seduto al tavolo, dove io, Jenny e Vinicio stavamo chiacchierando facendo una partita a *UNO*. Aveva tirato fuori una banconota da dieci sterline, una bustina di coca, una carta bancaria della *Barclays* e aveva steso quattro righe. Una per ognuno dei presenti.
Io avevo fatto cenno che non m'andava. Vinicio, dopo un'alzata di spalle, era pronto ad approfittare della generosità etilica del coinquilino irlandese. Come per magia era apparso anche Tony, che sembrava avere il fiuto di un segugio per le situazioni grame e aveva cominciato a lavorarsi Daniel.
«*Yeah bro, yeah mate*, dove sei stato? Com'è andata?»
Jenny, scocciata dal nuovo entourage del soggiorno, aveva fatto saltare fuori dal pacchetto di *Marlboro* una sigaretta e si era alzata andando verso la porta vetri del soggiorno che dava sul giardino. Aveva cacciato un urletto e tutti c'eravamo girati per mirare una volpe che cazzeggiava nel nostro giardino. Niente di cui preoccuparsi. Per essere una città di questa mole Londra aveva una fauna interessante. Le volpi erano bruttissime. Anche al Borgo ce n'erano, ma avevano il pelo lussureggiante di un rosso vivo. Le volpi di città londinesi erano grigie e spelacchiate. C'erano i piccioni di merda poi. Piena l'aria. Erano piuttosto arroganti e strafottenti nella City. Un giorno avevo visto tre corvi prendersela con un piccione ferito, beccarlo e sbudellarlo in una traversa di Regent Street, in centro. La gente aggirava il banchetto, degno di un film horror, disgustata. A casa avevo riportato l'accaduto ad Andrea, Danilo e Jenny.
«Cazzo è stato mitico, ci vorrebbero più corvi in questa città».
Mi avevano guardato disgustati e scioccati. Amavo la maggior parte degli animali, ma gli insetti volanti - eccezion fatta per le api - e i piccioni mi stavano sul culo. Erano delle creature grasse, arroganti e parassite e spesso gli stronzi infierivano contro i passeri, che invece trovavo adorabili. Si fossero estinti non avrei battuto mezzo ciglio di cordoglio. C'era anche il problema

dei topi, una rottura di palle.

Poi c'erano gli scoiattoli. Avevo un debole per gli scoiattoli. Forse la cosa era legata alla mia infanzia. Mi erano sempre piaciuti un sacco *Cip & Ciop* e anche in uno dei miei cartoni animati *Disney* preferiti, *La Spada Nella Roccia*, la mia parte preferita era quando *Merlino* e *Semola* si tramutavano in scoiattoli. Mi piaceva quella loro aria un po' canaglia e allo stesso tempo tenera. Tipo quello che si era affacciato alla mia finestra in quel momento. Ci fissammo.

La stragrande maggioranza degli scoiattoli che cazzeggiavano per Londra erano scoiattoli grigi, d'importazione americana, una specie aliena che minacciava l'estinzione dello scoiattolo rosso, quello indigeno. Come quello che mi stava guardando addosso dal davanzale della finestra. Lo scoiattolo grigio era più grosso dello scoiattolo rosso, e con l'abitudine, nociva per quest'ultimo, di rubargli le scorte di cibo. I ciccioni rompevano il cazzo ovunque su questo pianeta.

Cercai di prendere, senza movimenti bruschi, il telefono per fargli un video o delle foto. Quello che mi riusciva. Ma il mio spettatore d'eccezione non sembrava temere la mia presenza o i miei movimenti. Sembrava quasi consapevole, in modo inquietante. Feci partire una registrazione video, nel caso decidesse di scappare da un momento all'altro. Potevo sempre ricavarci degli screenshot. Ma il roditore non sembrava preoccuparsi dei miei movimenti. Sembrava quasi entusiasta e graffiava leggermente il vetro della finestra. Mi avvicinai e riuscii addirittura a prenderlo con una specie di primo piano. Invece di scappare seguiva la mia figura lungo il vetro sporco che ci separava. Era una di quelle giornate grigie londinesi. Tirava un vento del cazzo. 'Sto poveretto mi faceva un po' pena. Era stranissimo. Non scappava. Sembrava voler attirare la mia attenzione.

STORIA A PARTE #3
The Death Of Me

Immaginate i seguenti avvenimenti con la cinematografia anticonvenzionale ed eccentrica di un film di Nicolas Winding Refn, tipo *Solo Dio Perdona* oppure *Valhalla Rising - Regno Di Sangue*.

Trovavo gli italiani un popolo colorito, eterogeneo e differenziato. Caotico. E nonostante alcuni alti e bassi, compresi i recenti tempi bui da cui si stavano riprendendo, li trovavo particolarmente portati per la settima arte. I migranti per eccezione erano presenti in molti dipartimenti anche ad *Hollywood*. Li frequentavo volentieri. Il ragazzo che si era occupato di supervisionare la post produzione dei miei ultimi lavori si chiamava Giovanni, ma tutti lo chiamavamo Joe. Era un ragazzo sveglio, laborioso e in gamba. Gli piaceva un sacco la musica Hip Hop italiana. Così in una delle varie sessioni di bevute e chiacchiere, in cui lo spronavo continuamente a parlarmi di lui e insegnarmi un po' la lingua - ero diventato abbastanza bravo -, mi ricordo che mi era piaciuto un sacco un passaggio di una canzone di un trio di ragazzi che si ascoltava lui di una canzone piuttosto ignorante ma divertente che diceva "sarà per una donna che finirò al cimitero". Mi ci trovo. L'avevo pure infilata di soppiatto dentro la sceneggiatura di quell'ultima opera, *Cult X*, a cui avevo lavorato e che non sarebbe mai stata realizzata - quantomeno non dal sottoscritto.

Non credo si siano sorpresi in molti ad apprendere che ero morto accoltellato da una prostituta d'alto bordo in un hotel a Praga. Non so a tutt'oggi se la tipa fosse una psicopatica, se fosse mossa da una motivazione personale che ignoravo o se fosse una professionista al soldo di qualche stronzo a cui avevo pestato i piedi. Sono intenzionato a scoprirlo, ma per ora i miei impegni e la mia situazione me lo impediscono.

Rivelazione a sorpresa - fui sorpreso anche io -: non finii semplicemente in un oblio, nell'oscurità, lasciando che tutti i miei ricordi, le mie cellule di memoria, si estinguessero, poco alla volta, in pasto ai vermi, o tra le fiamme di un crematorio. Presi atto che - forse - qualche stronzo, di quelli che sentono le voci e si scopano i bambini, avesse azzeccato due o tre teorie. Non mi fu difficile indovinare in che razza di posto sarei finito. Ero sollevato e intrigato dal pensiero, finalmente una nuova ed entusiasmante avventura.

L'Astro Nascente, l'Angelo Caduto - insomma sapete chi - non riceve tutti personalmente. Potevo ritenermi onorato.

Non mi sorpresi che il signore in questione era un tipo con le palle a posto e che mi garbava. Aveva una presenza che era una fascinosa contraddizione. Una raccolta ambulante di contrasti e bellezza caotica. Fece il suo ingresso con una camminata decisa e mascolina nel suo nerbo, e allo stesso tempo aggraziata e femminile nel suo charme. Gli indumenti che indossava sembravano fatti di un materiale sconosciuto. I *boots* erano una sorta di metallo o minerale filato di un colore scuro indefinito, i pantaloni erano una via di mezzo tra quelli di pelle da motociclista e dei jeans d'alta moda. Era a torso nudo, con il volto che sembrava in una continua mutazione d'espressione con un miscuglio di tratti che parevano la perfetta e armoniosa combinazione di tratti somatici di ogni tipo, in parte orientali, in parte meridionali, occidentali, e settentrionali.

Spiegò che si presentava ai nuovi arrivati sposando esteticamente quelle che erano le convenzioni attuali dell'epoca del momento della dipartita dell'ospite, ma teneva a far risaltare la sua preminenza. Infatti tutto il suo aspetto aveva un che di familiare ma era allo stesso tempo arcano, scultoreo, seducente e alieno. Chiarì immediatamente che aveva deciso di ricevermi personalmente per l'unica ragione per cui si scomodava ad accogliere anime fresche come la mia: aveva posti di lavoro vacanti nel Regno oppure piccole missioni su mandato da proporre e destinare. Senza troppe spiegazioni, mi annunciò di avere in piano di rispedirmi seduta stante su, in mezzo a quella manica di frementi, spocchiose teste di cazzo con un problema di egocentrismo che stava raggiungendo livelli di non ritorno. Nemmeno il tempo di gioire di questa nuova dimora, di questa nuova ottica e della prospettiva di innumerevoli nuove rivelazioni e sapere, che già venivo rispedito in mezzo a voi beceri ritardati del cazzo. Potete immaginare il disappunto. Forse era la mia punizione, se per qualcosa dovevo essere punito.

Sorrise mentre m'informava che sarei stato però rinviato sulla crosta terrestre in un "contenitore" un po' particolare. A proposito dei compiti che mi spettavano, le modalità di azione, gli obiettivi, e l'arsenale a mia disposizione fu a dir poco avido. Pareva intenzionato a mandarmi piuttosto allo sbaraglio, e la cosa non mi allettava troppo. Nelle vesti di filmmaker, per le mie opere, mi ero sempre avvalso con orgoglio e con successo del mio capacissimo e amatissimo team di produttori e assistenti per una fase di pre-produzione impeccabile. Le poche improvvisazioni erano riservate unicamente al lavoro coi miei protetti, gli attori e le attrici, e qualche nuova trovata ispirata a livello di inquadrature col Direttore della Fotografia quando era opportuno. Capirete quindi il mio disagio e il mio bisogno di elargire. Con la dovuta cautela.

«E se mi rifiutassi? Voglio dire, mi posso rifiutare?» credevo convenisse in via eccezionale, per una volta nella "vita", misurare le parole.

«Be'» rispose, con un sorriso calmo e beffardo, paterno e minaccioso, Lucifero. «qui optiamo per un autentico sistema democratico ovviamente, il libero arbitrio ci piace da queste parti».

Il sarcasmo nella sua voce era quasi confortante. Continuò. «Tuttavia qui, come là da voi, ad ogni azione corrisponde una reazione e ogni scelta porta con sé delle conseguenze. Per farla breve se, mio caro, dovessi scegliere di non venire ingaggiato nella missione abbiamo pronta la suite che ti è stata assegnata pronta a riceverti e ospitarti per almeno i primi cento anni della tua permanenza».

«Non sembra poi tanto male» commentai con la stessa ingenuità con cui i personaggi dei *Looney Tunes* sbattevano contro l'entrata finta di una galleria verniciata su un muro di mattoni.

«Vero. Piccolo dettaglio, non sarai solo. Questa è una suite condivisa. E il tuo coinquilino diverrebbe Griselda Blanco a cui come dono di arrivo è stata somministrata una forte dose di un composto uscito direttamente dai nostri laboratori che gode degli stessi principi attivi che si trovano nelle pillole *Gold Max* che si comprano da *Harmony* su da voi... Le conosci?»

«Sì: è praticamente viagra per donne».

«Esatto. Ed è praticamente obbligata a prenderlo due volte al giorno. Ora il suo destino per i prossimi anni è nelle tue mani. Può dividere la sua penitenza insieme a te, oppure la suite sarà completamente arredata con oggetti appuntiti, acuminati, taglienti e affilati e niente altro. Ci tengo tuttavia anche a sottolineare che insieme a questo composto le somministriamo altre sostanze alterne con effetti simili a quelli dell'alcol preso in dosi massicce, che insomma incidono sulle sue funzioni motorie e sul suo aspetto in termini di… massa corporea. Ha inoltre dei limiti pesanti sulla possibilità di curare la sua igiene e il suo aspetto in generale».

«Bene signor Lucifero, credo che a malincuore rinuncerò alla generosa offerta della suite e - mio malgrado - temo di dover lasciare la mia coinquilina abbandonata a se stessa, perché sono convinto di dovermi ritenere onorato che mi voglia coinvolgere subito in importanti mansioni a favore del buon funzionamento della sua, diciamo… azienda».

«Mi fa molto piacere. Dammi pure del tu. E, contrariamente alla credenza popolare, la mia parola - a differenza di quella di qualcun altro - ha un valore. Ci sono moltissime fonti in grado di confermarti che posso anche rendere la permanenza qui molto piacevole, addirittura meglio di quella dei concorrenti. A dispetto delle credenze popolari, sono provvisto di ottime virtù, tra cui, un'onesta gratitudine e un sincero apprezzamento per le collaborazioni».

Mi piaceva il socio. Tuttavia non ero estasiato. C'era una cosa che proprio non riuscivo a capire.

«Non che la cosa possa influire sulla mia scelta ormai fatta, sia chiaro, ma potresti almeno spiegarmi perché mi devo proprio reincarnare in un cazzo di scoiattolo?»

Esatto.

Non andate in panico ora. Non c'è niente di onirico o simbolico da capire. Nessuno sente le voci in questa storia. A parte voi, forse. Avete capito bene. Prendete questa cosa come un dato di fatto. Non mandate arrosto quel po' di materia grigia che avete a disposizione. Accettate quello

che sto dicendo, come ve lo sto dicendo. Quel *cazzo* di scoiattolo fuori dalla finestra della stanza di Alex ero io.
Avevo passato già due giorni a tentare di capire cosa dovevo fare in questa nuova forma. Quale fosse la mia missione. E ancora non lo sapevo. Sapevo che dovevo occuparmi
di Alex. Ma non sapevo come. Avevo scoperto che con questo
corpo da roditore mi muovevo in modo sublime, come fosse
stato sempre il mio. Ero il Jackie Chan degli scoiattoli.
Avevo tutte le capacità cognitive che avevo prima di tirare
le cuoia e un'inquietante nuova dote. Potevo sapere gli
avvenimenti vissuti da qualsiasi essere vivente capitasse
nel mio raggio e addirittura li archiviavo, senza nemmeno
accorgermene, a una velocità pazzesca. Coglievo anche più
dettagli di quelli che lo stesso malcapitato non ricordasse
o riuscisse a mettere a fuoco. Era come se avessi in testa
un computer telepatico diecimila volte più veloce di quelli
esistenti e una capacità d'archivio illimitata. Ero il *Neo*
degli scoiattoli. *Johnny Mnemonic* spostati.
Ma questo era quanto. Non potevo esprimermi in un modo
umano, questo l'Astro del Mattino si era raccomandato di
dirmelo, non potevo scrivere né niente, potevo essere uno
scoiattolo un po' speciale ma non troppo. C'erano delle
regole e stavo facendo già l'equilibrista sulla linea sottile di queste. Non potevo cazzeggiare. Una bella rogna
per uno come me che era abituato a dire la sua come e
quando cazzo gli pareva. Un vero e proprio prurito di coglioni. Tanto più che non sapevo esattamente cosa dovevo
fare e non ero abituato a non avere le cose sotto controllo. Forse era la mia punizione. Avevo il permesso di
entrare in contatto con Alex però. In quell'occasione, comunque, quando il nostro cazzaro aprì la finestra e tentai
di sgattaiolare dentro mi bloccò panicando.
«No, cazzo fai amico? Mica puoi stare qui, la tua casa è
lì fuori».
'Sto cazzo. E il mio culo secco da roditore si era ritrovato irrimediabilmente fuori. Ne avevo già pieni i coglioni di dover scappare da volpi e gatti e studiare il
comportamento degli altri scoiattoli per capire come so-

stentare questa nuova carcassa. Fottevo già sistematicamente il loro cibo. Una sorta di rivalsa per aver represso
gli altri miei fratelli scoiattoli rossi.

Di nuovo fuori al porco freddo di una Londra grigia. Lo
stronzo presto sarebbe andato a Edimburgo, così avrei dovuto rompermi i coglioni fino al suo ritorno e ritentare
l'arrembaggio. C'avevo il cazzo girato. Cominciai a canticchiare tra me e me la canzone di una band scandinava...
Because the devil is a loser and he's my bitch...

Sentii dei passi felpati e scorsi l'ombra di una volpe infame del cazzo sotto di me. M'arrampicai più in alto che
potevo sul tetto della casa. Il vento gelido si scagliava
contro la mia pelliccia mentre maledicevo tutti i santi e
tutti i dannati.

Il Dogma si dimostrava regolarmente un circo grottesco. Una collega con problemi di suscettibilità durante un turno di chiusura, aveva lanciato la griglia che usavano per cucinare gli hot dog in testa a Vladimir, che aveva avuto - a ragione - da ridire sulla sua competenza e il suo decoro visivo. La ragazzina era stata allontanata dalla compagnia. Molta gente non ce la faceva a reggere la City. Neanche la categoria di giovincelli e giovincelle veniva risparmiata. Anche se avevano negli occhi quella scintilla che mostrava come nelle loro teste regnassero grandi progetti e grandi auspici per il futuro. Alle volte crollavano. Anche Alex arrancava a mantenersi lucido e proficuo. Lavorare con i *Millenials* e la *Generazione Z* a Londra il più delle volte si rivelava un autentico prurito ai coglioni. Allevati, per la maggiore, dagli *Xers* e i *Baby Boomers* con troppa venia, con la testa infognata da troppe stronzate che la città gli rifilava. Ma non andavano deplorati in massa, i mocciosi. Sussistevano quelli più e quelli meno svegli, quelli più e quelli meno umili, quelli più e quelli meno lavativi, quelli più e quelli meno baldanzosi, e quelli più e quelli meno dall'aspetto e i modi gradevoli. Ai poveri bastardi mancava giusto qualcuno che gli desse una svegliata e gli spiattellasse in faccia qualche sprazzo di realtà nuda e cruda ogni tanto per riportarli sul pianeta terra, quando rischiavano di perdersi nel buco nero dei sogni a portata di mano. Possibilmente non qualche stronzo frustrato di mezza età con le ortiche al buco del culo - da "ai miei tempi" - che si scordava in modo molto conveniente che a quell'età era stato molto più rincoglionito di loro, che non era stagionato poi così bene, ed era incapace di realizzare che quelli della sua risma avevano contribuito a portare il genere umano ai livelli di menomazione odierni.

Ogni tanto Alex sentiva nostalgia del Borgo, ma solo ogni tanto. La sera prima che arrivasse Adam, in una morsa emo-

zionale etilica, aveva raccontato a Zemar e Yasir della
sua terra natale e degli amici che aveva lasciato laggiù.
Di quanto gli voleva bene. E che un sacco di gente, anche
gente con le palle a posto, era un po' snob. Ma che non
erano cattivi, solo un po' primitivi e non esattamente al
passo coi tempi per certe cose. Che gli sarebbe piaciuto
mostrargli il Borgo una volta o l'altra.

«Siamo pronti a cercare il cesso peggiore della Scozia!» esultai alzando
la lattina di *Punk IPA* sul treno. Adam non mi dava soddisfazioni su questo
fronte. Figurarsi se era in grado di cogliere il riferimento a *Trainspotting*.
Avevo recuperato il mio socio il giorno prima in Victoria Station. Trolley non
troppo grande, giacca rossa della *North Face* con cappuccio peluscioso,
berretto a tinte calde delicate - tanto sottile e aderente da farlo sembrare
una specie di rabbino hippy -, blu jeans chiari e un paio di stivaletti
della *Lacoste*. Era entrato in scena con la sua camminata spavalda, slanciata
e sicura, ammiccando con aria penetrante alle tipe che incrociava, suscitando
spesso un palese interesse. Aveva quel marchio. Non avrebbe stonato messo
sulla pagina di una qualche rivista con addosso un completo di marca a fianco
di Robert Downey Jr., Bradley Cooper, Jake Gyllenhaal o David Beckham. Le tipe
non sembravano notare quegli attimi dove il suo volto assumeva quell'aria
ingenua da bambinone rincoglionito, distratto da salcazzo quale pensiero
lo solleticasse. O forse era parte del suo armamentario. Ci prendemmo
per il culo dopo un minuto.
«Sei andato ad un mercatino di giudei fatti di acido?»
«Ma la barba te la fai ogni tanto o non hai tempo perché sei impegnato
a tirarti le seghe tutto il tempo?»
«Mi raccomando, non romperti niente in sti giorni». Adam era noto per essere
un appassionato sportivo e altrettanto noto per essere fatto di cartapesta, visto
che non riusciva a rimanere non infortunato per più di tre mesi alla volta.
«Mi vedo già che ti sloghi l'uccello mentre stai deludendo una povera donzella
ingenua che aveva aspettative ben oltre le tue possibilità di performance».
«Almeno trovo un posto dove infilarlo che non sia la mia mano».
Avevamo continuato così per buona parte del tragitto verso casa. Avevamo
un po' di arretrati da recuperare. Quando aveva visto la stamberga in cui
abitavo era rimasto scioccato. Per la persona media del Borgo era un'esistenza
da ghetto quella che stavo conducendo. Avevo approfittato per prenderlo
ulteriormente per il culo, inventandomi aneddoti e ingigantendone altri.

La sera a cena, mentre provavo a gustarmi una fottutissima pizza -
in uno dei pochi posti dove sapevano come si faceva -, mi aveva rotto
i coglioni con una litania che - immaginavo - doveva essere
il pensiero generale al Borgo.

«Ma qui che progetti hai?»

Avevo cercato di mascherare le bestemmie che mi libravano per il cranio
con le veemenza di uno stormo di corvi incazzati. Non sapevo nemmeno cazzo
rispondere. Avevo improvvisato.

«Mi sto prendendo un po' di tempo per me stesso». Avevo tentato di deviare
il discorso parlandogli della musica che stavo producendo grazie
agli insegnamenti di Zemar. Adam si era dilungato parlando per ridondanza.

«Dunque vuoi fare il dj?»

«Non so se voglio o posso fare il dj come una cazzo di occupazione. So solo
che mi piace, mi fa sentire bene, e per ora ci voglio dedicare un po'
di tempo, comprendi?»

«Ma si possono fare delle scuole? Magari puoi cavarci fuori qualcosa».

Al Borgo pochi facevano lo sforzo di guardare più in là delle ovvie aspirazioni
di carriera e sicurezza come simbolo di benessere e bilanciamento per sentirsi
bene con se stessi. L'avversione - o la pigrizia - nei confronti dell'arte di mettere
in discussione l'abitudinale corso degli eventi faceva sì che, nelle belle case
del Borgo, scorte massicce di *Xanax* la facessero da padroni. Il malcontento
generale era palpabile, se visto dall'esterno. Nessuno se lo spiegava, ma nessuno
se lo chiedeva nemmeno. Fare una cosa per il semplice piacere di farla, a meno
che non si trattasse di un hobby a cui una persona dedicava un tempo ben
definito e circoscritto, era una cosa inconcepibile. Probabilmente in quel
momento - nella sfera del Borgo che mi concerneva - ero visto come
un incosciente spocchioso irresponsabile ragazzino. Cominciava a non
fregarmene molto. C'erano persone a cui volevo bene al Borgo. Cazzo. Persone
su cui ero convinto di poter contare in caso di bisogno. E mi piaceva pensare
che ci sarei stato anche io per loro. Ma in quel frangente della mia vita sentivo il
bisogno di aprire il gas e mollare i freni per andare avanti.

Una tipa dall'aria tormentata nascosta sotto un leggero strato di fondotinta
minerale color avorio, mascara e *lipstick* color *bombshell*, infagottata
in un elegante vestito nero a minigonna che si ergeva su un paio di stivaletti alti
col tacco, ammiccò in direzione di Adam mentre si dirigeva verso il bagno.

«Se solo sapessero che ce l'hai grande quanto l'ago di un pino
e manco lo sai usare...»

«Fra un po' potrai fare il ladro professionista, ti spariranno le impronte digitali... »

Ci eravamo organizzati con birra e carte di *UNO*. L'avevo stracciato non so quante volte già nei primi chilometri di viaggio. Allora avevamo smesso.
Miravamo un po' il paesaggio fuori dal finestrino, che scorreva mentre attraversavamo York, Newcastle e la costa nordorientale dell'isola.
Avevo ascoltato un po' di musica fornendo al viaggio una colonna sonora di vecchio punk con pezzi dei *Clash, Ramones, Rancid, Millencolin, New Bomb Turks, Bad Religion, Poison Idea, Down by Law, Voodoo Glow Skulls, Pulley* e via dicendo.
Avevamo preso un appartamento con *Airbnb*, vicino a Union Street, al secondo piano di un edificio solido, mica male. Appena entrati, di fronte, c'era il bagno con la doccia, col design moderno e dotato di tutti i comfort; a destra c'era la cucina, abbastanza spaziosa, con un tavolo rotondo nero e quattro sedie. A sinistra cominciava il corridoio. Quasi subito sulla destra c'era una porta che dava su una delle due stanze, quella più ampia, con un letto a una piazza e mezza. Poco dopo, sulla sinistra, la porta che dava sulla seconda stanza - un po' claustrofobica visto che dava verso l'interno dell'edificio ed era priva di finestre - munita di un letto singolo. Il corridoio terminava in bocca al soggiorno, grande poco più della cucina. La chicca era una vetrata ad angolo composta da tre finestre alte e larghe che formavano un angolo spezzato. Ai piedi il davanzale, che stava a circa una cinquantina di centimetri d'altezza, era molto profondo e sopra erano posti dei cuscini che lo facevano diventare una specie di panchina/divano su cui ci si poteva sdraiare, volendo.
Eccoci a Edimburgo.

Alex si sistemò nella stanza col letto singolo. Non intendeva passarci molto tempo, solo svenirci sopra in uno stato di simil coma etilico per dormire. E conosceva il suo socio, corredato da varie sintomatologie, tra cui una leggera claustrofobia tacitamente riconosciuta in via non ufficiale. Aprì, affacciandosi per fumare, la parte superiore di una finestra del soggiorno. Adam, arrivò di soppiatto alle sue spalle e gli tirò una centra sul culo facendolo sobbalzare. Della cenere finì per terra. Adam scoppiò a ridere, piangendo, paonazzo. Singhiozzava con suoni acuti e stridenti, come una gallina inchiappettata da uno *Shire* purosangue. Alex, che si era abituato ai prezzi degli stronzi moralisti britannici, non si era nemmeno sognato di sprecare la sigaretta. Si era limitato a guardare l'amico, piegato dalle risate e scuotere la testa. Gettato il mozzicone si lanciò contro il socio, dando vita a un infantile, deplorevole, innocuo breve incontro di wrestling. Ebbe la meglio. Adam era nettamente superiore a livello fisico ma gli mancavano i riflessi, la psicopatia e l'essere figlio di puttana dentro. Attributi di cui invece Alex era munito, nonostante la sua aura da fattone bonaccione. Adam riusciva sempre a farsi fare il culo e quando non riusciva più a sopportare l'umiliazione della sconfitta s'inventava qualche crampo, qualche ex osso rotto, o qualche recente presunto problema a tendini o salcazzo cosa per far cessare il linciaggio. A quel punto Alex, con misericordia, lo mollava e attaccava con le prese per il culo. Fino alla prossima mossa infame del socio, che non si sapeva quando sarebbe arrivata ma si sapeva che sarebbe arrivata.

«Doccia e si esce dai, andiamo a fare un giro» aveva incalzato Alex, rimediando alla cenere sul pavimento. Era al settimo cielo per questa breve vacanza con il socio.

Dopo una scarpinata fino a Calton Hill si erano fermati ad ammirare la vista offerta dal prato nei pressi del Monumento Nazionale di Scozia. Faceva un freddo porco. Alex premeditava di dar fondo a tutte le riserve di scotch dei bastardi. Tornarono verso Waverly Train Station, dove il treno della *Virgin Trains* li aveva scaricati nel primo pomeriggio, passarono lo Scott Monument e tagliarono in direzione del Castello. Adam di tanto in tanto cacciava fuori il telefono per uno scatto, e occasionalmente richiamava Alex per un selfie. Alex brontolava e poi faceva contento il compare. Era preso troppo bene per fare la testa di cazzo a pieno regime. Del resto era contento che Adam si occupasse delle foto. Alex non si entusiasmava a fare foto, preferiva godersi semplicemente le scenografie così come si presentavano. Ma gli piaceva l'idea di avere qualche ricordo digitale. Si fermarono da *Starbucks* a prendere un caffè d'asporto, e poi raggiunsero la cima del Royal Mile. Si sedettero alla mercé del vento tagliente che soffiava via il ricordo di qualsiasi zona tropicale.

Alex si era acceso una paglia, contemplando quello che aveva visto fino a quel momento. Si respirava un'aria diversa da quella di Londra, che si arrogava in modo truffaldino tutto il franchise britannico che poteva con le sue quattro attrazioni turistiche del cazzo. Con i flussi umani di hipsters, uomini e donne al telefono alle prese con la loro carriera in tailleur o doppiopetto, spendaccioni tracotanti da ogni parte del mondo con tra le mani ottocento borse in un'orrenda orgia di colori, esibizionisti vari, ricchi e poveri, disperati e disperati in maniera diversa. Tutto avvolto da quel merdoso grigiume invadente. Il Regno Unito non era una cosa da vedere. Era qualcosa da respirare, nel cemento tossico della città, nell'aria fresca delle highlands, nel letame delle lande umide, nell'odore rancido di un pub. Ma soprattutto era da ascoltare, cercando di coprire l'inquinamento fonico della grande città con una colonna sonora adeguata. *I Fought The Law*, *She Loves You*, *Ace Of Spade*, *The Number Of The Beast*, *Every Breath You Take*, *Black Dog*, *Gimme Shelter*, *Another Brick In The Wall*, *Behind Blue Eyes*, *Wonderwall*, *War Pigs*, *Bohemian Rhapsody*, *Smoke On The Water*, *Personal Jesus*, *Plug In Baby*, *Rome Wasn't Build In A Day*, *Charlie Big Potato*, *Smack My Bitch Up*, e avanti per ore e ore di suoni nati nel lunatico nord del vecchio continente europeo.
Dall'Edinburgh Castle si erano spostati a Old Town. Si erano lasciati intrattenere da un bestione bianco come la brina, capelli e barba lunga, col kilt, che si esibiva in alcuni numeri da circo e sbraitava battute tra un numero e l'altro con l'impeto di *Leonida*. A Londra i *buskers*, con aria sottomessa, trattenendo ogni qual sorta di rabbia e frustrazione interiore, s'impegnavano a ringraziare eccessivamente - mostrando una gratitudine non necessaria - qualunque stronzo, con quella vena educata da schiavetta appena martoriata dal gatto a nove code del suo padrone. Questo vichingo invece, a chi si era fermato a godersi lo spettacolo e tentava di svignarsela da viscido taccagno senza pagare per lo spettacolo, non si faceva problemi a urlargli addosso davanti a tutti che razza di stronzo

189

pezza al culo che era. Differenze. Piccole differenze.
Grandi differenze.
Avevano buttato alcune sterline nel cartone scoperchiato
di *Harviestoun Old Engine Oil* che usava il gigante per
raccogliere la moneta ed erano proseguiti fino a St. George Square. Si erano fermati per una pinta, pianificando
il resto della serata. Poi si erano diretti verso l'appartamento contro il vento freddo che si era alzato per darsi
una sistemata dopo aver preso fish and chips d'asporto.

Prima di uscire dalla porta Adam aveva voluto fare l'ennesimo selfie del cazzo.
Sembravamo *Tango & Cash*. Il cazzaro di strada con la voglia di spaccare
il mondo, col sorriso stampato in faccia, e il pettinato dallo sguardo volitivo
e la risposta pronta a tutto.
Seguendo la rotta in direzione di Cowgate, ci fermammo in un pub vicino
ad High Street per una pinta di riscaldamento. Avevo notato un pub dall'aria
abbastanza marcia che alimentò le mie speranze nel gelo nordico.
La città sembrava il territorio di caccia ideale per i miei amici azzurri. Avevo
bazzicato qualche volta per locali e club con i miei coinquilini dello stivale
e le loro batterie. I bastardi bevevano, ma non arrivavano mai a essere ubriachi
marci. Il che li facilitava nello sfilare da sotto il naso la fregna di turno a gente
più incline a spaccarsi a merda - come i crucchi o i roastbeef, per dirne due.
Avevo capito che non serviva a un cazzo avere il fegato in plastica, se uno
si ostina a spingersi oltre il limite fino a diventare disfunzionale a rimorchiare.
Ma non bastava solo quello. I *latin lovers* una volta messa la preda nel mirino,
facevano del corteggiamento una vera e propria arte. Ce l'avevano nel sangue.
E comunque lo stratagemma serviva poco a un cazzo se da sobrio avevi
la sfrontatezza, faccia tosta e spavalderia di un cucciolo di volpino.
A Edimburgo la maggior parte dei giovanotti baldanzosi barcollavano prossimi
allo svenimento già alle nove di sera. Mi stupii. Che al nord fossero degli etilici
me lo aspettavo, ma me l'immaginavo diversamente.
Adam domandò come buttava con le ragazze. Le mie brevissime e fugaci
avventure a Londra, fino a quel momento, erano andate tutte più o meno
storte. Il motivo non era un mistero per me: ero una testa di cazzo bacata.
Purtroppo stavo scoprendo che tuttavia mi andavo bene così.
L'allontanamento dal Borgo mi stava dando modo di capire meglio chi fossi,
e soprattutto chi volevo essere. Ero lontano anni luce da chissà quale grande
illuminazione o salcazzo cosa, ma stavo raggiungendo una certa

190

consapevolezza, che spesso mi aiutava a evitare di buttar via troppo tempo quando non ne valeva la pena. Anche con le tipe. Cercavo di evitare di sprecare il mio ed il loro tempo. La verità però era, anche se scazzava ammetterlo, che avevo ancora un tarlo di cui non mi ero completamente sbarazzato in testa: Arianna.

Pinta di *Murphy's* in mano dissi ad Adam che da quando ero a Londra c'erano state poche collisioni con l'altro sesso degne di nota. Ordinai un Gin Tonic mentre gli raccontavo di Francesca. La bella ragazza dalle curve accattivanti, con quel leggero eccesso di carne nei punti giusti. Gli dissi che era un amore di ragazza, che mi piaceva il suo energico entusiasmo, ma che purtroppo s'accompagnava troppo spesso a delle teatrali e drammatiche e lamentose sessioni di pseudo interrogatorio che veramente non riuscivo a soffrire.

‹Alex omise che gli dava anche fastidio il fatto che Francesca in situazioni sociali di diverbio assumeva un tono da mediatrice pacifica e diplomatica piuttosto ipocrita, anche perché questo accadeva solamente se la situazione non la riguardava direttamente. In caso contrario riusciva in men che non si dica a diventare piuttosto irascibile e attaccava a squittire come un cacatua fatto di anfetamine.›

Eravamo comunque rimasti amici, con Francesca.

Adam ordinò una *Stella Artois* mentre il tizio della sicurezza del locale ci passò accanto in un giro di ronda. A un tavolo alla nostra destra tre ragazzi e due ragazze molto giovani stavano ridendo di gusto mentre chiacchieravano. Francesca era molto diversa da Melissa. La ragazza coi capelli scuri portati a mo' di *pin up* con la frangia e le gambe lunghe e slanciate di cui lo informai a seguire. Di lei raccontai che aveva dei gusti in termini di cose artistiche e cultura pop che sembravano sposarsi molto bene coi miei.

E non era una di quelle commedianti che sputavano un paio di nomi e titoli a minchia senza sapere di che cazzo parlavano. Era appassionata sul serio e mi ci ero trovato proprio per questo. La trovavo particolarmente attraente, con quel suo stile un po' ribelle. Però la vera natura della bestia si era rivelata presto. Ad Adam dissi semplicemente che la trovavo troppo seria e priva di un qualsivoglia senso dell'umorismo, e lo pensavo davvero.

‹Alex evitò di dire che Melissa - nonostante quell'aria da ribelle anticonformista - purtroppo affrontava la quotidianità con i valori e la boria di un candidato al partito conservatore. "Sono orgogliosa dei miei valori". Benissimo, rispetto per le scelte di tutti. Tuttavia, forti del nostro diritto alla libera espressione, andava detto che queste *poser* con tatuaggi e la recita delle ribelli moderne erano una farsa peggiore della demo-

crazia italiana o americana. Melissa era sempre presa in una morbosa
corsa affannosa per dimostrare di saperci fare e voleva essere continuamente riconosciuta per ogni minimo sforzo o opinione che avesse. Sembrava un uomo intrappolato nel magnifico corpo di una ragazza.
Quanto spreco. Il duro lavoro e i risultati ottenuti col sudore della
fronte, cazzo, roba da medioevo. Era una vera delusione vedere una
donna rendersi una tale proselita di questi miti e leggende da ritardati.
Da un manico uno se lo aspettava, ma non da una passera. Cazzo. Il
duro lavoro, *arbeit mach frei*.›

Avevamo deciso di spostarci in un altro locale. Ci eravamo resi conto di essere
un po' patetici nel nostro angolo di bancone a raccontarcela come due etilici
che facevano parte dell'arredamento.

«Ok, dunque Melissa nada…» disse Adam mentre ci avventuravamo
per una stradina in salita alla volta di un'insegna luminosa sotto la quale
stazionava un altro addetto all'entrata col berretto, i vestiti scuri e il classico
batch con la licenza al braccio.

Eravamo comunque rimasti amici, con Melissa, più o meno.

C'era poi stata Maria. I nomi con un'influenza biblica così pesante
mi mettevano sempre una certa soggezione. Ma la soggezione spariva
se un paio di occhi vispi, con un'aria da monella stuzzicavano la mia fantasia
e se la ragazza sprizzava entusiasmo da ogni poro della pelle dorata. Però,
spiegai ad Adam, avevo veramente fatto un enorme e catastrofico errore
di giudizio. M'aspettavo una birbantella, e m'ero ritrovato un'adorabile, quanto
disperata, ragazza che viveva in una bolla di sogni e speranze che non avevano
nulla a che spartire con la dura realtà di questo pianeta. Cercai di spiegare
ad Adam che eravamo come *Rorschach* con un pigiama di *Hello Kitty*:
può sembrare simpatico per un momento, ma non ha veramente senso.

‹Non omise nulla. La cara Maria era una creatura adorabile alla ricerca
del principe azzurro. Alex non aveva niente che assomigliasse anche
solo vagamente ad una delle caratteristiche del principe azzurro, anche
se al povero bastardo riusciva difficile farlo capire a Maria.›

Il locale era una specie di labirinto con muri simili a quelli di un castello,
su non so quanti piani e diviso in un numero non ben precisato di stanze,
ognuna con una sua particolarità. Era poco illuminato e risaltavano le luci
dei bar, e delle finte torce nei corridoi. Una stanza per il tavolo da biliardo,
un bar nel corridoio principale, un altro piano bar stile irlandese, una stanza
con dei tavoli, macchine di tortura nel corridoio di sotto, una stanza
per i concerti e addirittura una saletta cinema dove stavano proiettando

Il Terzo Uomo. Dopo aver preso un *Negroni* e una *Corona*, mentre esploravamo le diverse stanze gli raccontai di Priscilla. La principessina. Bella e ammaliante, nel modo di parlare e nei modi di fare. Aveva dei lineamenti fini che sembravano dipinti. Però, spiegai ad Adam, era un essere fastidioso. Ti faceva incazzare e poi ti veniva da perdonarla perché subito dopo aver fatto una delle sue uscite da psicopatica tornava ad accarezzarti - sia nel senso metaforico del termine che letterale - con i suoi modi dolci e suadenti. A una certa però il suo essere una totale deficiente e i suoi modi manipolatori mi erano sembrati sempre più ovvi fino ad eliminare del tutto quell'aura di fascino che si trascinava appresso.

‹Priscilla pensava di avere una pochette di *Gucci* al posto della fregna. Il tipo di fascino che emanavano ragazze come lei - tanto per farmi apprezzare con qualche stereotipo e generalizzazione da saggistica rivista settimanale - si situava in tre possibili scenari: aveva una data di scadenza; ti mandava in assuefazione; oppure uno ci si abituava, come certi alcolisti che si trascinavano nella loro miseria accontentandosi, un po' così, di sopravvivere. Potrò sembrarvi cinico. Non fatevi ingannare, lo sono. È proprio una caratteristica che mi rende un assoluto professionista e artista in quello che faccio. Come per quelli che lavorano al pronto soccorso, o all'obitorio, i coroner, sapete, oppure in banca, o ancora nei siti d'informazione. Credete sia possibile stare dentro questi posti senza impazzire senza una buona dose di vigoroso cinismo? Se la gente fosse un po' più consapevole e meno rincoglionita il mio ruolo sarebbe completamente obsoleto. Invece no. Essenziale.›

Con Priscilla eravamo rimasti che se proprio capitava di incrociarci, bè, ci sopportavamo.

«Ti sei fatto un sacco di amiche» commentò Adam.

Alex rimase deluso dagli orari Edimburghesi. La teppaglia cominciava a tazzare presto ma rantolava anche a casa piuttosto presto. Il giorno seguente fecero una visita più mirata al Castello e si fermarono ad un pub chiamato Deacon Broadie's Tavern.

«Andiamo a vedere il Museum Of Scotland?» aveva proposto Alex. «Però prima andiamo a riservare i biglietti per la Whisky Experience che sta qua vicino, così la facciamo prima di andare a farci la doccia e uscire, che dici?»

Adam aveva assentito. Usciti nel grigiume guarnito di raf-

fiche fredde di vento che attraversavano i vestiti pesanti, taglienti e ruvide come la lama di una vecchia ghigliottina, Alex aveva bestemmiato più volte.
«Cazzo! Me le si fuma 'sto vento di merda le paglie!»
Dopo il museo e dopo aver serpeggiato nell'edificio che
ospitava la Whisky Experience, cercando di afferrare la
differenza tra i single malt e i blended, e riconoscere le
diverse regioni di produzione - Islands, Speyside, Highlands, Lowlands, Campbeltown, Islay -, si rifugiarono
al caldo del loro appartamento. Fuori il cielo era già
color pece nonostante fossero soltanto le sette. Alex non
aveva voglia di perdere tempo. Aveva voglia di far bisboccia, era carico. S'infilò, di nascosto, la bustina di piscia di gatto che si era portato da Londra, nella tasca
della giacca.
«Forza, andiamo a spaccarci a merda!» aveva tuonato.

‹Da abile predatore, ero mimetizzato nell'ambiente. Incognito, pronto
a colpire. Ho sempre amato unire l'utile al dilettevole. Cazzeggiavo con
una pinta in mano, aspettando che i miei "bersagli" si facessero vivi.
Secondo le mie indagini - solitamente impeccabili - avrebbero dovuto
collidere in questo locale. Speravo che s'arrangiassero tra loro. Lo speravo sempre. Poter passare una serata tranquilla a osservare quello che
doveva accadere verificarsi davanti ai miei occhi. Senza dover fare un
cazzo. Ma c'erano sempre troppi imbecilli a zonzo; pieni di merda al
posto del cervello, del cuore e dei genitali.
M'annoiavo al bancone. Avevo lumato un gruppetto di signorini, in visita nelle terre del nord da Londra, che stavano blaterando del più e
del meno con fare insolente. Quella fastidiosa aria posh me li rendeva
delle pile di merda di triceratopo parlanti, ricoperte di glitter e vestiti
di marca. Era un gruppetto misto. Uno spettacolo piacevole normalmente, se non si trattava di una manica di presuntuose teste bacate.
C'era una ragazza sovrappeso, pallida, col testone in un tailleur bordeaux,
costato più dell'abbonamento in palestra - che le avrebbe fatto bene - e
del tapis roulant piazzato nel soggiorno dell'appartamento regalatole dal
papi a Notting Hill, che illuminava l'ambiente meno di un abat jour con
la lampadina fulminata. Una ragazza indiana, tanto bella quanto stitica,
dai lineamenti fini e il corpicino snello, incartata in un abbigliamento so-

brio *smart casual* che più o meno dominava la scena - avrebbe scaldato la mia nottata una volta adempiuti i miei doveri. Un fighetto col muso aquilino, la versione più accattivante e sfrontata di Ed Sheeran, col carotino messo in piega, la simmetria facciale più azzeccata, e una gamma di espressioni facciali da educata testa di cazzo, che si stava lavorando l'indiana da un paio di mesi - si sentiva quasi arrivato, ma sarebbe rimasto deluso. Infine il suo socio pelle e ossa dall'aspetto mediterraneo che probabilmente l'indiana avrebbe preferito al carotino se non fosse stato uno smidollato - ma ci si poteva lavorare, aveva il suo perché.

Li sentii sbanfare qualche sparata a proposito della Brexit, e la ragazza indiana diede in escandescenza, con la grazia e la credibilità di Danny DeVito nei panni dello stripper/poliziotto in quell'episodio di *Friends*. Guardai l'immagine della mia faccia stronza, distorta nell'alluminio della spina della birra. Sorrisi e decisi di molestarli un po'. Prosciugai la pinta e ordinai uno scotch triplo per entrare nel personaggio e scombussolare un po' l'esistenza a questi quattro fessi deprimenti. M'avvicinai barcollando in modo esagerato - con un'eleganza alla *Jack Sparow* - e mi feci strada vicino al gruppetto. Dare fastidio alle persone era nella mia natura. Ma il mio dare fastidio al prossimo non era mosso da un disperato bisogno di attenzioni o di egocentrismo. Il mio era un dare fastidio diverso. Aveva il nobile scopo di far avanzare l'evoluzione, di scuotere situazioni e persone, di evitare che quegli inutili stronzi della mia specie finissero con un encefalogramma piatto perenne. Quantomeno questo era quello che mi piaceva raccontare. Questa mia natura si faceva largo anche nelle piccole circostanze quotidiane. Ero il tipo che quando vedeva una persona sul bus che sedeva sul lato del corridoio lasciando il posto vicino al finestrino libero per evitare che qualcuno andasse a sedercisi insieme andavo proprio a occupare il posto finestrino accanto a loro. E più si mostravano seccate, più m'allargavo e mi dimenavo per cercare il telefonino nella tasca della giacca o per prendere il tabacco e girarmi una sigaretta. Godevo a vedere questi stronzi scorbutici, convinti di essere dei cittadini preferibili al resto della marmaglia, oscillare nel loro disagio e disappunto. Se non gli andava bene condividere il loro prezioso spazio con il resto dei comuni mortali potevano farsi una limo con autista, sempre che se la potessero permettere, oppure non menarsela tanto.

Il quartetto di stracciacazzi londinese era in dritta di collisione con la mia affascinante e proficua natura. Alzai il mio *tumbler old fashioned*, lo poggiai lì vicino e con un movimento esagerato del braccio, facendo sì sì con la testa, esordii.

«Già già, quasi ora di levarsi quei porci in giacca e cravatta a Bruxelles dalle palle».

La cicciona parve essersi appena alzata dopo essere caduta dal letto; l'indiana mi squadrò con uno sguardo investigativo dipinto sul volto; il moro esibì un sorriso tirato da finto diplomatico, quello che cerca di mostrarsi aperto e maturo ma risulta semplicemente irritante; e il nostro Ed scosse la testa con il sorriso furbastro di chi aveva tutto sotto controllo. Mi finsi stupito della loro (non) reazione.

«Oh cazzo, devo proprio aver sbagliato audience...» picchiai la mano sulla fronte.

«Direi...» con altezzosa spavalderia, come prevedevo, la prima a farsi avanti fu la bella indiana, Neha.

Sorrisi e continuai la mia recita. Dovevo ammazzare il tempo.

«È perché anche voi siete convinti che quei cazzari vegetali in parlamento non sono in grado di gestire la transizione come si deve, vero?»

Uno dei miei modi preferiti per aizzare le persone era quello di dire esattamente quello che non volevano sentire, o quello da cui maggiormente cercavano di distanziarsi, fingendo di credere che fossero tutto l'opposto e trattarli come complici. Con questo quartetto di ritardati col moccio al naso, convinti di saperla lunga, interpretai la parte dello zotico ignorante, per cucinarmeli bene, e farli rosolare nella loro boria. Mi si accanirono contro, ognuno a modo suo. Sbandierarono le classiche teorie sul suicidio economico della manovra, sull'indiscutibile sentimento razzista e destroide di chiunque lo sostenesse, e usando argomentazioni anodine come la stipulazione della carta dei diritti fondamentali e altre cosucce trite e ritrite sui social da una marea di pecoroni. Lasciai che si crogiolassero per un po' nelle loro convinzioni, assumendo un atteggiamento stupito e porgendo qualche domanda idiota di quando in quando per convincerli di essere degli sciamani nel bel mezzo di una conversione di successo.

«Ah, quindi i mercati si chiuderebbero?», «Ah, quindi vogliono cacciare ogni singolo extracomunitario su suolo britannico?», «Ah, ma pensa te, quindi senza quel testo su cui dei cervelloni hanno sudato tanto la gente non sa che non si giudicano le persone dal colore della pelle... e io che mi credevo bastasse il buonsenso».

Poi calai il sipario. Come la maga de *La Bella E La Bestia* rivelai la mia vera natura. Chiesi al barman di riempire il bicchiere con dell'altro scotch e poi... tutte le luci su di me dalla regia, prego. Tempo per un po' di sana xenoterapia d'urto. Attaccai spiegando che la carta dei diritti umani la poteva scrivere qualsiasi persona con un po' di buonsenso e un minimo di etica, anche un bambino.

«Ho una nipotina, un amore di bambina, deve compiere sette anni, se la chiamo e le domando se trova giusto giudicare le persone dal colore della pelle, lo status sociale o la religione direbbe di no, ve lo posso assicurare». Regnò un attimo di gelo. Avevo cambiato la postura e il modo di parlare, tornando al mio solito: beffardo e mordace. La cicciona e il moro continuarono a ricoprire il ruolo di soprammobili, come avevano fatto fino a quel momento, e sedai ogni tentativo di protesta da parte di Ed e Neha investendoli con un turpiloquio espresso con la prepotenza di un treno in corsa.

«Se chiedo a quella mia stessa nipote però cosa ne pensa di un accordo internazionale portato avanti con una propensione ad atteggiamenti talvolta un po' bulli e infantili, nonché all'occasione - verrebbe da dire - veterofascisti che perseverano nel favorire le classi privilegiate capeggiate soprattutto da grosse multinazionali e banche col vizio di schivare le tasse grazie a disegni di legge forniti dal cazzaro di turno a cui è stata pagata la campagna elettorale e stratagemmi da "libero mercato" come le *holdings*... probabilmente mi domanderebbe se può tornare a guardare i cartoni visto che non ha la più pallida idea di cosa cazzo sto dicendo...

«Avrete poi sicuramente notato che continuano a propinare 'sta propaganda invitando ad abbracciare una politica di austerità mentre si fingono beniamini della morale universale andando a intervenire solo dove e quando fa comodo loro... "Oh, il governo spagnolo manda la polizia di stato a fare una mattanza per la (pericolosissima) votazione illegale per la Catalogna indipendente, oh be', che se la vedano tra loro, noi oggi in agenda abbiamo le *policy* di *Facebook* su cosa è offensivo e cosa no di cui parlare...

«Tutta la situazione puzza almeno un po', no? Specie quando a sbandierarla sono certi borghesucci *posh* inglesi. Cioè pensate a tutti gli spagnoli a Londra per esempio...»

«Appunto» m'interruppe Ed e si schiarì la voce un po' tremante con cui aveva pronunciato quell'unica parola, proseguendo poi un po' più impettito: «una delle mire dell'Unione Europea con la libera circolazione era anche creare solidarietà fra gli stati membri per contrastare il bigottismo nazionalista...»

«Che è nobile nel modo più assoluto» ripresi io, «però segui il mio ragionamento. Stanchi di attraversare strade ricche di secoli di storia e magnifica architettura proto medievale, barocca, rinascimentale e manierista, per non parlare delle opere dell'ottocento tra cui il modernismo catalano e naturalmente la visionaria e irripetibile evoluzione dal neogotico di Gaudi, stanchi di abbuffarsi di *jamon, paella, pinchos* e cucina mediterranea, stanchi delle temperature miti, di quel mare splendido e di quel maledetto sole, non vedevano l'ora di portare il culo al freddo per mangiare *porridge* e *fish and chips* e ammirare il fottuto Big Ben dalle rive del Tamigi sotto un cielo grigio come lo scalpo di quella vecchia pomposa che siede sul trono di Buckingham Palace. Per l'opportunità ovviamente. Nel frattempo senti un po' che succede: l'*upperclass* inglese gli dà lavoro al salario minimo, affitta loro a prezzi stellari una di quelle case da speculazione pura dove trasformano una stanza in due stanze con una di quelle cazzo di pareti di carta straccia, e approfittando della crisi edilizia locale, mentre campano di rendita, si comprano una bella villa a prezzo stracciato sul mare iberico. Non puzza di neocolonialismo?»

Studiai la reazione di Neha. Mascherò con grazia ed eleganza il suo sdegno a quella parola e la cosa mi arrapò un po'.

«Poi s'incazzano se la Grecia scazza ritrovandosi col culo a terra per i suoi debiti, quando quei bastardoni dei crucchi, a cui sono stati condonati un fottio di debiti di guerra, la fanno da padroni in questa dittatura economica... non lo so, ma a me sembra ci siano ottime ragioni non xenofobe per mandare a fanculo l'Unione Europea... ma ehi, forse sbaglio...»

Sorrisi. La cicciona doveva aver buttato giù un paio di Gin Tonic di troppo perché trovò il coraggio, con il suo accento Yorkshire, di provare a farsi paladina del quartetto.

«Be' ma mica è colpa dei britannici se loro hanno lasciato che i politici mandassero in rovina i loro di paesi».

Se i suoi tre compagni di sventura avessero potuto, a quel punto, avrebbero fatto quattro passi indietro, recuperato una ruspa spacchettata da uno scatolone *Acme* e l'avrebbero sotterrata. Mi limitai a sorridere.

«Il dovere mi chiama, è stato un piacere scambiare opinioni e punti di vista con voi» feci l'occhiolino a Neha. «... a più tardi».

Alex era entrato col suo socio a circa metà del mio delirio debilitante. E finalmente vidi sfilare in tutta la sua graziosa sensualità e spudorata audacia la tipa che avrebbe messo Alex nei guai per poi elevarlo fino a farlo sentire come sulla vetta del Kilimangiaro senza che il coglione se ne rendesse nemmeno conto. Alex e Adam sembravano due disagiati, appoggiati a chiacchierare a un tavolo alto, con un Gin Tonic e un Rum Cola in mano. Fortuna che non ci mettevano molto a sciogliersi, a differenza di altri disadattati. La tipa invece era già pronta a dare spettacolo. Aveva orbitato abbastanza in lungo e in largo nel locale e aveva deciso come divertirsi, nonostante la sua amica l'avesse abbandonata, rimanendo in stanza in mezzo a un paio di chilogrammi di libri. *Showtime, call of duty*. Ogni modo. Più tardi avrei confermato che Neha aveva un culetto sodo, la fica stretta ed era sorprendentemente snodata, e l'amichetto smidollato non era difficile da stimolare, nel caso questi dettagli vi possano interessare.

Avevo notato il locale il giorno prima, passando per una traversa di Cowgate. Sembrava uno di quei mini market all'inglese, con fuori le tendine per cibi e bevande, con un certo ambiente. L'avevamo cercato. Il sole si era già congedato ma era presto. C'era gente ma si respirava. Abituato alle resse dei locali di Londra, qui era tutto più vivibile. L'insegna diceva che il nome del locale era The Buccaneer's. Marciando verso il bancone mi ero quasi scontrato con questo soggetto pittoresco, dall'aura strana. Calzava un paio di *Dr. Martens* con le stringhe grigio cenere, dei jeans attillati più o meno dello stesso colore, una t-shirt rappresentante un cerchio rosso acceso, con delle fiamme stilizzate in cima, due fulmini stilizzati che scappavano orizzontalmente dal cerchio, la scritta *Johnny Cash* in grande al centro gialla opaca come il seme delle picche raffigurato in piccolo subito sotto, e la scritta *Ring Of Fire* in rosso sotto che seguiva la forma del cerchio, un peacot nero aperto col colletto alzato alla Robert Redford, e sfoggiava una cresta alla *Travis Bickle* più curata con una certa sfacciataggine. 'Sfacciataggine' era il primo termine che veniva in mente a vederlo, mentre sbanfava qualcosa sull'Unione Europea a quattro individui dall'aria un po' fessacchiotta, che sembravano a disagio col loro stravagante interlocutore. O intrattenitore. Non si capiva bene. Recuperammo due pinte di *Brewdog* e cominciammo a discutere su cosa prendere da mangiare. A metà della seconda pinta - presa in solitaria visto che Adam aveva ancora metà della sua nel bicchiere - avevo cominciato a considerare la possibilità di una cena liquida. Adam invece era tornato nei paraggi con in mano un Bratwurst infilato in un pezzo di pane.
Non riuscivo a staccare gli occhi dal tizio con la cresta, aveva qualcosa che calamitava la mia attenzione. Ero un po' autistico in quel senso. Quando qualcosa m'intrigava non riuscivo a estraniarmi. Era elegantemente disarmonioso. Una contraddizione ambulante. Stuzzicava l'ambiente

circostante, lo inzigava, e poi l'abbracciava. Insultava e infieriva e poi sorrideva e incalzava. Per un attimo, giuro, ebbi l'impressione che sfoggiasse due piccole corna sulla fronte. Mi chiesi se per caso qualche burlone m'avesse mica corretto la bibita che avevo in mano o una delle precedenti. Sbanfò qualcosa sui crucchi e su quanto gli incravattati di Bruxelles la menavano tanto sulla magnanimità dell'unione a dodici stelle ma che quelli che giovavano delle loro manovre e quelli che rimanevano inculati erano sempre gli stessi. Neppure io ero un gran sostenitore di quei paraculi, mi ispiravano poca fiducia. Tuttavia mi dispiaceva sparlare dei tedeschi. In Germania sempre grande festa e serate epiche quando c'ero capitato. Gli stronzi si sapevano divertire. Gli unici crucchi che mi stavano sui coglioni erano radunati sulle colline del Borgo. Adam si guardava in giro con quell'aria da star in incognito, che io trovavo spassosa ma che faceva sempre colpo, cazzo. Poi entrò in scena lei. *Converse all-star* nere con le borchie dietro, un paio di jeans chiari a vita abbastanza alta con quei tre o quattro piccoli strappi messi al punto giusto, una cintura nera con i cerchi belli grossi, una magliettina nera senza spalline sotto un piumino blu scuro col cappuccio. Sguardo malandrino e magnetico, due occhi verde smeraldo, due labbra carnose ma sottili nei contorni in grado di far sbocciare un sorriso che sembrava uscito da un fumetto. Mi parve che passandoci davanti m'avesse lanciato un sorrisetto. Ma spesso vediamo quello che vogliamo vedere.

«Bella topa».

«Sembra sola» avevo commentato.

«Già».

Si guardava in giro, ma non sembrava cercare qualcuno in particolare, sembrava più che altro studiare l'ambiente, il terreno di gioco.

«Cazzo» grugnì Adam.

«Cosa?»

«Cazzo di Bratwurst, devo cagare».

La ragazza pensò bene di tirare un bidone ad un enorme energumeno con le braccia grosse almeno quanto una coscia di Alex e che non sembravano semplicemente un ammasso di lardo flaccido e molliccio. Con gli occhi dolci l'aveva convinto a farsi pagare un *Mojito*. Poi con un tenero sorriso si stava apprestando a svignarsela. Il tizio con la maglietta XXL sudata degli *Hibernians* in un lampo passò dalla modalità sorriso pacioccone - tipo orsetto di peluche - allo sguardo un po' confuso e un po' arricciato dopo aver realizzato di essere stato preso per il culo. La sua faccia mutò assumendo un'orrenda espressione incazzata. Afferrò la tipa per un braccio, tirandola a sé con uno strattone, domandando col suo viso poco raccomandabile una spiegazione.

Alex aveva visto tutta la scena perché non le aveva staccato gli occhi di dosso da quando era entrata. Adam era ancora al cesso. La voce che comparve tutt'a un tratto alle sue spalle non era quella del suo socio.

«Già. La donzella gli ha tirato un bidone bello e buono… piuttosto eccessivo l'uso fisico minaccioso su una femmina comunque, no?»

La tipa cercò di liberarsi dalla presa ma il grizzly la teneva in una morsa decisa. Mi girai un secondo per scoprire che il chiacchierone alle mie spalle era l'istigatore con il taglio alla mohicana. Non persi tempo a domandare cosa cazzo volesse. Avevo già preso una decisione impulsiva, poco pensata.

Scattai e mi infilai tra la ragazza e il gorilla con la pancia da birra. Afferrandogli il braccio lo esortai a mollare la presa. Così fece. Per lui fu un sollievo. Si stava rendendo conto di quanto fosse inappropriata la situazione. Ora poteva rifarsi su un soggetto munito di uccello, situazione più socialmente ed eticamente accettabile. Io però non mi sentivo esattamente in una buona posizione. Nonostante i miei recenti exploit da zarro di strada, non ero dell'umore adatto per prenderne una carga da questo bidone pieno di rabbia frustrata.

Feci mente locale. Potevo provare a giocarmela in modo diplomatico, ma conveniva non dar segni di debolezza o indugio. Mai con un maschio che ha tutta l'aria di aver l'abitudine di menar le mani mantenendo un certo regime. Regolai il respiro per riuscire a parlare con voce calma, ma dentro mi istigavo a mantenere uno sguardo trucido. "Fagli capire che non te ne frega un cazzo di incassarne un paio, fagli capire che non te ne frega un cazzo…".

«Senti amico, mi sembra chiaro che sei incazzato per essere stato preso per il culo, ma non vorrai mica passare per un gran vigliacco che se la prende con le donne no? Mi sembri mica il tipo».

Mi parve di vedere lo sguardo placarsi un pochettino, o forse stavo solo vedendo quello che speravo di vedere. Sbraitò delle parole condite con un alito intriso d'alcol.

«Quella troia del cazzo è venuta qui a fare la simpatica e tutto, e appena le ho messo in mano il suo drink del cazzo che ho pagato coi soldi miei, ha provato a svignarsela… mi pare mica giusto a me».

«Non fa una piega, dico mica che non hai ragione socio. Però forse prenderla
qui sulla violenza fisica rischia solo di farti finire ancora più nei guai invece
di far giustizia».

Cantilenavo come uno dei personaggi che amavo, speravo di far breccia
e non sembrare il coglione di turista che ero. Il gorillone spremette le meningi
lasciando un attimo di sospensione che mi fece quantomeno sperare che forse
me la sfangavo senza finire col naso rotto o un occhio nero.

«Mi pare che c'hai ragione almeno un po'. Però rimane il fatto
che non mi va giù di averle preso un drink ed essermi fatto trattare
come un cretino di prim'ordine».

«Giusto, ma ho un'idea. Che ne dici se ti ripago io con una bella bibita per
rimediare al torto e poi me la vedo io con la… ehm… sgualdrina?»

Rimase in silenzio un altro attimo.

«Vada, per stavolta me la faccio andare bene così, voglio una pinta di oro nero
e uno shot di *Glenfiddich* però».

Tirai un discreto sospiro di sollievo e girai la comanda al barista.

«Dì un po'», mi osservò dubbioso il bestione. «Ma tu la conosci quella?»

In quel momento mi resi conto dell'assurdità. Il locale ormai s'era animato
e pullulava di ragazzoni palestrati pagati per mantenere la sicurezza.
Avrei potuto semplicemente appoggiarmi al travone di legno in mezzo
al locale da dove avevo osservato l'inizio della scena con una manciata di pop
corn a vedermi come si sarebbe evoluta la situazione comodamente, invece
di mettermi in mezzo.

«No» risposi.

L'energumeno si lasciò andare in una sonora risata mentre buttava giù il whisky
e afferrava la pinta che avevo appena finito di pagare.

«Allora sei più fesso di me».

Non faceva una piega. La ragazza, tra l'altro, s'era data alla macchia. Ordinai
una pinta di Lager e finalmente riapparve Adam, sorridente e sollevato
dalla sua visita al cesso.

«Mi sono perso qualcosa di interessante?»

Scossi la testa.

«Andiamo fuori, ho bisogno di una sigaretta».

Gli raccontai l'episodio che si era perso mentre si ripuliva il colon.

«Mi stai prendendo per il culo».

«No, ti giuro».

«Ma perché ti sei messo in mezzo, scusa?»

«Non lo so…» risi. «Forse volevo far colpo».

Scoppiammo a ridere.

«Figa forte, eh?» fece Adam.

«Bella da paura».

Il viso di Adam assunse quello sguardo serio e penetrante che faceva quando intendeva dare un'impressione, specialmente a una tipa.

«Guarda un po' questa che arriva».

Mi voltai. La 'sgualdrina' si fermò di fronte a noi e sorrise. Poi mi fissò.

«Hai ancora tutti i denti in bocca, mi fa piacere».

«Sì» risposi. «Mi sei costata un mezzo infarto e un paio di drink, spero che ti stai godendo il *Mojito*».

«Fino all'ultima goccia» mi canzonò. «Sei stato carino a metterti in mezzo comunque».

«Io e il grizzly che hai preso per il culo ingiustamente, povero bastardo, abbiamo concordato che più che carino sono stato un coglione».

Le scappò una risatina. Tormentava la cannuccia del drink con le dita e coi denti.

«Volevi metterti in mostra?» domandò.

Scossi la testa e scrollai le spalle. Oltre al danno la beffa.

Sopraggiunse una voce impertinente.

«Una scena quasi degna di un western d'altri tempi, cowboy».

Beffardo e felino. L'istigatore con la cresta era illuminato da una vecchia lampada da parete.

«E tu adesso spiegami, chi cazzo sei?» dissi.

«Io? Mi chiamo Dave».

«E oltre a dare spettacolo con inermi sconosciuti al bar ti infili sempre negli affari degli altri?»

«Davvero sempre. Deformazione professionale temo».

«Impiccione professionista? Di che tipo? Giornalista?» incalzò la ragazza con aria divertita.

Dave, con una mossa sciolta ed elegante - che mi ricordò William Fichtner in *Drive Angry* - estrasse un tesserino. Lo sbandierò allegramente in faccia a tutti.

«Polizia diciamo» si rivolse con verve ironica alla ragazza. «E le mie abilità d'impiccione oggi non mi hanno lasciato ignorare la bottiglia di *Smirnoff* che hai sottratto nel pomeriggio al pub in North Bridge dopo che hai spedito il barman che stava riempiendo i frigo e gli scaffali a controllare un presunto e inesistente problema nel bagno delle donne».

Mi stavo già prendendo una cotta del cazzo per questa qui. La ragazza sbiancò un attimo ma non si perse d'animo.

«Anche ammesso che questa accusa sia vera, e dubito che sia in alcun modo verificabile, credo che non sia poi una questione tanto seria per scomodarsi a seguire un'adorabile signorina in giro per la città, no? Direi piuttosto che ha un che di perverso la cosa» cinguettò.

«Intendi usare questa vocina civettuola e il tuo patetico dondolarsi con gli occhi languidi per convincere un tutore dell'ordine che il furto non sia una cosa tanto seria?»

Era vero, aveva cominciato a dondolarsi, ma 'patetico' non era l'aggettivo che avrei usato io.

«Dico solo che, ammesso che sia vero che qualcuno ha preso in modo diciamo, non proprio eticamente corretto, una bottiglia di Vodka, potrebbe non essere una questione prioritaria per un importante tutore della legge... magari in questo momento qualcuno sta commettendo un omicidio, o il sindaco della città sta sottraendo con falsi documenti ingenti somme di denaro dalle tasse dei cittadini, oppure... un gattino è salito su un albero e non riesce a scendere? Sempre ammesso che questo presunto furto sia dimostrabile».

«Mai sentito parlare di *CCTV*? Non sei stata informata di quanto i britannici siano diventati paranoici negli ultimi anni?»

Seguì un momento di silenzio. Potevo quasi sentire i due cervelli a confronto produrre un rumore meccanico, tipo quello delle turbine messe sotto forte stress.

«Gradirei vedere un documento» esortò Dave allargando un sorriso bastardo. La ragazza, con una scioltezza quasi surreale, obbedì porgendo una carta d'identità. Giuro che, a mio avviso, l'enigmatico Dave non posò gli occhi neppure un nanosecondo sulla carta d'identità, eppure sapeva. Sapeva già tutto quello che voleva sapere.

«Allora Jasmina, mia cara... che intenzioni abbiamo per il proseguimento della serata e della vacanza?»

«Uhm... di fare la brava ragazza e non cacciarmi inutilmente nei guai?» sorrise lei.

«Ottima idea... suggerisco di chiudere la serata qui, per oggi. Il Clint Eastwood dei poveri qui» disse riferendosi a me, «col suo amico da copertina di *Men's Health* potrebbero accompagnarti al tuo hotel in Grassmarket e poi sta a te vedere se invitarli a bere un goccio di vodka o meno, eh?»

Jasmina. Jasmina mi guardò sorridente.

«Se sta bene ai due boys...».

Era talmente irreale che sentivo puzza di truffa. Tuttavia ero in modalità 'fanculo': con gli occhi e tutto il resto che c'aveva, poteva fottermi in qualsiasi maniera preferisse. Adam, muto e dubbioso osservatore fino a quel momento, scrollò semplicemente le spalle.

«Per me va bene».

Sbuffai. Jasmina si era già incamminata, seguita a metà strada da Adam. Quando mi decisi a seguirli, passando accanto a Dave con la sua aria inquietante eppure confortevole, borbottai.

«Grazie del supporto, ora mi tocca fare il Clint Eastwood dei poveri che regge la candela all'uomo copertina di *Men's Health* e a quella squilibrata».

Dave mi diede una pacca sulle spalle.

«Forza, nutro grandi speranze nei tuoi confronti. Ma - mi permetto - consiglierei di lasciare questo pesante bagaglio di autocommiserazione qui al bar, se non vuoi deludere tutti quanti, eh?»

Ci misurammo con un intenso scambio di sguardi. Cercavo l'intuizione che mi potesse aiutare a capire che cazzo stava succedendo. Ma non arrivò, quindi zampettai dietro agli altri due. Ci lasciammo Dave e il Buccaneer's alle spalle.

«Non ci vuole molto ad arrivare al mio hotel» disse Jasmina mentre camminavamo, senza che nessuno le avesse chiesto nulla.

«Spero che la mia amica sia sveglia».

Mi misi a pregare che l'amica fosse un bel pezzo di fregna, del tipo che piace ad Adam possibilmente. Così. Giusto per.

Anouk era un'olandese molto olandese. Aveva un viso da attrice. Non da sciacquetta barbie del cazzo, proprio da diva. Bellissime perfette asimmetrie, lunghe gambe snelle, chioma lunga bionda e pelle candida. Non si sorprese di vedere due sconosciuti entrare nella stanza d'hotel accompagnati dall'amica turbolenta e fuorilegge. Alex studiò la reazione del suo socio, forse le sue suppliche sarebbero state esaudite. Dopo le presentazioni le ragazze si accomodarono sul letto, Adam nell'unica sedia della stanza, e Alex si appoggiò allo stipite della finestra. Anouk, spiegò Jasmina, l'aveva trascinata nella capitale scozzese per via della sua fissa per Edgar Allan Poe. L'amica replicò che era importante per la sua tesi, e che se necessario le avrebbe fatto gradire questa magnifica città anche a suon di sberle. Anouk si faceva spesso carico del ruolo di sorella - pacata e con la testa sulle spalle - maggiore della disgraziata Jasmina. Tutto ciò che ebbe da dire a proposito della bottiglia di *Smirnoff* - da cui tutti si riempirono un bicchiere - lo riassunse in una semplice frase.

«Tanto ai baristi pagati al minimo sindacale non cambia un cazzo se sparisce una bottiglia, e il proprietario o manager generale vi giuro che l'ho visto: uno sborone in giro con un *Porsche* da mezzasega. Non sta male nessuno per 'sta bottiglia. Magari il pub sta in mano ad una di queste nuove specie di corporazioni di pub che sfruttano i poveri lavoratori senza nemmeno addebitare e versare il *service charge*».

Colpito e arpionato, come l'*Alien* in quella scena con Sigourney Weaver nel film del '79, Alex iniziò a sentir montare una fastidiosa agitazione interna, come se sangue, ormoni, materia grigia e centri nervosi si stessero espandendo al suo interno e potessero esplodere dalla carne dilaniandola da un momento all'altro. Riuscì a controllare quel lieve disagio e buttò giù, poco alla volta, tutto il bicchiere di vodka.

Adam stava concentrando tutte le sue attenzioni sulla venere fiamminga che gli stava parlando dei suoi studi di arte e letteratura. Adam non capiva un cazzo né di arte né di letteratura. Ma un tratto comune che avevamo era che qualsiasi cosa nuova, inesplorata, sconosciuta veniva presa come una sfida da affrontare e una manna di cui gratificarsi. Non percepivamo ogni cosa nuova e ignota come una minaccia e un territorio da evitare. L'approccio con cui affrontavamo le cose era diverso, cazzo, molto diverso, ma di quello non ci preoccupavamo.

Jasmina continuava a canticchiare, sorridente, una sequela di motivi per cui, in fondo, con le sue ultime bravate non si era macchiata la coscienza con niente di veramente immorale. Era in parte olandese e in parte cubana, il che spiegava quell'armoniosa mescolanza di tratti nordici e latini. Pensavo a come si potesse dare una svolta interessante alla serata. Jasmina sembrò leggermi nel pensiero. Fece un accordo telepatico con Anouk con uno scambio fugace di sguardi, e prese in mano la situazione.

«Senti un po' Clint...» motteggiò nei miei confronti. «Ti va di accompagnarmi a prendere una boccata d'aria?»

206

«Voi state apposto?» domandai stupidamente ad Adam e Anouk.

Stavano più che bene.

Usciti dalla stanza, dopo appena tre passi, le braccia di Jasmina sistrinsero alla mia giugulare e posò le sue labbra sulle mie.

«Dunque» disse prendendomi una mano e cingendo il corpo contro il mio.

«Dove sta il vostro posto? Solitamente non mi dispiace darmi da fare in giro per posti originali e alternativi ma 'st'hotel già l'ho studiato ed è un buco di merda, e 'sta città è troppo fredda per un po' di spasso *outdoor*».

«St-stiamo…», balbettai, «stiamo… in un appartamento nella zona di Picardy Place, l'abbiamo preso con *AirBnB*».

«Bene, chiamo un *Uber*».

"Va bene che una donna del genere non te la sei mai sognata", mi dissi, "capisco che una tipa con una sfrontatezza del genere ti può paralizzare come la vista inaspettata dell'aurora boreale", mi rassicurai, "ma ora ti devi tirare insieme perché se te ne stai lì a farti trascinare a destra e a manca come un bambolotto potresti pentirti pesantemente dei risultati", mi raccomandai.

Go with the flow…

«Aspetta prima posso un altro po' di… sai …»

Mi concesse un cinque secondi scarsi di pomiciata.

«Eh, dai che una volta che stiam da te c'abbiamo anche di meglio da fare».

Alex osservava Jasmina, distesa nuda sul letto, con la stessa attenzione con cui un ubriaco perso guarda il telefono per scrivere un messaggio o cercare di seguire le indicazioni di *Google Maps*. La osservava in silenzio mentre si scriveva su *Whatsapp* con Anouk.

Era stato vorace quella notte. Avevano battezzato prima il soggiorno, contro la vetrata ad angolo, avevano chiacchierato su Edimburgo - e Jasmina aveva confessato che in verità anche se le piaceva prendere in giro e scassare le ovaie ad Anouk la città le stava piacendo un sacco -; poi Jasmina si era infilata in bagno per fare una doccia e aveva chiamato Alex che era accorso pensando fosse successo qualcosa, ma lei ridendo aveva detto che le serviva una mano per lavare la schiena. Si erano lasciati cadere sul letto, quello grande che in teoria era di Adam. Avevano parlato un po' di Amsterdam e del Borgo. Alex aveva notato la facilità con cui riusciva a chiacchierare con la furfante. Avevano chiuso gli occhi per un paio d'ore. Poi Alex le si era riavvicinato e mentre la teneva poggiata con la schiena contro il suo petto, lei si era mossa appoggiandogli le natiche contro il bacino, la conseguente erezione non era passata inosservata: anzi era stata accolta con un risolino leggero che però era rimbombato nel torace di Alex. Avevano dormito un altro po'. Infine Jasmina aveva accusato un po' di fame e Alex le aveva detto dove poteva trovare qualcosa in cucina, mentre lui andava un attimo in bagno. Entrando in cucina e vedendola appoggiata al lavandino con addosso solo il perizoma, mentre sciacquava il piatto su cui aveva mangiato un pezzettino di torta di carote che Adam e Alex avevano preso "in caso di chimica", non aveva potuto far altro che dirsi "chissà se mi ricapita una notte così, buttiamoci". L'avevano fatto in cucina ripassando tutte le posizioni in piedi.

L'appartamento era caldo, segno che almeno in Scozia i cazzo di termosifoni funzionavano a dovere. L'odore di sesso si mescolava alla fragranza di lavanda rilasciata da alcuni gel in vaschetta sparsi qua e là per l'appartamento.

«Adam e Anouk sono svegli».

L' affermazione costrinse Alex ad uscire dal suo stato di beata contemplazione e ritornare al presente.

«Dunque che si fa? Te ne vai?» domandò cercando di tenere a bada le pulsazioni del muscolo cardiaco.

Jasmina lo fissò, lasciandolo in bilico nel suo tentativo maldestro di interpretare il suo sguardo.

«Tu cosa vuoi fare?»

«Mi piacerebbe fare colazione insieme».

Seguì un attimo di silenzio che lo costrinse a confrontarsi con la *poker face* di Jasmina. In verità lei stava contemplando quella di Alex. Si sciolse in un sorriso e si mise a scrivere su *Whatsapp*.

«Bene, allora facciamo colazione insieme. Scrivo agli altri due per vedere se si vogliono aggregare».

Ad Alex la risposta piacque talmente tanto che ebbe un'altra erezione. Ora si sentiva molto più sotto controllo. Pensò che la ragazza lo faceva sentire bene. Ma s'impose subito di non farsi troppe seghe mentali, godersi il momento e fare un po' quello che gli passava per la testa e vedere come andava. Si spostò col corpo sovrastando Jasmina, con la chiara intenzione di farle sentire l'erezione, respirandole nell'orecchio.

«E se però gli diciamo che magari facciamo fra un oretta?» Jasmina scrisse quello che Alex aveva detto su *Whatsapp*. S'inarcò con un movimento felino sotto di lui, il quale prese a baciarle la schiena. "Però, quintina" stava pensando lei. "Se non si è fatto di viagra credo di potermi sentire discretamente lusingata". Sorrise e passandosi la mano in mezzo alle gambe andò ad afferrare l'arnese di Alex, nuovamente duro e pronto a fare il suo sporco lavoro.

Ci eravamo trovati ad un *Pret-A-Manger* in Market Street, vicino alla stazione. Anouk aveva estratto dal suo zainetto della *Fjällräven* varie carte e depliant e aveva annunciato di aver intenzione di andare a visitare la Royal Scottish Academy and National Gallery. Adam si offrì di accompagnarla. Jasmina non ci voleva andare, decise di restare con me. Le proposi una scarpinata fino all'Easter Road Stadium ma raffiche di vento stronze ci deragliarono in un'altra caffetteria neanche a metà strada. Alle pareti della caffetteria, tutta fatta di legno, c'erano diversi quadri che raffiguravano alcune scene dal film di Jim Jarmush, *Coffee And Cigarettes*. Attaccai a dire che Iggy Pop era un grande, che strano vedere Roberto Benigni immortalato in un locale scozzese, che Jim aveva proprio messo insieme una cricca fuori dal comune.

«Guarda ci sono pure RZA e Bill Murray», e poi, «guarda Jack e Meg White, dei *White Stripes*».

Lei ascoltava come se sapesse esattamente di cosa stessi parlando.

Qualche volta domandava e commentava.

«Ah sì, mi piace un sacco *Seven Nation Army*, ti sei mai chiesto cosa voglia dire la canzone?», «Fantastico *La Vita È Bella*, mi ha fatto morire, era comico e ti prendeva con le emozioni allo stesso tempo», «Chi è RZA?», «Iggy Pop mi pare di averlo già sentito, fammi un po' sentire qualche canzone famosa... ahhhh sì, questa, bella!»

Confessò di non aver mai visto il film.

«Be' è roba un po' di nicchia le dissi, roba un po' strana».

Le mostrai sul telefono il videoclip di *Steady As She Goes* dei *Raconteurs*, che era stato girato dallo stesso Jarmusch.

«Wow, ti deve davvero piacere un sacco se sai tutte queste cose».

«Non davvero…» ragionai a voce alta «cioè in verità non ho nemmeno visto tutti i suoi film, anzi ne avrò visti sì e no tre, credo».

«E com'è che sai tutte queste cose quindi?»

«Non lo so… Le so perché mi è capitato di cercarle». Ragionai ancora un attimo in silenzio poi aggiunsi «Dev'essere che la gente normale o le cose di tutti i giorni m'annoiano e devo riempire gli spazi, o qualcosa del genere». Pensai di aver proprio detto una cosa da psicato ma lei sorrise.

«Dev'essere proprio così».

Era così la squilibrata: riusciva a immergersi nella conversazione pur non avendo idea di dove fosse partita e dove stesse andando. Era attenta a quello che dicevo. Provavo una sensazione piacevole e la cosa, paradossalmente, mi inquietava. Cercavo di frugare oltre la porta spalancata nell'immensità di quegli occhi verdi. Non sembrava giudicare.

Era semplicemente lì, in quel momento, e non sembrava domandarsi veramente dove volesse finire o anche solo cosa si aspettasse dal momento seguente. Fuori le nuvole s'erano allontanate di colpo lasciando il sole libero di scaldare, per quanto possibile, e far brillare i colori nella capitale Scozzese.

«Ti va di uscire?» domandai.

«Continuiamo la marcia verso lo stadio degli *Hibernians*?»

«Nah, vedo poi d'andarci un altro giorno. Ti va di visitare un cimitero che si dice sia infestato?» la sfidai.

Google Maps ci condusse al Greyfriars Kirkyard. C'era poca gente. Jasmina elargì una riflessione sui cimiteri in generale. Erano tristi, disse, ma secondo lei dovevano essere più un emblema, un luogo dove semplicemente serbare il ricordo delle persone care. Non sapevo se dicesse certe cose semplicemente perché le passavano per la testa o se quello che diceva contenesse qualcosa di personale. Dovevo smetterla di farmi tutte quelle seghe mentali. Provare a godermi il momento. Citai una frase presa dal fumetto di *Dylan Dog* - dopo averle spiegato a grandi linee la natura del fumetto e del personaggio - che ricordavo, in una scena dove una persona era appena morta e il tormentato investigatore donnaiolo con le pezze perennemente al culo stava con un'infermiera che gli aveva detto che non voleva fare l'amore lì proprio perché quel giorno ci era morto un signore che aveva in cura, e allora *Dylan* le aveva risposto qualcosa tipo "e noi alla morte rispondiamo con la vita".

Ci appartammo a pomiciare. Ma, nonostante il sole, gelava troppo il culo per spingersi oltre.

«Dunque che si fa? Trasformiamo questo capitolo in un fottuto reality show con un concetto da guida turistica ambientata in coffee shop e pub?»

Jen: «Be', monsignor regista, non le riesce di creare un contesto interessante per far progredire la storia infilando le informazioni importanti qua e là?»

«Jen, smettila di prendermi per il culo. È impossibile rendere interessante lo sviluppo di 'sti quattro fessi in vacanza. Questi si trovano in quel pub vicino alla St. Giles Cathedral a riscaldarsi, poi Alex e Adam vorrebbero andare all'Arthur Seat ma Jasmina vuole andare con loro, mentre Anouk la mena perché ha i suoi programmi e vuole andare al Writer's Museum. Voglio dire: chi se ne fotte…»

Jen: «Ma l'idea sarebbe di mostrare come Alex si mostra conciliante con Anouk in quella situazione, il romanticone vuole fare qualche sacrificio per non sputtanare la possibilità di avere Jasmina serena, felice e contenta…»

«Ripeto, chi se ne fotte. Possiamo saltare direttamente al giorno dopo quando si son messi d'accordo e vanno tutti insieme come un'allegra compagnia di campeggiatori del cazzo su 'sta cazzo di montagna no?»

Jen: «E vuoi saltare la serata? Che escono a cena fuori, Alex si vuole fare il selfie da nerd senza speranza sotto il cartello che marca il confine di Leith? Sono sorpresa. Immagino che te ne può sbattere poco niente di far sapere che la bella Anouk, con la sua aria perennemente sognante e distratta e indecifrabile non fa presa più di quel tanto su Adam e che apprezzano la propria compagnia ma senza perdere la testa l'uno per l'altro, ma la parte da scostumati che segue la cena…»

«Ok, ok. Andiamo direttamente alla cena, a costo di rubare l'idea a Rodriguez e Tarantino e infilare cinque secondi di *Missing Reel*…»

Col ristorante avevo fatto centro, grazie al culo. Dalla vetrata potevamo vedere la zona portuale mentre ci rifocillavamo. Adam non ci aveva creduto quando aveva scoperto che Jasmina studiava legge e diritto internazionale.

«Una fuorilegge come te?»

«Ovvio, mi rende una fuorilegge ancora migliore, no?»

Dopo esserci abbuffati di merluzzo, granchio, salmone, calamari fritti, eglefino affumicato, ed esserci bagnati la gola con un po' di vino, arrivò il momento di decidere sul da farsi per il resto della serata. Sazi e non esattamente in vena di andare a sgomitare in qualche locale pieno di ubriaconi, avevamo deciso di rintanarci insieme nel nostro *Airbnb*. Feci notare che eravamo a corto di beveraggi però.

«Ci penso io» aveva detto Jasmina.

Poco dopo stava civettando nella zona bar con camerieri, cuochi, manager e tutto lo staff. Era tornata al tavolo con aria soddisfatta.

«Due bottiglie di vino e una di *Hendrick's* a quarantacinque sterline, e ci danno anche una bottiglia di acqua tonica e qualche lime insieme, che dite?»

«Cerca di rimediare anche un cetriolo per l'*Hendrick's*, ok?»

«Certo, facciamo un deca a testa allora ok? Tanto me le faccio togliere quelle cinque sterline, lasciatemi fare...»

"E chi cazzo ti ferma?", avevo pensato.

Avevamo preparato i bicchieri e i drink e ci eravamo messi in soggiorno. Avevo attaccato il mio telefono all'impianto stereo con il cavetto jack e avevo fatto partire una playlist con le canzoni di *Tito & Tarantula*. Avevamo giocato con l'applicazione di *Heads Up!*, ma a breve quasi tutte le batterie dei telefonini si erano asciugate. Avevamo finito una delle bottiglie di vino e l'altra era a metà. Avevamo tutti in mano un bicchiere di Gin Tonic. Tirai fuori le carte di *UNO*. Jasmina propose di giocare a strip *UNO*: si giocava fino alla fine ogni mano in modo da avere un vincente ma anche un perdente e il primo poteva scegliere un indumento, tra quelli visibili, dell'avversario battuto da fargli togliere. Dopo venti minuti di gioco Adam si ritrovava solamente con indosso i boxer *Tommy Hilfinger* e Anouk riscaldava la stanza con la sua bellezza, rimasta con solamente gli slip. Jasmina era indispettita per non essere la meno svestita. Le rimanevano il perizoma, una delle autoreggenti, e il reggiseno di pizzo blu scuro. Io me la godevo, ero a torso nudo con ancora i jeans. Jasmina a quel punto mi si era buttata addosso tirandomi dei pugnetti.

«Stai barando di sicuro!»

«Non è colpa mia se son troppo forte».

Buttai un'occhiata in direzione di Anouk. Era davvero magnifica. Le gambe lunghe, corpo e movimenti aggraziati. Sarebbe stata perfetta in qualche vecchia pellicola, a giocarsi i rotocalchi con la Bardot, la Hepburn e la Loren. Ma anche tra gli angeli di *Victoria Secret* non avrebbe stonato.

«Bella eh?» fece Jasmina.

«Sì cazzo,» risposi senza esitare, ricordandomi la regola che mi ero imposto di non pensare troppo e dire semplicemente quello che mi passava per la testa «siete una coppia di stratope».

Dopo averle stampato un bacio sulle labbra, Jasmina andò da Anouk, barcollando leggermente, si tolse il reggiseno e fecero un po' le cretine.

Io e Adam, brilli, ci gustammo la scena inebetiti. Ci scambiammo uno sguardo che parlava chiaro: "col cazzo che ci capita una cosa del genere al Borgo!".

Sapevo che per Adam era semplicemente un'avventura così, da un paio di giorni. Non avrebbe mai considerato una ragazza tanto disinibita per una relazione seria. La maggior parte dei maschietti del Borgo, per quanto giocassero a fare i grandi uomini, erano paranoici e molto più vulnerabili di quanto volessero dare a vedere. Per me invece era una questione quasi stoica. Quel prendere le cose alla leggera rappresentava un affronto alle istituzioni e un inno alla vita. Le regole, mi stavo convincendo, erano per chi non sapeva improvvisare, chi non aveva abbastanza fiducia in se stesso per abbandonarsi e cavalcare gli eventi così come capitavano.

Assalii Jasmina con del ghiaccio e Anouk battè in ritirata da Adam, abbracciandolo al collo e sussurrandogli qualcosa all'orecchio che lo fece sorridere.

«Noi ci rintaniamo in camera» annunciarono.

Io e Jasmina decidemmo di piazzarci in soggiorno. Eravamo distesi e guardavamo l'ampia vetrata.

«Bello vero?» dissi.

«Che cosa?»

«Così. In generale».

Mi baciò sul petto e iniziò a scendere, e scendere.

«È ora di togliere anche i tuoi di pantaloni, eh?»

I suoi occhi brillavano come quelli di un gatto, grazie alla luce fioca che filtrava dalla vetrata, sopra il sorriso malizioso. Ce l'avevo già di marmo. Proprio così si dovrebbe vivere la vita, pensai: a cazzo duro.

Alex si alzò per andare in bagno e farsi un caffè. Incrociò Anouk che usciva dal bagno indossando solo gli slip. Il seno era formoso e perfettamente simmetrico, con i capezzoli larghi di un rosa tanto chiaro da mimetizzarsi quasi con la pelle. Aveva i lunghi capelli castano biondo scompigliati, e si muoveva con la grazia di una manta che danza nell'acqua, senza ostentare alcun imbarazzo. Alex le chiese se le andava un caffè. Lo raggiunse in cucina con la felpa *Lacoste* di Adam, ancora nel mondo dei sogni. Adam sprizzava energia da tutti i pori durante la giornata ma quando si abbandonava a un materasso entrava in una specie di coma profondo. Salvo poi attaccare istantaneamente a rompere il cazzo al prossimo appena si svegliava. Alex e Anouk ebbero il tempo di chiacchierare a proposito della città, dei suoi studi - stava lavorando sulla corrente del romanticismo, in particolare su Robert Burns - e infine di vacanze e luoghi da vedere, prima che gli altri due si decidessero a svegliarsi.

Si organizzarono per l'escursione alla volta dell'Arthur Seat. Anouk era l'unica a indossare un paio di scarponi che si prestassero bene allo scopo. Alex con le sue *Adidas Gazelle* si aggiudicò il premio per la suola più liscia di tutte. Trovò rilassante la scarpinata su per le Crags nell'Holyrood Park nonostante lo sforzo che richiedeva. Gli piaceva la vita di città, dove succedevano cose, ma andava in estasi ogni volta che si addentrava in un perimetro di natura selvaggia e incontaminata (o quasi) dal tocco dell'uomo. Soprattutto per l'assenza di imbecilli in giro. Al Borgo c'era un posto in cui andava spesso, su una collina, in mezzo al bosco. Ci andava per passare un po' di tempo con se stesso. Alle volte si allenava, altre volte si sdraiava sulle rocce e si fumava una canna. In tempi recenti però il posto era stato riscoperto dagli amanti del GOA perché si prestava perfettamente per le feste illegali, essendo isolato da tre enormi rocce. Lì non rompevi il cazzo a nessuno e, soprattutto, nessuno rompeva il cazzo a te. Ma anche se i ragazzi che organizzavano i party erano innocui - anzi, alle volte quando era in vena, partecipava anche alle feste - il posto era diventato troppo affollato per i suoi gusti. Ma che fosse mare, montagna, deserto o la cazzo di steppa quei momenti gli facevano bene all'anima.

Quando si sta bene il tempo passa sempre troppo veloce. Ma ero una testa bacata, sempre diffidente nei confronti di questi momenti che sembravano un sogno. M'aspettavo sempre di essere svegliato da un momento all'altro

214

per tornare al fronte, a vedermela con tutti i mostri a cui affittavo questa mia testa di cazzo. Com'era quella famosa citazione del vecchio Hank sui coltelli e il fiore da *Urla dal Balcone*?

Adam era pacifico e rompicoglioni come il solito e sapeva accaparrarsi la sua fetta di attenzioni quando voleva. Era stato di sostegno quando avevo detto di volermi trovare con Jasmina prima del nostro rientro a Londra. Ci eravamo trovati in un pub a Cowgate. Avevo ostentato convinzione su quello che avevamo da dirci per un momento, ed ero sprofondato n un abisso di incertezze l'attimo dopo.

Avevo deciso di abbandonarmi un po' a quello che sentivo, provando a buttarmi, e poco alla volta ero risalito dall'abisso.

«Mi piacerebbe se rimanessimo in contatto».

«Anche a me».

«Allora ti scriverò… ogni volta che mi gira. La cosa potrebbe diventare seccante».

«Mi sentirò in diritto di fare lo stesso».

Fummo abbordati da un tipo dall'aria grama. Cazzo. Era il bestione di cui Jasmina si era presa gioco quando ci eravamo conosciuti e da cui avevo rischiato di farmi gonfiare.

«Sarò anche un bevitore di quelli seri, ma cazzo il cervello mi funziona ancora. Mi era parso di capire che non vi conoscevate mica, voi due».

«Ed era vero, socio!» Mi alzai sorridente cercando di fargli capire che non avevo la minima voglia di infilarmi in qualche rogna.

«Mi avete mica tirato qualche tipo di bidone, eh, voi due cazzo di psicati?» sorseggiò dalla pinta di oro nero aprendosi la sciarpa degli *Hibs* che aveva allacciata al collo.

«Assolutamente no, e, detto tra noi, non mi sognerei mai di pensare di spuntarla cercando di farla a qualcuno del posto. La verità è che ci siamo conosciuti grazie a te… e anche se la ragazza qui, in effetti, è una piantagrane, che ti devo dire… si fa valere in altri modi, se c'intendiamo, socio».

Il tipo non era né convinto né contento. La mano che Alex aveva in tasca sfiorò una superficie molle e plasticosa. Gli diede un'idea.

«Se posso permettermi, per cercare un modo di dimostrarti la mia buona fede, te per caso ti piace… insomma, annusare la neve?» Corrucciato e un po' disorientato, dopo un sorso dalla pinta, il bestione indagò.

«Cocaina dici?»

«Esattamente».

«Be', insomma, qualche volta uno si dà anche un aiutino per passare una bella serata...»

Alex andò a pescare la bustina, ancora sigillata e piena, e con la dovuta discrezione, senza sventolarla a tutto il pub, la mostrò al tizio.

«Se la vuoi è tua. Una specie di ringraziamento, sai...» andò in cerca di aiuto da Jasmina. «Come si dice in termini legali? Per i danni?»

Jasmina era imbambolata e ammirata per il modo in cui quel pagliaccio stava gestendo la situazione e procurando un po' di intrattenimento allo stesso tempo. Si affrettò a dargli man forte.

«Risarcimento danni».

«Esatto, quello intendevo».

Il tizio si grattò il mento guardando la bustina che Alex teneva in mano nascosta tra loro due. La prese e guardò dritto Alex.

«Secondo me, tu sei proprio fesso».

Si allontanò. Alex tornò a sedersi e guardando Jasmina sorrise.

«Credo che abbia ragione» le tirò un pizzicotto sul costato. «Hai visto mai però che finisce che la più fessa di tutti sei te».

Il barman posò sul loro tavolo un sidro ai frutti di bosco e una *Punk Ipa*. Alex e Jasmina erano convinti che fossero da parte dell'energumeno, si commossero quasi. Si voltarono per salutarlo, lui ricambiò con uno sguardo un po' impacciato e non troppo convinto, che scambiarono per una tenera goffaggine. Semplicemente, i drink non li aveva mandati lui.

Ci volle una vita per farci la doccia e cambiarci per la cena. I bagni erano tutti occupati dai miei coinquilini londinesi. L'universo mi informava che la vacanza era finita.

Dopo aver tirato un paio di cristi eravamo alla volta di Covent Garden. Avevo chiamato per riservare in un ristorante di Sushi. Mentre attaccavamo la Spicy

Miso Soup, il Maki Maki, i Nigiri e Yakitori che avevamo ordinato, inzuppando il tutto con Sakè caldo ci preparavamo ai saluti.

Adam menzionò il suo proseguimento degli studi, dei progetti, di dove avrebbe poi voluto cercare un posto per la tesi, e via dicendo. Alex, ancora inebriato dalla scampagnata al nord, tollerava la chiacchiera deprimente, ma continuava a guardarsi in giro alla ricerca di una tipa, o meglio ancora una tavolata di tipe, belle abbastanza da giustificare un cambiamento radicale del tema. Non trovò alcuna scappatoia. Si era sentito con Zemar, voleva che i due si conoscessero, e sperava che la sua presenza avrebbe sgravato certi discorsi, ma il talebano aveva degli impegni e li avrebbe raggiunti solo per il digestivo. Ne aveva pieno il cazzo di inventarsi puttanate che suonassero accomodanti. Avrebbe detto esattamente quel cazzo che gli passava per la testa.

«Tu? Quanto fai conto di restare ancora qui?»

«Non lo so. Per adesso va bene qui, poi si vedrà».

«Ma fai conto di tornare al Borgo, oppure no?»

«Non lo so. Immagino che prima o poi mi toccherà farci un pensiero, ma in questo momento non mi va di sprecare preziosa materia grigia a pensarci. Forse deciderò di tornare tra un mese, o forse per la pensione, o forse la prossima volta che mi vedrai avrò una tunica rossa, i piedi scalzi, la testa rasata e saremo in Tibet» sorrise Alex, gustandosi un sorso di Sakè.

Adam capendo di essere più o meno di fronte a un muro invalicabile, sospirò e si prese il mento, un gesto che faceva spesso quando doveva fare girare il criceto sulla ruota nel cranio. Mangiò un Nigiri e tornò alla carica.

«Ok, e qui? Hai qualche idea in particolare di qualcosa che vuoi fare o...» sperò che Alex rispondesse immediatamente, sollevandolo dall'incombenza di doversi inventare qualcosa con cui concludere la frase. Alex lo graziò. Stava scoprendo che dire esattamente quello che gli passava per la testa rendeva tutto più facile. Si chiedeva perché non l'avesse fatto quasi mai. E si chiedeva come mai non lo facessero tutti. Facevano tutti esattamente l'opposto il più delle volte.

«Voglio concedermi il tempo, indipendentemente da quanto possa diventare, per rifinire le mie nuove conoscenze in campo musicale».

«Hmmm» fece Adam, «musica. Ma a livello professionale?»

Alex alzò le spalle.

«Cosa intendi con ambito professionale? Quella roba che si fa per permettersi di strapagare un cazzo di tetto sopra la testa o di andare al supermercato a prendere qualcosa da mangiare? Quello che determina che tipo di persona sei nella società? Se sei quello col *Porsche* o quello con la vecchia *Metro* scassata che gli ha lasciato la nonna in eredità? O cercare di essere pagato per fare qualcosa che ti piace e ti riesce bene?» non diede il tempo ad Adam di processare la vagonata di cose che gli aveva appena detto e sorrise. «Amico, per pagarmi l'affitto posso anche sturare i cessi di tutta Londra dopo un attacco biochimico di gas lassativo se mi pagano, e m'impegnerò pure a farlo bene il mio lavoro, quanto alla professione… be', alcune persone sono fortunate e imboccano l'autostrada giusta al primo colpo, altri invece devono prima imparare a leggere la cartina».

Non era sicuro di aver convinto Adam. Sperava di averlo almeno zittito per un po'. Adam aveva la tipica mentalità del Borgo. Di per sé non c'era niente di male in questo, faceva solo girare il cazzo a elica quando cercavano di conformare il resto del fottuto pianeta a quest'ultima. Come se avessero bisogno una conferma che quella fosse l'unica strada possibile, la strada migliore, e non si capacitavano che qualcuno non la imboccasse. 'Sta litania l'aveva sentita fino alla nausea e non ne poteva più.

"Ho fatto le mie esperienze, le mie avventure, ho seguito i miei studi, fra un po' sarò anche pronto a darmi una calmata. Punto. Metti su famiglia e riavvolgi il nastro per la prole".

Ogni volta pensava alla Bucket List del film *Non È Mai Troppo Tardi*, dove però i due malati terminali - interpretati da

218

Morgan Freeman e Jack Nicholson - erano di oltre sessant'anni. Anche alcuni suoi coetanei al Borgo sembravano dei malati terminali. Malati terminali prematuri. "Ho fatto le mie esperienze". Sembrava che portare il culo altrove per un paio di settimane alla volta servisse a fare curriculum, a modellare una specie di personalità o qualcosa che ci si avvicinasse abbastanza. Niente nostalgia, niente emozioni. Un fottuto album fotografico su *Instagram* e *Facebook*.

«Non parlo la lingua ma capisco da come parla che è partito per la tangenziale con uno dei suoi deliri», Zemar arrivò alle loro spalle sorridente.

Alex alzò il dito medio sorridendo, mentre Zemar porgeva la mano ad Adam per presentarsi. Si fece spazio al loro tavolo e ordinò una Marcel Chocolate Cake e un thè Jasmine Pearls. Al termine 'Jasmine-del-resto-del-nome-fottesega' Alex guardò il soffitto con aria incantata per una manciata di secondi. Roba da conati di vomito. Zemar venne messo al corrente quella sera. Si rilassarono. Rivangarono un po' di vecchi e recenti episodi. Adam, incuriosito da questa figura di cui aveva sentito parlare in alcuni messaggi - scritti e vocali - che aveva finalmente di fronte, in carne e ossa, si avventurò in un'appassionata conversazione. I due si andavano a genio, come Alex aveva previsto. Era contento che si erano trovati subito a loro agio senza che facesse da mediatore. A certa gente la vita sociale usciva naturale. Ad altri stronzi pesava quanto un lavoro nelle miniere di carbone nel West Virginia del diciannovesimo secolo.

Il giorno seguente Alex riaccompagnò Adam alla stazione dei treni.

«Buon viaggio, e non ti dar pensiero, tornerò presto. Forse non per molto, ma un salto ce lo faccio al Borgo, ok?»

«Ti aspettiamo».

C'erano delle cose buone al Borgo che gli mancavano. Ma doveva sistemare prima i suoi cazzi Alex, e il Borgo per il momento non era il posto dove sfangarseli.

Vladimir aveva cominciato a starnazzare lamentele dopo neanche cinque
minuti che ero rientrato al lavoro, e non avevo nessuno da cui scappare
per trovare un po' di buonsenso in quel multisala lasciato in mano
a una manica di idioti mestruati incompetenti. Non mi aspettavo altro
da una compagnia con le paghe più merdose di tutta Londra.
Non ci spettavano neanche le mance. In teoria erano accumulate in un conto
per sponsorizzare eventi per lo staff. Feste - mai fatte -, escursioni - mai fatte -,
altre attività extra lavorative - immaginavo, visto che non me ne veniva
in mente neanche una -, e premi/zuccherini per chi si distingueva
con le prestazioni di vendita - talvolta. Quell'anno i coglioni ai vertici
del Dogma avevano investito diversi milioni, a cazzo di cane, in un altro *branch*
della città con dei rinnovamenti - fatti col culo. Erano riusciti a piazzare
uno schermo enorme dietro un palo portante dell'edificio, per dire. Funzionava
tutto a cazzo dal principio. Gli stronzi del *management* ti facevano aspettare
un'eternità quando ti presentavi per il colloquio di lavoro. Salcazzo
che manovra era quella. Pensavano di suscitare il "fascino" di una profumiera?
Credevano di dare l'idea di essere una compagnia talmente indaffarata
da giustificare un ritardo imbarazzante? Non si rendevano conto che agli occhi
di una persona minimamente matura e sveglia sembravano solo
delle puttanelle presuntuose, male organizzate e poco efficienti. E se l'esempio
parte dall'alto... Cercavano di venderti la merda spacciandola per cioccolata.
I benefits, cazzo. L'unico vero benefit era potersi guardare i film a gratis...
almeno quello, visto che in teoria uno stronzo che lavorava in un cinema
si poteva anche distinguere consigliando i visitatori. Gli altri benefits erano
delle prese per il culo. Tipo lo sconto del 40% su cibo, bevande e snack. I prezzi
erano talmente alti che se ti compravi, ad esempio, un pacchetto di *Tangfastics*
della *Haribo* o dei *Malteesers*, anche con quel fottuto sconto, ti bastava uscire
dal multisala, voltare l'angolo, entrare da *Sainsbury* o da *Tesco* e lo pagavi
la metà. Gli sveltoni tentavano di mettertela nel culo due volte.
Cominciavo a non sopportare più nessuno lì dentro. Anche i teamleader,
che erano pagati una miseria considerando alcune responsabilità di cui si
facevano carico, poveri bastardi. La maggior parte era troppo grattaculo
e disincentivata per stare addosso ai lavativi che s'imboscavano anche quando
il momento non era opportuno. Così a quelli che avevano un minimo
di dignità professionale, o una genuina premura nei confronti dei clienti - come
me - toccava farsi in otto per compensare. Ma a nessuno fregava un cazzo,
fintanto che i fottuti numeri dell'*upselling* combaciavano con i requisiti stabiliti
dagli inutili sbruffoni dell'*headoffice*.

Quando qualcuno, come Jenny o Zemar, mi chiedeva perché non me ne andassi se mi faceva tanto cagare, o perché non me ne sbattessi anche io se a farmi il culo mi saliva solamente la bile, ripetevo sempre lo stesso nastro. Quella dei film era un'industria a cui ero affezionato, e di conseguenza mi sbattevo per i clienti, non per la compagnia, per quelli che pagavano un prezzo allucinante per il biglietto di un film da gustarsi in sala. Soldi che andavano anche a sostenere tutti gli stronzi della baracca: dall'elettricista al direttore della fotografia, dal runner che portava il caffè al produttore, dallo steward al regista, che si sbattevano per dar vita a universi paralleli - talvolta avvincenti - in cui immergersi per un paio d'ore per scappare dalla realtà. Non certo per la gioia di un CEO americano, ex avvocato a Wall Street - in una puntata di *Criminal Minds*, *David Rossi*, se ne sarebbe uscito sicuramente con una frase tipo "crediamo che il sospetto si venderebbe anche quella troia che lo ha messo al mondo per il profitto" -, che con la sua sordida politica aziendale da avido spilorcio aveva la faccia tosta di affermare nelle interviste pubbliche che "il Dogma non si affida ai numeri, ma a Hollywood, e noi offriamo la migliore esperienza". Come poteva avere tra le fila dei suoi dipendenti l'élite che asseriva di avere rifilando le paghe più basse nel campo? Come poteva offrire la migliore esperienza con gli schermi di qualità nettamente inferiore rispetto alla concorrenza? Era come pretendere di chiavarsi la Ratajkowski pagandola come una lucciola raccattata su una statale o una provinciale dell'hinterland milanese.

I clienti, quantomeno, non erano male, per la maggiore. C'erano ovviamente delle mele marce. Gente di cui il mondo avrebbe potuto fare tranquillamente a meno. Stronzi che arrivavano in ritardo e non si preoccupavano di starsene quieti mentre cercavano il loro cazzo di posto a film già iniziato, cagacazzi che parlavano durante la proiezione, rincoglioniti che arrivati alla cassa ancora non sapevano cosa volevano prendere o ancora quelli che scaricavano sul momento il *voucher* o che dovevano cercare una email perché si erano scordati la carta studenti per lo sconto, e via dicendo. Gente che andava fustigata. Ma erano una minoranza.

Non era tutto deprecabile comunque, grazie al culo. Mi divertivo a cercare di indovinare cosa sarebbero andati a vedere i singoli individui o i gruppetti, basandomi solo sul loro aspetto e il loro comportamento. Espandevo la mia percezione delle cose. Ero stato sorpreso notando che diverse tipe tutte belle in tiro - con i loro stivaletti neri con le gonnelline fluttuanti sopra calze trasparenti adornate da cinture con la fibia dorata di salcazzo quale stilista o marca famosa, il loro *make up* dai colori porporei e/o dark come lo smalto lucente e gioielli e accessori vari, argentati, che brillavano sulla pelle curata -, che andavano a vedersi una qualche cagata del cazzo tipo 50 *Sfumature di sta minchia*, più volte di quanto mi sarei aspettato, erano decisamente più genuine, simpatiche e aperte di quelle vestite a mo' di moda hippie che aveva avuto un brutto incidente con dei vestiti presi da qualche *H&M* o *Primark* o cassonetto dell'Esercito della Salvezza di turno che magari andavano a vedersi qualcosa di più impegnativo - e talvolta pretenzioso - e avevano un'aria mesta, una parlata brusca e sdegnata. Delle tirannosaure di *Jurassic Park* durante un mestruo non proprio felice. Ovviamente c'erano delle eccezioni da una parte e dall'altra.

Come se non bastassero i giramenti di coglioni che avevo al lavoro, dopo essermi messo in mezzo al brulicare della City facendo 'gentilmente' a botte con la marea di stronzi che staccavano da lavoro all'orario di punta, a casa Danilo con Andrea e Jenny stavano scazzando sul porcile che, a detta loro, lasciavano sempre Daniel e Nicole in cucina, con lì Christian mezzo partecipe e mezzo no perché i cazzari sbraitavano in italiano e il mio laptop aveva cominciato a fare singhiozzi ed entrare in coma quando gli girava. Tutta la magia della vacanza era svanita in un nanosecondo.

Alex si era reso conto che non bastavano un paio di giorni di spensieratezza per placare un'oppressione interna che non era in grado di mettere a fuoco. Scappò a casa di Zemar per sfogarsi con la console. L'umore di Alex poteva cambiare con la velocità e la semplicità con cui si accende e si spegne la luce con un interruttore. Quantomeno con Yasir andava d'accordo ora. Non che il ragazzo avesse imparato tutto d'un tratto a sprigionare gioia o essere il simpaticone di turno. Ma quella sorta di indifferenza mista a cortesia e rispetto erano già un passo avanti. Adam gli aveva mandato una foto su *Whatsapp*, in compagnia di Svein, in un bar nella città vecchia del Borgo, ringraziandolo per la mini vacanza. Da una parte era contento di essere lontano dalle appiccicose e intorbidanti ragnatele del Borgo, dall'altra provava comunque un po' di nostalgia. Alex stava bruciando la miccia. Con i due lavori e tutto il tempo che investiva nella musica si sbatteva a ritmi oberanti e masochisti, privandosi di sonno e svago. Come diversi immigrati, che arrivavano nella City da paesi economicamente inculati, con il piano di ammazzarsi di lavoro per tot anni, con l'idea di usare poi i soldi racimolati per costruirsi qualcosa in un altro posto. Possibilmente economicamente inculato.

Passava davvero un fottio di tempo a quella console, e con Yasir stava instaurando, poco alla volta, un buon rapporto. Seguiva anche dei corsi online sulla musica, per imparare le chiavi, gli accordi e via dicendo. Zemar gli aveva detto che stava imparando troppo in fretta per una persona normale. E non lo diceva tanto per dire. Alex quando si fissava con qualcosa, quando riusciva a trovare un punto focale in mezzo alla guerra intergalattica nucleare che aveva in testa, diventava una vera spugna.

In casa erano arrivati due nuovi coinquilini. Matthew e Stephan, un inglese e un franco-tedesco, studiavano musica in una scuola ad Acton. Ci avevo chiacchierato un po', poi avevo smesso. Mi saliva lo scazzo a discutere di certe cose. La musica, il music business, l'entertainment business, la militanza in una qualsiasi forma di ribellione genuina, la società, il fottuto pianeta, mi sembrava stessessero andando irrimediabilmente a puttane. Altre belve che crescevano nella mia testa di cazzo. Alla scuola che frequentavano i due coinquilini, ad esempio, seguivano lezioni di performance (come muoversi sul palco), di music business (tipi di mercato e - riassunto brutalmente - cosa andava e cosa no), marketing, promozione, e tra i vari consigli per cagare fuori qualcosa che potesse vendere, forse, un paio di tecniche per suonare uno strumento. Frank Zappa già aveva cercato di dircelo in un'intervista negli anni '80. In un'altra intervista, Taylor Hawkins, aveva fatto notare che Ringo Starr non era un campione a livello tecnico alla batteria, ma ammetteva che se facendo solo *pum-cha pum-cha*, mandi in delirio folle oceaniche, avevi vinto. Mi saliva il genocidio pensando alla maggior parte di 'sti ragazzini viziati che si abbassavano i pantaloni per mettersi a novanta al cospetto dell'industria musicale, svendendo anche quel poco di dignità artistica per sperare di racimolare niente più che un'approvazione pleonastica da una manciata di coglioni sui social. Ero contento che la maggior parte di 'sti coglioni non ce la faceva, anche se bastava la musica di merda cagata fuori da quei pochi figlioletti di puttana sgamati abbastanza da ritagliarsi la loro fettina di torta a inquinare il microcosmo sonoro terrestre.

Non ce l'avevo con tutti. C'era roba fresca che m'andava. Ma di solito era relativamente di nicchia. La verità era che la maggior parte di 'sti stronzi non c'avevano un cazzo da dire. Era un vero peccato perché il talento non mancava. Ma la musica cagata fuori da un pugno di ritardati che passa più tempo a discutere di *photoshooting*, date di pubblicazione, strategie per la promozione sui social, che a buttar giù una canzone poteva con una buona dose di risorse - tipo i soldi di papino - e fortuna togliersi qualche soddisfazione ma niente più. La storia la facevano altri. Quelli erano nient'altro che futuri sponsor per terapisti e l'industria degli ansiolitici e gli anti-depressivi. Ma qualcosa si muoveva. Tipo Karma Bill. Lo stronzo c'aveva le carte in regola. Pensavo a Bukowski. Il bastardo non se l'era inculato nessuno per quasi tutta la vita, costringendolo a scappare da padroni a cui doveva l'affitto e spaccarsi la carcassa e lo spirito, per venire poi scoperto troppo tardi - o al momento giusto? - e godere del suo successo per pochi anni. Il punto era che lo stronzo non s'era mai venduto e aveva continuato a scrivere e scrivere e scrivere. Roba che valesse la pena leggere. Fanculo Matthew e fanculo Stephan.

L'esperienza della vita da roditore aveva perso il suo fascino. Saltellare di qua e di là agilmente - sentendosi un fottuto *Spiderman* peloso in miniatura -, farsi i cazzi degli altri, andare a rubare oggetti nei giardini, spiare la gente dalle finestre. Divertente per un po'. Ma poi scappare dalle fottute volpi e dai gatti merdosi, stare col culo al gelo tutto il tempo. *Fun Is Over*. Grazie al culo il signor Stella del Mattino mi aveva reincarnato nel corpo di un animale che si poteva masturbare, almeno.
Ero in qualche modo legato ad Alex. Sapevo. Potevo vedere tutto quello che gli era successo. Tutto quello che gli capitava. Potevo navigare tra i suoi ricordi meglio di quanto potesse fare lui. *Black Mirror* elevato a potenza infernale. Ci misi poco a recuperare il week end che mi ero perso a Edimburgo.
Mi ripresentai alla finestra. Lo stronzo era sdraiato sul letto che mangiava delle mandorle - sì, delle mandorle, cazzo - e guardava *Rick & Morty*. Cercava di tirarsi su di morale dopo una giornata di merda, e niente lo tirava su come l'umorismo nero. Più era pesto meglio era. Sapeva che ci sarebbero sempre state giornate di merda, ed era abba-

stanza cosciente del fatto che una giornata di merda delle sue a paragone di altra gente era una buona giornata. Ecco perché non era tipo dalla lagna facile e faticava a tollerare anche le lagne degli altri. C'era gente che sopravviveva a dosi di sfortuna che avrebbero steso qualsiasi plebeo nato col culo al caldo. Questo lo faceva innervosire ancora di più. Per il semplice fatto di non poterci fare un cazzo, o non abbastanza, o comunque non nell'immediato. Ma anche se era duro con se stesso aveva imparato, poco alla volta, che nemmeno corrodersi nella frustrazione serviva a molto. Così imparava l'arte della pazienza, ma non l'arte del trascurare, del fingere di non vedere o non sapere. No, lasciava scemare la rabbia superflua ma se ne teneva stretta quel po' che bastava a renderlo erudito abbastanza da non farsi calpestare.

Dopo un minuto che grattavo alla finestra finalmente lo stronzo mi notò. Si avvicinò con cautela, pensando che potessi scappare. Tirò fuori lo smartphone e me lo puntò addosso. "Ficcatelo nel culo il tuo stronzo di telefono con la fotocamera incorporata e apri sta finestra, testa di cazzo", pensai. "Ti sbrano le palle se non apri, coglione". Dopo aver scattato un paio di foto, credendo di vedermi sparire da un momento all'altro, cominciò a sospettare le mie intenzioni, anche se rimaneva scettico. Posò lo smartphone e aprì la finestra. Cauto - visto che ormai non avevo più la stazza per fare a cazzotti come ai bei vecchi tempi -, entrai. Alex si sedette sul letto a osservarmi. Mi avvicinai. Puntavo alle mandorle. C'avevo un buco al mini stomaco che la metà bastava. Capì e mi offrì una mandorla. Mi avvicinai, sempre con la dovuta prudenza, e mi gustai ogni singolo morso. Alex si sciolse. «C'hai fame eh, brutto psicopatico di uno scoiattolo» rovesciò un po' di mandorle sul letto.

Prima di avventarmici lo guardai storto - per quanto un roditore dal visino simpatico e tenero potesse guardare storto. Recuperò il telefono e fece alcuni video. Li mandò prima a Jasmina e in seguito ad Adam, Svein, Jürgen e Zemar. Mi sforzai per non dargli la soddisfazione di aver qua una scimmia del circo e dopo dei patetici tentativi di buttarmi fuori quando voleva coricarsi lasciò la finestra aperta e mi piazzò un cuscino con sopra delle mandorle sullo stipite. Fece partire *Endgame* dei *Rise Against* in riproduzione casuale e si abbandonò sotto il piumone. "Speriamo che non decida di rompere niente ma soprattutto che non decida di cagarmi in testa", pensò.

Londra, Londra, Londra. Era dicembre. Cazzo.
Le luci natalizie addobbavano la città che con la sua vanità e vano orgoglio
infantile sembrava una drag queen sciupata. La gente che rantolava
per le strade, nei pub e ristoranti e all'assalto dei negozi, si era triplicata.
Si vedevano anche molti più senzatetto per le strade. Jenny aveva fatto
presente che era il periodo migliore per racimolare soldi per le strade. Le avevo
spiegato che non capivo come facessero queste persone ad essere in mezzo
alla strada se comunque avevano quantomeno quel minimo di senso
di marketing da sapere che quello era un periodo buono per farsi vedere
sui marciapiedi dei vari centri urbani in una città dove quasi qualunque
imbecille con un minimo di voglia di farne poteva facilmente trovare un lavoro
al minimo salariale. Alcuni erano ubriaconi o strafatti molesti, che ti urlavano
addosso e ti insultavano e lasciavano piscio, lattine di birra vuote e via dicendo
intorno alle loro "piazzole" sul marciapiede. Altri poveri diavoli
che non avevano nulla a spartire con questi ultimi. Semplicemente
non avevano retto una serie di botte di sfortuna in cui erano inciampati
e non avevano trovato nessuno che si fosse premurato di tendere loro
una mano. In generale non sopportavo più il genere umano, ma una volta ogni
tanto qualcosa mi inoculava quel tanto di ottimismo per non dar fuori
di matto. Come la banda di sei o sette giovanotti irlandesi rumorosi, mezzi
sbronzi, con in testa dei cilindri bianchi con gli *Shamrock* verdi e sgargianti
dipinti sopra, che avevo visto attraversando Piccadilly Circus per andare a casa.
Se la ridevano ma avevano fermato la festa - a occhio un addio al celibato -
quando uno era quasi inciampato su un mendicante. Si erano fatti seri
e si erano scusati. Poi, sperando di contagiare un po' con qualche sorriso
il signore magro e male in arnese seduto sul sacco a pelo, gli avevano lasciato
uno dei cilindri, buttandoci dentro alcune banconote. Avevano infilato le scale
per scendere nella stazione della metro ed erano svaniti.
A casa ero alle prese con quest'altra novità. Avevo praticamente un fottuto
scoiattolo domestico. Lo stronzo non voleva andarsene. Finii per affezionarmici.
Ci parlavo. O meglio, io parlavo e lui faceva movimenti strani che dovevo
sforzarmi di interpretare. Era uno scoiattolo rosso, nativo, piuttosto raro da 'ste
parti visto che gli scoiattoli grigi li avevano sfrattati e decimati.
«Ti diamo un po' di terra e fai su un bel casinò» lo prendevo per il culo.
Ogni tanto sembrava capire. All'inizio trovavo la cosa agghiacciante. Poi ci feci

l'abitudine. Ogni tanto usciva a farsi dei giri, ma poi tornava. Credevo andasse a farsi una scopata o una sega. Qualche volta me lo portai in giro. Lo infilavo sulle spalle e sul collo e nel cappuccio come facevano i punkettoni e alternativi vari coi ratti qualche anno prima, quando era scoppiata l'ennesima moda che si era eclissata più velocemente di un matrimonio di Drew Barrymore. Lo stronzo era libero di tornarsene alla sua vita nei boschi quando voleva, e se non voleva starmi in gobba poteva andarsene a spasso dove preferiva. Ma il piccolo sacco di peli stava ai giochi. Era socievole con la maggior parte della gente. Solo con alcune persone faceva un po' lo psicato. Magari aveva il sesto senso come i cani e le persone con cui faceva lo psicato erano delle merde. Salcazzo. Zemar all'inizio, come tutti, non si capacitava di 'sta cosa. Ma finì che se la intendevano alla grande. Mi chiesi se c'era qualcuno a cui Zemar stesse sul cazzo. O viceversa. Jasmina non vedeva l'ora di vederlo. Ci sentivamo spesso. Molto spesso.

Al lavoro me li stavano facendo girare, sia al pub che al Dogma. Troppi idioti. Troppi voltagabbana. Alcuni stronzi mi stavano facendo sentire nostalgia del Borgo, dove la gente era un po' meno sofisticata ma, di tanto in tanto, quando c'era da dir merda, quello dicevano. C'era un limite al far buon viso a cattivo gioco. Ma nella grande e progressista Londra forse non sapevano dove fosse 'sto limite. A volte scazzavano. Il che era un sollievo, faceva trasparire qualche emozione. Anche se rimanevano degli imbecilli quantomeno, mi dicevo, avevano un po' di sangue che gli scorreva nelle vene. Però il sangue volevo farglielo uscire dal naso a cazzotti quando mi trascinavano in mezzo ai loro sorrisi tirati, le loro litanie, il loro parlarsi dietro le spalle, o servire formali e politicamente corretti rimproveri vegetativi che al confronto facevano sembrare *Alfred*, il maggiordomo di *Batman*, un personaggio incazzoso e agitato quanto Charles Bronson.

Stephan, Matthew, Vinicio, Danilo, Nicole, Daniel e Corinna erano riusciti in qualche modo a ritagliarsi le vacanze per tornare dai propri cari a passare le feste natalizie. Alex, Tony e Jenny s'erano organizzati. Andrea aveva il turno all'Hotel e Nadine se n'era andata da alcuni amici. Tony sarà anche stato il debosciato della casa ma ai fornelli si faceva rispettare. Cacciò fuori un capretto alla sarda coi controcazzi. Seguirono le deliziose tagliatelle di ragù alla bolognese di Jenny. Alex si era premurato di non far mancare due bocce di vino, una di spumante, un litro di *Montenegro* e un limoncello. Per l'antipasto avevano racimolato un po' di affettato e per il dolce avevano fatto man bassa da *Patisserie Valerie*. Si erano mostrati affettuosi l'uno con l'altro, ognuno a modo suo: Tony con la sua teatralità, Jenny con la sua raggiante dolcezza acqua e sapone e Alex con un particolarmente spiccato e affettuoso senso dell'umorismo al vetriolo. Avevano riso e scherzato e si erano scialacquati le diverse chiamate e *FaceTime*. Alex aveva sentito i suoi e mandato alcuni messaggi a parenti. Gli amici lo avevano videochiamato la sera della vigilia, facendogli pesare che mancava all'appello per la classica sbronza epica che erano soliti prendere a casa di qualcuno o nel locale 'chiuso per festa privata' di qualche amico che lavorava nella ristorazione. Grazie al culo Jenny e Tony non gli avevano fatto mancare troppo la classica *fondue chinoise* natalizia. Tony a una certa aveva annunciato che usciva con degli amici. S'era preparato e aveva tirato due righe di coca sul tavolo del soggiorno prima di imboccare giocondo e sorridente la porta d'entrata.

Zemar aveva raggiunto Alex e Jenny. Avevano buttato giù un paio di digestivi, fumato un paio di canne e - salita la fame chimica - mangiato dei *naan* tostati su cui avevano sbattuto sopra nutella, fragole e panna montata. Ero sceso a cazzeggiare un po' quando Tony era telato, tanto per intrattenerli un po' e farmi spupazzare da Jenny che amava affondarmi contro una parte del suo corpo che non mi dispiaceva proprio. Zemar e Alex si erano scambiati dei regali. Alex aveva preso all'amico un Didgeridoo. Zemar gli aveva preso un controller *Midi Akai MPD218*. Yasir, disse Zemar, si scusava - Alex non riuscì a trattenere un "davvero?" - ma una broncopolmonite lo aveva steso. Dopo una lunga discussione su quale film guardare si erano accordati per *Animal House*, venduto da Alex come un *must-see*. M'ero levato dai coglioni ed ero andato a farmi un giretto all'aria fresca. Canna d'obbligo e pop corn fatti al microonde. Finito il film s'era fatto buio e avevano giocato un po' a carte. Infine Zemar aveva salutato e se n'era andato.

Jenny e Alex, brilli e fumati, avevano cominciato a sparar cazzate e si erano raccontati i propri cazzi. Jenny stava frequentando un tipo moro - alla Raz Degan - che veniva dai paesi baschi e lavorava in uno studio di architettura. «Gliela stai facendo sudare o gliela stai mollando un po' al povero cristo?»
Alex gli aveva parlato di Jasmina.
«Wow, amore a distanza. Che tenero, sembri *Ted Mosby*».
Avevano riguardato alcuni episodi di *Brooklyn Nine-Nine*, poi Alex si era addormentato con la testa sul grembo di Jenny, che verso mezzanotte l'aveva spostato e coperto con il piumone recuperato da camera sua sul divano gelido del soggiorno, impossibile da scaldare in quella casa con i suoi spifferi.

Il *Boxing Day* (o giorno di Santo Stefano) ero di turno al Dogma. Grazie al culo era un'apertura, così la sera ero a casa. M'ero accordato con Jasmina
per un *FaceTime* perché lei doveva assolutamente dirmi qualcosa.
Il che mi rendeva nervoso. Era proprio una di quelle frasi che rendevano nervosi, c'era un cazzo da fare.
«Come va?»
«Si tira avanti, tu?»
«Tutto bene, ho appena dato degli esami. Credo siano andati bene».
Si stava fumando una canna in quello che appariva come un soggiorno degno di questo nome - al contrario di quello di questa topaia con tutta la vernice scrostata e il pavimento con chiazze irrimediabili che scricchiolava. Me ne girai una e l'accesi.
«Beata te, qui stiamo sgobbando come dannati con il Natale e i suoi *franchise* e *remake* del cazzo».
«Mi spiace».
Sorrisi.
«Mica è colpa tua, anzi, almeno far due chiacchiere con te mi tira su».
«Mi fa piacere che lo dici perché volevo parlarti di una cosa…»
«Sì…?»
«Ho pausa fino a febbraio con l'università, e dopo Capodanno avevo pensato che magari…»
«Mi vieni a trovare?!» la interruppi. La voce mi si era alzata, quasi in falsetto.
«Sì pensavo di fare un salto a Londra se ti va…»

«Quando?» la interruppi di nuovo.

«Non so ancora, ho dato un'occhiata veloce ai voli. Credo fra un paio di settimane o così».

«Ok. Prima lo so e meglio riesco a organizzarmi col lavoro, ma a dipendenza di quanto vuoi stare temo che comunque mi toccherà anche lavorare...».

«Fa niente. Ho pausa da scuola ma non vuol dire che non ho da studiare e lavorare anche io. Mi dovrò ritagliare un po' di tempo. Dunque per te non è un problema se...»

«Non vedo l'ora che arrivi cazzo!» interrotta di nuovo. Vabbè, fanculo.

Due giorni dopo Jasmina mandò uno *screenshot* del suo volo. Mi sbrigai a far due chiacchiere con i manager che si occupavano dei turni al Dogma. Quelli al pub erano fissi per tutto il mese e mi stavano bene. Diversi cazzoni del Dogma erano specializzati nell'essere incompetenti a livello competitivo in più aspetti del lavoro, e la programmazione dei turni non faceva eccezione. La megera con cui parlai mostrò un sorriso forzato per tutto il tempo.

Mi allontanai dall'ufficio, proprio mentre Vladimir entrava con la sua consueta faccia disperata da "è successa una piccolezza ma farò un bordello che manco fosse cascato il mondo", sorridendo.

«Grazie per l'attenzione, apprezzo e ringrazio già anche per i turni che ho chiesto che sono sicuro sarete in grado di darmi visto quanto siete sul pezzo e professionali, fortuna che ci siete voi».

Mi sarebbe piaciuto ospitarla nella 'mia' baracca in Kensal Rise, ma non mi sembrava all'altezza, con tutti i problemi tecnici e certi stralunati che ci vivevano. Probabilmente non avrebbe fatto la schizzinosa, mi ero detto; ma poi alle undici di sera Tony era rientrato ubriaco, con il suo fisico smilzo infilato in un paio di calzoni attillati, un piumino blu scuro, e in testa un cappellino tamarro, sbattendo di tutto in cucina, parlando come se avesse in mano un megafono al telefono, e fui costretto a sollevare la questione. Jasmina decise di riservare un hotel in zona Paddington per alcuni giorni. Così, tra lavoro, casa, l'arrivo di Jasmina, la musica, e le pressioni che i miei avevano ripreso a propinarmi passate le feste, c'avevo l'umore che faceva su e giù come una montagna russa.

Ma l'anno nuovo era alle porte, e anche se normalmente non cambiava mai un cazzo se non il numero a quattro cifre nella data dei documenti, tanto valeva abbracciare la solita inutile illusione di grandi cambiamenti.

Vinicio era rientrato per capodanno insieme ad alcuni compari da Roma. Alex decise di aggregarsi alla batteria romana per l'ultimo dell'anno. Avevano preso i biglietti per il Fabric. Alex, visto lo stato dei suoi conti, aveva cominciato a bestemmiare a ogni penny che spendeva. Tra MDMA, keta, paste e bamba, oltre ai soliti sospetti, non s'erano fatti mancare proprio niente. Alex si era opposto dapprima ma poi si era lasciato convincere ad andare prima a vedere i fuochi nella zona di Barbican. La folla era insostenibile e Alex non amava particolarmente gli spettacoli pirotecnici. Però non se li era mai gustati da fatto. Quando i cristalli sciolti nella bottiglietta d'acqua che si portava appresso avevano cominciato a fare effetto, poco prima dell'inizio dello spettacolo, tutto era stato distorto e tutto aveva cominciato ad apparire più interessante. Alex andava in giro, toccava cose e persone, e osservava con occhi sgranati qualsiasi cosa attirasse la sua attenzione. Sembrava un micione, era a un passo dal fare anche le fusa. Nemmeno fare la coda per entrare nel club lo aveva infastidito. Dentro pestava un pezzo Drum and Bass. Alex stava entrando nelle vibrazioni giuste, però - come al solito - dopo le prime due gocce di alcol si era dovuto catapultare al cesso per sboccare. Il suo corpo doveva ricordargli tutte le volte che non amava certi miscugli.

I romani erano un'ottima compagnia per acchiappare, anche se Alex non era a caccia. Non aveva la solita fame, ma era sempre bello circondarsi di ragazze, e conoscerne di nuove. Un gran prurito al culo alle volte, un martello pneumatico infilato nel cranio altre volte, ma non ci si poteva fare un cazzo. Ballarono e buttarono giù un po' di drink (Alex con molta calma e tanta cautela). Andò a sedersi vicino ad alcune casse del locale e ispezionò il cellulare. C'erano stati vari scambi di auguri su *What-sapp*. Aveva mandato delle gif animate come quella di DiCaprio ne *Il Grande Gatsby* che alza il calice, *Tyrion Lannister* svaccato che faceva la stessa cosa, e per i pochi prescelti che potevano apprezzare - tipo Svein - quella di Lemmy e Ronnie James Dio che brindano su un divano.

Una tipa carina - con la faccia pallida e i capelli lunghi

232

lisci neri con indosso un paio di pantaloni attillati mimetici col risvolto, delle sneakers bianche della *Adidas*, un giacchettino di finta pelle nera e sotto una maglietta nera con la scritta *fuck* con la lettera 'c' sostituita dal logo di *Gucci* ma con gli anelli incrociati al contrario - stava lumando Alex da tutta la sera e si lasciava lumare. Avevano riso e scherzato un po'. Be', pensò Alex, è capodanno e fra pochi giorni arriva Jasmina, meglio che non mi faccio trovare fuori allenamento con quel demonio squisito. Si ributtò in pista.

Verso le tre fece un *FaceTime* dalla pista del locale con Jürgen che stava passando, insieme ad altri soci, il capodanno in una località sciistica e si trovava in un grande capannone pieno di gente ubriaca e in festa. Adam gli aveva mandato delle foto dalle strade in festa piene di ragazzi nella città dove studiava, mentre Svein un selfie della festicciola casalinga in compagnia di Lara e dei suoi amici che faceva una faccia da pirla con in mano un bicchiere di vino. Natale se n'era andato e capodanno era agli sgoccioli, presto sarebbero stati tutti pronti a tornare ai propri cazzi, tra lavoro e lavoro. Ma per quella notte facevano tutti ancora finta che il tempo potesse fermarsi in una notte di sbrago e speranza.

Il regime dei miei complici dalla capitale dello stivale consisteva piuttosto di sostanze stupefacenti che alcol. Il mio risveglio non fu di quelli traumatici, ed ero in compagnia. Doveva essere una delle poche volte che mi risvegliavo il primo dell'anno in questo modo. Alecia, la lituana, dopo avermi studiato, proposto un ultimo giro di giostra mattutino, mi aveva salutato e se n'era andata.

Pensare all'arrivo di Jasmina mi aiutava ad ignorare le lagne continue di Vladimir, le stronzate con quell'aria da *gangsta* beota del cazzo di Don Vito, le risate acute e inappropriate di una giovane collega, i clienti stronzi con la puzza sotto al naso da polemica da checche isteriche che con mio grande disappunto si presentavano proprio per il periodo 'film da *Oscar*', i vecchi stronzi al pub che bevevano da pezzenti arretrati da anni e si lamentavano per il cappuccio di schiuma sulla birra che stava esattamente dove doveva stare, i manager che esigevano che quando non c'era un cazzo

da fare si facesse finta di far qualcosa, e via dicendo. A casa, se tirava aria
di discussioni, mi eclissavo in camera e mi sparavo anche dieci puntate
di una serie tv. JD pareva farmi da guardia se la serie o il film lo attizzava
e spariva a farsi i cazzi suoi se non era ispirato dalla mia scelta. Sembrava avere
delle preferenze.
Il giorno dell'arrivo di Jasmina ebbi la possibilità di distinguere chi era tutto
sommato un buon collega - lasciandosi contagiare dal mio buonumore -
e chi una merda - irritata dal mio eccesso di buonumore.
Victoria Station, di nuovo. Puzzavo e mi sentivo addosso il sudiciume di fine
turno. Apparve con dei pantaloni neri attillati con stringhe decorative qua e là,
un paio di *Orinoco* della *Clarks*, un piumino bordeaux e una cuffia bianco
crema di lana col ponpon. Trascinava un trolley di medie dimensioni della
Kappa. I nostri sguardi si incrociarono, fece esplodere il suo sorriso, e io
accettai il fatto che dentro mi stavo squagliando come una candela gettata
nel cuore di un vulcano attivo.

Raggiunsero l'hotel per lasciare il bagaglio e darsi una
rinfrescata. Alex snocciolò qualche parola nella sua lingua madre col giovane ragazzo italiano alla reception.
«La riservazione è per una sola persona...»
«Certo frate, io abito a Kensal Rise, la sto solo accom-
pagnando a lasciare le cose».
Non persero tempo e si abbandonarono in una sessione di
sesso animalesco. Uscirono a cena e andarono a procacciare
un paio di drink a Shoreditch. Jasmina insistette per vedere la catapecchia in cui viveva Alex. Mi 'presentai'. Fu
subito amore. Non volevo sottrarre troppe attenzioni ad
Alex, anche se la tentazione era forte. Jasmina passò la
notte lì e tornò all'hotel la mattina, quando ad Alex toccava andare a sgobbare. Alex aveva preso i biglietti per
il musical *The Commitments*, quelli a buon prezzo per *The
Book Of Mormons* erano finiti. Quella sera sgattaiolò nella
stanza di Jasmina per la notte, allungando al ragazzo alla
reception delle carte di ammissione per il Dogma, che
aveva soffiato dall'ufficio dei manager quel giorno
stesso. Il giorno seguente era libero. Andarono a vedere
alcune opere di Banksy, fecero un giro nel mercato di Camden Town e si fermarono a cenare in un ristorante indiano.

Andarono a sbevazzare in alcuni pub in zona, prima di ritirarsi di nuovo a casa di Alex a cui toccò mettere la sveglia. Il giorno dopo Alex era un po' provato. Propose una semplice serata con pizza d'asporto e film, *This Must Be The Place*. Giocarono con i dadi del gioco *Kinky Nights* acquistati insieme a un paio di altri gingilli in un sexy shop il giorno prima. Guardarono due episodi di *BoJack Horseman* dopo essersi fatti una canna, poi continuarono a fare quello che avevano voglia di fare. Capita l'antifona Jasmina si presentò a casa di Alex con il suo trolley, prima di uscire a sentire un gruppo funk e soul in cui suonava un collega di Alex del Crown's Garden.

«Senti, da quando sono qui ho passato una notte sola all'hotel. Ho disdetto la camera perché mi sembra stupido pagarla».

Alex sorrise e diede un'alzata di spalle.

«Se hai voglia di passare tutta la tua permanenza qui in questo cesso di casa...», fece un teatrale movimento col braccio per far spazio e liberare la strada a Jasmina. «... Si accomodi *milady*».

L'entrata della casa era a combinazione. Per la chiave della stanza c'accordammo su un nascondiglio negli spazi comuni dove lasciarla quando uscivamo. Annunciai ai miei coinquilini la sua permanenza per un paio di settimane e domandai se qualcuno avesse qualcosa in contrario, usando parole gentili ma un tono che non ammetteva un "no" come risposta. Non fu comunque un problema. Jasmina era naturalmente dotata con la chiacchiera e sapeva farsi apprezzare. I maschietti che occupavano il tugurio in Kensal Rise mi guardavano con sorrisi complici che stavano a dire "cazzo, bel colpo frà". Qualcuno di loro pensava alla possibilità di farci un giro ai miei danni, ma la cosa non mi preoccupava anche se non sapevo esattamente perché. Jenny - al solito - fu una stella e un paio di giorni che era libera e io lavoravo se la portò a spasso per Londra. Fu una specie di test di convivenza anche se tecnicamente - ma anche teoricamente o praticamente o ufficialmente o il cazzo che vi pare - non eravamo nemmeno insieme. Non mi dispiacque. Sembravamo perfettamente sincronizzati sui momenti in cui avevamo voglia di starci addosso e quelli in cui avevamo bisogno di un po' di spazio per i cazzi nostri. Mi chiedevo se lei la vedesse allo stesso modo. Ma smisi presto di frastullarmici le cervella. Da una parte ero sollevato dalla sua presenza, da un'altra ero depresso perché se ne sarebbe dovuta tornare all'università un paio di settimane dopo. Si entusiasmava anche per tutte le mie cazzate da nerd. Forse fingeva, ma se lo faceva fingeva bene, e io sapevo apprezzare le buone performance. Anche quelle meschine.

Ci tenevo a farle conoscere Zemar.

«E così sei tu la tipa che lo ha rincoglionito a questi livelli» se n'era uscito.

«Rincoglionito io...» avevo replicato.

Avevo messo su uno dei pezzi a cui stavo lavorando e che le volevo fare sentire.

«Ti pare che uno rincoglionito riesce a cacciar fuori una chicca del genere?»

Da qualche tempo quando si parlava delle mie composizioni musicali Zemar diventava serio.

«Non è normale che produci roba del genere stando dietro all'armamentario da così poco tempo».

Io, tra il lusingato e l'imbarazzato, alzavo le mani al cielo e dicevo qualche stronzata, tipo che non ero di questo pianeta o roba del genere.

«Ti piacciono i pezzi di armonica che ci ho messo dentro?» domandai a Jasmina che stava ascoltando e sculettando a tempo. Sembrava davvero presa. Fu come iniettarmi un composto di ipertrofia per il mio ego e la mia autostima direttamente nel cuore. Sorrise e fece di sì con la testa.

Ci raggiunse anche Yasir. Sembrava una persona più serena da qualche tempo e la cosa mi faceva piacere. Ordinammo cinese, stappammo un paio di bocce di vino e poi da stoni e ubriachi attaccammo a parlare di film. Parlammo di Steven Soderbergh e di *Traffic* e non so come finii per raccontargli di Tomas Milian, di cui ero un grande fan. Si persero nel mio sproloquio. La cosa mi fece intestardire e cercai sul computer di Zemar film con sottotitoli in inglese. Non fu facile ma ne trovai un paio. Dovevano guardare almeno uno dei suoi poliziotteschi anni '70. Mi diedero corda. Zemar e Jasmina dissero che era un gran film tanto per farmi contento. Con mia grande sorpresa invece Yasir sembrò proprio preso, riflessivo con le sue sopracciglia aggrottate.

«Mi piacciono questi suoi personaggi, perché i disperati truffaldini da quattro soldi - quasi innocui - li prende giusto a sberle e li insacca. Però lui va a pescare i pesci grossi, gli incravattati i criminali veri... molti film di questo genere italiani di quegli anni sono così. Anche diversi bei film d'azione americani d'annata. Ora troppi fanno una propaganda paraculistica del cazzo» sentenziai sbiasciando.

Convinsi tutti ad andare a giocare a *Laser Tag* il giorno dopo. Jasmina fece il culo a tutti. Non vi dico l'orgia satanica tra i miei neuroni e i miei ormoni

quando la vidi sorridere trionfante con il giubbotto e il fucile laser in mano.
Già che eravamo a cazzeggio Zemar propose di fare anche una *Escape Room*.
Lì inaspettatamente fui io a brillare. I miei due soci talebani se ne andarono
a casa sconfitti ma sorridenti.

A casa Jasmina continuava a coccolare JD che si lasciava fare. Come tutti, era
incredula della sua natura 'socievole'. Era irresistibile quando non faceva
lo psicato. Jasmina m'accompagnò a comprare alcuni vestiti nel mio negozio
preferito in Piccadilly Circus, *The Sting*, che apparteneva a una compagnia
olandese che riuniva alcune marche sotto lo stesso tetto di distribuzione
al dettaglio. Passammo una serata di svago nel mio *joint* preferito nel centro
di Londra: l'*O'Neills* in Chinatown. Musica dal vivo, tre sale, buona birra.
Era la mia prima scelta quando sentivo il bisogno di un po' di schitarrate
homemade o semplicemente non sapevo dove altro andare. Conobbe il nostro
idolo del locale che chiamavamo Gerrard. Un arzillo anzianotto asiatico
sempre lì a ballare che indossava rigorosamente magliette e altro merchandise
del *F.C. Liverpool*.

Una sera che avevo il turno di chiusura al Dogma, in combutta con le
simpatiche - anche se alle volte un po' strane e sclerotiche - donne delle pulizie
domenicane, l'avevo fatta sgattaiolare dentro dopo l'orario di chiusura, perché
si era lamentata di essersi persa nelle sale un film che ci teneva a vedere, *Gold*
con Matthew McConaughey. Sapevo il codice della porta per accedere al locale
dei proiettori - i manager non prestavano troppa attenzione a chi o cosa
avessero intorno quando lo componevano per entrarci. Sapevo come farli
funzionare perché, in preda alla rottura di cazzo di alcuni turni dove il cinema
era vuoto e mi toccava sorbirmi Vladimir con altri dementi, avevo chiesto
di essere istruito un po' sulle questioni tecniche e davo ufficialmente una mano
anche con la programmazione e le proiezioni. Molti film - così come molti
trailer e pubblicità - rimanevano sul server locale per diverso tempo anche
dopo che finivano di essere programmati. Ero convinto che ci fosse anche
quello. Lo trovai. Occupammo la sala più grande, tutta per noi. Vuoi perché
Jasmina era molto contenta della sorpresa, vuoi perché io volevo metterla
in culo in qualche modo a quei bastardi che gestivano la baracca, vuoi perché
sembrava ovvio incoronare una bravata del genere con una sveltina,
ci infilammo nel magazzino a farci i nostri porci comodi.

Una sera che fuori nevicava - fino a quel momento c'era andata bene, avevamo
preso anche poca acqua, solo un po' di freddo alcuni giorni -, lei aveva la testa
china su un libro che parlava di economia. Domandai se potevo disturbarla
per capire un po' di cosa trattasse. Era un libro di Robert Reich. Mi fece

un sunto e cercò di farmi capire come funzionava, a grandi linee, il mercato sia domestico che internazionale. La guardavo e l'ascoltavo. Mi concentravo. M'interessava quello che spiegava. E cazzo con le parole ci sapeva fare la ragazza. Però di tanto in tanto dovevo sforzarmi a non far vagare la mia mente, che non si capacitava di come questa svitata, piena di vibrazioni positive ed energia, potesse passare dal strusciarmisi contro in un pub mentre una band suonava la cover di *American Idiot*, a stare a sentire i miei racconti a proposito della musica New York HardCore di fine anni '80 inizio '90 e il *Dogma95*, allo spiegarmi come funzionavano le società offshore, cos'erano le holding, come funzionava il mercato azionario e via dicendo. Mi sentivo immerso in una stanza tipo quella del video dei *Supergrass, Bad Blood*. Sballato. Fluttuavo in una specie di nuova dimensione. Cominciai a panicare. Sentivo l'attaccamento crescermi dentro, una di quelle spinte irrazionali che ti attraversano le viscere, il fegato, la spina dorsale e i polmoni. Diventavo sempre diffidente nei confronti di un elemento, in questo caso una persona, una ragazza, una meraviglia, che dovevo accettare come completamente fuori dal mio controllo, indomabile, com'era giusto che fosse, e che mi sballava e mi faceva vibrare i sensi a questo modo. Come sempre, cercai riparo dietro il solito muro solido di vigile cinismo, cercando di razionalizzare, e di riprendere il controllo.

«Ti stai divertendo qui?» domandò Alex addentando il suo hamburger da *GBK*.
Jasmina sorrise e fece sì con la testa.
«Sai… mi chiedevo, cioè… cosa ti ha spinta a venire qui a passare tutto questo tempo con me» sbanfò un Alex impedito.
Jasmina intuì dove andava a parare la conversazione. Era pronta ad affrontarla. In verità, non aveva bisogno di essere pronta. Avrebbe visto che piega prendeva e poi avrebbe improvvisato, con la sua grazia ribelle.
«Non ti ho raccontato questa storia?» attaccò con l'aria palese di chi sta prendendo per il culo. «Ho conosciuto questo ragazzo in vacanza a Edimburgo. Non proprio un belloccio. Una specie di squilibrato a dire il vero. Ma nel suo modo strano l'ho trovato affascinante e interessante. Poi, oddio, non è nemmeno da buttare eh, ha un bel fisico, e a letto se la cava bene, abbastanza bene da farti sor-

volare su quell'aria scema che si porta addosso...» Alex non riuscì a trattenere una risata e Jasmina sorrise con quell'aria soddisfatta da bambina che ne ha appena combinata una delle sue. Diede una rapida alzata di spalle e prima di addentare di nuovo il suo hamburger concluse «...così mi è venuta voglia di andarlo a trovare».

Alex diede un morso al suo hamburger prendendosi il tempo per calibrarsi.

«E come sta andando?»

«Benissimo».

«E...» pronto a sputare la domanda da un milione, «come lo vedi?»

Jasmina fece la finta tonta.

«In che senso?»

«Come lo consideri?» Alex sbuffò. «Dai lo sai che cosa intendo».

Jasmina non aveva intenzione di mollare la recita così, da un momento all'altro.

«Lo vedo come una persona speciale, mi piace».

«Ok...» Alex si lasciò andare stando al gioco. «E hai in mente qualche scenario particolare su come proseguire - o non proseguire - il rapporto con questo affascinante e superdotato cazzone?»

Jasmina sfoggiò tutta la sua immensa saggezza e cazzutaggine.

«Be' il ragazzo mi sembra un po' confuso e poco in chiaro. Mi sembra che la cosa più saggia da fare sia godersi il momento e vedere come va. Senza mettersi addosso pressioni o limitazioni di nessuna natura».

Alex annuì. Anche se non era completamente soddisfatto. Aveva bisogno di qualcosa di più drastico, meno astratto. Non si era accorto era dell'abilità con cui Jasmina lo aveva aiutato a sciogliersi, a mettersi a suo agio per evitare i suoi classici balbettamenti da coglione disorientato.

«Ma tipo se una si mette a civettare con questo balordo affascinante, come ti sentiresti?».

Jasmina non si scompose nonostante la domanda infame. Aggiunse solo alla sua voce un pizzico di acidità.

«Lascerei succedere quello che deve succedere e poi trarrei le mie conclusioni in base a come il balordo si comporta in una situazione del genere. Insomma non è nemmeno il mio ragazzo».

Alex annuì.

«Credo che, finché una come te se lo caga, lascerebbe civettare qualsiasi tipa quanto le pare ma poi farebbe "ciaociao è stato un piacere"...» Alex fissò il suo hamburger e non riuscì a trattenere il commento. «Peccato per la distanza».

Jasmina si limitò ad annuire questa volta. Alex cercò di rimediare alle vibrazioni strane che la conversazione aveva liberato. Abbozzò un sorriso.

«È un grande universo e questo un piccolo pianeta comunque». Il resto della sera chiacchierarono meno del solito. Per la prima volta si coricarono a letto subito pronti a dormire. Alex stava contro il muro di lato e Jasmina era sdraiata di schiena a mezzo braccio di distanza. Dopo un centinaio di respiri, Alex si girò per andare ad avvolgerla con un braccio.

«Non è stata una gran conversazione, eh?»

Jasmina iniziò a solleticargli il braccio.

«Andava fatta».

Alex avvicinò la bocca al suo orecchio e con l'alito caldo pronunciò queste parole.

«Volevo dirti che mi piaci un sacco, che sono contento di averti conosciuta, e che mi ritengo un figlio di puttana molto fortunato a essere con te qui nel letto».

Jasmina lo invitò a cingerla di più e gli strinse il braccio.

«Sono molto contenta di essere qui anche io, altrimenti non ci sarei...»

Andava tutto bene. Io stavo rannicchiato sul mio cuscino sullo stipite della finestra ed ero giusto contento di non dover sloggiare un'altra volta per riuscire a dormire. Ma avevo cantato vittoria troppo presto.

«Non so come la vedi tu, ma io in questo momento mi son fatto l'idea che però dovremmo proprio sfruttare al massimo questa tua visita».

Le morse l'orecchio e le strofinò con forza la mano sul torso. Jasmina si fece scappare un risolino, si scosse, si

mise di lato di fronte a lui con quegli occhi vispi che
brillavano anche al buio e allungò una mano in mezzo alle
sue gambe. Andava tutto bene. Uscii dalla finestra. Alex
ormai la lasciava sempre socchiusa. Andai su un albero a godermi il cielo londinese che quella notte, dopo la nevicata,
era stato magnanimo abbastanza da permettere a chi lo volesse
di ammirare la luna piena in mezzo al cielo stellato.
Una figura familiare che stava fissando la finestra della
camera di Alex con un cappotto e degli anfibi sorrise, si
voltò verso di me, mi fece l'occhiolino e poi tirando fuori
il cellulare si allontanò.

Jasmina se n'era andata. Niente pressioni, avevamo detto. Facciamo come
ci viene e vediamo cosa salta fuori, avevamo detto. Per descriverla non avrei
saputo che cazzo di parole pescare.
Ripresi a lavorare ai miei pezzi e le mie canzoni a pieno regime. Alcune tipe
hanno la capacità di rivoltarti chimicamente, dentro e fuori. A breve mi ritrovai
in guerra. In guerra contro il mondo, contro il cazzo di universo. Il genere
umano mi provocava dei pruriti peggio che la dermatite.
Al Dogma ero sempre costretto a combattere una battaglia interna per non
dare troppa corda all'invasivo Vladimir, ma allo stesso tempo evitare
di afferrarlo per il collo e urlargli in faccia: "Stronzo! Chiudi quella cazzo
di bocca! Chiudi quella fogna di merda! C'hai rotto il cazzo con il tuo
atteggiamento da primino di merda! Ti sbatti per 'sta compagnia di rotti in culo
che basa il suo profitto sull'inculare in modo legal truffaldino i clienti e gli stessi
dipendenti, incluso te, e ti aspetti anche che ti stringiamo la mano quando
ci rompi il cazzo per stronzate che non vanno a incidere sulla qualità
del servizio come se fosse tua 'sta compagnia? Ma la smetti, cazzo! Ma ti levi
dai coglioni e ci lasci fare? E porca puttana piantala pure di cagare il cazzo a noi
per ogni problema o situazione riportandola a tutti quanti venti fottute volte
come fosse la news del secolo atteggiandoti come un bambino di merda
all'asilo che ha scoperto una parola nuova! Sei un bambino di merda! Ecco cosa
sei, un ragazzino frustrato nel corpo di un quasi quarantenne! Hai da dire la tua
su tutto e tutti e quando qualcuno ti fa una nota a te - perché non sei perfetto
cazzo, sbagli anche tu e lo sai - metti il broncio come una tredicenne viziata
di merda che non ha avuto il pony per natale! Ci – hai – rotto – i coglioni!".
Non potevo. Non sarebbe stato giusto. Non era cattivo. Un coglione
stratosferico sì, ma cattivo no. Aveva carenza d'affetto. Alle volte bisognava

trovare il giusto atteggiamento per non essere dei pezzi di merda
completamente egoisti e indifferenti, e allo stesso tempo non lasciare
che persone nel bel mezzo di una spirale di merda ti trascinassero giù con loro.
Specie se loro erano i primi a non fare una sega per cercare di tirarsene fuori.
A certa gente forse piaceva sguazzare nella merda. Cazzi loro, bastava che non
pretendessero che tutti facessero uguale.
Anche alcuni clienti mi davano su i nervi alle volte. La maggior parte erano -
o quantomeno sembravano per quei pochi istanti che ci avevo a che fare -
gradevoli. Ma alle volte ti ritrovavi veramente quelli che guardavi e dicevi,
e da quale fottuto pianeta di merda t'hanno tirato fuori a te? Mi veniva
da scorticarli gli imbecilli. Imbecilli che s'atteggiavano. Tipo gli stronzi
che uscivano commossi dalla sala dopo aver visto un dramma sui senzatetto -
ad esempio un pretenzioso scontato flick hipster alla *A Spasso Con Bob* -
e poi entravo io e raccattavo cartoni di Pop Corn da sei sterline e bibite
gasate da quattro sterline praticamente ancora pieni, destinati
al sacco della spazzatura.
Al pub, 'sti manager di 'sto cazzo, con la loro fissa sul sembrare indaffarati,
stavano praticamente pregando per una centra dritta sul grugno. E i clienti
che si lamentavano per cose senza senso e senza ragione solo per farsi dare
un rimborso e una leccata di culo? C'avevo voglia di prenderli per i capelli -
quelli che ancora ce ne avevano - e sussurrargli nell'orecchio: "un coglione
come te qualsiasi fortuna c'ha avuto nella vita non se l'è sudata né meritata
di certo, per questo devi venire qua a vincere facile per darti un tono con quei
coglioni smidollati e senza amor proprio dei miei manager, ma io la so la verità,
tutte le persone che ti stanno attorno non ti apprezzano veramente in alcun
modo, né ti danno veramente importanza, altrimenti non saresti qui a mettere
in piedi sti teatrini del cazzo, come uno stronzo con le pezze al culo. Avrai
una morte molto triste se non cambi atteggiamento".
A casa vivevo con qualche coglione o cogliona. Qualcuno che non era stato
preparato a dovere alla vita indipendente e non sapeva come si viveva quando
non c'era la mamma che ti faceva trovare il piatto pronto. Dio stronzo. C'avevo
l'omicidio addosso. Qualche stronzo aveva fatto finire il tappo del tubo
del dentifricio nel lavandino. Era intasato e il tappo era galleggiato su. Dico io,
ma la merda si espande nel cervello di 'sti stronzi o cosa? Poi m'ero dovuto
sorbire Tony, con la sua voglia di chiacchierare. Il problema era che usciva solo
spazzatura quando apriva bocca. Mi aveva spiegato come intendeva fare i soldi.
"No perché sai, adesso faccio questo così prendo 'sta posizione, poi conosco
un tale che mi fa entrare lì" e via dicendo, con la stessa intelligenza

di uno che sui siti porno clicca sul banner "come guadagnare centomila euro al mese da casa e senza fare un cazzo".

Avevo bisogno di sfogarmi. Musica. Produci. Armonica. No, se sei nervoso lo strumento ti rifiuta. Forza. Respiri profondi. Le cose per cui ti stai mangiando il fegato non sono così importanti. Respira e calmati. L'armonica non t'ha fatto niente. Esige solo che la tratti con la calma, la concentrazione e il rispetto che si merita. Respira, calmati e diventerà tua amica. La tua terapia. Come i piatti e il tuo nuovo controller midi. Razionalizza.

Fatti un drink, diocane.

Preparai un *Martini* al frutto della passione, con tutte le razioni doppie rispetto a come lo facevo al pub, e lo ficcai dentro un tumbler. Feci partire il pezzo che avevo intitolato *To The Core* per sentire se mi sembrava mancasse qualcosa, o se al contrario ci fosse roba di troppo. Intanto pensavo. Mi chiesi come stava Jasmina. Come stavano i miei. Come stavano quella manica di debosciati, Svein, Jürgen, Adam. Mi chiesi cosa stesse facendo Irina. E anche Arianna, per un momento, ma scacciai il pensiero in fretta. Un calabrone in mezzo a una nuvola di farfalle. Mi domandavo come si faceva a dimostrare a quelle persone speciali, quelle che già facevano parte della mia vita e quelle che eventualmente lo sarebbero state, quanto uno può essere felice di averceli in mezzo ai coglioni. Anche se non mi capivano. Mi sarebbe piaciuto spiegar loro che in verità mi capivo a malapena io. E poi avrei dovuto scazzare perché avrebbero peccato di mancanza di umiltà, parlando come se avessero la risposta a tutto. La risposta semplice a tutto. A volte la risposta era semplice, altre no. C'era un *synth* che mi sembrava non c'azzeccasse un beneamato nel pezzo. Lo tolsi e feci ripartire la canzone. Ora mancava qualcosa, c'era un vuoto immenso. Lo rimisi. Aprii il compressore virtuale, forse dovevo solo smussarlo un po'. Forse, mi dissi mentre giocavo col mouse e il tasto spazio della tastiera per fermare e far ripartire il pezzo in loop mentre cambiavo i valori sulle manopole in 2D sullo schermo, l'unica cosa da fare era realizzare me stesso - nel senso di essere me stesso -, senza compromessi, senza stupide distrazioni. Seguire qualsiasi cosa mi appassionasse, prendere di petto le sfide che mi sembrava valesse la pena affrontare. Piantare a testa alta il muso in faccia ai miei demoni, alle mie paure, alle mie frustrazioni. Almeno, mi dicevo mentre il *synth* cominciava ad avere un suo posto all'interno della canzone, mi ero circondato di persone vere, con cui potevo avere un rapporto autentico. Non perfetto, ma meglio così, mi dicevo. Ero sempre stato diffidente nei confronti delle cose perfette, puzzavano di truffa, di raggiro. A mio modo di vedere più una cosa sembrava perfetta più doveva

essere grossa la pila di merda che occultava. Qualcosa stonava ancora
nella canzone. Forse lo *snare*. Maledetto. Ma solo in alcuni punti. Cazzo dovevo
fare? Cambiarlo solo in quei punti? Oppure cambiarlo del tutto? Mi sembrava
che tutto sommato funzionasse alla perfezione nel resto della canzone. Zemar
non c'era, e nemmeno Yasir, che anche se non capiva un cazzo di musica
un'opinione non mi avrebbe fatto schifo. Duplicai la traccia. Facevo prima
a provare entrambe le soluzioni e vedere cosa mi dicevano orecchie e pancia.
Davanti allo schermo continuai a pensare. Pensavo - ma soprattutto speravo -
che quelle relazioni che ritenevo importanti nella mia vita non si alimentassero
di mera convenienza o disperazione. Ne vedevo già troppe di relazioni
del genere. Forse mi stavo semplicemente raccontando quello che mi faceva
comodo, come tutti del resto. Forse andava poi bene così.
Giunsi alla conclusione che dovevo fare quello che mi sentivo di fare. Trovare
il giusto equilibrio per non diventare un ossesso, ma darci dentro per quanto
possibile senza lasciare che attimi, momenti e respiri che non sarebbero più
tornati, mi scivolassero tra le mani. Insomma: mi ero detto tutto
e non mi ero detto un cazzo.
Quello snare mi stava dando su i nervi. Funzionava perfettamente per tutta
la canzone tranne dove c'era anche il *synth* che saliva di un'ottava. Figlio
di puttana. Forza. Rilassati. Fatti un bicchiere di vino. Ma uno solo. Ricordati
di ubriacarti solo per far festa e bisboccia, non per affogarci dentro la merda
che ti porti dentro, quello non va bene. Passare da una schiavitù a un'altra non
è mai stata la svolta di nessuno. Però in culo agli *straight edge* e ai salutisi.
Un bicchiere fattelo. Col sorriso. Dai, ce la puoi fare. Snare del cazzo. Dovevo
iscrivermi a una palestra di boxe, c'avevo proprio il porco girato addosso.

Essere rispediti può essere un bene o una tragedia. Essere
rispediti a casa dopo un casting per una parte in una grande
produzione senza averla ottenuta non è la più bella delle
sensazioni. Per contro, essere rispediti a casa dal carcere
può essere un gran sollievo. Nel mio caso, non ero troppo
sicuro se essere rispedito tra i vivi fosse cosa buona o
meno. Mi toccava sorbirmi Alex, il cui umore faceva su e
giù, destra e sinistra, come la pallina di un flipper.
Quando faceva chiusura e il giorno dopo era libero, Alex
aveva preso più spesso l'abitudine di fermarsi nel multisala, cacciare su un film e godersi un'intera sala tutta
per sé sgranocchiando pop corn comprati - o rubati a se-

244

conda dell'umore - durante la pausa. Così anche facendo tardi la mattina non doveva svegliarsi presto. Una sera di febbraio, anche se il giorno dopo lavorava, si era fermato comunque perché bramava di vedere il nuovo film di Danny Boyle che era appena stato inserito nel server. Il giorno dopo per Londra e per i mass media non sarebbe stato un giorno come gli altri. Solo quasi.

Un pazzo si era messo in testa di infrangere la strana frenetica quiete della City falciando un paio di poveri cristi e alcuni membri delle forze dell'ordine vicino a Buckingham Palace. Metà del centro fu messo quasi in quarantena, e la testa di cazzo fu fermata. Il delirio sui vari social e media tradizionali venne rilasciato come il fottuto *Kraken*. Era tutto un 'sto cazzone sta bene presso vattelappesca' su *Facebook*, varie preghiere virtuali per le vittime, prese di posizione, minacce vendicative con meno criterio delle teorie terrapiattiste, gente che assicurava di 'stare bene' anche se viveva e lavorava a Kent. Alex si ritrovò con una pila di messaggi sul telefono.

Il cellulare era pieno di notifiche. Avevo risposto giusto ai miei, ad Adam, e sul gruppo che avevamo con Jürgen e Svein. Contro il senno - che suggeriva di girarmi semplicemente una canna e picchiare su uno special di Dave Chapelle o Louis C.K. e collassare per scordarsi con quali elementi stronzi e ritardati mi toccava condividere il pianeta - aprii il faccialibro. Un buon cinquanta per cento circa dei post aveva a che fare con l'attentato, ma c'era comunque gente che aveva avuto modo di postare video motivational, selfie sexy, selfie in palestra, selfie alcolici, meme del cazzo e #foodporn. Scorrere il diario - o la bacheca o la timeline o come gli stronzi del dipartimento marketing e comunicazione avessero deciso di chiamare quell'accozzaglia di stronzate - faceva venire voglia di farsi un clistere cerebrale, una vasectomia dell'encefalo. Quanti c'arrivavano che in quei video motivational, per esempio, il più delle volte quella scritta *This video changed my life* ce la mettevano direttamente gli stronzi che avevano fatto il video? Ero tentato di farmi un video che mi inquadrava il cazzo mentre mi segavo e postarlo con la scritta *I Need This In My Life* con lo smile con gli occhi a faccia di cuore. Quelle cazzate erano il nuovo 'impara il trucco per allungarti il cazzo'. La cosa più ridicola era il sensazionalismo e la passione con cui anche i miei compatrioti

del Borgo si stavano accanendo a proposito dell'evento, che in quello sperduto angolo di mondo aveva poco o niente a che fare. Il terrorismo
non era una realtà che toccava il Borgo manco con una catapulta
a propulsione protonica. Di solito evitavo di farmi coinvolgere in 'sti vortici pseudo mediatici utili quanto una forchetta per mangiare il brodo, ma cedetti all'impulso. Ero incazzato. Non c'era un solo cazzutissimo intervento intelligente.
… insomma come potete vedere avete più possibilità di lasciarci le penne per un incidente domestico tipo scivolare in doccia o cadere dalle scale, durante un'attività sportiva, per un disastro naturale (occhio amici alle valanghe e le frane), per un incidente in auto (eppure ve la menate sempre quando schivate un blocco della polizia pieni come foche vero fenomeni?, sappiate che poi di quelli che tirano sotto un'altra persona uno su due s'appende o s'affoga di pasticche) e per cause naturali (diabete, cirrosi, scolo, o una cazzo di polmonite). Con questo non voglio unirmi a quella manica di vegetali sterili pseudo hippie del cazzo che affronterebbero un comunque vile e idiota gesto come quello appena avvenuto qui con un cazzo di digiuno o "dando l'esempio di integrazione" e vi lascio qui un vecchio messaggio degli amici romani che si distinguono sempre nella loro classe quando si tratta di comunicare un messaggio. Il tutto era accompagnato dall'immagine di un graffito lasciato in un paese del Lazio qualche anno prima in occasione di un altro evento a sfondo di terrorismo fondamentalista che recitava: *ISIS, co le mani quanno ve pare.*
Ecco, pensai, mi sono unito anche io alla plebe di opinionisti del cazzo nella ragnatela.
Mi facevano incazzare le celebrità lanciate nella loro sacra missione
di "cambiare" e "ispirare" il mondo - dalle loro ville con più personale
di un centro commerciale. E i politici. Se c'era veramente una razza che
detestavo era la classe politica. L'avvenimento suscitava qualche domanda
sempreverde al riguardo. Perché quando qualche stronzo dalla pelle più scura
andava fuori di capoccia era colpa di qualche capo di Stato - di uno Stato che
posava il suo maestoso culo su un vasto territorio ricco di pozzi di petroliferi -
mentre quando un paio di ragazzini bianchi faceva una strage la cosa
 era da ricondurre alle cattive influenze di qualche rockstar, un cartone
animato oltraggioso, qualche film particolarmente crudo e violento,
o al controllo delle armi? Com'era 'sta storia che a seconda di come guardava
fuori il grugno di uno stronzo che dava fuori di matto si determinasse
se il figlio di puttana era l'anticristo oppure solo un povero
svitato facilmente influenzabile?
La giornata si prestava bene per lavorare a due pezzi. Uno intitolato
Riot Mansion e l'altro *Celebrities Fuck Off*.

Eventi come questi scomparivano dalle preoccupazioni delle persone una volta che le personalità di spicco si erano fatti la loro propaganda, e i nessuno frustrati di tutto il mondo avevano espresso la loro. Era un po' come farsi una sega: una volta che avevi sbrodato potevi concentrarti su altre cose. Al ritorno dal turno, sull'autobus, il giorno dopo Alex aveva sentito due arabi litigare pacatamente. Sembravano incazzati per qualcosa. Non capendo un cazzo di arabo, Alex tentò di intuire di cosa stessero parlando dai toni. Stavano discutendo del grande evento che aveva attirato l'attenzione di tutti il giorno prima? Alex si girò a guardarli. No. Più plausibile che uno dei due stesse avvelenato perché l'altro non gliel'aveva picchiato nel culo la sera prima e l'altro spiegava che non era la sua puttana. Alex sorrise. Era un bisticcio tra amanti. I pericolosi mediorientali. Alex al Borgo conosceva diversi montanari, carpentieri, muratori e boscaioli che se piantavano una sberla a uno di 'sti mulatti londinesi ne buttavano a terra altri settanta con lo spostamento d'aria. Era decisamente più preoccupato di procurarsi una brutta ripassata al Borgo.

Jasmina. Non si era palesata con preghiere, teatrali preoccupazioni, pronta a protrarsi in lacrime davanti alle telecamere di uno studio o di un inviato nel quartiere. "Era un ragazzo tanto a posto, volevo scoparmelo ma ero troppo presa a menarmela, e ora solo i vermi potranno succhiarglielo finché non gli si sarà decomposto". Mi aveva inviato una gif dove ancheggiava in un paio di pantaloni neri ultra attillati a piedi scalzi con solo il reggiseno di pizzo trasparente, si girava, sculettava un po', poi si avvicinava all'obiettivo e mimava un esplosione con le mani ridendo, poi appariva la scritta *I'm Your Sex Bomb*. Domandava se fosse tutto a posto. Ci scrivemmo un po'. Mi faceva sempre un buon effetto. Ma ero davvero in una zona radioattiva con l'umore e poco dopo esserci salutati le buone vibrazioni si dissipavano in fretta e tornavo col porcoddio addosso.

C'erano dei nuovi coinquilini. I "musicisti", Stephan e Matthew, s'erano trasferiti ed avevano ceduto la stanza a Marco e Lorenzo, due compatrioti di Tony. Isolani ma di tutt'altra pasta. Bravi ragazzi. Non che Tony fosse una persona cattiva, ma era un coglione debosciato, questi due molto più moderati e alla mano. Mi piacevano.

Al contrario di Josh, che qualche settimana prima aveva preso il posto di Andrea che s'era cagato il cazzo di Londra e avendo avuto un'offerta di lavoro in patria aveva fatto armi e bagagli ed era tornato tra le braccia di mamma Roma. 'Sto coglione americano, Josh, sbancava il lunario facendo il *delivery boy*. Se lo stavi a sentire la sua vita era come quella dei *delivery boy* nei porno, e anche come la vita di un vero *gringo* che vive sul filo del rasoio tra sesso, droga e rock'n'roll. *Straight Outta Kensal Rise Josh*.

Metti che sopportavi le chiacchiere e i "bro qui", "bro lì" "faccio su, faccio giù" - non c'era da meravigliarsi che era diventato subito culo e camicia con Tony -, metti che sopportavi che cercava di scroccarti sempre roba - dal tabacco agli ingredienti per cucinare alla cazzo di carta igienica -, però la sua incapacità a tenere rispettosamente puliti gli spazi comuni faceva salire il genocidio. Gli avevo fatto presente che 'sta casa era una cazzo di colonia e se tutti lasciavano le stoviglie immerdate nel lavandino per mezza giornata prima di pulirle non ci si salvava più, con toni pacati. Ma lo stronzo era recidivo.

Se pensava di cavarsela con le sue chiacchiere del cazzo e il suo sorrisone beota da presa per il culo si sbagliava. Alla prossima lo avrei messo all'angolo, avrei rotto una bottiglia di birra dopo essermela scolata al fiato, e col collo tagliente alla gola gli avrei detto: "Stronzo, se non impari a convivere come una persona civilizzata stermino te e tutta la tua famiglia di yankee del cazzo come hanno fatto coi Kennedy!".

Francesco era un pazzoide che faceva il cameriere in un ristorante nella zona di Covent Garden. Romano. Non l'avrei mai ammesso palesemente davanti a loro, ma ero contento che - con Andrea che se n'era andato - non avevamo perso la nostra fetta di espatriati dalla capitale dello stivale. A parte il chiasso ogni tanto, sapeva vivere e convivere in modo decente e teneva un certo livello di spudorato brio nella casa. Aveva preso il posto di Danilo, che aveva trovato una dimora più tranquilla e adeguata a Golders Green. Probabilmente si trovava meglio in mezzo alla comunità ebraica che faceva presenza massiccia in quella zona.

Qualche settimana dopo ad andarsene fu Daniel che portò il suo alcolismo in patria, aveva trovato un lavoro a Cork, quindi finché non andava a puttane quello sarebbe rimasto lì. Si presentò quindi in quel di Kensal Rise, nella nostra gabbia di psicopatici, Gabriel. Un brasiliano. Si adeguò abbastanza bene alla convivenza nella casa. Lo dovemmo riprendere un paio di volte facendo presente anche a lui che vivere con un'altra decina di persone comportava alcuni fastidiosi obblighi di ordine e pulizia e - al contrario del merdoso Josh - corresse il tiro e si rivelò un simpaticissimo coinquilino.

Jenny e Vinicio però erano avvelenati con Tony, e addirittura le francesine, Nicole e Nadine avevano messo la testa fuori dal guscio per esprimere il loro disappunto soprattutto verso il chiasso che era scaturito in alcune serate dove il cazzone andava a spaccarsi a merda coi suoi amici ritardati per la città e poi aveva la pessima idea di portarseli a casa e 'sti stronzi parlavano manco fossero ad una festa campestre nel bergamasco a orari impossibili tipo le quattro o le cinque di mattina. E se andava male te li ritrovavi ancora lì fatti e consumati come una sigaretta che comincia a puzzare di filtro gremato all'ora di colazione. L'unico stronzo che c'azzeccava con 'ste bravate era Josh. I due coglioni si erano trovati.

Io c'avevo provato a farci due chiacchiere, con Tony, a dirgli che non poteva fare così, che stava facendo girare il cazzo a tutti. Ma quello diceva "sì, sì, c'hai ragione frate, mi spiace" e poi un paio di settimane dopo era di nuovo lì uguale. A quel punto Jenny, Vinicio - e di conseguenza anche Francesco che faceva comunella con lui -, Christian, le francesi e Corinna avevano deciso di lamentarsi con l'agenzia. Io non potevo difenderlo. Soprattutto dopo che una di 'ste nottate era sparita roba, anche se io sospettavo più di Josh che ovviamente si aggregava ma poi spariva e faceva il paraculo quando l'argomento veniva tirato in ballo: «ma io ho fumato un po' con loro poi me ne sono andato». La merda.

I cazzoni arrivarono in quel di Kensal Rise per rimettere ordine con il manager. Era italiano. Si presentò tutto bello pettinato con addosso un completo e un soprabito. Capelli gellati, cravatta. Si credeva il fottuto *Padrino* o una cosa del genere. Per deformazione social culturale molti azzurri erano così: gli davi appena un pizzico di responsabilità e una posizione manageriale che poteva esigere un po' di autoritarismo e subito lo stronzo di turno si montava la testa. Sfoggiava un'arroganza di potere, senza mascherarla - i *brits* con lo stesso problema invece ti sfoderavano davanti la loro aria *posh* da presa per il culo e ti rifilavano una finta aria commiserevole. La prima cosa che fece fu riprendere Alex che se ne stava comatoso in soggiorno a fumarsi una paglia.
«Lo sai che nel soggiorno non si può fumare?»
«Fa un freddo porco fuori, sto qua vicino alla finestra aperta apposta».

«Non importa, è una questione di legge, nelle case condivise da più persone è vietato, ribadisco, per LEGGE, fumare nelle aree comuni».

Alex si alzò, senza troppa voglia di apparire remissivo con lo stronzetto.

«E come la mettiamo con le leggi sul numero di inquilini? Sai qui lo sappiamo tutti che in questa casa non ci potrebbero vivere più di otto persone secondo la legislazione del nostro distretto legislativo. Pagate le *council tax* a tutti o incassate l'affitto "comprensivo di tutto incluse le *council tax*" e ne versate la metà?»

Quando Jasmina era venuta a stare lì, aveva trovato la situazione un po' strana e si era informata a tempo perso. L'agenzia, che lavorava per conto del *Landlord*, incassava l'affitto ogni due settimane, in contanti, che erano da lasciare nella stanza con un foglio stampato del cazzo che aveva una griglia chiamata *List Of Payments* con stampata solo la voce *Date*. Le altre voci *Amount Of Rent, Paid, Balance, Sign* e *Observations* venivano compilate a penna dall'addetto dell'agenzia che ritirava i soldi nelle date prestabilite. Il contratto che l'agenzia ti faceva firmare era un pezzo di carta ridicolo anche se si premuravano di chiederti i documenti. Si deduceva che qualche *council tax* la pagavano, per non dare nell'occhio tipo, ma decisamente non tutte. Qualche povero stronzo era lì illegalmente senza manco saperlo.

Il cazzaro fu preso un po' alla sprovvista, ma Alex voleva solo essere lasciato in pace quindi si avviò con passo lento verso l'uscita per finire la paglia. Lo stronzetto decise di non testare la determinazione e cocciutaggine di Alex e tornò a occuparsi del motivo per cui si era trovato lì: le lamentele a proposito di Tony.

Il povero bastardo fu chiamato all'appello. Il cazzettino col completo, Giorgio, carico della sua posizione pseudo privilegiata - ricordatevi che siamo tutti la puttana di qualcun altro -, lo mise alla gogna davanti ai presenti. Allora fu il caos. Tutta la merda generale venne a galla. Dapprima fu la questione Tony, dove gli inquilini furono molto pacati nel dire - la maggior parte dei quali per la prima volta in faccia - quali cose non andassero con il suo andazzo. Alex si espresse semplicemente.

«Fra, io già te l'avevo detto, non portare quella gente del cazzo con cui giri qui dentro».

Re Giorgio la mise giù dura, minacciando di cacciarlo di casa. Gli altri si resero conto di non volerlo mettere per strada, solo che la capisse sul serio una volta per tutte. Giorgino però, con le sopracciglia depilate, non aveva messo in conto che tutti - Alex in primis che non vedeva l'ora di dare il LA - terminata la ramanzina a Tony, si potessero accanire sugli agenti e il capetto a proposito del resto dei problemi della casa. «La lavatrice non scarica bene l'acqua», «Il rubinetto del bagno di sopra s'intasa un giorno sì e uno no», «L'acqua calda finisce troppo presto», «Internet fa le bizze», «Quando piove gocciola acqua lì, lì, lì, lì, lì, qua, qui e là», «I termosifoni di quella e quell'altra stanza non scaldano abbastanza».

Il povero stronzo doveva avere la testa in procinto di esplodere. Jenny e Corinna erano piuttosto avvelenate soprattutto per la questione dell'acqua calda.

«Cioè io pago i miei centoquaranta a settimana no? Ho diritto all'acqua calda per farmi una benedetta doccia! Altrimenti smetto di pagare!»

Giorgio sbottò con una vocina isterica.

«E se smetti di pagare ti butto fuori!»

Alex non era sorpreso che Jenny si era rivelata la persona con più palle di tutti ad affrontare il cazzettino che puzzava di *Acqua di Giò*. E lo stronzo le aveva urlato in faccia. "Non a Jenny, non me la tratti così brutto stronzo", pensava Alex che stava per intervenire quando a sorpresa fu anticipato da Tony.

«Vabbè frate, cazzo fai la butti fuori perché ti ha detto che le cose non funzionano come dovrebbero visto che lei paga?»

Gli altri si sentirono in colpa nei confronti di Tony in quel momento. Vinicio e Corinna stavano provando, da paraculi, ad incitare alla calma. Ma Giorgio era troppo pieno di sé e finalmente trovò l'occasione per rifarsi del suo gesto da vigliacco e prendersela con Tony.

«Tu zitto devi stare! Che sono venuto qui per te in primis! E non capisci neanche quando devi startene al tuo cazzo di posto! Anzi sai cazzo ti dico? Ti butto fuori qui e adesso!»

Alex finalmente ebbe modo di farsi spazio.

Con tono calmo e pacato (*watcha say, whatcha say, whatcha say, what?*) si piantò di fronte a Giorgio.

«Scusa stronzetto ma datti una calmata. Prima di tutto chiedi scusa alla mia amica qui che le tue crisi da checca isterica incompetente sono completamente fuori posto. Secondo: puoi mica buttar fuori gente perché non sei capace a fare il tuo lavoro del cazzo e 'sta casa c'ha più problemi delle casse dello Stato italiano».

«Sai cazzo ti dico? Butto fuori anche te».

«Ah sì? E con quale pretesto?»

«Perchè posso, c'ho un'agenzia da mandare avanti qui, che cazzo ti credi?»

«Mi butti fuori perché puoi?»

(*whatcha say, whatcha say, whatcha say, what?*)

«Esatto».

«Mi sa che non si può mica. Sai, legalmente».

«Vuoi vedere?»

«Aspetta, ho un'idea, voglio darti un buon pretesto».

Alex fece un lento casquè degno della Carrà per caricare bene e poi... bam! Piantò a Giorgione, Giorgino, Giorgetto una craniata dritta precisa sul naso. Quello cascò a terra e i vestiti costosi gli si riempirono del sangue che gli usciva a frotte dalle narici. Un bel sole di inizio marzo, alla faccia del consueto grigiume londinese, stava entrando dalle vetrate e andava a posarsi sulla faccia umiliata, dolorante e frustrata di Giorgio.

Era meglio cominciare a cercarmi un altro posto dove stare, e in fretta. Il socio probabilmente non avrebbe tentato le vie legali. Non gli conveniva visto il modo in cui gestivano il business. Era abbastanza marcio e io potevo cantare, alla Chris Barnes potevo cantare proprio. Però non me l'avrebbe fatta passare liscia. Per quanto m'ero affezionato a quella catapecchia di merda allo sfascio e i suoi occupanti non era il caso di portare ulteriori scenari apocalittici sulla stessa.

In camera m'ero sentito svuotato. C'avevo male a pensare di dover andare a lavoro da quegli inutili figli di puttana senza spina dorsale né anima del Dogma. Avevo spianato alla grande i miei risparmi e avevo litigato coi miei qualche settimana prima al telefono. Non ci sentivamo da un po'. Ero talmente preso male che avevo anche ignorato alla grande i miei soci. Cazzo. E ora c'era 'sto sole. La sentivo arrivare. Solitamente era sempre stata un'amica, ma per come stavo messo adesso non la volevo proprio rivedere. Non ero dell'umore. Cominciavo a sentire la primavera. Sembra una cazzata da poeti senza immaginazione, o cantanti pop che scrivono canzoni inutili con testi a cazzo di cane più piatti di una tavola in marmo, o gente che pensa che mettere una scritta di merda in un bel corsivo su una montagna o una cascata faccia figo. Ma io seriamente le stagioni me le sentivo nell'aria. Nel naso, nei polmoni, nelle vene. Un bel modo per dire che ero un meteoropatico del cazzo, no? La fottuta primavera in quel momento non la volevo, non mi sentivo pronto ad accoglierla. Avrei prolungato volentieri l'inverno per altri quattro o cinque mesi.

Alex si trovava un po' stanco di lottare e ribellarsi. Ci sono quei momenti, dove quelli come lui si sentono così. Che sia la primavera, che sia lo specchio, un messaggio che non arriva o l'impressione che stai cominciando a slittare sull'asfalto pronto a schiantarti, e non per tua scelta. Quelli come lui, in quei momenti, o fanno qualche cazzata e tornano con la coda tra le gambe a chiedere al sistema di accettarli e riprenderseli, pronti a farsi anche inchiappettare un po'. E il sistema mica dice di no quando ha modo di dimostrare la propria solidità, il proprio appeal e la sua magnanimità dispotica. Oppure quelli come lui in quei momenti possono anche trovare l'ispirazione giusta per appendersi per il collo. Se sei in bagno e hai quel minimo di lucidità è subito fatta.

Avevo posato l'asciugamano sul termosifone, il doccia shampoo sul bordo della vasca, e avevo aperto l'acqua. 'Sto cesso di *boiler* ci metteva sempre una vita prima di sputare quella calda. Mi ero piazzato davanti allo specchio dopo essermi levato le mutande e aver calciato le infradito contro la porta.

C'avevo dentro proprio una faccia di merda. Le borse sotto gli occhi avevano quel colore marrone scagato alla *Luis Vuitton*. Le pupille sembravano eccessivamente umide. Mi sembrava di vedere i difetti della pelle in 4K, come se sullo specchio avessero applicato un filtro *Instagram* color seppia solo sulla mia faccia. Anzi, solo qualche sfumatura. La mia faccia era un'orgia di colori: bianco pallido da ospedale, giallo muco e marrone diarrea da post sbronza. Posai gli occhi sul tubo della canna della doccia. C'aveva qualche pezzo rovinato. Sul bordo della vasca c'erano vari contenitori iniziati di vari doccia shampoo di vari colori e fragranze, da quello al cocco con il contenitore tondeggiante color crema, a quello verde sangue di alieno ultra fresh, passando per i vari *Axe* neri, *Head & Shoulder* bianchi e via dicendo. C'era qualche lametta sparsa qua e là. Avevo sempre dato per scontato che tutte le tipe si facessero la ceretta e basta, ignorando tutte le altre tecniche di rimozione degli schifosi peli. Non era da escludersi appartenessero ai metrosessuali della casa. Io stesso usavo la lametta per radermi la zona palle.
Mi avvicinai alla vasca per testare la temperatura dell'acqua. Mi vennero alla mente alcune scene che avevano luogo in un bagno o una doccia. *Psyco, Profondo Rosso, Final Destination, Slither, Nightmare* (*Dal Profondo Della Notte*), *IT* e così via. La doccia emise un paio di singhiozzi e l'acqua smise di uscire. Piegai la testa sulla vasca e afferrai la canna della doccia.

Alex fece per aprire l'acqua tentando di puntare il getto sulla sua testa ma uscì solamente una specie di sbrodolata. Allora Alex trafficò ancora con la leva del rubinetto e, appena la spostò su quella fredda, l'acqua uscì di getto, provocandogli uno schiaffo gelato in faccia e sulla nuca. Si alzò lentamente e digrignò tra i denti.
«Ma è finita l'acqua calda di nuovo?»
Trafficando, con più cautela, trovò conferma all'ipotesi. Scattò e, tirando un calcio ai vari doccia shampoo, urlò con quanto fiato aveva in gola.
«Ma possibile che in 'sta casa di merda non c'è mai una fottuta settimana che funziona tutto a dovere?! Con quel cazzo di affitto criminale che paghiamo poi!!!»
Uno degli shampoo, che non era stato chiuso bene, stava spargendo il suo contenuto sul pavimento. Mentre Alex si girava per verificare il danno appena fatto, mise un piede proprio sopra il liquido cremoso rovesciato e scivolò in-

dietro come un sacco di merda nella vasca producendo un
tonfo sordo. Danno maggiore: l'orgoglio. Il resto erano
solo un paio di graffi e forse uno o due lividi. Alex si
mise a bestemmiare a squarciagola e tirare una serie di
pugni all'unisono nella vasca.
La rabbia é una cara amica dell'uomo. La gente cerca sempre
di reprimerla. Ci fanno delle campagne contro, come se
fosse possibile estinguerla. Ma la rabbia, se usata bene,
è una cara amica. Come diceva *Mr. Nancy*: *"angry is good,
angry gets shit done"*. Un po' come un cane, va addomesti-
cata ed educata. L'orgoglio si sistema da solo, si calci-
fica e rinforza come le ossa quando si rompono. E Alex,
senza nemmeno accorgersene, non dava già più tanto peso
alla primavera e tutto il resto. A lui un'idea del cazzo
tipo dare al mondo la soddisfazione di togliere il disturbo non gli era mai passata per l'anticamera del cervello manco per il cazzo. E i cazzi per quella lunghissima
giornata non erano finiti.

Ero talmente incazzato e furioso che me n'ero sbattuto il cazzo e mi ero fatto
la doccia fredda. La sorpresa mi aspettava in camera. Giorgino prima s'era
presentato con gli agenti, quelli che affittavano le stanze, chiacchieroni
paraculo che cercavano di sbarcare il lunario rifilandoti qualsiasi stanza
di cui si volevano sbarazzare al più presto. Fisicamente innocui. Invece i due
bestioni che mi ritrovai in camera a fargli da spalla, allo stronzo che lumai
dalla finestra giù in strada con ancora un fazzoletto bianco con delle belle
chiazze color porpora, erano quelli che mandavano a ritirare la paga ogni due
settimane. Quasi sempre il brasiliano. Ma c'era anche il polacco che veniva
di tanto in tanto. Bravi ragazzi. Specialmente il polacco. Gli piacevano i poster
dei film che rubavo dal Dogma quando li buttavano perché non servivano più.
Non solo film nuovi. Alle volte proiettavano delle vecchie glorie tramite il *BFI*
e avevo raccattato, tra gli altri, il poster di *Goodfellas* (*Quei Bravi Ragazzi*),
quello di *Mulholland Drive* e quello del vecchio *Blade Runner* - che stava
già in terra strappato.
«Forza» disse incazzoso il brasiliano. «Te ne devi andare, impacchetta le cose».
Il polacco arricciò il labbro e fissandomi fece spallucce.
«Ragazzi» sorrisi con ancora indosso l'asciugamano annodato al bacino, «non
esiste che schiodo stasera. Prima di tutto, ho già pagato l'affitto per un'altra

settimana; secondo, sono due settimane di preavviso sia per me che per voi; ma soprattutto, non ho ancora un altro posto dove andare».

«Prendi un ostello» grugnì il brasiliano.

Forse lo stronzo non era poi tanto un bravo ragazzo.

«Certo, e come me la porto in giro tutta la mia roba?»

«Problema tuo, dovevi pensarci prima di fare il coglione».

«Quanto tempo ti serve per impacchettare la tua roba?» si fece vivo il polacco.

«Il più in fretta possibile. Ecco quanto» sbraitò il brasiliano.

«Facciamo che tornate domani dopo il mio turno al lavoro e vedo di organizzarmi». Il brasiliano mi dava tranquillamente una spanna e faceva sicuramente quasi il doppio dei chili. Mi si piazzò davanti e m'alitò addosso.

«Tu non hai capito. Tu qui stasera non ci dormi».

«Ah sì?» feci io, che ora stavo perdendo la pazienza, perché non mi piaceva che mi venisse abbaiato addosso cosa fare e cosa no, specie da un burino senza cervello. «E se mi rifiuto di andarmene cosa fai?»

Si scompisciò in una risata nevrotica e grottesca e si diresse verso il comodino.

«Ti aiutiamo a sbaraccare noi».

Prese la lampada dal comodino e la gettò dalla finestra. La si udì fracassarsi al suolo con un orribile suono di plastica, vetro e parti metalliche che andavano in frantumi. Vidi Giorgione alzare uno sguardo indifferente e scazzato verso la finestra. Mi tolsi l'asciugamano e indossai le mutande. Mi pareva che al polacco non piacesse quello che era stato mandato a fare, ma probabilmente non conosceva un altro modo per passare il tempo intascando uno stipendio e questo per lui rientrava nella categoria di seccature che gli toccavano per curare i suoi interessi personali. Il brasiliano strappò il poster di *Alien Covenant*. Indossai i pantaloni del training. Poi vidi che si stava avvicinando alle mie casse audio. Quelle no, cazzo. Con uno scatto raggiunsi la zona bar, dove tenevo sulla cassettiera due bocce di vino, una di *Jameson* e una di *Sambuca*. Afferrai quest'ultima, la più vuota, e mentre stava per afferrare la mia cassa gliela schiantai sulla testa, ma non si ruppe. Allo stronzo toccò indietreggiare, urlando, con una mano che palpava il punto dove l'avevo colpito, sul lato di quella testa di merda, vicino alla fronte. Guardai il polacco, che si era messo tra me e il suo socio per evitare che mi accanissi su di lui, come in effetti intendevo fare.

«Non me ne vado senza farvela sudare» mi rivolsi al polacco.

Lui, per tutta risposta, fece spallucce.

«Mi spiace, allora».

Feci una finta, per distrarlo, con la bottiglia, ma poi mi limitai a spingerlo da parte e andare a suonarne un altro paio all'altro testa di cazzo. Questa volta non avevo il vantaggio della sorpresa però riuscii a piantargli un calcio per fargli muovere la guardia e lo colpii di nuovo con la bottiglia sull'orecchio. Questa volta la bottiglia si ruppe e anche la sua faccia di merda. Gli avevo aperto uno scorcio sullo zigomo. A quel punto gli fiondai due o tre cazzotti, mirando al naso per fracassargli anche quello, ma stavo tirando male. Ignorai una fitta tremenda alla mano mentre lo colpivo per l'ultima volta prima che intervenisse il polacco, che mi piantò un bel cazzottone sul rene e uno dritto, pieno, nel plesso solare, che mi tolse il respiro. Mi afferrò e mi spinse contro la parete. Mi teneva fermo. Appena il suo socio si riprese mi scaricò una raffica di calci nello stomaco e un paio di cartoni ben piazzati in faccia, che mi fecero cadere nel buio totale con sprazzi di luce a mo' di medusa e le orecchie cominciarono a fischiarmi. Il polacco lo invitò a fermarsi. Lo sentii dire qualcosa tipo «è sufficiente» e l'altro rispondere una roba del tipo «mi ha spaccato una bottiglia in testa il *filho da puta*».

Ripresi facoltà di intendere e di volere anche se ero un po' dolorante. Soprattutto alla mano che pulsava.

«Già» sbanfai sorridendo. «Gran brutto gesto sprecare dell'alcol così, su quella tua faccia da cazzo».

Risi. Il brasiliano stava per ripartire alla carica ma il polacco lo fermò. Lo intimò ad uscire e restammo soli.

«Lo porto a fare un giro per massimo due ore» poi guardandosi in giro aggiunse: «Quello che sta ancora qui quando torniamo finisce giù dalla finestra».

«E se chiamo la polizia?» domandai, nonostante avessi già annuito.

«Penso che arrivano avvocati e altri cazzi e s'inventano una storia quelli dell'agenzia. Sai il tizio a cui hai rotto il naso e i suoi soci».

Risi annuendo.

«Ammettilo sta sul cazzo anche a te quella mezzasega di Giorgione».

Si lasciò scappare una risata e annuì.

«Però mi paga lo stipendio».

Feci sì con la testa.

«Giusto, e pensi che si riescono a inventare una storia per farla franca?»

Fece spallucce.

«Non lo so, vedi tu, magari poi vai nella merda anche te».

Già.

«Dammele due ore però, e tienimi fuori dal cazzo lo *Yokozuna* delle favelas lì, altrimenti gli apro quella pancia da ciccione di merda».

Il polacco rise e uscì.

Vinicio, Francesco e Jenny insistevano per chiamare la polizia. Ma Alex non ne voleva sapere e li persuase a non prendere iniziative. Gli prestarono delle scatole, e tirò assieme alla meglio le sue cose. Le più importanti nel trolley, e quello che non voleva andasse perduto o salcazzo lo imboscò nel sottoscala della casa, spiegando ai suoi - ormai ex - coinquilini che sarebbe passato a prenderle il giorno dopo.

Quando i due se n'erano andati, Alex aveva mandato un messaggio per spiegare la sua situazione di merda. Non sapeva nemmeno lui perché l'aveva mandato a quella persona. Ma per qualche motivo gli era sembrata la più adatta a ricevere quel messaggio. La risposta era arrivata in fretta.

YASIR: Due ore!? Cazzo non ce la faccio ad essere lì in due ore! Dammene quattro e ti vengo a prendere, ok?

Non poteva farsi trovare lì quando tornavano le due teste di cazzo. Le cose che doveva prendere insieme quella sera le mise nella stanza di Jenny, che gli lasciò la chiave prima di uscire per andare al lavoro. S'era fatto una camminata fino a Queen's Park e si era infilato in un pub a farsi una pinta. Diventate due, tre e a quattro si era fermato. Aveva mangiato delle patatine fritte e aveva bevuto dell'acqua.

Yasir s'era fatto prestare il *Fiat Doblò Cargo* dai colleghi piastrellisti con cui lavorava al momento. Quando Alex montò gli disse di aspettare e domandò sul gruppo *Whatsapp* della casa se i due scimmioni se n'erano andati. Al via libera caricarono tutto quello che c'era da caricare. Poi Alex cercò il sottoscritto tra gli alberi e io zampettai giù.

«Se ci tieni a stare con me devi montare all'istante su sto furgone, altrimenti è stato un piacere».

Montai sul furgone e i due cazzoni si guardarono increduli per un bel po' prima di montare e partire. Ci trasferimmo con tutta la roba a casa dei due talebani. Quando ebbero finito di scaricare Alex domandò dove fosse Zemar. Yasir disse che suonava da qualche parte. Alex annuì. Poi Yasir aggiunse che doveva riportare il furgone al suo capo, che abitava in zona Fulham. Alex si offrì di accompagnarlo.

«Sembra che hai avuto una giornata bella impegnativa, riposati».
Alex seguì il suggerimento. Non guardava fuori bene per un
cazzo proprio.
Quando Yasir rientrò chiacchierarono. O meglio. Alex
chiacchierava. Stava sputando fuori la sua frustrazione e
la sua rabbia. Disse che voleva metterla nel culo a tutti
gli stronzi che se lo meritavano. Cominciò a spiegare per
filo e per segno cosa gli sarebbe piaciuto fare. A quel
punto anche Yasir iniziò a parlare. E la conversazione
prese una strana piega. Folle. Ma lucida. Fu una conversazione che pareva destinata a dissolversi nel buio di
quella sera. Sembrava una conversazione da ubriachi che
non hanno trovato altro di cui parlare. Eppure non erano
nemmeno brilli.

«Come cazzo sei conciato?» esordì Zemar.
«Lascia perdere...»
«Lascia perdere un accidenti!» Si rivolse alla ragazza che gli stava accanto,
una stangona snella coi capelli biondi lisci e gli occhi di ghiaccio con un abito
da sera rosso con lo spacco e delle eleganti scarpe aperte col tacco a spillo
della *Sterling*. «Scusami piccola, puoi aspettarmi di là un momento?»
Lei ubbidì e salutò con un grazioso cenno della mano.
«Accompagnala e non ti preoccupare...»
«Mi dici che cazzo è successo?»
Glielo raccontai.
«Posso stare qui massimo un paio di giorni? Voglio andare a trovare Jasmina,
ho bisogno di andarmene di qui per un paio di giorni, poi mi trovo
un altro posto».
Zemar si girò a guardare suo fratello in piedi in cucina intento a preparare
un thè verde. Yasir alzò le spalle.
«È tuo il posto fratello. Se proprio ti serve la mia opinione per me può stare qui
quanto gli pare, a me non dà fastidio».
Un sorriso, fraterno e orgoglioso, si dipinse sul volto di Zemar. Fu forse l'unica
parte buona di quella giornata. Ok, diciamo che fu la parte migliore,
ma al secondo posto veniva quando avevo rotto il naso a Giorgione.
«Sentito?» disse tornando serio e deplorandomi con lo sguardo. «Stai quanto
ti pare. Ma tirati assieme».
Sorrisi con in mano una canna fumata a metà.

«Grazie».

Scrissi a Jasmina quella stessa sera. Le dissi che stavo bene, avevo solo un po'
male alla mano, ma immaginavo che sarebbe passato. Il giorno seguente,
al lavoro, mi guardarono tutti male per via dei lividi. Ma quantomeno, quando
chiesi se potevo avere quattro giorni liberi la settimana seguente,
non ci fu nessuna obiezione.

«Sembra che ne hai bisogno».

Faticai a lavorare perché la mano mi faceva un male stronzo e si era gonfiata.

Incassare un pugno poteva essere più semplice che mollarne uno.
Quantomeno se la robustezza delle tue ossa, non allenate a questo tipo
di attività, era pari a quella di una bambola di porcellana che ha un incontro
ravvicinato con una palla demolitrice. Al mio risveglio, la mano pulsava,
più di quanto pulsavano le tempie dopo una serata passata a tracannare
miscugli di birra, vino, whisky e tequila. La mano era più o meno raddoppiata
di dimensione. Era paffuta. Sembrava la versione horror, adulta, pelosa, e
sporca di quella di un neonato. Andai a recuperare alcune cose a Kensal Rise.
Quando Jenny la notò minacciò di prendermi a calci nel culo se non andavo
subito a farmela vedere all'*Urgent Care* di un ospedale. Quel tipo di frattura
al metacarpo veniva chiamata dagli inservienti *boxer's fracture* perché
era una tipica frattura da pugno andato male. Raccontai che ero tornato a casa
ubriaco e avevo sbattuto contro le piastrelle del bagno. Era una bugia solo
a metà. Mi misero il gesso e mi diedero appuntamento a tre settimane dopo.
Bello scazzo.
Si capisce l'importanza di una cosa solo quando la si perde. Nel bene
e nel male. Perdere un paio di tonsille sempre malate, una psico vampira,
un tumore: bene. Sono altre le cose a cui stiamo attenti. Il telefono,
il portafoglio, le fidanzate che fanno dei bocchini coi controcazzi, l'impianto
stereo nell'automobile e la capacità di avere un'erezione. Altre le diamo troppo
per scontate. Ad esempio la mia cazzo di mano rotta. Non era nemmeno
la mano forte, eppure. Impugnare una posata era un'impresa e molte
operazioni richiedevano il doppio del tempo: pulirsi il culo, vestirsi - specie
perché non riuscivo a tirare su entrambi i lati dei pantaloni allo stesso tempo -,
girare le sigarette e le canne, il rituale mattutino col caffè e i sandwich e scrivere
al computer. Un'altra rottura di cazzo era che dovevo stare lontano da ogni
tipo di liquido per non sputtanare il gesso. Quando proprio dovevo lo infilavo
in un sacchetto piccolo della spazzatura e lo chiudevo con del nastro. Per farmi
la doccia o pulire le stoviglie nel lavandino, ad esempio. Ma era frustrante.
Ciononostante l'avrei rotta di nuovo sulla faccia da cazzo di quello stronzo altre
mille volte per togliermi la soddisfazione. Se eri solito andare continuamente
a braccetto con la sfiga dovevi imparare a essere in chiaro sulle tue priorità
e decidere cosa eri disposto a sacrificare per cosa. Cercai di restare positivo
pensando a scenari peggiori: "se accadeva al piede ogni singolo passo che
facevo sarebbe stata una tortura, inoltre è molto più difficile non tenerlo sotto

sforzo se non sei una di quelle persone che ama passare intere giornate nel letto", tipo. Ma anche l'idea di slogarsi il pene, rimanere sordi, dell'acido che finiva in un occhio o una pallottola nel culo. Tutti scenari peggiori. Rimaneva comunque una seccatura estenuante. Usare il *trackpad* del portatile o lo smartphone e menarsi l'uccello in contemporanea era da dimenticare. Grazie al culo Zemar era di casa nella City. A casa avevamo sempre due o tre sacchetti d'erba diversi. La sera prima della mia partenza c'eravamo svaccati sul divano e avevamo chiacchierato un po' fumandoci 'sta *Vanilla Kush* che faceva proprio al caso mio. Sedava il mio cervello dalla sua guerra civile costante e interminabile e lo graziava con rilassamento assoluto. Mi raccontò di come stavano andando i suoi progetti. Gli feci vedere il controller che avevo intenzione di acquistare e mi disse cosa ne pensava, offrendomi qualche opzione alternativa. Mi chiese come stavo in generale. Si sorbì pazientemente tutti i cazzi che c'avevo per la testa in quel momento. Parlammo di Jasmina. «Vai a goderti sti quattro giorni nella terra dei tulipani, poi vedrai che quando torni puoi decidere bene cosa fare» sentenziò.

Il corpo sprofondò morbidamente nel divano, la mia mente lo seguì. Sveglia alle sei, alle sei e venti e alle sei e quaranta.

Si alzò alla seconda sveglia, si fece il caffè, infilò le ultime cose nello zaino e mi salutò.

«Socio io sparisco per qualche giorno, tu vedi di non far casini o finire tra le fauci di qualche gatto del cazzo mi raccomando, eh?»

Una piacevole grattatina dietro la schiena ed era alla volta del St. Pancreas International per prendere l'*Eurostar* diretto che partiva alle otto e mezza.

All'una e mezza era alla stazione centrale di Amsterdam. La scorse. Al mio direttore della fotografia avrei suggerito un lento movimento di camera piuttosto stretto dal basso all'alto, in modo da rivelare un paio di stivaletti invernali beige con tacco da otto centimetri e chiusura a laccio; un paio di pantaloni attillatissimi nero lucido con una cerniera orizzontale decorativa poco sotto il ginocchio sulla gamba sinistra e una di traverso a metà coscia con un piccolo pezzo da entrambe le parti dove il tessuto diventava squamato appena sopra le ginocchia per poi tornare liscio; una cintura fine con la fibbia argentata a forma di piuma; un maglioncino di lana aderente a larghe strisce blu opaco e color crema sotto il giacchetto aperto con un massiccio pelo bianco sporco; una collana col pendaglio a forma di croce della vita; l'esplosione vitale che era il viso di Jasmina con il suo sguardo furbo sorridente e i suoi occhi scintillanti incorniciati dai capelli lisci neri che uscivano da una cuffia sottile grigio chiaro con delle scritte tipo a inchiostro in corsivo come motivo. Alex s'affrettò a raggiungerla.

«'Sti pantaloni che hai addosso dovrebbero vietarli».

Jasmina con una risatina infantile gli sussurrò all'orecchio. «Sapevo che ti sarebbero piaciuti, e non sai la cosa più folle di quanto mi sono impegnata per riceverti al meglio qui…» lasciò una breve pausa d'effetto. «Ho dimenticato di indossare le mutandine». Alex, col sangue che gli ribolliva nelle vene, s'era già scordato tutti i cazzi suoi e dell'intero pianeta. Jasmina scoppiò in una risata. «Il problema è che mi sta gelando la patatina».

C'era un bel sole, di quelli a luce bianca, ma le temperature erano tutt'altro che miti.

«Andiamo al caldo allora, ci beviamo qualcosa?»

«No, cioè sì, ma non qui, ti devo dare il benvenuto come si deve».

«Ti seguo».

Alex si diede un'occhiata. Sneaker nere alte, pantaloni slim fit cargo neri, e una bella giacca pesante col cappuccio e il collo alto piena di tasche come piaceva a lui. Avrebbe dovuto impegnarsi un po' di più.

«A immaginare una cosa del genere per solidarietà evitavo di mettere i boxer pure io».

Amsterdam. Bisognava saperla apprezzare. Mi fece strada fino a un coffee shop. Ordinammo due thè verdi e ci rifornimmo con cinquanta euro di *Laughing Buddah* - per la socialità e le ghignate. Aggiunsi venti euro di *Willy's Wonder*, mi piaceva aver sempre qua una indica per la buonanotte. Andai in bagno e quando tornai mi sedetti da parte a lei. La baciai accarezzandole la gamba col braccio sano, mentre studiava il mio gesso.

«Ora siamo in due…» le sorrisi.

«A fare cosa?»

Aprii la giacca in modo da mostrarle i boxer stropicciati costretti nella tasca interna.

«Bravsissimo, sei entrato subito nello spirito».

Mi baciò.

Ci volle una buona mezz'ora sul tram che si allontanava dal centro per raggiungere la sua abitazione. Il bilocale moderno si trovava in una zona con molti prati. L'arredamento era in stile etnico. Quasi tutti i mobili erano in legno chiaro, bianco, grigio, o beige, mentre gli accessori erano quasi tutti di un colore scuro - legno, marmo o plastica che fosse. C'era un buon odore al gelsomino. In soggiorno c'era un enorme tela nera e arancione con motivi africani. Un regalo da un viaggio in Kenya dei suoi, spiegò. Era un bell'appartamento. Come quello che avrei potuto avere al Borgo se non fossi stato una testa di cazzo. L'erba m'aveva asciugato la bocca e chiesi un po' d'acqua. Aprii una bottiglia di rosso che avevo preso in un'enoteca e versai il contenuto in un decantatore che mi porse Jasmina. Mi invitò a immergermi nella vasca da bagno, preparata con candele e petali di cui ignoravo la provenienza. Mi abbandonai nell'abbraccio dell'acqua calda e profumata. Jasmina mi portò un bicchiere di vino e uno d'acqua con ancora indosso quei pantaloni neri attillati, scalza e con una t-shirt bianca. Non accennò a volersi fermare. Quando le chiesi se mi facesse compagnia si limitò a dire di no sorridendomi e strizzandomi l'occhio.

Dopo una sciacquata e un'asciugata veloci entrai nella stanza da letto di Jasmina. Come qualsiasi stanza di ragazza in cui avevo avuto il privilegio di entrare, era una guerra spietata tra vestiti, appesi, poggiati, lanciati, sparsi ovunque. Era illuminata solo a candela. Jasmina ne stava accendendo un'altra. La raggiunsi e la cinsi da dietro. Mi lasciò fare per un po' ma poco alla volta si liberò e m'incoraggiò a sdraiarmi sul letto, che era lì pronto ad accogliermi. Si tolse la t-shirt e rimase con addosso solamente i pantaloni attillati. Dopo avermi carezzato un po' la schiena prese una candela che sciogliendosi diventava un olio e me lo sparse sulla pelle. Iniziò a massaggiarmi con mani, avambracci e gomiti e in seguito utilizzando tutto il suo corpo. Cominciò a baciarmi sulle spalle e continuò gattonando verso il basso fino a mordermi una chiappa. Mi fece girare per guardarla. Sorrise maliziosa mentre si ergeva a cavalcioni. Si versò l'olio sul seno, lasciandolo colare fino ai pantaloni, dimenandosi lentamente e accarezzandosi. Stavo esplodendo. Allungai la mano buona ma lei l'allontanò. Si avvicinò carponi e mi ritrovai il suo sesso, protetto dal nylon, a mezza spanna dal naso. Sorrisi e ci infilai il grugno. Cominciò ad ansimare più forte e più forte finché decise di abbassare un po' i pantaloni per farmi lavorare meglio. La mia lingua saettava da tutte le parti e cambiava ritmo continuamente. Lento poi veloce. In superficie e in profondità. A un certo punto tratteneva a stento gli urli. Io godevo a vederla in quello stato e sotto ero duro e carico come un panzer tedesco. Si rovesciò sul letto e si tolse i pantaloni. Le afferrai le gambe trascinando di nuovo il suo sesso tra le mie labbra. A questo punto era sdraiata e mi dava la schiena, così potevo tenerla ben stretta per le natiche, morbide e sode, che chiedevano solo di farsi toccare e mangiare. Riuscii a fare bene il mio lavoro per poco più di un minuto, poi iniziai a entrare nel paradiso dell'estasi. Sentii la sua bocca, calda e umida, inghiottire in un abbraccio bagnato il mio amico. Sentivo la sua lingua leccarmi l'asta, mentre mi massaggiava con la mano. Stavo tentando di dare ancora le giuste attenzioni al suo sesso ma ero preso dalle scosse di piacere che mi esplodevano nella testa e non riuscivo a concentrarmi. Andavo a singhiozzi. Dopo alcuni «*Fuck! Fuck!* Cazzo!» Jasmina si lasciò scappare un risolino. Mi ribellai e la intrappolai sotto di me. Le presi la guancia e la baciai. Ero un po' impacciato all'inizio perché avevo paura di farle male col braccio ingessato, ma mi sciolsi poco alla volta e presi più confidenza con i movimenti. Da lì in poi tutto fu selvaggio e ardente. I corpi si cercavano e si sfidavano come gli elementi della natura. Arrivati all'apice ci accasciammo ansimanti l'uno contro l'altra.

Alex e Jasmina, quando non erano in giro a esplorare Amsterdam e i suoi dintorni, fumavano e chiacchieravano e scopavano. Nella stanza di Jasmina c'erano alcuni quadri e tele che raffiguravano le opere di Banksy. La più grande raffigurava *Devolved Parliament* (o *Question Time*) ed era appesa sopra il letto. *Balloon Girls*, *Bomb Hugger*, *Gorilla in A Pink Mask* e *Umbrella Girl*, erano sistemate vicine sulla parete sopra la cassettiera su cui si trovava anche una riproduzione alta circa venti centimetri della *Ballerina With Action Man Parts*. Sulla parete da parte alla finestra, con quei sistemi autocollanti, c'era *Well Hung Lover*, perpendicolare a un poster incorniciato che raffigurava, in bianco e nero, una donna nuda con lo skateboard davanti all'entrata del Maritime Hotel di New York (opera del fotografo Gary Breckheimer). All'entrata del bilocale era posteggiato un longboard. Inizialmente erano stati i suoi genitori - papà architetto paesaggista e madre giornalista - a sponsorizzare l'appartamento per i suoi studi. Ma da un'anno era diventata autosufficiente dopo essere entrata in una startup, a capo della parte amministrativa, che si occupava di vendere e produrre utensili sostenibili ricavati con materiale riciclato. Portò Alex a vedere Bloemendaal Beach. Non era una giornata da spiaggia ma il posto, in quel momento un po' inconsueto, era suggestivo. Aveva rubato qualche scatto e si era adoperato a spupazzare alcuni cani che sembravano gioire della spiaggia più dei pochi bipedi che la stavano bazzicando. Tornati nell'area di Eendracht avevano deciso di cenare a casa. Quando Alex aveva passato una canna a Jasmina, che si era avvicinata scalza con dei pantaloni del training finissimi grigi e la t-shirt di Alex con stampata l'immagine di *Pickle Rick*, lei lo aveva abbracciato alle spalle e lo aveva incitato a farsi il bagno. Alex aveva seguito il suggerimento e Jasmina si era seduta sul bordo della vasca con la canna e un bicchiere di vino.

«Tutto bene?»

«Sì».

Gli prese il braccio che penzolava fuori dalla vasca.

«Due scazzottate in un giorno eh?»

«Be' tecnicamente la prima non vale come scazzottata ma nemmeno come rissa. Ho solamente dato una testata sul naso a un coglione».

Jasmina scuoteva la testa ma non riusciva a non sorridere.

«Che ragazzaccio... ce li avevi proprio girati quel giorno eh?»

«Già... hai in mente gli stereotipi razzisti?»

«Tipo?»

«Tipo che gli ebrei e gli scozzesi sono dei taccagni, tutti i neri hanno sotto un maxi batacchio mentre tutti gli asiatici un batacchino, che gli italiani sono tutti ladri, e via dicendo...»

«Ok e...»

«Io sono in parte albanese. Dicono che gli albanesi hanno una tempra del cazzo che li fa diventare degli autentici psicopatici irrazionali quando gliele fanno girare...» rise

266

Alex. «Dev'essere quello».

«Idiota».

Jasmina infilò la canna tra le dita del braccio ingessato e bevve un sorso dal bicchiere di vino. Alex fece un paio di tiri e le rese la canna. Lei la poggiò in un posacenere a forma di *Maneki Neko* - o 'gatto della fortuna giapponese' - e si premurò di fargli bere un po' di vino, senza passargli il bicchiere, poi a sua volta ne bevve un paio di sorsi, mentre con le dita carezzava la superficie dell'acqua.

«Sicura che non vuoi entrare?»

Lei sorrise e scosse la testa.

«Mi sono già fatta la doccia».

Immerse la mano nell'acqua andando a massaggiargli lo scroto e carezzargli l'asta. Quando fu soddisfatta del livello di gonfiezza che percepì sotto l'acqua tirò fuori la mano. Poggiò il bicchiere di vino sul bordo della vasca e uscì dal bagno facendo l'occhiolino. Alex finì il vino e uscì dalla vasca. Jasmina lo aspettava sdraiata sul letto con addosso delle autoreggenti, un paio di slip trasparenti cosparse di minuscoli cuoricini e un buco a forma di cuore intorno al sesso, un top trasparente senza spalline e un collare rosso lucido. Sul letto erano sparsi vari gingilli: file di palline, vibratori di varie dimensioni, guaine falliche, sistemi costrittivi di varia natura, nastri, catene e addirittura un fallo di gomma nero attaccato su un tirapugni.

Jasmina a letto era famelica e si sapeva muovere. Non aveva inibizioni. Il disagio non sapeva dove stesse di casa, quel disagio che avevano certe tipe, alle volte talmente impenetrabile da finire col mettere a disagio anche me. Mi aveva svelato di essere stata con diversi ragazzi e uomini. Aveva sprigionato l'informazione con la stessa noncuranza con cui raccontava cos'aveva mangiato per colazione all'università. A me non aveva dato fastidio ma, considerando come sapevo che ragionava un fottio di gente che conoscevo, mi aveva sorpreso lo stesso la naturalezza e assoluta mancanza di apprensione nel rivelare un'informazione tanto personale. Non aveva ostentato la delucidazione come se le desse un tono, ma nemmeno con vergogna.

Ero convinto che la stragrande maggioranza dei guappi che conoscevo avrebbero reagito con uno stupore negativo. Non avevo mai capito i tizi che andavano in corto circuito per cose del genere - tipo *Holden McNeil*. Così come non avevo mai capito quelli con la fissa delle verginelle. Anche accettando che la maggior parte dei maschi eterosessuali non dimostravano un grande sviluppo nei confronti degli impulsi primitivi, come la competitività, non mi quadrava. Se una tipa aveva avuto ogni genere di pisello ed era assodato che poteva averne un'altra manciata quando cazzo le pareva, e aveva deciso di fermarsi al tuo... dove stava il problema? Piantare la propria bandiera su una terra ancora inesplorata lo poteva fare qualunque fesso che c'inciampava per sbaglio, ma riuscire a conquistare e tenersi una terra che era già stata occupata e che altri non erano riusciti a tenersi era un'altra faccenda, no? Forse pretendevo troppo dall'intelligenza del connubio uccello/cervello altrui. O forse mancavo di romanticismo ed ero troppo cinico. Salcazzo. Non mi quadrava comunque. Come quella faccenda dei fanatici che si facevano saltare in aria per le settantadue, quarantotto, cinquantaquattro - il numero cambiava ogni volta - urì che li attendevano in paradiso. Vi immaginate dover insegnare a settantadue bimbeminkia a non cacciare i denti sulla cappella quando te lo succhiano? Un incubo, altro che premio o ricompensa. Coi tempi che correvano poi. Magari arrivavi là e scoprivi che 'ste urì, mentre t'aspettavano, erano diventate delle lesbo nazifemministe in pieno sciopero ormonale. Una piaga. Promettendo settantadue pornostar - di tutte le forme e colori: *big booty, big titts, redhead, asian, white, black, petite, tall, skinny, BBW, latina*, e via dicendo - ad attendermi forse avrei cominciato ad accarezzare l'idea di farmi saltare in aria. Comunque senza prove tangibili col cazzo che me la facevo raccontare. Jasmina, qui e adesso, fanculo il domani e l'aldilà.

La mattina mi aveva ringraziato per averle levato lo stress di dosso. Disse che era convinta che sarebbe stata una giornata produttiva. Era convinta che i servizi resi dal mio pisello avrebbero portato dei benefici alle sue capacità cognitive. Era decisamente più saggia, sgamata e intelligente di me, dunque se lo diceva lei...

Me l'ero ronfata alla grande, fino a quasi mezzogiorno. Avevo girovagato per il centro, ammirando le vetrine del *red light district*, bazzicando per negozi, mi ero fatto una pinta e poi mi ero rintanato in un coffee shop a fumarne una leggera mentre l'aspettavo. Mi portò a vedere il museo del sesso, poi andammo in un sexy shop uscendo con due buste di roba. Il giorno dopo dovevo tornare a Londra e stavo male al solo pensiero. Giocammo a dama

finché persi la pazienza perché continuava a farmi il culo e guardammo
Un milione di modi per morire nel West. Finito il film mi chiese cosa intendessi
fare, tipo nel futuro, anche quello più immediato. Detestavo ancora quella
domanda. Ero stono e alticcio, non sapevo bene cosa rispondere, e finii
per raccontarle della conversazione avuta con Yasir.
«Ma sei scemo? Ma sai cosa rischi?»
«Sono sicuro che te lo sai meglio di me» sorrisi.
«Esatto! Quindi smettila di dire cazzate».
«Ma scusa pure tu fai un sacco di cazzate di questo genere… è uno dei motivi
per cui mi piaci un fottio».
«Le mie sono cazzatine, INE, capito? E come hai detto bene so cosa rischio
e cosa faccio, al contrario di te, cazzone che non sei altro…»
«Però sarebbe figo, e anche giusto sotto un certo punto di vista» protestai.
«Figo un cazzo!» sospirò e mi prese il visto tra le mani e mi piantò il muso
davanti e con più calma sibilò «Promettimi che non mi fai una cazzata
del genere».
Sbuffai. Ero la testa di cazzo che ero, non potevo farci niente.
«Prometto di pensarci, e basta».
Mi scaraventò la testa di lato e si alzò per andare a prendere un bicchiere
d'acqua.
«Sei arrabbiata?»
Non rispose.
«Per favore ho passato dei giorni fantastici e ne avevo bisogno e vorrei finire
così fino a domani… Potresti anche solo fare finta di non essere arrabbiata?»
Scosse la testa dal lavandino. Tornò con due bicchieri d'acqua.
«Cambiamo argomento».
«Grazie».
L'ultima notte fu più grattini, coccole e dormire abbracciati che sesso. Il giorno
dopo, alle due, ci stavamo salutando alla stazione centrale. Ci baciammo,
ci abbracciammo e le ultime parole che disse prima che m'avviassi verso
il mio vagone furono: «Per favore, niente cazzate».
Cambio a Bruxelles e alle sette stavo di nuovo nell'appartamento di Zemar.
«Com'è andata?» domandò.
Sorrisi, non risposi, sbuffai e ne girai una di *Vanilla Kush*. Salutai JD
accarezzandolo con la mano gessata. Il giorno dopo già avevo un turno
al Dogma. Guardai i turni. Troppe ore da passare con Vladimir. Porcoddio.

«Qualcuno ha lasciato il barattolo della salsa per nachos aperta in cucina la scorsa notte! Ci credi?» fu il bentornato di Vladimir.

"E chi se ne frega" voleva rispondergli. Optò per un flemmatico «Incredibile».

Le novità dai manager furono che la compagnia aveva deciso di ridurre drasticamente le ore di ogni turno e avere più dipendenti. La maggior parte di quelli che lavoravano erano studenti o pischelli alle prime armi che venivano introdotti al mondo del lavoro. Ma c'erano anche un paio di vecchi scorreggioni. Con questo sistema nemmeno chi era a tempo pieno poteva sognarsi di arrivare a trenta ore settimanali. Una bella merda. Ma nessuno sembrava intenzionato a farci nulla, tranne lamentarsene. La compagnia comunque con i contratti a 0 ore che rifilava era legalmente col culo a posto. E la compagnia si trainava soprattutto grazie alla forza lavoro di doppiefacce con poco cervello e tanta presunzione che ragionavano a mo' di ognuno per sé. Il Dogma basava la sua strategia sui numeri, le persone non contavano. Avevano tentato di fare la stessa cosa alcuni mesi prima, ma c'era un manager ciccione tedesco, sempre di pessimo umore ma efficiente oltre che esigente, che quando gli avevano proposto questo sistema si era rifiutato di applicarlo perché non lo riteneva etico nei confronti di quelli che contavano su quel lavoro per pagare le bollette. E non parliamo dei ragazzini che vivevano ancora coi genitori e si davano malati quando non avevano voglia di lavorare. Allora di 'sto manager se n'erano sbarazzati alla loro maniera, da viscidi stronzi doppiogiochisti. Lo avevano spostato dandogli da fare lavori di merda e orari impossibili finché il povero bastardo aveva rinunciato a far resistenza. S'era trovato un altro lavoro e se n'era andato. La compagnia ora cercava di avere tra le sue fila gente che fosse più adatta alle loro strategie economiche. Gente con poco amor proprio, per lo più giovani inesperti che si bevevano le false promesse di avanzamento professionale. Molti già educati al mondo moderno dei finti idealismi e disposti a essere dei subdoli vermi col sorriso. I pochi che erano veramente adatti a far carriera erano quelli senza scrupoli che avevano capito il gioco e diventavano ottimi comunicatori, in grado di girare e rigirare a loro favore ogni argomento. Alex ai vertici, infatti, non piaceva perché era testardo, non si beveva tutte le stronzate che gli venivano rifilate e non teneva la lingua a posto.

I dipendenti - smidollati e pigri - invece di prendere una posizione di dissenso nei confronti di queste decisioni facevano esattamente il gioco che i vertici della compagnia volevano, scodinzolando come cagnolini quando venivano premiati per le loro performance con zuccherini - un paio di muffin o ciambelle comprati ad una sterlina al pacco da quattro nel supermercato lì a fianco.

Jasmina aveva preso l'abitudine di chiudere le nostre telefonate con la frase: "niente cazzate", anche se non parlavamo mai delle cose che le avevo accennato. Cose che orbitavano in un luogo oscuro ma confortevole, come un letto di muschio in una caverna, da qualche parte nel labirinto della mia bacata testa di cazzo. Tuttavia in un'occasione, in fase di ribellione interna, avevo pizzicato l'argomento difendendo la mia idea come una sorta di atto di giustizia. Jasmina s'era incazzata, sostenendo che questo non era un film e che io non ero *Frank Ocean*. Risposi che forse era proprio questo il problema: ci accontentavamo di vedere la giustizia compiersi sugli schermi dei nostri televisori o al cinema ma nessuno si prendeva la briga di cercarne un po' nel mondo reale. Aveva dato un po' in escandescenza. Doveva intuire che l'idea di materializzare questa fisima non mi spaventava per un cazzo. Si abbassò perfino a muovere minacce puerili, che non erano nel suo stile.

«Senti, pensavo che sei sì un po' uno squilibrato ma che c'avevi comunque un po' di sale in zucca! Dovrai pur mettere un limite da qualche parte no?»
E io pensavo: "ma perché? Perchè mettersi degli stupidi limiti? Ce li hanno già tutti i limiti. Pare che alla gente piaccia tirarsi la zappa sui piedi per evitare ogni tipo di confronto e conseguenza. Perchè qualcuno non può divertirsi un po' a vagliare i limiti di questo statuto a cui tutti si sottomettono senza troppe domande e resistenza?"
Di certo non volevo essere uno di quelli travestiti da grandi buonisti e paladini, spesso tristemente imitati dalla plebe moralista equipaggiata di tanta

presunzione e meno cervello di un'ameba, che quando la festa cominciava
a scottare per davvero sparivano alla velocità della luce. Per dirla un po'
alla George Carlin non si vedevano molti di questi crociati politicamente
corretti della causa umana e planetaria immergersi nel cherosene e darsi fuoco,
eh? La gente moralmente impegnata nel Sud Vietnam sapeva come mettere
in scena una cazzo di dimostrazione, come inscenare una fottuta protesta.
Mica come sta manica di ritardati. I ribelli ubbidienti senza un cazzo da fare,
che facevano branco e il giorno che marciavano per il pianeta lasciavano
quintali di spazzatura per le strade e ingrassavano le casse dei franchise -
che se li lavoravano con le scritte arcobaleno e gli slogan paraculi
per un mondo migliore - che lo inquinavano. Tentai di spiegare questo vortice
di pensieri a Jasmina che era esasperata.
«Voglio dire, mica voglio ammazzare qualcuno... sono solo cose!»
«Non sei *Tyler Durden*, imbecille!»
Infatti mi sentivo più *Robin Hood* che *Tyler Durden*, ma... ehi... non intendevo
mica soffermarmi su questi piccoli dettagli.

Jasmina aveva fatto la spia con Zemar, e Zemar si era incazzato. Aveva fatto il culo anche al fratello che poi
aveva detto ad Alex.
«Ok che adesso mi stai anche abbastanza simpatico e tutto,
ma sei proprio un coglione».
Zemar aveva mostrato ad Alex come registrare strumenti
esterni sul software di composizione che usava perché Alex
aveva composto alcune melodie con l'armonica che voleva
usare nei suoi pezzi. Zemar era disposto a mostrargli
qualsiasi cosa pur di tenerlo contento e su di morale,
perché quando era preso male lo preoccupava non poco. Ma
Alex divenne molto irrequieto per un altro motivo. Da
oltre una settimana Jasmina non rispondeva più ai messaggi
e le chiamate venivano sempre deviate da una voce pre re-
gistrata del suo operatore. Non aveva altro per la testa.
"Ma no dai, se la sarà mica presa per così poco?"
"No, dev'esserci qualche malinteso sono sicuro".
"Mi risponderà, e poi si chiarisce tutto", "no ma sul serio
s'è presa così a male?", "no dai non è il tipo, cazzo no,
è più avanti di così... no?", "cazzo perché non riesco a
contattarla?", "ma sarà mica normale no?", "ok, forse è

solo una punizione del silenzio, poi fra un po' ci risentiamo e chiariamo, sì, ma se si crede che con me funziona la punizione del silenzio si sbaglia cazzo! C'abbiam mica sei anni figa ladra!", "vabbè non me ne fotte più un cazzo, me la son sempre cavata alla grande da solo e posso benissimo continuare a farlo no? Coglione che sei, mo ti metti a fare il disperato romanticone? No, manco per il cazzo"... I soci del Borgo stavano organizzando una trasferta sbrago in Thailandia. Alex si era detto "cazzo sì!" e poi aveva dato un'occhiata ai suoi conti e aveva scritto *spiace raga ma purtroppo non posso*.

Poi Vladimir aveva domandato se il duro lavoro non lo rendeva orgoglioso.

«Lo sai, tra i vari feticismi e perversioni sessuali che popolano la nostra cosiddetta civiltà ce n'è una che si chiama *ballsbusting*. Praticamente sono tizi che di propria volontà si fanno martoriare i coglioni, ma nel senso letterale del termine. Sai tipo come fa Mads Mikkelsen a Daniel Craig in *Casinò Royale*, ma senza essere presi in ostaggio. Ecco. Ora, io rispetto le scelte altrui, tutte, finché sono scelte personali. Vuoi farti a prendere a calci e ginocchiate i testicoli, farteli mettere in un morsetto, e farti pestare con un frustino la cappella e i coglioni? Bene, libero di farlo, con i TUOI genitali. Roba tua scelta tua. Ma se ti aspetti che perché lo fai tu mi metto a farlo anche io, sei un coglione, chiaro il concetto?»

Non era chiaro. La manager di turno era scesa tutta agitata con un foglio con le percentuali di *upsales*.

«Dovete spingere questo, questo e quello».

Alex pensava che lei se lo doveva far spingere da un Mandingo perché ne aveva davvero bisogno. Non una parola sulle palette del ghiaccio sporche, i lavandini otturati perché i grattaculi che si stavano occupando del floor non erano stati attenti a non farci finire dentro pezzi di cibo. Non una sillaba sui sacchi dell'immondizia che lasciavano una scia di liquame appiccicoso perché quelli ancora più pelandroni non si erano premurati nemmeno di svuotare le bibite nel secchio. Lo sciacquone del cesso degli uomini non andava più e il bagno puzzava di merda? Mica importante. Le percentuali degli upsales.

Alex andò a prendere il cellulare, aprì l'applicazione mail e sbrigò una veloce email in cui dava le dimissioni. Non se ne andò così su due piedi, però. Finì il turno. I clienti e gli *storytellers* che contavano sull'impegno delle sale non avevano colpe se la compagnia era gestita da incompetenti e teste di cazzo. S'impegnò come al solito, né più né meno. Fino alla fine del turno.

Uscì dal Dogma senza lavoro, senza soldi e, apparentemente, senza Jasmina.

Comprò un pacco da quattro di *Punk IPA* e andò a piazzarsi su una panchina di Hyde Park. Il sole splendeva ma l'aria era gelida.

Se ne stava lì a guardarsi in giro assorto nei suoi pensieri. "Forse sono proprio uno stronzo. O forse no", pensava.

Dato fondo alla seconda latta prese il telefono e chiamò. «Senti… sono uno stronzo oppure no?» Pausa. «Cazzo lo facciamo oppure no?»

I giorni passano, la vita scorre, se vi dice bene, se siete intraprendenti, può essere come una montagna russa. Con le sue boriose salite, qualche avvitamento e qualche discesina per non addormentarsi, possibilmente - ogni tanto - una maxi salita, con l'adrenalina e l'eccitazione che sale a uno sputo dalla discesa e il giro della morte. Sarebbe odioso quanto un coito interrotto se la storia finisse qui, vero? O una liberazione?

Volume 2

'Sta cazzata del Volume 1 e Volume 2 fa scena, eh? Alle volte è una scelta commerciale. Perchè vendere un'opera sola - che si tratti di carta, opere audiovisive o un mixtape musicale - quando puoi convincere i consumatori di essere grandi intenditori, fedelissimi, seguaci cruciali di una specifica pop culture, e rifilargli due o più opere a dieci carte l'una invece che una sola a quindici? I miei ex colleghi smidollati e alla deriva della grande *Hollywood* stavano raschiando il fondo con *franchise* da paraculi e *reboot* infiniti di saghe di ogni genere. Cafoni come pochi la buttiamo giù così: Volume 2. Ne abbiamo pieno il cazzo di farci dire come va fatto questo e quello, di sorbirci infinite prose sulle regole del business, la politica - corretta - e i margini - da infrangere - che delimitano il campo da gioco. L'arte creativa dovrebbe sempre stare al di sopra dell'apparato economico che la sostiene. E se necessario abbattere questa stessa struttura senza pietà quando cerca di prendere il sopravvento. Le arti non dovrebbero temere nulla, nemmeno di dover ricominciare dalle fondamenta, ancora e ancora. Chi ci ama, ci segua. Oppure tornate a piangere nel grembo materno e a farvi rifilare l'ennesima dose di musica con la museruola, libri e film abbelliti da filtri *Instagram*, ideologie da social media e idealismi in catene. Diversità commerciale, femminismo monetizzato, ecologia economica, diritto alla schiavitù e alla razione quotidiana di merda commestibile.

Quel giorno di Aprile nascevano e festeggiavano il compleanno le cuspidi di Ariete e Toro. I nostalgici, caucasici, casi umani celebravano la memoria del *Führer*. Quel giorno si celebrava il *four twenty*.

Quel giorno alcuni agenti delle forze dell'ordine di sua maestà, insieme al *General Manager* del Dogma e il *teamleader* del turno di apertura, stavano visionando le registrazioni delle videocamere di sicurezza della notte appena trascorsa. Primo piano del volto del *General Manager*, pensoso e confuso. I volti concentrati e professionali degli agenti. L'espressione teatrale del *teamleader*, che aspettava solamente di avere informazioni abbastanza succose per guadagnarsi il massimo dell'attenzione durante le ciarle del giorno con i colleghi e lo staff.

Sugli schermi.

Ore: 20.34.

Una piccola folla faceva la fila al *box office*. L'individuo seguito con lo sguardo dagli agenti, abilissimi nel celare l'esaltazione della caccia e dell'investigazione, faceva il suo ingresso. Jeans, scarponi neri, giacca di pelle marrone, sciarpa bianca tirata su fino al naso, guanti leggeri di lana, berretto dei *Red Sox* e occhiali con le lenti gialle. Si procurava un biglietto ad una delle *ATM* poi usciva.

«È possibile vedere con che carta ha pagato?» domandò uno degli agenti continuando a fissare lo schermo, senza rivolgersi a nessuno in particolare.

«Certo» rispose prontamente il *GM*, continuando a fissare lo schermo con aria assorta.

Il *teamleader* si operò subito a cercare le transazioni della *ATM* in questione a quell'ora.

Ore: 20.56.

L'individuo rientrava con uno zaino nel foyer e si dirigeva al gate. Mostrava il suo biglietto alla ragazza mulatta, carina - col fascino rovinato dall'orribile uniforme che i dipendenti del Dogma erano costretti a indossare - e la oltrepassava. Entrava nel bagno degli uomini. E da lì non sarebbe uscito fino alla una e mezza di notte.

«Ecco il numero della carta con cui è stato pagato il biglietto» disse esaltato il *teamleader*, sentendosi come uno di quei nerd da serie tv tipo *Penelope Garcia*, o *Abby Sciuto*, o *Charlie Eppes*. L'agente più anziano estrasse dalla tasca un piccolo bloc notes e trascrisse il numero, poi uscì lasciando istruzioni al suo collega.

«Tu continua a dare un'occhiata, io esco a vedere se caviamo fuori qualcosa da questo numero».

Il collega si limitò ad annuire.

Ore: 01.37.

Il manager di turno, un biondo atletico il cui sex appeal era rovinato solamente dalla faccia da idiota che si portava attaccata al collo e da atteggiamenti spesso isterici e autoritari, dopo il consueto giro di controllo, si vestiva, timbrava sullo schermo elettronico inserendo il suo numero id e il suo pin e usciva dallo stabilimento attraverso l'uscita di sicurezza, come d'abitudine. Un minuto dopo l'individuo usciva dal bagno. Indossava solamente i jeans, gli scarponi, un dolcevita nero, i guanti e un passamontagna beige. Impugnava una bomboletta spray. Sapeva dove si trovavano tutte le videocamere di sicurezza e le oscurava, una dopo l'altra.

«Da qui in poi non abbiamo più niente» evidenziò l'ovvio, con tono greve, il *GM*.

Rientrò il collega.

«Siamo riusciti a rintracciare il titolare della carta di credito usata per comprare il biglietto».

Rimasero tutti col fiato sospeso. Tutti volevano sapere quale nome si celasse dietro quell'informazione. Un nome conosciuto? Erano pronti ad acchiappare il ladro?

L'agente anziano scosse la testa.

«È la sua».

Tutte le teste si girarono verso il *General Manager*, a cui l'agente anziano si era rivolto pronunciando quelle tre parole. Il *General Manager* sbiancò.

«Impossibile».

Ero su di giri. Il culo è che avevano cambiato i codici alle varie porte
dello stabile da poco quando me n'ero andato. Durante la nostra incursione
Yasir, povero bastardo, s'era dovuto chiudere nell'armadietto sotto i lavandini
del cesso per un fottio di ore. Si era portato un libro con una piccola torcia,
un po' di cibo e dell'acqua. Eravamo rimasti in contatto col cellulare. Io ero
fuori col furgone rubato da un palazzo in costruzione lungo Edgware Road.
Yasir sapeva dove tenevano le chiavi, in un armadio fuori dal cantiere.
L'avevamo scassinato dopo essercela fatta a piedi per un'oretta. Yasir aveva
la fissa paranoica delle CCTV dei mezzi pubblici, lo "*Snowden* talebano".
Avevamo tenuto d'occhio il *GM* del Dogma per un po', scoprendo un sacco
di cose. Ad esempio si vedeva con due donne diverse, molto belle.
Una sullo stile *femme fatale*, l'altra più acqua e sapone - e sorridente. Avevo
dedotto che gli piacesse passare il tempo con la tipa acqua e sapone,
ma che la *femme fatale* glielo faceva tirare di più. Abitava ad Islington e andava
a pranzo tutti i mercoledì con il padre. Cosa più importante: prendeva sempre
la Victoria Line per recarsi al lavoro e si fermava sempre da *Costa*, all'interno
della stazione, per bere un caffè e leggere un periodico o le email sul tablet.
Era lì che l'avevamo borseggiato.
Teneva il portafogli nella tasca della giacca e, se lo trovava libero, sedeva
sempre allo stesso posto. Il giorno del borseggio avevamo occupato il suo
tavolo e quello accanto. Avevo insediato la sua sedia finché non era
sopraggiunto e poi ero smammato di soppiatto liberandogli il posto. A Yasir
era toccato l'impiccio peggiore di infilare un concentrato di *Fenoltfaleina* e
Guttalax e un'altra porcata nella bevanda. Una volta che sarebbe corso al cesso,
Yasir poteva sfilare il portafogli dalla tasca interna della giacca, appropriarsi
di una carta di credito contactless e fargli ritrovare il borsellino. Era stato
incredibile osservare Yasir dalla vetrata fuori. Un mago. Aveva combinato tutto
in fretta e senza una piega. Che criminale. Nutrivo un'ammirazione piuttosto
strana nei suoi confronti. *Ethan Hunt* e *Lupin* spostatevi. Il *GM* se n'era andato
da Costa con l'intestino ancora in subbuglio. Io e Yasir, a Covent Garden,
avevamo sincronizzato gli orologi e ripassato un'ultima volta il da farsi. Il fatto
che la carta di credito del *GM* venisse usata all'interno del Dogma non doveva
destare sospetti. In seguito tutto lo sbattimento toccava a Yasir. Io non potevo
farmi vedere e riconoscere.
Si era chiuso nel cesso e aveva aspettato il messaggio che lo informava quando
il manager assegnato alla chiusura si fosse levato dal cazzo. Aveva annerito
le videocamere di sorveglianza. Era entrato nel magazzino, col codice
che gli avevo fornito, e si era servito, con l'aiuto del carrello portacasse,

della lista che avevo scritto, con tanto di descrizione su dove trovare ogni cosa. Aveva fatto una decina di viaggi attraverso l'uscita di sicurezza che sboccava nella stradina dietro il supermercato, dove lo aspettavo col furgone indossando una tenuta da lavoro comprata il giorno prima - una di quelle con il colletto della giacca tenuto su bello alto e un berrettino nero con l'aletta bassa. Aveva riportato il carrello e si era cambiato. Poi mi aveva dato man forte a caricare la merce sul furgone. La coppietta, intenta a sbaciucchiarsi ogni tre metri, e il gruppetto di quattro ragazzi - tutti in tiro e ubriachi -, che passarono non fecero caso a noi. Contavamo che pensassero stessimo caricando e scaricando merce per il supermercato. E speravo che, grazie alla giacca grossa che avevo comperato, nessuno notasse che stavo "lavorando" con un braccio ingessato. Una rottura di coglioni. Avevamo vagliato la possibilità di posticipare il tutto a quando mi sarebbe guarito il braccio ma avevamo sentenziato che coi codici e tutte le informazioni che c'eravamo impegnati a raccogliere doveva essere per forza ora o mai più. Era stata una buona scelta anche per una questione psicologica. A rimuginarci su troppo poi perdevamo la concitazione.

Con calma, ci eravamo levati dai coglioni. Yasir era davvero calmo, come non avesse fatto nulla di che. Io avevo il cuore che pompava a mille, i nervi tesi e il buco del culo chiuso a doppia mandata a causa dell'eccitazione e dell'ansia. Con la scusa di un imminente trasloco, avevamo preso una cella in uno di quei magazzini enormi che le affittavano. Si trovava ad Acton. Avevamo portato la roba lì in piena notte - pagando un deposito ti davano una chiavetta magnetica per aprire la porta di sotto se ti serviva di accedere al di fuori degli orari d'ufficio. La nostra cella era chiusa con un lucchetto a combinazione. Avevo un piano ben preciso su dove sarebbe stata destinata la roba.

Don Vito e Vladimir si stavano sul cazzo, ma quella mattinata non potevano ignorarsi. Nessuno riusciva a non parlare del furto con qualunque collega si trovasse di fronte.
«Ma che cazzo di furto è?» domandava Don Vito.
«Sul serio» faceva eco Vladimir, «non capisco cosa se ne fanno di quella roba, c'ha pure il logo sopra».
«Capisco l'alcol» rideva Don Vito, «ma il resto? Devono per forza aver sbagliato».
«Ma poi dico, il valore totale del bottino non è un cazzo per il rischio che si sono presi».
«Infatti» scuoteva la testa Don Vito, «rompono solo il

cazzo a me».

La figura pachidermica della manager polacca comparve, insieme a tutte le maniglie dell'amore che stridevano contro la sua camicetta bianca. Don Vito attirò la sua attenzione. «Ehi! Come faccio a vendere le porzioni *large* se mi mancano le buste per i pop corn e i bicchieri di cartone grandi?» «Oh non lo so!» sbuffò lei. «Abbiamo già contattato gli altri siti di Londra, dovrebbero farci arrivare un po' di roba presto, speriamo».

«E nel frattempo? Li faccio pagare large anche se gli servo le altre misure?» propose Don Vito.

La vacca, con i bottoni della camicetta che sembravano sul punto di saltare verso la libertà da un momento all'altro, non disse subito: "No! Ma sei pazzo? Non si fa mica una cosa del genere". No. Lei ci pensò sul serio ad appoggiare il suggerimento di Don Vito. Ecco come le menti dei cagnolini sottopagati, massacrati con le ore, e costantemente martellati dalle alte sfere della compagnia sull'*upselling* e le performance che arrivavano loro attraverso i dati delle casse venivano deviati dall'ossessione del profitto poco alla volta. Benvenuti nella giungla del business.

Il giorno dopo io e Yasir ci sbronzammo di sollievo. Una bevuta degna del fegato che ci era costato quella bravata. Avevamo deciso di lasciare Zemar all'oscuro e far finta di niente. Stavamo bevendo da una bottiglia di pessimo Malbec che faceva parte della refurtiva. Ci si poteva sbronzare senza fare i sofisticati ogni tanto. Ma Zemar aveva fiutato l'aria strana.

Yasir stava composto perché il giorno dopo doveva andare a lavorare. Sembrava seriamente intenzionato a condurre una vita di rigore. Non sapevo perché avesse deciso di aiutarmi. Le ultime bravate prima di entrare nel mondo dei cittadini modello? Una piccola rivalsa personale temporanea? Aveva un piano molto più intricato tipo *Amy Dunne*, o *Dominika Egorova* o *Keyser Söze*? Lo sapeva il cazzo.

Quello comunque era solo uno sfizio che avevo voluto togliermi. Il vero colpo l'avevamo in serbo a due giorni da quella sera. Zemar, accarezzandosi il mento mentre ci osservava, si versò due dita di *Yamakazi*, un whisky giapponese, e lo ingurgitò in un sorso.

«Cazzo avete combinato?»

«Niente» feci io con troppa fretta.

Yasir stava facendo i salti mortali con la sua coscienza per non lasciar trapelare alcun senso di colpa. Aveva sempre una faccia e un atteggiamento da giocatore di poker professionista ma non con il fratello. Non più, quantomeno. Riuscì comunque a farmi eco.

«Niente, tu *bro*? Tutto a posto?»

Zemar si era fatto serio e ci stava scrutando.

«Vuoi un bicchiere?» domandai. «Ho una notizia da darti. Spero che non ti arrabbi che lo abbia raccontato prima a tuo fratello, ma sono un po' sconvolto dalla decisione io stesso, quindi sto facendo un po' di fatica a gestirmi».

Zemar mi osservò con sospetto.

«Che notizia?»

Riempii un bicchiere anche a lui e glielo porsi.

«Ho preso un biglietto *Eurostar*. Torno a casa». Era vero.

Mi guardò dubbioso.

«Sul serio?»

Guardò il fratello - a cui in verità non l'avevo ancora detto - che con un po' di esitazione fece sì con la testa.

«Quando?»

Tirai fuori il telefono e andai a cercare l'email di conferma della prenotazione e gliela schiaffai davanti agli occhi. Sarei partito alla volta del Borgo di lì a quattro settimane. Zemar si prosciolse dal suo atteggiamento da interrogatorio. Gliel'avevo fatta. Yasir sorrise scuotendo la testa.

«E ti bevi questo schifo per celebrare?» mi canzonò.

«È quello il fatto» dissi «non sono sicuro di aver nulla da celebrare».

Mi abbracciò. Mi sentii un po' in colpa.

«E il gesso?» domandò tirando fuori il necessario per preparare tre *sidecar* con l'Armagnac.

«Ho l'appuntamento per tirarlo via fra due settimane» sbuffai. «Fortuna che ho rotto il braccio che uso sul *fader* per *scratchare*».

Si girò ad osservarmi. Avevo un'altra sorpresa per lui. Accesi tutta la sua console. Feci partire in *loop* un giro che avevo preparato per la mia canzone intitolata *Riot Mansion* e gli feci sentire i miei progressi.

Due giorni dopo i due nemici pubblici improvvisati erano di nuovo all'opera. Questa volta Alex lo trovava meno divertente. Era combattuto. La prodezza era più rischiosa. Il vento soffiava forte e bastardo nel quartiere a Nord

Ovest di Londra. C'era elettricità nell'aria.

Se fosse stato un mio film, avrei iniziato questa scena con alcuni dettagli del tizio che stava raggiungendo la casa in cui aveva abitato fino a poco tempo prima Alex, a Kensal Rise. Tagli veloci. Rumori forti in *skipping*. La ruota di uno scooter. La mano coperta dal guanto sul manubrio. La casacca giallo fosforescente sopra la giacca scura pesante. Il casco integrale. Quello zaino strano dalla forma quadrata sulla schiena.

Era un martedì come un altro per il grosso, alto e robusto ragazzone sudamericano sul motorino; almeno così credeva. Passò un incrocio dove la strada curvava leggermente; a uno degli angoli si trovava un po' di prato, a quello accanto il parco giochi di una scuola chiuso tra una rete metallica, paralleli una palazzina ed una casa. C'erano poche auto posteggiate a bordo strada a quell'ora del mattino. Secondo gli appunti di Alex e Yasir il motorino sarebbe ripassato da quell'incrocio approssimativamente tre quarti d'ora dopo.

Se fosse stato un mio film, al passaggio del due ruote in quell'incrocio avrei fatto una brutale e violenta carrellata alla Luc Besson o alla Sam Raimi vecchia scuola, assicurandomi con lo scenografo e l'art director di riuscire a infilare qualcosa di simbolico sullo sfondo, tipo una volpe che insegue uno scoiattolo e magari una bella bionda maggiorata tipo film di Russ Meyer con le tette schiacciate contro il vetro di una delle finestre della palazzina che lo prende da dietro da uno sconosciuto in penombra. Dettagli appena percettibili col campo largo e il movimento brusco che avrebbe poi fatto la macchina da presa sulla perpendicolare puntando poi su un *VW Crafter* blu scuro.

A questo punto voci fuori campo, un *top shot* breve per dare un'idea più chiara della mappatura della zona, e poi via dentro all'interno chiedendo al Direttore della Fotografia di darmi forti contrasti e un'atmosfera di tensione palpabile. Dettagli nervosi, tagli che giocavano con la maledizione del tempo. Troppo lento. Troppo veloce.

Il *Cu de burro* era appena passato accanto al furgone dov'eravamo nascosti, ignaro di cosa sarebbe accaduto. Sentivo il battito cardiaco accelerato pulsare nella calotta cranica come se stesse tentando di sfondarmi le orecchie facendo saltare timpani, martelli, incudini, staffe e trombe di eustachio. Non ero nuovo a quella sensazione mista di tensione ed eccitazione che mi prendeva quando m'imbarcavo in una nuova peripezia. Ma questa volta la tensione aveva imposto il suo dominio assoluto sui nervi, lo stomaco e la spina dorsale.

Da un momento all'altro avrei vomitato, come Jaime Foxx in *Ogni Maledetta Domenica*. Avevo bisogno di aiutarmi con qualcosa. Erba non ne avevo, ma anche avendola avuta non sarebbe stata ideale. Mi rendeva troppo fiacco per un'occasione come quella. Ci voleva adrenalina. Un gocchetto d'altro canto ci stava. Cazzo, non solo ci poteva stare, mi ci voleva proprio.

Giusto per allentare un po' i nervi. Rilassarli.

Yasir era seduto con le ginocchia piegate all'angolo opposto del retro del *Crafter*. Sembrava tranquillo, determinato. Concentrato. A suo agio.

Le sue braccia brune uscivano dalla t-shirt completamente nera, così come erano neri i pantaloni in cotone e le scarpe da corsa e i guanti da lavoro aderenti. Aveva ricavato una specie di passamontagna da una berretta nera enorme, di quelle che indossano rastoni. Io invece ero stato il solito tamarro. Indossavo uno di quei *face shield* con la mascella da teschio disegnata, una maschera da sci che avevo fregato a un party a casa di un cazzaro figlio di papà franco-austriaco che aveva invitato Jenny con l'idea di provarci - ma che era andato miseramente in bianco - e un berretto da impiegato del *McDonald* sulla capoccia che non ricordavo dove avessi sottratto. Il resto del mio vestiario - pantaloni, longsleeve e scarpe - era stato tutto acquistato in tre diversi *Primark*, in tre giorni diversi di tre settimane diverse. M'ero fatto prendere un po' dalla parte del mega ladro. *Diabolik* spostati.

Yasir stava trafficando con le manette che ci eravamo procurati in un sexy shop online, che, eravamo d'accordo, avrei tenuto io. La tensione mi stava uccidendo. Lo stomaco pareva su un'altalena e il fegato su un *rollercoaster*. Conoscevo un posto. Un *Off License* a pochi minuti a piedi. Con la seccatura del cazzo di gesso, che comunque mi dava anche un certo disagio, un leggero senso di vulnerabilità, mi ero comprato un pacco di paglie per l'occasione. Accesi una sigaretta, Yasir mi lanciò un'occhiataccia.

«Mi serve un goccio» mi feci forza di informarlo.

Senza dire nulla, stese alcune piste di cocaina su di una valigetta degli attrezzi verde scuro; tirò su col naso una delle strisce e me lo porse. Feci di no col capo.

«Fidati, meglio questa di un goccetto».

«Lo so, ma non voglio».

«Ti rendi conto che stai dicendo una cazzata?»

Affermativo. Era che non volevo barare e corrompere l'esperienza. Se s'aveva da fare 'sta stronzata volevo farmi questo giro di giostra lucido e consapevole al cento per cento. Il goccetto era ok, giusto per tirare un respiro prima del decollo verso la tempesta. L'avrei smaltito nell'arco dei primi dieci secondi d'azione quando l'adrenalina avrebbe fatto irruzione.

La coca no. Rovinava tutto.

«Non mi va, voglio farmi solo un goccio».

Yasir sbuffò e scosse la testa.

«Non è che stai avendo ripensamenti?» domandò senza tradire alcuna emozione o nervosismo.

No.

«No» Nessun ripensamento. «C'ho solo bisogno di spingere giù un attimo lo stomaco e il fegato che mi stanno ballando il tip tap in gola».

Si lasciò sfuggire un sorriso.

«Dai» incalzai, «c'è un *Off License* qui vicino, ne ho davvero bisogno».

A quel punto esplose.

«Sì così ti fai vedere bene in giro conciato così, e se c'è qualche CCTV che non abbiamo considerato gli offri un paio di belle angolazioni. Ma sei scemo?!»

Aveva ragione. Mi ero rincoglionito? La maggior parte di tutta la meticolosa e maniacale - forse paranoica - pianificazione e preparazione l'avevo condotta io. Ma era altrettanto vero che il lavoro di ricerca lo aveva fatto Yasir. Appena mi ero trasferito e avevo parlato dell'agenzia e di come conducevano gli affari, quando Yasir ancora stava tutto incazzato col mondo e via dicendo, aveva fatto degli appostamenti e aveva raccolto informazioni vitali. Poi, quando su quella panchina gli avevo detto che volevo fottere un bel po' di soldi a quegli stronzi, c'ero rimasto di merda quando m'aveva illuminato sulle possibilità pratiche di realizzare quella che sembrava solo una fantasia di rivalsa. Sapeva che i cazzoni collezionavano il *cash* ogni due settimane. In contante. Così non dichiaravano tutto e ci giocavano dentro alla grande. Addirittura Yasir mi aveva raccontato che in una delle case che gestivano una volta aveva assistito ad una scena assurda. Per via di un controllo - ogni tanto il *council* locale eseguiva dei controlli per verificare che fosse tutto in regola, in termini di sicurezza, secondo le norme legislative - l'agenzia aveva sbattuto fuori di casa tutti gli inquilini e aveva svuotato alcune delle stanze spostando tutto il mobilio - e non solo - fuori per farle sembrare inabitate, visto che una delle norme era che il *council* locale verificasse il numero massimo di persone che potevano vivere in una determinata abitazione in base a una serie di requisiti - ma naturalmente i *landlord* e le agenzie speculavano e ce ne ficcavano di più. E poi non si erano nemmeno disturbati a rimettere a posto niente, lasciando la scomoda incombenza ai poveri stronzi che si erano ritrovati con la propria roba ovunque.

Li aveva osservati e studiati a lungo. La mia idea lui l'aveva accarezzata molto prima che io lasciassi che maturasse dentro me, innaffiata da rabbia e frustrazione. Ma poi aveva deciso di lasciar perdere per via dei rischi e perché poco alla volta, a Londra, ritrovato suo fratello, stava cambiando.

La cosa mi faceva sentire un po' in colpa, perché credevo potessi considerarmi responsabile per il suo scivolone all'indietro verso la sua esistenza di avvilimento, rancore e scelte sconsiderate. La sua *casella scheletro*.

Ma sembrava consapevole di quello che faceva. Negli ultimi mesi era divenuto molto più simile a suo fratello. Aveva quell'aria zen. Sembrava in pace con se stesso. Anche quando tirava la quarta pista di cocaina su una valigetta degli attrezzi in un *Crafter* pronto a commettere una rapina, come in quel momento. Mi dissi che - cazzo - a una certa la gente era anche abbastanza adulta da assumersi le proprie responsabilità. Un'idea apparentemente non troppo popolare in Inghilterra, o quantomeno a Londra, dove la gente spesso agiva e parlava con la maturità di un ragazzino capriccioso di dodici anni anche quando in verità ne aveva quaranta e rotti. Doveva andargli bene così, del resto sembravano convivere alla grande con una monarchia pressoché inutile, tanto quanto con un regime di normative dell'esecutivo *Health & Safety* che aveva più o meno cestinato e reso obsoleto il caro vecchio buonsenso. Marciavano e organizzavano proteste a destra e a manca facendo i capricci per questioni talvolta serie talvolta frivole, ma alla fine erano miti al cospetto dello Stato che gli faceva da babysitter.

A versare il contante e annunciarlo in banca i cazzoni ci andavano precisi come un *Rolex* ogni due mesi. Avevano in gestione una sessantina di case ma ogni gioppino dell'agenzia era assegnato a collezionare la fresca di dodici, con un diverso numero di stanze in ognuna, per un totale di ottantaquattro stanze. Di alcune avevamo scoperto grosso modo quanto incassavano di affitto a settimana. Di altre avevamo fatto un calcolo approssimativo. Ci aspettavamo che quando il ciccione bastardo brasiliano andava a portare il malloppo in banca - tolto qualcosa che probabilmente usavano per coprire alcune spese - doveva essere intorno ai sessanta testoni. Volevo che i soldi mi stessero sul cazzo ma quella cifra, e mi vergognavo a dirlo, mi provocava un brivido lungo la schiena solo a pensarci. *Dadinho* dei poveri doveva fare quel mestiere da un po' oramai. Aveva maturato una certa noncuranza, doveva essergli sempre andato tutto liscio. Aveva una buona dose di ottimismo e tranquillità che giocava a nostro favore. La sua fiducia nella buona sorte era tale che andava sempre a ritirare i soldi in un'ultima casa che stava ad Harlesden per poi portare il malloppo in una banca a Willesden Green. Faceva sempre lo stesso tragitto. Avevamo studiato quale fosse il posto migliore dove intercettarlo. M'investì di colpo. Cosa ci facevo li?

La vista si fece acuta, come se qualcuno avesse applicato un filtro per la nitidezza al mio cervello. Mi si abbassò la pressione. Il cuore sembrava essersi svuotato di colpo, e mi sentivo floscio come se tutti i liquidi del mio corpo fossero caduti a cascata in fondo agli arti, le ossa si fossero sciolte come burro su una lastra rovente e l'ossigeno avesse perso il senso dell'orientamento decidendo di fermarsi un attimo per controllare la cartina. Fui investito da una raffica di immagini che orbitavano nella mia testa come la centrifuga di una lavatrice: alcuni messaggi di Arianna che mi ossessionavano per la loro inconsistente duplicità, i visi dei miei amici e dei miei cari distorti in una deprimente espressione di scetticismo e confusione, Zemar con le cuffie in testa davanti a un'enorme mixer ignaro di quello che stava accadendo. Tutte le opportunità perse: il banco di quella scuola in cui non sedevo, le ragazze con cui non mi ero fatto avanti, l'appartamento che avevo lasciato al Borgo, bar e ristoranti e parchi e prati e strade lontani. Attimi dispersi nella vastità del corpo celeste. Un attimo, una coordinata. Poi la mia mente si fermò su un'immagine. Quella del fiume vicino a casa, in una giornata di autunno, quando le poche persone a fargli compagnia erano padroni che portavano a spasso i cani, ma l'acqua e le rocce erano lì, ferme, immutate, con l'acqua che scorreva serena e senza preoccupazioni. *Go with the flow…*

Osservai Yasir. L'espressione desaturata, forgiata da una serie di eventi completamente diversi dai miei, con troppi momenti passati a trovarsi nel posto sbagliato al momento sbagliato. Mi guardò e il suo viso parve ritrovare colore nella smorfia interrogativa che andò formandosi sul suo volto. Altre immagini: senzatetto che avevo oltrepassato curandomene per i pochissimi secondi che si erano trovati nel mio raggio d'azione, leader mondiali e capi di strafottute istituzioni che parlavano in giacca e cravatta nei microfoni sorretti di diversi leggii, illuminati dai flash della stampa, immagini di zone mutilate da guerre e guerriglie in sequenze condite dalla disperazione che fuoriesce da volti prostrati da ingiustizie che non si erano cercati. Foto, immagini ferme, di ragazzini con vestiti griffati, a rave e feste, in zone esotiche con il drink in mano, su barche in mezzo ad acque ancora miracolosamente limpide e ancora volti stanchi sui mezzi pubblici di gente con la tenuta da lavoro o con le occhiaie di chi ha appena finito un turno troppo lungo. Jasmina. *Go with the flow...*

Yasir sembrava incerto se dire qualcosa o meno. Lo spazio angusto del *Crafter* che in quegli istanti mi era sembrato claustrofobico e privo d'aria sembrò espandersi intorno a lui. Cosa l'aveva mosso in tutti quegli anni? Cosa faceva muovere tutti? Specialmente quelli meno fortunati, con le carte che il destino aveva servito loro quando loro malgrado si erano trovati a dover lottare per il prossimo respiro. Non lo sapevo. Importava? Stavo per chiederlo a Yasir, ma ancora mi mancava l'aria, sembrava che i polmoni si stessero dimenando in una pozza di sabbie mobili. Ma lo capii lo stesso: non importava.

Era una persona, lì con me a condividere un momento, un pezzo di vita, a rischiare tutto per niente.

Il cuore si rimise a pulsare. I muscoli si avvolsero intorno alle ossa come serpenti constrictor su una preda. Ritrovai la mobilità, sentii il sangue riprendere il suo corso, le vertebre scricchiolare, il corpo tornare un tutt'uno, il respiro inghiottire aria come benzina. Un guinzaglio inesistente spezzarsi, catene invisibili cedere, la mascella farsi come quella di un felino.

«Tutto a posto?» domandò Yasir.

Uscii dal furgone e vomitai contro la staccionata del campo sportivo di una scuola elementare dove i ragazzi passavano la ricreazione. Fortunatamente erano a lezione in quel momento.

Alex rientrò nel furgone. Era il momento.

Le immagini che arrivavano dalla *GoPro* che Alex aveva piazzato alla distanza giusta per ricevere il segnale sull'app del suo telefonino lo confermavano. Il bastardo stava per tornare.

Le ruote del motorino viaggiavano spassionate, arroganti e ignare, con le sospensioni rosse che flettevano ad ogni imperfezione della strada in cui inciampavano.

Alex e Yasir si fiondarono - con l'uniforme da criminali - fuori dal furgone e sdraiarono in fretta il filo di acciaio sull'asfalto assicurandolo al palo di una ringhiera da una parte e al palo che reggeva il segnale per le auto di rallentare perché c'era una scuola nelle vicinanze.

Indossavano spessi guanti da lavoro. Erano pronti. Alex stava accovacciato dietro un'auto sporgendo giusto il necessario per vedere Yasir nascosto dietro il tronco di un albero che doveva dargli il segnale per tendere il filo d'acciaio al passaggio del motorino.

Tutto successe nel giro di pochi secondi.

Il motorino apparve, Yasir diede il segnale con la mano e tirò come un disperato dalla sua parte e Alex istantaneamente fece lo stesso dalla sua.

Vennero strattonati dalla violenza del motorino che finiva contro il filo d'acciaio e, come previsto, persero la presa del filo. Ma, come speravano, fu sufficiente a far perdere il controllo del due ruote al ragazzo corpulento che lo cavalcava e farlo finire in terra con il rumore agghiacciante del motorino che continuava la sua corsa sdraiato di traverso contro l'asfalto.

Alex - che con lo strattone si era procurato una fitta stronzissima al braccio rotto - estrasse il coltello che aveva con sé. Yasir sfoggiò il piede di porco che aveva adagiato lì da parte prima che cominciassero il loro appostamento. Si fiondarono sul ragazzo tramortito a terra. Dovevano evitare che notasse il gesso di Alex.

Yasir cominciò a pestarlo col piede di porco sul casco e sull'addome per non dargli modo di capire cosa stesse succedendo e reagire mentre Alex tagliava le spalline dello zaino e glielo sfilava. Una volta che lo zaino era nelle sue mani dovevano solamente svignarsela. E in fretta. Era pieno giorno.

Qualcuno da qualche parte li aveva visti per forza. Il tempo era prezioso. Ma Alex non riuscì a resistere e perse due secondi per piantare con tutta la forza che aveva un calcio nelle palle del bestione. Poi telarono.

Yasir prese posto alla guida del *VW* e io rimasi nel retro, pronto a saltare giù per recuperare la *GoPro*. Il furgone partì. Presi la pistola a impulsi elettromagnetici fatta in casa che avevo ottenuto semplicemente rimuovendo il flash da una vecchia macchina fotografica e rimpiazzandolo con una bobina di rame.

«Non ce l'hanno un localizzatore GPS lì dentro ti dico!» sbraitava Yasir.

Io dicevo che non si sa mai.

«Stai attento con quell'aggeggio infernale che ci sputtani qualcosa del furgone altro che localizzatore GPS! Muovi il culo! Prendi la *GoPro*».

Saltai giù al volo e recuperai l'apparecchio da dentro il cespuglio in cui l'avevo nascosta un paio d'ore prima. Una volta rientrato, col cuore che ancora mi batteva a mille urlai.

«Fila!»

Lo zaino dalla forma quadrata era chiuso con un lucchetto. Probabilmente aveva ragione Yasir a proposito del localizzatore GPS. Erano degli sprovveduti. Arroganti e principianti. Manco fossero attrezzati come *Loomis*, o *Prosegur*, o *Securitas*. Andavano puniti. Se non altro per l'ingenua arroganza con cui alimentavano questa guerra tra poveri. Con i loro modi da gangster. Convinti di essere in carica. Di essere prossimi al diventare padroni. Una delle tante illusioni che ci stavano mandando tutti a puttane. L'illusione dell'essere a un passo dalla svolta.

Comunque gliel'avevamo fatta. In culo. Mi stava prendendo l'esaltazione. Sbattei i pugni contro le pareti del retro del furgone esultando.

«Dì ma ti vuoi calmare lì dietro?!» mi riprese Yasir. «Siamo ancora in pieno giorno e in piena zona residenziale!»

Aveva ragione.

«Scusa» dissi.

Stavo morendo dalla voglia di stappare una bottiglia. In culo a tutti.

Mi piazzai davanti.

«Stanotte l'ultimo sforzo» dissi.

«Ci tieni proprio eh?»

«Certo, ieri sono andato a spasso per Londra a consegnare bigliettini ai barboni» risi.

Yasir si limitò a scuotere la testa. Che cazzo di rischio s'era preso il bastardo. Chissà che cazzo gli era passato per la testa. Gli dovevo tantissimo.

«Ehi» sospirai. «Grazie».

Il giorno dopo le tv locali e nazionali dedicavano diversi servizi al singolare evento. Sui social media giravano diversi video che stavano diventando virali. Ad Hyde Park un sacco di senzatetto venivano intervistati dalle emittenti giunte sul posto, e da qualsiasi cazzone con un cellulare che non aveva altro da fare.

«Non so un tizio m'ha dato 'sto biglietto ieri» dicevano mostrando la prova che di lì a poco le forze dell'ordine avrebbero ritirato insieme alle deposizioni.

Il biglietto diceva semplicemente: *fatevi trovare ad Hyde Park all'apertura domani*.

Alcuni senzatetto ci dormivano e avevano visto tutto. Ma fossero dannati se avrebbero sputtanato anche mezza parola di quello che potevano aver visto o potevano non aver visto. Un maxi falò di buste per popcorn e bicchieri di cartone s'era alzato nel parco quel mercoledì mattina. E i primi arrivati. I senzatetto che Alex il giorno prima aveva avvisato con i suoi bigliettini s'erano ritrovati con una maxi scorta di Prosecco, Vini Rossi, Birra, bottigliette di plastica di *Dr. Pepper*, *Sprite*, *Fanta*, *Lilt*, *Oasis*, *Coca-Cola*, e ancora dolciumi, patatine di ogni tipo, carta igienica, casse d'acqua e sapone liquido.

Alex guardava le news sul computer sorridendo con una canna di *Chocolope* in mano, pronto a scartare il *Chicken Caesar* preso da *Pret*. Zemar sarebbe rientrato a dir poco incazzato. Ma era giusto così, in tutto quello che c'era di sbagliato.

Io e Yasir eravamo stoni e alticci. Zemar rientrò. Stava ritoccando gli ultimi dettagli del mix del suo nuovo disco, prossimo all'uscita. Era stato molto stressato in quei mesi con le performance live che l'avevano portato in giro per tutto il Nord Europa e con la sua ultima fatica firmata Aldebaran, che sarebbe uscita sotto una label tra le più importanti nel panorama della musica elettronica, la *Mindcraft Records*. Aveva collaborato con una cantante soul, un musicista che suonava l'ocarina, e con un tizio che suonava il bongo. Qualche volta m'aveva portato in studio per farmi sentire come maturavano i pezzi e chiedermi un parere. Era uno studio cazzuto, enorme, composto da due stanze. Una, con tutta l'apparecchiatura elettronica, i rack e gli schermi, sembrava una nave spaziale. L'altra serviva per le registrazioni ed era tutto l'opposto, sembrava una capanna sperduta su qualche isola nell'oceano. Aveva dormito poco negli ultimi mesi. Gli avevo detto che, secondo me, questo tipo di avversità e colpi di coda che ti butta addosso 'sta vitaccia infame aiutavano lo stimolo creativo, e che se non se lo fosse sudato il disco non sarebbe stato altrettanto bello. Nonostante tutta la calma e il suo modo di fare zen, vedere le notizie non doveva averlo esaltato troppo. Appena l'avevamo visto entrare avevamo spento la festa. Avevamo la faccia colpevole, tipo quella che fanno i cani quando sanno di aver fatto una cazzata. Perché lo sanno.

«Hanno rubato nel cinema dove lavoravi ho visto» disse. Era la prima volta che cominciava a parlare senza nemmeno togliersi la giacca e le scarpe.

«Visto anche io… non male. Hai visto che i senzatetto hanno anche invitato al banchetto qualche mamma che passava per il parco coi pargoli».

«E voi ne sapete niente?»

«Ovvio… siamo stati noi» s'intromise Yasir.

«Ho riconosciuto la figura delle riprese che hanno tramesso delle videocamere di sorveglianza».

«Sul serio? Credo che sei stato l'unico».

Zemar lanciò le chiavi che aveva ancora in mano sul tavolo con violenza.

«Che cazzo vi passa per la testa a voi due coglioni, si può sapere? Ve ne state tranquilli sotto il tetto di casa mia e vi improvvisate fuorilegge del cazzo! Vi sembra normale? E prendete pure per il culo?»

Era la prima volta che lo sentivo usare tante parolacce in una sola frase.

«Avete qualche altra brillante idea per la testa di cui volete rendermi partecipe?»

Io e Yasir ci guardammo per dieci secondi con le facce che trasudavano disperazione direttamente dalle pupille. Yasir si scosse.

«Glielo dico».

«No» lo interruppi. «Faccio io...»

Dopo il colpo c'eravamo rintanati al cantiere. Risparmiavano sul guardiano notturno e Yasir sapeva come evitare le CCTV. Avevamo scassinato il lucchetto dello zaino. Avevamo contato i soldi. Settantasettemilacentottanta sterline in banconote. Le avevamo cacciate nel mio zaino *eastpak* - l'altro l'avevamo mandato in cenere col falò che avevamo allestito nel parco. Le centottanta sterline ce le eravamo inculate subito in un paio di bottiglie di quelle buone per festeggiare. Avevamo recuperato la refurtiva del colpo al Dogma per andare ad Hyde Park a inscenare il nostro spettacolo. Avevamo riportato il furgone al cantiere ed eravamo rientrati - a piedi ovviamente, porca puttana. Zemar tremava con gli occhi sgranati. Era tutto un «voi» «avete» «cosa?» «cazzo» «mi» «stai» «dicendo». Gli avevo chiesto se volesse una canna e si era messo le mani in testa.

«No in questo momento non voglio una canna, vorrei ammazzarvi!» Respirava forte e batté i pugni. Parlò da solo con voce molto nervosa in arabo o afgano - ero troppo ignorante per sapere che cazzo di lingua fosse. Era incazzato forte.

Yasir era calmo. Sembrava si fossero scambiati i ruoli. Si alzò e s'avvicinò al fratello. Cominciò a parlare anche lui in quella lingua lì al fratello. Avrebbero potuto farlo un sacco di volte ma non lo avevano mai fatto. Nemmeno Yasir quando non gli stavo esattamente simpatico. Zemar si calmò un po'.

Yasir si rivolse a me.

«Ti spiacerebbe lasciarci un momento da soli, per piacere?» si espresse con la ferma cortesia di un maggiordomo.

Presi la canna e la birra e mi spostai nell'altra stanza. Guardavo fuori dalla finestra. JD sembrava spiarli attraverso la finestra di fuori.

«Ehi JD, che fai?». Si girò verso di me. «Vieni qui, stanno avendo una conversazione privata tra fratelli, un po' di rispetto».

Mi raggiunse con la sua flessuosità di roditore.

«Non ho un cazzo da darti da mangiare, mi spiace amico».

La chiacchierata andava per le lunghe. Presi il portatile e guardai una puntata di *Peaky Blinders*. La puntata finì, così come la mia birra, e ne feci partire un'altra. A metà di questa arrivò Yasir a chiamarmi. Sembravo un alunno in punizione che ne aveva combinata una e aspettava di vedere come i grandi decidessero di castigarlo. Bevvi un po' d'acqua dal rubinetto e mi sedetti.

Zemar s'era calmato. Sembrò leggermi nel pensiero.

«Sì mi sono calmato, ma sei comunque un gran coglione».

Annuii sorridendo.

«Puoi chiamarmi *Tyler*…» dissi. «*Tyler Hood*».

Zemar scosse la testa. Yasir mi porse un bicchiere di *Remy Martin XO*, quello delle occasioni speciali, anche loro ne avevano uno a testa.

«Ascolta, ora ti dico come facciamo per i soldi della rapina.» esordì Yasir.

«A me ne servono solo diecimila, per una cosa che non è importante tu sappia cos'è. Il resto te li puoi tenere tu».

Mi sentii morire dentro.

«Scusa?»

«Hai capito. Me ne lasci diecimila, e ti tieni il resto».

«Mi spiace ma devo protestare. Ti sei fatto come minimo tanta sbatta quanto me e ti sei preso tanto rischio quanto me, se non di più, non posso accettare».

Cercavo di rimanere serio ma trovavo la situazione un po' comica.

Sembravamo vecchi amici alla bettola del paese che litigavano per pagare il conto. Invece stavamo discutendo di settantasette testoni di una rapina.

«No, ne ho discusso con Zemar, abbiamo anche parlato di altre cose che mi sono successe e di cose che intendo fare nei tempi a venire, e che per il momento, non ti offendere, preferisco non condividere con te. Accetta e basta».

«Eh no dai, cazzo. Prima di tutto, dopo aver fatto una roba del genere insieme potresti anche condividere qualche informazione. Non mi fregherebbe a regola, ma in questa particolare circostanza potrebbe aiutare a capire la tua scelta».

Si limitarono a guardarmi scuotendo la testa. Sapevo quando non era appropriato insistere. Se volevano tenersi alcune cose tra loro andava bene.

Però la storia della suddivisione della fresca non m'andava giù.

«Ok, tenetevi i vostri segreti per voi. Però non mi sta bene che ti tieni solo diecimila. Anche se non te ne servono di più tieniti comunque la tua metà. Fatti una vacanza, cazzo ne so, qualcosa. Così mi fai sentire in colpa».

«No, davvero. È una scelta molto importante per me, voglio tenermi solo quei diecimila che mi servono. Mi faresti un favore. Davvero».

«Eh dai» non intendevo mollare su quel punto. «Tanto io li spenderò in puttanate. Almeno tu magari fai un investimento personale più sano, più costruttivo…»

«È vero, ho dei progetti chiari, però per affrontarli sereno, mi posso concedere solo il lusso di tenerne diecimila e basta».

Mi stavano sui coglioni le persone che mi erano palesemente superiori -

non quelle che si credevano superiori, quelle che lo erano. No, non mi stavano sui coglioni. Le ammiravo. Ma mi aveva sempre dato fastidio sentirmi impotente di fronte a una situazione. Tentai un ultimo assalto.

«E dai, cazzo, almeno dodici, dodicimila, così io faccio cifra tonda. Dopo essere stato complice di sta bravata con me non te ne puoi andare con la coscienza completamente pulita. Almeno duemila sporchi te li devi tenere».

Zemar era ancora abbastanza scuro in volto. I due si guardarono.

Zemar alzò le spalle ed annuì.

«Va bene, dodici, contento?»

«Insomma» feci la vittima. «Mi raccomando, spendili MALE, capito?»

Yasir rise e scorsi un mezzo sorriso anche sulle labbra di Zemar.

«Va bene».

Alzammo i calici. Fissai Zemar, rimanemmo sospesi per un attimo. Infine parlò.

«Allora, come intendi sputtanarteli questi soldi... *Tyler Hood*?»

Presi il portatile e aprii *Chrome*.

«Dunque, quattromila me li sputtano in attrezzatura per la musica, sai, ora che me ne torno a casa e non posso più abusare della tua generosità mi servono proprio».

Avevo salvato una cartella nei preferiti con tutta la roba che volevo prendere.

Scosse la testa. Si sciolse.

«Se proprio devi sputtanarteli, almeno compra roba in ordine e non spazzatura» mi prese il portatile dalle mani e mentre digitava aggiunse.

«Ti faccio vedere un po' di roba io».

Ripresi il calice e lo guardai sorridendo.

«Salute?»

Prese il suo e fece «Salute». Potevo rilassarmi e bere.

Alex aveva immediatamente sperperato parte del bottino sentendosi di nuovo in pista. L'euforia era durata poco. Aveva iniziato a domandarsi cosa gli fosse rimasto veramente di tutto quello che aveva combinato. S'era lasciato andare: "fanculo tutti, ora vi faccio vedere io, brutti stronzi". Aveva spezzato le catene dell'ordinario, dei valori stabiliti, per una manciata di ore. Ora aveva qua un po' di filigrana, ma cos'altro? Si sentiva cambiato, e gli piaceva. Sembrava che la gente che gli stava intorno lo percepisse. L'inconscio dava spesso buoni consigli. Un vero peccato che la gente si lasciasse fottere dando retta al conscio ritardato che si ritrovava. Anche al pub i colleghi e i clienti sembravano guardarlo sotto un'altra luce. Quella sua nuova condotta da "non me ne frega un cazzo", rispettosa ma che non ammetteva la possibilità di incassare la merda di nessuno, gli stava spianando la strada. S'era addirittura permesso di riprendere un paio di beceri, di età mista, che avevano da ridire per qualche stronzata ogni tre per due, con toni poco ortodossi - quantomeno per la tipica scuola 'bacia sempre il culo ai clienti e mantieni sempre toni servili' britannica nell' *hospitality*. L'aveva fatto davanti ai manager, che lo avevano guardato straniti per un momento, ma poi non gli avevano detto un cazzo. Alcuni altri clienti che avevano assistito alla scena si erano avvicinati con sorrisi complici per dirgli che aveva fatto bene. S'era fatto uno *shot* con loro. Non gliene fregava veramente più un cazzo.

Tutto sembrava nuovo. Più nitido, più definito. Non era necessariamente un bene. Mi sentivo percepito in modo diverso, anche attraverso i toni di amici e congiunti con cui mi sentivo per telefono e messaggio. Non sembrava piacergli, comunque. Al Borgo la gente non era avvezza ai cambiamenti, specie quelli scomodi. Non gradivano che si fottesse con gli stereotipi, le credenze, i postulati e le convinzioni radicate che si sprecavano fino alla nausea. Al Borgo non avevano la sbatta di andare a rompere i coglioni fuori dal loro piccolo territorio. Per due motivi. Primo, amavano romperseli tra di loro, nel loro amato microcosmo. Secondo, qualsiasi stronzo che si poteva permettere di darsi arie da padrone in quello straccio di terra, se varcava i confini del Borgo - o al massimo della regione -, non contava un cazzo di niente.
Non sapevano ancora del mio arrivo, ma ero riuscito comunque a organizzarmi già un monolocale che costava poco. Avevo anche ordinato online il necessario per arredarlo: un divano letto, una tv con un mobile per mettercela sopra, una libreria, un tavolo con alcune sedie pieghevoli e un armadio. Non serviva altro non sapendo cosa avrei fatto in futuro. Avrei ritirato il tutto una volta giunto nell'orgogliosa cittadina libera di Borgomaggiore.
Con tutti questi cambiamenti in vista e i miei recenti exploit, comunque la mia testa di cazzo aveva cominciato a riempirsi di domande esistenziali. Stavo uscendo un po' di testa e fumavo e bevevo troppo in quei giorni.

Una delle questioni che lo impegnò era che voleva portarmi con sé. Ma non sapeva se fosse il caso. Qualche volta la sera mi chiamava a raccolta, si versava un bicchiere di *Talisker*, o *Teeling*, o il cazzo che passava il convento, e attaccava a fracassarmele.

«Dunque, io ti voglio portare con me... ma tu? Ci vuoi venire?», «Se vieni sarà una roba fuori di testa, io non so se tu ti rendi conto... ti devo ficcare e nascondere in valigia e tu devi stare buono», «ma siamo sicuri che è normale che ho uno scoiattolo domestico e che me lo voglio portare illegalmente a spasso per il globo?»

Si stava scervellando su come passare tutti i valichi di frontiera con appresso un sacco di pelo. "Vabbè" s'era detto "cazzo fanno m'arrestano perché ho qui uno scoiattolo? Il culo a strisce sicuro, ma neanche tanto". Decise di tentarla con la macchina, gli sembrava il modo più sicuro. Si fece rimborsare il biglietto dell'*Eurostar*. Dopo aver provato diverse date e studiato vari profili, riservò un passaggio Londra-Parigi con l'applicazione *BlaBlaCar*. Da Parigi, secondo i suoi piani, avremmo proseguito con il *Train à Grande Vitesse* verso la meta.

Altre volte poi la menava su altre paranoie.

«Jasmina è scomparsa JD, ma dici che me la sono sognata? Ma dici che mi sto sognando pure te? Mi son fatto un trip di acido e sono entrato in un loop infernale? Sai tipo Tom Ellis, *Lucifer*...»

Mi sarebbe piaciuto rispondergli "tu non hai idea cazzone... mettiti a giocare coi tuoi aggeggi della musica lì che è meglio". E niente, stava intrippato, intrappolato tra questa eccitazione e questo disagio di una nuova tappa, che non sapeva bene neanche lui, ma al solito, il cazzaro ci si buttava, a testa bassa, coglione e fiero.

Mi sarebbe piaciuto sapere cosa avrebbe pensato Jasmina, delle mie bravate e di questi nuovi passi che stavo compiendo. Ma non riuscivo più a trovarla. L'avevo sconvolta al punto da scomparire, cambiare identità e iniziare una nuova vita? Non mi sembrava una che si lasciasse inquietare così facilmente. Era uno dei motivi per cui mi piaceva tanto. Forse me l'ero sognata.

Avevo indugiato ad aprirmi con qualcuno, in verità. Dovevo prima
confrontarmi con me stesso, raggiungendo la vetta e confrontandomi
con angoli remoti e inesplorati di psicopatologie varie. Era necessario.
Mi ero aiutato lavorando ai miei pezzi. Ormai a mettere insieme melodie, ritmi,
cercare suoni che mi allettassero, e via dicendo, mi trovavo. Meno quando
si trattava di occuparsi del missaggio dei volumi e cavilli del genere. A quello
stava pensando Zemar che si era ritagliato del tempo per produrmi. Gli avevo
rivelato di avere intenzione di provare a suonare la mia roba del vivo,
da qualche parte, una volta tornato al Borgo. Si era mostrato entusiasta
e mi aveva incoraggiato a farlo. Mi aveva mostrato tutti gli sbattimenti
con cui avrei dovuto prendere confidenza per esibirmi dal vivo e mi aveva
assistito nel fare una lista della spesa per l'attrezzatura che mi sarebbe servita
quando avrei levato le tende da Londra. Una sera infine mi ero aperto.
C'eravamo fatti un drink e una canna insieme in soggiorno, dopo una giornata
intera passata in studio.
«Non so cosa fare. Giocare a *Robin Hood* m'è piaciuto, però non mi sembra
una buona carriera da intraprendere. È stato una specie di traguardo.
Sono contento di averlo fatto. Però ora sono in questa specie di limbo.
Tipo: "e adesso? Cazzo faccio?" Capisci? Mi dico "ok, questa è fatta, adesso qual
è la prossima puttanata che voglio fare?". Ogni tanto mi chiedo pure se n'è valsa
veramente la pena, specie sai… che ho coinvolto tuo fratello e tutto».
«Mio fratello è grande abbastanza per assumersi le sue responsabilità Alex.
E, credimi, sta facendo dei gran passi avanti per quanto riguarda la sua vita.
Anche se trovo discutibili alcune sue… vostre… scelte…
sono orgoglioso di lui».
«Mi fa piacere. Io comunque non so bene cazzo fare. Dev'essere per questo
che la gente decide di cominciare a farsi le spade o si dà all'alcolismo oppure
mette su famiglia. Una dipendenza che ti tiene compagnia finché finisci due
metri sotto terra o un pargolo: un bel progetto che sai che ti terrà la mente
occupata per almeno una ventina d'anni quasi a tempo pieno».
«Concentrati sulla musica» disse lapidario. «Ci sai fare. Davvero. Potrebbe
diventare un progetto per la vita, datti una chance».
«Devo dire che mi sta dando delle soddisfazioni personali incredibili,
e mi fa sentire davvero bene quando lavoro, e quando ascolto quello che ho
creato, tra una bestemmia e l'altra. Però mi sembra una scappatoia anche
quella. Una fuga dalla realtà. Non so cosa pensare. Forse è nella nostra natura,
dobbiamo per forza avere una dipendenza».
Zemar rise.

«Almeno la musica non ti può procurare una cirrosi e non rischi di crescere un disperato... scusa ma non ti ci vedo proprio a dedicarti al progetto famiglia, non mi sembri un cazzo adatto proprio, non ancora almeno».
Risi anche io.
Avevamo deciso di spararci un'ultima *Shroom Night* prima che partivo.
Era il nome con cui chiamavamo delle serate in cui ci facevamo coi funghi allucinogeni. Ne avevamo fatte un paio. Ci sentivamo molto creativi. Una volta avevamo piazzato delle luci al neon in stanza ed eravamo stati lì a goderci il *trip,* un'altra invece eravamo andati in un parco di notte. Avevamo finito per discutere di quello. E anche che m'ero messo in testa di voler comprare dei regali ai miei amici.

Alex vagò un po' per Camden, a Carnaby, poi si spostò a Covent Garden. Giudicava tutti in silenzioso rispetto, sotto un fantastico sole d'aprile. Cercava di indovinare la storia delle persone che girovagavano indifferenti intorno a lui. Si riempiva di domande. La tipa di colore con le borse della spesa, l'asiatica con l'aria stressata e il telefonino in mano e il magrebino alla fermata del bus, che anche se erano arrivati per ultimi, cercavano di sgusciare al suo interno per primi, come fosse una competizione. Per cosa? Il posto migliore? Il loro preferito? Volevano mandare un messaggio? Vivevano con la stessa frustrazione il resto delle loro vite? Stavano cercando di accaparrarsi quello che potevano prima degli altri? Era l'unico modo che conoscevano?
Le tipe belle, slanciate e ridanciane in abiti costosi e gli uomini con i vestiti eleganti che camminavano belli dritti col petto in fuori, sicuri di sé, senza la minima traccia di timore di qualsiasi cosa si potesse protrarre davanti a loro. L'avevano sempre passata liscia? La vita non aveva riservato loro mai nemmeno uno sgambetto? O si erano rialzati tranquillamente dopo ogni inciampo? Si potevano permettere di fare gli equilibristi spavaldi perché sapevano di avere la rete di sicurezza pronta a salvargli il culo se fossero caduti? Trattavano le altre persone come strumenti per realizzare il loro progetto o provavano empatia e sentimenti, verso il prossimo? O almeno verso pochi?

Quello non proprio in forma, che camminava un po' curvo, con lo sguardo basso e le ragazze dall'aria all'erta raggomitolate nei vestiti e su se stesse. S'erano rassegnati a delle ingiustizie subite o che ancora stavano subendo? Vivevano con la flebile speranza di un miracolo, o semplicemente sperando di sopravvivere un altro giorno? Speravano di inciampare in un tesoro da un momento all'altro? Un'amante, un'opportunità, un benefattore che li notasse in mezzo alla ressa?
Poi si chiese "E io? Come cazzo cammino io?" Era cambiato anche il suo modo di muoversi e di spostarsi?

Avevo vagato un'eternità cercando qualcosa cha attirasse la mia attenzione, che mi sembrasse un regalo degno per qualcuno, quando un'anziana signora, davanti alla St. Paul's Church, ebbe un malore. Si era accasciata a terra tenendosi il petto, aveva il fiatone. Un fottio di persone s'era subito fermato e adoperato per soccorrerla, aiutarla, e, in generale, cercare di capire se potevano rendersi utili in qualche modo. Tutti quegli sguardi normalmente duri, preoccupati, sospettosi, beffardi, avevano di colpo acquistato umanità. Una donna con un vestito costoso grigio aveva addirittura messo giù il telefono all'istante. Sembrava una chiamata importante fino a qualche momento prima. La gente non era poi tanto male. Rimproveravo sempre la plebe di essere troppo presa dalla carriera e dal fottuto egocentrismo, ma in verità molti di 'sti stronzi quando si ritrovavano, colpiti dalla fatalità, in situazioni d'emergenza, inaspettate, tipo quella, non potevano fare a meno di intervenire e aiutare. Qualcuno di loro doveva ancora serbare almeno un briciolo di umanità e altruismo sotto quella corazza da squali a caccia di successo e auto realizzazione.
Eppure anche tra questi probabilmente non ce n'era nemmeno uno disposto a fare anche un solo sacrificio degno di questo nome. Anche un solo figlio di puttana pronto a mettere sempre e comunque, anche nella situazione più estrema, gli altri prima di se stesso. La generosità, il buonismo, l'altruismo e la tolleranza venivano sempre somministrati in quella dose sufficiente per sentirsi in pace con se stessi e con l'immagine proiettata agli occhi del prossimo. Tanti profeti ma nessun salvatore nel ventunesimo secolo, ci dispiace molto, riprovate col prossimo.
La sera ero passato a trovare i miei ex coinquilini. Un po' per una questione di adrenalina, e un po' perché mi sembrava saggio non destare sospetti

e tastare le acque. Non sembravano essere al corrente delle mie prodezze.
Avevo discusso con Jenny della mia partenza, eccetera. E lei aveva convenuto.
« La gente a Londra viene per lavorare a basta ».
La gente era ossessionata da carriera e soldi. Avevo rivangato i tempi in cui
vivevo ancora lì. Con lei potevo permettermi di esprimermi come mi pareva -
benedette le donne con cui si può parlare senza filtri.
« Cioè, qui dentro si parlava più di lavoro che di figa. Secondo me quando
ti rendi conto che parli più di lavoro che di figa c'hai un problema.
Devi fermarti, fare un passo indietro e capire cosa cazzo è successo ».
Jenny, sorridente, m'aveva tirato un coppino e scuotendo la testa era andata
a prendere un'altra bottiglia da 66cl di Beck's per smezzarcela. Poi aveva detto
la sua. Che purtroppo ancora oggi nella società, per come si presentava
con i ruoli assegnati rispettivamente a uomini e donne, per i maschietti era
ancora difficile separare il successo e la stabilità lavorativa ed economica
dalla figa. Poi s'azzardò a domandarmi se avessi fatto lo stesso discorso
mettendo a confronto discorsi sulla figa contro discorsi di arte, film, musica
e filosofia. Mi aveva messo all'angolo.
« Devi per forza rovinare tutto con 'ste boriose teorie intellettualoidi? » m'ero
arreso sorridendo, « È sempre un piacere farsi una bevuta con te,
stordita del cazzo ».
« Viceversa ».
Avevamo brindato alla salute e al sesso, di cui eravamo entrambi in manco
ultimamente. Ma non avevamo intenzione di scoparci per disperazione.
Tirò fuori l'argomento con cui ancora non sapevo come accidenti muovermi.
« E quella Jasmina? »
Nulla, il vuoto. Le dissi che per quanto ne sapevo potevo essermela sognata,
completamente, tipo film di Lynch. Aveva letto il panico sul mio volto e aveva
provato a venirmi incontro.
« Forse sta solo cercando di capire cosa prova, forse le è capitato qualche cazzo ».
Stava facendo del suo meglio, ma non stava aiutando per un CAZZO proprio.
« Forse. Cambiamo argomento ».
M'aveva dato un abbraccio e s'era accesa una sigaretta. Era un mito. Avrebbe
fatto la felicità di qualche uomo di sicuro. Speravo non un coglione. Glielo dissi.
« Senti Jenny me lo fai un favore se non ci vediamo più? Prometti di non
buttarti via con un coglione? Per favore, trovati un cazzo di stronzo decente ».
« Come te? »
« No, possibilmente molto meglio ».
Passando per Tottenham e Soho avevo trovato uno dei regali. Così, preso bene,

avevo deciso che volevo festeggiare con un paio di pinte a Camden Town
e avevo preso la metro. M'ero acceso una paglia appena uscito dalla stazione.
Essere fumatore poteva essere una rottura di cazzo al cubo, un po'
dappertutto, ma specialmente nelle città. Ti accendevi una sigaretta e potevi
star sicuro che ogni cento passi qualcuno ti avrebbe fermato per chiederti
una paglia o alla meglio l'accendino. Ti sentivi costantemente importunato.
In quel momento avevo realizzato che essere una tipa anche solo vagamente
guardabile doveva essere la stessa cosa… ma cento volte peggio. Un tizio alto
e biondo coi capelli lunghi che indossava dei vestiti che necessitavano un po'
di coccole nella lavatrice, anche se non aveva l'aria di un senzatetto, m'aveva
approciato con un sorriso marpione dove mi ero fermato per finire la sigaretta
prima di andare al bancone del Proud Camden per prendermi una bionda.
«Ehi, come va?»
«Tutto a posto, tu?»
«Sì, non c'è male… Non è che avresti una sigaretta?»
Aveva allargato il sorriso e strizzato gli occhi in un patetico tentativo
di manipolazione espressiva non molto riuscita. Perchè la gente si ostinava
a voler fumare se era messa così male da non potersi permettere i costi
proibitivi di questo vizio?
«Sai amico, purtroppo sono un fedele seguace della filosofia B.Y.O.P.» spiegai.
«Vuoi dire B.Y.O.B.?» mi guardò scettico lui.
«No, no» risposi «intendo proprio B.Y.O.P… *Buy Your Own Poison*».
Capita l'antifona s'era scurito in volto e aveva annuito arricciando le labbra.
L'osservai bene. Aveva la faccia tutta tirata. Tremava anche un pochettino.
Nervosismo o stanchezza, o entrambe. Per certi poveri bastardi alle volte la vita
doveva essere una bella rogna. Alcuni magari se l'erano cercata. Con altri
ti veniva da pensare che se davvero esisteva il *Karma* doveva essere un'entità
incompetente almeno quanto il porco. Potevo solo tirare a indovinare. Gettai
la mia sigaretta nel posacenere. Tirai fuori il tabacco, girai una sigaretta
e la porsi al biondo. Mi ringraziò. Andai a prendermi la mia birra.
Speravo di non aver sprecato quel po' di generosità che mi potevo permettere
con una testa di cazzo.

STORIA A PARTE #4
Antichrist Superstar

Anche io, come un molto più celebre stronzo presuntuoso
che ha raccolto molta più fama, sono nato nella gloriosa

Dublino. Ci ho vissuto per poco tempo. Qualche anno dopo la mia nascita, dopo che gli stronzi dell'Ulster avevano piazzato la prima bomba in Irlanda, colpendo il centro televisivo della RTÈ, i miei genitori - due amorevoli rompicazzo timorati del porco - si trasferirono tra le braccia poco amorevoli di Sua Maestà, a Manchester.

Fin da ragazzino mi ero rivelato un disastro. A scuola mi impegnavo il giusto e i miei avevano sempre fatto una fatica stronza a tenermi a bada. Quando ero ancora piccolo mia madre mi somministrava sensi di colpa e mi confrontava con mio fratello più grande, Duke. Era una schiappa anche lui ma portava a casa sempre un ottimo voto in comportamento, il che compensava. Mio padre si limitava a urlarmi addosso e tirarmi qualche sberla di quelle indimenticabili, con le manone da meccanico delle ferrovie che si ritrovava. Mio fratello, col tempo, si era indurito e aveva trovato il suo destino da galoppino. Si faceva rispettare con la boxe e si scoprì che, anche se era un coglione totale, con la manovalanza non faceva poi tanto schifo. Al contrario del sottoscritto, che a prendere in mano arnesi e attrezzi vari non combinava un cazzo di buono. Con le materie scientifiche non ci azzeccavo un granché, ma in lettere e roba simile - la robaccia che in famiglia veniva definita come "inutile e che non porta il pane in tavola" - qualcosa ci prendevo. Duke era l'orgoglio del nostro quartetto di stronzi scandinavo-irlandesi e io la pecora nera del cazzo. Le cose si complicarono in fase adolescenziale. Avevo in qualche modo raccimolato in testa tutto il sugo che mancava al resto dei miei consanguinei, e con gli ormoni che impazzavano e la confusione dovuta all'età e all'entourage, divenni un lunatico di prima categoria.

A determinare il mio futuro fu un episodio che coinvolse un professore di geografia, stronzo psicato del cazzo, e mio fratello - che in verità era un bravo bastardo, solamente un po' ritardato. 'Sto stronzo di un professore quando aveva da cazziarti non si limitava alle bacchettate sulle mani. Spesso riusciva a inventarsi dei metodi molto più bastardi e dementi per impartire la "disciplina" -

come amava chiamarla - o l'obbedienza - termine che mi era sempre sembrato più appropriato. Una volta che sgamò l'ennesimo scambio di biglietti con un mio compagno di classe, un carotino brufoloso di nome Danny, ci fece stare per l'intera lezione inginocchiati sui ceci. La cosa mi scannò mezzo ginocchio e quando arrivai a casa zoppicante i miei esigerono spiegazioni. Vuotai il sacco e incassai un altro cazziatone. Quella sera tuttavia sentii mio padre confabulare con mio fratello, che a quei tempi aveva già trovato il suo posto da brava formica operaia come magazziniere di una compagnia che vendeva bibite all'ingrosso ed era considerato e trattato come un uomo di casa - godendo del rispetto riservato a chi il buon nome della famiglia non lo impestava. Concordarono che la punizione dei ceci era decisamente fuori luogo e misura. Il giorno dopo mio fratello aspettò il professore dopo la scuola, con una certa discrezione. Lo prese per il colletto in un vicolo appartato e chiarì che legnate sulle mani e altri metodi "classici" per educare e disciplinare erano ben accetti, ma che non si sognasse più di fare lo stronzo psicato un'altra volta o le avrebbe prese di santa ragione. Mio fratello sapeva essere piuttosto convincente, e quel professore non era il grand'uomo che voleva dare a credere in giro. Si affrettò a scusarsi e giurò che episodi simili non si sarebbero più ripetuti. Io e Danny, che a quei tempi ci esaltavamo con i romanzi di Peter Cheney e Raymond Chandler e i film di *Harry Callahan* e *Jake Gittes*, avendo lumato mio fratello fuori dalla scuola, avevamo deciso di seguirlo di soppiatto e avevamo assistito alla scena. Incassai il commento meschino di Danny.

«Facile, cazzo, col fratellone che ti copre le spalle eh? Il signorino».

Punto sull'orgoglio gli giurai che gli avrei fatto vedere se avevo davvero bisogno del fratellone. Già allora, senza rendermene conto, ero un figlio di puttana capace di grandi macchinazioni, e soprattutto in grado di inquadrare le persone. Sapevo che il prof Stronzo, col suo taglio liscio alla Hitler e il nasone alla *Cyrano de Bergerac*, era

306

inspiegabilmente attraente agli occhi di una professoressa di inglese carina, piccolina, tale Beatrix. Mi misi d'impegno e preparai, di nascosto, una torta di carote, di quelle spesse e morbide, farcendola di cocci di vetro taglienti. Con il fare più bonaccione mai visto e una scusa più studiata di qualsiasi pagina di sceneggiatura che avrei scritto nel mio avvenire, riuscii a convincere la Beatrix a offrire la torta incriminata allo stronzo. Il cazzone fu ricoverato d'urgenza al pronto soccorso che sboccava sangue come un tredicenne alla prima sbronza da tequila. Dopo una serie di legnate prese da mio padre e mio fratello mi spedirono in un collegio a Londra, tra i singhiozzi di mia madre e gli sguardi oltraggiati degli uomini della casa. Fu un sollievo. Finalmente libero. Ma i cazzacci non erano finiti.

Il collegio era uno di quelli molto religiosi, e la zoccola che tirava le redini era un'altra stronza psicotica che ricordava molto l'infermiera *Mildred Ratched* di *Qualcuno volò sul nido del cuculo*. La megera si chiamava Margaret Watson, e decise che mi avrebbe reso un perfetto cittadino britannico. Io, d'altro canto, avevo deciso che lo ero già, e che la stronza non voleva far altro che mettermi i bastoni fra le ruote.

Londra fu una grande esperienza. Scappavo quotidianamente dal collegio e giravo nei quartieri peggiori e più disastrati della città. Al collegio ero uno spacciatore, o un ricettatore se preferite. Spacciavo tutta roba sana e proibita. Film in VHS, musica in vinile e musicassette e libri. Mi battezzai con le prime sbronze e provai le prime sostanze stupefacenti. Grazie a un po' di furtarelli, e con lo spaccio del mio materiale proibito al collegio, ero diventato autonomo. Miss Watson continuava a informare i miei, a Manchester, quando mi beccava intento a fare qualsiasi cosa non le andasse a genio e i miei a cercare di cazziarmi da una cornetta del telefono all'altra. Ormai li compativo e cercavo di spiegar loro che stavano buttando nel cesso quei pochi soldi da proletari che avevano, tenendomi in 'sto cesso di quattro mura deprimenti, e che ero perfettamente in grado di cavarmela da solo. Ma non ci sentivano. O non ci arrivavano. E allora, in culo, io continuavo per la mia strada. Divoravo film di Welles, Kubrick, Pasolini, Monty Python, e leggevo come un dannato, anche un sacco di roba di culto passando da Wilde, Nietzsche, DeSade, Aleister Crowley e Lovecraft allo studio della *Bibbia*, del *Corano*, il *Tanakh* e via dicendo. Dopo aver visto *I Guerrieri Della Notte* in un cinema di quartiere presi una decisione: volevo fare film anche io, cazzo. Mi ci impuntai.

La megera Watson scovò la mia copia di *Nevermind The Bollocks* dei Pistols e me la ritirò. Le feci trovare sulla scrivania un uccello enorme di gomma con un bigliettino che recitava: *Lei ha veramente bisogno di farsi una chiavata, felice di aiutarla, JD.*

A quel punto, disse, avevo oltrepassato il limite. Mi ficcò in isolamento. In isolamento per una fottuta settimana. Nel nostro collegio, qualche mese prima, un altro ragazzo aveva subito lo stesso trattamento per essersi masturbato e aver spruzzato il seme su una copia particolarmente di valore de *La Bibbia* in biblioteca, per protestare per la punizione ricevuta per essersi portato una ragazza in stanza. Non ero il solo a disturbare la quiete dell'infrastruttura. Si era appeso col lenzuolo in stanza quando era stato informato dai genitori e dalla direzione che avrebbe finalmente lasciato il collegio, ma per arruolarsi nell'esercito di Sua Maestà. Il ragazzo, Mark, era un tipo apposto. Un po' suonato, certo, e infoiato come pochi, ma un bravo ragazzo. Ero stato l'unico a insorgere per il modo in cui l'episodio era stato taciuto e ignorato a livello direzionale della scuola. Quella volta, quantomeno, si erano limitati a dirmi di stare zitto e lasciare in pace i morti. Nient' altro. Nemmeno le mie provocazioni sul fatto che in quel collegio non erano riusciti a evitare un peccato mortale avevano scosso la direzione e il corpo "insegnanti". L'isolamento - da quell'episodio usato con più parsimonia - ti faceva venire un sacco di brutti pensieri. Ti costringeva a lottare contro i tuoi demoni senza alleati, senza il conforto di un buon romanzo, di un bel film, di una canzone che non ti facesse sentire solo. Ma anche solo di una maledetta passeggiata all'aria aperta. Ma io non ne avevo manco per il cazzo di soccombere. Non avevo chiesto io di essere messo su questo pianeta. Mi ci avevano ficcato. E ora pretendevano di dirmi cosa dovevo fare e come. Cosa non potevo fare. Volevano impartirmi qual era il mio posto in questo entourage di coglioni. Gliel'avrei fatto vedere io cazzo, qual era il mio fottuto posto. Uscito dall'isolamento mi comportai a modo. Feci credere loro che erano riusciti finalmente a plagiarmi. Come insegnava *La Via Della Spada*, intendevo sfruttare il momento di loro massima vanità, quando le difese erano abbassate. La sera che, secondo le mie osservazioni, doveva essere la migliore per poter passare un po' di tempo in intimità con Miss Watson, feci la mia mossa. Quella sera giocava il *West Ham*, che aveva da poco rifilato un 8 a 1 al *Newcastle United*, e il campionato stava finendo. Dunque Matt Cross, tuttofare, custode e sicurezza del collegio, era indaffarato. Il resto del personale erano una manica di fessacchiotti timorati del porco. E la nostra donzella era solita allo studio delle scritture, la pianificazione dell'insegnamento e vari sbattimenti amministrativi. Mi ero procurato delle fascette di serraggio, una *ball gag*, nastro, una lametta, ago e filo. Entrai con passo felpato nello studio della Watson. Era un'ampia stanza in sasso con un'enorme libreria a sinistra piena di opere - per la maggiore rilegate in cuoio o cartonato - e una a destra dove si trovavano classatori, cassettine e portariviste. A sinistra della porta si trovava una cassettiera in legno di noce, così come in legno di noce era l'enorme scrivania che aveva come sfondo una vasta finestra a griglia con il vetro opaco. Era sera, buio, e la stronza amava usare le candele. Una scenografia e una fotografia perfette per l'occasione. Miss Watson poggiava il culo su una poltrona d'altri tempi per lavorare. C'erano due sedie in legno poste di fronte alla scrivania che davano la schiena alla porta d'entrata. Appena scorse la mia figura all'interno della stanza sussultò dentro quella camicetta azzurra composta e dalle pieghe perfette. M'affrettai a portarmi di fronte a lei che avanzò subito una protesta.

«Cosa sta facendo qui?»

«Ora le spiego tutto ma prima…» dissi mentre m'apprestavo a ficcarle in bocca la *ball gag* e allacciarla. «assicuriamoci un po' di tranquillità per questo incontro».

La ribellione fisica della Watson durò poco e non fu per niente efficace. Era un tipino tutto nervi ma era anche molto esile e non aveva modo di prevalere sul mio fisico. Una volta sistemata la *ball gag* per evitare urli e schiamazzi che potessero interrompere il nostro incontro le assicurai le braccia ai braccioli della poltrona con le fascette di serraggio. Tirai un lungo sospiro di sollievo una volta che l'ebbi sistemata con la poltroncina a bordo della scrivania di modo che non si perdesse nulla.

«Come ci si sente? Non si preoccupi, so che non può rispondere, era una domanda retorica».

Cominciai a sistemare sulla scrivania il resto dei miei attrezzi. Aprii la sua copia de *La Bibbia* preferita (un libro enorme, rivestito in pelle, con una chiusura a laccio) su *Isaia 14*.

«Ammetto che c'è qualche passaggio interessante in 'sto tomo». Trascinai una delle sedie di fronte a lei e le piantai il grugno di fronte. Dovevo concederglielo alla stronza, stava mezzo mugugnando e aveva gli occhi mezzo spiritati ma le intravedevo ancora quel mezzo barlume di orgoglio che riusciva a farle mantenere un minimo di lucidità. Meglio così, mi avrebbe reso le cose un po' più semplici.

«Dunque, ora vorrei fare una discussioncina. Però non mi fido troppo a levarti il bavaglio lì, e voglio essere sicuro che riusciamo a capirci bene. Quindi per ora ti farò solo qualche domanda a cui devi rispondere Sì o No, e per quello ti basta annuire o scuotere la testa… ok?»

Dopo qualche secondo, un po' a scatti, finalmente Miss Watson annuì con il capo. Presi in mano la lametta.

«Cominciamo con un po' di riscaldamento, mi levo giusto qualche curiosità». Mi rigiravo la lametta tra le dita. «Credi veramente nell'esistenza di nostro signore Dio

310

Onnipotente?»

Miss Watson esitò, Miss Watson disse sì.

«E anche nell'inferno?»

Miss Watson esitò meno, Miss Watson disse sì. Scoppiai in una risata che cercai di soffocare in fretta.

«E tu credi davvero che una stronza psicotica, con smanie da sadica fascista come te finirà in paradiso?»

Alzai la mano per farle segno che non doveva rispondere. Presi il librone e glielo poggiai sulle ginocchia.

Poi presi la lametta e mi tagliai il polso destro facendo sgorgare il sangue sulle pagine del libro, che lo assorbivano perfettamente tanto erano vecchie e ruvide.

«Ora, tra le tante cose che mi danno fastidio in questo cesso di posto, quella che forse mi ha irritato maggiormente è stato il modo ignobile in cui è stato affrontata la dipartita del povero Mark».

Confidavo che una buona dose di odio e disprezzo fuoriuscisse dalle mie orbite, anche perché tutto a un tratto il respiro di Miss Watson tornò regolare e il suo sguardo tra il serio e l'amareggiato. Concessi alcuni secondi al silenzio.

«Credi che ti voglia uccidere?»

Miss Watson scosse la testa.

«Credi che mi voglio uccidere?»

Miss Watson scosse la testa.

«Credi che non sarei capace di andare fino in fondo se lo ritenessi opportuno?»

Miss Watson scosse la testa.

«Se ti tolgo il bavaglio giuri sul buon nome del TUO Signore che tu possa marcire all'inferno nel caso dovessi iniziare ad urlare?»

Miss Watson annuì.

«Si limiti a restare nei parametri della discussione in corso e non prenda troppe iniziative a blaterare a cazzo, ok?»

Miss Watson annuì nervosa. Le slacciai la *ball gag*, la riposi sul tavolo, e da brava ragazza, Miss Watson non proferì parola finché non andai a piazzarmi nuovamente di fronte a lei.

«Cosa vuoi?» domandò deglutendo. Gli occhi erano duri ma lucidi. Stava combattendo una battaglia interna tra la voglia di arrendersi e quella di rimanere risoluta.

«Voglio andarmene da questa fogna deprimente».

«Ti posso assicurare, che da questo momento, non mi viene in mente una sola cosa che possa darmi più gioia che vederti sparire da questo posto».

Ghignai.

«Chiaro, chiaro, ci contavo. Il problema non è tanto il cosa, su quello ero sicuro che avremmo trovato subito un accordo, ma il come».

Le misi il polso sanguinante davanti al grugno. Lo guardò inorridita.

«Non intendo certo andarmene dentro quattro pezzi di legno in pasto ai vermi come il povero Mark. Ma se proprio devo sono disposto a farlo, e a trascinarmi nel baratro pure lei».

Sperai che la menzogna fosse convincente. Col cazzo che avevo intenzione di tirare le cuoia, piuttosto il gabbio o qualsiasi altra cosa, ma col cazzo che me ne andavo a quel punto, non avevo ancora fatto abbastanza danni su questa madre terra. Tutto il mio piano si basava su diversi bluff. Lo rendeva in qualche modo divertente.

«Cosa vuoi dire con questo?» domandò con un po' di esitazione.

«Oh be'. Non posso mica permettere che le salti in testa di cacciarmi così, magari con un foglio di via che racconti questo episodio. E poi lo sa come sono i miei genitori? Non si accontenteranno mica di una spiegazione qualunque, specie con i soldoni che quei coglioni le hanno già regalato in tutto 'sto tempo».

«Capisco. Immagino lei abbia già un'idea della soluzione che preferisce».

«Miss Watson, ci è voluta un sacco di buona volontà e fatica, ma finalmente riesco a fare una conversazione con lei dove riesco a darle un briciolo di rispetto e non mi viene voglia di buttarla nuda in una fossa di gorilla in astinenza da sesso fatti di cocaina».

A questo giro nemmeno si sprecò a fare una faccia disgustata dall'immagine che avevo evocato.

«Questo è un collegio piuttosto prestigioso e rinomato dico bene?»

312

Miss Watson fece per rispondere ma poi si bloccò ed esitò, non troppo sicura di cosa volessi sentirmi dire, supposi. «Oh, non si preoccupi del fatto che IO personalmente lo ritengo un postaccio di merda che meriterebbe di essere semplicemente raso al suolo. Quello che intendo è che, anche sotto un certo punto di vista politico, è guardato con rispetto - come posso dire? - con una certa considerazione. Ho visto un sacco di pagliacci, ministri, lord, e gentaglia danarosa varia bazzicare da queste parti di tanto in tanto, no?»

«Certo, il nostro centro gode di una certa… stima».

«Esatto cazzo, e di conseguenza, la mia supposizione è che lei, come burattinaia di questo gabbio, abbia un sacco di amicizie e una rete di contatti potenzialmente molto utile, o sbaglio?»

«Presumo si possa dire così. Qual è l'idea?» domandò posando gli occhi con preoccupazione sul mio polso insanguinato che continuava a impregnare le pagine del libro che si ciucciava la mia linfa porporea come il terriccio intorno a una pianta. La seguii con lo sguardo e la rassicurai.

«Oh non si preoccupi. Non sono nemmeno sicuro di aver preso una vena. Ma anche se fosse non è un'arteria, di conseguenza ci vorrà un bel po' anche solo prima che io perda i sensi. Nel caso non dovessimo trovare un accordo, insomma, ho con me una potente droga, molto difficile da rilevare, che agisce nell'arco di cinque o dieci minuti e dovrebbe lasciarla cappottata per una buona decina d'ore. E darmi il tempo di slegarla e morirle dissanguato in grembo, dopo averla ovviamente slegata e fatto sparire tutto l'armamentario, lasciando molto ambigue le dinamiche dell'accaduto quando ci ritroveranno qui domattina, dopo una segnalazione anonima alla polizia e a un paio di giornalisti sgamati che di sicuro saprebbero come approfittare della situazione».

Chissà se veramente si beveva tutte le cazzate che le stavo raccontando. Comunque contavo più sulla situazione traumatica e traumatizzante che avevo messo in piedi.

«Mi scuso se mi permetto di insistere, cosa vuole esattamente? Soldi?»

Mi sentii offeso e banalizzato.

«Ho forse l'aria di uno stronzo che va in sbroda per il grano, Miss Watson?» sibilai fra i denti.

«In effetti no».

«Esatto, no. Quello che voglio io Miss Watson, è fare dei film. Mi ha preso questa scimmia, vede. Ora non si allarmi, non intendo certo che LEI mi permetta di fare un film. Quello che voglio da lei è che mi faccia sbattere in una scuola, una in ordine possibilmente, di cinema. E dato che rimane comunque per ora un'arte riservata ai bianchi pieni di grana e la mia persona soddisfa solo la metà di queste condizioni, vorrei trovare il modo di farla a gratis. Considerando anche tutti i soldi che quei deficienti dei miei genitori hanno buttato in 'sto cesso di posto. Ci capiamo?»

«Ci capiamo».

«E lei crede di essere in grado di aiutarmi? Aiutarmi per davvero per una cazzo di volta?»

«Farò il possibile, lo prometto».

La scrutai a fondo. A questo punto aveva veramente solo voglia di levarsi il mio brutto muso dalle palle, per sempre. E non le andava di rischiare di ritrovarmi in mezzo ai coglioni per il resto della sua esistenza.

«Allora siamo d'accordo?»

«Sì».

«Bene. Fra un attimo la rimetto comoda, aspetti».

Andai a recuperare ago e filo. Sopra la *Bibbia* aperta, che ora era diventata semplicemente un disegno astratto a macchie rosse sopra qualche minuscolo sprazzo di testo che ancora avanzava fuori, mi misi a ricucirmi da solo il taglio, fermando il sangue. Giusto per enfatizzare l'idea che non mi andava di scherzare. Poi la liberai. Tirò un sospiro di sollievo. Racimolai i miei ferri e mi avviai verso la porta. Sul ciglio mi voltai per vederla che prendeva in mano il suo libro preferito, che avevo lasciato sul tavolo, e cominciava a strappare le pagine insanguinate.

«Buona notte Miss Watson» dissi prima di uscire.

«Buona notte» rispose lei.

Dopo una lunga e travagliata discussione con i miei, dove Miss Watson aveva recitato divinamente la sua parte, venni spedito a studiare la settima arte. La scuola era satura di segaioli presuntuosi e noiosi pieni di soldi che se la menavano a ogni momento della giornata. Non si capiva come cazzo ci fossi finito io lì. Mi guardavo bene dal raccontare la verità. Ne approfittavo per tenere in allenamento la mia creatività, inventandomi una storia sempre più o meno uguale ma arricchendola con nuovi dettagli ogni volta. Ero guardato con sospetto. Era chiaro a tutti che col resto della marmaglia c'entravo un cazzo. Allo stesso tempo suscitavo una specie di fascino. Per motivi pratici, di tanto in tanto, mi sforzavo di socializzare con i più tollerabili di quella pila di fessacchiotti, ma spesso e volentieri finivo a sbevazzare in qualche pub con gli operai del porto vicino alla scuola. C'era questa ragazza, Darcy, a cui piaceva recitare la parte della finta povera e dell'attivista. Vestiva quasi sempre con dei jeans sbiaditi, delle scarpe col tacco basso e i lacci marroni, un maglioncino a righe orizzontali giallo opaco e rosa scolorito con un giacchettino rovinato in pelle. Tutti sapevano che in verità coi soldi poteva pulircisi il culo, e che i suoi la mantenevano in un appartamento da urlo. Ma anche senza saperlo a me bastava guardarle il corpo e la pelle per capire che non era una che se la passava male. Ero un ottimo osservatore. Tra le sue caratteristiche ribelli rientrava l'avere un debole per i ragazzacci. Di conseguenza, nonostante non fossi certamente il più bello o il più affascinante - in senso stretto - della scuola, mi guadagnai le sue attenzioni. Mi ricordai quanto mi piaceva la figa. Mi comportai da bastardo. Fu una delle prime volte, ma non certo l'ultima. Mi lasciai coinvolgere in questa farsa del frequentarsi e parlare un sacco. Ma solo perché in questo modo vivevo praticamente nel suo appartamento e non ero costretto a rincasare tutte le sere nel dormitorio di merda. E perché le piaceva scopare, e quello piaceva anche a me. Era pazza, quindi, a modo suo, anche un po' intrigante. A livello cerebrale la consideravo una

315

demente, ma dovevo riconoscere che si lasciava andare e usciva dalla sua zona di comfort con un certo talento. Anche a letto. Se ne usciva sempre lei con qualche nuova zozzaggine da provare: «Mettimelo nel culo», «Legami», «Te lo succhio con il tè caldo in bocca». Io non protestavo, mi lasciavo sorprendere. Ma quando attaccò con la menata che voleva lavorare assieme a dei progetti dovetti tirarmi un paio di sberle da solo e, guardandomi allo specchio, chiarirmi che andava bene il cazzeggio ma il mondo del cinema era sacro, e se per una qualche botta di culo avrei potuto lavorare nel settore dovevo onorarlo. Lei non aveva alcun talento. La pazzia era un buon sintomo, ma se non sei in grado di incanalarla in modo pratico non serve a un cazzo. Addio bell'appartamento. La figa era importante, ma dovevo combinare qualcosa di utile con 'sta scuola in qualche modo.

La maggior parte degli insegnanti mi stavano sul cazzo. Troppo pieni di sé. Tuttavia molte nozioni che mi impartivano erano davvero vitali alle volte, quindi li sopportavo. Ce n'era solo uno che mi piaceva. Un vecchio tutto rughe e dalle pessime maniere che insegnava regia. Aveva lavorato per lo più per la televisione, e a mio avviso era bravo. Mi piaceva anche perché al contrario degli altri si definiva una schiappa, ma una schiappa che aveva lavorato coi migliori, ed era vero. Anche se solo come assistente o in ruoli meno in vista di quello di regista o produttore o salcazzo, il suo nome appariva nei titoli di coda di alcune opere che ai miei occhi lo rendevano quasi un dio. Anche io gli andavo a genio. Tutte le volte che avevamo lezione con lui si usciva insieme con la classe a fare colazione in un bar. Mentre bevevamo il caffè e mangiavamo cornetti o quant'altro ci allenavamo. Per ogni cliente che entrava, basandoci solamente su come il soggetto si presentava, in termini di vestito, atteggiamento, camminata, modi e via dicendo, dovevamo indovinare cosa avrebbe ordinato. Non spiegò mai come o perché, ma giurava che la cosa ci sarebbe servita. E io ci credevo. Alle volte lo invitavo dopo la scuola a farsi un paio di pinte insieme

316

e continuavo il gioco. Il soggetto non si tirava indietro davanti all'alcol e fumava sempre troppo. Sigari e sigarette. Aveva una tosse costante che ci faceva credere che avrebbe tirato le cuoia da un momento all'altro.

Le mie proposte per progetti a scuola non piacevano mai a un cazzo di nessuno. Erano troppo spinte, o troppo commerciali, o troppo incomprensibili. Per una volta che ci tenevo cercavo di tenere a freno la lingua e aiutavo gli altri nei loro progetti. Ero affamato di filmmaking e quindi mi bastava stare su un set, o una sala di postproduzione, o addirittura in una sala riunioni a discutere di puttanate pseudo artistiche e organizzare le riprese. Poi mi sfogavo col mio insegnante preferito quando ci ubriacavamo. Fu un miracolo ma riuscii a sopravvivere alla scuola. Ma temevo che non mi avrebbero fatto lavorare.

«Come cazzo faccio?» domandai una delle ultime settimane di scuola al mio insegnante con la faccia quasi spalmata dentro la *Guinness*.

«Be' in questa industria ti servono talento e perseveranza» rispose lui lanciandomi uno dei suoi teneri sorrisi marci. «Ma soprattutto, ti servono degli agganci o una botta di culo».

Rise. Io non ero in vena di ridere.

«Ti piacerebbe fare un'esperienza fuori dal paese?» domandò.

«Se è per fare film mi possono anche mandare in mezzo a un campo minato in zona di guerra con scontri a fuoco regolari» risposi.

«Bene».

Mi mise in contatto con dei produttori italiani con cui aveva lavorato anni addietro.

«L'Italia produce un sacco di cagate di questi tempi» m'aveva detto «ma ci sono alcuni filmmakers, tra cui il regista di questa pellicola, che riescono ancora a buttar fuori qualche bel film. Vai e goditi l'Italia e gli italiani. E vedi di fare tesoro di questa esperienza».

Guardai il primo film del regista. Era bello e fatto bene. Così andai in Italia per lavorare come assistente in que-

317

sta produzione. Senza parlare una parola di italiano, ma come aveva predetto il mio insegnante, non fu un problema. Se gli italiani ti prendevano in simpatia, la comunicazione non era un problema.

E lì fui graziato con la mia vera botta di culo. Negli studi di Roma, dove stavamo facendo alcune riprese, un'altra troupe stava girando delle scene per una co-produzione anglo-italo-franco-americana in uno studio vicino al nostro. Era un gran casino. L'organizzazione e l'ordine non erano il punto forte di quegli studios. Una ragazza dall'aria nerd con gli occhiali s'era intrufolata nel nostro studio per curiosare un po' e vedere che cosa stavamo combinando. Stavamo girando una scena che doveva essere un finto show televisivo con dei comici.

«Che girate?»

Glielo spiegai.

«Tu invece?»

Me lo spiegò.

«Interessante, ti va una birra dopo?»

«Perchè no».

Al bar in piazza ce la raccontammo un po' su di noi. Lei aveva lavorato come assistente per qualche anno per la *20th Century Fox* e con l'esperienza e i contatti accumulati sperava di riuscire a tentare la strada di produttrice indipendente. Al momento stava lavorando come *line producer* per questa produzione. Le raccontai quali fossero le mie aspirazioni e che non sembravano destinate a divenire realtà. Mi chiese se avessi qualche idea per un film. Ci pensai e le raccontai di una storia che avevo in testa e, una volta che oltre alle prime due birre avevamo attaccato una bottiglia di vino rosso e ordinato da mangiare, preso dall'entusiasmo di questa ragazza che sembrava ascoltarmi e prendere seriamente ogni singola sillaba che usciva dalla mia bocca sboccata cominciai a spiegare anche come mi sarebbe piaciuto girare alcune scene e che tipo di attori e attrici mi sarebbe piaciuto avere nel cast.

«Mi piace quest'idea» disse a un certo punto. «Hai una sceneggiatura?»

Mi aveva colto alla sprovvista.

«Be' no, solo un paio di note sparse qua e là».

Sgranò gli occhi come se quella fosse la prima vera oscenità che avesse sentito quella sera.

«Be', e cosa aspetti a buttare giù una benedetta sceneggiatura? Cosa credi, che si scriva da sola? Stai aspettando che inventino una macchina da scrivere o un computer da collegarti al cervello che la scriva per te?»

Ero senza parole.

«Butta giù qualcosa di presentabile e fammelo avere» sentenziò scrivendomi i suoi contatti su un biglietto. Osservò l'orologio. «Ora devo andare in albergo, mi piacerebbe sentire la voce di mio marito visto che non lo vedo da mesi».

Sorrise. Raccolse il suo giacchettino e si preparò ad andarsene. Mi sentivo a disagio a lasciarla andare così. Senza una protesta né niente. Allora tentai una protesta.

«E perché se scrivo la sceneggiatura dovrei darla proprio a te?»

«Primo perché la tua idea mi piace, ma soprattutto perché hai un carattere di merda e ai finanziatori i tipi come te non piacciono. Hai bisogno di una come me a guardarti le spalle, altrimenti non hai speranze».

Se ne andò.

Scrissi la mia prima sceneggiatura e anche se non credevo che si sarebbe mai ricordata di me, sei mesi dopo quell'incontro gliela spedii. Mi chiamò qualche giorno dopo.

«Troviamoci, dobbiamo discutere alcuni dettagli e sistemare delle cose».

Jennifer trovò i finanziamenti e, anche se il budget era piuttosto misero, riuscimmo a girare il film. Vinse vari premi. Riuscì a farlo inserire nella programmazione di alcuni teatri e la gente lo apprezzò, tanto che la proiezione venne estesa in termini di tempo e mandata in altri cinema che richiedevano la pellicola. Considerando il costo fu un successo anche al botteghino.

A un party in Francia per uno degli ultimi eventi di promozione della pellicola fui avvicinato da un americano.

Aveva uno di quei completi grigio chiari alla moda e l'aria arrogante, come tutti gli stronzi stelle e strisce.

«Ho visto il tuo film. C'hai talento».

«Mi fa piacere che per i film hai gusti migliori che per i vestiti». Aveva un sorriso sornione, la faccia abbronzata ed era sistemato tutto in ordine. Mi stava già sul cazzo.

«Non ti piacerebbe venire ad assaggiare quello che può offrirti l'America per il tuo prossimo film?»

«Sicuro, c'avete dei gran artisti di là ma anche una frotta di cazzoni scarsi e senza talento a cui continuate a dare soldi per produrre delle porcate. Sono sicuro che potrei solo far del bene a voi yankee del cazzo».

Jennifer ci raggiunse.

«Signor Collins, ha conosciuto Johnatan?»

«Sì, stavo giusto tentando di capire se gli può interessare portare il suo talento negli States».

«Oh sono sicura di sì. Ma vede, Johnatan è un'artista, non ha molto senso pratico, che ne dice di spiegare a me quali opportunità potrebbe offrirgli?»

Prese in mano le redini della situazione. Ormai potevo essere me stesso: c'era lei a coprirmi le spalle. Santa donna. Penso che fosse uno dei lavori peggiori che potesse esserci nell'intero universo. Quando i due tornarono Jennifer spiegò con entusiasmo.

«Johnatan, il signor Collins qui ha davvero delle possibilità interessanti da proporti, ti va di sentirle?»

«Ok» dissi, «però caro Signor Collins, deve sapere sin da subito che per me contano molto certi valori, tipo la fiducia, e io l'ho vista bere tutta la sera solo da bottigliette d'acqua e succhi di frutta. Io della gente sobria non mi fido».

Alzò le mani.

«Non mi tiro indietro se devo buttare giù un bicchiere di whisky, signor Doyle».

«Pensavo più a una bottiglia».

Recuperai un bourbon, tanto per vedere se solleticava un po' di quel senso distorto di patriottismo che sembravano avere tutti i cittadini a stelle e strisce e attaccammo a parlare mentre io mi preoccupavo di tenere i bicchieri

320

sempre pieni. Quando feci per riempirgli il terzo bicchiere mise una mano sul bicchiere.

«No per me basta».

«Ma come signor Collins? Non vorrà mica sprecare così questo bourbon, alcuni suoi commilitoni del Kentucky si sono impegnati per questa bottiglia, dobbiamo rendere loro onore». Lo costrinsi a bere ancora un bicchiere. Poco dopo si fiondò al bagno e lo seguii con calma. Stava piegato con la faccia buttata sul cesso.

«Bene signor Collins, ora che l'ho vista ubriaco possiamo lavorare insieme. Chiamami Johnatan, a presto».

Andai a lavorare in mezzo agli imperialisti. Erano soldi seri quelli. Tuttavia insistetti per lavorare alla post produzione in Europa, sei mesi di riprese in mezzo agli *yankee* erano più che sufficienti, volevo tornare al mio caro vecchio continente al più presto. Fu un grande successo al botteghino. Cominciarono a intervistarmi. Cominciai ad avere l'attenzione degli altri "creativi" e anche di molte donne che fino a quel momento erano state fuori dalla mia portata perché non mi ritenevano all'altezza. Alternavo periodi di lavoro a periodi di autodistruzione - controllata - e ficcavo l'uccello senza pietà in ogni buco che trovavo. Quasi per rivalsa più che altro. I miei erano un giorno orgogliosi per il successo, e uno delusi per la pessima reputazione che mi portavo appresso. Ma non me ne fregava un cazzo.

Quando sei al punto che nell'aeroporto di Londra ti scoli mezza bottiglia di rum dopo aver rimediato un pompino al cesso ed esserti fatto riprendere da un addetto ai lavori per la tua t-shirt che recita *Fuck Me - I Am A Filmmaker* la percezione delle cose non è più la stessa. Ero in un girone dell'inferno successivo.

Qualche giorno prima di partire, contro ogni possibile briciolo di buonsenso, ero andato a vedere un film al Dogma. Ero stato bombardato di informazioni e cazzate sulla recente piccola disfatta. Erano stati istruiti su come vedersela coi clienti, c'erano delle presunte indagini in corso, e mi avevano raccontato degli interrogatori - con un agente che semplicemente nel foyer aveva annotato le risposte ad alcune domande, senza sbattergli una luce in faccia in una stanza spoglia. Vladimir, povero bastardo, si stava confrontando con uno di quei stronzi arroganti che di tanto in tanto capitavano. Avevo pena per lui, che ce la stava mettendo tutta per applicare la politica imposta nei lavori orientati al servizio al cliente, che voleva i dipendenti sempre cordiali e sorridenti. Anche quando si ritrovavano a vedersela con gente che non aveva preso abbastanza bastonate in giovane età, quando saliva quella voglia di mostrare un po' di iniziativa karmica e vomitargli addosso tutte le ragioni per cui si erano meritati otto punti di sutura sulla calotta cranica con uno sgabello in testa. Il coglione gli stava dando del filo da torcere a proposito dei nachos, e una tipa scoglionata dietro domandava se non ci fosse una rete wifi dato che il segnale non prendeva. Cazzo se ne facevano di una rete wifi in un cinema lo sapevano solamente loro. Goditi l'esperienza del film e staccati da quel fottuto cellulare rincoglionita, volevo intervenire. Possibile che i suoi "amici" stessero facendo qualcosa più interessante di quello che aveva da proporle Martin McDonagh, o Luca Guadagnino, o James Mangold, o Darren Aronofski? Per cosa? Scambiare messaggi con la stronza a cui stai dietro da un mese e ancora non te l'ha data, che nel frattempo si sta messaggiando con altri due tizi e tu non sei né quello con l'uccello più grosso dei tre né quello con il reddito annuo più importante? Aspettare il messaggio del tuo ragazzo che stasera non poteva accompagnarti ed è molto distaccato negli ultimi tempi - spoiler alert: stasera non è inchiodato al lavoro, si sta per vedere con la tua migliore amica, ecco perché anche lei non ti risponde e ti ha scritto che "purtroppo" era impegnata stasera. Lamentarsi perché non c'era il wifi in un multisala era come aspettarsi che servissero pollo e tacchino in un ristorante vegetariano. Geniacci di merda. La gente non ce la faceva a osservare le situazioni da una prospettiva più ampia della propria piccola finestra visiva, ed era completamente incapace di immedesimarsi. Eppure erano tutti carichi di empatia a sentirli su *Instagram* 'sti stronzi.

Sam Rockwell comunque spaccava sempre e Frances McDormand aveva tirato fuori una performance da paura, era la terza volta che andavo a rivedermi quel cazzo di film. Feci un giro di saluti con i miei ex colleghi. Erano dei rintronati ma non erano cattivi. Non erano poi tanto malaccio gli stronzi.

Alex e Zemar si avventurarono nella *Shroom Night* che si erano promessi. Li avevo osservati. Avevano cominciato il *trip* in un parco vicino a casa al crepuscolo, poi si erano

322

rintanati in casa. Avevano piazzato delle luci led viola e blu e fatto partire alcuni umidificatori che producevano delle belle scie di vapore. Il trip da funghi era controllabile. Bastava concentrarsi su pensieri o cose piacevoli e scappare appena qualcosa ti faceva prendere a male. Allontanarsi. Alex aveva rischiato di uscire dai binari quando il suo telefono si era illuminato con la notifica di un messaggio di Arianna. Zemar gliel'aveva levato e l'aveva nascosto. Le notizie al Borgo viaggiavano velocemente, quel posto era un enorme circolo di cucito. Zemar riuscì a riportare Alex in zona serena. Yasir era fuori. Zemar non sapeva se preoccuparsi o meno. Da qualche tempo passava le notti fuori casa, ma non aveva mai detto dove. Alex lo riportò in zona serena. Guardarono un documentario sullo spazio e i pianeti. Ascoltarono un po' di musica, un po' di trance, un po' di acustica, un po' di musica con gli archi, un po' di musica suonata con l'ocarina. Quando l'effetto svanì si fumarono un paio di canne e chiacchierarono fino a notte inoltrata, quando gli occhi cominciarono a rifiutarsi di rimanere aperti.

Andai a sentire il concerto dei *Negrita*, che erano passati al Garage, insieme a Vinicio, Francesco, Marco, Lorenzo e Jenny. Gli regalai i biglietti. Loro, un po' spiazzati si assicurarono che non cacciassi fuori un penny durante tutta la serata. Mi pagarono la sbronza, le sigarette e lo spuntino da chimica. A Jenny avevo anche regalato un libro intitolato *Keep It Shut* di una certa Karen Ehman, giusto per il gusto della presa per il culo. Non avevo nessuna idea del contenuto. Io e Vinicio c'eravamo sgolati fino a sputtanarci le corde vocali durante la performance dei toscani. Dopo il concerto avevamo improvvisato una specie di mini *after* nella dimora a Kensal Rise. Avevamo fumato qualche canna e ci eravamo fatti un po' di keta. Tutti tranne Jenny, che però era rimasta con noi nel soggiorno a chiacchierare e scherzare. Avevo annunciato la mia partenza come un soldato che parte in missione. Ci eravamo abbracciati - con Jenny un po' più a lungo che con gli altri - e ci eravamo scambiati le solite frasi di circostanza: «Ci teniamo in contatto mi raccomando», «fatti sentire», «ti vengo a trovare», «fammi sapere quando sei in Australia che passo a fare un saluto». Senza sarcasmo. Alle volte per coronare un saluto di questo tipo bastava crederci.

Poi toccò ai miei amici talebani. Il giorno seguente mi aspettava una lunga e travagliata gita in macchina con uno sconosciuto. Zemar e Yasir avevano preso libero per passare l'ultimo pomeriggio e l'ultima serata insieme.

Zemar ci trascinò a un *rooftop* bar. C'erano camerieri gellati in tiro, belle ragazze, e sfigati con vestiti smart casual che cercavano di fare i brillanti, ma non c'inculavamo nessuno. Dopo un paio di drink e un po' di chiacchiere sulla musica e le innumerevoli raccomandazioni di Zemar avevo detto loro che dovevamo assolutamente andare in un posto. Avevamo raggiunto il *self storage* coi mezzi. Li costrinsi ad aiutarmi a raccattare un po' di roba infiocchettata e poi tornammo a casa con un *Uber*, dove trovai un bel pacchetto per me ad aspettarmi. A Zemar avevo fatto fare una una placca in metallo con forgiato il suo logo di Aldebaran di circa 80x40 centimetri ed una bandiera fatta col materiale dei teloni per camion con lo stesso logo di due metri per quattro, che era pensata per i concerti ma poteva attaccare dove gli pareva. Al tutto avevo aggiunto una bottiglia di *Zacapa XO*.

A Yasir invece, che ero riuscito a trascinare con successo un po' all'interno del mondo film e libri, avevo regalato un tablet così poteva guardarsi film o leggere ebook un po' dove cazzo gli pareva. E visto che l'avevo trascinato in avventure e sventure, un po' per presa per il culo, gli avevo fatto il buono per una SPA, così da potersi rimettere in sesto.

Aprii il mio pacchetto. I due mi avevano preso un cazzutissimo microfono della *Shure* con uno scopo ben preciso che Zemar aveva spiegato.

«Nel caso fossi talmente pazzo da voler suonare l'armonica live su una delle tue basi elettroniche».

Ci puoi scommettere il culo, gli avevo detto.

Ordinammo del cinese d'asporto insieme a sei *Tsingtao*.

Ultima serata insieme. Un numero imprecisato di ore dopo sarei stato di nuovo al Borgo.

Ero eccitato, mi cagavo addosso, e tutto quanto.

Dopo cena m'attaccai al whisky e divenni sentimentale.

Mi sarebbero mancati 'sti due cazzoni. Auguravo loro solo il meglio, erano dei bravi bastardi. Ora rimaneva solo da vedere se riuscivo veramente a portarmi dietro JD, cazzo.

Alex s'era fatto trovare con armi e bagagli a Elephant and Castle. Il tizio di *Blablacar* era stato puntuale. Lo aveva caricato in macchina sbattendo le valige nel baule. Compresa quella dove stavo nascosto io in una retina solida interna che Yasir aveva costruito, facendo un paio di buchi piccoli per far entrare l'aria. Aveva con sé dieci testoni in moneta sonante. Li aveva cambiati prima di partire, restando nei parametri del non obbligo di dichiarazione alla dogana nel caso avessero scovato anche quelli. Gli altri li aveva depositati nell'arco di diverse settimane in un conto inglese ancora attivo e se li stava trasferendo un po' alla volta nel suo conto al Borgo. Aveva preso queste precauzioni anche se quaranta testoni non erano una cifra abbastanza interessante per attirare l'attenzione della finanza. Alla frontiera tutto liscio. Un'occhiata e via, tutto a posto. Eravamo montati con l'automobile sul treno per attraversare la manica ed eravamo sbucati a Calais. Il giovanotto allegro, leggermente in sovrappeso, pieno di lentiggini, s'era rivelato un buon autista, anche se una volta entrati in terra francese c'aveva messo un attimo per regolarsi a guidare al rovescio. A Parigi avevamo pernottato in un'hotel e, per rifarsi del viaggio di merda che mi ero sorbito, Alex mi aveva portato a sguazzare in giro per Bois De Vincennes. Il giorno dopo eravamo partiti nel primo pomeriggio a bordo del treno ad alta velocità. Alex s'era fatto più audace, tenendomi nello zaino invece che nella valigia. Tra una dormita, un po' di lettura, una puntata al cesso per farmi respirare un po', e la contemplazione dei paesaggi che scorrevano fuori dalle finestre, eravamo arrivati nella città alle porte dei valichi alpini che fortificavano Borgomaggiore, dove avremmo eseguito l'ultimo cambio.
Alla fermata in cui facevano i controlli doganali per uscire dal territorio francese ed entrare nella madre patria (più o meno) di Alex gli uomini in uniforme s'erano

presentati coi cani. Aveva avuto un brivido ma se l'era
scrollato subito di dosso. In ogni caso non si stava por-
tando appresso un panetto di cocaina. Ripassava mentalmente la recita che s'era preparato nel caso venissi
scoperto. I cani s'avvicinarono. Sembravano avere un certo
interesse per lo zaino. Alex mantenne il sangue freddo.
«Buongiorno».
«Buongiorno» aveva risposto serio uno degli agenti.
Vennero distratti da una voce che arrivò alle spalle. Era
una voce familiare. Ma né io né Alex potevamo distinguere
il soggetto che aveva deciso di distrarre i due *rangers*.
«Buongiorno signori, scusate, sapete dirmi dove si trova
il mio posto?»
«Faccia vedere il biglietto».
«Questo biglietto dice che lei doveva salire a Bourg-En-Bresse,
era due fermate fa» fece l'agente con il biglietto in mano.
«Esatto però l'ho perso e allora ho preso un Taxi per, di-
ciamo, rincorrerlo, ed eccomi qui».
I due agenti non sembravano molto convinti. Nemmeno io lo
sarei stato al posto loro.
«Ci segua» decise il secondo agente.
I cani erano decisamente attratti dal tizio. Non cagavano
più nient'altro.
«Le mostriamo il suo posto e, se non le dispiace, diamo
un'occhiata alla sua borsa» convenne l'agente col biglietto in mano.
«Ci mancherebbe, fate strada».
Non riuscimmo a dare un'occhiata decente al tizio. Ci fu
concesso solo di vedere passare di spalle un tizio con un
cappotto nero, il cappuccio della felpa tirato su, un paio
di *Doc Martens* con le stringhe gialle e la parte inferiore
di un paio di jeans blu scuro col risvolto tirato su. Ci
aveva risparmiato una situazione imbarazzante. Il treno
ripartì. Alex era quasi a casa.

A fine maggio eccomi abbracciato di nuovo dalle montagne del Borgo.
Ero stato latitante per quasi un anno. Ero attaccato da un misto di emozioni
che si stavano menando dentro lo stomaco, il sistema nervoso, quello

cardiovascolare e la spina dorsale col cervello faceva i fuochi d'artificio.

C'era il sole e la luce metteva in risalto tutte le meraviglie dei paesaggi che circondavano il Borgo. Scattai la foto a una vigna che si estendeva vicino a un ruscello, con immortalate sullo sfondo le acque del lago che bagnavano le rive del Borgo. La mandai su *Whatsapp* a Jürgen, Svein e Adam con la scritta: *che si dice ragazzi?*

Fu bombardato da messaggi tipo "che cazzo!", "mi raccomando, non far sapere la data esatta del tuo ritorno!", "birra?", varie emoticon e via dicendo.

Andò dritto a ritirare le chiavi del suo bilocale. Era essenziale: non molto grande con un piccolo giardino. Si era procurato un materasso gonfiabile, poi era passato dai suoi a cenare. Era riuscito a tenerli a bada, con la scusa che era stanco, e s'era appropriato di uno dei loro sacchi a pelo, mai usati. Per quella notte non serviva altro. Uscì per incontrarsi al bar coi soci. Era mercoledì e si trattennero decidendo di rimandare la bisboccia da ubriaconi professionisti al week end. Quando rientrò, verso la una, nel nuovo appartamento, che avevo avuto modo di perlustrare da cima a fondo, con gli occhi che gli brillavano dalla stanchezza e qualche bicchiere di vino e di birra di troppo chinandosi su di me sbiascicò nel buio della stanza illuminata solamente da una luna a tre quarti che filtrava dalle ampie vetrate.

«Benvenuto al Borgo JD!»

Fece segno di aspettare. Andò verso il frigo e prese la bottiglia di *Jameson* che aveva comprato al Duty Free della Manica. Tornò a sdraiarsi vicino a me.

«Ma chi te l'ha fatto fare di seguirmi fino a qui, maniaco d'un roditore...» scandì con una sorsata. «Be' ma ora ci sei». Fece un ampio e teatrale gesto con le mani per indicare l'appartamento.

«Tranquillo, da domani comincerò a sistemare un po' la baracca. Renderla vagamente più accogliente e ospitale. Be' è ora di dormire».

Il silenzio e la quiete delle notti nel Borgo ci avvolsero benevoli, spazzando via i ricordi del costante inquinamento fonico di Londra. Un'altra dimensione. Silenzio. Quiete. Rumori di grilli, fruscio di alberi. Tutta un'altra armonia. Faceva già caldo al Borgo. Cercai un posto sicuro e decisi di dormire fuori.

Mentre Alex dormiva lo schermo del suo telefonino s'era illuminato per una notifica arrivata alle tre di notte, e ancora una alle otto di mattina. Un messaggio di Arianna, e uno di Jasmina.

Era piacevole respirare l'aria pulita del Borgo dopo tutto quel tempo. L'effetto aveva qualcosa di quasi surreale. Tutto sembrava sereno, pacifico. Quando me n'ero andato quel silenzio aveva un sentore di morto, sembrava il silenzio di un cadavere in putrefazione, con le mosche che gli giravano intorno.

Ora sembrava più il silenzio di una bella donna addormentata che respirava col ventre nudo che si gonfiava e sgonfiava lentamente e pacificamente. Avevo fatto una passeggiata in mezzo al bosco, cercando di raccogliere e ordinare un po' i pensieri. Continuavo a guardare il telefono.

ARI: Ehi! Ho sentito che sei tornato al Borgo! Chissà che tristezza eh? Com'è andata? Fammi sapere se vuoi prendere un caffè una qualche volta...

JASMINA: Ehi! Non ci crederai! {Emoticon di Munch} M'era sparito il telefono, credevo che me l'avevano rubato e mi sono fatta il telefono nuovo ma non avevo più il tuo numero. Poi l'altro giorno m'hanno chiamata da un pub che l'hanno trovato lì. Dopo tutto sto tempo! Ci credi? Come stai?

La storia di Jasmina sembrava improbabile. E Arianna. Cazzo. C'avevo voglia di vedermi con Arianna? Un po' sì, ma ricordavo ancora bene l'andazzo con la sociopatica. Non ero sicuro che m'andasse troppo di rinfilarmici. Sapete che c'era? Potevano attaccarsi a 'sto cazzo tutte e due per il momento. Avevo altro a cui pensare e un bel po' di cazzi da sistemare.

Poco alla volta, Alex aveva rimediato un po' di roba per la sua tana. La sera aveva risposto alle ragazze.

ALEX: Sono tornato al Borgo proprio ieri! Che cazzo di storia quella del telefono {emoticon che si tiene il mento con la faccia perplessa} {emoticon che si tiene le mani sulla faccia tipo *Urlo di Munch*}. In 'sti giorni sto un po' impicciato che devo sistemare la casa nuova e altre cose (ti mando un paio di foto fra un attimo {smile che fa l'occhiolino}), ci sentiamo presto con una chiamata come si deve ok?

JASMINA: Sistemati, poi ci sentiamo. {Emoticon che manda il bacio}

ALEX: Sì sì, sono tornato (almeno per ora) {emoticon che fa l'occhiolino}. L'espatrio è andato bene, poi ti racconto... come puoi immaginare ora sto un po' impicciato che devo sistemare l'appartamento eccetera {emoticon con spalle e braccia alzate} Se vuoi andare a prendere un caffè fammi sapere, appena ho un attimo si può fare...

ARI: Wow! Appena tornato e già impegnatissimo {emoticon che fa l'occhiolino con fuori la lingua} ... dai appena sistemi i tuoi mille impegni fammi sapere.

ALEX: Ok {emoticon che fa l'occhiolino}

Alex aveva una nuova regola: prendeva alla lettera quello che la gente diceva.

Un socio di vecchia data con cui aveva giocato a calcio da pischello aveva aperto un bar. Scelta cazzuta. Ci voleva fegato per far funzionare un business del genere in un posto che non contava molte anime e pullulava di amanti del casalingo dolce far niente. Al Borgo, con una grana del genere, contavano tanto il nome e la reputazione coltivati negli anni. La gente si faceva venire un'erezione quando qualche povero bastardo aveva in qualche modo bisogno. Volevano sentirsi la lingua attaccata al buco del culo. Alcuni ristoranti e bar funzionavano, ma molti altri aprivano e chiudevano i battenti, cambiavano gerenza in continuazione, e restavano impicciati in brutte situazioni. E alle volte a farne le spese erano i dipendenti, chef, camerieri, baristi e via dicendo. Joe - come lo chiamavano tutti - però sembrava avere le idee in chiaro. Alex chiese se avesse bisogno di una mano e Joe gli offrì centoventi ore mensili. Si fece due calcoli e decretò che bastavano a tirare a campare almeno per un po'. Il covo si chiamava Korova - gliel'aveva suggerito proprio Alex una sera un paio d'anni addietro quando s'erano ritrovati a sbronzarsi insieme durante la nottata di festeggiamenti per la festa nazionale; era rimasto piacevolmente sorpreso che Joe avesse finalmente aperto il suo locale e l'avesse chiamato proprio così. Si trovava nel centro storico e sembrava essere partito col piede giusto. Joe era molto creativo nella gestione del locale. S'inventava spesso eventi e promozioni, creava serate a tema e riusciva spesso a tirar dentro gente che sapeva far girare i dischi giusti dietro alla piccola console.

Dopo le prime settimane - tra cene con genitori e soci e tutto il teatrino - ad Alex rodeva già un po' il culo. I grandi festeggiamenti iniziali - "ma com'è vivere a Ibiza? Dev'essere una figata, festa tutto il tempo", "in che locali giravi a Londra?", e la birra, e il da mangiare e la fregna e le cazzo di botte di vita - erano stati sostituiti presto da questioni pratiche, manco avesse a che fare con dei tutori legali o dei broker a Wall Street il lunedì mattina prima dell apertura dei mercati finanziari - "ah ma quindi ora lavori al bar?", "ma Londra che opportunità offre?", "com'è il costo della vita?", "ma adesso qui che intenzioni hai?". Insomma, affrettarsi a trovare un modo "decoroso" per fare entrare più grano possibile, mentre ti dedicavi a quel po' di bisboccia e cretinaggine se proprio ti dovevi togliere lo sfizio e poi via, riavvolgere il nastro. Tutti in fissa con la filigrana che non era mai abbastanza. In ogni caso era una lotteria truccata. Di posti di lavoro dove la moneta circolava bene ce n'erano pochi, e se non avevi una sorta di eredità - immobili o terreni soprattutto - ti potevi tanto attaccare al cazzo. Il resto se l'erano inculato i grandi investitori, i grandi speculatori, i grandi creditori e altri vari grandi rottinculo che avevano lasciato giusto l'osso per cui la plebe poteva scannarsi per rosicchiare quel po' di carne che c'era rimasta attaccata. Del futuro non fregava granchè ad Alex, quindi ogni volta doveva improvvisare e rendersi creativo per affrontare l'argomento. Era preso da quello che voleva fare nell'immediato, che però aveva poco o nulla a che vedere con un progetto solido o ben delineato a lungo termine. Nessuno sembrava interessato al fatto che Alex avesse conosciuto gente di ogni dove, stretto amicizie, scoperto passioni, vissuto avventure. Ovviamente erano sue. Non poteva tramandare le sue esperienze agli astanti, specie dopo qualche drink di troppo quando iniziava a sbiascicare. Non erano tangibili, misurabili e tassabili.

Gli amici e i genitori l'avevano ragguagliato un po' sulle loro. Non c'era granché a dire il vero. Mamma e papà cominciavano ad avere i primi acciacchi dovuti all'età. Svein stava mezzo in crisi con Lara - cosa non difficile da intuire dato che aveva l'abitudine di ciucciare più alcol del solito quando stava in periodo di tormenta. Adam era prossimo a laurearsi in ingegneria civile, e c'era già uno studio interessato ad assumerlo. L'avrebbero ingaggiato inizialmente per farsi le ossa con lavori minori - il gioppino, insomma - e la paga non era quella che ci si aspetterebbe per uno che ha sudato a scuola e sui campi sportivi mantenendo in generale un certo rigore di vita. «Ho già trovato lavoro» aveva annunciato raggiante.

Alex era contento per il socio, ma solo perché lui era contento. Dentro di sé si chiedeva se fosse veramente un grande affare quel posto. E se funzionava un po' come quei lavori da broker che non dovevi essere nemmeno qualificato per fare? Ti offrivano il lavoro con la promessa che "se ti sbatti e ti fai un bel giro di clienti fai i soldoni" e ti aiutavano sulle prime, il tempo di tirar dentro un po' di amici e famigliari, poi o eri davvero un figlio di puttana sgamato, o t'attaccavi al cazzo perché capivi che t'avevano inculato. Sembrava tutto così. Era tutto un se non ti inculo io m'inculi te.

Jürgen, che era sempre stato quello sgamato che se la passava meglio di tutti, era sembrato vittima della noia. Lo stronzo s'era iscritto alla lista di un partito di centro destra. Alex aveva sgranato gli occhi quando l'aveva sentito. Odiava i politici, quasi tutti. Grazie al culo era affezionato ai suoi soci più di quanto odiasse i politici. Aveva attaccato da subito a prenderlo pesantemente per il culo ma con toni privi di meschinità. Eventualmente viravano i discorsi parlando di donne, ragazze, celebrità, e via dicendo. Sembrava l'unica cosa intelligente di cui poter parlare in modo stupido. Che si fosse in grado di ammetterlo o meno, non c'era niente che segnava veramente il percorso di un maschio alla continua ricerca del sorriso verticale come facevano le donne con cui collideva nella sua corsa. Nel bene e nel male. Ma alle volte nemmeno quel tipo di discorsi salvavano la serata.

Senza rendersene conto, in un batter d'occhio, Alex era stato risucchiato dentro il trantran del Borgo. A 'sto giro però aveva deciso di opporre resistenza. Anche se non era facile. La posta si accumulava di nuovo sul suo tavolo. Ad Alex sembrava che in nessun posto della terra ti arrivasse tanta corrispondenza 'amministrativa' o 'd'ufficio'. Tonnellate di fatture, offerte, informazioni a proposito di cambi di normative, e altra roba che sembrava quasi venire da un altro pianeta.

All'inizio non si era negato le serate, ma a breve le continue sbronze vuote - perché non c'era nient'altro da fare - l'avevano messo sull'attenti. Se avevi raggiunto le tappe e trovato una stabilità - per quanto sbandata - come Jürgen lasciarci cento sacchi a serata solo di beveraggio andava bene, se stavi messo come Alex, per quanto poteva sembrare iniquo, no. A fatica Alex aveva cominciato ben presto a rinunciare, qualche volta, a uscire a spaccarsi a merda tanto per. Aveva piazzato la sua nuova *station* per la musica e ci si era buttato dentro come un carcerato su un pezzo di fregna dopo cinque anni di galera.

Jasmina, saputo delle sue performance al Dogma e con l'agenzia, l'aveva dapprima insultato - "incosciente", "irresponsabile", "cretino", con espressioni più originali -, ma poi aveva confessato che il tutto aveva un che di comico e, aveva ammesso, un certo fascino fuorilegge piuttosto sexy. Si erano ritrovati, a malavoglia, a giocare a un lancio e rilancio di domande scomode. "Ma quindi ora ti fermi lì?", "Hai progetti finito gli studi?". Alex, caduto preda di un attacco di pusillanimità, messo all'angolo in un territorio che ancora non sapeva bene come affrontare, aveva battuto in ritirata restando vago e cercando di cambiare argomento. Non aveva risposte convincenti, soprattutto per se stesso. Si concentrò sul presente. Quello lo conosceva bene. C'era uno sfizio che doveva togliersi. Voleva esibirsi dal vivo con i pezzi a cui aveva lavorato, e a cui Zemar aveva tessuto tante lodi.

Jasmina, Jasmina, Jasmina. Jasmina doveva aspettare per il momento.

Jasmina stava a quasi mille chilometri di distanza. Non erano molti, nella realtà moderna, ma lo sembravano. Qualcuno invece stava molto più vicino. Una mattina, Alex si era ritrovato sul telefono un messaggio di Arianna che domandava come andava e proponeva addirittura di vedersi. Quella mattina era andato da Carlo, un amico appassionato di cinema che stava frequentando una scuola per aspiranti cineasti, per discutere la possibilità di realizzare un video per le sue "cose musicali". Al ritorno verso casa aveva virato in mezzo ad una serie di vigneti e campi di grano e si era fumato una canna leggera. Rincasato aveva risposto ad Arianna dicendo, in modo elusivo, che era tutto a posto e suggerendo che si risparmiassero troppi discorsi su *Whatsapp*, proponendo un incontro faccia a faccia. Guardò i suoi turni scritti su un foglio appeso al frigo e domandò se il lunedì le andava bene. Non sapeva se fosse necessario o meno, ma le spiegò che lavorava i tre giorni seguenti, il sabato era il compleanno di Jürgen e non poteva perderselo, e poi era libero la domenica e il lunedì ma preferiva non presentarsi in un potenziale post sbronza. Lunedì era festivo, quindi presumeva che anche lei fosse a casa. Gli statali non si sprecavano mai a lavorare durante i giorni festivi del resto, a malapena si sprecavano nei giorni feriali. Arianna suggerì di vedersi da lei. Non si risparmiò dal lanciare una frecciatina velata su quanto venisse meno la sua forza di volontà coi suoi amici, ma che trovava piuttosto lodevole e lusinghiero il fatto che volesse andarla a trovare quando era in forma. Lo fece con quella dose perfetta di ironia e sarcasmo, usando quella solita ambiguità paraculistica con cui mandava a braccetto una specie di complimento e una critica al suo interlocutore. Un tempo 'sta roba faceva il suo sporco lavoro e minava alle fondamenta delle convinzioni di Alex, della sua autostima e lacerava lo spirito

del nostro anti eroe mentre cercava disperatamente di trovare i passi giusti in questo giro di *Boogie Woogie*. Questa
volta la cosa non lo toccò più di tanto, lasciandolo sorpreso per primo. Si fece un piatto di pasta, e dopo mangiato sul divano entrò in *Facebook*.

Il Borgo. Posto curioso una volta che ti prendevi la briga di guardarlo da fuori.
Era il posto dove viveva la gente più vera che conoscevo, ma era anche il posto
con la gente più strana e alienata a cui riuscivo a pensare. Non potevo evitare
di includere anche le persone alle quali volevo bene. Una volta tornato dovevi
prima ricalibrarti sull'idea che la maggior parte delle persone a cui tenevi -
ma anche del resto dei manichini ambulanti di cui non ti fregava un cazzo -
vivevano in una sorta di realtà a parte che non era in grado di dare un giudizio
oggettivo sul restante novantanove virgola qualcosa percento del pianeta
che lo circondava. Vedevano la televisione, leggevano i giornali, consultavano
i siti di notizie online e cazzeggiavano sui social, come si faceva in tutto
il mondo, ma lo facevano come se vivessero in un bunker anti atomico
e si rifiutassero categoricamente di osare di prendersi un assaggio autentico
di quello che vedevano sugli schermi. Passeggeri solitari di una astronave
spermatozoica lanciata a caso nello spazio e abbandonata al suo destino,
più o meno. Riuscivano forse a trovare qualche affinità, o a farsi gioco in modo
infantile, con i vicini di casa, ma sempre a modo loro. Spesso cadevano vittima
di un'ipocrisia - talvolta dovuta anche ad un'inevitabile ignoranza - che poteva
sembrare innocua ma era in grado di competere a livelli professionistici.
Ad esempio. 'Sta tipa che postava l'articolo dei galeotti più fighi nei rinomati
penitenziari degli Stati Uniti, con tanto di foto, descrizione delle atrocità
commesse, accompagnato da commenti del cazzo tipo "oddio, andiamo subito
a farci arrestare" con l'emoticon con gli occhi a forma di cuore e altre forme
ritardate di espressione. La verità era che non si sarebbe mai azzardata
ad avvicinarsi a uno di 'sti pezzi di marioli manco con una tuta d'astronauta
in kevlar e ignifuga. Era solamente un atto volto a istigare e mitigare
il suo seguito di allupati, qualunque fosse. Al contrario diverse sue compagne
psicotiche *made in USA* non si sarebbero fatte problemi a farsi per davvero
un giro di rodeo da autentiche cowgirl arrivando a ingoiare litri di sbroda
fuorilegge e farsela colare sui capezzoli ancora turgidi pronte
per la prossima botta di vita.
E da lì cominciava il teatrino degli orrori sulla timeline, o diario,
o quale che sia il nome del cazzo che il dipartimento della comunicazione

del *Faccialibro* aveva deciso fosse il più appropriato per il momento.
Gente che seguiva la moda di fare l'esperto di banqueting e catering, pronta
a osannare o scannarsi sul ristorante o il pub migliore quando fino al giorno
prima mangiava otto volte a settimana da *McDonald* e beveva *Foster*
e *Heineken* dalla lattina. Stronzi che pareva fossero in grado di dirigere qualsiasi
club di qualsiasi sport meglio degli strapagati incompetenti che lo facevano
di mestiere. E, non da ultimo, gente che dopo un paio di viaggi dove
il sentimento prevalente era stato un totale senso di assoluto spaesamento
poi tramutato e filtrato in modo da diventare un'esperienza di "crescita"
e "maturità" si sentiva in dovere di propinare grandi perle di filosofia di vita.
E ancora il cerebroleso che era passato da una *Volvo-cazzo-duro* V8
a un anonimo Suv della *Yunday* decisamente più pratico in termini di spazio
e comfort, tutto acessoriato, e certo per far sapere che era passato al mondo
"dei grandi" visto che dall'ultima volta aveva abbandonato il suo bilocale
posizionato in coordinate tattiche a quindici minuti di trasporti pubblici
e trenta minuti a piedi dal centro della città per trasferirsi in una casa
con giardino a tre locali e mezzo di cui uno adibito a studio per le unghie
della sua ragazza con cui ora conviveva. Insomma pareva che aver smesso
di passare per un segaiolo era stata una motivazione più che valida per dar vita
finalmente a qualche cambiamento radicale. Buon per lui. E poi la bile.
Classico post da geniaccio del Borgo che condivideva l'articolo di un sito
di notizie online che riportava la rissa fuori da una discoteca che coinvolgeva
due stranieri, nel caso specifico slavi, che - grande sorpresa - avevano fatto
saltar fuori una lama. Tralasciando il fatto che avendo più o meno un'idea
di che tipo di gente frequentava quel posto il piccolo freddo cinico bastardo
che viveva dentro di me sussurrava "finché si fanno fuori tra di loro,
che si servano pure", il punto era un altro. La frase che il fenomeno aveva deciso
di accompagnare al link: "In questi casi non è mai il Balabiottani del Borgo
o il Grataschnäbi della valle". Avevo sempre trovato curioso come la memoria
delle persone funziona bene o male a dipendenza di quello che faceva comodo
loro sul momento. Il Borgo aveva subito un importante flusso migratorio,
soprattutto dai Balcani, per colpa della guerra scoppiata in Jugoslavia.
Ovviamente le politiche conservatrici e di destra da allora non avevano perso
tempo a cercare di evidenziare come questi - ma anche altri più tardi - stranieri
erano selvaggi che non intendevano integrarsi e minavano all'alto livello
di civilizzazione che invece vantavano i *locals*. Come funzionava la memoria
mi faceva ridere. Il modo in cui molte persone sono attaccate alla loro eredità
genetica pure. Il mondo cambiava sempre più velocemente, così come il modo

di fare informazione o imprenditoria, con modi sempre più originali di fottere il prossimo in certi casi. Mi divertiva, anche considerata la sua età, come il mio socio, cresciuto al Borgo, sembrasse aver rimosso completamente dalla memoria i GPB - Giovani Picchiatori Borghesi. Una specie di gang di pischelli che bazzicava il Borgo molto prima della guerra in Jugoslavia. E i cognomi dei membri di questa simpatica combriccola non finivano in 'ic'. Il nome dovrebbe già suggerire più o meno la natura di questa associazione per lo svago e il tempo libero, ma a voler specificare con qualche aneddoto degno di nota, potevamo per esempio ricordare grandi gesta come quelle di legare un povero disgraziato dietro la moto e trascinarlo in giro. I ragazzi avevano sicuramente ai tempi un'ottima inclinazione alla cultura pop per essere così determinati a riprodurre dal vivo le gesta delle gang di motociclisti degli anni '70 o addirittura quelle dei western dove la motocicletta era sostituita da un cavallo. C'erano anche gli "idealisti" più *hardcore* che avrebbero sicuramente obiettato che "è vero in nessun posto ci son solo santi, ma ognuno dovrebbe tenersi i propri criminali a casa propria", come se il luogo dove una vagina sfornava uno stronzo avesse un qualche tipo di sacralità. Non era da escludersi che il tizio che lo diceva vestisse con le scarpe e i vestiti prodotti in qualche fabbrica in Bangladesh, o in Cina, poco dopo essersi mangiato una bistecca argentina, bevuto un vino cileno, e poco prima di montare sulla sua auto tedesca che però si muoveva grazie all'oro nero che - sorpresa, sorpresa - non cagavano fuori da un buco dietro il Piz Gaton che vegliava sul Borgo, ma da quei posti dove apparentemente venivano tutti gli estremisti e i terroristi, ai quali bisognava assolutamente istituire - o imporre - le buone regole della democrazia - come la intendeva Mark Twain. Insomma, anche l'ignoranza tornava comoda quando c'era da farsi portavoce di presunta saggezza. Tutti sapevano meglio degli altri cos'era meglio per tutti.
Dopo una sessione di *scroll* sui social sentii il bisogno di disintossicarmi. Così come l'organismo si libera di batteri, fibre non digerite, grasso e cellule intestinali disquamate, anche io dovevo liberarmi dell'ingombro di cazzate inutili nella mia testa. Uno dei momenti migliori al mondo, se non hai crampi all'intestino o sei in preda all'acidità di stomaco, rimarrà sempre sedersi sulla tavoletta del cesso. Con un libro, o un fumetto in mano. A patto che si trattasse di un cesso tranquillo.

Avere il proprio cesso era un bel toccasana per la pace dei sensi di Alex, dopo aver condiviso la sacralità del bagno con altre dieci persone in quel di Londra. Casa. Il concetto di casa era un concetto astratto. Casa doveva essere dove ti ci sentivi. Uno spazio che ti permetteva la pace dei sensi. Dove potevi non fare un cazzo e sentirti bene. Io non l'avevo mai trovata. Comunque errare senza una meta precisa era anche un modo per sentirsi a casa in un certo senso. Certa gente era nata nomade. La maggior parte della gente preferiva trovare un luogo, un posto, sul pianeta, che fosse alla sua portata e che la facesse sentire bene. Ma i pellegrinaggi, le migrazioni, e l'esplorazione erano radicati nelle viscere degli esseri umani come i testicoli, la prostata e le ghiandole periuretrali tra le gambe di un prete cattolico. Troppa gente dava gli aeroplani per scontati. Su una cosa ero diversamente d'accordo con certi succhiacazzi populisti che amavano fare una gran caciara per compensare e nascondere le loro insicurezze a proposito della migrazione. In un mondo ideale le persone avrebbero dovuto spostarsi solo per preferenza personale, per motivi di identità propria. Non per necessità e disperazione, come accadeva per la maggiore. Altri - come il sottoscritto o come Alex - si facevano viaggi extra attraverso libri e film, in un continuo tormento, una continua ricerca disperata dello sballo emotivo del cambiamento e dell'esplorazione e della sfida. A modo nostro eravamo dei tossicodipendenti. Eventualmente qualcosa cambiava o sarebbe cambiato. Per sempre o per un po'.

Dopo 'sta vomitevole scorribanda sullo schermo del telefono m'era salita la depressione e la voglia di uscire. Ma era martedì. Al Borgo erano cazzi. Non c'era l'O'Neill's in Chinatown pronto a offrire un po' di musica dal vivo ad una cerchia di sconosciuti che avevano deciso sintomaticamente di passare lì una serata a caso. Non c'era nemmeno in giro gente sbronza alle sei dopo una tradizionale bevuta domenicale al pub passata a parlare di attualità, carriera, musica, film, casa - dovunque fosse - e sogni e progetti. Per quanto potesse cadere in un vortice di idiozia e morale ipocrita e presuntuosa mi sarei fatto volentieri una scorpacciata di quella merda. Invece no. Era già bello trovare un fottutissimo locale aperto. Fortuna che ora c'avevamo il nuovo sindaco, giovane e giovanile. Il segaiolo suonava in una band che scimmiottava un artista che un tempo era stato glorioso ma era ormai ridotto a un rudere

rincoglionito, che aspettava di spirare per essere ricordato
con ottocentomilioni di post su *Facebook*, *Twitter* e *Instagram*. Immondezzai
virtuali dove, tra le altre cose, proferiva pessimi consigli su come comportarsi
a letto alle donzelle. Partito di centro destra, lo stesso in cui s'era iscritto Jürgen.
Come i suoi predecessori aveva delegato al capo della polizia, un vecchio
rompicoglioni fascista che aveva messo le radici a capo dell'istituzione
dell'ordine pubblico locale, la gestione delle regole sulla vita notturna. Inutile
dire che il miserabile grattaculo frustrato, a cui mancavano totalmente il senso
dell'umorismo e del divertimento, aveva limitato tutte le possibilità di gioire
dell'aura mistica che si fioriva dal tramonto all'alba. Al Borgo alle undici, cioè
quando gli spagnoli in pratica cenano, s'aveva da spegnere la musica. Eccezion
fatta per la band del sindaco, ovviamente. Anche se delegava certe incombenze
al vecchio stronzo doveva essere chiaro che lui era il suo diretto superiore.
Lo chiamavano il Capo del Villaggio quando per dieci giorni veniva allestito
un piccolo campo divertimenti con tendoni che offrivano cibo e bevande locali
o esotici, possibilità di shopping mercantile etnico o artigianale o locale,
e palchi adibiti a concerti o esibizioni varie in occasione di un festival culturale
che riuniva film, mostre artistiche, esibizioni e altra roba che l'entourage locale
perlopiù ignorava ma che grazie al culo attirava una porzione gargantuesca
di turismo in grado di offrire un po' di aria fresca ai conti in banca
dei businness locali. Era 'la città' a determinare i limiti e le regole dell'occasione
e lo stronzo doveva solo presentarsi, ringraziare gli addetti ai lavori
con una recita degna del *Razzie Awards*, e menarla su stronzate tipo il
terrorismo - come fosse davvero una cosa tangibile al Borgo, cazzo -
e altre puttanate facendole suonare nobili e importanti per allenare l'arte
della distrazione e ricevere complimenti - leccate di culo - e ovazioni - a cazzo
da chi non c'aveva capito una sega ma gli pareva il modo giusto per sembrare
intelligente. Alla fine i politici erano più o meno tutti uguali. Potevi anche
cospargere una pila di merda di brillantini, incorniciarla in una tega dorata,
o disegnarci sopra un'opera di Banksy ma in fin dei conti sempre
una pila di merda rimaneva.
Era uno di quei periodi morti, anche se mancava poco finché per la bella
stagione il Borgo prendesse uno sputacchio di vita, o almeno una parvenza.
C'erano due o tre periodi all'anno dove il Borgo si svegliava un pochino, su tutti
il periodo tra luglio e agosto - dove la gente sembrava cercare di recuperare
tutto il tempo perso a deprimersi il resto dell'anno - e il carnevale d'inverno,
che offriva qualche occasione per partorire serate memorabili. Se la serata
"dove sei obbligato a uscire perché se no te la perdi e non torna più"

te la giocavi perché non eri in vena, o eri malato, o semplicemente malcagato,
poi tanti saluti fino all'anno prossimo. Le serate programmate dalle istituzioni
in un calendario ben preciso dove tolleravano che la gente si divertisse erano
una delle tante prigioni per tenere al guinzaglio la gente che ringhiava
e scodinzolava allo stesso tempo. Non mi rimaneva altro da fare. Forse era
l'universo o una di quelle pseudo entità che mi mandavano dei segni. Salcazzo.
Presi una brocca, preparai un po' di Sangria e mi misi a lavorare
come un dannato sui piatti della console, abbozzando anche una serie
di appunti sull'ordine di marcia per la performance che avevo in testa.

La sera del compleanno di Jürgen, aspettando che Svein si
presentasse sotto casa al calar del sole, Alex s'era già
scolato due birre. Era gasato. Il set era pronto. Gli servivano un palco e un'occasione. S'era sentito con Zemar che
gli aveva fatto i complimenti per il 'disco'. Alex non aveva
mai considerato la possibilità che quello potesse essere
un disco, ma ora stava cominciando a considerarlo tale. Era
esaltato. Aveva risfoderato le sue qualità di grafico per
disegnare una copertina. Era preso bene. Voleva proprio festeggiare. Il compleanno di Jürgen capitava a fagiolo.
Svein arrivò con largo anticipo e posteggiò il Pick Up.
«Mi stavo rompendo» disse scendendo.
«Ce ne facciamo una qui?»
«Cosa pensi che sono venuto a fare?» rise.
Il cielo era coperto ma non sembrava che dovesse piovere.
Il televisore era acceso su una partita di *NHL* del giorno
prima in streaming su un sito pirata. I *Penguins* avevano
fatto il culo ai *Predators*. Streit non s'era praticamente
visto e Josi aveva fatto una piccola collezione di pena-
lità. Di questo parlarono per i primi cinque minuti i due
soci con in mano una pinta di lager ciascuno.
«Lara ci viene?»
«Sì, aveva un aperitivo con delle amiche, poi ci raggiunge».
«Dunque non guida?»
Svein rispose un po' cupo.
«Ha detto che non beveva».
Alex rise.
«Cazzo, non perde un'occasione per procurarsi qualcosa da

rinfacciarti, ma sei sicuro che le dai abbastanza cazzo e che glielo dai bene?»

Svein non riuscì suo malgrado a trattenere un sorriso e diede un roccioso pugno al braccio dell'amico.

«Fanculo Alexinho. Diocane. Lo prende solo quando le va. Si chiava un cazzo per mesi, poi per un paio di giorni c'ho manco il tempo di rigonfiare le palle tra una ciolata e l'altra».

Alex rise nonostante il braccio bruciava. Svein era un tipo pacifico, davvero, un pezzo di pane, ma se aveva da far andare le mani era messo tutt'altro che male in arnese.

«Dai, andiamo a far la felicità di qualche stronzo di gerente, sta sera con la paletta ci facciamo raccogliere».

Jürgen aveva riservato la saletta di un bar chiamato Sport Lounge. C'era allestito un buffet per stuzzicare qualche pizzetta, qualche bruschetta, qualche grissino con un po' d'affettato e qualche pezzo di toast con tonno, salmone o crema di gamberi. Per il bere aveva aperto un conto al bar, bastava dire che eri lì per il suo compleanno e quelli ti servivano senza chiederti uno spicciolo. Jürgen era già bello lanciato, con un paio di pantaloni di lino beige e una camicia color limone della *Ralph Lauren*. S'era sicuramente già fatto più d'una pista di bianca e girava con in mano un Gin Tonic parlando a voce alta. Svein comandò un mezzo litro di birra e Alex un *Negroni*. C'era un sottofondo di musica elettronica blanda di merda; ma tutto sommato considerando che anche Svein - con una polo nera della *Fred Perry* - e Alex - con una camicia nera della *Volcom* - avevano fatto un minimo di sforzo per mettersi a posto, si poteva fare uno sforzo e tollerarla. Le poche persone che già stavano lì erano separate in gruppetti a chiacchierare. Due o tre vicino al buffet, tre o quattro vicino alla terrazza che fumavano o facevano compagnia ai fumatori e quattro o cinque che occupavano gli unici divanetti presenti nella sala.

«Allora vecchio di merda» fece Alex a Jürgen, «cazzo ci racconti?»

«Sono pronto a diventare una persona responsabile» disse sorridendo il socio, poi tirò giù una golata bella generosa dal suo Gin Tonic.

«Ho visto» sorrise Alex, «ora c'è pure la tua faccia da cazzo sorridente in giacca e cravatta nella lista di partito».
Jürgen roteò gli occhi poi si fece serio, carico di sarcasmo.
«Possono mica tutti andare in giro a cazzeggiare come fai te. Qualcuno deve preoccuparsi di mandare avanti le cose e assicurarsi che la società continui a progredire».
Risero tutti e due.
«A proposito che piani hai? Magari ti posso dare una mano se cerchi lavoro».
«Ma io ce l'ho un lavoro».
«Sì a spinare birre».
«Eh be'» fece tutto finto offeso Alex. «Qualcuno le deve pur spinare agli inutili grattaculo parassiti come te che devono menarsela in giro tutti pettinati e messi in tiro no?»
Jürgen sospirò ridendo.
«Sei un caso senza speranza» finì il Gin Tonic e diede una pacca sulla spalla ad Alex. «Andiamo a farcene spinare un paio... stasera offro io».
«Pare giusto e mi pare il minimo che voi sfruttatori capitalisti senz'anima restituite un po' di tutto quello che c'inculate durante l'anno una volta ogni tanto».
«Te sei un comunista di merda, te lo dico».
«Macchè. Anarchico al massimo. Non posso fare il comunista, mi piace troppo la frase "meglio morto che rosso". Forse potrei fare il dittatore però, anche Adolf del cazzo del resto a modo suo era un socialista no?»
«Il dittatore Alex. E te chi metti al rogo?»
«No no nessuno, io non sono un artista senza talento frustrato, *straight edge* e vegetariano. Ce l'ho un'anima. Però la castrazione forzata per quelli con un QI inferiore a un tot e ai coglioni che si fanno mettere in lista al partito con la facciazza paraculo di cazzo sorridente sì».
«Vedi che già sbagli. Magari un modo per rimediare alla castrazione lo trovano, invece a riprendere i geni dalla cenere no. Adolf era già più intelligente di te».
«Sei il ritratto di un vero liberale, cazzo».
Ordinarono due birre.
«Ma almeno hai invitato un po' di fregna a sta festa?»

342

«Non ti preoccupare» fece l'occhiolino.
«Non avrai mica ingaggiato pure qualche escort per la serata eh? Quelle non contano».

Tempo due ore e la vista mi si stava annebbiando. S'erano raggruppate una trentina di persone. Buona parte dei suoi "amici" di lavoro - e di partito - erano dei damerini che se non fosse stato per il modo viscido e palese con cui sbavavano dietro alle tipe sarebbero sicuramente stati etichettati come culattoni. Jürgen satellitava qua e là a chiacchierare un po' con tutti. Sembrava preso bene. Alle volte s'infilava nel cesso per pisciare e, a seconda di quanto ci metteva a uscire, potevo facilmente indovinare se si era fatto una pista o meno. M'aveva chiesto di fargli compagnia ma mi ero rifiutato. Ero giunto alla conclusione che al Borgo farsi di bianca non aveva proprio senso. Era una sostanza infame, bisognava starci attenti. Gli invitati erano sparpagliati in piccoli gruppetti a chiacchierare sorridenti, come piccole frazioni senza un centro. Alcuni parlavano di lavoro, altri di nuovi acquisti per la casa, o della macchina nuova, altri rivangavano bravate del passato come avessero ormai gettato la gioventù e la sua fotta nel cesso e tirato lo sciacquone. Le nuove avventure erano solo sbronze in posti lontani più o meno costosi ma a sentirli sembrava che onestamente a fare la stessa cosa al Borgo non cambiava un cazzo, giusto la cornice. Nella mia mente si proiettava già il seguito della serata, con i più impavidi a finire a fare un po' i coglioni in pista - o a bordo pista - al Roxxy. Se l'occasione era buona, meglio di niente. E poi era per Jürgen. Per quel minchione questo e altro. Comunque potevo farcela senza infilarmi merda su per le narici. Qualcos'altro forse sì. Con la scusa di prendere un po' d'aria fresca uscii una mezzoretta raggiungendo un bar a poco più d'un chilometro da quello dove stavamo festeggiando il compleanno. Era bazzicato da una fauna un po' più fattona, un po' più "alternativa". Mi limitai a fermarmi per bermi mezza birra e grazie a un socio con cui d'inverno s'andava ogni tanto a sciare riuscii a procurarmi un po' di MDMA. Tornai allo Sport Lounge. La voglia di farmi mi passò quasi subito. Jürgen da modalità "sbronzo sorridente molesto" era passato a "sbronzo scazzato". Indagai da Svein.
«Cazzo c'ha il matto?»
«Non lo so. Ha visto qualcuno che non gli va a genio nel locale».
Girai gli occhi. 'Ste puttanate da asilo non mancavano mai al Borgo. Raggiunsi il mio socio, che ora stava svaccato su un divanetto color porpora con la faccia mezza rovinata e presa a male con in mano un Cuba Libre.

« Be'? Cazzo è 'sto muso? »

Cacciai da un divanetto lì vicino un tizio con un completo grigio e il capello biondo gellato che si stava lavorando una tipa in carne vestita tutta attillata che pareva un cotechino appena comprato. Il tizio provò a obiettare sui modi bruschi ma dopo un confronto di sguardi decise di non far storie.

« I miei amici al mio compleanno neanche si vogliono fare una pista in compagnia ».

Jürgen quando era ubriaco diventava proprio una pugnetta alle volte, cazzo. Quando gli prendeva a male non c'era verso. Ma era il mio socio, ed era il suo compleanno, e - grazie al culo - anche se cominciavo a sentire la sbronza ci stavo ancora dentro.

« Eddai, scassacazzo, ora perché uno non sta a farsi un po' di piscia di gatto perché non gli va s'ha da mettere in croce? »

Quando era ubriaco e polemico cominciava a comunicare a gesti senza nemmeno più prendersi la briga di mettere insieme un paio di frasi di senso compiuto. Alzava le mani al cielo, le sbatteva sui braccioli del divanetto o sulle sue gambe o al bancone del bar o dove cazzo capitava e si esprimeva con « Ma dai, dio cane, cioè ma io non capisco, cioè ma dai, ma porco dio... » e tutta una *hit* del genere. Ma quando era veramente incazzato per qualcosa lo vedevi, teneva lo sguardo fisso sull'oggetto del suo fastidio. Come in quel caso. Stava fissando un tizio. Un certo Reto, un paraculo di quelli "amici, amici, amici un cazzo" che sfondava nella vita a suon di raccomandazioni e leccate di culo, con una cerchia di amici abbastanza robusti e scemi da andargli dietro. Faceva il contabile per la succursale di un'importante impresa che distribuiva beni di prima necessità. Lo sborone, oltre a giocare a golf e a calcio - ottimo filo conduttore per mantenere una certa verve di *networking* al Borgo - frequentava una ex fiamma di Jürgen. Il mio socio poteva fare il puttaniere e atteggiarsi da cumenda quanto cazzo gli pareva, ma quando si andava in fondo a certe questioni l'etichetta da cinico, freddo bastardo indifferente non gli si addiceva. Per contro attaccava a comportarsi come un bambino capriccioso col broncio. Selena era un po' cicciotta ma aveva un bel viso. S'era presentata allo Sport Lounge con quella mezzasega in un abito leggero scuro a tema floreale. Era una lunatica cagacazzo emotivamente instabile. Salcazzo chi glielo faceva fare a Jürgen di prendersela per quella.

Ed era anche il cazzo a sapere com'è che la gente è sempre così saggia quando si tratta dei cazzi degli altri e non dei propri...

344

Jürgen brontolava. Alle volte sembrava fare lo sforzo di continuare a divertirsi ma sembrava una macchina che lancia un paio di singhiozzi e guaiti a bordo strada ma si rifiuta di partire. Alex non demordeva e provava a inculcargli un po' di buonsenso con il Norske.

«Eh dai, che ti frega, manco fosse l'ultimo pezzo di fregna rimasto sulla terra».

«Ma non mi frega niente di lei, è quel coglione che mi sta sul cazzo».

«Vabbè ma meglio così no? Una deficiente con un deficiente, coppia perfetta, possono andarsene a fanculo mano nella mano no?»

Svein non era molto loquace su questioni di questo tipo. Ad una certa, visto che comunque la maggior parte della gente stava scroccando ma se ne stava per i fatti propri, Alex suggerì d'andarsene da qualche altra parte. Dopo una breve discussione Jürgen saldò il conto, ringraziò quelli che erano venuti e con Alex, Svein, Giorgio - un suo collega con le palle a posto, un po' tuonato in testa che provava a imitarlo in tutto e per tutto e lo idolatrava - e Vanessa - un'altra sua collega, pazza e debosciata quanto la combriccola di uccello muniti con cui aveva fatto branco - si diressero verso il Pink Panther Gentlemen's Club. Uno stripclub/bordello dove i giovani lassisti finivano - durante le serate particolarmente ignoranti - un paio di volte all'anno. Vanessa era un maschiaccio confinato nel corpo di una donna. Una donna parecchio attraente. Non era imbarazzata a trovarsi in un locale a luci rosse, non era la prima volta. S'occupò d'andare a prendere un giro di bibite. Tornò con un Gin Tonic per il festeggiato, e una bottiglietta di Corona per tutti gli altri. Jürgen era ancora scazzato. Quando entrava in quello stato era difficile tirarcelo fuori.

«Ecchecazzo capoccione! Succedeva quando eravamo una manica di pischelli col moccio al naso che il festeggiato finiva a frignare al suo compleanno! C'abbiam mica più sei anni figa! Tirarsi insieme!»

L'uscita di Alex venne presa come un affronto. Jürgen lo fulminò con lo sguardo e rispose freddo.

«Parla quello più saggio di tutti, oh. Con una bella carriera lanciata, una stabile situazione finanziaria, idee chiare per il futuro… no?»

Alex scosse la testa. Prese la sua bottiglietta vuota e barcollò verso il bar per comandare un altro giro. Il locale era scuro, con piastrelle brillantinate sul pavimento e il soffitto e le pareti cosparse di specchi. L'illuminazione era propagata con l'ausilio di neon rossi, viola e rosa, con qualche fiacca lampada gialla qua e là. Una domenicana stava ballando con la faccia scazzata sul palo con addosso un bikini giallo. La professionista che Alex trovava la più bella del locale, una moldava con un fisico asciutto e proporzionato con le curve giuste nei punti giusti, un viso acqua e sapone, che portava capelli neri lisci, trucco leggero a parte per il rossetto acceso sulle labbra, lo fermò con fare malizioso.

«Non sei in vena di divertirti?»

Alex la squadrò da cima a fondo. Le sorrise e rispose con un sospiro.

«Non stasera tesoro».

Provò a insistere un po' ma poi se ne andò sconsolata verso un gruppo di viscidoni di mezza età, abbronzati e vestiti eleganti che se la ridevano con le vene in rilievo sui faccioni rossi dall'alcol, la coca e la vita da parassiti che vivevano. Alex si sentì in colpa un attimo per averla lasciata nelle grinfie di quelle bestie ma poi aiutato dall'etanolo che gli scorreva nell'organismo si disse che queste tipe - anche se qualcuna di loro non viveva nella grazia della spensieratezza - avevano più palle di molti *gringos* che satellitavano al Borgo e sapevano cavarsela. Mentre ordinava il giro al bancone fu importunato anche da una professionista brasiliana che liquidò in fretta e scrisse un messaggio ad Adam per sapere dov'era. Tornò al divanetto. Jürgen lo guardava ancora di sbieco, Vanessa e gli altri s'erano messi a cazzeggiare e chiacchierare con una professionista russa che se la rideva beata e s'era messa a gambe accavallate lì accanto. Alex era ormai scoglionato. Si girò una sigaretta e lesse la risposta di

Adam. Poi s'alzò.

«Ragazzi, io qui mi sto frantumando i coglioni, vado a fare un salto al Roxxy, se caso ci vediamo lì».

Uscì con la paglia in bocca dopo essere stato congedato da facce poco lusingate che avevano accennato un semplice e impacciato gesto del capo e mugugnato qualcosa che Alex non aveva sentito.

Dio stronzo. Gli volevo un bene dell'anima a 'sti figli di buona donna ma cazzo, sapevano proprio diventare delle seghe insopportabili alle volte.

Come facevano a prendere un'occasione così per celebrare e trasformare una potenziale serata epica in una deprimente corsa all'essere più miserabili possibile?

Il coglione all'entrata, con i tatuaggi tribali, il capello rasato sfumato, l'auricolare, la faccia incazzata e la camminata da manico di scopa infilato su per il culo quasi non mi lasciava entrare al Roxxy. E già ce l'avevo girate. Adam a livello di relazioni pubbliche era una sorta di Bill Gates. Uscì con la persona giusta che assicurò che nonostante il mio aspetto da militante farabutto e il leggero barcollio ero a posto. La mascella mi si era serrata ulteriormente per questa solita questione di simpatie e connessioni da poveri stronzi, mischiata a pregiudizi superficiali che infettava il Borgo peggio della peste nera del quattordicesimo secolo. Riuscii a mordermi la lingua. Ringraziai con un lieve cenno del capo ed entrai. Dentro faceva caldo. Nonostante i prezzi assurdi del Roxxy - che come tutti i locali con una licenza per tenere aperto fino a mattina presto, doveva compensare con il sovrapprezzo - ordinai quattro dita di *Jameson* liscio e un mezzo di birra. Ora ricordavo perché da 'ste parti ci si ubriacava un sacco: la gente non scopava abbastanza, si rompeva i coglioni ed era sempre presa male… a parte nelle foto da pubblicare su *Instagram*, ovvio. Adam era esaltato e sorridente. Il locale era pieno. C'erano parecchie ragazze, e giovani donne, e qualche gruppetto di donne di mezza età. Tutte belle in tiro. Qualcuna per qualcuno, ma la maggior parte giusto per farsi ammirare come una macchina di lusso in una vetrina o un posteggio in Park Lane a Londra. Finii il whisky in poche voraci golate per evitare di satellitare in giro con due drink come il peggiore degli alcolizzati. Adam mi mise un braccio intorno alle spalle e domandò che succedeva. Gli raccontai. Si mise a petto in fuori e si fece serio e fraterno. Decise di ignorare la mia versione dei fatti, dare al racconto un'interpretazione propria, e approfittare per deviare il discorso su qualcosa che premeva a lui. Attaccò a menarla.

«Vabbè ma forse si preoccupa solo per te. Alla fine t'ha detto solo che, insomma, a vedere un po', non sembri proprio avere le idee in chiaro, che va benissimo, ma...»

A quel punto, con la birra in mano, sentendo quello che sbanfava fuori quest altro mio socio d'infanzia, ne avevo veramente abbastanza per la serata. Lo interruppi, gli levai con la forza il braccio dalle mie spalle, seccai la birra d'un fiato, e poi lo presi per il colletto e ficcai la mia faccia in fronte alla sua.

«No, senti, m'hai rotto il cazzo. M'avete rotto il cazzo tutti voi manica di tiraseghe. Io le idee ce le ho in chiaro. In chiarissimo. Non voglio finire a marcire su un divano a rincoglionirmi davanti alla televisione dopo aver passato otto ore a fare lo schiavo cinque giorni la settimana per una manciata di biscottini come un cane, per poi scazzare con qualche fregna di legno incontentabile alle Mauritius una o se va bene due volte l'anno. C'ho fame di vita cazzo. Non me ne frega niente di ingabbiarmi da solo in quattro mura del cazzo per far finta d'essere arrivato da qualche parte, e fare il mio giro dell'oca secondo la stupida usanza comune. Quindi, vedete di farvene una ragione e smettetela di rompermi i coglioni!»

Da ubriaco non davo sicuramente il meglio di me con le sparate pseudo filosofiche del cazzo ma non me l'ero cavata nemmeno tanto male. Piantai lì anche Adam e mi levai dai coglioni. Andai alla macchinetta delle sigarette e comprai un pacchetto di *Lucky Strike*. Uscendo vidi entrare Jürgen e gli altri. Non ci scambiammo nemmeno un cenno. Tirai dritto verso la fermata del bus. Mi sedetti e accesi una delle sigarette appena comprate. Il gusto in bocca faceva cagare. Ma la nicotina che entrava in circolo era confortevole. Tutte le merdate che danno dipendenza provocano piacere o ci inducono un senso di conforto. L'ammazzai nemmeno a metà. Un nero m'approcciò alla fermata. Era da solo. Giravano parecchie più facce scure del solito al Borgo. Mi venne da ridere. Gli pseudo sudisti del Borgo dovevano farsene una ragione abbastanza in fretta. Mi chiese una sigaretta. Gli diedi il pacchetto praticamente ancora intero. Provò a insistere per ridarmelo ma io insistetti di più per farglielo tenere. Presi soltanto un'altra paglia dal pacchetto, la infilai sopra l'orecchio e m'incamminai verso casa. Dal fottuto Roxxy, che non era proprio in centro, era una cazzo di scarpinata. Ma forse mi serviva. A metà strada mi fermai ad una fontana per bere. Accesi la paglia che avevo conservato e continuai a camminare. Arrivato a casa, scolai mezza bottiglia di rum mentre riascoltavo i miei pezzi facendo qualche piccolo cambiamento qua e là e mezzo cazzeggiavo guardando video su *YouTube*. Quando mi resi conto di non farcela quasi più a coordinare qualsiasi movimento accesi la tv e mi svaccai sul letto. JD mi raggiunse fissandomi dal bracciolo. Facendo zapping trovai un canale dove davano *Il Corvo*. Fumai un po' d'erba dalla pipa e svenni pressapoco nella scena dove tutti i gangster della città sono riuniti al tavolo.

‹Relazioni. Amicizie. Che prurito ai coglioni alle volte, eh? Quando facevano quei patetici, per quanto alle volte fortunati, tentativi di educarci - che fossero le persone che c'avevano messo le ovaie e la sbroda, gli insegnanti di scuola, gli autorevoli della società, gli allenatori, o i preti e i mullah e i rabbini di turno - erano soliti farci la morale su tutto. Cosa si fa e cosa no. Finchè non raggiungevamo una certa età eravamo solo la proiezione trofeo di qualcuno. Poi tutto a un tratto la musica cambiava. Benvenuti nella giungla. Ora con tutte quelle morali ti ci potevi pulire il culo. E porca puttana se non amavamo prendere tutto sul personale. Che manica di trogloditi. E fare branco, si doveva fare branco, guai a deturpare il gregge. Guai a dire quello che si pensava se la cosa non andava a genio al commilitone di turno, al partner, alla cricca, alla direzione. Non c'era bisogno di fare la cosa giusta, bastava restare nello stagno più comodo. E se volevi qualcosa in più, ok, ma alle condizioni di qualcun'altro. Sempre.
E quando gira bene é più facile sentirsi spavaldi e andare alla conquista di nuovi territori vero? Invece quando la vita, la società, il gregge ti mette sotto la tentazione di gattonare verso un rifugio sicuro, per quanto squallido e indecoroso, ti pressa. Vero? É li che si vede che getta la spugna e chi invece ha preso seriamente gli insegnamenti di *Rocky*. Vero?›

Mi risvegliai con un *hangover* per un cazzo piacevole. Accesi una sigaretta e bevvi dell'acqua. L'esofago cominciò a ribellarsi. La bocca si fece più secca di una spugna abbandonata nel deserto di Atacama e mi ritrovai faccia a faccia col cesso che venne riempito con uno schifoso liquame violaceo che andò a sparpagliarsi e macchiare la superficie bianca della ceramica. Dopo due o tre getti mi ero liberato di tutto quello che la mia carcassa si rifiutava di conservare. Osservai l'opera d'arte astratta moderna sulla ceramica. Uno scempio. Chissà se Arianna si dilettava ancora con la pittura, pensai. Risi ma smisi subito perché lo sforzo mi provocò un altro conato. La testa cominciò a pulsare. Era da un pezzo che non mi rovinavo così. Presi un antidolorifico, ma ero già preda di un'ondata di dolore allucinante. Pareva di avere una pressa idraulica che schiacciava le tempie. Preparai una tazza grande di caffè solubile e andai a sdraiarmi sul divano letto sperando che la pasticca facesse effetto in fretta. Mugugnavo bestemmie a cadenza regolare. Ogni tipo di pensiero o ragionamento che tentavo di fare provocava fitte assurde a quella testa di cazzo che mi ritrovavo. Continuai a bere acqua.

Arrivò il sollievo. Erano le dieci e mezza di mattina. Feci partire un po' di musica. Bevvi dell'altra acqua. Gli occhi mi si stavano chiudendo. Mi riaddormentai.

Mentre dormiva, nel mondo cibernetico, davanti a un'infinità di schermi sparsi per tutto il mondo, diverse persone dibattevano a proposito di un nuovo bombardamento da parte della NATO in medio oriente. A molti altri però di quello non fregava molto. Alcuni condividevano meme su una partita di calcio della sera precedente. Una partita di campionato. Massimiliano Allegri appariva in varie pose ed espressioni. Ce n'era qualcuna con Montolivo. Le pagine umoristiche continuavano il loro flusso di cagate, alcuni attori promuovevano su *Twitter* e *Facebook* il loro ultimo film appena uscito nelle sale. Altre celebrità portavano avanti la loro collezione di sparate su temi di cui si erano autoproclamati paladini. Uguaglianza di genere, razzismo, intolleranza religiosa, diritti degli animali, il secondo emendamento, la libertà di parola.

Milioni di persone si masturbavano con l'ausilio di *You-porn*, o *Xvideos*, o *RedTube* o *Pornhub*. Le modelle di *My-FreeCam*, *LiveJasmin*, *Chaturbate* e *CamSoda* continuavano ad ammiccare sorridenti alle loro webcam per l'intrattenimento dei loro anonimi spettatori con *nickname* tipo *Spartacock*, *Jizz8765*, *Bbc2848*, *fucker06660*, *slaveTom*, *thanosGreatCock*, *goldenPimp*, *Massimo763*, *Jerome3455*, *PervyAhmed* e così via. Da un pino a circa una cinquantina di metri dalla casa di Alex, dove mi piaceva passare il tempo perché aveva una visuale su diverse strade, case e paesaggi, ero sospettoso nei confronti di un chopper che continuava a bazzicare intorno alla dimora di Alex. Il cazzaro in post sbornia si risvegliò che erano quasi le sei di sera.

Avevo male ai reni. Aprii una latta di *Coca-Cola* e accesi le placche in cucina. Riempii una pentola d'acqua e presi dal congelatore una vaschetta di ragù che aveva preparato mia mamma. Controllai il telefono. Ero bombardato dai ricordi annebbiati della sera prima. Gran compleanno di merda. Silenzio stampa da parte dei soci. C'erano un messaggio di Jasmina e uno di Arianna.
JASMINA: Ciao! Come va? Ieri ho finito un esame di diritto... ancora uno e fino al prossimo semestre sono a posto! {trombetta con coriandoli, tre volte} quindi mi sono premiata con questi...
Inviò una foto con la sua immagine riflessa nello specchio del camerino di un negozio con la tenda grossa color porpora. Indossava una t-shirt grigio chiaro, con una scritta rosa fluo a carattere tipo graffiti che diceva "Venice Bitch", raccolta ad altezza vita con la mano libera e sotto, di profilo, con una gamba piegata, indossava un paio di slip neri trasparenti con l'elastico in pizzo e la targhetta del prezzo che penzolava sul sedere. Sul puff del camerino la sua borsetta nera, i suoi short di jeans e per terra le scarpe aperte col tacco di sughero. Sorrideva. Ero arrapato, come sempre dopo una sbronza. Tuttavia non potevo fare a meno di pensare che c'erano una moltitudine di chilometri che ci separavano. Proprio un sacco di sti fottuti maledetti chilometri bastardi. L'acqua non bolliva ancora. Bevvi un sorso di *Coca-Cola*. Feci scorrere un po' d'acqua fresca in una brocca e la misi vicino al divano letto con un bicchiere. Andai in bagno a guardarmi allo specchio. Avevo dentro proprio una faccia di merda. Feci comunque un selfie in cui facevo l'occhiolino e mostravo la lingua infilata tra l'indice e il medio posti a mo di "vaffanculo" all'inglese. La spedii. Tornai in cucina. L'acqua stava

accennando le prime bollicine. Buttai il sale e girai il mestolo nell'acqua. Il ragù intanto si stava sciogliendo nel pentolino tenuto a fuoco basso.

Apparve una notifica sullo schermo del telefono.

ADAM: ehi Grumpy Cat! Ripreso? {emoticon che fa l'occhiolino e la linguaccia} Avevi il bigolo girato di traverso ieri? Eh punkabbestia?

Mi sentivo un coglione. Non perché avessi torto, ma semplicemente per il modo in cui m'ero espresso, per come mi ero comportato. Con la musica mi esprimo meglio, pensai, meglio limitarsi a far parlare quella se proprio non mi riesco a stare zitto. O forse no. Forse avevo tutte le ragioni del mondo per sbanfare qualche stronzata da sbronzo. Pensai a Jürgen, e mi sentii una merda. Ma non mi sembrava di aver niente in particolare da farmi perdonare, per cui scusarmi. Salcazzo.

Risposi ad Adam dopo aver buttato la pasta e guardato l'ora: Lascia perdere... {emoticon con gli occhi chiusi, la bocca all'ingiù e la goccia di lato} almeno non ti ho dato modo di farmi video o foto {emoticon che sorride imbarazzato con la goccia di lato}... vero? {emoticon che si tiene il mento}

Notifica di messaggio di Jasmina.

JASMINA: Che bella faccia di merda {emoticon con la merda che sorride}... ci hai dato dentro con la festa?

JASMINA: Io ci ho dato dentro giovedì {ballerino in posa da febbre del sabato sera} c'era una festa organizzata dagli studenti... mega rave {emoticon che ride alle lacrime, tre volte}

ADAM: no cazzo {emoticon che ride alle lacrime, due volte} mi sei scappato troppo presto {emoticon con la merda che sorride}

Risposi ad Adam: si vede che son diventato più saggio anche da ubriaco {emoticon che ride alle lacrime} ora so quando è il momento giusto per telare {emoticon nerd sorridente con gli occhiali}.

Jasmina intanto era partita per la tangenziale. Mi stava raccontando della serata. Mi stava mandando delle canzoni di musica elettronica che avevano suonato. Canzoni che non intendevo riascoltare. Le inviai *Paradise City*. Il mio pasto era pronto, dovevo riempire il mio povero stomaco ancora mezzo sottosopra per riassestarlo. La incoraggiai a continuare a raccontare che poi finito di mangiare avrei letto e le avrei risposto. Scolai la pasta e la buttai nella pentola col ragù rimestandola un po' affinché la salsa s'attaccasse per bene. Mi svaccai sul divano letto e feci partire la puntata di *My Name Is Earl* con *Catalina* che veniva deportata. Girai una canna e la lasciai lì accanto al divano. Aspettai che la puntata finisse e sciacquai le pentole, i piatti e le posate e lasciai tutto nel lavandino. Era un buon momento per farsi

una doccia. Mi sentivo meglio. Molto meglio. Mi preparai un thè
alla menta piperita.

Ripresi in mano il telefono. In *Whatsapp*, nei cerchietti rossi c'erano un 6
accanto al contatto di Jasmina, un 1 accanto al contatto di Carlo, un 1 accanto
al contatto di Adam e un 2 accanto al contatto di Arianna. Jasmina, con tre
messaggi vocali accompagnati da tre righe di varie emoticon, raccontava di
questa festa organizzata in una palestra scolastica un po' fuori Amsterdam,
ad Haarlem, a cui era andata con Anouk. Raccontava che un tizio stalkerizzava
la povera Anouk. Solitamente le faceva da *bodyguard*. A 'sto giro il tamarro -
Jasmina lo definiva come un fissato della palestra e varie arti marziali,
con la pelle di un giallo ciambella a causa dello scarso effetto che le lampade
avevano sulla sua cotenna chiara - s'era portato appresso un amico italiano
per distrarla. A quel punto mi si era tipo drizzata un'antenna. D'istinto le avrei
voluto dire che - se voleva - passavo su con un paio di soci qui del Borgo
a far passare la voglia di stalkerizzare Anouk al coglione. Ma non ero sicuro
che fosse una cosa sensata, quindi evitai. Ogni modo, Jasmina aveva risolto
da sé alla sua maniera criminale. S'era mostrata ben disposta, tanto da offrire
da bere ai due cowboy infilando un lassativo nelle loro bevande per levarseli
dai coglioni. Maledetti chilometri infami. Poi s'erano ubriacate e avevano
ballato tutta la notte, improvvisando una *pole dance* su alcuni attrezzi.
Scrissi: Ma non dovevi studiare per l'esame? {emoticon che si tiene il mento}
Spiegò che studiare all'ultimo minuto non serve e che bisogna lasciare modo
al cervello di assimilare quello che si è studiando lasciandolo riposare,
e che se si ha studiato bene, poi, al momento del bisogno, tutte le nozioni
riaffiorano. Maledetti chilometri merdosi. Sollevai i miei dubbi a proposito
del sottoporre l'encefalo allo stress dell'alcol. Confermò che non era molto
sicura a proposito di quella clausola, ma che non era importante perché aveva
corso il suo rischio e l'esame era andato bene. Le dissi che quegli slip le stavano
una favola. Mentii dicendo che ora dovevo lavorare un po' su alcuni pezzi.
Fui onesto però a raccontarle che forse c'era la possibilità che mi sarei esibito
a una festa e stavo in mezzo all'esaltazione ma allo stesso tempo mi stavo
cagando addosso. Disse di fare quello che dovevo fare e che ci saremmo sentiti
presto. Quanto presto, indovinate chi lo sapeva... esatto: il cazzo lo sapeva.
Fottuti chilometri. Dovevo occuparmi un attimo di un altro paio di messaggi
ora però. Di persone che stavano col telefono in mano a una distanza molto minore.
Adam aveva mandato una gif con Ramsey che teneva una povera disgraziata
tra due fette di pane e il testo mentre parlava lui diceva: "*what are you?*"
e la risposta della disperata era: "*an idiot sandwich*". Come risposta gli mandai

la gif presa da *Terapia d'urto* dove Jack Nicholson mostrava il dito medio.
CARLO: Ciao bello! Novità per l'esibizione? Io sono riuscito a procurarmi
il materiale per le riprese e sono anche riuscito a coinvolgere qualche
compagno di scuola che è disposto ad aiutare! {smile con gli occhiali
da sole} se mi dai il via libera ci troviamo per discutere bene i dettagli, che dici?
Carlo era uno strusone e uno che non stava mai fermo. Aveva fatto dei bei
video per alcuni eventi tipo gare di *downhill* ed era volato a Barcellona
con un gruppo di ragazzi del Borgo appassionati di skateboard che avevano
organizzato la vacanza nella capitale catalana proprio per girarla con le tavole
e possibilmente tirare assieme un po' di materiale per farci un video. L'avevano
pubblicato online da poco ed era uscito davvero bene. Io stavo negoziando
con alcuni giovani di una *crew* che s'era messa a fare tavole da snowboard,
piccolo business a cotè portato avanti con un certo successo. Erano riusciti
a coinvolgere degli sponsor mica male, avevano uno snowpark a loro nome che
gestivano in uno *ski resort* che stava ad un centinaio di chilometri dal Borgo,
e ogni anno giravano un video, invitando *boarder* di altri paesi nelle stazioni
sciistiche locali e andando a loro volta in visita in *ski resort* altrove come ospiti
per girare il materiale. Erano riusciti a coinvolgere qualche pro di quelli
abbastanza grossi. Ogni anno organizzavano questa festa per l'estate
in un locale chiamato GarageSound - un ex deposito di macchinari da cantiere
trasformato in club - che fungeva un po' da discoteca e un po' da sala concerti
e si trovava a una quindicina di chilometri dal Borgo. L'ambiente era figo.
Era uno di quegli eventi abbastanza immancabili per scuotere un po' il tedio
della vita del Borgo. Uno di quelli dove non potevi non andarci. Diversi ragazzi
della *crew* frequentavano il locale dove lavoravo ed erano amici del mio socio,
Joe. Così avevo cominciato a stressare loro il cazzo per lasciare che mi esibissi
alla festa. L'anno scorso mi ero perso la serata perché ero posteggiato a Ibiza.
Pareva avessero fatto solo Dj Set e Dj Live, con un paio di "dj" - juke-box - locali
e una coppia di tedeschi come portata principale. L'anno prima, invece,
avevano optato per la musica live, con un gruppo punk locale, una band
tributo dei *Turbonegro*, i *Prozac+*, e una band tributo che suonava cover
di *Ac/Dc, Motörhead, Metallica, Iron Maiden, Led Zeppelin, Guns'n'Roses*
e *Deep Purple* e così via. Avevo suggerito loro di mischiare per questa edizione.
Invitare due gruppi live e chiudere la serata con un Dj Set. Avevo detto che
visto che il mio progetto era elettronico ma con forti influenze punk, rock
e metal potevo aprire la serata. Intendevano prendere a bordo una cover band
italiana come prima performance ma ero riuscito a convincerli a darmi
una possibilità, con la scusa che l'avrei fatto a gratis, a condizione di aver carta

bianca e poter organizzare un po' di coreografia con dei video sullo sfondo e altri piccoli accorgimenti sul palco. Qualche settimana prima mi avevano dato una conferma a voce. Ma conoscevo le abitudini da tiraseghe della marmaglia del Borgo, con ripensamenti all'ultimo minuto e altre seccature. Dunque risposi a Carlo: 90% si fa! {emoticon con gli occhiali da sole}, dopodomani mi vedo con Iari per confermare. Se si fa, sta settimana ci troviamo! {emoticon che fa l'occhiolino con la lingua fuori}
CARLO: Ok! Vediamo di sbrigarci però! La festa quando è?
Risposi: Abbiamo quattro settimane per organizzare! Sufficienti?
CARLO: Le faremo bastare {smile che fa l'occhiolino}
Risposi: Ok, dai bella, non preoccuparti che ti scrivo appena ho novità
Adam nel frattempo aveva risposto con cinque di quei smile che ridevano alle lacrime.
Mi sentivo già molto meglio. Accesi la canna.
Jasmina m'aveva mandato lo smile che manda il bacio col cuore.
JD entrò dal balcone aperto e andò a piazzarsi in cucina vicino alla finestra. Sentii il rombo di un chopper che s'allontanava. Guardai fuori dalla finestra. C'era qualche nuvola all'orizzonte. C'era un messaggio che ancora non avevo cagato. La bella Arianna. Che in teoria dovevo incontrare il giorno dopo. In teoria perché con quel lunatico pezzo di fregna non si sapeva mai.
ARIANNA: Allora com'è andata la serata? {smile che sorride con la testa all'ingiù}
ARIANNA: Sopravvissuto?
Risposi: Serata disastro… {emoticon con il tipo che si copre la faccia col palmo della mano} Sono resuscitato di recente {mano con pollice e indice uniti a formare una O e le altre dita alzate} quindi a posto
Continuai: Tu che hai fatto?
ARIANNA: Cena a casa di amici, costine {smile sorridente con la lingua fuori di lato}
Risposi: Buon per te {smile che fa l'occhiolino con la lingua fuori}
Continuai: Allora domani? {emoticon che si tiene il mento}
Arianna impiegò un po' a rispondere. Sbuffai. Guardai JD che mi si era piazzato accanto e pareva spiare quello che facevo col telefono. Andai a farmi un altro thè. Quando tornai al divano letto avevo due notifiche sul telefono. JD non s'era mosso e m'osservava che pareva dire "e ora?".
ARIANNA: Non so… che vuoi fare?
L'altra notifica era il video in diretta su *Instagram* di una pornostar che seguivo.
Risposi: Avevam detto che ci trovavamo no?

Avevo cercato di prepararmi psicologicamente ma a una certa avevo smesso di pensarci. Mi era sembrato uno spreco di tempo.

ARIANNA: Si, se ti va...

Risposi: Perchè a te non va' più?

ARIANNA: Sì, cioè, per me va bene...

Ok. Non ne avevo più per il cazzo.

Risposi: Senti, ci troviamo o no?

ARIANNA: Ma sì, c'è mica bisogno di scaldarsi...

Mi stavo scaldando sì. Ma ero abbastanza lucido da intuire che probabilmente la bella Arianna era annoiata e voleva imbarcarsi in una chattata interminabile. Spiacente ma no.

Risposi: Non mi sto scaldando tranquilla {emoticon che sorride c
on le mani aperte}

Fantastico come attraverso lo schermo si poteva recitare con tanta facilità uno stato d'animo che non rispecchiava per niente quello vero.

Continuai: Mi piacerebbe solamente sapere se domani ci vediamo o se devo cominciare a pensare a qualcos'altro che potrei fare {emoticon
che fa l'occhiolino}

Ebbi tempo di bere un sorso di thè e cominciare a navigare nei film in streaming per scegliere qualcosa da guardare prima che Arianna rispondesse.

ARIANNA: Se hai altro da fare non è un problema neh {emoticon con la tipa che alza le braccia}

Risposi: Mi farebbe piacere se ci vediamo, però se a te non va qualcos'altro da fare lo trovo {emoticon che fa l'occhiolino}

ARIANNA: Ok, secondo me ti stai scaldando però {smile che fa l'occhiolino con la lingua fuori}

'Ste teste di cazzo che volevano importi lo stato d'animo che dicevano loro che avevi avrebbero dovuto essere castigate con sessioni di *waterboarding* finché la piantavano. Sospirai e bevvi un sorso di thè. Cercai una gif sull'app di *Chrome*.

Risposi: Sono appena resuscitato da un *hangover*, sto bevendo il secondo thè caldo e mi son fatto una canna... sono l'incarnazione della calma in questo momento.

Mentono tutti tanto sui social e su *Whatsapp*, no? Mandai la gif con Jim Carrey nella scena di *Ace Ventura* in cui fa meditazione.

Continuai: Dove e a che ora?

ARIANNA: Facciamo da me, non mi va di farmi vedere in giro che poi la gente parla.

Senza parole. Mantenere la calma era imperativo. I thè e la canna aiutavano sul serio.

Risposi: Ok, a che ora?

ARIANNA: Facciamo alle due?

Risposi: Perfetto! {emoticon che fa l'occhiolino} A domani allora.

Seguirono un paio di noiosi "buonanotte" e via dicendo ma già ero pronto a gustarmi due orette in compagnia di Denzel Washington e Mila Kunis. Andai a raccattare un pacco di biscotti, misi un po' di chips in una ciotola e feci partire *Codice Genesi*.

Il mondo continuava la sua corsa attraverso la quarta dimensione, tra chi c'aveva i cazzi suoi a cui badare e chi, in preda alla noia, sentiva il bisogno di badare ai cazzi degli altri.

Un'attrice famosa aveva tirato le cuoia e i colleghi avevano cominciato a tesserne le lodi ed esprimere il loro cordoglio su *Twitter* e *Facebook*. Nel frattempo un paese era stato raso al suolo da un uragano nei Caraibi. Poco prima un cantante aveva fatto outing dichiarando la sua omosessualità e stava ricevendo like e condivisioni di articoli che ne parlavano da parte di ammiratori e altre *celebrities*. L'ennesimo uomo di colore era stato brutalmente arrestato con un eccessivo uso di violenza ingiustificata negli Stati Uniti.

I mainstream media - ma anche quelli da quattro soldi - non sapevano quale cazzo di notizia cavalcare. Un tizio, che si occupava di marketing e promozione per la *Dreamworks*, annuiva con disappunto, esprimendo la sua tristezza per "tutte queste povere persone", a un *brunch* di lavoro sulla spiaggia di Santa Monica. Mentre venivano discusse le ultime disgrazie dentro di sé bestemmiava perché oggi era previsto il lancio della nuova campagna promozionale per il blockbuster prossimo all'uscita dalla *Universal City*, e temeva che non avrebbe ricevuto l'attenzione preventivata con questa tempesta mediatica. Forse era meglio aspettare e posticipare il lancio di trailer e post sulle pagine social, facendo qualche aggiustamento. Ovviamente ai colleghi avrebbe spiegato questo cambio di programma come "un segno di rispetto".

Le modelle dei vari *camshow* continuavano a invitare gli utenti del web più arrapati a passare un po' di tempo con loro attraverso internet, e i siti porno continuavano ad essere i più visitati del momento.

Jenny condivideva la foto di una colazione in compagnia di un amico a Soho, Vinicio condivideva e commentava una notizia di calciomercato con "bravo vai a indossare la divisa da carcerato é l'unica che ti si addice #infame", Jürgen metteva il like al video di un tizio che aveva una pagina pseudo comica dove s'atteggiava da cumenda in diverse location e situazioni, Svein comandava un disco dei *Destruction* su *Amazon*, Lara stava navigando sul profilo di un suo ex sul *faccialibro*, Zemar stava ricevendo un pompino nel suo studio da una cantante con cui collaborava per un nuovo pezzo, Irina postava una foto in spiaggia a Formentera in compagnia di un biondo riccioluto che aveva conosciuto un paio di mesi prima e con cui si stava frequentando e Jasmina stava guardando dei voli su *Expedia*.

Ibiza andava a pieno regime, era alta stagione. L'Ushuaia, il Pacha, e la Vaquita erano sempre pieni. Zarri, alternativi, fattoni, pettinati, tironi, tiraseghe, gente in vacanza tutto l'anno, gente che doveva approfittare di quelle due settimane di relax e famiglie si riversavano sulle spiagge, tra le strade, negli hotel, nei bar e tra i negozi.

A Londra si lavorava come al solito. Non era un *Bank Holiday*, come al Borgo, quindi la gente si schiacciava nella metropolitana per raggiungere uffici, ristoranti, negozi, magazzini e fabbriche. I ragazzini e le ragazzine in uniforme facevano caciara sui bus costringendo la gente a stare in piedi schiacciata e rilasciando un senso di sollievo tra i passeggeri quando si svuotavano alle fermate vicino alle scuole. Il business non si fermava. Nonostante i fidanzamenti reali, nonostante i politici che si scannavano per un posto nella storia, e nonostante le disgrazie nel resto del mondo. Mentalmente la maggior parte della popolazione londinese calcolava quanti soldi sarebbero stati trasferiti sui loro conti a fine mese, quanti ne avrebbero dovuti sacrificare per pagare affitti e bollette, quanti ne sarebbero rimasti e come investirli.

Alex si svegliava, bello fresco. Dalla finestra aperta entrava l'odore di cemento bagnato. Un bell'acquazzone estivo per pulire e rinfrescare il Borgo. Stirandosi controllava l'ora sul telefono attaccato al caricatore. C'erano un paio di notifiche di *Instagram*, un paio di *Facebook* inerenti gente che compiva gli anni ed eventi a cui alcuni suoi amici erano interessati a partecipare e due notifiche verdi di *Whatsapp* - mamma e Arianna. Doveva vedersi con Arianna. Era passato del tempo. Erano le dieci e mezza. S'alzò e si preparò un caffè. Girò una sigaretta e fumò in boxer appoggiato allo stipite del balcone.

Ero affezionato alle mie pessime abitudini, ma cercavo di accompagnarle con qualcuna buona. Feci una colazione leggera: quattro fette di anguria, fragole cosparse di fondente, toast con salmone, succo d'ananas e acqua con dentro vari pezzi di frutta.

Arianna si ostinava a scrivere anche se ci dovevamo vedere di lì a un paio d'ore. Forse aveva cambiato idea. Non me ne fregava un cazzo sinceramente. Avevo aperto i social, con in sottofondo una playlist con pezzi di *Steppenwolf, Led Zeppelin, Slade, Rolling Stones* e così via, ed ero stato colpito da un'orgia di notizie tremende, post pallosi da incoraggiare il suicidio, e opinioni non richieste di gente che avrebbe fatto meglio a piegare la testa su qualche libro invece di perseverare in un'esistenza da spocchiose ignare teste di cazzo succubi di uno stile di vita che non si rendevano neanche conto di non aver scelto. Avevo dato una sistemata alla tana.

ARIANNA: Allora ci vediamo tra un po'?

Risposi: Se mi dai l'indirizzo sì {emoticon che fa l'occhiolino}

Arianna condivise la posizione con lo smile con le gote leggermente rosa.

Risposi con il pollice all'insù.

Su *Instagram* un sacco di tipe pubblicavano selfie più o meno osè e sexy accompagnandoli con frasi pseudo filosofiche, dichiarazioni apparentemente inconfutabili e alcune addirittura di pseudo propaganda politica. Alcune erano interessanti. Tipo quelle che si vantavano e ringraziavano come delle vip il numero estremamente alto - un paio di migliaia di segaioli - di *follower* che avevano. Le mie preferite erano quelle che non s'atteggiavano come a pretendere che - per la maggiore - i loro profili non erano consultati per favorire la masturbazione. Forse la loro intenzione era proprio condire argomenti che gli stavano a cuore - ma che nessuno si sarebbe cagato - per renderli più appetitosi. Come cospargere di *cafè de paris* una bistecca

di pessima qualità e cotta male, per dire. Gettai il telefono sul letto
e feci una doccia.

Salutai JD che mi guardava con sospetto, più sospetto di quell'aria di sospetto
che hanno sempre gli scoiattoli. Lo vidi andare a raccattare un paio di nocciole
dalla ciotola che avevo messo vicino al televisore e portarsele sul bracciolo
del divano letto per mangiarsele. Potrei fare un canale *Youtube* epico, pensai.
«Non lasciare troppe briciole, ok socio?» dissi allacciandomi la giacca leggera
per la pioggia della *Adidas*.

Avevo accarezzato l'idea che forse Arianna si ostinava tanto a rimanere
nascosta al riparo dello schermo del telefono per una questione
di vulnerabilità. Ma quando me l'ero trovata di fronte e ostentava,
in quel modo che ricordavo bene, una sicurezza e determinazione mista a quel
suo orgoglio femminile un'ipotesi simile pareva poco plausibile. Salcazzo.
Avevo deciso che non mi ci sarei frullato le cervella più di tanto.
Quindi non mi ci frullai le cervella più di tanto. Era sempre bella da far quasi schifo.
Anche se aveva cambiato appartamento l'interno non era cambiato
più di tanto. C'erano sempre le sue opere appese alle pareti. Mi parve
di scorgerne una o due nuove. Non le avevo mai trovate un granché a dire
il vero. Avevo sempre preferito stare a mirare lei, un'opera d'arte sicuramente
più notevole, almeno per gli occhi. Realizzai che non s'era mai fatta trovare
in uno stato trasandato o sgualcito. Tutte le volte che mi aveva concesso
il privilegio di andarla a trovare si era sempre confezionata e presentata
in modo sobrio e apparentemente semplice ma sempre con addosso roba
che la metteva in risalto molto bene. Mi vennero in mente quei video
che facevano vedere la preparazione dietro i finti selfie 'acqua e sapone'
e *Madison Iseman* in *Jumanji*. Non mi vide sorridere mentre faceva strada.
Comunque, anche se si fosse infilata addosso la peggior merda anti stupro
che si potesse trovare al mercato dove Eddie Izzard s'era preso i vestiti indossati
al *Question Time* della *BBC* - con quel cazzo di basco rosa - io, Arianna, l'avrei
trovata comunque avvenente uguale. Poteva darsi che non ci contasse troppo.
Forse era un caso. O una semplice abitudine. Salcazzo. Non mi ci frullai
le cervella più di tanto.

Indossava un paio di pantaloni grigio chiari in tessuto leggero che,
anche se erano larghi lungo le gambe, erano abbastanza aderenti con il loro
elastico largo in zona vita da non lasciare dubbio alcuno sul fatto che aveva
ancora il culo perfetto che si faticava a scordare. Portava un top bianco
che le lasciava la pancia scoperta. Il piercing all'ombelico che luccicava
argenteo era nuovo. Il bianco del top era importunato solo da una scritta nera -

a mo' di verniciata poco studiata - che recitava "Queen" - non aveva nulla
a che fare con la band; era più una sorta di auto celebrazione. Il top non era
aderente, fluttuava in una specie di danza con i suoi movimenti,
ma distinguevo bene la forma dei capezzoli che premevano biricchini contro
il tessuto. L'assenza del reggiseno, pensai, era inusuale. Girandolava
con movimenti leggeri, quasi danzando sui piccoli piedi scalzi. Era proprio
bella. E doveva saperlo, se non benissimo almeno abbastanza, mi trovai
a riflettere. Salcazzo. Non mi ci frullai le cervella più di tanto.
Aveva preparato uno shake di un colore arancione scuro in una brocca
da cui spuntavano un paio di foglie di menta e alcuni spicchi d'arancia. Afferrai
il bicchiere che si premurò di offrirmi con una certa esuberanza, andai
ad accomodarmi sul divano e assaggiai il contenuto. Era buono. Glielo dissi.
Ne fu contenta. Si piazzò dal lato opposto del divano. Domandai se potevo
accendermi una sigaretta. Disse di sì. Si alzò per aprire una finestra e il rumore
della pioggia di fuori si fece più vigoroso. Raccolse un posacenere lindo
da sopra una cassettiera e lo pose vicino a me.
Attaccai a raccontarle delle mie ultime avventure a zonzo per il vecchio
continente. Un tratto del suo modo di essere che avevo sempre amato
era che con lei veniva assolutamente naturale disperdersi in conversazioni
astratte, emotive e orientate ai sensi invece delle solite materialistiche cazzate
superficiali. Con la sua giocosità, quasi infantile, riusciva a creare un letto fresco
e confortevole di piacevoli sensazioni, in cui era gradevole sguazzare
assaporando una sorta di liberazione. Veniva naturale spogliarsi di qualsiasi
paranoia e difesa lasciandosi andare.
Grazie al mio atteggiamento più strafottente e guardingo, notai per la prima
volta che era proprio quando te ne stavi così bello comodo nella tua serena
beatitudine che approfittava per lanciare qualche stoccata a tradimento.
Ti strappava via di colpo da quello stato di beatitudine che pareva di venir
rovesciato da un pacifico pisolino su un'amaca sul bordo del mare caraibico.
O da un cazzo di letto a castello, viste certe botte psicomentali che ti prendevi.
Ma lo lasciava lì però, quel letto di beatitudine, in bella vista, con tutte
le sue promesse di delizia, e attaccava a forgiare con la sola forza dello sguardo,
i movimenti, le parole, e il tono di voce, i suoi livelli del cazzo a mo' di vecchio
videogioco *arcade* per permetterti di tornarci.
Purtroppo, quel giorno, non ne avevo per il cazzo di giocare. Come ho già
detto, non stavo a frullarmi le cervella più di tanto. Avevo deciso che,
di qualsiasi cosa si parlasse, avrei detto esattamente quello che mi passava
per la testa, esattamente nel modo in cui mi passava per la testa,

fottendomene altamente di quale reazione potesse suscitare.

Mi aveva già sbattuto fuori dalla porta in passato, fregava un cazzo se avesse dovuto farlo di nuovo. Questo atteggiamento parve avere un effetto diverso da quello che mi aspettavo. Ostilità: era quello che mi aspettavo. Inizialmente infatti a un paio di uscite da sciacquarmi la bocca ostentò una specie di avversione piuttosto palese. Ma visto che io continuavo imperterrito sulla mia linea impendendo alle sue reazioni di condizionarmi lasciò perdere. Sembrò piuttosto sorpresa. Del resto, la conversazione in certe direzioni ce la portava lei, quindi, per quanto mi riguardava, erano cazzi suoi.

Se non ti garba la possibilità di ottenere certe risposte semplicemente non porre certe domande, si dice, no? Poi, salcazzo come, eravamo finiti a discutere di una sua amica, il cui ragazzo aveva deciso di andare con dei suoi amici a uno spettacolo di motocross - che prevedeva anche un concerto rock e festeggiamenti vari la sera - nel bergamasco, invece di accompagnarla a un aperitivo con i suoi a cui lei teneva. Io sostenevo che avesse fatto bene, che una relazione in cui ci si sentiva costretti non funzionava. Lei che una relazione era costituita anche di sacrifici per rendere il partner felice. Io allora dissi che sicuramente, se una coppia era affiatata, qualche sacrificio sarebbe venuto sicuramente naturale, ma che non sarebbe pesato come un sacrificio, e che un cazzo di aperitivo con i genitori non valeva sicuramente uno spettacolo di motocross e un bel concerto. Lei allora insistette che siccome lei ci teneva, lui avrebbe dovuto capire. Io per controbattere dissi che in quel caso la sua amica soffriva di una sorta di dipendenza affettiva, che a mio avviso avrebbe fatto meglio a lavorarci su, oppure a trovarsi un ragazzo un po' più noioso a cui piacesse fare le stesse cose pallose della sua amica perché il suo attuale fidanzato sembrava un tipo troppo interessante per lei. Prima ancora che potesse dare voce al suo sdegno aggiunsi che nel caso della sua amica, capire equivaleva aspettarsi che il suo ragazzo fosse il tizio che paga e gira le dosi a un eroinomane per capirlo. Sottolineai poi che un comportamento del genere portava semplicemente la dipendenza a livelli più alti fino a un punto di non ritorno. Poi tirai un sospiro. Riuscii a reggere il suo sguardo, nonostante mi facesse bollire il sangue. Non ero intenzionato a mollare neanche mezzo fottuto centimetro. Cambiammo argomento. Ma non cambiò il ritmo di navigazione.

Se ne uscì con i modi in cui mi ero comportato in passato, il mio modo diverso dal suo di vedere certa gente, il modo diverso dal suo in cui percepivo certe situazioni e certi luoghi e via dicendo. A un certo punto credetti di avere le allucinazioni o di stare sognando quando mi sembrò che stesse mollando la presa. Lei, Arianna. Il suo sguardo pareva quasi spiazzato. Inusuale. Ma, come avevo stabilito, non mi ci frullai le cervella più di tanto. Anzi, cominciai a rendere pan per focaccia, esponendo con una certa ironia e un certo sarcasmo alcuni tratti del suo modo di fare e di pensare che non stavano né in cielo né in terra. Lei attaccò a mascherare un lieve imbarazzo mostrandosi divertita. Finito il secondo bicchiere di quella brodaglia davvero buona che aveva preparato m'allargai e puntai col dito uno dei suoi disegni - una specie di orgia di matita e acquarello con dei colori rosa in varie tonalità, così come il viola, il blu e il nero - e investigai.

«Senti ma quello mi spieghi che cazzo mi rappresenta?»

Lo osservò e alzò le spalle.

«Tu che ci vedi?»

Rimasi un attimo in silenzio per cercare le parole giuste.

«Lo sfogo rabbioso di una barbie che non ha ricevuto un pony per il compleanno? Mi sembra un bel titolo se ancora non gliene hai dato uno». Sorrisi.

Si lasciò scappare una risata, mi diede del bastardo, e mi tirò un leggero calcio allungando una gamba sulle costole poi lasciò cadere il piede sulla mia coscia e ce lo lasciò lì, quasi immobile, per qualche secondo. Quel contatto mi colse un po' impreparato. Mi fece frullare le cervella per un attimo, ma poi tornai a non farmele frullare più di tanto. Però poco dopo prese a strisciare il piede stuzzicandomi l'addome. Onestamente rimanere indifferente alla situazione diventò problematico. La guardai. S'era liberata di qualsiasi traccia di imbarazzo. Sembrava aver recuperato la sua verve, come per magia. Mi chiesi come stessi guardando fuori, ma poi scacciai immediatamente il pensiero. La mia reazione fu di prendere saldamente il suo piede tra le mani. Iniziai a massaggiarlo, contento di notare che ostentavo ancora una certo dignitoso rigore nel farlo. Rimanemmo così, in silenzio, per un minuto buono, poi guidò il piede fino a dove il mio uccello stava segregato sotto i jeans e iniziò a stuzzicarlo. Quello stronzo del Dr. John, che appena entrati già si era messo a scassare internamente le palle nell'anticamera del cervello, al primo tocco sull'addome s'era già messo sull'attenti. Si gonfiò come la ruota di un pavone in neanche tre secondi. Presi il piede via da lì e me lo avvicinai al volto. Non avevo un feticcio per i piedi alla Tarantino, però un bel piede di donna ha il suo perché, e Arianna aveva dei bei piedi. Ricordavo bene che le piaceva farseli trusare, accarezzare, massaggiare e baciare. Una sorta di feticcio doveva avercelo lei. E… insomma… in certe situazioni ero sempre stato felice

di rendere felice. Ma stavo perdendo lucidità. Cercai di rimettere in riga
i miei neuroni con un ruggito degno di *Godzilla* nella mia testa che risultò
nel semplice cominciare a baciare e accarezzare il piede candido su cui aveva
passato uno strato di smalto viola scuro. Si sdraiò, tenendosi su - con la schiena
inarcata - appoggiando i gomiti, e mentre mi dedicavo al fine piede destro
spedì quello sinistro a stracciarmi, accarezzarmi e inzigarmi un po' dappertutto.
Accettai questa situazione per un minuto scarso, poi scacciai bruscamente
i due piedi, allargandole le gambe in modo da farmi strada per andare
a sdraiarmi sopra di lei e baciarla. Rimase immobile, prendendo il bacio senza
respingerlo ma senza restituirlo con troppa enfasi. Sembrava una statua,
maestosa e impassibile, pronta a farsi ammirare e venerare. Rimasi fermo
davanti al suo viso, sfidando quello sguardo che non mostrava alcun
tentennamento nella sua sensualità.
«Che c'è?» domandò ridendosela con gli occhi.
Rimasi impassibile, sperando di non sembrare un coglione fatto e finito.
Finalmente mi cinse con delicatezza la vita con le gambe e si allungò
mettendomi un braccio intorno al collo e posando le labbra sulle mie
con tutto il calore di cui era capace. Parecchio. Finito il bacio rimase a fissarmi
finché non tentai di andare a cercare nuovamente le sue labbra. Mi permise
di raggiungerle per un breve momento per poi chinare la testa indietro
sfuggendomi mentre mi guardava con quel suo sorriso giocoso e irresistibile.
Mise una mano sulla mia nuca indirizzandola gentilmente al suo ventre.
Mi lasciai guidare. Mi levai la t-shirt, diedi un bacio fugace al suo ombelico,
e le sfilai i pantaloni, lasciando che rimanessero solo le sue belle gambe chiar
di luna e scoprii un perizoma nero di pizzo con molte trasparenze
a far da guardia alla porta del paradiso. Attaccai ad accarezzarla e baciarla
ovunque, seguendo le sue vibrazioni. Continuavo ad avvicinarmi solamente
al glande clitorideo per stuzzicarla, ma senza affondare. Arianna faceva le fusa,
col respiro e con i movimenti. Immersi, infine, la lingua sul clitoride, mentre
con una mano lavoravo sulle labbra. Il suo corpo fece sentire
il suo apprezzamento e Arianna mise una gamba sulla mia schiena
per incoraggiarmi a restare lì, dove mi voleva. Tutto stava andando bene quindi
lasciai una mano giù a tenere occupate le labbra e il clitoride, ora umidi,
mentre salivo per andare a strapparle una limonata di quelle forti, cariche,
affamate. La saliva si mescolava, le lingue si cercavano, si accarezzavano,
si rincorrevano e affondavano. Le labbra portavano avanti la loro lotta
premendo. Prendemmo respiro un momento. Le stavo sopra col volto vicino
al suo. Le labbra si cercavano ancora.

364

A quel punto qualcosa mi s'inceppò in quella testa di cazzo che mi ritrovavo, che il più delle volte s'inceppa in malomodo, qualche volta per il meglio e qualche volta lo sa - esatto - il cazzo. Rimasi lì, a fissarla, mentre venivo fissato a mia volta con quello che mi sembrava uno sguardo decisamente compiaciuto. Non so che mi prese, ma la cosa di colpo mi sembrò tutta sbagliata.
Le cervella si ribellarono e cominciarono a frullare. Pessimo momento.
Mi spinse indietro fino a mettermi mezzo sdraiato e mezzo seduto. Si tolse il top e gattonò fino a raggiungermi e ci baciammo. Dopo una limonata succosa attaccò a baciarmi il collo. Poi il petto. Scendeva e io la osservavo all'opera. La schiena si dimenava con movimenti aggraziati, come quelli di un gatto. Mi slacciò i pantaloni, offrendomi una panoramica di tutta la sua figura. Anche le sue tette, piccole ma tonde, con i capezzoli rosa chiari lisci e morbidi sembravano sfilare solo per me. Mentre stavo lì - un po' tutto impicciato - successe un'altra cosa che non riuscii a spiegarmi. L'immagine di Jasmina mi riempì la testa, e tutta quella situazione mi sembrò ingiusta in qualche modo.
Arianna mi guardò con un sorriso provocante mentre afferrava il Dr. John. Cominciò a baciarlo e sentivo i capelli che mi solleticavano la zona pelvica. Figa ladra, le cervella. Le cervella frullavano. E io capivo tutto e non ci capivo un cazzo.
Partii in un trip mentale tutto mio. Arianna. Era bella. Ma bella e basta. Oddio non proprio bella e basta. Ma bella e poco altro per me. Oddio non proprio bella e poco altro per me. Ma non abbastanza. Ecco, non abbastanza. Oddio. Se davvero - in tributo al Dio del Tedio del Borgo - avessi deciso di starmene lì a sorbirmi le menate del cazzo di una come lei sarei stato proprio un coglione. Tipo quei coglioni a cui urli dietro che sono dei coglioni nei film. Avete presente? Tipo quando urli contro lo schermo a Ben Affleck. Non perché fa cagare al cazzo come *Batman*, intendo tipo se stai guardando *In Cerca di Amy*. Capito? No? Bene, non ci stavo capendo un granché neppure io. Considerai che, col senno di poi, mi sarei sentito un bastardo. Tipo nei confronti delle Jasmina - ma, diciamocelo pure, anche delle Irina - del pianeta. O sbagliavo? Cioè mi sarei sentito niente di diverso da quei mongoloidi borghesucci che sbavavano addosso a 'ste sfigate - cioè, non proprio sfigate, però, capito, no? - per cercare, in modo pietoso, di ricreare l'atmosfera e il dramma di qualche film o sitcom mancando totalmente di immaginazione o slancio. Quegli stronzi che non trovano un cazzo di meglio da fare perché la loro vita valeva quanto i loro sogni di miliardesima mano

con cui si erano accontentati. Capito? No? Jasmina.

Cazzo, Ari era bella. Ma insomma. Mica bastava no?

Tutti questi pensieri mi attraversavano la mente mentre Arianna aveva il Dr. John in bocca. Era gonfio e duro lo stronzo. Per dire che il Dr. John se ne sbatteva altamente il cazzo di cosa mi passava per l'encefalo. Lo stronzo pensava sempre e solo agli affari suoi. Ed era sempre in forma. Grazie al culo, avrei dovuto dire. Cioè non in senso letterale. Se la cavava bene coi bocchini Arianna. A pensarci bene come scopata era mediocre, ma a seduzione e preliminari - bocchini inclusi - puntava sicuramente al podio.

Erano il suo forte. Insieme al suo fascino, i suoi movimenti aggraziati come se li avesse provati migliaia di volte, il suo modo di venderti una promessa con un semplice sguardo. Mi faceva venire in mente quella frase della canzone degli *883*: "anche se poi veramente lo ammetto, quando tu provochi sai fare effetto". Mi piaceva la sua pelle, chiara come la sabbia sull'isola di Boracay. Mi piaceva la silhouette che disegnava il suo corpo. Con quei piedi piccoli, le gambe snelle morbide che sbocciavano in quel sedere bello tondo e sodo. Mi piaceva il suo viso. Malizioso, a tratti infantile, con tutte le sfumature che potete immaginare nel mezzo. Mi piacevano tutte queste cose. Erano tutte le cose che me lo facevano tirare.

Però dovevo domandarmi anche un paio d'altre cose. A questo punto dovevo proprio, capito? No?

Tipo: ora ci stiamo dando dentro, ok, fantastico. Ma poi? Ero il tipo da star dietro a sbalzi d'umore, capricci, pretese e quell'egocentrismo che probabilmente non si rendeva nemmeno conto di avere la maggior parte del tempo? Poi sapevo come la pensava su un sacco di cose. Mi piaceva perdere tempo con quegli stratagemmi da giornaletti e libri per squilibrate che si credevano *Kathryn Merteuil*. O *Catherine Tramell*. Spero che nessuna si ispirasse ad *Amy Elliot Dunne*. Già me le vedevo certe scene. Test di fedeltà e condiscendenza - remissività. Magari quelle manipolazioni da geniacce tipo "lasciagli il garage tutto per lui, così si sentirà importante e tu puoi arredare il bagno, la camera da letto e il salotto". Avete presente? «Mi spiace amore ma il mega poster di *Alien* va sopra il divano» e poi magari si rompe misteriosamente. «Guarda! Ho preso questo di *Mad Max*, è anche più figo». «Ma scusa hai già scelto praticamente tutti i mobili potrò almeno metterci un cazzo di poster?». Ovviamente quando diventava difficile controargomentare, il trucco sarebbe stato spostare abilmente la conversazione altrove. «Come mai Jürgen s'è messo in lista e io no? Non è che non m'interessano le questioni della comunità tesoro, è che i partiti politici sono una manica di inutili paraculi presuntuosi presi più dalla loro reputazione e la loro immagine che veramente dai problemi che affliggono la comunità». E ancora: «Sì è vero che almeno fanno qualcosa, ma a me sembra stupido fare qualcosa di inutile tanto per fare qualcosa o per dire di fare - appunto - almeno qualcosa». «Lo so che un lavoro stabile da una certa sicurezza, ma purtroppo a me non piace fare il gioppino, non mi va di accontentarmi di uno zuccherino, sono allergico alle leccate di culo e ho degli standard. Come dici? Quali standard? Oh, tipo dormire bene la notte sai? Se scopassimo di più forse potrei rilasciare lo stress e farci un pensiero ma, amore, sei sempre incazzata per qualcosa e non ti va mai di darci dentro, salvo quei due o tre periodi all'anno dove ti devi rifare e pretendi che le palle mi si ricarichino in due minuti scarsi alla diciottesima scopata in tre giorni. Sai ho bisogno di una costanza un po' bilanciata. Non puoi farmi abbuffare fino alla nausea quando ti gira e poi tenermi a digiuno per il resto dell'anno. Cazzo, peggio dei mussulmani sei, mi fai fare il ramadan della figa ma al contrario».

«Scusa amore, ma per caso hai un quaderno su cui ti segni ogni singola azione 'altruista' e 'generosa' che compi per poterle sfoggiare e 'rinfacciarmele' in ogni discussione? Ah, non ti serve un quaderno? Ti viene naturale memorizzarle. 'Sti cazzi…»

«Figa 'sti doppi standard e 'sta bilancia falsata… Io in effetti non mi ricordo ogni buon gesto che compio, non mi viene naturale, forse dovrei farmelo io un quaderno che dici? Eh no però… qualcosa me lo ricordo anche io. Tipo che mentre ascoltavamo *La Fidanzata* degli *Articolo 31* alla seconda strofa ti si era illuminato il volto e ti è scappato un "davvero ne vorresti una così? Perchè io sono proprio così…" prima di renderti conto alla strofa successiva di cosa parlava esattamente la canzone e incazzarti per la stronzata che t'era appena sfuggita di bocca».

Mi scappava quasi da ridere. Tutto su una bilancia per realizzare il sogno della fregna esigente, quella che deve avere tutto e il meglio dalla vita. L'equivalente femminile del cazzaro con tanti soldi, la macchina figa e via dicendo. No? Ovviamente la mia cazzo di mente, che faceva fatica a restare lucida, stava carezzando un po' gli estremi…

Cazzo se amo i pompini, pensai.

Ari si stava lavorando tutta l'asta da vera maestra e di tanto in tanto mi buttava su quel suo sguardo. Sapeva come cazzo si fa, nulla da dire. Jasmina. Anche Jasmina sapeva il fatto suo. Jasmina. Arianna.

Arianna che mi si stava lavorando alla grande, inebriandomi fino alla conquista. Il Dr. John stava prendendo il sopravvento? C'erano volte in cui non andavamo proprio d'accordo con mr. John. Il fatto era che lo stronzo spesso si mostrava per l'ingordo egoista cocciuto immaturo testa di se stesso che era.

Arianna si stava lavorando la corona sotto la cappella mentre massaggiava i testicoli e mi girava la testa dal piacere. Era forse un buon compromesso ingoiare un po' di merda per questo?

Forse la stavo dipingendo un po' ingiustamente. O forse no. Aveva i suoi momenti buoni, che a mio parere rappresentavano il tratto più autentico della sua personalità. Quello che le rendeva giustizia. Delle volte il suo sguardo si perdeva all'orizzonte e pareva sventolare fuori dal pianeta, in un'altra dimensione. Nonostante la sua coscienza pratica non sputava sui sogni altrui. Quantomeno se questi non costituivano un intralcio alla proiezione del suo micromondo perfetto. La verità era che quando non stava presa a cagare il cazzo e/o a snocciolarti tutte le sue cazzo di teorie sulle relazioni, sulla gente, sui posti e soprattutto sugli 'uomini' si rivelava davvero una conversatrice piacevole. Era addirittura in grado di elargire dei complimenti di tanto in tanto. Peccato che questi perdevano il loro valore piuttosto in fretta, considerato che li distribuiva col contagocce e ricordando che qualsiasi gesto altruistico e generoso - di cui i complimenti facevano parte - finiva inevitabilmente in quel deposito nella sua memoria a cui attingeva quando voleva ottenere qualcosa. Apparteneva a quella cerchia di fregne formatesi con l'idea di come tutti i maschi siano cacciatori e di conseguenza andava alimentato il loro desiderio e la loro brama di conquista. Bisognava quindi mostrarsi indipendenti, perché più la preda è ambita più l'uomo la corteggerà con veemenza. Poi bisognava trollarlo costantemente, ad esempio facendogli credere che fosse lui a fare tutte le scelte e guidare il timone da scaltro marinaio, mentre la cazzara, facendo la finta tonta, spiegava le vele e lo condizionava inducendolo a fare quello che lei voleva veramente, e tutte 'ste cazzate alla Sherry Argov e compagnia bella per intenderci. A qualche soggetto - non tutto centrato come il sottoscritto - veniva da pensare: ma a 'sto punto non fai prima a farti un cane e un vibratore? Poi realizzavi che in effetti buona parte dei *gringos* erano un buon surrogato con anzi qualche punto a favore: un pene (possibilmente funzionale, di cui disporre a proprio piacimento), uno stipendio (che poteva tramutarsi nel paradigma del 'bene comune') e soprattutto la grossolanità che ti permetteva di non sentirti in colpa a maltrattarli, al contrario dei nostri troppo amorevoli amici a quattro zampe. Tutto sommato era un buon affare in effetti. Cani e cagne.

Io però non ne avevo per il cazzo di aderire al branco. Mi sembrava un'immagine patetica del fallo evolutivo che mi faceva vedere le persone come pupazzi che facevano a gara a chi ce l'ha più lungo da una parte e chi ce l'ha più preziosa dall'altra. Forse dovevo unire le forze all'idea che certe persone non dovevano mescolarsi, perché agli uomini piacciono le stronze quanto ti pare ma pure dall'altra parte la caccia all'emerita testa di cazzo per eccellenza non stava indietro. Tutti 'sti macchinosi stratagemmi per poi ritrovarsi con un imbecille di cui lamentarsi. Ce n'era di gente, con talmente poca immaginazione, che veramente non trovava un cazzo di meglio da fare. Ma d'altro canto forse non valeva la pena giocare senza mischiare per bene le carte. Salcazzo. Avrei voluto avere un termometro per misurare la lucidità di cui disponevo in quel momento.

Arianna mi stava massaggiando e leccando lo scroto. Una goduria che non vi dico. Il Dr. John era talmente gonfio e duro che pareva sul punto di esplodere come un palloncino attaccato a un soffiatore. Ricordai di aver letto da qualche parte che a certe tipe piaceva un sacco succhiarlo perché dava loro una sensazione di potere. Il suo potere, il mio piacere.

Non male come affare.

Arianna. Jasmina.

Jasmina una volta mi aveva detto che a lei piaceva prenderlo in bocca semplicemente perché le piaceva il mio uccello. Onesta? Non lo so, ma di certo l'avevo trovata una bella risposta.

Osservai Arianna sforzandomi di tirare assieme un po' di buonsenso - cosa molto difficile quando il mio encefalo era occupato a rilasciare dopamina a pieno regime.

Pensai che ero cascato anche io nella trappola di volere ciò che non si può avere. Che coglione. Ecco, sentirmi un'idiota parve aiutarmi un po'. Brutta storia quando il Dr. John invece di essere il tuo socio in malaffari ti debilitava il cervello facendoti cadere in situazioni simili. Ma forse non era tutta colpa sua. Del resto c'ero cascato alla mia maniera. Con la mia rinnovata strafottenza e la mia fiera ignoranza acuta. Poco importava, comunque. Eccomi lì, con la pelle del cazzo tutta tirata, felicemente inumidita di saliva. La saliva di Arianna, che forse si celava dietro questi atteggiamenti da reginetta del dramma semplicemente per proteggere la vulnerabile - e un po' sfigata - principessa con troppa paura di soffrire. O forse era la saliva di Arianna, l'autentica stronza capricciosa egocentrica e pretenziosa? Salcazzo. Anzi, al cazzo proprio non fregava un se stesso. Vero Dr. John?

Era arrivato il momento di smetterla di speculare su chi o cosa fosse o volesse Arianna e pensare un po' a cosa cazzo volevo io. "Tira fuori un attimo le palle!"

mi dissi mentalmente. Dovetti soffocare una risata perché più fuori di così
le palle non ce le potevo avere. Ci riprovai con "fuori la paglia dal culo
e schiarisciti un po' le cazzo di idee!". Già meglio. Cosa volevo? Arianna? Forse
messa lì così com'era anche sì. Ma in generale? Probabilmente no... no. Potevo
farmi tutte le seghe mentali, pensarci e ripensarci. Occupai invece i pensieri
biasimandomi per non averle nemmeno fatto la cortesia di ravanarle
un po' il clitoride, mentre mi faceva dono di 'sto bocchino magistrale.
La verità, pensai, è che non si può cambiare il mondo e non si possono
cambiare le persone. Eccola. L'illusione più antica e pallosa dai tempi
dei romanzi rosa e delle telenovelas del medioevo. Che bravo. Forse ne stavo
arrivando a una. Ero quasi pronto per lo spot della *Molinari*, chiara e decisa.
Rimaneva il fatto che Ari stava mettendo in mostra le sue *skills*
in un'esecuzione quasi perfetta della gola profonda. Credevo
che la mia cappella stesse strusciando contro la sua ugola e le sue tonsille
e venisse fatta entrare leggermente nell'epiglottide. Una goduria assoluta.
Mi chiesi se puntava a raggiungere la trachea. Continuavo a muovere la schiena
cercando la sua bocca. E la cosa le piaceva. Di tanto in tanto si limitava
a massaggiare e baciare di lato l'asta per una manciata di secondi riprendendo
fiato e mi guardava maliziosa e compiaciuta. Mi era capitato di incappare
in tipe che si rifiutavano categoricamente di fare pompini. Avevo un socio
che aveva mantenuto una relazione per più di un anno con una ragazza
del genere. Non me lo spiegavo. Io c'ero finito a letto una seconda volta
per sbaglio con una che non m'aveva spompinato. Ma solo perché aveva detto
di avere un problema alla gola e m'aveva costretto a stantufarla per sette volte
in una sola notte. Con una fame del genere me l'ero bevuta la storia
del problema alla gola. Ma la seconda volta non me l'aveva preso in bocca
lo stesso. Eppure quando c'avevo dato di lingua io, sotto da lei,
aveva pure dato istruzioni precise mentre lavoravo: «mi piace quando
lecchi e lavori anche di mano».
Arianna invece, come fosse la cosa più naturale del mondo, stava facendo
un movimento con la testa in cui faceva prima una specie di effetto *vaccum*
sul glande e in seguito scendeva e leccava. La dopamina scorreva come
un fiume in piena, cazzo.
L'impulso primordiale era quello di continuare a lasciarla fare ovviamente.
In una situazione normale se riuscivo a trattenermi abbastanza dall'esploderle
in bocca avrei approfittato per darle pure due colpetti. Magari a pecorina,
facendo sbattere il pube contro quelle chiappe nivee sode e perfette fino
a disegnarci sopra due belle chiazze a sfumature rosse e rosa. Era la cosa

più normale da fare. Qualsiasi maschietto o maschiaccio a cui piaceva
la passera non avrebbe potuto fare altrimenti. Anche un soggetto più nobile
e pio del sottoscritto a quel punto non avrebbe potuto fare altrimenti.
Ma evidentemente il cablaggio celebrale del vostro amatissimo doveva avere
qualcosa che non andava. La mia testa di cazzo spesso non aiutava tanto
più che l'uccello. S'intrippava con roba strana, astratta, difficilmente
comprensibile e altamente opinabile: etica, morale, principi. Salcazzo.
Difficile stare lucidi in una situazione del genere.
Quello che so è che l'impulso del momento - che è un bel modo per chiamare
un temporaneo *crash* cerebrale che permetteva l'ascesa di una lancinante
ingenua follia - suggerì che c'era qualcosa di sbagliato e stronzo in quello
che stava accadendo.
Così tutto d'un tratto la mia carcassa si decise a seguire il comando
più autolesionista che un individuo eterosessuale senza inclinazioni di tipo
masochistico a livello sessuale potesse permettere. Cominciò a muoversi
per autoinfliggersi il peggiore dei supplizi per il povero Dr. John, a cui non
rimaneva altro da fare che arrendersi e prepararsi a subire fortuitamente quella
tortura. Il tipo di tortura che se siete fidanzati con una sociopatica emotiva
rischiate ogni volta che le procurate un'incazzatura medio alta: interrompere
l'amplesso, un coito interrotto.
Col cazzo ancora duro e gonfio che implorava di abortire questa missione
suicida presi tra le mani il viso di Arianna. Mi concessi un momento
per osservarlo bene: era bello. Lei, per tutta risposta, fece una smorfia
maliziosa. Non aveva la più pallida idea di cosa cazzo stava per succedere.
Proiettai nella mia mente il volto di Jasmina. Anche il suo era bello. Bellissimo.
Era meglio non perdere l'attimo di impavida impudenza con il Dr. John ancora
eretto e implorante come una lancia nella battaglia di Canne. Se dovevo
fare 'sta cazzata dovevo farla bene.
La feci girare prona. Mi concessi il giusto tempo che l'ammirazione di quelle
belle chiappe meritavano. Ci infilai il grugno e diedi una bella aspirata. Stampai
un bel bacio su una delle due natiche. Dio, quanto mi sarebbe piaciuto
infilzarlo. Purtroppo avevo altro in mente. Diedi una bella sculacciata,
non troppo forte, e cominciai ad allontanarmi raccogliendo la t-shirt.
«Scusa amore, ma questa è l'ultima volta che ti bacio il culo» dissi.
Arianna si girò e mi guardò pietrificata.
«Cazzo vuol dire?»
«Vuol dire» risposi mentre cercavo dove erano finiti i miei indumenti,
«che tutto questo, be', non funziona».

«E ti sembra il caso di dirlo così dopo che te l'ho succhiato per mezz'ora?»
«Esagerata, saranno stati neanche dieci minuti» risposi mentre cercavo
di infilarmi i vestiti più in fretta possibile. «Comunque mi spiace. C'ho messo
un po' a processare, sai che alle volte sono un po' lento di testa».
Mi mancavano ancora un paio di pezzi, ma il grosso - calze, mutande e calzoni
- era fatto. Il Dr. John, ancora sull'attenti, era incredulo e contrariato non meno
di Arianna da quello che era appena successo.
Quando stavo per uscire, con la maglietta sulla spalla e le scarpe in mano,
parve rianimarsi di colpo anche lei, che fino a quel momento doveva esserci
rimasta talmente di merda da non crederci. Attaccò a trafficare per infilarsi
qualcosa addosso.
«Sei un'inutile ritardato del cazzo, sei».
Non mi trattenevo più. Mi scappava da ridere. Solo io potevo infilarmi
in una situazione simile. Questo, ovviamente, la fece incazzare ancora di più.
Ero riuscito a infilare una scarpa saltellando e stavo aprendo la porta. Ora il Dr.
John me la stava facendo pagare, cominciava a farmi male.
Tuttavia sul momento non me ne fregava niente della sua indignazione.
«Racconterò a tutti che razza di finocchio sfigato che sei!»
Magari avessi la fortuna di essere un culattone, pensai.
Era riuscita a infilarsi i pantaloni, senza preoccuparsi degli slip, e il top.
Mi lanciò un bicchiere che, mancandomi, andò a frantumarsi contro lo stipite
della porta. Accelerai imboccando le scale con una scarpa sola a torso nudo
coi crampi all'uccello. Mi fermai e mi girai. Raggiunse la porta. Mi puntò il dito
contro e mi minacciò.
«Non pensare di andartene così».
Era proprio un bel pezzo di ragazza. Non avevo granché da rimproverarmi
per essere stato un pirla rincoglionito. Sarò stato un cazzaro e un idiota
ma avevo buongusto. Anche se era ora di dire basta. Non avevo più scuse
per perpetuare la farsa.
«Senti» le dissi mentre infilavo la maglietta. «Hai dimostrato a più riprese
di non sapere cosa cazzo vuoi. O forse lo sai e non l'hai ancora trovato o non
hai il coraggio di andartelo a prendere. E mi sembra palese che qualsiasi cosa
o chiunque sia non sono certo io».
Si calmò un momento. Cercò di mantenere un tono calmo, ma si vedeva
benissimo che le costava una fatica bestiale.
«Forse mi ci è voluto del tempo per capire cosa volevo» sbanfò.
Appoggiato al muro infilai l'altra scarpa e allacciandola continuai a guardare
Arianna piegato a mezza rampa di scale di distanza.

«No, le persone non ci mettono tanto a prendersi quello che vogliono, specie
se ce l'hanno facilmente a portata di mano. Il tuo credo
che sia più un contentino temporaneo. Vedrai…»
«Vieni su e parliamone» disse col veleno negli occhi. M'aspettavo che sputasse
acido come un *Alien* incazzato da un momento all'altro.
«O forse» aggiunsi ignorando la sua proposta, «ti scazza perdere
un giocattolo. Eh? E se devo dirla tutta mi son reso conto di poter avere
qualcosa di meglio pure io. Francamente per la capricciosa scassacazzi
che sei ti ho dedicato fin troppo tempo ed energie».
Non lo pensavo sul serio, ma a quel punto mi sembrava meglio per tutti
che s'infuriasse sul serio senza tenersi dentro tutta quella rabbia improvvisa.
Non potevo farci niente. Era la mia coscienza altruista.
Arianna se ne stava a gambe divaricate, eretta come un'amazzone con la stazza
di un gatto, e rimase a bocca aperta. Cominciai a scendere le scale.
«Ti saluto. Buona fortuna con tutto quanto e grazie di cuore. Ci si vede in giro,
forse…» le sorrisi.
Sparì nell'appartamento lasciando la porta aperta. Udii il sibilo di un oggetto
che volava per la rampa di scale. Per fortuna anche il vaso con la pilea
mi mancò e i cocci, la pianta e la terra si sparsero sulle scale. Mi dispiaceva
per la pilea. Sentii i piedi nudi che correvano sulle piastrelle. Allungai il passo.
La sentii urlare.
«Inutile sfigato del cazzo! Dovresti ringraziare che mi sono presa io il disturbo
di darti il mio di tempo».
Sembrava la scena di uno di quei film pseudo drammatici ambientati in realtà
da borghesucci annoiati che vogliono sentirsi importanti e che mandavano
in sbroda certe fregne e davano speranza a certi soggetti quando facevano
incassi record al botteghino. Scommettevo che sotto sotto Ari stava andando
almeno un po' in sbroda per 'sta scenata. Forse però l'avrebbe preferita dopo
essere stata ingroppata per bene, che comunque sta cazzata che alle tipe
il sesso non piace lo sapevo che era una stronzata. Io però volevo solo levarmi
dai coglioni. Mi piaceva pensare che una volta che passavo oltre una cosa ero
oltre e basta. Ci speravo più che altro. Lanciai uno sguardo alle mie spalle.
Aveva guadagnato terreno e aveva in mano la brocca con la sua bevanda
buona. Merda, non avevo avuto modo di domandarle cosa ci aveva messo
dentro. Fece un ultimo lancio e questa volta mi manco solo per un pelo.
Mi finì un po' di liquido sul braccio. Pulii leccandolo via.
Si fermò. Era proprio bella, cazzo. Confermai per l'ennesima volta
il mio buongusto. Peccato per lo spreco visto che era quella che era, pensai.

O forse era giusto così.

Non si può cambiare il mondo e non si possono cambiare le persone. O forse sì. Ma senza scorciatoie. Con tanti sacrifici e il giusto tempo. Forse. Le sorrisi. «Con tutto l'affetto più sincero Ari... buona vita... e... vaffanculo».

Mi fiondai sotto l'acquazzone che si trasformò in pioggerella dopo pochi secondi di camminata. Il Dr. John mi mandava messaggi di disprezzo la in mezzo alle gambe. Roba da pazzi, pensai, mi sono autoinflitto un coito interrotto. Eppure non avevo inclinazioni sadomaso. Quei video li saltavo sempre anche sui siti porno quando c'incappavo per caso. Cominciò a salirmi una sorta di isterismo. Mi scappava da ridere. O avevo raggiunto un'illuminazione o ero impazzito del tutto. Chi mi voleva bene - e io me ne volevo, cazzo - avrebbe sostenuto la prima ipotesi; chi mi voleva male invece la seconda, a prescindere. In ogni caso, pensai, m'andava di lusso: tanto i pazzi non sanno di esserlo. Ricordai che da piccolo ogni tanto mio padre diceva: «La scritta "manicomio" nelle case di cura è rivolta di fuori, mica dentro».

E forse il vecchio c'aveva ragione: i veri tuonati erano quelli che stavano di fuori. Dunque. Capitolo Arianna chiuso? Ci speravo proprio. Credevo proprio mi convenisse lasciarmi tutto alle spalle. Volevo mica far parte di quei cazzoni che stanno a leggersi tutte le tiritere delle scienziate da social. #meglioSoliCheMaleAccompagnati, #SorridereSempre, #Happy, #ESeSiAllontananoLascialiAndare, #LaMiaVitaLeMieScelte, #NonAccontentarsiMai, #UnicheComeIDiamanti, #LasciamociSorprendereDalDestino,... #mavvaffanculo.

Per il cazzo - duro e dolorante - proprio. C'avevo altro da fare io. Misi le cuffie alle orecchie. Dovevo ancora capacitarmi di essermela svignata da una chiavata così. Mi lasciai travolgere dal panico. Col senno di poi tutto questo bruire interno non aveva un cazzo di senso. Ma ero sconvolto in ogni caso. Grazie al culo c'era la playlist che m'aiutava. Alle volte la riproduzione casuale m'inquietava per quanto sembrasse azzeccata. *Saint* dei *Marilyn Manson* fu la prima ad attaccare. Canticchiavo tra me e me, e decisi che anche se era una bella scarpinata me la sarei fatta a piedi. La pioggia era benvenuta. Dovevo pensare ai miei piani e ai miei progetti. Cercai di concentrarmi su quelli. *Wicked Game* degli *Stone Sour*, *Another Love Song* di *Uncle Kracker*, *Fuck You* di *CeeLo Green*, *Savior* dei *Rise Against*, *Space Bound* di *Eminem*, *Love The Way You Lie* di *Skylar Grey*, la versione dei *Cake* di *I Will Survive*, *White Flag* di *Dido*, cazzo, mancava solo *Miserable* dei *Lit*. Mi stava uccidendo il mio smartphone. Brava e bella e lunatica Arianna. Le auguravo davvero tutto il bene.

Ma ci tenevo anche al mio, di bene. La parte del *cuckhold* non faceva per me. Dovevo sentirmi con Carlo. Dovevo prepararmi a ripartire
alla conquista, pensai.
A cazzo duro. In quel momento, anche se avevo macinato quasi due chilometri, ancora in tutti i sensi. Boia.

‹Avevo seguito il ragazzo fino a casa. Stava smaltendo la circostanza e tirandosi assieme. Era un coglione, ma un coglione sorprendentemente forte. Pensavo che avrebbe ceduto alle randellate da sfinimento. Tutti ti prendevano per sfinimento. La società con le sue bollette e il mutuo e la precarietà e la vulnerabilità. I media con il loro bombardamento costante di trend e notizie e sondaggi e recensioni e pubblicità e talk show. I *latin lovers* con le tipe e il resto delle persone che gli stavano intorno. Se non li cagavi loro continuavano comunque imperterriti a domandarti cose, a parlarti come una mitraglia. Per sfinimento. Come le tipe che ti costringevano ad ammazzarti di seghe per indurti a cedere ai loro capricci e il loro bioritmo, finché… non si cagavano la vulva. Per sfinimento. E a una certa un povero bastardo gettava la spugna. Prendeva il formulario per l'iscrizione al gregge e rinunciava all'idea di fare il pastore o il lupo. Desidera prendere questo lavoro? Ok. Accetta questo stipendio che le permetterà di avere un tetto sopra la testa, cambiare macchina ogni quattro o cinque anni, permettersi una console, telefono di ultima generazione, due o tre cene fuori al mese, una o due vacanze di due settimane l'anno e alcol e medicamenti per evitare di considerare che la sua esistenza non ha senso? Ok. Desidera mettere su famiglia, di modo che la sua prole possa portare avanti l'illusione di immortalità della sua persona e dando loro la magnifica opportunità di divenire a loro volta nobile sostegno della nostra gloriosa specie e la nostra impeccabile collettività? Ok. Accetta la libertà di voto che le permetterà di esprimere la sua opinione che, salvo particolari promozioni, verrà considerata per approssimativamente lo 0,00000001 per cento sul sondaggio generale? Ok. Congratulazioni! Benvenuto nella Compagnia!
Ecco alcuni benefit pronti per lei: l'affetto - genuino o frugale a dipendenza del suo status e i risultati portati a beneficio della Compagnia - di un numero di persone da definire, accesso a terapie e balocchi di vario genere - sempre in una misura soggetta al suo contributo per la Compagnia - per aiutare il suo stato di efficenza come membro della Compagnia, e molti altri.

Benvenuto. La registreremo come strumento operativo della Compagnia con effetto immediato.

Per sfinimento.

Però di tanto in tanto si trovava qualche stronzo bacato in testa, che quando si sentiva sfinito invece di gettare la spugna s'incazzava. E certa gente quando c'ha il cazzo che gli gira, invece di andare a cercare riparo, è il momento in cui si libera di pesi inutili, degli elementi tossici che lo rallentano, che calcia via ogni tentativo di stupide manipolazioni e parte alla ricerca delle ali che gli hanno tagliato... 'sti figli di puttana.›

Alex si tolse gli indumenti bagnati e mi salutò con un cenno affaticato del braccio. Aprì una latta di birra portandosela nella doccia. Uscì, ancora bagnato, con un chiaro "non me ne frega un cazzo" impresso in ogni gesto e movimento. Schiacciò il tasto play sul computer, finì la birra, gettò la latta nella spazzatura, ne aprì un'altra e si sdraiò sul divano. Mi guardò.

«Ho bisogno di ubriacarmi JD». Ci pensò un attimo. «Non ne ho veramente bisogno. Però lo farò».

Rimuginava verso il soffitto. Sapeva il cazzo cosa si raccontavano, il cazzaro e il soffitto.

«Devo dare una sistemata a un po' di cose…» sentenziò guardandomi annuendo. «Devo sistemarle per sistemare me stesso». Indossò il suo accappatoio double-face della *Marvel*. Prese il telefono e creò un gruppo su *Whatsapp*. Dalle casse collegato al suo laptop stava uscendo la voce di uno di quei due segaioli dei fratelli Gallagher. Intitolò il gruppo a caso: "Roll With It". Aggiunse Svein, Adam e Jürgen.

ALEX: ragazzi, ho bisogno di prendermi una sbronza… m'è successa una cosa che manco ci credete quando ve la racconto… e mi piacerebbe se possiamo anche chiarirci dopo sabato {emoticon con la faccia neutra che guarda in alto}

Gettò il telefono sul divano. Sperava rispondessero in fretta, ma non ci contava troppo. Jürgen quando se la prendeva gli partiva il mestruo: trattamento del silenzio, musi e cazzate varie. Si piazzò alla console in accappatoio, con l'intenzione di rifinire un po' la sua canzone intitolata *Ben Jerry's*. Intravide da lontano una notifica.

ADAM nel gruppo "Roll With It": cosa hai combinato?

ALEX nel gruppo "Roll With It": tu non hai idea, ti devo raccontare, dai lo so che è lunedì e non c'è un cazzo, ma che vi costa? Una bettola aperta la troviamo lo stesso. HO BISOGNO DI BERE

ADAM nel gruppo "Roll With It": forse posso farcela…

ALEX nel gruppo "Roll With It": daaai cazzo, non fare il tiraseghe! Che ti costa per una volta?

Alex mandò una gif con *Rachel* in una scena di *Friends* che si disperava scuotendo la testa.

SVEIN nel gruppo "Roll With It": io ci sono

Si fece sentire anche l'ultimo.

JÜRGEN nel gruppo "Roll With It": @svein ma non eri in gita al lago con Lara? {emoticon che si tiene il mento}

SVEIN nel gruppo "Roll With It": Sì! Sì! Per la sua amica che s'è fatta infornare {smile che ride alle lacrime} Ma stiamo tornando per fortuna {scimmietta che si copre gli occhi} che palle! Tutti stuzzichini minuscoli, prosecco e una bowle tutta annacquata... bisogno anche io di una birra!

JÜRGEN nel gruppo "Roll With It": un bello screenshot qui adesso da mandare alla tua bella... {emoticon con la faccia neutra che guarda in alto}

SVEIN nel gruppo "Roll With It": {smile che ride alle lacrime, tre volte} ti uccido

JÜRGEN nel gruppo "Roll With It": {smile che ride alle lacrime} solo se non ti uccide prima lei

SVEIN nel gruppo "Roll With It": merda hai anche ragione {smile che ride alle lacrime} {scimmietta che si copre gli occhi}

ALEX nel gruppo "Roll With It": @jurgen sei dei nostri? {emoticon con faccia neutra che guarda in alto} {mani giunte in preghiera}

JÜRGEN nel gruppo "Roll With It": porca puttana stavo guardando il match UFC di ieri e trovo sto gruppo 'Roll With It'... un nome così di merda solo tu potevi sceglierlo...

ALEX nel gruppo "Roll With It": ho improvvisato... {emoticon col tizio che alza le braccia al cielo}

JÜRGEN inviò la gif di Robert Downey Jr in una delle sue esibizioni migliori del concetto di "disapprovazione" meglio riuscite col solo uso della faccia. Nei panni di *Tony Stark* ovviamente.

JÜRGEN nel gruppo "Roll With It": dove ci troviamo?

ALEX nel gruppo "Roll With It": non che sia così grave... ma per non rischiare evitiamo i soliti posti, preferirei...

ADAM nel gruppo "Roll With It": sul serio... cazzo hai combinato? {smile che ride alle lacrime}

ALEX nel gruppo "Roll With It": vieni con noi e lo scopri {smile che fa l'occhiolino}

SVEIN nel gruppo "Roll With It": io ho anche fame! Dai se vogliamo evitare i soliti posti andiamo a farci un po' di carne alla griglia al grotto su in valle!
JÜRGEN nel gruppo "Roll With It": l'idea di un po' di carne per cena in effetti non mi fa schifo
ALEX nel gruppo "Roll With It": se hanno anche birra o vino a me frega niente, basta che esco di casa e ho qualcosa da bere… @Adam?
ADAM nel gruppo "Roll With It": mi hai incuriosito troppo… pezzente! A che ora?
ALEX nel gruppo "Roll With It": io voto per il prima possibile
ADAM nel gruppo "Roll With It": io mi devo cambiare, sto tornando a casa adesso
SVEIN nel gruppo "Roll With It": io son praticamente a casa adesso. Lascio Lara e ti passo a prendere ok @alex?
ALEX nel gruppo "Roll With It": {indice e pollice congiunti a formare una 0 e le altre dita alzate}
JÜRGEN nel gruppo "Roll With It": io d'ora che hai preso Alex son pronto!
ALEX nel gruppo "Roll With It": Allora a sto punto ci fermiamo al massimo a berne una da @jurgen finché la M@adamE è pronta e poi raccattiamo anche lei e andiam su tutti insieme {merda che sorride}
ADAM nel gruppo "Roll With It": simpatico… che ridere
SVEIN nel gruppo "Roll With It": andata, a fra poco Alexinho

Svein quando aveva sete era svelto. Non s'erano neanche fatte le sei
che eravamo già al grotto su in valle. Per non rischiare la salute e le patenti
di nessuno, senza chiedere il permesso, avevo ordinato un taxi. Avevo pagato io
la corsa, nonostante le proteste, perché era stata una mia idea.
La monovolume ci aveva mollato sulla ghiaietta dov'erano posteggiate le auto
degli altri clienti. Eravamo entrati e ci avevano piazzato a un tavolo in sasso
di fuori. Anche se era presto, dopo due birre Svein, in preda al suo verme
solitario, aveva attaccato a rompere i coglioni e quindi avevamo ordinato
la carne alla forca e un piatto di affettato misto come antipasto. Il gerente
del locale ci aveva deliziato con alcune costine, visto che ne stava cuocendo
a frotte per un tavolo di crucchi che aveva preso il menu 'a volontà'.
Dopo un po' di chiacchiere futili Adam aveva infine domandato.

«Allora? Cazzo è successo?»

«Davvero, hai imparato a farti le seghe con tutte e due le mani?» era intervenuto Jürgen.

Avevo tirato un lungo sospiro.

«Be'… oggi dovevo vedermi con Arianna. E l'ho fatto…» erano bastate quelle parole per avere tutta la loro attenzione. Raccontai. Mi fissavano con la stessa intensità di un Labrador quando gli si sventola davanti un pezzo di pancetta. Al culmine del racconto, poco prima che arrivasse la nostra carne alla forca, cominciarono a prepararsi per il loro show: i loro commenti, le loro reazioni. Il loro contributo.

«Non ci credo che sei scappato via così come l'hai raccontata» sentenziò subito Jürgen.

Io, che solo a ripensarci sentivo le fitte all'uccello, per tutta risposta ordinai una boccia di *Barolo*.

«Nemmeno io. È impossibile a livello fisico secondo me…» convenne Adam. Svein se n'era stato buono con aria riflessiva a pensare e ragionare su quello che aveva sentito. Poi era esploso ridendo.

«Mi spiace ma se c'è un coglione in grado davvero di fare una cosa del genere quello è proprio Alex…»

Gli altri due si guardarono scuotendo la testa, con aria seria, ma poi cominciarono a sorridere e le loro teste cominciarono ad annuire.

«Dai cazzo dimmi che non è vero…» disse Jürgen.

Adam attaccò a ridere insieme a Svein.

«Dì un po' ma chiedi anche di farti tirare i calci nelle palle alle tipe quando ci finisci a letto?»

Jürgen si unì alle grasse risate degli altri due stronzi.

«Fottetevi. Amici del cazzo» sorrisi.

Loro mi guardarono cercando di recuperare il fiato e farsi seri. A quel punto però scappava da ridere a me. La boccia di vino durò poco più di un quarto d'ora e ne ordinammo un'altra. Finite le battute, con l'alcol che ci rendeva un po' più chiacchieroni, vollero informazioni un po' più serie.

«Arianna ti piaceva proprio un sacco» fece Adam. «Quindi niente? Finito?»

«Penso di sì» dissi scuotendo la testa. «Lo sa il cazzo».

«Hai intenzione di sentirla ancora?» domandò Jürgen tutto serio.

«No» risposi convinto.

«Allora è finita» semplificò.

«Sì, almeno per adesso sì…»

«Fai prima a fare per sempre» cercò d'illuminarmi. «Ricorda che finire

con la stessa donna con cui hai già fatto cilecca è come ricomprare
una macchina che hai già avuto: te la riprendi con gli stessi difetti
ma con più chilometri».

«Sei seriamente arrivato al punto che mi citi dei cazzo di meme
di *Facebook*?» lo ripresi.

«Be'» s'intromise Adam, «magari quando te la riportano qualcuno dei difetti
che aveva l'hanno sistemato… cambiato qualche pezzo».

Io e Jürgen ci limitammo a guardarlo in silenzio.

«Ok sto zitto» si limitò poi a dire Adam addentando un pezzo di carne.

«Dunque» fece Jürgen, «niente donna, niente posto fisso, niente ambizioni…
come intendi sorprenderci Alex?»

Tossii e feci un gesto generico con il braccio che comprendeva tutti loro.

«Finchè c'ho voi cazzo me ne faccio di una donna, un lavoro fisso
e quelle stronzate lì?» risposi.

Jürgen, che era seduto di fianco a me, scosse la testa poi prese la mia sotto
il braccio stritolandomi il collo.

«'Sto cazzo di Alex, cosa dobbiamo farci con lui?»

Mi liberai dalla presa.

«Poi ti dirò che in verità non sai di cosa sono capace».

Adam sorrise.

«Sentitelo il duro…»

Fecero squadra a prendermi per il culo. Tempo di ordinare e consumare
una birra, un corretto *Vecchia*, due *Montenegro*, un nocino e la panna cotta
e diedi fiato alle trombe. Mi assicurai che nessuno nelle vicinanze potesse
sentirci. Oddio, avrebbe potuto esserci l'MI6 nascosto nel bosco che si stendeva
alle spalle del grotto con microfoni direzionali ad alta frequenza, ma mi bastava
che non ci fossero orecchie indiscrete tra gli altri clienti del grotto. Raccontai
del colpaccio di Londra. Ovviamente nessuno ci credette.

«Se volete vi posso fare vedere gli articoli che ne parlano e i miei movimenti
bancari» pavoneggiai mezzo brillo.

Titubarono un attimo, poi Jürgen si fece avanti alla me ne fotto.

«Dai! Fai vedere».

Cacciai fuori il telefono, eseguendo il login nei miei account,
e mostrai le cifre e gli spostamenti.

«Potete cercare "dogma heist london" nel frattempo» dissi.

Ci fu un attimo di silenzio imbarazzante. Svein lo ruppe in un misto
di sconcerto e divertimento.

«'Sti cazzi!»

«Tu sei fuori» commentò Adam scuotendo la testa.

Jürgen, con la bocca arricciata, stava ancora leggendo un articolo sullo smartphone. Poi annuendo leggermente con la testa mi guardò con una sorta di ammirazione, fino a esplodere.

«Paga almeno da bere allora 'sta sera figa ladra!»

«Davvero! Caccia fuori un po' di grana» saltò subito a bordo Svein.

«Sono comunque più povero di sto rabbino» indicai Jürgen. «Con le sue frodi legalizzate del cazzo! Puoi pagar te tutta la cena, altro che palle!»

«Sentilo… solito comunista di merda! E pure tirchio…»

Adam fu quello che impiegò più tempo ad uscire dalla zona di sconforto. Ma alla fine s'aggregò.

«Scottano tutti quei soldi, devi liberartene in fretta».

«Oh, e lo farò» assicurai. «Ma di certo non mi renderò complice della rovina dei vostri fegati».

«Magari ci danno una ricompensa se chiamiamo Scotland Yard…» suggerì Jürgen.

A breve le battute furono sostituite dalla curiosità.

«Ma non ti sei cagato addosso?», «Ovvio, ma ero anche esaltato come una merda… ho vomitato però a una certa»; «Ma come ti è saltato in mente?», «C'avevo il cazzo girato a mille, è stato tipo un raptus, ma invece di sfogarmi con qualche stronzo a caso me la son presa con qualcosa di ben preciso…»; e via dicendo.

A Jürgen sfuggì una risata.

«Eroe, cazzo».

Il grotto stava chiudendo e, a causa delle mie belle esperienze nel campo dell'ospitalità, volevo andare incontro al gerente e gli altri camerieri e baristi dando loro modo di chiudere su baracca a un'orario decente, senza doverci scopare fuori dal locale.

«Torniamo in centro, dai, ce ne facciamo ancora una lì…» proposi.

«Ma dove vuoi andare in settimana a quest'ora?»

«Il Roxxy sicuro è ancora aperto…»

Il Roxxy d'inverno era aperto solamente il giovedì, il venerdì e il sabato, e i prefestivi, ma d'estate confidando nel turismo apriva tutti i giorni. Adam fece un po' di storie ma accettò di aggregarsi per un'ultima bibita. Chiamammo il taxi prima di ordinare un ultimo giro di nocino e limoncino - che ci vennero offerti - con il conto. Il seguito sono una manciata di ricordi abbastanza confusi e annebbiati.

Al Roxxy non avevamo fatto a tempo a bere un cazzo e probabilmente non ci saremo tornati per un bel pezzo. C'era lo stesso scimmione di sabato all'entrata. I parametri di giudizio del mestruo-impizzato-cerebrolimitato implicavano una predisposizione naturale a valutare cazzoni con addosso un paio di cargo mimetici, delle *Converse All-Star*, una giacca rossa alla *Gioventù Bruciata* su una t-shirt bianca con la foto segnaletica di Sheri Moon Zombie nei panni di *Baby Firefly*, come membri che non contribuivano al bene della società ed erano indegni di frequentare un locale "di classe" come il Roxxy. Pare avessi iniziato una discussione con l'energumeno, condendola in modo "inappropriato" con sarcasmo e doppi sensi che lo scimmione non era riuscito ad afferrare. Ma dopo un po' - visto che Jürgen invece gli andava a genio allo stronzo - avevo chiuso la boccaccia e lasciato che se la vedessero loro. Dopo un po' di chiacchiere aveva deciso di lasciarci entrare. Mi aveva guardato in cagnesco mentre lo sorpassavo per varcare l'entrata di quel buco di culo.

«Pensavo che, per come gira, almeno nelle serate più tranquille facessero meno storie...» avevo sbanfato a Svein a metà delle scale. In preda alla sbronza dovevo aver parlato un po' troppo forte.

Il burino aveva richiamato la mia attenzione.

«Ehi! Vedi di non fare troppo il duro e lo spiritoso che ci metto un'attimo a sbatterti fuori».

'Ste nullità ambulanti che s'atteggiavano io proprio non le potevo soffrire. Avevo avuto una giornataccia, ero ubriaco e volevo solo passare una serata in pace coi miei amici. Non ero riuscito a dare il contentino allo scimmione. "Ignora e passa oltre" era una condotta che m'aveva rotto il cazzo. Le mie corde vocali avevano ceduto alla tentazione.

«Senti un po', mi togli una curiosità...» avevo risposto mentre i miei soci già scuotevano la testa rassegnati. «Ma te cammini così perché te lo fai sbattere regolarmente nel culo da qualche superdotato o hai a casa una riproduzione in gomma dell'uccello di Lexington Steele e fai da solo?» Pareva che io e il babbuino c'eravamo messi le mani addosso e solamente grazie all'intervento di Adam e Svein, che mi avevano portato via di peso, erano stati evitati lividi da una parte e/o dall'altra. Lo stato serioso del "cazzo combini?!" era durato poco e l'accaduto si era trasformato a breve in una sorta di barzelletta. Jürgen aveva convinto tutti quanti - non si sa bene come avesse fatto con Adam - ad andare al Panther's Gentlemen's Club.

La frase d'oro credo fosse stata: «Dai! Sto povero bastardo se l'è fatto succhiare senza venire, c'avrà la sacca delle palle in procinto di esplodere, andiamo a fargli vedere un po' di figa».

Seguito da Svein che controbatteva: «Vabbè ma spero che poi a casa si sarà tirato una bella sega…»

E io che rimanevo a guardarli come un pesce lesso. Perchè no. Non m'ero nemmeno fatto un segone arrivato a casa.

C'eravamo sistemati su un divanetto all'angolo della sala principale del bordello. Il locale era piuttosto vuoto. Scorgemmo subito tre professioniste che bazzicavano qua e là provando ad allettare i pochi clienti. C'era 'Linda', una moldava bionda snella, che se ne andava in giro con un abito argenteo attillato aperto sulla schiena, su un paio di sandali con la zeppa, brillantinati anche quelli; 'Mirela', una brasiliana con la pelle abbronzata e i colpi di sole nei capelli lunghi castani, spostava la sua figura curveiforme con addosso solo un bikini giallo con un fazzoletto trasparente intorno alla vita; e infine 'Alexia', una rumena coi capelli tinti di nero portati a caschetto, che per la serata aveva optato per un look da vamp con il rossetto rosso acceso in tinta con le scarpe col tacco a spillo, che stava al bar a bere un cocktail coperta da dei leggings neri attillatissimi e un top nero trasparente che lasciava poco spazio all'immaginazione. La clientela era composta da due giovanotti in abbigliamento *smart casual* che bevevano un cocktail a un tavolino ridendo e raccontandosela, un gruppo di militari in libera uscita che occupavano un altro divanetto, e al bar tre uomini di mezza età, aberrazioni sopravvissute degli anni '80, con la faccia rossa e paonazza, conciati come Jerry Calà in *Abbronzatissimi*. Insomma, il tipo di signori che mi ricordavano come NON volevo finire. Ma nella confusione della sbronza andava tutto bene.

Eravamo stati subito adocchiati. Mirela era venuta a darci il benvenuto e io avevo domandato un po' di pace.

«Per adesso ci facciamo un drink per i fatti nostri, poi se ci annoiamo e abbiamo bisogno di compagnia non ti preoccupare che veniamo a cercarvi noi, ok tesoro?»

Jürgen s'era fatto carico di andare a prendere due *Corona* per Svein e Adam, un *Negroni* per me e un Gin Tonic per sé. Adam era un pelo a disagio, ma la cosa non faceva altro che divertire noialtri bastardi. Mi giravo il *tumbler* basso tra le mani con il liquido arancione che si esauriva velocemente.

Svein aveva attaccato a rivangare vecchi episodi.

«Jürgen, ti ricordi quella volta al Roxxy che le hai prese dalla tipa che ti puntava perché le hai chiesto quanto voleva?»

«Boh, non si può battere Alexinho quando abbiamo fatto capodanno a Ischgl che si è chiuso fuori dalla stanza in mutande…»

«Oh non cominciamo eh, ero ubriaco e ho confuso la porta del bagno con quella dell'uscita, non si dovrebbero mettere così vicine, cazzo…»

«Ma quell'altra volta, al compleanno di Marzio che era talmente ubriaco
che insisteva per andare al Roxxy alle dieci e tirava pugni contro la porta
del locale chiuso dicendo che non lo volevano fare entrare
quando l'abbiamo fatto contento…?»

«Tu, Svein, muto che a Barcellona ti sei fatto inculare cinquecento bombe
dagli zingari col gioco delle tre carte…»

«Vabbè dai a Barcellona però sei tu quello che è riuscito a sfondare la porta
della stanza dell'hotel perché non trovavi la tessera… che tra l'altro avevi
nella tasca dei pantaloni…»

«Ho detto di non attaccare a rompere il cazzo che in ogni caso tu» indicai
Adam, «sportivo d'élite di sta minchia, t'ho visto fare più numeri da circo
in bicicletta di *Fantozzi* in dieci film cazzo, per non parlare del fatto
che tu e quest'altro fenomeno». Poi indicai Svein, «siete della risma
che quando stavamo a cercare di emulare *Jackass* a saltare via il mini falò
a Livigno siete riusciti nell'impresa di partire allo stesso tempo senza
accorgervene e scontrarvi sulle fiamme…»

«Cazzo, fortuna che eravamo in mezzo alla neve…»

«E se proprio vogliamo ricordarci dei numeri d'albergo tu» rivolto a Jürgen.

«Sei il fenomeno che a Praga è riuscito a scordarsi dove cazzo stavi
e ti sei preso una stanza in un altro hotel per una notte… il pappone».

«Era solo perché era più comodo e non c'avevo voglia di tornare all'altro…
poi ti ricordo che ero con una tipa almeno!»

La discussione si spostò inevitabilmente sul nostro argomento preferito.

«Quella poi era tanta roba. La cameriera di *Hooters*».

«Vero. Ma vogliamo parlare di quella che s'è fatto Alexinho quando siamo
andati al DejaVu a Praga?»

«Cazzo! Quella era davvero il top! Sosia di Megan Fox…»

«A proposito…» ridacchiò Svein, «ma dopo oggi, non stai male qui,
già solo a vedere Linda e Mirela».

«Senza contare Alexia…» aggiunse Jürgen con un sorriso da bastardo dentro
coperto un istante dopo dal bicchiere con il Gin Tonic.

«Giusto, cazzo!» sembrò svegliarsi Adam.

Anche se non era un gesto troppo nobile non mi rimase altro da fare
che tentare di spostare l'accanimento verso l'unico che era a disagio quanto
me in quel momento.

«Quale ti piace di più Adam?» lo inzigai.

Obiettivo centrato. Adam cominciò uno dei suoi boriosi sproloqui sulle tipe, che non pagava perché non c'era gusto, che non gli interessavano nemmeno le avventure senza conoscere la persona e che era troppo figo per pagare.

«Vabbè ho capito, però vuoi dire che nemmeno ti tira a guardarle? Dai… Ad esempio a me piacciono tutte e tre, c'hanno uno stile diverso. Mirela è la più focosa, è quella che ti si scopa lei, Linda invece è quella più acqua e sapone, con quel fascino da timida ma poi ti faccio vedere… capito? E dipende da che umore sono, quale preferisco… secondo me se Linda viene qui e ti si struscia contro ti parte un bel durello anche a te!»

«Tu invece Alexinho? Nel *mood* da palle gonfie di oggi, qual è la tua prescelta?» domandò Jürgen.

«Probabilmente questa è una serata da Alexia. C'ha quella faccia da diavoletto e ha l'aria di quella che incassa bene. Sai gemiti a palla e tutto il resto…» Risero scuotendo la testa. Ero un caso perso, ma un caso perso coi controcazzi. Impossibile resistermi. Jürgen prese le comande per il prossimo giro e Svein protestò che toccava a lui e allora andarono insieme. Rimasi solo con Adam che aveva una domanda che gli premeva.

«Allora come stai reggendo la botta da non scopata? Dobbiamo prenderci un ombrello che scoppia una bomba allo sperma tra un po'?»

Gli sorrisi mostrandogli il dito medio. Finii il Negroni e guardai il telefono.

Tre notifiche da Arianna.

Lessi, non risposi.

Due notifiche da Iari.

Lessi e risposi: grazie ci vediamo domani allora.

Aggiunsi l'allarme sul telefono per ricordarmene.

Una notifica da Jasmina.

Lessi. Decisi di rispondere il giorno dopo, sperando di ricordarmi.

I due arrivarono ridendo tra loro con quattro *Corona*.

Agguantai la mia e i due continuavano a guardarmi ridendo.

«Cazzo c'avete da ridere?» domandai.

«Niente».

Tempo due sorsi di *Corona* e sentii dita soffici e leggere carezzarmi alle spalle. Alexia mi si sedette praticamente in braccio. Sorridente. Provocatrice. Guardai Svein e Jürgen che se la ridevano. Manica di coglioni.

Alex aveva seguito Alexia in una delle stanze dietro il locale dopo qualche protesta. I cazzoni avevano già pagato la prestazione. Durata poco più di cinque minuti. Un po' di lavoro di mano per farglielo gonfiare, un paio di stantufate a missionario e l'inevitabile espolosione appena girata a pecora. Una delusione per la rumena. Con le sessioni che le toccavano con vecchi viscidi bavosi, non le sarebbe dispiaciuto passare un po' più di tempo con il fisico asciutto, le spalle larghe e il volto, tutto sommato piacevole, di Alex. Anche da sbronzo Alex mantenne un rigoroso decoro e le buone maniere con la signorina. Per alcune lavoratrici, l'industria del sesso, era una squisita opportunità, per molte altre l'ennesimo livido di una catena che le intrappolava in una vita votata a una cruda sopravvivenza. Ma non per la sveglia ragazza rumena. Stava per abbandonare la schiavitù della vendita al dettaglio per passare a essere regina delle masse di viziosi che necessitavano costosi e spietati servizi di educazione per tirare avanti nelle loro esistenze intrappolate tra nevrosi e tensioni sociali. Per Alex quell'excursus fu un'esperienza vuota, senza sapore, senza senso. Poco più di una costosissima pisciata.

Scrisse a Jasmina ma era tardi. Jasmina aveva scrutato il suo telefono due ore prima l'ultima volta. I suoi soci erano degli sguaiati ma erano amici veri. Avvertirono il disagio e si adeguarono.

«Dai, ora che hai svuotato la borsa non c'è più bisogno che stiam qua a pagare dieci sacchi una birra».

«Giusto. Che si fa?»

«Andiam da me, facciamo una partita alla *Play*».

«Va bene».

«Ogni modo in quei due secondi che hai dedicato alla bella Alexia abbiamo avuto modo di parlarne... spiace dirtelo ma, dopo un accurato resoconto, a numeri da circo ci batti tutti».

La volta che si era addormentato da parte alla cassa che sparava musica a palla al carnevale; la volta che aveva fatto un pisolino su un marciapiede in Germania; la volta che era arrivato tardi a un festival e aveva deciso di montare la tenda dopo i concerti ma si era ritrovato troppo stanco e ubriaco per farlo e la mattina l'avevano trovato intrappolato sotto il telo steso per terra senza sostegni né niente; e la lista non finiva lì.

Svegliandomi trovai la faccia scombinata di Svein con i capelli sconquassati - manco avesse appena affrontato un tifone - gli occhi lucidi e rossi, e un sorriso beota stampato in faccia.

«Lara mi farà un culo come una casa».

Mi scappò una risata. Jürgen apparve alle nostre spalle in boxer e maglietta corta dirigendosi verso la cucina.

«Allora è meglio che la eviti il più possibile finché ti riesce. Caffè ragazzi?» esordì con voce impastata.

«Ti prego sì» si fece sentire Adam alzandosi dal divano con il volto più sconvolto di tutti. A livello di fisico se la giocava con Svein per dar la paga a tutti, ma in quanto a fegato il povero bastardo non poteva nemmeno sognarsi di reggere il confronto con nessuno di noialtri. Scoppiai a ridere.

«Sei andato a farti tirare sotto da un treno mentre dormivamo?»

Una risata zoppicante ci accompagnò mentre provavamo a recuperare un pezzetto di quella poca umanità che ci era rimasta. Guardai le brutte facce strapazzate da quella nottata. Il senso di pace e conforto a svegliarsi con 'ste brutte bestie faceva strano. Jürgen arrivò con una brocca di caffè bollente e quattro tazze.

«Solubile?» domandai schifato.

«Bevi e non rompere i coglioni».

Cercammo di ricostruire la serata tra una risata e l'altra. Ognuno cercava di spacciarsi per quello che era riuscito a mantenere più alta la dignità infierendo sui numeri da baraccone degli altri.

«Ma quel coglione al Roxxy?»

«Una fortuna se mi bannano da quel cesso di posto, tanto m'ha sempre fatto cagare...»

«Tranquillo ci penso io, tu non ti preoccupare».

«Bravo, bravo, fai il paraculo per diventare sindaco e poi fallo demolire quel locale...»

«Adam comunque, reggi un cazzo...»

Adam parlava a gesti: mostrava il dito medio, si teneva la testa, si copriva la faccia, scuoteva la testa come un cane. Ma si rifiutò di vomitare.

«Preparo una bella brocca di *Alka-Seltzer* per voi brocchi...»

«Mettici più impegno di quanto ce n'hai messo con quella povera ragazza che ci è costata cento sacchi...»

«Già... fortuna che ha detto che ti trovava carino...»

«Avrà fiutato l'affare da eiaculazione precoce...»

«Fottetevi...»

Non c'era competizione o malignità in quelle prese per il culo. Erano solo un pretesto per farsi due ghignate, ridendo di noi stessi. Erano anni che non passavamo una nottata del genere, trovandoci la mattina a ridere e scherzare a quel modo. Vero, non potevamo far finta di rimanere per sempre quei pischelli con le palle piene di speranza, che ignoravano come si sarebbe rivelata essere la vita da grandi. Non potevamo nemmeno permetterci di rivangare continuamente i bei tempi andati. Però un po' di nostalgia una volta ogni tanto non guastava. Aiutava a ricordare da dove si era partiti e dove si era passati. Andava giusto presa a dosi moderate, con la giusta casualità, e non bisognava far sì che ci condizionasse e prendesse il sopravvento. Un po' come per le droghe insomma. Tutto è una potenziale droga, col rischio di creare dipendenza e rivelarsi distruttiva. Anche gli amori, le passioni, i sogni, i desideri, le abitudini e la propria coscienza. Svein aveva libero, gli altri due si diedero malati. Ci sparammo *Arma Letale, Deadpool* e *Out Cold* dal Video-on-Demand di Jürgen, bevendo *coca cola* e mangiando una pizza d'asporto finché non si decise che era ora di lasciarsi quella piccola breve vacanza dai propri sbattimenti alle spalle e tornare alla lotta per la sopravvivenza nella realtà che ci si era barricata intorno.
Dovevo incontrarmi con Iari per l'esibizione. E poi scrivere a Carlo.

Iari era un paio d'anni più giovane di Alex. La sua abilità con le tavole gli era valsa qualche sponsor e una personalità un po' altezzosa ma il nostro cazzaro se lo lavorò per bene, assicurandosi la possibilità di aprire la serata. Avevano ascoltato la sua proposta - anche se ormai la spacciavano per una loro idea - e la *line up* era finalmente definitiva. Alex avrebbe aperto alle 19:30 per quarantacinque minuti di spettacolo, alle 20:30 si sarebbe esibita una band tributo dei *Metallica* per un'ora, alle 21:45 il palco sarebbe stato ceduto a una band italiana che suonava Ska, per un'ora e mezza, seguita da un Dj austriaco che spaziava tra musica Dance, Deep House e Trance, che si sarebbe occupato di chiudere la serata tra le 23:30 e la 01:30. Entro le 03:00 avrebbero scopato fuori dal locale gli ultimi ubriaconi che non se ne volevano andare.
Erano disposti ad accontentare Alex per poter montare il palco a suo piacimento, a patto che Carlo girasse anche del materiale per il resto della serata da mettere sui so-

cial per l'anno dopo. Iari gli diede il numero dell'azienda
che si sarebbe occupata del palco, le luci e il sonoro.
Alex era eccitato e nervoso. Il tempo scorreva e lui aveva un
fottio di roba da fare per sfruttare al meglio quest' occasione.

La casa dei miei era di quelle che sapevano di vecchio. Con mobili in legno
scuro, piena di roba fatta per durare un'eternità. Gli articoli di nuova
generazione, quella spazzatura dal design moderno fatta per durare meno
del matrimonio tra Russel Brand e Katy Perry, scarseggiavano.
Uno degli hobby di mio padre era costruire riproduzioni di modelli di barche.
Ce n'erano diverse riposte nel soggiorno in una parete vicino al televisore.
Un Titanic - in scala 1:250, lungo 107 centimetri -, la riproduzione dell' Amerigo
Vespucci - un veliero in scala 1:100 -, il battello fluviale Mississippi -
che nonostante fosse leggermente più piccolo degli altri faceva valere
la sua stazza in esposizione - e il suo ultimo capolavoro, l'Akagi - in scala 1:250 -,
la storica e iconica ammiraglia della marina giapponese.
Ignoravo completamente in quale modo li scegliesse, con quale criterio.
Leggeva qualche rivista? Aveva dei ricordi di gioventù legati a quelle barche?
Nessuna idea. Mi faceva sorridere perché mio papà aveva il terrore di volare,
non sapeva nuotare e manco per il cazzo che si sarebbe avventurato
su una nave in mare aperto. Al massimo sarebbe salito su un traghetto per fare
un paio di chilometri nelle acque placide di un lago. Ci trovavo anche qualcosa
di vagamente romantico in questa sua passione. Lui che era più una nave
ancorata in un porto sicuro, e io - la sua prole debosciata - più una bagnarola
piena di falle, con le vele strappate, lanciata beatamente in un mare grosso
in tempesta. Eravamo così diversi sotto certi aspetti. Ma anche simili sotto altri.
Lo stesso tipo di stupido orgoglio che usavamo per mascherare una natura
decisamente più empatica che ci faceva balzare il cuore in gola e ci spaccava
il cervello per cazzate egoiste ed egocentriche fatte o dette dagli altri; la stessa
avversione per le ingiustizie, seppur affrontata in modo estremamente diverso;
lo stesso scetticismo verso le istituzioni e gli organi di potere; l'affetto enorme
dimostrato in modo rude e goffo per quel pilastro instancabile e irriducibile
pieno d'amore che era quella scassacazzi di mia mamma.
Mi trovavo a casa loro per una delle caratteristiche in cui eravamo molto
diversi: il mio disprezzo naturale per qualsiasi tipo di lavoro manuale
e la sua viceversa abilità negli stessi. Le mie mani volevano solo toccare donne,
tastiere, penne ed eventualmente reggere una fetta di pizza. Le sue forse
amavano le stesse cose, ma al contrario delle mie sapevano anche rendersi utili

per questioni un po' più pratiche - accompagnate da una miriade
di bestemmie che tiravano scema mia mamma, ma alla fine ottenevano
il risultato. Mi ero fatto invitare a pranzo perché, dissi, dovevo chiedergli
qualcosa. Immaginavo s'aspettassero che mi sarei abbassato a chiedere soldi
come un tossicodipendente. Probabilmente s'erano anche preparati
una ramanzina che non avrebbero mai potuto elargire. Furono piuttosto
spiazzati quando menzionai il concerto che mi apprestavo a tenere
e decisamente sorpresi quando, dopo pranzo, liberato il tavolo,
chiesi a mio padre di concedermi una quindicina di minuti per vedere
se poteva aiutarmi con un paio di lavoretti e spianai sul tavolo il mio portatile -
su cui avevo pronti alcuni video di *YouTube* - e alcuni disegni
che avevo fatto io.

«Dunque» esordii, «fra poco c'ho 'st'esibizione, e volevo costruirmi alcune
parti del palco diciamo personalizzate. Vorrei sapere se per te sono fattibili
in tempo utile e se mi puoi aiutare visto che sono una chiavica
con questo tipo di roba».

Mio padre si era messo gli occhiali e, sotto il taglio sobrio di capelli grigi
che aveva da quando ero nato, assunse quell'aria mesta e seria che aveva
quando studiava qualcosa. Stette a sentire le mie idee e guardare i video
che gli mostravo lasciando la bocca aperta per interi minuti, sbuffando
e grattandosi la faccia come l'avevo visto fare da sempre quando metteva
in moto il cervello per venire a capo di qualcosa.

«Non me lo devi dire subito, ti lascio qui le cose per dare un'occhiata» cercai
di rassicurarlo. Mio papà sembrava sempre di fretta quando doveva rispondere
o dispensare un'opinione, come avesse alle calcagna un mastino pronto
ad azzannargli le chiappe se non diceva qualcosa subito. Brontolò qualcosa
ma non gli diedi retta. Staccai il computer e lo riposi nello zaino.

Mi rivolsi a mia mamma, che inizialmente se n'era stata in disparte fumandosi
una sigaretta in cucina ma poi - trascinata dalla curiosità fanciullesca e furfante
che la caratterizzava - s'era messa a breve distanza da me e mio papà
per osservare in silenzio quello che gli mostravo. L'accompagnai al loro
computer - che vista l'allergia di mio padre per le diavolerie tecnologiche usava
quasi esclusivamente lei - e le mostrai dove le avrei lasciato i link per i video
e come ripescarli. Salutai e alzai i tacchi. Dovevo finire le locandine col logo
che avevo disegnato per il mio futuro alter ego: Malky.

Insieme a Carlo aveva iniziato a lavorare a dei video da fare
andare sullo sfondo del palco attraverso un telo e un proiet-

tore, che avrebbe dovuto controllare lui tramite *Ableton Live* sincronizzato via MIDI. Ad Alex piaceva complicarsi la vita. Suo papà l'aveva chiamato il giorno seguente. L'aveva accompagnato in tre differenti negozi di ferramenta e fai da te per comprare il materiale che serviva e gli aveva spiegato come avrebbero realizzato i suoi supporti per il palco. S'erano messi all'opera. Rimase sorpreso dall'ubbidienza e la disciplina che Alex sfoderò mentre si adoperavano a forgiare questi strampalati aggeggi che voleva ultimati al più presto. Considerati i fallimenti passati quando aveva tentato di educare il ragazzo all'arte manuale, capì che la motivazione del figlio doveva essere notevole. Per la prima volta dopo tanto tempo considerò l'idea che Alex poteva a volte rivelarsi una testa di cazzo, ma una testa di cazzo con uno scopo ben preciso e delle capacità nascoste sorprendenti. La madre stava loro lontana quando lavoravano perché non sopportava tutte le bestemmie e le imprecazioni che entrambi i suoi ometti dispensavano in continuazione. Ma le faceva piacere vedere i due trovare finalmente una connessione e combinare qualcosa insieme. Si limitò a imbandire la tavola con cibo da far convertire in energia per i due imbecilli più importanti della sua vita. All'ora dei pasti faceva trovare loro pronti: cornetti e spezzatino, bistecche, cotolette, affettato, luganighette, riso, risotto, pasta al ragù, al pesto, alla carbonara, ai quattro formaggi, insalata, e naturalmente, immancabilmente, un sacco di chiacchiere che i due cazzari affrontavano con sempre maggiore complicità.

Tra un porcoddio e l'altro, si andava avanti, con mio papà e con Carlo. La data dell'esibizione sembrava avvicinarsi con troppa foga.
Carlo, con la sua aria da fattone perenne e il vezzo di indossare abiti che per metà lo facevano sembrare uno straccione e per metà erano capi d'alta moda sgargianti ed eccentrici, non annoiava mai con la sua presenza. Parlarci insieme era come leggere un libro di vecchia fattura, che esigeva una certa concentrazione e un minimo sforzo per farsi apprezzare, invece di imboccarti una marea di stronzate condite col dolcificante per non stancare la mente pigra. Era una delle poche persone che, come me, riusciva ad apprezzare tanto

tipi d'arte più ricercata ma non disdegnava o denigrava forme
d'intrattenimento più frivole - perlomeno quando queste erano minimamente
divertenti o originali o avevano un loro perché. Un giorno si faceva maratone
di documentari sull' impressionismo, la nouvelle vague e il giorno dopo era
con la sua *Canon 5D Mark III*, il suo *DJI Mavic Pro* e la sua *GoPro* allo skatepark
a filmare i suoi amici ed esibirsi in un paio di *trick* lui stesso nella *bowl*.
Era quasi soddisfatto del suo portfolio. Gli mancavano all'appello
un documentario e un video musicale. Di video musicali avevamo parlato
un fottio. Mi aveva fatto scoprire Jonas Åkerlund, che aveva sfondato
con il video di *Smack My Bitch Up*, ed era poi riuscito ad approdare artisti
del calibro di *Lady Gaga* (*Telephone, Paparazzi*), *Rammstein* (*Ich Tu Dir Weh,
Pussy*), *Maroon 5* (*Wake Up Call*), *Robbie Williams* (*Come Undone*), *Cardigans*
(*My Favourite Game*) e una sfilza lunghissima di altri video che spesso
per la loro natura controversa avevano due *editing* perché l'originale
non poteva essere trasmesso su canali *suckers friendly* come *MTV*. Avevamo
guardato e commentato anche altri video che ci piacevano particolarmente
come *Equinox* di *Skrillex*, *Before I Forget* e *Snuff* degli *Slipknot*,
e il video/cortometraggio *Through Sin + Self Destruction* degli *Asking
Alexandria*. Gli avevo detto che per ora mi premeva il video promozionale live,
ma che se un qualche pezzo gli fosse piaciuto particolarmente si sarebbe
potuto fare qualcosa di più azzardato. Viveva col sorriso, Carlo.
Aveva i suoi sogni. Girare un video per un'artista americano lanciato di recente
col nome di Karma Bill che aveva sfondato pesantemente a livello mondiale
con la sua prima band, *Bitch Slap*, e i suoi due album dalle sonorità punk
The Sexual Life Of Cockroaches e *Sucker Punch The System* e che di recente
aveva annunciato un nuovo progetto con la band che si sarebbe chiamata
The Establishment Rejects. Piaceva un botto anche a me il bastardo.
«Magari un giorno puoi girare il mio video di un featuring con lui» avevo scherzato.
Era inoltre ossessionato da un regista passato a miglior vita in tempi recenti,
tale Jonathan Doyle, che era stato assassinato da una prostituta o una cosa
simile. Sognava di riuscire a entrare nelle grazie della sua produttrice storica,
Jennifer Petter Moland, che in una recente intervista per invasati di cinema -
di quelle con meno di cinquemila visualizzazioni su *YouTube* - che mi aveva
mostrato aveva dichiarato di non aver ancora trovato un degno sostituto
per il dipartito ma che era determinata a scovare il prossimo "genio ribelle"
e continuare il lavoro svolto con Johnatan. Era sempre sul pezzo, Carlo.
Sarebbe andato tutto bene all'esibizione. Ero circondato da un esercito
di persone in gamba.

Ma ero stressato. Dagli incontri con Carlo, dal mio lavoro al bar, dalle mattinate e i pomeriggi passati in giardino con mio papà a cercare di dar forma ai supporti per i miei strumenti da vandalismo sonoro e gli esercizi fisici estenuanti a cui mi sottoponevo per arrivare in forma al giorno dell'esibizione. Quando potevo andavo a rifugiarmi nella mia oasi di pace, la mia tana all'aria aperta per il riposo del guerriero: il pozzo del Borgo. Il fiume sfociava in un'ampia cava tra le rocce dove l'acqua arrivava a raggiungere i sei metri di profondità. C'erano diversi posti per fare il bagno lungo quel fiume, alcuni più popolari e frequentati, altri più nascosti e discreti. Sceglievo dove andare a seconda dell'umore. Se avevo voglia di starmene per i cazzi miei andavo a imboscarmi più a nord, dove c'era poca gente, se invece me la sentivo di soffrire la presenza di schiere di imbecilli, cafoni e stronzoni con un ego troppo sviluppato rispetto alle persone che erano, stavo sulla spiaggia principale da cui si accedeva da un ampio prato. C'erano delle porte da calcio, un campo da beach volley, due tavoli da ping pong e un chiosco con alcuni tavoli in legno e delle panchine all'ombra di due alberi dove la gente era solita radunarsi per una birra, un gelato o un caffè. Con alcuni squilibrati che frequentavano il posto era piacevole averci a che fare, ma c'era comunque un bel battaglione di gente che alle volte faticavo a sopportare. Gente che alimentava il mio bisogno di liberare le mie frustrazioni attraverso la musica. Anche per parte delle nuove generazioni, fuorviate da un bombardamento martellante di messaggi illusori e fraudolenti. Ce n'erano troppi che davano retta a gente logora baciata da un'immeritata fortuna. Stronzi del cazzo che non realizzavano quale ruolo coprivano ed erano destinati a ricoprire, che vestivano i panni del sovrano quando in realtà erano che dei giullari di corte, dei buffoni. Schiavi al soldo di altri schiavi. Ma il fiume era il mio luogo di pace. E il Borgo, con i suoi pregi e i suoi difetti, era la mia amata casa. Era come una donna bella con cui non avevo un cazzo a che spartire, un po' come Arianna. Amanti alieni che se stavano troppo insieme erano destinati solo alla frustrazione e all'auto distruzione. Fregava un cazzo quando stavo lì. Anche quando mi bannarono a tempo indeterminato dal chiosco perché ne avevo avuto pieni i coglioni ed ero intervenuto, canna in mano, in una discussione dove un cazzone coi capelli grigi in *Crocs* e pantaloncini di lino, con la camicia sbottonata, stava facendo la morale a un gruppetto di ragazzini che sparavano dal loro speaker *UE BOOM* canzoni hip hop dal contenuto dubbio - ottimi pezzi di ottimi artisti in verità - ed esibivano la loro insofferenza all'entourage famigliare sterile in modo piuttosto goffo, con paglia e birra in mano. Ero stato poco convenzionale, mandando lo stronzo su tutte le furie. Le voci riguardanti l'episodio erano arrivate anche al mio capo, Joe.

«Mi vuoi mettere nei guai con la tua linguaccia?»

Il vitellone era in cima alle liste del partito socialista - terzo a livello di importanza, inculato di qualche misura da partiti di destra e di centro - a livello regionale. Come da manuale, lo stronzo aveva le sue influenze, appoggiato da signori col grano, e impastato con i dipartimenti che incidevano - tra le altre cose - sulla ristorazione. Era uno di quelli che faceva relativamente il bello e il cattivo tempo al Borgo e nei dintorni. Non me la presi con Joe, il bastardo si faceva il culo per cercare di tirare a campare e offrire un posto interessante dove andare a bere per gli abitanti del Borgo. Mi spiaceva che toccava anche a lui mettersi a novanta quando era indispensabile per non farsi rompere troppo i coglioni e sperare di continuare a mandare avanti il business con un minimo di serenità. Mi graziò con una sorta di ammonimento e qualche ora a settimana in meno rispetto al solito. Andava bene così. Più tempo per me. Del resto, allo stronzo avevo solo fatto presente che gli pseudo idealisti del sociale con la merda al posto del cervello come lui, petulanti e tediosi e con meno fascino di un uomo delle caverne mi stavano sui coglioni quasi più della loro controparte burina e razzista di destroidi. Manica di inutili lecca-para-culi. Lo avevo smerdato nella sua paternale spiegando che anche Hitler era stato a suo tempo un paraculo che leccava il culo ai ricchi. Ai tempi del suo regime i poveri in Germania dovevano comprare *Volkswagen* ma nessuno cagava il cazzo ai ricchi che giravano con le *Rolls Royce* finchè versavano le somme necessarie per sostenere le spese di propaganda del terzo Reich.

Anche alcuni soci, venuti a conoscenza dell'accaduto, avevano tentato di darmi una pettinata, con questa specie di obbligo di giustificare in modo razionale ogni singola scelta o mossa che si faceva al Borgo. Li avevo zittiti dicendo loro che almeno io, oltre ad essermi preso la soddisfazione di dire allo stronzo il cazzo che pensavo, mi ero anche bombato quella milf di sua moglie, una tedesca a metà strada tra Sharon Stone e Nicole Scherzinger - tanto per aggiungere il danno alla beffa - una sera che l'avevo beccata insieme a Carlo, ubriaca e annoiata con delle amiche nella terrazza di un bar in riva al lago. Ormai non si sorprendevano più di niente e non misero in dubbio la veridicità del mio racconto. Avevo concluso.

«Perchè ogni tanto non fate come me e vedete cosa vi dicono le palle per cambiare?»

Le ultime settimane furono una corsa a ostacoli. Gli impegni si erano sovrapposti e Alex li aveva affrontati cadendo vittima, per alcuni giorni, di un tabagismo sfrenato dovuto alla convinzione che non avrebbe mai fatto in tempo a fare tutto. Alla fine era sopravvissuto atterrando, più o meno, sulle proprie zampe come un gattaccio del cazzo. Come sempre.

Avevano dovuto anche rompere i coglioni al sottoscritto. Carlo, mortacci sua.

«Ma se si lascia fare perché non porti JD sul palco a una certa? Sai che spettacolo!»

Avevano discusso per un po' sulla possibilità concreta di coinvolgermi nella performance, anche sotto un profilo etico e Alex aveva liquidato in fretta la questione.

«Ehi, noi lo invitiamo a seguirmi, se lo stronzo si lascia fare e ci segue siamo a posto, al primo accenno di opposizione lo lasciamo andare a fare il cazzo che gli pare!»

Carlo aveva apprezzato questa risolutezza. Era reduce di una sventura. I membri della band a cui aveva girato un video nel loro studio avevano perso un intero pomeriggio a discutere se includere o meno le riprese di una statuetta di coccodrillo che si trovava su un ripiano perché avevano paura di provocare le ire di qualche gruppo animalista del cazzo o roba del genere. Dopo quel pomeriggio Carlo li aveva cortesemente mandati a cagare perché, a suo dire, una manica di rincoglioniti tanto soggiogati da quello che la gente pensava di loro, con ogni probabilità non aveva un cazzo di interessante da dire, indipendentemente dal talento.

Alex era fisicamente e mentalmente pronto. Anche se vigeva questo falso credo che non si è mai davvero pronti a niente, in realtà, dopotutto, era una questione di forma mentis.

A tre giorni dall'esibizione, Alex e suo padre ultimarono il supporto molleggiato per la mini tastiera e il bancone semi mobile a tre livelli. Allora al vecchio venne in mente di togliersi una curiosità.

«Ma dimmi un po', che accidenti di musica suoni, si può sapere?»
In quel momento Alex aveva cominciato a prendere coscienza di essere pronto. Aveva risposto con un sorriso paterno al proprio padre.

«Casino, papà. Baccano, chiasso. Boom boom boom, pam pam pam… chiamalo come vuoi…»

«E tu fammela sentire lo stesso sta caciara che sono curioso» aveva ribattuto suo papà.

A due giorni dall'esibizione ero a casa, canna in mano. La luce del sole cocente entrava di prepotenza dalle finestre aperte vivacizzando tutti i colori. Il verde dell'erba e delle piante splendeva e il bianco delle mura accecava. Mi stavo assicurando che la console, il pad, i microfoni e i due portatili stessero ben fissi sul bancone che avevo realizzato con mio papà. Era largo circa un metro e mezzo e la parte principale era alta poco più di un metro, in profondità arrivava a pressapoco mezzo metro. Sull'asse sopra, in legno grigio chiaro, centrale ma leggermente spostato verso la metà di destra, c'era un supporto di metallo nero inclinato per il portatile che andava avvitato. Al centro avevamo lasciato una piccola conca di circa tre centimetri per infilarci la console. Mi ero organizzato con due microfoni. Uno per parlarci dentro - uno *Shure Super 55* col suo bel look retro che sarebbe stato connesso *wireless* per potermelo portare in giro - e uno per l'armonica - lo *Shure SM 58* - così che comunque nell'eventualità uno dei due si sputtanasse avevo ancora l'altro. I microfoni erano assicurati al bancone con dei supporti a morsetto flessibili. A sinistra c'era poi, rialzato di poco, il supporto, anche questo in metallo, per il pad. Il bancone era retto da due assi laterali e sull'asse frontale avevamo avvitato una placca di cinquanta centimetri per centoventi con il logo che avevo disegnato. La scritta "Malky" era nera e rossa, in un carattere tra il punk, il noir e il futuristico, con all'interno uno strato che all'oscurità diventava fosforescente e sui bordi delle lettere s'illuminavano con gli ultravioletti. Messo a circa settantacinque centimetri d'altezza e quaranta di profondità c'era un ripiano scorrevole su cui andava piazzato tutto quello che andava ignorato per la performance: cavi, attrezzatura d'emergenza e via dicendo.

Il supporto della tastiera MIDI a venticinque tasti invece era il vero capolavoro. La base era di piombo, levigato fino a fargli assumere la forma di una X. Da lì, in obliquo, partiva un'asta metallica leggermente inclinata alta circa sessanta centimetri; alla sua estremità, grazie ad un perno sferico, si stendeva il resto dell'asta con attorcigliato lungo tutta la sua lunghezza una spirale nera, che lo rendeva mobile e flessibile ma lo riportava sempre alla stessa posizione facendolo dondolare come una molla.

Il mio piccolo e modesto soggiorno era un casino. Sembravo uno sfollato. Oltre ai supporti per il palco, sparsi qua e là, si trovavano le macerie di alcune scatole da *Amazon*, *Zalando* e altri siti da cui avevo ordinato un po' di vestiti e accessori. Avevo guardato e riguardato i video creati da Carlo, sincronizzandoli con la performance che avevo provato e riprovato. Avevo provato varie uniformi davanti allo specchio e parlato con la mia immagine riflessa sputando qualche battuta, sentendomi un po' *Vincent Vega*, un po' *Travis Bickle*, un po' *Leonard Shelby*, un po' *Neo*, un po' *Dirk Diggler*, un po' *Mr. Orange*.

Il pomeriggio andai in un salone, per vedermi con una tizia magra e pallida, con una folta chioma bionda, un piercing al naso, molti altri alle orecchie compresi dei dilatatori, a farmi fare i dreadlock. Volevo un taglio suppergiù alla Zac de la Rocha ai tempi dei video di *Killing In The Name* e *Bullet In The Head*. Si era presentata con dei pantaloni alla turca gialli, delle *Converse* bianche basse e una t-shirt grigia con un disegno stilizzato del sole, una montagna di alberi di pino e una tenda e la scritta *I Hate People*.

«Allora, che facciamo?» aveva domandato dopo i saluti e lo *small talk* di rito. Gli avevo detto che volevo essere rasato praticamente a zero sui lati e che coi capelli che spiovevano dal centro del capo poteva sbizzarrirsi, ma mi raccomandai di non contare troppo sulle mie doti di manutenzione. Mentre si sbizzarriva, con dreadlock fini e delle treccine, mi aveva raccontato che trafficava anche con olii, piante, rimedi naturali, pietre e roba del genere, e che se la cavava bene facendo di queste sue passioni un piccolo business. Le piaceva viaggiare e passare del tempo a contatto con la natura. Aveva le palle a posto, aveva un aspro senso dell'umorismo e non era una moralista pedante come avevo sospettato per un momento. In quel lasso di tempo la ragazza che le affittava lo spazio nel salone lavorò su due clienti. Una si lamentava della figlia adolescente che non le dava retta e l'altra era tutta innervosita da alcuni problemi coi vicini per il posteggio o salcazzo cosa. Baristi, estetisti, addetti al montaggio dei servizi del telegiornale e parrucchieri erano da considerarsi psicologi sottopagati buona parte del tempo che sgobbavano. Rientrato a casa una nuvola s'era posata proprio davanti al sole. L'unica nuvola in tutto il cielo azzurro. Mi diedi un'altra occhiata allo specchio. Non sapevo bene cazzo fare. Alla fine mi dissi fanculo, andasse come doveva andare l'esibizione. Pronto ero pronto. E avevo tutto il tempo di cagarmi addosso una volta salito sul palco. O poco prima. O quando cazzo mi pareva.

Con la sua nuova acconciatura, tutto sorridente, il coglione domandò.
«Che te ne pare?»
Lo fissavo e meditavo sulle mie sorti. Da acclamato filmma-

ker a roditore da circo. Che vita - o meglio, che *afterlife* - dimmerda. Ma il coglione aveva il suo perché. Forse ricopriva un ruolo minimamente sensato su 'sto cazzo di pianeta. Non tutti sembravano avercelo, un ruolo sensato. Forse l'esistenza di alcuni si basava sul concetto di *butterfly effect*. Tutto il loro arco vitale insulso e insignificante era volto solo a dar loro la possibilità, per un breve attimo, di avere una piccola interazione con qualche bastardo più fondamentale e deviarne il percorso. Ci pensate? Meglio di no, in effetti…

Alex nelle settimane precedenti s'era sbattuto tra il lavoro per pagarsi affitto e bollette, lavori manuali per lo spettacolo col suo vecchio, preparativi grafici, preparativi video, preparativi fisici, e cercando di mantenere un minimo di vita sociale.

Arianna continuava a mitragliarlo con messaggi stabili quanto il clima scozzese: da sereno a tempesta in uno schiocco di dita. Alex s'era fatto l'idea di non essere veramente il centro del suo interesse, ma più il capriccio di un bamboccio a cui non andava l'idea di non poter avere una cosa quando cazzo gli pareva. Se ne sbatteva le palle e non rispondeva. Tanto più che quando s'incrociavano per caso - stranamente più spesso del solito -, di tutta la spavalderia dei messaggi non c'era traccia. Si esibiva, a distanza, in una sequenza incongruente di musi, risate smodate, moine, e via dicendo, che sembravano studiate e ostentate. Lo aveva ignorato per un po', e Alex si era messo il cuore in pace. Poi era tornata alla carica. Ma a quel punto era Alex a ignorarla, perché le poche attenzioni che era disposto ad elargire in quei giorni erano rivolte alla terra dei tulipani, dove c'era Jasmina. Con Jasmina si concedeva il lusso di essere beatamente coglione, aveva imparato ad abbracciare e gongolarsi sulle incertezze che brulicavano tra loro. E aveva le sue vie di fuga, le sue uscite di emergenza. La sua console, la sua armonica, e le sue idee del cazzo.

Il giorno prima dello spettacolo andò ancora al pozzo per rilassarsi. Aveva posteggiato la bicicletta al suo solito posto, contro la pietra rappresentante Nettuno sull'*Astro-*

via. L'*Astrovia* era un percorso didattico realizzato da una società astronomica locale che riproduceva in scala uno a un miliardo il sistema solare, partendo dalla foce, dove il fiume s'immetteva nel lago del Borgo, e si estendeva per circa sei chilometri lungo la diga insommergibile che seguiva il fiume. Alla foce si trovava il Sole e poi, con le misure esatte, lungo la passeggiata si trovavano dei pezzi di marmo con una riproduzione in acciaio e plexiglass dei vari pianeti con delle placche esplicative e il simbolo del pianeta dipinto su un lato. La sella della bici di Alex era appoggiata contro il tridente azzurro. S'era incamminato giù per i sassi. Aveva disteso il suo telone, poggiato la sacca di tela con dentro portafogli, telefono, fazzoletti, accendino, armonica e tabacco, s'era tolto la vecchia canotta degli Orlando *Magic* col numero 32 di Shaquille O'Neal, cappellino, occhiali da sole, infradito e si era subito avviato verso l'acqua corrente.

Di fronte a lui la parete rocciosa arrivava su fino a una strada che portava in valle. Oltre la strada la montagna continuava la sua ascesa, una imponente figura paterna e materna. Sulle rocce dalla parte opposta della riva c'erano dei ragazzini appollaiati che ancora non soffrivano concetti come 'caldo' o 'freddo' ed erano perlopiù ignari della tachicardia che provocavano, o avrebbero provocato, alla maggior parte dei genitori saltando di qua e di là tra una roccia e l'altra, come un clan ibrido di scimmie e stambecchi. Di tanto in tanto si tuffavano dalle varie rocce poste a diverse altezze, ma raramente tornavano alla riva. Anche Alex era stato lì come quei ragazzini qualche anno addietro. Non era mai stato uno dei più temerari. Non aveva mai fatto un *wall ride* come alcuni suoi amici che correvano in volata per almeno cinque metri lungo la roccia praticamente a faccia a faccia con il pavimento verde scuro per poi tuffarsi a testa poco prima di raggiungere la superficie bagnata del fiume. E nemmeno s'era mai buttato dalla strada: un tuffo di sedici metri.

I tuffi più tranquilli li aveva fatti. Ma aveva sfidato al massimo i nove metri d'altezza. Era da un'eternità che lui e i suoi amici non andavano più lì. E quando c'andavano raramente andavano ancora a fare gli stambecchi sulle rocce.

Ma ai bei tempi...

Alex si immerse, lasciandosi crogiolare dall'acqua fresca, e fece la traversata. Si ricordava ancora come salire anche in punti che se non avevi "fatto scuola" da pischello col cazzo che t'arrampicavi. Quel muro di roccia, quando ci crescevi e facevi amicizia, diventava un mentore speciale. Da ragazzino, col vantaggio dell'incoscienza, ti buttavi e basta, e i piedi - che da grande ti saresti chiesto com'era possibile - facevano presa e le rocce ti reggevano, anche quelle più lisce. Alle volte era meglio non sapere. Ignorare la voce della ragione che ti tarpava le ali.

I ragazzini lo guardarono con aria curiosa. Indecisi se prenderlo, per il culo, o se leccarglielo. Si sdraiò sulla roccia calda e si lasciò abbracciare dal sole. I ragazzini decisero di non rivolgergli la parola ma di fare un po' di caciara tra di loro in un tenero tentativo di fare i galletti. Alex s'era messo a guardare la spiaggia e pensare a tutti i momenti passati lì con i suoi soci. Le grigliate in riva al fiume che non si potevano fare, ma la polizia chiudeva un occhio se tenevano vicino un secchio d'acqua. Le griglie le facevano su con i sassi e poi ci mettevano solamente la rete metallica sopra. Addirittura alle volte s'accontentavano d'infilzare qualche salsiccia e qualche bratwürst su un pezzo di legno trovato in giro che appuntivano col coltellino svizzero che qualche d'uno aveva sempre con sé. Il fuoco lo facevano con rami e pezzi di legno trovati nelle vicinanze, accendendoli con pezzi di giornale. Qualche anno più tardi avevano cominciato a essere più pigri - o più pratici, a dipendenza dei punti di vista - e utilizzare carbonella, cerini o addirittura le griglie usa e getta in alluminio che si potevano acquistare dai benzinai o al supermercato. Poi avevano abbandonato del tutto il fiume, passando ai grill comprati coi soldi degli stipendi nella comodità di casa.

Se le ricordava quelle sere. Erano ricordi che si teneva stretto. Le prime limonate con le compagne di classe o le turiste, solitamente tedesche. La delusione quando il suo socio se la faceva con quella che proprio gli piaceva, e quel misto di senso di colpa e soddisfazione quando era lui a sfilarla sotto il naso a qualcuno. Le prime bevute e le prime sbronze di nascosto. Quando bastavano tre o quattro birre per barcollare... e svegliarsi belli pimpanti, senza mal di testa o altro. Alex andava quasi sempre a farsi un bagno per riprendersi, andandosi a posare sulle rocce dove non c'era nessuno, intorno a mezzanotte. Poi tornava a riva e si sbatteva ad asciugarsi sopra uno dei massi grossi, mirando il cielo stellato che l'aveva sempre affascinato. Non sapeva nemmeno lui perché. Aveva anche un suo gruppetto di stelle che cercava sempre perché aveva deciso che "era suo". Ma non aveva mai saputo come si chiamasse. Era ancora in grado di indicarlo in qualsiasi momento. Talvolta sperava che una delle ragazze che gli piaceva particolarmente, ma con cui non aveva avuto il coraggio di provarci, lo raggiungesse e si sdraiasse lì con lui senza dir niente. Non era mai successo. Ricordava che però con una tedesca, una volta, avevano attraversato il fiume e s'erano messi sull'unico straccio di terra con un po' di sabbia dietro una roccia che veniva chiamata "la barca" per la sua forma. Quando era andato lì con la tedesca era nuda roccia, qualche anno dopo a qualcuno era venuta l'idea di verniciarla disegnando degli oblò, un fumaiolo e la prua a punta gialla per accentuare ancora di più la sua forma particolare. Quella era stata una delle prime esperienze di sesso. Quelle impacciate, con un po' di imbarazzo.

I suoi lo avevano sempre portato al lido, nell'agio di un'infrastruttura pensata per il comfort delle famiglie, proprio per quelle questioni di tachicardia con cui avrebbero dovuto confrontarsi a vederlo in quel luogo così selvaggio e ostile e pieno di possibilità di farsi male, loro che erano di natura decisamente pavida. Ma lui s'era innamorato del fiume. E lo era ancora. Apprezzava anche il lago e naturalmente andava volentieri in vacanza al mare, ma per lui quel fiume era casa. Lì lo prendeva sempre un senso di serenità. Sapeva che la nostalgia non era qualcosa a cui aggrapparsi a tutti i costi. Che bisognava guardare avanti e non rimanere intrappolati nel passato. Ma, di tanto in tanto, non faceva male guardarsi indietro e strizzare l'occhio ai bei ricordi. Del resto, era tutto quello che ci portavamo dietro finché - presto o tardi - non si finiva in cenere o a ingrassare i pesci o i vermi sottoterra. Però, arrivati ad una certa, sembrava che l'unico modo per dare un senso al proprio corso era giocare a fare gli adulti. E la gente lo faceva nel peggior modo possibile. Si correva dietro a carriera, soldi e status sociale, abdicando la propria fotta, le proprie passioni più nascoste, la propria pulsione selvaggia. Si diventava più egoisti. Non era una giungla la fuori, era un'orgia di coglioni. I ragazzini passarono davanti ad Alex per andare a buttarsi dalla roccia dei sette metri.

Ad Alex venne un'idea del cazzo. Cominciò ad arrampicarsi su per le rocce scure. A un certo punto le rocce si mischiavano a un po' di boscaglia e un po' di terra che, salcazzo come, stavano là a guardare la spiaggia, il prato e più in là la campagna del Borgo. Da lì, per arrivare dove voleva Alex, non c'era più tanta arrampicata da fare. Il percorso diventava una specie di sentiero stretto. Aggrappandosi ai rami, e sporcandosi i piedi nella terra, finalmente raggiunse il guard rail della strada. Camminò lungo la strada che - pensata esclusivamente per veicoli a motore - non aveva marciapiedi dato che per raggiungere la valle a piedi bisognava passare lungo il fiume. Raggiunse la roccia posta su una curva della strada - da cui ci si lanciava quando si voleva fare il "tuffo dalla strada" - per la seconda volta nella sua vita.

La prima volta, anni addietro, s'era cagato addosso ed era ridisceso dal sentiero - pericoloso quasi più che semplicemente buttarsi -, e il pomeriggio era stato vittima di prese per il culo da parte di tutti i soci che gli avevan dato del cagasotto in tutte le salse. Anche quelli che non s'erano mai buttati dalla strada - ma quantomeno non s'erano mai presi il disturbo di andare su per poi battere in ritirata sul più bello - si erano sentiti in diritto di farsi gioco di lui. Già da pischelli s'imparava che i tiraseghe puri al cento per cento erano comunque preferiti a chi ci provava e faceva una figura dimmerda. A guardare giù da un'altezza di sedici metri la vista fa il suo effetto.

Il cervello di Alex, che come pochi era cablato al contrario, invecchiando sembrava diventare paradossalmente meno paranoico, nella sua accettazione della fatalità del mondo reale e, invece di limitare il lato avventato ed esploratore della sua indole, l'incoraggiava. Alcuni bagnanti avevano cominciato ad accorgersi del giovanotto, con i dread corti e il costume da bagno bianco, che era apparso in cima alla parete rocciosa dall' altra parte del fiume all'altezza della strada e avevano cominciato, incuriositi, a fissare. Per buttarsi si doveva prendere un po' di rincorsa perché l'acqua sotto cominciava a due o tre metri di distanza e ad andar giù dritti ci si sarebbe sfracellati contro le rocce sporgenti. Suonava peggio di com'era veramente. Un sacco di gente s'era buttata da lì in tanti anni. E, dalla cronaca conosciuta, l'ambulanza era dovuta arrivare solamente in un paio di occasioni, nessuna delle quali con conseguenze gravi per gli sfortunati che erano stati portati al pronto soccorso.

Alex si stava godendo lo sconquassamento delle budella che l'inevitabile effetto da vertigine gli stava provocando. C'era una leggera brezza calda e il suo encefalo stava invitando le ghiandole surrenali e il sistema nervoso centrale a produrre l'ormone dell'adrenalina mentre si preparava mentalmente a lanciarsi nel vuoto. Con un sorriso beota in faccia prese la rincorsa e si lanciò.

Sentì il corpo scendere sempre più veloce, il vento massaggiarlo con prepotenza e fare attrito. Pochi secondi. Lo schianto con l'acqua e il rumore ovattato, pullulante e rasserenante, dell'immersione. L'acqua lo accolse e l'abbracciò amorevole. Quando riemerse qualche bagnante applaudiva, qualche ragazzino gridava «oh, che figo!» o roba simile, alcune mamme scuotevano la testa con disappunto. Alcune ragazze giovani ammiccavano un interesse palese e spensierato, mentre poche altre ancora - le fregne da marchetta che erano più facili da trovare al lido piuttosto che al fiume - snobbavano indifferenti e altere quel ragazzo, che ai loro occhi altro non era che un bamboccione, senza classe e con ogni probabilità inaffidabile e noncurante. Specie con quella chioma da ritardato. Uscito dall'acqua scambiò qualche chiacchiera con alcuni dei bagnanti più entusiasmati dal tuffo che lo avevano avvicinato appena aveva rimesso i piedi sulla terra asciutta. In seguito andò un attimo ad asciugarsi al sole sul suo telo, senza libri, senza musica, solo coi suoi pensieri. Girò una sigaretta, si rimise canotta, cappellino, occhiali da sole e infradito. Ripose nella sacca il telo e tornò alla sua bici, salutò con lo sguardo il Dio del mare, Pianeta dell'illusione, e fece ritorno a casa.

Mi preparai un *Hendrick's Tonic* con una tonnellata di ghiaccio e girai una canna lasciandola da parte al lavandino in cucina.
Mi svaccai su una delle sedie sdraio in tela che mi aveva regalato Adam e bevvi placido il mio drink. Mi feci una doccia e poi, rinfrescato e ancora nudo, alla me-ne-fotto, andai a svaccarmi sul divano e consultai il telefono per la seconda volta in tutta la giornata. I soci erano in vena di prendere per il culo. "Allora pronto per domani... malky?", "ma che cazzo di nome é malky?", "malky way?".
Il nome era il vezzeggiativo di *Malkavian* che, su suggerimento di Zemar, avevo deciso di adottare. Inizialmente volevo optare per *Malkavian Dj*, oppure semplicemente *Malkavian*. Ma in una serata, tra discussioni e canne, con il mio socio afgano avevamo considerato alcune cose.
Avevamo concordato che *Malkavian Dj* faceva proprio cagare già per come suonava; avevamo scartato anche *Malkavian* e basta perché, data la sua natura, era difficile da promuovere a livello commerciale. « Metti che uno cerca *Malkavian* su *Google*, vuoi che non escano prima i risultati dei giochi di ruolo, videogames e così via... poi sicuramente ci sarà già qualche gruppo o che con quel nome...»
Il termine *Malkavian* l'avevo rubato dal videogioco di ruolo *Vampire – The Masquerade – Bloodlines*, con vampiri cazzuti come protagonisti.
All'inizio del gioco si doveva scegliere che "razza" o "clan" di vampiro giocare e ognuno aveva le sue caratteristiche: c'erano i *Brujah* - dalla natura più rozza e impulsiva, con notevoli vantaggi fisici a livello di gioco, soprattutto scontri ravvicinati e via dicendo -, c'erano i *Gangrel* - la razza più vicina alla "bestia", molto legati alla natura, avvantaggiati a loro volta a livello fisico -, c'erano poi i *Nosferatu* - obbligati, a dispetto degli altri, a rimanere sempre nell'ombra e non farsi vedere per via del loro aspetto irrimediabilmente demoniaco, e vivendo nel sottosuolo, particolarmente bravi a raccogliere informazioni e sapere cose -, i *Toreador* - al contrario dei *Nosferatu* sempre di sembianze bellissime e attratti dalla bellezza stessa, abili manipolatori e affascinanti seduttori -, i *Tremere* - diciamo gli *Harry Potter* dei vampiri, specializzati

in magia e stregoneria -, i *Ventrue* - gli stronzi in giacca e cravatta dei vampiri, gli aristocratici e nobili del gioco - e non da ultimo i *Malkavian*, i miei preferiti. Questi ultimi erano per natura pazzi, mentalmente instabili, da rinchiudere. Parlavano in modo astruso, usando termini spesso complicati, sofisticati e allo stesso tempo poetici - spesso prendendo per il culo l'interlocutore. Giocando con loro si avevano notevoli vantaggi a raccogliere indizi grazie a quello che - anche nel loro *background* - veniva chiamato *Dono dell'intuizione*. Li vedevo come dei pazzi che però erano pazzi a causa della loro troppa perspicacia e intelligenza. Nel gioco infatti con loro era anche facile sgamare le menzogne e le intenzioni degli altri personaggi. Ecco, Malky.

Il Garage aveva un posteggio sterrato di fronte al complesso assicurato da un recinto metallico. C'erano una ventina di persone a quell'ora, quasi solamente persone dell'organizzazione e i musicisti, raccolti intorno alle due baracche fuori, che servivano bibite e kebab. Chiacchieravano. Alcuni avevano la birra - versata in bicchieri di plastica - in mano, alcuni fumavano una paglia, altri addentavano un kebab, e alcuni aspettavano di essere serviti di fronte alle baracche. Alcune ragazze, che avevano accompagnato i morosi, erano appollaiate all'ombra, con aria disorientata e annoiata. Il sole si stava avvicinando pigramente alla montagna, che lo copriva prima che i toni torbidi della notte prendessero completamente il sopravvento. Dallo stabile si sentiva uscire in sordina *The pretender* dei *Foo Fighters*, che cercava invano di esplodere e spargersi nel vicinato.

Alex, Carlo e Michele - un amico di Carlo che gli avrebbe dato una mano - avevano già trascorso oltre due ore all'interno piazzando le telecamere, facendo il soundcheck e via dicendo. Carlo, che si era organizzato con alcune *GoPro* e due reflex, era già pronto a raccogliere più materiale possibile, con batterie e cavi d'alimentazione pronti all'ingaggio. Avevano teso il telone bianco su cui proiettare i video in fondo al palco - ricavato da due enormi rimorchi pianali della *Viberti* degli anni'80 posteggiati in modo permanente all'interno dello stabile e convertiti allo scopo, seguendo le norme di sicurezza - e

gli altri musicisti avevano seguito con una certa curiosità questa preparazione maniacale. Poi si erano trovati
vicino al bestione a quattro ruote, che Svein aveva pre-
stato loro per portare tutta la mercanzia, con una birra
e una sigaretta in mano.
«Sei meno un quarto, meno di due ore all'ora X... da parte
tua è tutto pronto?»
Carlo annuì pacatamente sorridendo.
«Bene, cazzo, speriamo arrivi un po' di gente e che non
mando tutto a puttane».
Verso le sei arrivò una prima ondata. Una trentina di persone, cinque automobili e un gruppo di ragazzi più giovani
che avevano raggiunto il posto in treno.
Nei gruppi di *Whatsapp* tutti si stavano organizzando per la
serata. "Io mi preparo adesso, ma chi prende la macchina?";
"io sono appena tornata dal lago, devo ancora farmi la doccia"; "pronti per il seratone?"; "ci possiamo trovare davanti al MC così butto giù un hamburger per fare il fondo
mentre vi aspetto?". Adam gli aveva scritto in privato.
ADAM: Stasera tu inizi alle 19.30 vero?!
ALEX: Sì! Arrivi be', spero!
Seguito dalla gif di Sam Rockwell in una scena di *3 Manifesti fuori Ebbing, Missouri* che puntava con prepotenza a
un blocco note.
ADAM: Ovvio che arrivo! Non ti preoccupare {smile che fa
l'occhiolino}
ALEX: Seeeee, già capito che sei in ritardo e arrivi SE VA BENE
per le ultime due canzoni e poi fai finta di averlo visto tutto!
ADAM: Ma smettila! ... vedrai se non arrivo, vedrai che sorpresa
che ti porto... {smile che fa l'occhiolino con la lingua di fuori}
ALEX: Sorpresa? {smile che si tiene il mento}
Il socio di Alex nelle scorse settimane ogni tanto lo guardava e dal nulla annuiva con la testa e sorrideva con
l'aria malandrina di uno che sta tramando qualcosa. Poi
sparava qualche cazzata e faceva finta di niente.
ADAM: Sorpresa... basta, e vedrai che arrivo IN ORARIO, uomo
di poca fede... ma non ti fidi di me? Con tutto il tempo da
cui ci conosciamo?

ALEX: Proprio perché ti conosco da un sacco di tempo ti dico che NO, non mi fido!
ADAM: {tre volte smile che ride alle lacrime}, dai ci vediamo dopo!
Fetente, pensò Alex sorridendo. Chissà che cazzo aveva in mente di combinare. Alex annunciò che entrava a rilassarsi un attimo e a prepararsi.
«Buona fortuna!» gli fece Carlo.
«Ho talento, stile e classe, non mi serve la fortuna» ribatté Alex.
Un vecchio pelato con la barba lunga grigia alla Kerry King in canotta bianca con la scritta *Motörhead*, calzoncini di jeans, scarponi da montagna, che era lì vicino a bere birra insieme a dei ragazzini che lo guardavano e lo ascoltavano come fosse un dio, decise di intromettersi.
«Qualunque cosa fai» sbanfò con voce rauca, «basta che ti tira il picio, l'importante è quello».
«Giusto!» rise Alex continuando la sua marcia verso l'interno dello stabile. «Il cazzo duro ci sta sempre».
Io lo seguivo appollaiato in spalla con una moltitudine di occhi perennemente puntati addosso.

Entrai nel camerino, predisposto all'interno delle baracche da cantiere bianche che servivano anche da uffici, vicino ai due cessi riservati solo al personale e alle *crew*. In mezzo al casino di tutta la roba di tutti i *performer*, con cui lo dividevo, liberai il divano e mi svaccai. Infilai le cuffie alle orecchie e chiusi gli occhi.
Il bassista della band tributo ai *Metallica* entrò per recuperare delle sigarette dalla giacca e fui scaraventato fuori dal mio dormiveglia. Erano le sette meno un quarto. Decisi di fare un giro di ricognizione. Era arrivata un po' di gente. Il ragazzo e la ragazza al bar dentro stavano spinando birre e preparando *long drinks*, e anche fuori i ragazzi alla baracca delle bibite continuavano a dar fuori una birra dietro l'altra. Due ragazze si erano piazzate all'entrata con un tavolo e una cassa, di quelle portatili, distribuendo i braccialetti di carta viola una volta pagati i quindici sacchi d'entrata. Iari mi procurò il pass *backstage* che mi garantiva libero accesso dappertutto e mi assicurava il 50% di sconto su bibite e cibo. Era arrivata anche la sicurezza. Quattro tizi belli grossi stavano ascoltando il loro responsabile che parlava e gesticolava indicando posti o salcazzo cosa.

Scorsi Jürgen e il Norske al bar con in mano una birraccia e un Rum Cola.
Li raggiunsi per salutarli e farci quattro chiacchiere. Nel mentre arrivò anche Ari
in compagnia di un'amica piccoletta mora carina. Tirarono dritto verso
un gruppo di giovanotti in forma imbardati da *Volcom, Vans* e *DC*.
Ari mi squadrò di sfuggita. Cinguettava sorridente e scherzosa con i ragazzi,
con quell'aria caratteristica da flirt vagamente farsesca. Pensai che se la sarebbe
cavata alla grande. Aveva tutte le carte in regola per diventare una persona
di spicco interessante. Il pensiero mi faceva piacere, anche in quel momento
in cui cercava palesemente di darmi fastidio ed entrarmi in testa -
cosa che le riusciva bene fino a qualche tempo prima.
Di Adam e la sua sorpresa nemmeno l'ombra.
Dopo qualche battuta e gli in bocca al lupo di rito tornai nel camerino.
Indossai l'uniforme da combattimento. Degli enormi occhiali gialli, vagamente
simili a quelli di *Raoul Duke* nel film di *Paura E Delirio A Las Vegas*,
un *faceshield* con la bocca di Bukowski che ride presa da una delle sue foto
più iconiche e dei pantaloni cargo slim fit a tema scozzese bianchi e neri
con un po' di viola. Ballonzolai un po' come un pugile nelle *Converse All-Star*
e indossai la t-shirt bianca con le maniche strappate con in cima, in grande,
la scritta *I AM JACK'S*: e sotto a mo' di lista con il visto rosso accanto
a ogni quadratino le seguenti frasi: *raging bile duct, cold sweat, complete lack
of surprise, smirking revenge* e *broken heart*.
Avevo un po' di veleno e scazzo e voglia di vivere da sputare attraverso il muro
di casse *Marshall*, che i ragazzi che si occupavano dell'impianto avevano
allestito sopra il palco. Alle sette e venti il cuore mi palpitava. Udivo la playlist
che stava riempiendo l'ambiente del Garage. Tutte le band avevano dovuto
dare una lista di canzoni da riempimento per le pause per i cambi palco
e via dicendo. Sentivo echeggiare una delle mie, *Shotgun Mouthwash*
di *High Contrast*.
Sbirciai da dietro il palco. Non c'era una gran folla ma mi sembrava ci fosse
un bell'ambiente. JD sbirciò dalla mia spalla. Stima ottimista: ci saranno state
un centinaio di persone.
Scorsi Adam con la sua sorpresa. E che cazzo di sorpresa, il bastardo.
Avrei dovuto togliermi il cappello perché proprio non me l'aspettavo
un numero del genere. Era in compagnia di tre tizi, due dei quali li conoscevo
bene - il terzo mi era estraneo -, e una tipa. Zemar si guardava in giro
con un'aria serena e infantile annuendo da solo. Adam chiacchierava
con Yasir e il tizio secco biondo che non conoscevo. Jasmina sorrideva
e fissava dritta il palco.

410

Sette e venticinque. Dicevo alle mie viscere: "non cedete! Non v'azzardate ad abbandonarmi adesso, cazzo!". *Thunderstruck* esplodeva dalle casse. Jasmina. Che visione. Aveva il taglio alla *Mia Wallace,* con alcune mesh colorate. Indossava dei jeans neri attillati strappati, delle *Doc Martens*, un top grigio della *Diesel* che le lasciava la pancia scoperta, un giacchettino nero minuscolo di simil pelle e aveva una di quelle vie di mezzo tra borsa e marsupio a tracolla. Pensai a quanto mi sarebbe piaciuto spogliarla e divorarla poco alla volta. Forse dopo. Al momento dovevo vedere se mi riusciva di tirare fuori una performance degna di questo nome. La canzone dei fratelli Young cominciò ad abbassarsi lentamente così come le luci del locale.

Partì il campione di *Calm Like A Bomb* che avevo preparato come intro e la voce di Zac ripeteva compulsiva "*I feel the funk blast… I feel the funk blast*" su una base distorta per dare un whah whah dal suono digitale. Una valanga di pensieri m'attraversò la mente a velocità supersonica, manco avessi dovuto schiattare lì sul posto in quel momento.

Jasmina nuda nel letto. L'attacco al corriere dell'agenzia a Londra. Irina in costume da bagno con le spiagge di Ibiza al tramonto in sfondo. Le risse e i pugni, dati e presi. Le facce dei miei amici al bar. Le incomprensioni. Le bacheche, i diari, le timeline di *Facebook*, *Instagram* e *Twitter*. I video di cani e gatti. Quelli di cronaca. Le mie *stand up comedy* preferite. Le frasi delle celebrità presuntuose che volevi prendere a schiaffi. Il mio fiume. La gioia di una moltitudine di concerti visti. L'immagine di quelli che avevo visto solo in video. I film, le serie tv. Facce di disperati sconosciuti che avevo incrociato per strade di città e paesi diversi e mi erano rimaste impresse. Le battaglie con i miei genitori, e i bei momenti insieme. D'un tratto bam! Ero lì.

La voce di Zac continuava. "*I feel the funk blast… I feel the funk blast*". La base stava montando, il *whawha* sempre più forte e più veloce. Il rullante sempre più frenetico. Sullo schermo immagini di esplosioni vulcaniche, esplosioni nucleari, predatori che mostravano i denti. Apparve la scritta *Malky*. Sentii il corpo liberarsi di qualcosa. Una sensazione di svuotamento, come una pisciata. I nervi e i muscoli si tesero. La vista era lucida, a fuoco. Corpo e mente mi assicurarono la loro alleanza e dopo aver tirato su il *faceshield* con la bocca di Bukowski le gambe parvero muoversi da sole. Raggiunsi la mia postazione, JD si dimenava sulle mie spalle, avanti e indietro. A tempo con la voce che sentenziava "*I feel the funk*", premetti il tasto, girai il potenziometro e il pan-pot e Keith Flint irruppe urlando "*Smack My Bitch Up!*". Premetti un altro tasto e dei *synth* aggressivi in un accordo si avventarono sopra il *beat* cassa rullante che faceva "*pum-cha… pum-cha-pum-pum-cha…*".

Tastai il terreno con una domanda semplice nel microfono.

«Allora manica di mezzeseghe, avete voglia di divertirvi un po' stasera o volete fare i soprammobili?»

La prima vera canzone era pronta ad abbattersi dalle casse, con l'indice calcai il tasto...

La prima traccia - di fattura Drum'n'Bass e tecno pesante - irruppe. *Core*.

Per la maggiore il pezzo era sulla falsa riga di *Slam* dei Pendulum, con suoni più distorti. A tratti rallentava e pestava pesante tipo *Tremor* di *Vegas*, *Garrix* e *Mike*, con i *synth* ancora più cupi. I bassi e la distorsione amplificati lasciavano spazio ai campioni vocali che dettavano la canzone. La voce di Ewan McGregor invitava a scegliere. «*Choose design lingerie in the vain hope of kicking some life back into a dead relationship.*»...«*Choose Facebook, Twitter, Snapchat, Instagram and a thousand others ways to spew your bile across people you've never met.*»...«*Choose live-blogging, from your first wank till your last breath; human interaction reduced to nothing more than data.*»...«*Choose zero-hour contract and a two hour journey to work, and choose the same for your kids, only worse, and maybe tell yourself that it's better they never happened.*»...«*Choose unfulfilled promise and wishing you'd done it all differently. Choose never learning from your own mistakes. Choose watching history repeat itself.*»...«*Settle for less and keep a brave face on it.*»...«*Choose your future. Choose life.*» La canzone esplodeva in un crescendo con violenza, poi rallentava di nuovo per lasciare spazio alla voce di James McAvoy che diceva che quello non era lui. «*This is not me fulfilling my destiny... this is not me following in my father's footsteps... this is definitely not me saving the world. This is not me*». Il pezzo riprendeva la sua forsennata corsa mentre qualcuno, sotto il palco, guardavan con un certo interesse. Altri perplessi. Altri ordinavano da bere, altri si urlavano nelle orecchie. Sullo schermo uscivano una raffica di spettacoli violenti di madre natura, scene urbane rubate da documentari, servizi tg e vecchi video industriali. Alex si dimenava come un ossesso dietro la console, saltando come se c'avesse la stronza cupa mietitrice alle calcagna che gli stava azzannando una gamba come un mastino incazzato. La voce di Robin Williams spiegava che eravamo nient'altro che cibo per vermi. *«Because we're food for worms lads. Because, believe it or not, each and every one of us in this room is one day going to stop breathing, turn cold and die…»*… *«Carpe diem, seize the day boys, make your lives extraordinary.»* Infine la voce di Malcom McDowell spiegava che il pensare è per gli stupidi. *«But, suddenly, I viddied that thinking was for the gloopy ones and that the oomny ones use inspiration and what Bog sends, for now it was lovely music that came to my aid».* Alcuni avventori avevano cominciato a battere il piede, a ballonzolare. Alex avvicinò le labbra al microfono con aria di sfida. «A qualcuno è tornata un po' di spina dorsale o avete paura di cosa possono pensare gli altri se sciogliete un attimo i nervi?» Il pezzo stava andando in decrescendo.

Alex con il fader passò alla seconda traccia, un remix e mash up di diverse canzoni punk. **Punk Tribute**.

Aveva giocato con *bpm* e *mix*. La traccia iniziava con la voce di Joe Strummer. *«This is a public service-announcement with guitar!»* Il *riff* di *Know Your Rights* restava in loop. La voce di Matthew Lillard aveva un paio di cose da dire. *«Posers are people that looks like punks but they did it for fashion…You don't live your life by the lyrics...»*…*«It's music, I don't know who started it and I don't give a fuck. But one thing I do know it's we do it harder, we do it faster and we defenetly do it with more love baby, uha! You can't take that away from us.».* Tornava la voce di Joe Strummer. *«You have the right to free speech, as long as you're not dumb enough to actually try it!».* A questo punto partivano gli *Agnostic Front*, con la prima strofa di *Gotta Go*, seguiti dai *Sex Pistols* che volevano essere anarchia, due strofe complete e il ritornello di *Blitzkrieg Bop*, finchè entravano i *NOFX*. *«Represents everything I hate - the soap shoved in the*

413

mouth - to cleanse the mind - a vast majority of sheep - a buttoned collar, starched and bleached, constricting veins - the blood flow to the brain slows - they're so fucking ordinary...» La frase si combinava con quella dei *Bad Religion*. «*...21st century digital boy - I don't know how to read - but I've got a lot of toys - my daddy's a lazy middle class intellectual - my mommy's on valium - so ineffectual, ain't life a mistery?*» Le luci impazzavano nel Garage, qualche stronzo canticchiava mentre i *Misfits* invadevano le casse con *We Are 138*. Un gruppetto di giovanotti, che non perdevano mai un *open air*, o concerto, o evento, in cui ci fosse musica rock, punk o metal, bardati con giacche jeans, chiodi, anfibi, capelli lunghi e tutto l'armamentario, s'erano spostati sotto il palco iniziando ad agitarsi. I *Rancid* spiegavano che la musica doveva essere rumorosa con il pezzo *Radio*, per lasciare poi spazio a un estratto di *Give It All* dei *Rise Against*. Il pezzo terminava poi con le urla degli *Exploited* che urlavano. «*We'll never sell out - is what I say - we'll never sell out - no way!*» Alex dopo averci dato un po' con l'*headbanging* si ripropose al microfono. «Allora c'è qualcuno con un po' di linfa vitale addosso... vediamo se il prossimo pezzo riesce a sciogliere qualche donzella...»

Con il pugno alzato Alex passò alla traccia seguente, un pezzo più festoso, con diversi cambi di tempo, un po' alla *Fatboy Slim*, con tanto di sax e trombe. Un *groove* vagamente alla *Diesel Power* dei *Prodigy* teneva insieme la traccia carica di doppi sensi. **Ben Jerrys**.

La voce di un anonimo attore domandava. «*Hello miss, would you like to buy an ice cream?*» Gal Gadot rispondeva. «*Me? Yes.*» Poi aggiungeva: «*It's wonderfull, you should be very proud!*» Entrava d'irruenza la voce di Chris Rock. «*You know what, it's the new millemium, some women still don't give head? Whenever I meet a girl that doesn't give head I look at her like a damn Betamax, like "they still make you?"*». Jasmina stava ballando al ritmo molto funky, influenzato dalle canzoni di James Brown, nonostante la cassa e lo *snare* molto più potenti. Adam - che come ballerino si faceva rispettare - la seguì. Questo fece prendere coraggio a un gruppetto di ragazze che, *Mojito* in mano, si avvicinarono un po' al palco muovendo i fianchi ridendo. Svein, a cui piaceva di tanto in tanto fare lo scemo, non s'era ancora lasciato andare ma aveva iniziato a dondolarsi. Jürgen, che si rifiutava categoricamente di ballare, guardava con il drink premuto contro il petto. Alex nel frattempo si era lanciato sul *synth* per suonare una piccola parte di assolo che aveva composto studiando per ore le canzoni di Jerry Lee Lewis. Dimenava i fianchi, batteva i piedi e scuoteva la testa come un forsennato. Io ero poco più di un fottuto soprammobile peloso e animato. Finito l'assolo si fece spazio la voce di Bill Hicks. «*I can speak for every guy here in this room tonight. Guys, if you could blow yourself, ladies, you'd be in this room alone right now... watching an empty stage.*». Durante l'ultimo *rush* di trombette Alex tornò al microfono. «Avete ancora voglia di ballare un po'? So che andare a vedere l'esibizione di debutto di un coglione con tutte canzoni mai sentite può essere una seccatura... per questo ho fatto qualche remix, come quello che sta per partire ora».

Il locale si stava riempendo sotto le luci colorate che creavano un'atmosfera col loro rincorrersi nell'oscurità. Alcune persone si erano accorte che lo show era iniziato e, incuriositi, erano entrati. Alcune ragazze dai gusti alternativi in mille modi diversi - dalle fan dei Goa party, a quelle vestite da pin up vecchia scuola passando per tutto quello che c'era in tramezzo - avevano deciso di unirsi a quella piccola festicciola che Alex cercava di dirigere mentre dalle casse usciva il suo **remix di Hard Day's Night**.

Il pezzo dei *Beatles* rielaborato in chiave Drum 'n' Bass con alcune ripetizioni che sporcavano il ritornello, alcune parti che esplodevano seguendo la scia della canzone originale con suoni pesanti e pieni e una linea di basso continua, aveva fatto sì che Svein si lasciasse finalmente andare. Muoveva in modo goffo le gambe come stesse ballando un twist, l'unico modo in cui ballava, insieme al battere i piedi per terra a ritmo. Alex si scatenava ed era salito sulla postazione in piedi. Mi ricordava il leggendario HR ai tempi d'esordio con i *Bad Brains*. Il locale non era pieno e il sottopalco sembrava più una pista da ballo che quello di un concerto. Dopo aver accompagnato un pezzo della canzone con l'armonica Alex, ringraziando Anubi di non aver fatto nemmeno una steccata, si preparò a far partire la traccia seguente.

Il pezzo con forti influenze metal, che batteva un tempo dritto e pesante, come una marcia - pensate per esempio a *Sonne* dei *Rammstein* oppure *Whatever It Takes* degli *Hollywood Undead* - e che accellerava brutalmente in alcune parti - pensate a canzoni degli *Slayer* tipo *Angel Of Death* oppure *Repentless* - s'intitolava **Riot Mansion**.

Aveva una sonorità ricca di *synth* prepotenti nella prima strofa, era accompagnato dall'armonica nella seconda, e aveva delle cornamuse in aggiunta alla terza. Le chitarre avevano un suono elettronico, erano fredde e taglienti. Era introdotta dalla voce di David Patrick Kelly che inneggiava psicotica e ossessiva a ripetizione, «*Warriors... come out to play...*». Nella prima strofa la voce di Hugo Weaving, montata ad hoc da Alex con varie parti dal film di *V Per Vendetta* faceva la morale. «*Who's to blame? Well, certainly, there are those who are more responsible than others, and they will be held accountable. But again, truth be told, if you're looking for the guilty, you need to look in a mirror.*»...«*They were a myriad of problems which conspired to corrupt your reason and rob you of your common sense.*» Nella seconda strofa Alex aveva montato le voci di Gerard Butler e Rodrigo Santoro. «*I am a generous god. I can make you rich beyond all measures. Your rivals will kneel at your feet, if you will but kneel at mine.*»...«*Such an offer only a madman would refuse. But the idea of kneeling...You see slaughtering all those men of yours has left a nasty cramp in my leg. So kneeling will be hard for me*»... «*There will be no glory in your sacrifice. The world will never know you existed at all*»...«*The world will know that free men stood against a tyrant. That few stood against*

416

many.» La voce di *Leonida* era accompagnata sullo schermo da immagini a raffica di personaggi cari ad Alex: da Che Guevara a Rosa Parks, da Bukowski a Bill Hicks, da Thich Quang Duc a Surya Bonaly. Una sorta di copertina personale alla iconica *Sgt. Pepper's Lonely Hearts Club Band*, animata. Con la voce di *Xerses*, invece, passavano fotografie di personaggi che Alex non aveva in simpatia: da magniaccia della finanza come George Soros a leader politici come Hillary e Bill Clinton, Dick Cheney, Margaret Thatcher, a pastori delle mega chiese come Joel Osteen. L'ultima strofa era accompagnata dalla voce di una delle *celebrity* di Hollywood più odiate in parte e ammirate dall'altra: Mel Gibson. «*Fight and you may die. Run and you will live, at least awhile. And dying in your bed many years from now, would you be willing to trade all the days from this day to that, for one chance to come back here as young men, and tell our enemies that they may take our lives, but they will never take our freedom?*». La traccia terminava con le chitarre in dissolvenza in un *riff* e una ritmica che ricordavano vagamente *Puritania* dei *Dimmu Borgir*. Così lo sfizio di dare la sua strizzata d'occhio ai panda compatrioti di Svein se l'era tolto. I metallari da battaglia avevano mostrato particolare brio durante questo pezzo. Ad Alex faceva piacere. Sapeva che quei ragazzi erano visti un po' come dei personaggi da circo, considerati ingiustamente dei fricchettoni disadattati da molti. Ma Alex sapeva che, qualche volta, la gente più strana era quella che aveva un sacco da dare… a chiunque. Alzò le corna al cielo mentre introduceva il prossimo pezzo. «Ce lo facciamo un altro cazzo di remix e mash-up?»

Uno dei piantagrane che stava particolarmente a cuore ad Alex era il reverendo. Pochi erano stati in grado di cagare fuori quattro dischi del calibro di *Antichrist Superstar*, *Mechanical Animal*, *Holy Wood* e *Golden Age Of Grotesque*, uno dopo l'altro. Nulla da togliere agli altri dischi, ma il mix perfetto tra pop e underground, la verve commerciale mischiata alla rabbia da outsider, la sciarada e il percorso preciso e maniacale che seguivano traccia dopo traccia, era davvero speciale. Inoltre tutta l'immagine che si era creata intorno a questo intellettuale incazzoso e provocatore. Le favole e le leggende metropolitane nate dal suo atteggiamento e le sue parole, il tempismo delle sue canzoni. Alex lo trovava geniale e affascinante, anche se la maggior parte dei suoi amici non avevano mai afferrato questo suo fanatismo. Anche se alla fine si ritrovavano tutti a dire: «Però quello che ha detto in quell'intervista di Michael Moore in effetti…». Alex aveva omaggiato lo shock rocker con una traccia che chiamava **Marilyn Manson Tribute**.

I pezzi del reverendo - tutt altro che nuovo alla questione remix - si prestavano bene per il mash-up quindi non gli era stato difficile mettere insieme l'intro di *The New Shit*, il ritornello di *Rock Is Dead*, e terminare con la voce di Brian Warner che s'imponeva. «*Everybody's someone else's nigga - I know you are so am I - I wasn't born with enough middle fingers.*» Quell'ultima frase si ripeteva fino al pezzo finale. «*You said you wanted evolution - the ape was a great big hit - you said you wanted revolution, man - and I say that you're full of shit.*» Una frase perfetta per introdurre la traccia che la seguiva.

Il pezzo 'alla-facciazza-di-cazzo-di-tutti-quei-cantanti-attori-scrittori-presentatori tv-celebrità da social e reality-che-si-consideravano-portavoce-di-una-presunta-giustizia-e-saccenza-planetaria' era il mio preferito di tutti i pezzi cagati fuori dal cazzaro. Il ritornello faceva verso alla celebre canzone dei *Dead Kennedys* e s'intitolava proprio **Celebrities Fuck Off**.

Il campione delle parole *fuck off* era preso preciso da quella canzone. Le parole *nazi punks* invece erano state sostituite dalla parola *celebrities* e Alex aveva ricomposto, adattando strumenti e velocità, il ritornello di quell'inno punk del 1981. Il sudore gli rigava il volto, sempre rivolto da qualche parte sotto il palco. Io mi ero messo a cazzeggiare tra le americane che sovrastavano il palco per godermi meglio lo spettacolo. La voce di Dave Chappelle echeggiava. «*It's not like they're political* scientists. *They just can sing good... you know what I mean? Stop worship celebrities so much.*» Poi Jeff Dunham nei panni di Walter sottolineava. «*And to the celebrities... pull your head out of your self indulgent butts. Contrary to what your kiss-ass agents are telling you, you're not smarter or more informed than anyone else, it's probably the opposite. And being famous doesn't mean we care what the fuck you think. Just shut up and act, or sing...*» Sul finale George Carlin capitolava. «*So self important. Everybody's gonna save something now... Are these fucking people kidding me? We don't even know how to take care of ourselves yet... I'm tired of these self righteous bourgeois liberals. Besides, they don't give a shit, they don't care, not in the abstract they don't. Do you know what they're interested in? Their own habitat, they're worried that some day in the future they might be personally inconvinienced... narrow unenlightned self interest... doesn't impress me.*»

Seguiva l'omaggio, un po' paraculistico, allo *Slim Shady*, e al film di Curtis Hanson. Lo esaltava gran parte della discografia del *White Rabbit*, ma per questo pezzo nutriva un affetto particolare. Più che un vero remix sembrava più una di quelle cover rivisitate in un genere diverso. Tra le miriadi di esempi si potrebbe pensare a *Little Lion Man* rivista dai *Tonight Alive*, o a *Fuck You* degli *Sleeping With Sirens*, ma data la sua natura di base elettronica il remix che veniva subito alla mente era quello dei *Prodigy* sulla canzone di *Iggy Pop - Lust For Life*. Alex senza esitare si inoltrò nel **remix di *Loose Yourself***.

Sin dalle prime note buona parte della gente presente in sala prestò attenzione al palco e alle onde sonore che si mischiavano alle luci strobo e le grafiche elaborate da Alex con l'aiuto di Carlo proiettate alle sue spalle. La canzone di *Eminem* aveva il suo sporco appeal commerciale del cazzo. E Alex l'aveva mixata di modo che soprattutto nel ritornello pestasse molto più dell'originale, con la cassa pesante e l'aggiunta di piatti - soprattutto *crash* - che accentuavano le parole "never let it go". La gente mostrò apprezzamento per questa versione più hardcore della hit del signor Mathers. Alex si ripresentò al microfono prima di far partire la prossima traccia. «Allora, vi state divertendo? C'avete ancora energia? Pensate di farcela ancora a fare la carriola più tardi questa sera?» Era sudato, stava dando il suo meglio. Non aveva fatto grandi steccate. Mancava poco alla fine. Un po' gli dispiaceva. Lanciò un'occhiata a Jasmina, che si stava abbandonando completamente alle vibrazioni di sfogo e divertimento.

«Questo pezzo lo dedico a tutte le coppie più belle del mondo» e qui gli si aprì sul volto grondante un sorriso beffardo di sfida, «quelle più affamate, affiatate e grintose.» Il piano da ballata con cui si apriva il pezzo, lento e melodico, diede il via a **True Romance**.

La voce di Woody Harrelson spiegava. *«You know the only thing that kills a demon: love.»* Poi la voce di Rose McGowan leggeva. *«Two against the world.»* La traccia prendeva il volo. Tendeva alla trance, con un ritmo veloce ma una melodia dolce. Andava in progressione, con strumenti che si aggiungevano, incluse delle chitarre da *Mariachi*. Jasmina, come la protagonista di un film, contorceva dolcemente tutto il corpo, con i capelli che le coprivano il volto mentre la testa ondeggiava, e le braccia penzolavano come serpenti lungo il busto. Di nuovo la voce di Rose McGowan. *«I need a ride.»* E quella di Freddy Rodriguez. *«I'll give you a ride.»* In seguito la voce di Uma Thurman s'intrufolava nella traccia che si abbassava fino al silenzio. *«That's when you know you found somebody really special: when you can just shut the fuck up for a minute and comfortably share silence.»* Seguivano una decina di secondi di silenzio e poi il suono riprendeva in un crescendo forsennato e psichedelico, finché di nuovo la voce di Rose McGowan tornava a farsi sentire. *«It's beautiful. She is beautiful. It's like you said it would be. Two against the world, baby, two against the world.»* Quando il crescendo raggiungeva l'apice senza esplodere, la voce di Robert Downey Jr., rubando le parole a *Mickey Knox*, sentenziava. *«Only love can kill a demon.»*

Alex parlò nel silenzio per la prima volta, anche se in verità l'ultima traccia era già partita. «Siamo arrivati alla fine della mia piccola esibizione. Ma la serata continua, con musicisti tostissimi pronti a farvi divertire. Pronti a sentire un po' di *Metallica*?» disse indicando il gruppetto di metallari che risposero sorridenti alzando le corna al cielo. «Questo è il mio arrivederci… voglio ringraziare Iari e compagni che m'hanno dato la possiblità di esibirmi qui questa sera.» L'ultimo pezzo, che portava il nome di **Stand Up, It's Just A Ride** sul laptop di Malky era semplicemente *Stand Up* dei *Prodigy* su cui immancabilmente partiva una voce. Quella di Bill Hicks.

«You've been fantastic and I hope you enjoyed it.

«Is there a point to all this? Is there a point to my act? I would say there is…

«The world is like a ride in an amusement park. And when you choose to go on it, you think it's real because that's how powerful our minds are. And the ride goes up and down and round and round. It has thrills and chills and it's very brightly coloured and it's very loud and it's fun, for a while.

«Some people have been on the ride for a long time and they begin to question, is this real, or is this just a ride? And other people have remembered, and they come back to us, they say, "Hey - don't worry, don't be afraid, ever, because, this is just a ride"… And we… kill those people.

«"Shut him up! We have a lot invested in this ride. Shut him up. Look at my furrows of worry. Look at my big bank account and my family. This just has to be real."

«Just a ride. But we always kill those good guys who try and tell us that; you ever notice that? And let the demons run amok. But it doesn't matter because it's just a ride. And we can change it anytime we want. It's only a choice. No effort, no work, no job, no savings and money. A choice, right now, between fear and love. The eyes of fear want you to put bigger locks on your doors, buy guns, close yourself off. The eyes of love, instead, see all of us as one.

«Here's what we can do to change the world, right now, to a better ride. Take all that money that we spend on weapons

and defense each year and instead spend it feeding and clothing and educating the poor of the world, which it would many times over, not one human being excluded. And we could explore space, together, both inner and outer, forever, in peace.» Il discorso si interrompeva bruscamente in favore del pezzo dei *Rage Against The Machine* con Zac che urlava. «*Whatcha say - watcha say - watcha say - what? - I'm calm like a bomb! - Ignite, ignite, ignite, ignite…*». Alex si avviò verso l'uscita del palco mentre la canzone si dissolveva abbassandosi di volume e tornava la voce di James McAvoy. «*This is not me. This is just a motherfucking decoy. This is me, taking control… from billing reports… from ergonomic keyboards… from cheating girlfriends and sack of shit best friends… this is me taking back control of my life… What the fuck have you done lately?*»
La scritta *Malky* scomparse, le luci si riaccesero, e la playlist per la pausa riprese.

Le luci si erano alzate, invadendo il locale con la loro aurea giallognola.
Era ripartita la playlist di riempimento con *Horseshoes And Handgranades* dei *Green Day*.
Mani sulle ginocchia, col fiatone e un leggero tremolio lungo tutto lo scheletro, cercai immediatamente di capire come cazzo fosse andata.
Mi levai la maglietta e la usai come asciugamano per placare il sudore. Carlo e Michele mi oltrepassarono sorridenti. Non vedevo l'ora di vedere com'ero uscito in quelle inquadrature, specie quelle della *GoPro* piazzata vicino ai dischi della console e quella piazzata sulla tastiera molleggiata.
«Grande! Hai spaccato!» fece Michele. Carlo si limitò a farmi l'occhiolino e annuire.
Stavano andando a smontare tutto il mio ambaradan sul palco.
«Vi do una mano» dissi, cercando di riprendermi da un vortice di pensieri, emozioni e incontrollabili reazioni fisiche. Mi sentivo come una vacca che si librava inerme a venti metri d'altezza vittima di un tornado nella fattoria di qualche zappaterra nel Texas, o nel Kansas o in Nebraska. Carlo alzò una mano scuotendo la testa.
«No, facciamo noi tranquillo, tanto adesso arrivano anche quelli dell'altra band per montare le loro cose…»
Michele, che già stava infilando i cavi in una borsa, concordò.

422

«Vai a darti una sciacquata e bagnare il becco».

Arrivarono tre tizi, uno grosso, uno secco e uno che pareva un *Goblin*,
a dar man forte per preparare il palco per il gruppo seguente: la cover band
dei *Metallica*. Oltrepassandomi dispensarono un sorriso ciascuno.
«Bello incazzato il tuo show, bravo» sentenziò quello grosso battendomi
la manona sul braccio prima di fiondarsi sul palco ad attaccare i cavi
che andavano in regia sui loro strumenti.

Lanciai un'occhiata fugace sotto il palco. Mi piacerebbe raccontarvi qualche
cazzata. Tipo che tutti i presenti erano scossi, adrenalinici e ispirati dopo
questa performance su cui avevo sudato tanto e di cui, comunque, ero molto
orgoglioso. Ma non era successo niente di epico sul finale. C'erano stati
degli applausi. Alcuni sentiti e altri pro forma. Nessuno si era strappato i capelli.
Nessuno aveva avuto l'illuminazione che gli avrebbe cambiato la vita,
e non c'era stata una folla a guardarmi con particolare ammirazione.
Non era un film di Spielberg questo, col finale accomodante e confortevole.
Fosse stato così ci sarebbe stato chissà quale produttore lì sotto pronto
a scucirmi un contratto milionario, o il locale a inneggiare il mio nome. Invece
tutto era tornato a quella cosa che si può chiamare normalità.

Le urla echeggianti, il potere di un applauso in *slow mo-
tion*, un sottofondo musicale che nemmeno ti accorgi che
c'è ma fa metà del lavoro - sempre in gloria i compositori
di musica dei film -, tutti questi trucchi che sullo
schermo ti potevano far sembrare un comunissimo evento
merdoso qualcosa di epico ingannando la percezione, raramente si verificavano nel mondo reale. Nella vita vera era
molto difficile imporre certe emozioni.
Adam, a cui avevano messo in mano una birra, si stava chiedendo se aveva capito bene tutte le parti campionate e i
discorsi di quelle voci famose. "Ma non poteva metterle in
italiano?", si domandava. Veramente si chiedeva se Alex
avrebbe avuto problemi a gestire il fatto che Arianna se ne
stava lì a fare la civetta con quel tipo col berretto rovesciato. Sperava fosse stata una buona idea chiamare Jasmina.
Jürgen e Svein stavano discorrendo sul genere musicale scelto
da Alex e tentavano di catalogarlo. Stavano anche allenan-
dosi, ognuno per conto suo - dentro la propria testa -, per
dire qualcosa al loro socio quando li avrebbe raggiunti.

Il Croce, arrivato più o meno durante la terza canzone, stava dicendo in dialetto a un suo compare che il concerto gli era sembrato un'esagerazione ridicola.

«Comunque io preferisco sempre un bel concerto con gli strumenti, per sentire questa roba qua vado in discoteca». Poi aveva attaccato a parlare del nuovo appalto per il centro culturale che si voleva fare sul lungolago del Borgo, di quanto lo trovava inutile, e di come comunque il concorso non era stato leale, e che ora c'erano già un sacco di casini con i permessi che sicuramente avrebbero ritardato i lavori.

Arianna stava pensando a come mettersi in una posizione strategica per farsi notare mentre non prestava assoluta-mente attenzione ad Alex e si divertiva. Ignorava l'esi-stenza di Jasmina, che stava chiacchierando con Zemar e Yasir e il biondino del concerto, probabilmente i più gal-vanizzati di tutto il locale.

Le altre persone erano sparse. Chiacchieravano, salcazzo di cosa. Qualcuno, di quelli giovani s'era promesso di congratularsi sinceramente con Alex e domandargli se si poteva acquistare un disco o seguirlo su una pagina *Face-book* o qualcosa di simile. Ma la maggior parte erano al bancone a comandare da bere oppure erano usciti a fumarsi una paglia. Aggiornandosi sugli ultimi gossip locali, fa-cendo progetti, raccontandosi come stavano andando le pro-prie vite - donna? Lavoro? Sei ancora lì a far la vita? Alcuni stavano ridendo raccontandosi qualche cazzata, e questo faceva sempre piacere. Tutto qui.

Avevo infilato la testa sotto il lavandino. M'ero dato una sciacquata alla faccia, avevo lasciato che le gocce d'acqua fresca scendessero mescolandosi a quelle di sudore lungo la schiena e sul petto e avevo dato un'insaponata alle ascelle. Guardai fisso l'immagine riflessa nello specchio sporco, mentre l'adrenalina scemava finché non mi venne da ridere. Mi risi in faccia.

Carlo e Michele erano piazzati in un angolo del camerino con il loro armamentario di laptop, dischi esterni, lettori schede e via dicendo per fare un backup di sicurezza delle riprese. Avevano sistemato in modo ordinato la mia roba - parti del bancone, computer, microfoni e via dicendo -

contro una parete in modo che non stesse in mezzo al cazzo.
Presi dalla mia borsa una t-shirt pulita e indossai il pass
che mi ero tolto per l'esibizione.
«Vado a salutare alcuni soci… avete bisogno di qualcosa?»
Carlo alzò il pollice e si rivolse a Michele per altre questioni.
«A che punto siamo lì? Dobbiamo uscire il prima possibile, voglio coprire
un po' la zona concerto durante la pausa e poi mi voglio piazzare più vicino
con la telecamera sul treppiede per prendere un po' più di dettagli
con la band dei *Metallica*…»
«78%, 3 minuti alla fine…»
Dispensai sorrisi e cenni di mano furtivi a chi incrociavo tirando dritto a passo
svelto verso i miei amici. Mi videro arrivare. Allargai le braccia e mi buttai
su Zemar per primo.
«Cazzo ci fate qui manica di stronzi!?»
«C'hanno detto che si esibiva un certo Malky, non potevamo perdercelo,
potrebbe essere *the next big thing* il cazzaro…»
Mi girai verso Yasir, con le sue *Lumberjack*, i jeans larghi a cavallo basso
strappati tenuti insieme da una fibbia tamarra della *Superdry* con indosso
una t-shirt rossa della *Supreme*, che stava appollaiato tranquillo accanto
al biondino secco che non conoscevo infagottato da jeans neri strettissimi,
una camicia della *All Saints*, e calzava un paio di *Lacoste* di tela. Yasir aveva
il solito sguardo da duro, ma non c'era traccia di quell'aria iraconda
che ricordavo, sembrava sereno. Lo sconosciuto aveva un'aria pulita e sembrava
muoversi ed esprimersi con una grazia fuori dal comune.
«Tu invece?» allungai la mano e a mezz'aria sigillammo un saluto deciso palmo
a palmo e ci abbracciammo. «Che cazzo mi racconti?»
«Oh…» s'intromise Zemar sorridente, «ce n'ha da raccontarti…»
«Son capace di cavarmela anche da solo a rispondere fratellone sai…»
«Scusa fratellino, ultimamente fatico a mascherare il mio orgoglio
nei tuoi confronti…»
Yasir scosse la testa e mi presentò il misterioso biondino.
«Per prima cosa Alex, questo…» prese il ragazzo per un braccio, «è Stephen,
il mio compagno».
Per un momento non riuscii a crederci, mi scappò un "*Oh my…*" alla *Morty*,
e poi mi sentii contento e divertito come un Labrador in acqua con una pallina
da tennis in bocca.
«Piacere di conoscerti Stephen, oh cazzo, non ci credo, scusami,
ma non me l'aspettavo questa…»

«Piacere mio» rispose con tono cortese, tipico dei borghesucci britannici, poi aggiunse con un sorriso malandrino. «Congratulazioni per il concerto, bella esibizione, carica di stamina».

Li guardai sorridendo.

«Devo sapere come vi siete conosciuti, quando hai capito che ti piaceva il manico, come vi siete messi insieme e tutto quanto, tutti i dettagli… be' forse non proprio tutti…»

Tirai un pugno sul petto ad Adam.

«Bella sorpresa stronzo, non me l'aspettavo…»

«Mi sottovaluti sempre…»

Jasmina se n'era stata lì tranquilla da parte ad Adam ma mi ero sentito gli occhi addosso tutto il tempo. La squadrai da cima a fondo, cercando di tenere sotto controllo i nervi, gli ormoni e tutti i cazzi. Eravamo faccia a faccia e non sapevo cazzo dire. Lei sorrideva senza dire niente. Accennai a dire qualcosa un paio di volte bloccandomi prima di riuscire a mettere insieme una lettera. Poi - fanculo - le presi il viso tra le mani e incollai le mie labbra alle sue. Restammo così per un bel po'. Jürgen e Svein ci avevano raggiunto con dei drink.

«Cazzo, primo concerto e fai già strage di *groupies*? Devo considerarla anche io 'sta trovata di schiacciare un paio di bottoni su un palco…»

Svein m'allungò una birra e Jürgen una vodka tonic a Jasmina che tenevo stretta a me con un braccio cinto intorno alla vita - un po' per assicurarmi che fosse vera e un po' per marcare il territorio. Scambiammo un paio di battute, poi mi rivolsi a Yasir.

«Ti sei preso una vacanza dall'edilizia te? Ti scarpi ancora il culo sui cantieri?»

Yasir sospirò, Stephen sorrise e Zemar scoppiò in una risata scuotendo la testa.

«Forza diglielo» lo incalzò.

Yasir si fece serio.

«Settimana scorsa ho passato l'ultimo esame per entrare nelle forze dell'ordine, questo autunno comincio».

La mia mascella andò a scontrarsi col pavimento e sgranai gli occhi.

A quel punto proprio non potevo trattenere il commento.

«Talebano, checca e sbirro, te le tiri proprio addosso tutte cazzo! Mi raccomando statemi vicino che cerco di tenervi alla larga da certi burini coi neuroni che giocano a nascondino che girano qui. Comunque sinceri complimenti, sono davvero contento per te fratello».

«Dov'è JD?» domandò poi Jasmina.

Finita l'esibizione ero telato, ancora frastornato da tutto quel fracasso, e da una buona dose di adrenalina. Ero andato a nascondermi per prendere un po' di respiro. Alex era fuori a godersi i suoi amici e Jasmina. Finita la birra aveva annunciato le sue immediate intenzioni.

«Vado a mettere subito via le cose nel furgone così poi posso veramente godermi la serata». Applicava sempre il famoso detto "prima il dovere e poi il piacere", uno dei consigli di sua madre che aveva deciso di ascoltare. Tutti s'erano offerti di dargli una mano e gli organizzatori non avevano fatto storie per lasciarli passare due secondi per tirare fuori l'ambaradan dal camerino. In quattro e quattro otto erano tutti con birra, gin tonic, *Montenegro* e Mojito in mano. La band tributo dei *Metallica* aveva attaccato lo show. Avevano iniziato con *For Whom The Bell Tolls*, avevano salutato il pubblico, e in seguito avevano proseguito con *Creeping Death*. Erano in gamba: non steccavano un cazzo e anche la presenza scenica era degna di nota. Alex, con sottobraccio Jasmina, s'era avvicinato un po' al palco con Svein al seguito. Ora c'era un po' più di gente ammucchiata lì, a cantare le canzoni che conoscevano a memoria insieme alla band. Dopo *Seek And Destroy*, *Battery* e *The Unforgiven* erano partiti con *Whiskey In The Jar* che accendeva sempre un certo tornado ormonale nella carcassa di Alex. Lì con Jasmina accanto che lo stuzzicava a colpi di limone, tra una cantata con le corna alzate al cielo e qualche sguardo di gioia con Svein, aveva fatto scivolare una proposta all'orecchio di Jasmina.

«Mi sa che devo recuperare qualcosa nel *backstage*, m'accompagni?»

Mi ero fatto trovare nel camerino per poter mirare e salutare Jasmina. Poi ero uscito per lasciare che facessero le loro zozzerie e m'ero arrampicato su un'americana per vedere i metallari esibirsi in *One* e *Am I Evil?*. Durante *Sad But True* i due infoiati erano tornati tra il pubblico. Recuperarono qualcosa da bere e, durante *Nothing Else Matters*, raggiunsero di nuovo Svein. Tornarono poi dagli altri, rimasti più dietro dove la gente non si dimenava, mentre andava *Master Of Puppets*.

Un tizio, con i vestiti larghi, bello pienotto, e un sorriso gioviale aveva avvicinato di soppiatto Alex dicendo che era rimasto impressionato dalla sua esibizione e per sapere se era interessato a far parte della *line up* di un piccolo *open air* che s'organizzava vicino al lago quando l'estate volgeva ormai al termine. Aveva ancora uno o forse due nomi da piazzare ma doveva saperlo al più presto. Alex si mostrò interessato e si scambiarono i contatti. Il socio a quanto pareva rappava. L'*open air*, diceva, era più o meno del calibro di questa serata, con gruppi più che altro locali, con qualche dovuta eccezione. Si svolgeva su tre serate e i generi variavano tra rap, electro swing, house, rock e così via.
Gli domandò poi se avesse già un disco, o del *merchandise* o roba del genere.

A Paco - così aveva detto di chiamarsi il tipo che mi voleva nel suo *open air* - spiegai che avevo quasi tutto pronto: un mini EP con tre pezzi miei più due remix e alcuni gadget per promuovermi, ma che volevo aspettare che il video dell'esibizione fosse pronto prima di lanciarmi e cercare di far sapere alle miriadi di ritardati da social della mia esistenza. Chiese che intenzioni avevo per il futuro, cosa facevo di lavoro e via dicendo. Era un tipo a posto, con un vocione che non ammazzava i timpani ma solleticava il torace. Gli spiegai che in verità non avevo un'idea precisa, che volevo rimanere coi piedi per terra, che non ero sicuro di poter fare davvero musica per campare, ma che non mi sarebbe dispiaciuto, e che comunque intendevo impegnarmi nel progetto Malky, che restasse una specie di hobby o che diventasse qualcosa di serio. Gli spiegai che principalmente dovevo farlo per me stesso, altrimenti non aveva un cazzo di senso. E che nel frattempo m'andava benissimo di spinare birre al bar per tirare a campare. Era un buon chiacchierone Paco, mi disse che lui invece aveva un approccio più imprenditoriale con la musica. Mi stava talmente simpatico che evitai di fargli notare che qualsiasi stronzo fosse infognato con la musica rap diceva la stessa cosa, e comunque bisognava dargli atto che aveva tirato su sto *open air* al lago quasi dal nulla. Chiesi se parlava l'inglese e disse di sì, allora lo presentai a Zemar. Cominciarono a chiacchierare tra di loro e Zemar non fu timido nel dire che sicuramente avevo un'avvenire nella musica, mentre gli raccontava che un anno fa non avevo ancora toccato una console. Erano più

convinti loro di me. Se fosse un buon segno o meno lo sapeva - esatto - il cazzo.
Impressionare i musicisti serviva a poco. Se non riuscivi ad arrivare
a chi della musica fregava solo ascoltarla serviva a un cazzo. Ma non volevo
ammazzare l'entusiasmo dei due, ero preso bene, abbracciai - con le dovute
riserve e la giusta discrezione - i loro deliri a proposito del mio destino.
Ogni tanto faceva piacere stare a sentire qualche stronzo che ti emancipava
e valorizzava invece di frantumarti i coglioni sulla precarietà delle industrie
artistiche. La band tributo ai *Metallica* intanto stava chiudendo la loro parte
di esibizione e alzai le corna tra le note di *Enter Sandman*. Paco si congedò
lasciandomi un biglietto da visita con su anche il suo barcode *Spotify*, che se lo
scansionavi col telefono ti mandava dritto alla sua pagina artista. Promisi di
dargli un ascolto e che lo avrei contattato presto per fargli sapere per l'*open air*.
Tornai a rivolgere le mie attenzioni a Jasmina e ai miei amici, cantando la strofa
di *Teenager* dei *My Chemical Romance* che stava uscendo dalle casse.
Con l'imbrunire e l'orario, che stava raggiungendo il picco per i festaioli
di ogni risma, il locale s'era riempito. Avevo notato una quarantina di persone
che stavano occupando con fare quasi bellico la zona sotto al palco,
deducendo che fossero fan sfegatati del gruppo Ska italiano che si sarebbe
esibito di lì a poco. Salutai con un sorriso e le corna alzate i ragazzi della cover
band dei *Metallica* che stavano trascinando fuori il loro armamentario, facendo
avanti e indietro con custodie per chitarre, pezzi di batteria, e via dicendo.
Zemar era molto insistente sul fatto che dovevo fare sul serio con la musica,
era quasi imbarazzante. Mi stava esponendo l'idea di organizzare un paio
di serate nel Regno Unito. Aveva i contatti. 'Sto stronzo non era mai stanco
di volermi aiutare, salcazzo perché e percome. Forse era questo che distingueva
un bravo stronzo da un coglione: quando uno non aveva un perché
o un percome. Non volevo smorzare troppo il suo entusiasmo, dissi che forse
era il caso di aspettare qualche mese e rimandare tutto a dopo l'uscita
del video e del disco, e che anche il merchandise fosse pronto prima di parlare
seriamente di date o cose simili. Studiarla bene, insomma.
Jasmina cazzeggiava alla conquista dei miei soci. Jürgen e Svein se la ridevano
per qualcosa insieme a lei. Li raggiunsi e presi tra le mani i fianchi di Jasmina.
Lei mi prese un braccio e dopo avermi stampato un bacio sulla guancia
che ancora rideva se lo portò intorno al collo.
«Cazzo ve la ridete voi?»
«Niente» rispose pronto Jürgen. «La tua donna sta promuovendo Amsterdam
dandoci qualche dritta su cosa fare se decidiamo di andare a trovarla».
La mia donna.

«Non posso permettere che qualcuno non si diverta nella mia città…» sorrise maliziosa Jasmina scambiandosi un sorriso complice coi miei due soci storici.

«Ecco… poi ragguagliatemi sul programma» provocai con scarso successo, «hai visto mai che m'aggrego».

Svein cambiò discorso.

«Allora? Quando ti vediamo ai *Grammys*?»

Storsi il naso in modo esagerato.

«Non mi interessano quelle manifestazioni ipocrite per coglioni presuntuosi e rincoglioniti. Taylor Swift ne ha vinto uno nella categoria "Country". Come premiare Bill Cosby e Ted Bundy per la miglior performance agli *AVN*».

«Ohhh» partì subito Jürgen con il suo classico tono polemico, «mica tanto da fare il difficile se vuoi fare l'artista».

«Eh ma lui è PUNK» gli fece verso con tono sarcastico Svein.

E anche Jasmina decise di dar loro man forte.

«Scherzate? Un genio come lui insieme ad un'accozzaglia di schiappe come quelle».

Risero.

La mia donna.

Arrivò Lara con una sua amica. Pareva fosse arrivata in tempo per vedere il mio show ma una volta finito era rimasta fuori a parlottare di salcazzo cosa con la sua amichetta. Squadrò subito Jasmina dalla testa ai piedi - non erano state introdotte - e io con un limone e un'occhiataccia le feci capire di non cagare il cazzo. Abbassò subito le difese e disse che era rimasta abbastanza impressionata dalla mia esibizione. Afferrato come stavano le cose con Jasmina diventò stranamente amichevole e socievole, sfoderando un inglese davvero degno di nota. Quasi mi preoccupavo.

Andando a prendere da bere, sgomitando tra la gente che cominciava a raggiungere gli stati di brillo, ubriaco e spaccato a merda, incrociai Carlo che stava onorando la promessa fatta a Iari, raccogliendo materiale per mettere insieme un promo della festa per l'anno successivo. Si fermò un attimo a chiacchierare. Decidemmo un piano per il ritorno. Adam dava un passaggio a Zemar, Yasir e Stephen che s'erano sistemati in un hotel in faccia al lago. Carlo guidava il pick up di Svein con Michele, il sottoscritto e Jasmina e poi recuperava la sua vecchia cara *Polo* che aveva lasciato a casa mia. Svein tornava con Lara e la sua amica e avrebbe poi recuperato il suo mezzo il giorno seguente. Per ringraziare tutti quanti li invitai a una grigliata da me. Carlo sparì di nuovo con la sua reflex montata su un piccolo supporto da *steadycam*.

Le luci si abbassarono e il gruppo Ska attaccò a suonare. Quando erano partite quelle due canzoni abbastanza famose ci eravamo uniti quasi tutti ai fan

sfegatati sotto il palco a *skankeggiare* anche noi. A turno facevamo avanti
e indietro dal bar. Avevamo ingollato un buon numero di drink, eravamo tutti
sul brillo andante, tranne Adam, che ogni tanto saltava il turno e prendeva
l'acqua, visto che era in auto. Di tanto in tanto qualcuno andava a salutare
qualcuno che conosceva e a fare due chiacchiere. Io stavo soprattutto
con Zemar, Yasir e il suo amante. Con Jasmina facevamo questa cosa
di guardarci attorno, prendere di mira gente che parlava e fingere,
con voci esagerate, interi discorsi basandoci esclusivamente
sulle loro espressioni facciali.
Durante la pausa tra il gruppo ska e il Dj austriaco che doveva chiudere
la serata si sentirono alcune urla e latrati tra il bar e l'uscita. Due tizi,
rossi in faccia, col petto in fuori e i pugni serrati erano faccia a faccia
e si stavano abbaiando addosso qualcosa con toni poco amichevoli.
Avevo più o meno in mente chi erano, di vista. Quello vestito come
un camionista americano, con tanto di berretto a rete, camicia a quadri e barba
colta, era della valle. Mi pareva guidasse delle benne per una azienda di marmi
e graniti. L'altro, jeans chiari attillati, pelle liscia e abbronzata come fosse
appena uscito dall'estetista e si fosse buttato in una vasca di olio, maglietta
attillata rosa col colletto, taglio di capelli a coroncina, credevo di ricordare
lavorasse per una piccola impresa di idraulici. Si creò quasi subito una piccola
folla di gente - con voglia di dimostrare chissà cosa - e semplici curiosi intorno
ai due fenomeni. Durante manifestazioni, feste campestri ed eventi del genere
c'era sempre qualche zotico che sentiva il bisogno di dar spettacolo. I bambini
vogliono sempre più attenzioni di quelle che ricevono. A feste di questo tipo
però non era scontato trovare i geniacci di turno, ma il rischio c'era sempre.
Gli idioti sono bestie imprevedibili. Questo tipo di scenate erano quasi sempre
il *remake*, di un *remake*, di un *remake*, dello stesso film. Il più delle volte
scemavano in nulla dopo una quantità inopportuna di schiamazzi e urla
e gesticolazioni deliranti, raramente le bestie arrivavano a mordersi
per davvero. Stesso valeva per il motivo che innescava il teatrino degli orrori -
quasi sempre etilici -: novanta percento c'era di mezzo una fregna,
nove per cento qualche coglione si sentiva mancato di rispetto da qualche
stronzo che non gli piaceva per qualche motivo, e il restante uno per cento
poteva essere un buon motivo. Potremmo anche alzare la percentuale fregna
comunque considerando che la frustrazione sessuale generale di qualche
scimmione poteva indurlo a inventarsi un altro tipo di imputazione
per giustificare il suo scazzo. A conferma notai che, a cercare di fermare
il casino, c'era una mia ex compagna delle medie. Un pezzo di fregna bionda

davvero davvero da copertina. Era amica mia e di Adam, una in gamba,
una delle poche amiche che il mio socio non si era fatto, e manco io.
Decisi all'istante che questa se la sfangava lei per due motivi. Il primo era
che non conoscevo assolutamente nessuna delle due parti contrastanti anche
solo quel minimo necessario per far sì che me ne fregasse qualcosa. Il secondo
era che lei era sì davvero, simpatica, in gamba e alla buona,
ma visto che per qualche assurda ragione si ostinava a frequentare dei ritardati
fatti e finiti, a una certa erano cazzi suoi. In tutti i sensi.
Tanto più che al Borgo, nelle valli e dintorni, c'erano diverse generazioni
di lavoratori edili, muratori e carpentieri, boscaioli, e via dicendo che oltre
ad avere già in eredità genetica un fisico piuttosto massiccio, non avevano
bisogno di andare in palestra per farsi diventare le mani e le braccia
delle fottute lastre in cemento armato prensili. Per andare a prenderle da gente
come quella, dovevano darmi davvero un buon cazzo di motivo. Era anche
pieno di mezzeseghe, non mi fraintendete, ma conveniva sempre fare
un'attenta valutazione di che tipo di bestia avevi di fronte in una situazione
che poteva finire male. Le parti comunque a regola venivano divise prima
che cominciasse la festa vera. Quella delle botte. E qualche fregna si ritrovava
appartata da qualche parte accerchiata dalle amiche a frignare per l'accaduto,
con tutta un aurea drammatica che manco Anne Hathaway ne *Les Misérables*
o Sally Field in *Fiori d'acciaio*.
Inaspettatamente a questo giro i cazzotti volarono per davvero. La sicurezza
si ritrovò nella situazione imbarazzante di non sapere esattamente cosa fare,
tanto che uno dei loro, nel tentativo di separare i due che se le davano,
inciampò e volando a terra insieme ai due prese una gomitata accidentale
che gli gonfiò subito lo zigomo che si fece rosso come un peperone.
Riuscirono finalmente a separare i due e ad accompagnarli fuori. La bionda
gesticolava, tremava, sclerava, e via dicendo. Zemar e Yasir mi guardarono
con un certo sgomento, il compagno di Yasir genuinamente scioccato. Guardai
i miei due soci talebani dal Regno Unito in quell'entourage del Borgo.
Due fratelli scappati da bombardamenti e fanatismo alla volta dell'Europa
in tenera età, con un viaggio di fortuna a respirare gas di scarico col collo
a quattro spanne dall'asfalto nascosti sotto i camion, lì fino a un attimo prima
sorridenti e con una fotta di vivere che la metà bastava, circondati da certi
stronzi nati col culo al caldo in case con la piscina in giardino che invece
avevano la ghigna di uno stronzo che è appena stato costretto a mangiare
un quintale di merda.
Diedi un'alzata di spalla e andai a comandare da bere.

Quel giorno la foresta era calda e umida, niente di nuovo. Ma quel giorno, Dan lo sentiva, sarebbe successo qualcosa. In alcune parti del mondo degli umani, mondo che Dan ignorava quasi completamente, si festeggiava una cosa chiamata *Martedì Grasso*. Dan era uno scimpanzé. La sua tribù viveva indisturbata in una regione della foresta che confinava tra il Kenya e l'Uganda. Nella tribù di Dan c'erano ventinove femmine - otto molto molto giovani - e diciannove maschi - sei molto molto giovani. Dan era il capo. L'alfa. Nelle tribù di scimpanzé vigeva un ordine gerarchico. C'era l'alfa e poi, a seguire, in modo lineare, tutti gli altri maschi. Le femmine venivano dopo.

La tribù stava riposando. Alcuni membri stavano curando l'igiene infilando le dita prensili l'uno nella peluria dell'altro. Dan teneva d'occhio i due membri della tribù che occupavano il secondo e il terzo posto nell'ordine gerarchico: Conor e Floyd. I due maschi, più giovani di alcuni anni, erano decisamente in combutta. Quel giorno in particolare sembravano non allontanarsi mai l'uno dall'altro. Dan decise che era il momento di pattugliare il loro territorio. In questo modo i due giovani sarebbero stati impegnati, e lui avrebbe avuto modo di riflettere e prepararsi. Gli scimpanzé erano animali molto rumorosi in generale. Ma non quando andavano in pattuglia per assicurarsi che nessun altro scimpanzé non appartenente alla tribù violasse il loro territorio. Quando andavano in pattuglia, se avvertivano la presenza di un'estraneo, i primati diventavano palesemente eccitati e agitati, ma continuavano a rimanere silenziosi.

Nelle tribù di scimpanzé per mantenere il proprio status, o per guadagnare posizioni, era importante anche il fattore sociologico: creare alleanze. Dan - in qualche modo - era cosciente del fatto che i giovani che si erano guadagnati le posizioni subito sotto di lui avevano sviluppato un'importante dose di ambizione, e che bramavano un cambiamento radicale. Lo avevano dimostrato in alcune occasioni nei mesi precedenti.

Ad esempio con Ali, una delle femmine più anziane della tribù. Nelle tribù di scimpanzé le femmine più anziane erano preferite normalmente alle giovani, ed erano più ambite. L'esperienza era favorita alla gioventù. Dan era molto possessivo nei confronti di Ali.

Nelle tribù di scimpanzé, sia i maschi che le femmine, si accoppiavano con più membri della tribù lungo il loro arco vitale, ma la gerarchia aveva anche la funzione di regolare chi avesse la precedenza sulla scelta. Per questo alcuni accoppiamenti avvenivano in segreto. Nell'ultima circostanza in cui Ali era fertile, tuttavia, Conor non si era preoccupato di mantenere nascosta la sua intenzione a reclamarla. Con l'aiuto di Floyd era quasi riuscito a soffiare la preferita di Dan prima che lui potesse farci niente. Era stata una sfida estenuante, ma Dan non si era dato per vinto e alla fine era riuscito a prevalere sui due giovani scimpanzé. Complice anche il fatto che, durante il rumoroso scontro, Ali stessa aveva deciso di agevolare l'intervento di Dan, muovendosi e spostandosi di modo da aiutarlo ad avere la meglio sui due giovani audaci.

La tribù gattonava silenziosa tra la vegetazione. Insieme a Conor e Floyd s'era aggiunto un terzo scimpanzé che occupava - diciamo - il sesto posto nei ranghi della tribù. Questo era preoccupante. Gli scimpanzé che occupavano il quarto e il quinto posto, consapevoli del loro status comunque agiato, negli ultimi tempi avevano deciso di temporeggiare, e vedere come si sarebbero messe le cose prima di prendere una posizione.

Un altro episodio recente era avvenuto al momento di spartire un bottino di caccia. Gli scimpanzé sono onnivori, e si nutrono principalmente di frutta, noci, semi, fiori, foglie e insetti. Però all'occasione cacciano e si nutrono di altri mammiferi di piccola media taglia, come ad esempio, sovente, le scimmie. Dan, era il cacciatore più abile, dotato di fisico ma anche di intelligenza. Nelle battute di caccia spesso rimaneva indietro rispetto ai

suoi compagni che si lanciavano alla rincorsa delle mal-
capitate scimmiette - con la sciagura di essersi trovate
nel posto sbagliato al momento sbagliato - cercando di
farle cadere dagli alberi. Osservava le dinamiche e il
territorio dove si svolgeva la battuta di caccia e, mentre
la malcapitata si stancava e perdeva fiato, Dan cominciava
a intuire quali erano le sue possibili vie di fuga. Normalmente, man mano che la caccia proseguiva, la possibilità di fuga si faceva sempre più scarsa, allora Dan si
attivava per farsi trovare a sorpresa a occupare le poche
vie di fuga rimaste finché il piccolo primate si ritrovava
inevitabilmente tra le sue zampe.
Gli scimpanzé sembravano capire bene i valori nutrizionali
delle loro prede. Sovente chi arrivava prima sul bottino
di caccia aveva la precedenza. Nel caso la preda fosse una
scimmia giovane, ed erano quindi in grado di aprirne più
facilmente il cranio, era da lì che cominciavano. Il cervello infatti è ricco di grassi e di acidi grassi a catena
lunga in grado di sostenere lo sviluppo neurologico. Gli
scimpanzé inoltre erano abbastanza intelligenti da saper
regolare le loro priorità. Se la preda era adulta arrivare
a spaccarle il cranio si rivelava un'operazione troppo
lunga e macchinosa; di conseguenza si abbuffavano di
quello che riuscivano, perché una tale perdita di tempo
avrebbe potuto avvantaggiare i propri compagni - e rivali
- di caccia. Subito dopo il cervello, solitamente, ci si
lanciava sugli organi interni, come ad esempio il fegato,
anch'essi ricchi di nutrienti.
Non era insolito, tra l'altro, notare comportamenti ipocriti, per avvantaggiare se stessi e allo stesso tempo favorire le relazioni all'interno della tribù. Conor, ad
esempio, si poteva vedere spesso, una volta fatta man
bassa delle parti migliori, staccare braccia e gambe delle
prede e offrirle amichevolmente e generosamente ai compagni. Qualche settimana prima dopo aver perseguitato una
scimmia subadulta per diverso tempo, l'aveva praticamente
lasciata arrivare in braccio a Dan, che aveva curato tutto
l'inseguimento in disparte, e una volta colto il momento

buono si era lanciato su un albero anticipando la devia-
zione che la scimmietta sarebbe stata costretta a fare per
svignarsela. Conor non era stato contento di vedersi soffiare così la preda da sotto il naso, dopo tutta la fatica
che aveva fatto per sfiancarla e con Floyd al seguito aveva
fatto un affronto palese nei confronti di Dan per recla-
marne la precedenza. Dan, sapendo che Floyd non aveva la
stessa spavalderia incosciente di Conor, era riuscito facilmente a sedare questo piccolo colpo di stato, accanen-
dosi subito su Floyd con cui bastava poco, almeno allora,
per farlo battere in ritirata, e una volta rimasto faccia
a faccia con Conor, anche se questo aveva cercato di rimanere fermo sulla sua rivendicazione, la questione era
stata risolta abbastanza in fretta.
A Dan però, ora, non piaceva vedere il terzo scimpanzé
unirsi ai due complottisti. Contro tre non ce l'avrebbe
fatta. Sarebbe stato sopraffatto. Ma non intendeva darsi
semplicemente per vinto. Decise di giocare d'astuzia. I
cinque maschi più in basso nei ranghi della tribù stavano
quasi sempre assieme. Mancava loro l'ambizione, ma erano
comunque costretti a sviluppare un minimo di competenze
per sopravvivere, come qualsiasi essere vivente del pianeta. Dan non era cosciente a livello cognitivo di certe
dinamiche ma in qualche modo aveva intuito che l'ambizione
si può anche impartire. O quantomeno ispirare. Si avvicinò
al gruppo di cinque maschi più deboli, normalmente igno-
rati dal resto della tribù, dopo aver raccolto alcune foglie e dei frutti suscitando un certo stupore nei compagni
della tribù abituati a essere lasciati in pace. Si presentò a petto in fuori, per far capire comunque chi comandava, ma poi offrì ai compagni il cibo raccolto.
Titubanti, i cinque maschi esitarono ad approfittare di
questo gesto generoso. Ma quando il più temerario dei cinque si fece avanti per afferrare il cibo offerto da Dan,
preso nota del fatto che era un'offerta genuina, uno alla
volta si decisero ad approfittare di questa inaspettata
onorificenza. L'alfa della tribù stava generosamente of-
frendo loro non solo del cibo, ma anche una sorta di ri-

spetto, pensavano. I cinque primati subirono una sorta di inspiegabile rinascita, visto che fino a quel giorno avevano tirato avanti rassegnati nell'ombra le loro esistenze. Tramite gesti e comportamenti avevano dimostrato la loro gratitudine e devozione a Dan, che era rimasto sempre a petto in fuori, per non rischiare di dare l'impressione di essersi ammorbidito. Quando Dan ebbe deciso che aveva investito il tempo necessario a impartire una chiara intimazione a rendersi un po' più partecipi della vita della tribù, si allontanò rispettosamente. I cinque maschi sembravano aver ritrovato una specie di brio. Infatti ridussero, sorprendentemente agli occhi dei compagni, le loro distanze dal resto della cricca.

La tribù si era di nuovo fermata. Il pattugliamento era finito. Conor, Floyd e il loro nuovo alleato stavano in compagnia di quattro femmine mangiando alcune noci. Dan si era avvicinato ai due ostinati rivali e si era messo tra loro e le femmine. Il nervosismo e l'agitazione si fecero avvertire subito. Conor e Floyd pensarono fosse il momento buono per conquistare la testa della tribù. Dan, in quel momento non era in vena di diplomazia. Temporeggiando troppo avrebbe rischiato di perdere la sua posizione alla guida della tribù. Quello era un buon momento per sedare questa ribellione dei due giovani e ambiziosi scimpanzé una volta per tutte.

Dan tolse di mano il cibo da Conor e lo sfidò apertamente. L'agitazione si sparse per tutta la comunità di primati in un lampo. Conor e Floyd pensavano fosse arrivato il loro momento e non si tirarono indietro. Il loro nuovo alleato li raggiunse mentre cominciavano le urla, le danze, e le mosse di rito. Tutta quella caciara attirò l'attenzione degli altri membri della comunità. Un'altra mezza dozzina di maschi si avvicinarono, intuendo che quella poteva essere una buona occasione anche per loro di cambiare le proprie sorti all'interno del gruppo. Si sarebbero uniti a chi dimostrava di essere il probabile vincitore della diatriba. La sorpresa generale fu vedere i cinque maschi deboli del gruppo raggiungere in un lampo il terreno di gioco. Senza esitare si misero alle spalle di Dan.

Conor, il più vivace, animato e impulsivo, nonostante la sorpresa non era disposto ad accettare una sconfitta per forfait. Si lanciò contro Dan. Floyd e il loro nuovo amico lo seguirono ma a causa della situazione inaspettata non avevano più la fiducia sfacciata ostentata fino a qualche momento prima. Tre degli scimpanzé che coprivano Dan si occuparono solamente di fermare i due alleati di Conor, che confusi com'erano dalla situazione non riuscirono a dar man forte al loro alleato. Altri due si occuparono di immobilizzare Conor che trovatosi in ovvia inferiorità iniziò ben presto a subire le ire di Dan che diede il via alle danze colpendo con violenza lo sconsiderato rivale caduto ingenuamente nella sua trappola. L'esito della sfida fu subito chiaro. E, tranne Floyd e il nuovo socio che si limitarono a tirarsi da parte, gli altri maschi si accanirono subito tutti contro il ribelle Conor che immobilizzato e impotente altro non potè fare che incassare i morsi, le botte e i calci degli altri maschi della tribù. La dimostrazione di leadership di Dan non finì lì. Quando fu chiaro che tutto l'orgoglio e l'arroganza di Conor erano stati definitivamente sedati, Dan intervenne e fermò il linciaggio che altrimenti sarebbe costato sicuramente la vita al rivale. Obbedienti, gli altri maschi cominciarono a calmarsi camminando in circolo allontanandosi lentamente dal corpo abusato e ferito di Conor. Dan gli concesse il tempo di riprendersi a sufficienza per poter gattonare nuovamente. Conor, poi mite e sconfitto si lasciò accompagnare da Dan e alcuni altri maschi che li seguirono all'unico destino possibile che gli rimaneva: l'esilio dalla tribù.

Quando ebbero lasciato che Connor s'allontanasse dai confini territoriali della tribù, assicurandosi che l'abbandonasse, tornarono indietro dal resto della propria comunità. Dopo quell'avvenimento i ranghi erano stati completamente scombussolati. Ma Dan era ancora l'alfa.

Floyd perse diverse posizioni e accettò la situazione. I cinque maschi che prima stavano in fondo alla lista ora gironzolavano continuamente intorno a Dan come delle guardie del corpo. Il che li rendeva praticamente i cinque maschi che seguivano a ruota la posizione di Dan, che non si sarebbero mai sognati di mettere in discussione.

*

Le gesta di Dan mi erano state raccontate da un antropologo australiano, ubriaco, mentre si scolava una bottiglia di cognac all'aeroporto di Nakuru. Io non stavo messo meglio. Durante il volo avevo dato fondo a mezza bottiglia di scotch e in quel momento stavo assaggiando una birra locale, la *Tusker*. Lo stronzo, mentre mi raccontava 'sta storia, sembrava incazzato e avvilito. Aveva passato diverso tempo a studiare la tribù di Dan. Gli domandai come se la passava ultimamente il nostro scimpanzé alfa. A quel punto alitò una pesante risata scoglionata.

«Sai, da queste parti, le voci circolano molto facilmente. A quanto pare…» disse alzandosi e preparandosi a lasciarmi solo col barista, «avrai modo di vedere presto in prima persona come se la passa Dan».

Se ne andò barcollando fuori dal locale con qua uno zaino. Guardai di sbieco il barista che rimase impassibile alla mia alzata di spalla e mi diede un'altra *Tusker* visto che la prima l'avevo seccata.

Jennifer m'aveva messo su quel cazzo di aereo per il Kenya perché uno dei nostri investitori americani per il mio prossimo film aveva insistito per conoscermi e ospitarmi un paio di giorni nella riserva che possedeva lì da qualche parte nel continente africano. Come sempre mi domandavo come avesse fatto a convincermi e soprattutto continuavo a non capire come potesse considerare una buona idea accontentare questi stronzi danarosi che mi stavano sul cazzo quando chiedevano di conoscermi. Tuttavia era l'unica questione dove accettavo di andare per fede. Del resto continuavo a poter girare i miei film anche se non sapevo da dove cazzo arrivavano esattamente tutti i soldi per realizzarli.

Quindi stavo aspettando che una jeep arrivasse a prendermi e mi portasse in questa riserva che, scoprii, aveva piscina, aria condizionata, televisore e un sacco di altri comfort. Lo stronzo in questione, scoprii, si chiamava Jonathan Koch. Era un ciccione caucasico con gli occhi infossati, i lineamenti aguzzi come quella sua linguaccia rumorosa che non si fermava mai un momento e aveva una fortuna il cui numero si avvicinava a raggiungere i nove zeri. Lo categorizzai subito come inutile stronzo presuntuoso e arrogante.

Poi capii cosa intendeva dire l'antropologo australiano avvilito al bar dell'aeroporto. Nel soggiorno principale della maxi villa, tra vari animali imbalsamati, riconobbi subito Dan. Il maschio alfa. Lo scimpanzé astuto e affascinante. Scoprii che in una battuta di caccia - ignoravo se legale o illegale, ma uno stronzo come questo ciccione in un posto come quello era sicuramente al di sopra di concetti come quello della legalità -, mr. Koch s'era imbattuto in questo esemplare di scimpanzé maschio e aveva "sentito" di doverlo avere. A quanto pare il grassone non era nemmeno un gran cacciatore, anzi, ma con un tiro fortunato aveva posto fine alla storia di Dan. Il capo tribù, il prescelto, dopo tante sfide nella giungla, ammazzato da uno stronzo del genere. Realizzai quale doveva essere lo stato d'animo dell'antropologo e presi una decisione unica nella mia vita. Per i giorni in cui fui ospitato dal coglione, mi munii di pazienza e mi morsi la lingua un numero infinito di volte, fingendomi ammirato e divertito da tutto quello che quell'essere ignobile diceva o faceva. Lui sollevò il dubbio una sola volta.

«Non mi aspettavo che un tipo come te riuscisse a capire un tizio come me così bene...»

Le lusinghe con certi imbecilli funzionavano meglio di uno *strap-on* nel culo per far godere Lance Hart.

Verso la fine del soggiorno, a un passo dall'esaurimento, raccolsi le ultime risorse da bugiardo persuasivo che mi rimanevano e spiegai che c'era qualcosa in quello scimpanzé che mi affascinava. Ero reduce del mio film di maggior successo al botteghino e non avevo ancora conosciuto la portoricana che m'avrebbe prosciugato tutti i conti in banca che avevo, quindi i quattrini non mi mancavano, anche se a confronto di quello stronzo rimanevo comunque un pezzente. Domandai se c'era una cifra con cui mi sarebbe stato possibile acquistarlo. Come speravo, il signor Koch mi disse che non esisteva, che forse era quello il motivo per cui aveva "sentito" il bisogno di acchiappare quel primate. Me lo regalò. Lasciò ad intendere di non preoccuparmi per il trasporto e tutto il resto - dogane e via dicendo. Aveva tutti nel taschino della camicia, come si suol dire. Quando ebbi quello che rimaneva di Dan, rintracciai l'antropologo australiano e glielo portai personalmente a Brisbane. Si dimostrò commosso e grato. Gli domandai se sapeva come se la passava la tribù di Dan.

Disse che, con l'assenza di Dan, Conor era rientrato nel gruppo e ne aveva assunto il comando. Ora le dinamiche erano diverse. C'era meno politica sociale e più intimidazione all'interno. La violenza era diventata più regolare. Alcuni dei maschi che erano diventati guardie del corpo di Dan erano stati brutalmente assassinati. Niente esilio. Non ne ero sorpreso, lo informai.

CAPITOLO 21
Steady As She Goes
oppure
S.O.S. (Sawed Off Shotgun)
oppure
Vamo' A Portarnos Mal

C'eravamo scordati in fretta i cazzoni rissaioli. Uno spiacevole intramezzo, come le pubblicità su *YouTube* o il *TGCOM* in mezzo a un film sui canali tv privati, ti danno fastidio quell'attimo poi te li scordi. Con il dj austriaco, tutti belli imbenzinati, ci eravamo buttati in pista e Jasmina era addirittura riuscita a trascinare Jürgen sotto il palco insieme a noi. Verso l'una e mezza, cotti a puntino, eravamo pronti a rientrare.

Ci trovavamo vicino al kebabbaro e aspettavamo che Adam finisse di mangiare. Avevo scorto Arianna, che era quasi sparita dal mio immaginario inabissato com'ero dall'arrivo di Jasmina. I nostri sguardi s'erano incrociati per un istante. Mi era sembrata diversa, come fosse stata un'altra persona. Come se tutto d'un tratto si fosse trasformata in una nuova versione di se stessa. Non c'era traccia di acrimonia nei suoi occhi, quasi avesse improvvisamente raggiunto un nuovo stadio di coscienza. Azzardai un leggero saluto con il capo, lei sorrise e rispose con lo stesso gesto.

‹Nella natura selvaggia le fasi della vita, le dinamiche, le regole del gioco sono più rigorose, meglio definite. Avevo sempre considerato il genere umano una sorta di anomalia che faceva parte di questo collettivo. Una sorta di *mash-up*, a volte abborracciato, altre volte geniale. Spesso gli individui rimangono bloccati a uno stadio di incompletezza: imbecilli, codardi, egoisti, pavidi, afflitti, piatti, disertori. Altri, ognuno a modo suo, invece venivano trasportati dagli sbuffi carichi di vita di un ciclo infinito che muoveva l'esistenza.

Arianna era appena diventata una sorta di pupa, una crisalide. Un po' come lo era stato Alex in questo ultimo anno. E anche se lo stronzo non lo sapeva c'aveva visto giusto, c'era di più di quello che si vedeva in Arianna. Ma, almeno per il momento, non erano in grado di spingersi l'un l'altro verso l'alto, verso la propria realizzazione. Io lo sapevo. Altrimenti non sarei stato la scelta migliore che il mio capo avesse mai fatto nel piazzarmi a fare il lavoro che facevo.

Per alcuni la vita si fermava ai vent'anni, con un blando progetto per il resto dei giorni, da subire come un castigo, trovando mille espedienti per far finta che non fosse così. Come mettere una carta da parati con la spiaggia e il mare nella cella di una prigione. Per altri, se gli diceva bene, non c'erano solo i venti. C'erano i trenta, i quaranta, i cinquanta, e via dicendo. E poi, come avrete finto di capire - anche se in verità non c'avete capito un cazzo -, l'eternità fortuita nel caos consacrato del cosmo.

Alex e Arianna. Per me sarebbe stato un gran bello spettacolo vederli aprire le ali in parti del mondo diverse, a colorare posti diversi e affrontare tormente diverse. Piccole gioie del mestiere.

Ma ora c'erano Alex e Jasmina. Un'altra di quelle miscele che non sapevi dove avrebbero portato. Come la mela dell'albero della conoscenza, come la formula chimica per l'energia atomica, come l'accordo collettivo di usare una pietra preziosa, della filigrana e infine dei numeri sullo schermo di un bancomat che ti diceva che nonostante le ore passate nell'inferno che puzzava di fritto dovevi a un'entità costituita da un logo e diversi edifici sparsi per il globo duecento sacchi, per esempio.›

La mattina mi alzai. Jasmina, nel letto con i capelli scombinati in faccia, faceva respiri pesanti immersa in un sonno profondo. Le sistemai con cautela i capelli dietro la nuca e la coprii bene.

Girai una sigaretta, preparai un caffè e andai a sedermi in giardino.

Tutta la strumentazione, i vestiti e le suppellettili di scena erano adagiati alla cazzo di cane in soggiorno. Cazzo, pensai, e adesso? Mi era piaciuto calcare il palco. Avevo la stoffa per salire su qualche palco di quelli importanti, di quelli dove ti pagano almeno un testone ad esibizione? Salcazzo. Avevo sicuramente ancora molto margine di miglioramento. Aveva senso la musica, in generale e per me? Le arti creative mi sembravano un mezzo potente per poter giocare con l'introspezione, l'estrinsecazione, i sentimenti, le emozioni, le realtà collettive, l'(anti)conformismo, le (anti)convenzioni, l'istruzione, la cultura e via dicendo. La cazzo di vita. C'avevo sempre fame di capire io. Uscivo di testa quando qualcosa m'intrigava ma faticavo a capire, ad assorbire appieno. Ancora di più quando non trovavo il modo di esprimere i miei pensieri e i miei ragionamenti. Volevo capire ed esporre e mettere in discussione. Tutto. Le nuove generazioni e quelle vecchie. Come cazzo eravamo riusciti a mandare tutto a puttane in modo così plateale? Forse era l'atteggiamento pigro e infantile a cui la maggior parte degli stronzi non riuscivano a sottrarsi. Troppa autoindulgenza. Tutti geniacci e tutti coglioni. Forse avevamo perso le speranze. Forse le avevamo posteggiate in cantina. Forse le avevamo smarrite in un momento non ben preciso quando l'arte, intesa come espressione eccezionale, era stata sopraffatta dai diktat dell'industria e dalle spietate leggi di mercato. O forse si stavano trasformando. Forse. Forse era la pigrizia intellettuale. Ero pronto a convivere con questi nuovi "artisti". Sbarbatelli che assimilati due concetti di base facevano soldi a palate grazie agli algoritmi e ai trend dei social media, a strategie di marketing di qualche stronzo in giacca e cravatta che giocava con i numeri come *Peter Brand* in *Moneyball - L'Arte di Vincere* e grossi investimenti di compagnie che volevano dettare legge su cosa doveva andare e cosa no. Così ti ritrovavi 'sti stronzetti presuntuosi che ti scavavano una fossa ai coglioni. Chiedevi a uno di 'sti stronzetti o di 'ste aspiranti Frida Kahlo e Imogen Cunningham del ventunesimo secolo cosa pensavano dell'art deco, dello stile Roccoco, delle opere del rinascimento e ti guardavano come dei lobotomizzati con la bava alla bocca. E ancora, quelli che lasciavano il finale aperto per la libera interpretazione dello spettatore, per stimolare la loro immaginazione. Segaioli paraculi senza spina dorsale e palle per lanciarsi in una dichiarazione chiara, per prendere una posizione, per sfidare l'audience. La solita paura di non essere apprezzati. Tutti che postavano su *Instagram* frasi tipo "fottitene del giudizio degli altri" e nessuno che l'applicava veramente. Potevano fottersi sul serio, cazzo. Vero: la prospettiva di una vita passata in solitaria, recluso come un disadattato, magari pure male in arnese e squattrinato, non era allettante. Ma si parlava di arte. Se vuoi la vita facile diventa un impiegato statale. E in ogni caso era meglio avere vicino quattro stronzi a cui andavi bene così come eri, in grado di rispettarti per il solo fatto di esserti messo in gioco. Anche quando sbagliavi e cadevi continuamente a faccia avanti, e non se la squagliavano per poi tornare solo quando - eventualmente - ti eri rialzato. Anche se la tua curva non contava lo stesso numero di teste del San Paolo, del Westfalen o del Marakana, ma solo quattro ubriaconi, andava alla grande così. Valevano più di centomila stronzi che volevano vederti vincere o perdere solo perché avevano piazzato una scommessa alla *SNAI*. E forse era anche il caso di smetterla con quest'altro vizio del cazzo da grattaculi di giudicare a blocchi e categorie solo perché si era troppo - intellettualmente - pigri per allargare un po' i propri orizzonti. "Ascolto il metal quindi mi fa cagare la tecno" ce la raccontavamo da pischelli perché ci faceva sentire grandi, ma soprattutto perché sfamava il bisogno di appartenere a una gang, a un branco. Poi, vabbè, sulla musica ci si metteva una pietra sopra e si diventava più elastici e sofisticati. Ma lo stesso modo ritardato di ragionare si trasferiva su altre questioni, in sviluppo con presunzione.

"Quello si fa le canne, drogato del cazzo", "Ah però aspetta il mio avvocato e il mio commercialista pippano coca, vabbè lasciamo perdere i drogati... Quello guida una elettrica, è frocio", "Cazzo però DiCaprio, Tony Hawk, James Hetfield e Mark Ruffalo e Jeremy Renner si son fatti la *Tesla*. E quelli mi sbattono in faccia un *Airbus A380* pieno di fregna da *Champion's League* se vogliono. Vabbè lasciamo perdere le macchine.", "Quello di quel partito vuole quello che é meglio per la mia situazione personale, cazzo se ne fotte del bene della comunità", "La mia ex sta con un negro adesso, 'sti immigrati bugiardi e truffaldini rovineranno tutto, fortuna che ho già trovato un'altra donna migliore, più bella e decente". "Amore se mi chiedi di trattarti e osannarti come un re con quel cazzettino di cinque centimetri scarsi che ti ritrovi, 'sto caratteraccio di merda e 'sto cervello da neandertaliano, vuol dire che sul conto ti entrano ALMENO dieci testoni al mese, vero?", "Tranquilla amore ho appena baciato il culo ad abbastanza persone da ottenere un appalto millionario, e mio papà che è stato dirigente di banca dovrebbe schiattare comunque presto, dovremmo andarlo a trovare per fargli sapere quanto gli vogliamo bene, a proposito". Dovevo chiedere a Jürgen se era possibile comprare delle azioni dello *Xanax*, del *Viagra* e del *Prozac*.
Smisi di frullarmi le cervella. Tanto lo sapeva il cazzo. Tossii per aver dato una boccata alla sigaretta che si era ormai consumata al filtro. Buttai la cicca nel posacenere e rientrai per lavare la tazzina sporca del caffè.

Alla grigliata si unirono Jasmina, Zemar, Yasir, Stephen, Lara, Svein, Adam con un'amica, Jürgen, Carlo con un'amica e Michele. Si strinsero. Passarono la serata chiacchierando, mangiando costine, puntine, luganighette, bratwurst, tomini, bevendo birra, vino, gin tonic, whisky, rum, giocando a *Taboo*, a briscola, a *Dixit* e spupazzando il sottoscritto. Quando Yasir e Stephen si scambiavano effusioni alcuni amici del Borgo erano un po' a disagio, ma si guardavano bene dal manifestarlo. La cosa alla lunga iniziò a divertire moltissimo Alex che inzigava la coppia. Il bigottismo radicato nel Borgo colpiva anche i migliori. La discriminazione non si manifestava in modo violento, ma in modo subdolo, ad esempio con il mobbing sul lavoro o roba del genere. Quando se ne parlava poi, c'erano troppi coglioni che ancora calcavano stronzate tipo "è contro natura" che oltre a essere una puttanata di solito veniva detto da dei tiraseghe che avevano appena finito di asciugarsi la sbroda dalla mano un paio d'ore prima dopo essersi masturbati guardando un porno lesbo.

Il giorno dopo Alex accompagnò Jasmina, Yasir, Stephen e Zemar a visitare la cittàvecchia del Borgo, in seguito a fare il bagno sul lungolago e la sera a mangiare in un grotto in collina. Il giorno seguente li portò in montagna, sul punto che offriva una vista mozzafiato. Stephen aveva fatto un migliaio di foto con il suo *Galaxy* e le postava su *Instagram*. Lavorava in ospedale come infermiere. A Londra. Alex che ci era stato per il braccio rotto in un'ospedale a Londra immaginava ci fosse da farsi il culo per bene. La sera cucinò un piatto di pasta e in seguito uscirono a bere qualcosa sul lungolago. Il giorno dopo Zemar, Yasir e Stephen dovevano rientrare nella grande metropoli. Jasmina intendeva fermarsi ancora un po'. Alex li accompagnò all'aeroporto, che distava circa un'ora di macchina. Jasmina andò al lido sul lago col bus a rilassarsi un po'.

«Comincio a vedere un po' dove ti potrei far suonare e poi ti scrivo, ok?» fu l'ultima cosa che disse Zemar prima che i due amici s'abbracciassero e lui imboccasse i controlli per raggiungere il suo gate.

«Ti dedicherò una canzone: *The Faggot Taliban In Blue*» disse Alex a Yasir prima di dargli un enorme abbraccio e darne uno anche a Stephen.

Al suo rientro ebbe la casa per sé per circa tre ore prima che Jasmina rientrasse. Le fece trovare sul tavolo un intimo nuovo che le aveva comprato e, infilato in un vaso di fiori, un vibratore radiocomandato dove però mancava il telecomando. Un foglio di istruzioni diceva di rinfrescarsi e indossare i regali - tutti - e di fargli un messaggio una volta pronta, mentre lui sarebbe uscito a fare un giro e a prendere del sushi d'asporto.

Jasmina si era insediata in casa mia. Era sembrata una cosa strana e naturale allo stesso tempo.

Una mattina, dopo essermi svegliato col sole già alto, la trovai seduta su una sedia con addosso solo la mia t-shirt dei *Stone Sour* e un tanga nero. Mi ero chiesto se il mio continuo essere arrapato fosse normale. Stava china su dei fogli con una penna e un apribuste. Stava passando in rassegna la posta che io sistematicamente ignoravo, maledicendomi poi quella volta ogni due o tre mesi che mi decidevo ad aprirla e 'metterla in ordine' - normalmente dopo i primi dieci minuti mi ero già rotto il cazzo e finiva che tre quarti della posta non riceveva la dovuta attenzione.

«Cosa stai facendo?» rantolai.

Alzò la testa. Indossava degli occhiali da vista. Di quelli che io e Jürgen chiamavamo affettuosamente *PornoBrille*. Ero davvero arrapato, cazzo.

«Mossa da una malsana ondata di pietà ho deciso di mettere un po' d'ordine in mezzo alla tua posta».

Sul tavolo il suo telefono era sintonizzato su *Google Translate*. La mia posta era ordinatamente sparpagliata sul tavolo. Mucchietti di fatture, mucchietti di vari nuovi termini e condizioni… e via dicendo. La fissavo.

«Non mi sono ancora lavato i denti... Posso darti un bacio lo stesso?»

«Ok, ma niente lingua, dopo che ti sei dato una sistemata possiamo fare tutto quello che ti pare».

Tornò a concentrarsi sulla mia roba, tutti quei poveri alberi sacrificati per rompermi il cazzo. Mi massaggiò brevemente l'uccello attraverso i calzoncini sportivi che indossavo. Feci per lanciarmi verso il bagno con uno scatto, ma mi bloccai a metà strada. Contemplai la figura di Jasmina.

«Senti» dissi in tono strozzato, attirando la sua attenzione. Alzò gli occhi e mi fissò attraverso le lenti degli occhiali. «Ci sarebbero un paio di cose che insomma, sono successe, cioè ho fatto quando sono tornato…»

Jasmina mi interruppe con un gesto della mano e mi osservò intensamente, con una bellissima espressione neutra.

«Sono cose che potrebbero tornare a farsi sentire o che potresti ripetere in un futuro che parte da questo momento?»

«Assolutamente no» risposi con tanta convinzione da evocare irrimediabilmente la mia immagine fusa con quella di un leone orgoglioso, coraggioso e determinato. Cazzo volevo quasi darmi una pacca sulle spalle da solo per quanto ero certo, per una volta, di non aver detto assolutamente una cazzata. Jasmina sorrise.

«Allora non mi interessa, vatti a sistemare che non mi sono fatta oltre un migliaio di chilometri a venire a invadere casa tua solo per sentire i tuoi affascinanti discorsi».

Si stiracchiò guardandomi e iniziando a sorridere si passò lentamente una mano sotto la maglietta.

Tra le albe e i tramonti che seguirono Alex portò Jasmina a visitare altri pozzi che si trovavano su per la valle lungo il fiume che carezzava il Borgo prima di immettersi nel lago. Aveva ripreso a lavorare al bar. All'inizio ci fu qualche satellite che menzionò ancora la sua performance al GarageSound, ma poi quelli che ogni tanto la tiravano fuori divennero sempre meno.

Alex decise di fare una cosa che nemmeno lui si sarebbe aspettato di fare. Chiamò i suoi genitori per farsi invitare a pranzo, annunciando che avrebbe presentato loro una ragazza. Quando s'affrettarono a fissare subito un giorno - il più presto possibile -, Alex cercò di smorzare quello spaventoso entusiasmo chiarendo che la ragazza non parlava italiano.

«Di dov'è?» domandò suo papà.

«È olandese...» rispose Alex nella speranza di avvertire la voce di suo padre corrugarsi nel tentativo di mascherare pensieri di prostituzione e "negozietti della droga" che dovevano attraversargli l'encefalo.

«Bene, dai ci vediamo domani allora» concluse il papà. Alex se lo immaginava dall'altra parte del Borgo con in mano la cornetta, gli occhi e la bocca felici e sorridenti.

I miei ricevevano sempre gli ospiti con un sorriso e un quasi iperbolico entusiasmo. Io sapevo quando questi erano genuini e quando erano invece sforzati. Quando salutarono Jasmina, con i due baci guancia contro guancia come si faceva, erano genuini.

Vedermi con al seguito la ragazza, per niente timida, dalla risata facile, doveva averli rasserenati un po'. Credevano sicuramente che una donna era il cazzo che mi ci voleva per farmi mettere la testa un po' a posto. Poverini. I miei s'erano impegnati tanto a cercare di crescere un coglione qualunque e invece nella culla di una clinica locale, il 16 Giugno del '92, si erano ritrovati a fare i conti con una fottuta leggenda. Cazzo ne sapeva la gente di come erano fatte le leggende mancate? Chissà quante ce ne eravamo perse, in suicidi, in lavori

noiosi per non finire squattrinati, in matrimoni penosi, nel new age
e la naturopatia e l'omeopatia, lo yoga, nella spiritualità, negli ansiolitici
e gli antidepressivi, per dar spazio a gente del calibro di Paris Hilton, *6ix9ine*,
Vanilla Ice, i protagonisti di *Jersey Shore* e *Sedici anni incinta*. Mi dispiaceva
non avere una sorella o una sorellina. Forse avrebbe aiutato a farli rendere
conto che in verità potevo anche danneggiare io la testa a lei.
Mio padre s'era fatto carico della responsabilità del pasto e c'erano
già le pentole sulle placche con cui c'avrebbe cucinato gli spaghetti
con le seppioline. A mia madre, sempre più espansiva nelle occasioni mondane,
aveva lasciato l'incarico dell'intrattenimento. Mia mamma indossava
una sopravveste nera - non da tutti i giorni - e i sandali. Si era anche truccata
leggermente. Mio padre invece indossava quello che gli aveva imposto
mia madre: dei calzoncini marroncino chiaro di cotone - da occasioni speciali -
e una camicia azzurra abbastanza nuova, con ai piedi delle scarpe
da ginnastica - mai viste - con le immancabili calze fini blu scure tirate
su fino quasi alle ginocchia.
Jasmina s'era presentata con delle *Converse* basse di tela bianca, dei jeans
azzurro chiaro stretti ma con il cavallo basso e una maglietta bianca
con un taglio che lasciava una spalla coperta e l'altra no, con sopra disegnato
un acchiappasogni in bianco e nero con qualche dettaglio bordeaux
che partiva dalla spalla coperta e sventolava dall'altra parte. Io ero stato tentato
di presentarmi con la tuta dell'*Adidas*, ma alla fine avevo messo dei calzoncini
della *Volcom* e una t-shirt dei *Rancid* ispirata all'album *Let's Go*,
ma non avevo rinunciato alle infradito.
Jasmina ci sapeva fare con le lingue. Stava imparando molto in fretta l'italiano,
e comunque con mia madre sembrava capirsi alla grande, usava *Google
Translate* quando erano bloccate nella conversazione e se la ridevano.
Io ero ben lieto di starmene in disparte, in pace. Era il loro show.
Fumando una sigaretta m'ero fermato a guardare i miei che chiacchieravano
con Jasmina. Vedevo le loro dinamiche. Mio padre che dava il la con qualche
uscita spregiudicata e mia madre che prendeva sempre la palla al balzo
per farsi gioco di lui in modo complice con lei. A modo loro
sembravano funzionare.
Alcuni miei vecchi compagni di classe s'erano già sposati, e qualcuno aveva
addirittura già infornato la propria compagna. Fare il genitore. Cazzo. Mettere
al mondo una creatura per cui nel peggiore - o migliore - dei casi ti saresti
anche tolto la vita. E magari crescevi lo stesso un'ingrata testa di cazzo.
Le foto sui social, i complimenti di amici e parenti. Le tipe che non ti si erano

inculate a scuola - scaricandoti per l'affascinante e promettente calciatore professionista / musicista / ballerino / surfista che ora timbrava il cartellino, giocava in quinta lega e rimorchiava tipe con dieci anni in meno -, che ora ammiccavano alla persona responsabile e matura che eri diventato per avere compiuto il semplice sforzo di schizzare la sbroda nell'utero di una femmina provocandole nove mesi di sbattimenti e qualche ora di sofferenza che nessun manico sarebbe stato in grado di sopportare. Chissà quanti mettevano in conto le delusioni che potevano insorgere una volta che la creatura partiva per la tangenziale e diventava un individuo a sè. Il figlio gay di un leghista, il figlio skinhead con la celtica tatuata del socialista liberale. Il figlio che avevi portato in chiesa tutte le domeniche e attaccava ad ascoltare *Marilyn Manson* e parlare con scoiattoli posseduti. Roba da brividi. Soprattutto considerato la quantità abominevole di aborti mancati che bazzicavano il pianeta, le piattaforme di intrattenimento e informazione e i social media.

Dopo il pranzo e una partita a Scala40, mentre le due donne stavano ancora parlottando di quella o quell'altra abitudine che c'avevo, mio padre uscì a farmi compagnia mentre fumavo una sigaretta.

«In gamba questa. Avvocatessa…»

Avevo sorriso e annuito.

«Pensi che la rivediamo o…»

Per quanto tendenzialmente tradizionalisti, i miei si erano sempre dimostrati piuttosto progressisti sulla questione sesso e ragazze. Quando vivevo ancora in casa con mia mamma - che aveva l'abitudine di scaraventarmi giù dal letto quando decideva che avevo dormito abbastanza entrando come un panzer e facendo un baccano tremendo aprendo le tende, le tapparelle eccetera - avevamo una specie di codice: se vedeva un paio di scarpe fuori dalla porta che evidentemente non mi appartenevano, mi/ci lasciava in pace. Sì insomma, avevo sempre potuto portarmi a casa senza preavviso tutte le ragazze che mi pareva. Altri amici miei, sapevo, non potevano farsi i porci comodi loro quando volevano in quel senso. Il problema era che non avevano mai visto la stessa ragazza uscire dalla stanza per più di una o due volte. Eppure il loro atteggiamento non era mai cambiato. Alzai le spalle.

«Forse è la volta buona che rivedete lo stesso volto per qualche tempo».

«Allora 'sto capitolo finale? Facciamo concorrenza a Peter Jackson con *il Ritorno del Re*? Oltre venti minuti di finali?» Jennifer: «Pensavo avessi finito di brontolare. Non ti è

450

ancora chiaro che in questa produzione non hai la possibilità di manovra che avevi quando ancora inzuppavi il fegato di whisky un giorno sì e l'altro pure?»

«Cazzo, ma perché qui nessuno dà retta alle persone con un minimo di buonsenso?»

Jennifer: «Sembri uno di quei vecchi rincoglioniti che diventano tutti scorbutici quando si rendono conto che i tempi cambiano e loro cominciano a faticare a starci al passo».

«Mi starai mica paragonando a quei segaioli nostalgici incapaci di abbandonare le loro patetiche memorie di quando erano giovani spregiudicati e convinti, poveri idioti, di avere le sorti del mondo a portata di mano?»

‹Ah! Il motore portante della nostra gloriosa epoca di grandi depressioni, grandi rivoluzioni industriali, grandi guerre e delle grandi invenzioni. L'asino che segue la carota attaccata sul bastone e fa girare la noria.›

«Ma poi qualcuno vuol chiarire che cazzo è la voce di 'sto stronzo che s'intromette a cazzo di cane qua e la come gli pare e piace, senza domandare il permesso a nessuno?»

Jennifer: «Parla quello che ha sempre domandato il permesso per qualsiasi cosa…»

«Allora facciamo come quei bambini borghesucci del cazzo che vogliono fare gli artisti del cazzo senza avere un briciolo di talento e s'inventano qualche cagata tipo l'astrattismo dimmerda e si fanno poi osannare da grandi geniacci del cazzo perché qualche stronzo alla *Saatchi* s'inventa qualche operazione di marketing ben studiata che li fa diventare nient'altro che un titolo azionario dimmerda spacciandoli per precursori dell'arte moderna?!»

Jennifer: «Prendi fiato patatino…»

Stavo stagnando di nuovo nella routine del Borgo. Nonostante lo spettacolo - ormai vecchio di quasi tre settimane - e nonostante ritrovarsi con Carlo per lavorare al video seguendo i progressi del suo montaggio, stavo perdendo la motivazione. Jasmina aveva continuato a rompermi il cazzo perché continuassi con la stessa dedizione che avevo avuto all'inizio. M'era capitato di pensare che probabilmente con al seguito un'altra fregna sarebbe stata tutta un'altra musica. «Ancora dietro con i tuoi computer e le tue canzoni? SE VUOI ti ho lasciato lì un giornale, c'è qualche annuncio di lavoro interessante».

«OK, ho capito che è importante per te, non ti sto dicendo di rinunciare, CI MANCHEREBBE, ma nel frattempo non vuoi anche considerare qualche altro lavoro, sai, giusto per campare un po' meglio mentre lavori alla tua roba...»

Ma non Jasmina. Era di un altro pianeta lei. Forse era per questo che con Arianna ed Irina non aveva funzionato. Forse eravamo semplicemente pezzi di un puzzle che non combaciavano. Jasmina era probabilmente quello che mi ci voleva, pensavo. Non ingoiava la merda tacendo, ma dopo una dovuta breve e intensa strigliata o sfuriata o rivalsa a freddo, fatto passare il giusto lasso di tempo di sbollimento - a seconda del caso -, era in grado di appallottolare tutto l'accaduto e scaraventarlo nella discarica de "Le cose passate di cui non ci frega più un cazzo". Era una complice. Una *partner in crime*. Quello che mi ci voleva.

I miei soci e le persone che mi conoscevano avevano smesso di guardarmi con quell'aria sorpresa che avevano quando ero appena tornato. Non capivo se era perché si stavano abituando loro o perché mi stavo spegnendo di nuovo io, e la cosa mi scazzava. Temevo di finire di nuovo intrappolato tra gli usi e costumi e menate varie del Borgo. Mi stava divorando un senso di noia e di svuotamento, facevo sempre più fatica a ribellarmi e a tener testa a tutto e tutti. Jasmina di lì a poco doveva ricominciare l'università. Infatti ognuno si stava prendendo i suoi spazi: io per le mie ossessioni, lei per lo studio. Volevo dare una possibilità a questa avventura.

«Tu cosa vuoi?» mi aveva provocato.

«Cambiare qualcosa. La gente forse. Asportare un pezzo di tumore dalla società...» risposi con tono sarcastico.

Sorrise e scosse la testa.

«E non lo stai già facendo, a modo tuo?»

Mi venne in mente quella frase di *Rubin Carver* in *Roadtrip*: "Posso insegnare il giapponese a una scimmia in trentasei ore, basta trovare la chiave per rendere la cosa interessante". Andava detto che a cercare di insegnare a una scimmia a parlare il giapponese si rischiava di rimanere col culo a terra per tutta la vita senza nemmeno la consolazione della gloria.

«No» risposi, «se resto qui così sto solo attraversando una strada già asfaltata, io voglio andarmene fuori strada a tracciare qualche nuovo percorso...»

M'era uscita proprio male questa. Le scappò una risata.

«Be' allora fallo».

Recuperai un po' di decoro interiore.

«E poi non mi hai fatto finire...» ingoiai un po' di saliva e cercando di dirlo nel tono più strafottente e meno patetico possibile aggiunsi, «voglio anche stare con te».

Calò il silenzio. Non sapevo se era quello imbarazzante di cui parlava *Mia Wallace* o meno. Ma forse avevamo bisogno entrambi di riflettere un attimo.

Alex le sue decisioni - a livello inconscio - le prendeva al volo. Ci metteva giusto quell'attimo a diventarne consapevole in modo lucido. Ma il percorso, nella sua testa era già delineato. Da quando era tornato aveva passato spesso il suo tempo per trovare il modo di buttare via gli ultimi soldi della rapina - come un certo *Michael O'Hara* trovava salutare essere al verde - e alcune settimane prima aveva trovato quello che cercava. Aveva esitato poco. E aveva buttato via gli ultimi avanzi del suo piccolo capitale fuorilegge.

Aveva preso libero per andare in treno a ritirare questo suo ultimo acquisto in una cittadina in mezzo alle montagne a quasi duecento chilometri di distanza dal Borgo. Mi aveva portato insieme per fare un giro. Jasmina era rimasta a casa a studiare. Aveva firmato tutte le carte, s'era occupato del pagamento, s'era assicurato che tutto fosse in ordine ed era rientrato al Borgo. Durante il viaggio di ritorno, soddisfatto del suo acquisto, aveva ritrovato la fotta di ragionare sul da farsi. Essere senza soldi aiutava lo stronzo a trovare la voglia di fare. Aveva ragionato ad alta voce con me, che stavo beato sul cruscotto.

«Mi sto adagiando troppo non credi?» diceva.

Si sistemava gli occhiali da sole.

«Ora di muovere un po' il culo, cambiare aria eh?»

Accese una sigaretta, tutto compiaciuto del suo ultimo sperperamento di vil denaro.

«Qui se no rischio di diventare l'ennesimo pollo che non lascia mai il pollaio se non per farsi dare una grattata al collo dalla ghigliottina».

Jasmina aveva appena finito di preparare una bowle che aveva battezzato "Spring Kiss", contenente succhi, tanto ghiaccio, della menta, lime, limone e altra roba che ignoravo. Mi salutò radiosa.

«Vuoi?»

Mi versò un bicchiere.

«Hai una bella cera» disse porgendomelo. «Andato bene quella cosa che sei andato a fare su cui sei rimasto così misterioso?»

«Sì» risposi deciso. «Ti va di sederci un attimo?»

Ci mettemmo in giardino. Non mi ero studiato bene cosa dire. Decisi di improvvisare. Mi misi di fronte a lei e le presi la mano.

«Sto pensando di mollare il lavoro. È ora di cambiare aria e allargare gli orizzonti» cercai di studiare le sue reazioni ma rinunciai subito. «Comunque, qualsiasi cosa faccio, vorrei farla con te, se per te vale lo stesso ovviamente…»

Adesso toccava a lei. Rimasi calmo. Fosse il cazzo che fosse. Lei mi sorrise e mi baciò.

«La prospettiva m'innervosisce un po', ma mi alletta e credo che dovremmo almeno provarci».

«Bene» sorrisi con aria colpevole. «Devo anche aggiungere un paio di cose ora però. La prima è che ho appena speso praticamente quasi tutti gli ultimi soldi che mi rimanevano, questo ti sarà più chiaro fra un attimo che ti mostro, poi mi sono fatto due calcoli e con l'ultima paga che mi arriva dal lavoro al bar e con la restituzione della caparra di qui pensavo che potevamo prima farci una piccola vacanza, poi vengo su da te che comunque devi tornare dall'università, mi trovo qualcosa da fare, sto un po' lì e poi vediamo come va…»

«Mi sembra un piano… interessante».

Rise. La guardai nei suoi shorts leggeri di lino con le gambe ambrate e lisce, con alla caviglia un braccialetto portafortuna e solo il sopra del bikini rosso e riflettevo su come questa situazione mi metteva col karma, era il karma a saldare un debito o ero io a indebitarmi? Poco importava, come diceva un certo William Lynch - aka Karma Bill - il karma può andarsene a fanculo.

«Ti va di vedere come ho buttato nel cesso i miei ultimi risparmi fuorilegge ora?» domandai.

«Va bene» rispose con aria curiosa.

«Allora mettiti qualcosa per uscire, ti devi fare una doccia?»

Scosse la testa. Mise nella sua borsa marsupio il telefono e il portafoglio, indossò la mia t-shirt degli *Slade* bianca con disegnata la mano a pugno chiuso con il pollice orizzontale con le lettere che formavano il nome del gruppo sulle dita e la scritta *Cum On Feel The Noize* e delle infradito e imboccò la porta prendendomi sotto braccio.

Posteggiata in una piazzola pubblica a un centinaio di metri dalla casa di Alex c'era il suo ultimo acquisto che brillava sotto la luce delle cinque di sera di fine settembre.

454

Lucente, rossa con le strisce nere che la percorrevano per tutta la lunghezza c'era una *Chevelle SS 454* del 1970. La bestia aveva un V8 incazzato sotto il cofano del motore che viaggiava con 450 cavalli, l'interno era in pelle nera e Alex la guardava con una specie di luccichio negli occhi. Infilò la chiave ed aprì la portiera. Jasmina la studiava sorridendo e scuotendo la testa.

«Alla faccia. Molto coerente con la linea del non fare il cafone materialista...» lo canzonò.

«Ma no questo è diverso» si difese Alex avvicinandosi e accarezzando la carrozza d'acciaio. «Non la tratterò mica come fanno quei tiraseghe col culo tenuto insieme da un paio di pantaloni *Gucci*. Quelli non le rispettano le macchine che c'hanno. Sono solamente un trofeo da ostentare per quei segaioli, figurati. No io la tratterò con amore e rispetto...» Alex piazzò il culo sul sedile in pelle al posto di guida e mise le chiavi attaccate a un'anellino con una placchetta cromata con la scritta *SS* nell'accensione. Jasmina sorrideva genuinamente divertita ma poco convinta dal discorso.

«Immaginala un po' come una bambina incazzosa ma con comunque bisogno di affetto... sai tipo Chloë Moretz in *Kick-Ass*, hai in mente?» Jasmina non riuscì a trattenere una risata. «Una complice, una piccola *sidekick* che ci accompagnerà a mettere a ferro e fuoco il mondo» anche Alex stava ridendo.

Girò la chiave, poggiò la mano destra sulla sfera bianca del cambio e con un paio di colpi di gas fece ruggire il V8 che echeggiò per la tranquilla campagna del Borgo.

Jasmina lo guardava con tenerezza. Era un sollievo sapere che il cazzaro, con i suoi atteggiamenti imprevedibili e le sue idee bizzarre, aveva comunque un lato che gli permetteva di ostentare una scontata svenevole frivolezza.

«Ti possiamo portare a fare un giro, *baby*?»

«Come no, mio impavido, irresistibile cowboy» lo prese per il culo.

L'unica piccola modifica alla macchina che Alex aveva richiesto al suo importatore era di metterci una radio con delle casse moderne - aveva speso quasi due testoni in più per avere questo impiantino che si amalgamasse senza andare a rovinare gli interni originali - a cui attaccare il suo telefono.

Jasmina montò sul sedile passeggero mentre Alex aveva già pronta la canzone giusta per quella gita. La guardò, seduta lì a fianco, che aspettava di vedere com'era stare a bordo della sua "nuova bambina".

Ero squattrinato un'altra volta. Ma che cazzo. Ero in salute, avevo un vecchio ferro incazzato pronto a far bruciare l'asfalto, un set di giocattoli per sfogarmi con la musica, un animaletto domestico affettuoso e schizzato d'un altro pianeta, una sventola fuori di testa abbastanza da darmi retta, tra le gambe un manico affamato che tirava una meraviglia e una miriade di orizzonti tra cui scegliere. Forse la mia vita era tutta qui. Qualcuno vive un quarto di miglia alla volta, io un disastro scampato per un pelo di figa alla volta. Schiacciai il pedale del gas. Dalle casse uscirono i *Steppenwolf* con *Born To Be Wild*.

I calcoli di Alex furono rivisti da Jasmina, che si fece carico dell'onere di controllare i piani a breve termine di quel cazzone con cui, salcazzo come, era finita a far coppia. Era meglio che lavorasse ancora un mese e mezzo. Lei doveva ricominciare l'università. Sarebbe rientrata un paio di settimane prima di lui in modo da poter organizzare l'appartamento da condividere. Poteva così inoltre già dare un'occhiata per trovargli subito qualcosa da fare per portare a casa qualche euro.

Alex organizzò un'altra grigliata, invitando gli amici e i suoi. Voleva mettere tutti quanti al corrente dei loro piani prima che partissero per la Croazia - con me al seguito - e che lei rientrasse nella terra dei tulipani.

«Vai ancora a satellitare in giro, eh?» fu il commento di Jürgen mentre, un po' in imbarazzo, gli amici e la mamma e il papà di Alex si guardavano indecisi su come reagire alla notizia. Fu la mamma di Alex a prendere l'iniziativa e abbracciare prima molto forte Jasmina, cercando di trattenere qualche lacrima, e poi stritolando quel disgraziato di un figlio che le era toccato.

«Siete giovani, ma grandi abbastanza, fate come vi pare,

ma cercate di non farci stare troppo in pensiero, ok?» sentenziò. Alex e Jasmina annuirono.

«Almeno adesso c'è qualcuno che lo tiene d'occhio...» disse Adam.

«Almeno quello...» concordò suo papà.

«Birra?» Svein sorridente era già pronto a servire da bere a tutti quanti.

La serata si rivelò particolarmente vivace. Dopo una partita a *UNO* la madre e il padre di Alex se ne andarono. Jürgen, sbronzo perso, si mise a fare il dj su *Youtube* rivangando un po' di canzoni vecchie che andavano dalle tollerabili hit di *Bomfunk Mc's*, *Spice Girls*, *Backstreet Boys*, *N'Sync* e *Scooter* a trashate tipo *Gam Gam* di *Mauro Pilato* e Max Monti, *Barbie Girl* degli *Aqua*, *Doo Dah* dei *Cartoons*, *Coco Jambo* di *Mr. President* e i *Rednex*.

Alcuni giorni dopo eravamo svaccati nella *Chevelle*, senza aria condizionata, pronti a conquistare i Balcani per una settimana. Alex guidava con un paio di *Adidas Gazelle*, pantaloncini leggeri da training, canotta di Shaq e occhiali da sole. Jasmina aveva indosso degli short rossi leggeri, una t-shirt di *Lady Gaga* nera con la scritta *Born This Way* grande che simulava uno spioncino lasciando intravvedere tra la scritta il volto della cantante, portava degli occhiali da sole con le lenti enormi e teneva i piedi sul cruscotto. Alex teneva le mani pigramente appoggiate sul volante della *muscle car*. Guidava sereno attraverso una strada alpina quell'automobile nata e pensata per le drittissime infinite *highway* americane, come se invece non fosse stata costruita che per condurci tra quei tornanti, tra le montagne che sembravano morbide e spigolose allo stesso tempo. La *Chevelle* stava collezionando un'invidiabile quantità di insetti alati che si spiaccicavano sul parabrezza e sul il muso. Il ferro americano aveva un suono accattivante. Le altre automobili spesso rallentavano in fase di sorpasso per ammirarla. Ciucciava benzina come una dannata. Alex avrebbe dovuto fermarsi a far benzina in più di un'occasione. Ma quello era il futuro. Non ci pensava al futuro, lo stronzo.

Per quanto ne sapeva dopo aver fatto il pieno alla *Che-*

velle, lo aspettava il resto della sua vita e basta. Per quanto ne sapeva la vita che lo aspettava sarebbe stata costellata di piccole soddisfazioni e grandi delusioni.

Lo immaginavo in una caccia perenne dell'onda giusta da cui farsi trasportare, senza mai trovarla, con me appresso a cercare di capire qual'era il mio scopo in questa carcassa da roditore infernale.

Pochi sapevano che di lì a qualche mese William Lynch - Karma Bill - avrebbe visto in rete il video della sua esibizione live - qualche giorno dopo che invece un suo video dove spaccava il naso con una capocciata a un produttore discografico in un *pool party* privato era diventato virale -, e che gli sarebbe piaciuta. Alex non sospettava che sarebbe stato contattato da William che voleva fare un pezzo con lui. Avrebbero dato vita a una canzone che sarebbe finita sul suo primo vero album, sotto contratto, intitolato *The Power To The Posers*. Quel disco sarebbe stato certificato oro nella maggior parte delle nazioni dove sarebbe stato esportato e in alcune addirittura platino. Il successo internazionale l'avrebbe portato a esibirsi in giro per tutto il globo. Non immaginava che razza di cambiamento quel tipo di vita avrebbe significato. Non poteva prevedere che più in là negli anni avrebbe unito definitivamente le forze con Karma Bill fondando la band *Stealers And Dealers* che per William sarebbe stata l'ultima band di sempre. Non le sapeva queste cose.

Addirittura, girando un tornante, non si rese conto - ma io sì - di questo chopper posteggiato in una piazzola panoramica con questo individuo con la cresta, un chiodo, dei jeans stretti strappati, anfibi, dall'aria tamarra che pareva una via di mezzo tra *Travis Bickle* e *Dwight McCarthy*. Dietro al chiodo erano cuciti tre simboli: uno sembrava una clessidra grande con altre due clessidre più piccole poste una accanto all'altra nel centro; l'altro era un triangolo equilatero con al centro due linette vicine alla punta di sopra e una più lunga in basso vicino al lato che faceva da base, che formavano una specie di faccia, e altre due lineette perpendicolari agli altri due lati vicino alla punta ma staccate dal triangolo; l'ultimo erano due frecce orizzontali poste una sotto l'altra con la punta in direzioni opposte. Il soggetto Alex lo aveva già visto e conosciuto, insieme a Jasmina, un po' di tempo prima. Stronzo di un Dave. Avevo l'impressione che aveva gironzolato intorno al nostro cazzaro - senza farsi più notare - da quella volta, almeno in un paio di occasioni. Alex non si degnò nemmeno di buttare un occhio nello specchio retrovisore e vedere quello che stavo vedendo io. Questo tizio con la cresta che dopo essersi tolto il chiodo ed essere rimasto con una t-shirt a V impugnava una balestra e con un sorriso compiaciuto si spostava con calma al centro della strada e la puntava contro la nostra macchina i cui copertoni continuavano a graffiare l'asfalto. Non saprei dire se avesse premuto il grilletto o meno. Quello che so è che la *muscle car* continuò la sua corsa con strafottenza fino al tornante successivo, e quello dopo ancora, e quello dopo ancora. E il tizio non si fece più vedere per un sacco di tempo.

Altri due insetti s'erano spiaccicati sul muso della *Chevelle* aggiungendosi alla collezione. In Italia c'era il sole. Le autostrade facevano cagare e costavano uno sproposito, soprattutto per quanto facevano cagare. Alex si fermò a fare il pieno una volta.

Jasmina era un passeggero vivace. Un po' se ne stava ferma con le gambe allungate sul cruscotto spalmata con la schiena sul sedile a farsi abbracciare dai raggi del sole, un po' si piegava per prendere da bere, quando c'era una canzone che le piaceva ballava e cantava, un po' per la noia stuzzicava Alex, si allungava per dargli un bacio, proponeva giochi infantili cercando di renderli più possibile per adulti, tipo "Indovina a cosa penso" - che veniva quasi esclusivamente virato sul sesso - o "Falsifica la favola" - che diventava falsifica il film -, e alle volte interagiva a gesti con gli altri pellegrini della strada che rallentavano alla vista del gioiellino massiccio statunitense del lontano 1970.

Alex guidava, ogni tanto fumava una sigaretta, stava ai

giochi della sua ragazza, si godeva il viaggio, e cantava anche lui. Ad esempio dopo aver oltrepassato un pezzo di Slovenia ed essere entrati in territorio croato si mise a cantare quella ballata di Kid Rock, che nonostante fosse carica di amarezza lui cantava con fervore e allegria...

"...Thank you for everything momma
For trying to raise me up well
And I'm sorry I did what I had to do..."

Dissolvenza sulla macchina che si allontana.
(ElafiguradiJasminachesipiegasopraishortsdiAlex,fottetevi produttoribastardiquestanonmelatogliete!)
(Jen: «Johnatan!»)

Titoli di coda.

‹La ghiaia scricchiolava sotto la suola dei miei anfibi mentre raggiungevo la mia fedele *Harley Davidson FXR* customizzata che apparteneva a un'epoca vecchia di qualche decennio. Poggiai il culo contro la sella senza montare. Diedi due sorsate per la gloria dalla mia fiaschetta. Bel lavoretto, anche se avevo dovuto fare davvero poco o niente. Erano in viaggio, erano insieme.

L'ultima mia relazione lunga che ricordavo era durata quasi sei mesi. Con una pornostar. Almeno ero sicuro che orge, *DP*, *Full Nelson*, *Anal*, *Bondage*, Giochi di Ruolo, *Fetish*, *Facesitting*, e via dicendo fossero tutti sul menu. Ma quella relazione era stata diversa. Ero sempre stato allergico alle relazioni, ma paradossalmente adoravo quelle degli altri. Era questo che mi rendeva un fottutissimo Guru in quello che facevo.

Il mio telefono era di ultimissima generazione, ma usavo una suoneria coi toni digitali vecchi, tipo i *Nokia3210*. Si mise a suonare sulle note di *Highway To Hell*. Risposi.

«Capo, che piacere ricevere le tue attenzioni…»

«È sempre un piacere anche per me poter scambiare due parole con i miei collaboratori… specie quelli brillanti ed efficienti… come gira il cosmo alle tue latitudini?»

«Magnificamente. Sono nel cuore del continente europeo in mezzo a delle maestose montagne, con l'aria fresca… appena verificato la riuscita di un lavoretto».

«Bene, bene, mi fa piacere che la vita ti sorrida… tuttavia devo ammettere una certa preoccupazione per la quantità di lavoretti personali, non proprio fuori dal libro paga, con cui ti ostini a occupare buona parte del tuo tempo…»

«Capo, devi avere FEDE, e anche darmi un po' di credito, i miei lavoretti non sono mai stati d'intralcio agli incarichi assegnati d'ufficio. Inoltre, hanno del potenziale a lungo termine e possibili vantaggi che potrebbero offrire alla nostra azienda. A proposito quel povero diavolo che hai infilato nel telaio di quel piccolo roditore quanto intendi tenercelo lì dentro?»

«Il tempo necessario… Ogni modo, temo la chiamata non sia soltanto di carattere gioviale. Avrei un paio di informazioni da darti e una faccenda di cui ti dovresti occupare…»

Attesi un momento. Accesi una sigaretta e aguzzai bene le orecchie.

«Al servizio come sempre capo, sono tutto orecchi...»

«Per prima cosa volevo cominciare a informarti che fra un annetto, all'incirca, ti spediremo un pacco... un pacco in carne ed ossa, devi prepararti a svolgere il ruolo di mentore che il contratto a termine che abbiamo prevede...»

Una sorsata dalla fiaschetta.

«Davvero? Credi di avere trovato un figlio di buona donna alla mia altezza? Sei sicuro di non voler estendere il mio contratto per qualche anno?»

«Un cambiamento delle regole, e tu sai bene che sono assolutamente favorevole ai cambiamenti e al progresso, necessiterebbe una bella pensata e un ragionevole lasso di tempo per entrare in vigore... non da meno, ognimodo, il figlio di buona donna è una FIGLIA di buona donna, una certa Jolene, e credo immodestamente di aver trovato sì un altro diamante che sia in grado di aiutarti nelle tue importanti mansioni...»

«Interessante... Be', ne prendo atto, c'è dell'altro?»

«Sì, c'è dell'altro. Le tue amichette - sai a quali mi riferisco - hanno appena guadagnato due nuovi adepti nel loro piccolo club... soggetti interessanti, gradirei che andassi a dar loro un'occhiata...»

«Certamente, che tipo di soggetti sono?»

«Uno è un senatore repubblicano statunitense, l'altra una delegata della *CharFund*... lei la trovi nella filiale delle tue amichette a Sydney, il senatore invece direttamente al loro quartiere generale in Nevada...»

«Bene mandami i dettagli, devo fare un velocissimo stop a Milano per controllare una situazione e prenderò il volo da lì...»

«Molto bene, a presto Dave...»

Fine della comunicazione.

La sigaretta s'era esaurita quasi al filtro. Non avevo voglia di camminare fino al cestino. In ogni caso ero solo in quella piazzola. Tenendola fra l'indice e il pollice eseguii un piccolo trucchetto imparato negli anni passati a svolgere questo lavoro e l'osservai bruciare con una fiammata violenta e incenerirsi completamente in meno di un secondo lasciandosi trasportare dal vento tra le montagne.

Una donna. In grado di aiutarmi. E prendere il mio posto. Figuriamoci.›

Schermo nero.

DISSOLVENZA IN

Dave, Karma Bill, Nikita Cole, Lucifero, Arianna, Jasmina, Malky, JD, e forse qualche altro stronzo ritorneranno...

DISSOLVENZA IN

Non necessariamente tutti insieme e non necessariamente in quest'ordine...

DISSOLVENZA IN

Se qualcuno se li incula...

DISSOLVENZA IN

Salcazzo.

FINE

Termini della strada, del ghetto
e delle peggiori bettole di provincia

Result direction: termine con cui si descrive un metodo di lavoro dei registi incapaci che danno indicazioni, utili quanto un buco del culo sul gomito, agli attori tipo «ti voglio più arrabbiato», «sii più triste», «mostrami la felicità», invece di suggerire indicazioni tipo «hai appena picchiato il dito del piede su uno spigolo», «il tuo account *Instagram* da mezzo millione di followers è appena stato cancellato», «hai appena vinto un Oscar».

Hangover: lo stato in cui ti ritrovi la mattina dopo aver cercato di battere il record di alcol ingurgitato da Charlie Sheen.

Six pack: cartone o pacco da sei birre.

Bamba: cocaina.

Piscia/o di gatto: cocaina.

Space cake: biscotto o torta alla marijuana.

Fregna: figa.

Petting: azioni di strusciamento e contatto che te lo fanno tirare e accendono le speranze di una prossima copulazione.

Sorca: figa.

Molly: MDMA.

Down: sensazione di malessere che subentra a conclusione della fase più propriamente caratterizzata dagli effetti psicoattivi indotti dalla sostanza stupefacente; fase acuta caratterizzata dal crollo psicofisico in seguito all'uso di sostanza.

Sbatti: sbattimenti, seccature.

Paraculo: persona che prova ad essere scaltra e opportunista cercando di non sfigurare e/o risultare a tutti gli effetti rispettivamente una testa di cazzo, un vigliacco, un parassita.

Fregno: figo.

Piotta: a dipendenza della valuta di cui si sta parlando, l'equivalente di 100. 100 euro, 100 sterline, 100 mila lire.

Rota: termine adottato dagli immigrati italiani nel Regno Unito per indicare i loro turni settimanali nel rispettivo impiego (solitamente pagato intorno al minimo sindacale). (Dall'inglese: *rotation*)

Fresca: soldi.

Centra: pugno, cazzotto.

Profumiera: riferito a donne che te la fanno annusare ma non te la mollano.

Pasta/e: pastiglie o pillole di stupefacenti, come ad esempio l'ecstasy.

Bimbominkia: soggetto che cerca (alle volte con successo) di risultare un figo pur non presentando alcun talento, un quoziente intellettivo pari a quello di un koala fatto di crack, nessuna dote atletica e doti sociali pari a quelle di un eroinomane.

Stono: soggetto agli effetti psicoattivi delle sostanze derivate dalla cannabis.

Paglia: sigaretta.

Fotta: ira, rabbia; impulso, voglia di fare (solitamente incitato da uno stimolo iracondo).

Pugnetta: sega, masturbazione; persona insopportabile.

Telare: darsi alla macchia, sparire, scappare.

TrackList

Printed in Great Britain
by Amazon

66149175R00279